Hitching

Die letzten Rätsel unserer Welt

Francis Hitching

Die letzten Rätsel unserer Welt

Das große Buch der Phänomene

Umschau

Inhalt

Zu diesem Buch:

Es gibt eine Vielzahl ungeklärter Dinge zwischen Himmel und Erde, auf die die Wissenschaftler heute noch keine Antwort gefunden haben.

Vom Ursprung des Universums und des Lebens über die Geheimnisse alter Kulturen bis hin zu den merkwürdigsten Phänomenen der Welt und im Weltall ist der Bogen dieser Enzyklopädie gespannt – einer reich illustrierten Enzyklopädie, die in dieser umfassenden Form und in der Kombination von Naturwissenschaft und Geschichte ihresgleichen sucht.

Francis Hitching hat nach jahrelangen und intensiven Forschungen ein Buch unter Einbeziehung der bisherigen Lösungsansätze geschaffen, das mögliche Erklärungen und Antworten auf Phänomene, Rätsel und Wunder gibt.

Mehr als 300 Fotos, Zeichnungen, Karten und Diagramme runden die nach chronologischen und thematischen Gesichtspunkten gegliederte Darstellung ab.

Mit diesem Band liegt ein umfassendes, informatives und repräsentatives Nachschlagewerk vor. Francis Hitching, Fachmann auf dem Gebiet der Grenzwissenschaften, hat ein spannendes und mitreißendes Sachbuch für naturwissenschaftlich und historisch interessierte Leser geschrieben.

Zum Autor:

Francis Hitching ist Mitglied des Royal Archaeological Institute, der Prehistoric Society, der Society for Psychical Research, der British Society of Dowsers, und der American Society of Dowsers.

Geboren 1933, verbrachte er seine Kindheit und Jugend in Stratford-upon-Avon, wo sein Großvater, Randle Ayrton, der führende englische Shakespeare-Darsteller der Vorkriegsjahre, lebte. Nachdem er 1950 die Warwick School verließ, arbeitete er zuerst als Journalist, um anschließend die Produktion des englischen Fernsehprogramms »Ready, Steady, Go« zu übernehmen. Als freier Produzent zeichnete er in England wie auch auf dem Kontinent für zahlreiche naturwissenschaftliche Dokumentarfilme verantwortlich.

Während der Dreharbeiten im bretonischen Carnac in Frankreich erwachte sein Interesse an Megalithen. Vier Jahre widmete er sich Forschungsarbeiten auf diesem Gebiet, die er in seinem Buch »Earth Magic« zusammenfaßte. Bei diesen Arbeiten lernte er Rutengänger kennen, die ihn tief beeindruckten durch ihre fast instinktiven Kenntnisse über die Aufstellung von Megalithen. Ihr Wissen über die Psyche trieb ihn zu weiteren Forschungsarbeiten. So entstand sein nächstes Werk: »Pendulum«.

CIP-Titelaufnahme der Deutschen Bibliothek

Hitching, Francis:
Die letzten Rätsel unserer Welt : d. große Buch d. Phänomene / Francis Hitching. [Übers. aus d. Engl.: Pro Interpret GmbH, Frankfurt am Main]. – 3. Aufl. – Frankfurt am Main: Umschau-Verlag, 1988.
Einheitssacht.: The world atlas of mysteries ⟨dt.⟩
ISBN 3-524-69035-1

Die Originalausgabe erschien 1979 unter dem Titel »The World Atlas of Mysteries« bei Pan Books Ltd, London.

3. Auflage 1989

ISBN: 3-542-69035-1
Gesamtherstellung: Elsnerdruck, Berlin

Umschlag: Entwurf von Conrad Höllerer unter Verwendung einer Zeichnung aus »Wunder und Rätsel unserer Welt«, Verlag Das Beste, Stuttgart, Zürich, Wien.

»Die Van-Allen-Gürtel umschließen die Erde in zwei sich überlagernden Zonen. Ein Energiestrom von der Sonne bewirkt, daß sie auf der Sonnenseite abflacht, auf der anderen langgestreckt sind.«

Übersetzung aus dem Englischen: pro interpret GmbH, Frankfurt am Main.

Einleitung

Die wissenschaftlichen Fortschritte des 20. Jahrhunderts sind so überwältigend, daß es einiger Willenskraft bedarf, von ihnen Abstand zu gewinnen und uns vor Augen zu führen, daß wir kurz vor dem 21. Jahrhundert stehen und damit vor einer Wissenschaft, die alles bisher Bekannte übertrifft. Physiker können das Verhalten von Stoffen bis auf den 10^{-15}. Teil eines Zentimeters – eine so verschwindend kleine Zahl, daß die winzigsten Bruchteile ihre Identität verlieren und als simultane Energiewellen erscheinen – beobachten und voraussagen. Am anderen Ende der Skala haben Astrophysiker solch riesige, unsichtbare Galaxen ermittelt, die höchstwahrscheinlich zehn Millionen Planetensysteme wie das unsere umfassen. Wir werden kaum jemals mit ihnen Verbindung aufnehmen können, denn sie sind mehr als 10 000 Millionen Lichtjahre von uns entfernt.

Mit solch beeindruckenden Beispielen moderner wissenschaftlicher Technologie konfrontiert, wäre uns der Gedanke zu verzeihen, daß es nicht mehr viel zu entdecken gibt und ungelöste Rätsel bald Dinge der Vergangenheit sind.

Dies wäre jedoch ein Irrtum. Je mehr in verschiedenen wissenschaftlichen Disziplinen entdeckt wird, desto weiter scheinen die Grenzen der Wissenschaft zu entrücken. Andererseits sind grundsätzliche Erkenntnisse so unsicher geworden, daß sie bald abgelöst und ersetzt werden. Alle beinhalten mysteriöse und beunruhigende Tatsachen, und die Tendenz besteht, sie in einen anderen Zuständigkeitsbereich abzuwälzen. Verständlicherweise beschreiben Lehrbücher meistens nicht die Zweifel und Debatten, die sich auf den höchsten Ebenen jeder Wissenschaft abspielen. Daher ist eines der Ziele dieses Werkes, durch Darstellung der Unbeständigkeit wissenschaftlicher Theorien zur Wiederherstellung des Gleichgewichts beizutragen.

Wissenschaftliche und vorgeschichtliche Modelle folgen einander mit überraschender Geschwindigkeit. Nachdem wir zum Beispiel über die Kehrtwendung in der Ansicht der Geologen lesen, die sie über die sich bewegenden Erdteile unseres Planeten vertreten oder darüber, daß Physiker endlich an Kugelblitze glauben (obwohl sie diese nicht verstehen), kann nur ein Voreiliger davon überzeugt sein, daß die Physiker der Zukunft nicht auch das Schweben oder versunkene Welten erklären können.

Wenn ein Rätsel lange genug ungelöst bleibt, kann möglicherweise eine neue, radikale Lösung erforderlich sein, auch dann, wenn noch keine entsprechende wissenschaftliche Theorie zur Verfügung steht. In gewissem Sinne beinhaltet das Wort »Rätsel« eine Tatsache oder ein Geschehen, für die es keine anerkannte Erklärung gibt. Forschungsarbeiten zu diesem Buch haben bei gewissenhafter Überprüfung der gesamten Skala möglicher Lösungen immer wieder bewiesen, daß das Unorthodoxe am besten mit dem Unerklärten übereinstimmt. Mit dieser Erkenntnis wurde aus diesem Buch ein Atlas des alternativen Denkens, ein Nachschlagewerk für jeden, der mit bestehenden Ansichten nicht ganz zufrieden ist.

Was die allgemeine wissenschaftliche Richtung des 21. Jahrhunderts betrifft, kann man nur hoffen, daß sie besser läuft, als es heute der Fall ist. Dieses Buch enthält wenige Beispiele der Ablehnung neuartiger Gedanken durch Wissenschaftler oder Historiker bestimmter Fachgebiete, nur weil diese Überlegungen von einem »Outsider« stammen. Diese Exklusivität behindert den wissenschaftlichen Fortschritt. Die höfliche Zurückhaltung eines Wissenschaftlers vor dem Fachgebiet eines anderen entschuldigt ein schwieriges Phänomen: Regnet es einen Schwarm kleiner Frösche, so erkennt der Biologe darin ein meteorologisches Problem, der Meteorologe dagegen sieht es als ein biologisches.

Solche natürlichen Wunder wurden in der Vergangenheit bereitwillig akzeptiert. Heutzutage sehen zahllose Menschen Ufos, erleben übersinnliche Wahrnehmungen oder werden spontan geheilt. Dieser Atlas vertritt immer wieder den Standpunkt, daß diese Ereignisse über ihre eigene Realität verfügen und ihnen ein Platz in der Gesamtordnung zusteht. Ob sie das Resultat unbekannter Kräfte aus anderen Dimensionen sind oder Wunder, die unserem eigenen Geist entspringen, sie sind wichtig und wurden wahrscheinlich in früheren Zeiten besser verstanden. Von der Legende von Atlantis zum Genie der Erbauer der Megalithen und Pyramiden sowie der im Feuer von Alexandrien verlorenen, philosophischen und mathematischen Literatur der Klassik ergeben sich motivierende Hinweise auf eine verlorene Wissenschaft, welche sich mit Phänomenen zurechtgefunden hatte, die wissenschaftlich nicht mehr zu begründen waren.

Es wäre nicht überraschend, wenn die Grundregeln zukünftiger Wissenschaft in gleichem Maße aus Wieder- wie aus Neuentdeckungen hervorgehen.

Der Aufbau in diesem Atlas erlaubt es, jeden Teil und jeden Beitrag als abgeschlossene Einheit zu werten.

Viele Themen stehen zueinander in Verbindung, und um das Buch vom Anfang bis zum Ende zu lesen, findet ein Leser mit der nötigen Ausdauer eine chronologische Entwicklung vor. Sie setzt vor dem Erscheinen des ersten Menschen ein und erstreckt sich bis in die kaum zu erkennende Zukunft.

Danksagung

Das Schaffen eines so breit gefächerten Werkes wäre nicht ohne Mitarbeiter möglich, die bereit sind, ihre Zeit und ihr Wissen zur Verfügung zu stellen, um Bestehendes zu überprüfen sowie – besonders bei kontroversen Themen – alternative Lösungen zu suchen und anzubieten. Führend unter ihnen war mein Redakteur, Kyle Cathie. Daneben ist besonders Peter James, Mitherausgeber des »Journal of Society for Inter-Disciplinary Studies« hervorzuheben, der eine großartige Forschungsarbeit auf dem Gebiet der Auswertung der Geschichte des Altertums leistete. Dieses Buch ist ihm fast seit seinem Entwurf bekannt, und er hat während langer Besprechungen wesentlich dazu beigetragen, strittige Themen zu formulieren.

Patrick Smith forschte besonders in Bereichen, die scheinbar zeitgenössischer Wissenschaft widersprechen. Weitere großzügige Hilfe leistete Robert Rickard, der seine Unterlagen sowie seine Bibliothek, die das Resultat jahrelanger Aufzeichnungen über Naturerscheinungen beinhaltete, zur Verfügung stellte. Auch Philip Attwood vom Britischen Museum, Laura Grumitt, die viele obskure Bücher entdeckte, sowie Anne Conybeare, die zur Formulierung des endgültigen Textes beitrug, habe ich zu danken.

Während Peter Holroyd vom Pan Verlag das Buch überarbeitete, entwarf Kenneth Smith fast sämtliche Landkarten und Zeichnungen. Aufgrund seiner einzigartigen Arbeit kann dieses Werk als Enzyklopädie bezeichnet werden. Die oft recht schwierige Bildforschung betrieb Anne-Marie Ehrlich.

Die britischen Leihbibliotheken haben sich bewährt. Besonders die von Hartlepool und Umgebung, vertreten durch Brian Moore, stellte großzügig eine Vielzahl von Nachschlagewerken zur Verfügung. Aber nicht allein öffentlichen Bibliotheken verdanke ich große Unterstützung, auch Bibliotheken wissenschaftlicher Gesellschaften waren stets hilfsbereit. Folgenden möchte ich meinen besonderen Dank aussprechen: Franciscan Friars of the Atonement Catholic Central Library; Geological Museum, London; Lambeth Central Library; Royal Geographical Society; Rudolph Steiner Library; School of Oriental and African Studies; Society of Antiquaries; Society of Egyptian Archaeology; Theosophical Society; Zoological Library at the Natural History Museum, London.

Abschließend danke ich den Gelehrten zahlreicher Wissenschaften, die ich hier nicht alle aufzählen kann. Ihre schriftstellerischen Werke sowie die persönliche Verbindung mit ihnen sind die Grundlage dieser Arbeit. Sie sind am Ende dieses Buches angeführt, und wer sich für ein bestimmtes Thema interessiert, sollte die Werke der entsprechenden Autoren lesen.

Ihnen allen ist dieses Buch zum Dank für ihren wissenschaftlichen Beitrag und ihre Diskussionsanregungen gewidmet.

Kapitel 1

Das bewegte Universum

Seit mehr als einem Jahrhundert wird die Geophysik von dogmatischer Diskussion gespalten. Der Streitpunkt ist die Frage, ob sich das Weltall, insbesondere das Planetensystem unserer Sonne, reibungslos entwickelt hat. Wäre das der Fall, könnten Wissenschaftler durch das Messen aller Kräfte und Formen, sei es das Schwergewicht und die Anziehungskraft (Physik) oder die Struktur und Zusammensetzung der Erdoberfläche (Geologie), eine Rückrechnung vornehmen, nach der die Entwicklung unserer Erde und ihrer Bewohner bestimmt werden könnte.

Nach dem Motto »Die Gegenwart ist der Schlüssel zur Vergangenheit« vertritt der Uniformitarismus die gegenwärtig anerkannte Theorie. Im Gegensatz dazu sind die Anhänger des Katastrophismus der Ansicht, daß globale Katastrophen von kosmischer Größenordnung unser Geschick beeinflußt haben. Die größte Katastrophe darunter war die Sintflut, wie es bereits wahrheitsgetreu in der Bibel geschildert wurde. Die wissenschaftlichen Beweise der Sintflut oder sogar einer ganzen Reihe von Sintfluten entnahm man den Millionen von vorsintflutlichen Meeresfossilien, die in verschiedenen Erdschichten des Festlandes lagern. Politische wie auch wissenschaftliche Gründe förderten die Entwicklung des Uniformitarismus. Denn wenn alles, was in der Bibel stand, auf der absoluten Wahrheit beruhte, gab es in Großbritannien keine Möglichkeit, der Monarchie auf friedliche Weise zu widersprechen, da die Macht des Herrschers von Gott stammte. Widerlegte man aber ein so wichtiges Ereignis wie die Sintflut und damit die absolute Wahrheit der Bibel, war das gesamte philosophische Fundament der Monarchie zerstört. So jedenfalls argumentierte eine Gruppe liberaler Rechtsanwälte und Parlamentsabgeordneter. Einer von ihnen, Charles Lyell, veröffentlichte im Jahre 1830 seine »Principles of Geology«. In der hundertseitigen Einleitung legt er glänzend dar, daß die Geschichte der Sintflut auf einer Mythologie beruht. Seiner Ansicht nach waren die geologischen Eigenschaften der Erde einfach durch langsame Erosion in Verbindung mit vulkanischen Druckauswirkungen während Millionen von Jahren zu erklären. Er hatte mit seiner Auffassung sofort Erfolg und wurde zum Geschäftsführer und anschließend zum Präsidenten der Geological Society gewählt.

Sein Zeitmaßstab wurde später von Darwin als Basis für die »natürliche Auswahl« anerkannt. Durch den Erfolg von Darwins Theorien war der Uniformitarismus voll akzeptiert. Lyell hatte jedoch nur zum Teil recht. Selbst die Uniformitaristen sind sich jetzt darüber einig, daß z. B. die Bewegung der Erdteile ein wichtiger Bestandteil der Entwicklung der Erdoberfläche ist. Bedingt durch seine politische und religiöse Einstellung hatte jedoch sein Erfolg die negative Auswirkung, daß die Geologen entweder den Uniformitarismus oder den Katastrophismus akzeptieren mußten und sich nicht für eine Mischung aus beiden entscheiden konnten.

In diesem Abschnitt untersuchen wir einige Fälle, in denen der wissenschaftliche Fortschritt durch Lyells Theorien wesentlich gehemmt wurde. Offensichtlich hat es auf der Erde verschiedene Arten von Katastrophen gegeben: Drastische Klimaveränderungen, seismische Umwälzungen, Schwankungen und Umkehrungen im Magnetfeld der Erde, Massenausrottungen. Riesige Meteoriten haben uns getroffen (Seite 212), und vielleicht sind wir nur einmal knapp einem Zusammenstoß mit dem Planet Venus entgangen. 1977 berichtete das wissenschaftliche Journal »Nature« über eine katastrophale Umweltveränderung, die in kurzer Zeit im Mittelmeer zu einer dicken Salzablagerung führte. Dieses Ereignis, so schrieb die Zeitschrift, führte in bezug auf Lyells einseitig vertretenen Uniformitarismus zu Bedenken.

In einer Abhandlung über Dinosaurier gibt ein Wissenschaftler zu, daß Gelehrte im allgemeinen vor Katastrophen eine permanente Abscheu zeigen. Denn durch Katastrophen ist die Welt weniger berechenbar und unbequemer; die Arbeit des Wissenschaftlers wird erschwert. Nun aber ist ein Wendepunkt erreicht. Im 21. Jahrhundert wird sich die Wissenschaft wesentlich mehr mit Katastrophen beschäftigen als es in den letzten hundert Jahren der Fall war.

Der Untergang der Dinosaurier

Wenn wir uns 65 Millionen Jahre zurückversetzen könnten, wären uns viele Dinge der Erdoberfläche vertraut. Durch das milde, fast tropische Klima wuchsen kräftige, breitblättrige Bäume nördlich des nördlichen Polarkreises. Wie auch heute, gab es damals von Wäldern überzogene Hänge und Berge, Wüsten und Oasen, fruchtbare Täler und Wiesen. Tausende von Kilometern der heutigen Küstengebiete glichen den Everglades in Florida. Hier lebten Reptilien wie Krokodile und Schildkröten. Weiter im Landesinneren konnte man sogar unsere fernen Verwandten erkennen. Sie waren einer Spitzmaus ähnlich, hausten in den Bäumen und waren die höchstentwickelten Säugetiere dieser Epoche.

Dieser klimatisch milde Planet wurde von Kreaturen beherrscht, die keine Säugetiere und auch keine Reptilien waren – den Dinosauriern. Im Laufe von 150 Millionen Jahren (im Vergleich zu nur 50 000 Jahren menschlichen Daseins auf der Erde) hatten sich überwältigend viele Arten dieser Tiere herausgebildet, die die gesamte Erde mit Ausnahme der Antarktis bevölkerten.

In der Zeit ihrer Entwicklung rückten Erdteile langsam auseinander, und Hügel wurden zu Gebirgen aufgetürmt. Die höchstentwickelten Dinosaurier schienen am Beginn einer Entwicklungsstufe zu stehen, die vielleicht die Geschichte unserer Welt verändert hätte. Saurornithoides – übersetzt »vogelähnliches Reptil« – besaß ein großes Gehirn. Seine breit auseinanderliegenden Augen eröffneten ihm einen großen Sehbereich; die beweglichen Finger mit entgegenstehenden Daumen ermöglichten das Fangen und Fressen kleiner Säugetiere, wie z. B. Spitzmäuse.

Wie Adrian J. Desmond, ein auf diesem Gebiet führender Wissenschaftler, schreibt, waren diese Kreaturen von anderen Säugetieren so weit entfernt »wie Menschen von Kühen«. Wer weiß, welche geistigen Höhen diese hochentwickelten vogelähnlichen Tiere erreicht hätten, wenn sie nicht ausgestorben wären; aber sie haben nicht überlebt.

Irgend etwas Schreckliches rottete sämtliche Dinosaurierarten auf der ganzen Erde aus. Geologen sind der Ansicht, daß dies vor etwa 63 Millionen Jahren geschah. Die genaue Zeitspanne, in der die Dinosaurier ausstarben, steht nicht fest. Vielleicht geschah es im Laufe einiger 100 000 Jahre, vielleicht aber auch nur innerhalb weniger Tage. Im Vergleich mit den Jahrtau-

Entwicklung des Lebens auf der Erde von der Zeit der Dinosaurier bis heute.

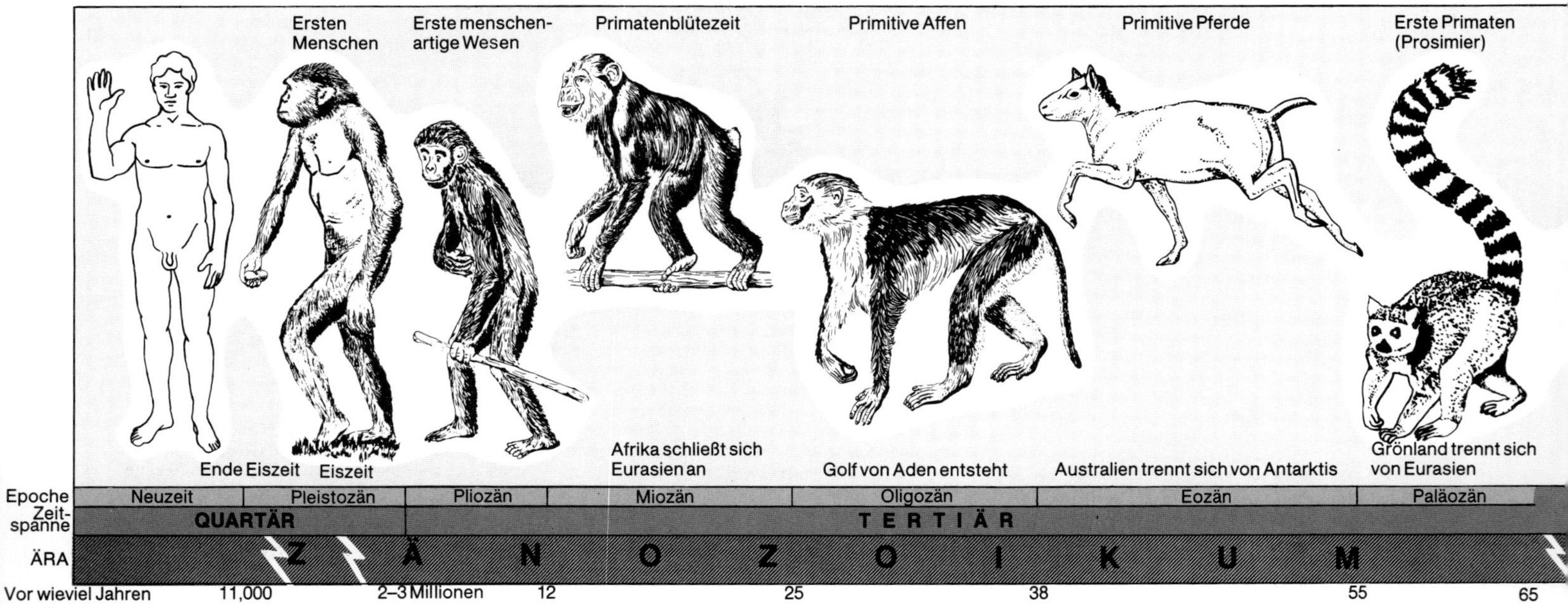

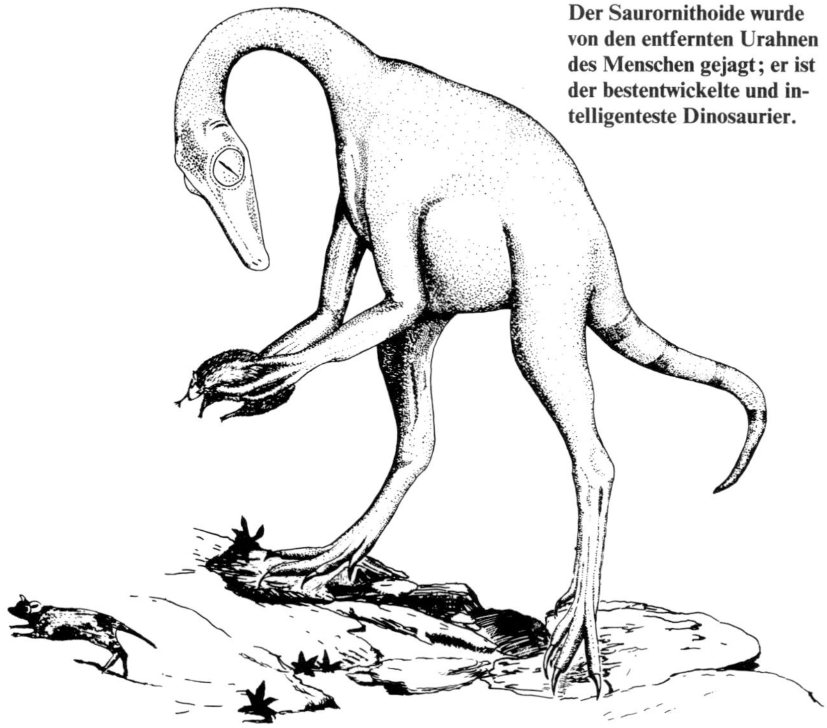

Der Saurornithoide wurde von den entfernten Urahnen des Menschen gejagt; er ist der bestentwickelte und intelligenteste Dinosaurier.

senden, in denen die Dinosaurier die Erde beherrscht hatten, war es nur ein kurzer Augenblick. Die Vernichtung betraf fast sämtliche Tiere und Pflanzen. Gleichzeitig wurden viele Säugetiere, Reptilien, Schalentiere und Pflanzen zerstört. Die Ursache dieser Ausrottung, der umfangreichsten aller Zeiten, konnte bis heute noch nicht erklärt werden.

Verschiedene Ansichten

Um etwas über das Wesen dieser Katastrophe zu erfahren, müssen wir mehr über die betroffenen Tiere wissen. In diesem, wie auch in vielen anderen wissenschaftlichen Bereichen haben die Wissenschaftler in letzter Zeit ihre Meinung geändert. Die klassische und verbreitete Vorstellung sah in den Dinosauriern riesige, dumme und kaltblütige Reptilien, deren Körpergröße ihnen zum Verhängnis wurde.

Robert T. Bakker, von der Yale-Universität, faßte 1968 diese traditionelle Auffassung zusammen: Paläontologen gingen im allgemeinen davon aus, daß die Lebensweise der Dinosaurier den übergroßen Alligatoren und Eidechsen entsprach. Diese Tierarten verbringen einen großen Teil ihres Lebens damit, faul in der Sonne zu liegen und sich im Vergleich zu heutigen Säugetieren langsam und träge zu bewegen. Nach der Rekonstruktion eines Dinosauriers, einem Brontosaurus, muß dieser ein schwerfällig gehender schuppiger Fleischkoloß gewesen sein.

Als man sich zu Beginn des 18. Jahrhunderts zum erstenmal mit Dinosauriern befaßte, nahm

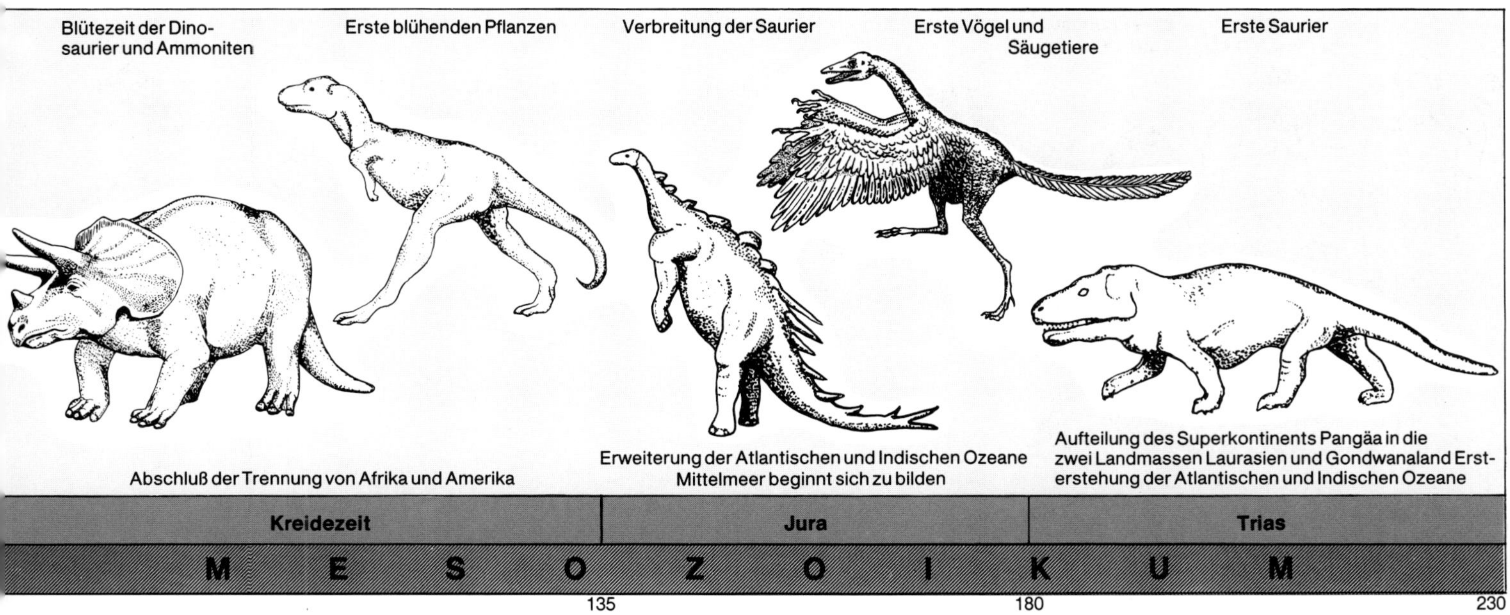

man anhand ihrer rekonstruierten Skelette an, daß sie einfach riesige Reptilien waren. Wie ihre vermeintlichen Nachkommen mußten sie also Kaltblütler gewesen sein. Obwohl immer mehr Skelettfunde die unterschiedliche Größe sowie viele verschiedene Arten der Tiere erkennen ließen, wurde dieser irrige Standpunkt weiterhin während des 19. und bis in das 20. Jahrhundert hinein vertreten. In den sechziger Jahren führten einige Berechnungen zu einem Meinungsumschwung.

Sie befaßten sich hauptsächlich mit dem Energieverbrauch, den die verschiedenen Tierarten zum Leben benötigten. Warmblütler verzehren verhältnismäßig große Futtermengen. Davon werden 80 bis 90 Prozent zur Erhaltung der Körpertemperatur verbraucht und der Rest von den Muskeln zur Bewegung und Atmung. Eine Eidechse von menschlichen Abmessungen müßte als Warmblütler 40mal soviel verzehren, was nicht der Fall ist.

Kaltblütler wiederum bewegen sich selten. Eine Eidechse sammelt die nötige Körpertemperatur, indem sie 90 Prozent ihres Lebens still in der Sonne liegt. Nur von Zeit zu Zeit macht sie einige schnelle Bewegungen, um ein Insekt zu verschlucken oder sich zu verstecken. Je größer jedoch die Eidechse ist, um so schwieriger wird es für sie, durch die Sonne genügend Wärme zu erhalten. 1946 errechneten drei Wissenschaftler folgendes: Wenn die zur Bewegung erforderliche Körpertemperatur eines Dinosauriers, einem Kaltblütler, nur um 1 Grad sank, d. h. er in einen Winterschlaf fiel, müßte er drei ganze Tage lang in heißer Sonne liegen, um seine normale Körpertemperatur wieder zu erreichen. Bei längerer Sonneneinstrahlung wäre der Dinosaurier jedoch höchstwahrscheinlich an Überhitzung gestorben. Dies passierte drei unglücklichen Alligatoren beim Experiment eines Wissenschaftlers.

Ebenfalls wurde errechnet, daß die Sonnenwärme für die Körpertemperatur nicht ausreichen würde, um die größeren Dinosaurierarten aufrecht zu halten, geschweige ihnen die Bewegung zu ermöglichen. Ein acht Tonnen schwerer Tyrannosaurus hatte schon enorme Schwierigkeiten, um überhaupt auf den Beinen stehen zu können. Adrian Desmond meint dazu: »Der Tyrannosaurus ist mit einer Eidechse nicht zu vergleichen. Diese läuft immer nur kurze Strecken und legt sich dann zur Erholung wieder flach auf den Bauch. Der Tyrannosaurus war anders gebaut. Meistens stand er hochbeinig auf dem Boden, denn seine Körperform war für das flach ausgestreckte Liegen auf der Erde nicht geeignet.« Der riesige Brontosaurus mußte ungeheure Muskelkraft aufbieten, damit sein 50 Tonnen schwerer Körper nicht zusammenfiel.

Zehn Möglichkeiten für das Aussterben der Dinosaurier

1. Überentwicklung und Altern der Rasse

Alle Tiergattungen altern und verschwinden einmal völlig. Die Dinosaurier hatten, im Vergleich zu Gehirn und Stoffwechsel, eine »überentwickelte« Körpergröße. Sie starben aus, weil sie zu plump waren.

- Trifft nicht auf sämtliche Dinosaurier zu. Warum starben sie so plötzlich aus?

2. Die Entwicklung der Säugetiere

Säugetiere standen im Wettkampf mit Dinosauriern und besiegten sie.

- Höchst unwahrscheinlich, Säugetiere waren den Dinosauriern unterlegen. Erst nach deren Aussterben konnten sie sich weiterentwickeln.

3. Säugetiere stahlen die Eier

Obwohl die Säugetiere noch klein waren, vernichteten sie die Dinosaurier, indem sie ihre Eier fraßen.

- An den Haaren herbeigezogen. Erklärt die anderen simultanen Ausrottungen nicht.

4. Die laramische Revolution

Ein geologisches Phänomen führte zur Entwicklung unserer Bergketten und beeinflußte Pflanzen und Klima. Dieser veränderten Umwelt konnten sich die Dinosaurier nicht anpassen.

- Tatsächlich war den Dinosauriern die neue Umwelt angenehm. Sie vermehrten sich im gleichen Maße wie die blühenden Pflanzen. Die neue Flora bekam ihnen.

5. Pathogene Pilze

Diese haben sich vielleicht zusammen mit den blühenden Pflanzen entwickelt und die Dinosaurier durch Parasitismus zerstört.

- Keinerlei Beweise.

6. Chemische Zerstörung durch Pflanzen

Die blühenden Pflanzen entwickelten starke Alkalien als Abwehr. Die Dinosaurier erkannten die Gifte nicht und kamen beim Fressen größerer Mengen um.

- Warum aber konnten die Dinosaurier einige Millionen Jahre durch diese Pflanzen gedeihen?

7. Epidemie

Die Dinosaurier starben durch eine unbekannte Seuche.

- Konnte eine Seuche zur gleichen Zeit die vielen Arten von Dinosauriern, Ammoniten, Plankton und zahlreiche Säugetiere ausrotten?

8. Sauerstoffwechsel

Die blühenden Blumen spendeten mehr Sauerstoff als die Dinosaurier verkraften konnten.

- Weshalb verschwanden aber viele der Pflanzen zur gleichen Zeit?

9. Geomagnetische Umkehrung

Häufige geomagnetische Umkehrungen wirkten sich zu dieser Zeit auf die Dinosaurier schädlich aus.

- Aber diese Umkehrungen waren das Symptom einer mehr allgemeinen Katastrophe.

10. Zusammenstoß mit einem großen Meteoriten

Gleichzeitiger Umschwung des Klimas und der Anziehungskraft.

- Außer einer Supernova, die vielleicht bis jetzt beste Erklärung.

Die Erde vor 63 Mio. Jahren, darüber die heutige Lage der Kontinente.

Daher kam man zu der Erkenntnis, daß Dinosaurier aller Gattungen Warmblütler gewesen sein mußten, und damit zu dem Schluß, daß viele von ihnen intelligenter und weit höher entwikkelt waren, als man es vorher angenommen hatte. Warmblütige Dinosaurier hätten auch die nötige Kraft, um mit beeindruckenden Zähnen, Fängen und Klauen zu kämpfen und zu töten, wie es in Science-fiction-Filmen gezeigt wurde.

Bei den Pterosauriern entwickelte sich ein großes Gehirn und ein Atmungssystem, das dem unserer Vögel vergleichbar ist. Sie konnten gut fliegen (einige mit Flügelschlag, andere im Gleitflug), vielleicht sogar besser als Vögel. Die Spannweite ihrer Flügel betrug bis zu 15 Meter. Ihr dicker Pelz spricht ebenfalls dafür, daß sie Warmblütler waren. Archaeopteryx, der kleinste der Dinosaurierarten, war ein Vorgänger der Vögel, denn er besaß Federn zum Ausbalancieren der Körpertemperatur.

Dinosaurier waren weder Reptilien noch Säugetiere; sie waren einmalig. In all ihrer Vielfalt beherrschten sie die Welt; dann plötzlich verschwanden sie von der Erde. Die überlebenden Reptilien und Säugetiere führten zu der Entwicklungsstufe, wie sie heute besteht. Fossilexperten streiten sich heftig über die Ursache dieser massiven, jedoch selektiven Ausrottung. Bereits zweimal zuvor war in der Geschichte unserer Erde etwas Ähnliches passiert.

Vor etwa 500 Millionen Jahren starben zwei Drittel der Trilobiten – in den Meeren lebende Schalentiere – aus. Etwa vor 230 Millionen Jahren, kurz bevor sich die Erdteile von Pangaea, dem größten Kontinent (Seite 16), trennten, verschwanden sie völlig und mit ihnen beinahe die Hälfte der durch Fossilien bekannten Lebewesen. Von vielen Erklärungen findet in letzter Zeit eine durch Veränderungen des Meeresspiegels bedingte ökologische Umwälzung die größte Zustimmung. Doch das Ende der Dinosaurier kam plötzlich und unvorhersehbar. Dale Russell, vom naturwissenschaftlichen Museum in Ottawa, schreibt über dieses Thema: »Beinahe die Hälfte der Pflanzen sowie viele Arten kleiner Beuteltiere und eierlegender Kreaturen verschwanden zusammen mit verschiedenen Gruppen von Dinosauriern und großen Reptilien . . .

Die berühmten Kreidefelsen von Dover bestehen aus der Ablagerung winziger Kalkblättchen von sehr kleinen Meerespflanzen. Diese Einzeller teilten das Schicksal der Dinosaurier. Eine Vielzahl anderer Meeresorganismen, wie z. B. bizzare Schalentiere, tintenfischähnliche Tiere und Krakenarten mit gewundenem Gehäuse, Seeschildkröten, Eidechsen und riesige langhalsige Reptilien, wurden entweder dezimiert oder verschwanden völlig. Sie verhungerten, weil sie im Meer keine Nahrung mehr fanden.«

Eine Supernova explodiert

Von den vielen Möglichkeiten der Begründung dieser Ausrottungen (siehe Tabelle, Seite 12) ist vielleicht Dale Russells Erklärung die nächstliegende. Er vermutet, daß das Gleichgewicht der damaligen Umwelt durch eine riesige Sternenexplosion zerstört wurde. Während einer solchen Supernova verliert ein Stern, der größer ist als unsere Sonne, seine Kraft und zerfällt. Dabei stößt er radioaktive Elemente ab und erzeugt riesige Mengen tödlicher Strahlen. Solche Explosionen wurden von der Erde aus mindestens achtmal beobachtet und registriert. Die erste Meldung stammt von einem chinesischen Astronomen. Im Jahre 1006 berichtete er von einem Stern, der im Süden von Ti lunar, östlich von Ku-Lou und westlich von Chi-Kuan erschien. »Einmal glich der Stern einem Halbmond mit spitzen Strahlen und war so hell, daß man sogar in der Nacht sehen konnte . . .«

Keine der jüngsten Supernovae war der Erde nahe genug, um auf sie trotz riesiger Ausstrahlungen eine bemerkenswerte Wirkung auszuüben. Statistisch gesehen, können wir wahrscheinlich alle 50 Millionen Jahre mit einer Supernova in einer Entfernung von etwa 100 Lichtjahren rechnen. In ihrer Nähe würden die Strahlen die äußere Schutzschicht unserer Atmosphäre durchdringen, die Erde radioaktiv verseuchen und zu einer beachtlichen und anhaltenden Temperatursenkung führen.

Genau dies scheint zum Untergang der Dinosaurier geführt zu haben. Sie und große, blühende, hochentwickelte Pflanzen, die bedingt durch ihre Größe empfindlich waren, wären als erste den Auswirkungen der Strahlen erlegen; kleine Pflanzen und primitive Kreaturen wären dagegen nicht betroffen gewesen. Gleichzeitig hätte die plötzliche Kälte die restlichen Dinosaurier (die meisten von ihnen hatten keinen Schutz durch einen Pelz oder Federn) erfrieren lassen, ebenso wie an warmes Wasser gewöhnte Pflanzen und Tiere. Säugetiere und Reptilien, wie Spitzmäuse, Eidechsen, Schildkröten und Krokodile, konnten sich aber vor der Kälte dadurch schützen, daß sie in einen Winterschlaf fielen.

Diese Katastrophe bedeutete das Ende einer Ära. Adrian Desmond hat es so formuliert: »Obwohl Geologen immer noch eine gewisse Aversion gegenüber der Theorie einer Naturkatastrophe bewahren, wird es immer schwieriger, die Vorstellung abzulehnen, daß die Dinosaurier bei der bedeutendsten Explosion seit der Schöpfung der Erde verschwunden sind.«

Manche Dinosaurier waren Warmblüter. In den schneebedeckten Regionen des heutigen Südafrika entwikkelten sie Fell und Mähne.

Die Verschiebung der Kontinente

Der Gedanke, daß große Explosionen von Zeit zu Zeit die Entwicklung der Erde und ihrer Bevölkerung beeinträchtigen, bereitet Wissenschaftlern Unbehagen. Seit Darwins Zeit beruhen ihre Theorien auf dem Uniformitarismus – »die Gegenwart ist der Schlüssel zur Vergangenheit«. Dies bedeutet, daß sich alle meßbaren Werte auf unserer Erde – wie z. B. die Anziehungskraft und die Sonnenwärme – wenig verändert haben. Geologen und andere Wissenschaftler können anhand dieser Werte das gegenwärtige Aussehen der Erde erklären.

Die Gegner dieser Theorie, die Katastrophisten, sind in der Minderheit. Sie glauben, daß unsere Entwicklung durch Katastrophen im Weltall und auf der Erde gestört wurde. Die Ansicht, daß sich Erde und Weltall in aller Ruhe entwickelt haben, betrachten sie als eine überhebliche und arrogante Vereinfachung.

Der intellektuelle Streit zwischen beiden Seiten dauert bereits länger als ein Jahrhundert. In seinem Brennpunkt steht die Planimetrie der Kontinente. Laut dem Uniformitarismus »müßte sich ein großer Planet, der sich um die eigene Achse dreht und über starke Anziehungskraft verfügt, zu einer glatten Kugel entwickeln«. Aufgrund ihrer chemischen Zusammensetzung müßte die Erde dabei von einer Wasserschicht mit einer Tiefe von 2,4 Kilometern bedeckt werden. Aber jeder Besucher aus dem Weltall könnte sofort bestätigen, daß unsere Erde nicht so aussieht. Es gibt keine Symmetrie: 29 Prozent der Erdoberfläche liegen über dem Meer und zeigen darüber hinaus seltsame, ungleiche Formen. 80 Prozent der gesamten Landmasse liegen in der nördlichen Halbkugel, und die Spitzen der Kontinente strecken sich V-förmig in Richtung der großen Meere im Süden.

Ein kurzer Blick in einen Atlas zeigt bedeutende Ähnlichkeiten der Küsten, wie z. B. zwischen der Westküste von Afrika und der Ostküste von Südamerika. Diese Ähnlichkeit fand schon lange Beachtung (Francis Bacon hat sie 1620 als erster erwähnt), jedoch nur als eine rein akademische Merkwürdigkeit, ungefähr so interessant, wie die Tatsache, daß Italien einem Stiefel gleicht.

Die Weite des Pazifischen Ozeans wurde durch den Trennungseffekt von Mond und Erde erklärt (heute als falsch erkannt), die Ähnlichkeit der Küsten als Zufall. Kein angesehener Geologe würde es als Anhänger des Uniformitarismus wagen zu erklären, daß die Kontinente einmal eine Einheit bildeten. Sie schienen viel zu schwer; selbst Australien, der kleinste Kontinent, wiegt 5×10^{20} Kilogramm.

Alfred Wegener, Forscher, Meteorologe und Abenteurer. Seine damals radikalen Theorien über die Bewegung der Erdteile verärgerten die Geologen seiner Zeit.

Eine »verrückte« Idee

Trotzdem gab es immer genug unerklärte geologische Widersprüche, die es einigen Wissenschaftlern erlaubten, sich mit dem Gedanken zu befassen, daß die Erde einmal ganz anders aussah. Im Jahre 1915 entwarf Alfred Wegener, ein junger deutscher Meteorologe, zum ersten Mal ein Bild der Erde, wie sie einmal ausgesehen haben könnte. Seine Vorstellung von einem einzigen riesigen Kontinent brachte ihm nur Spott ein. »Wenn solch verrückte Ideen im Umlauf geraten«, erklärte ein Professor, »ist die Geologie keine ernste Wissenschaft mehr.« Ein anderer protestierte: »Wenn wir Wegeners Hypothese anerkennen, können wir alles, was wir in den letzten 70 Jahren gelernt haben, vergessen und wieder von vorne anfangen.«

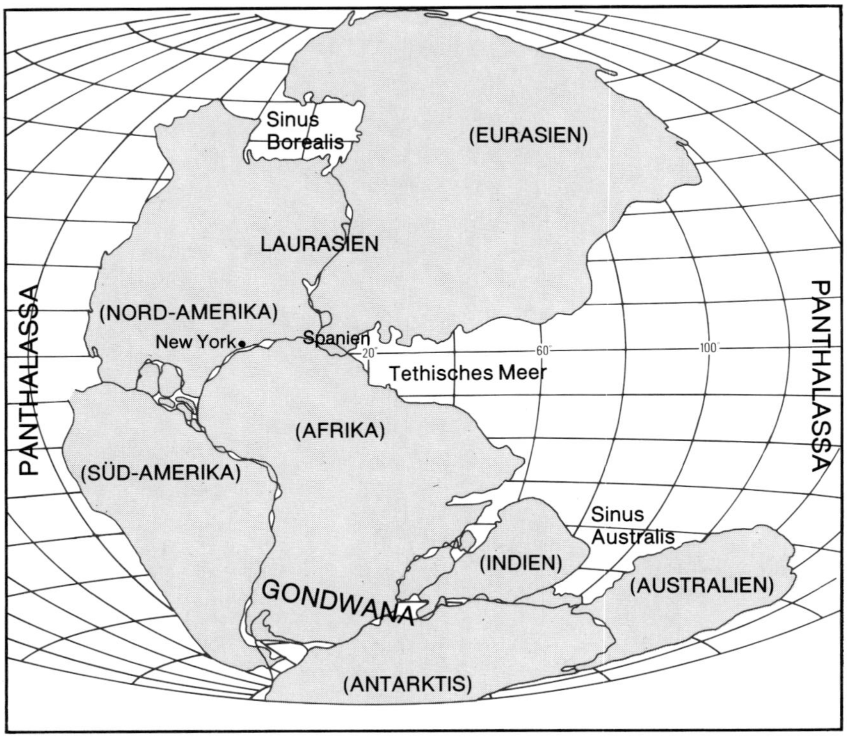

Karte des ehemaligen Riesenkontinents, genannt Pangaea, rund 200 Millionen Jahre vor seiner Zersplitterung.

Die voraussichtliche Landkarte unserer Erde in 50 Millionen Jahren im Vergleich zur heutigen.

Die immer weitergehende Spezialisierung der verschiedenen wissenschaftlichen Gebiete erklärte diese Ablehnung. Wegener folgte dieser Tendenz nicht. Sein Lebensstil entsprach vielmehr dem eines wissenschaftlichen Abenteurers. Sein Hobby war das Ballonfliegen. Kurz nach seinem 50. Geburtstag starb er auf einer Expedition im fernen Grönland. Seine umwälzende Theorie beruhte nicht nur auf der Geologie, sondern er entnahm auch der Geodäsie, Geophysik, Zoologie, Paläontologie und Paläoklimatologie weitere Beweismittel. Sir Edward Billard, ein führender britischer Physiker, hat die Reaktionen verschiedener Wissenschaftler auf seine Theorie treffend formuliert: »Wegener war Mitglied der falschen Gewerkschaft.«

Unbeantwortete Fragen

Im Rückblick erkennen wir, daß Wegener gezielt die Widersprüche des zeitgenössischen, geologischen Denkens aufdeckte. Warum reihten sich die Berge als Ketten zusammen – wie der Himalaya, die Alpen, die Rocky Mountains oder die Appalachen –, wenn der Rest der Erde verhältnismäßig flach ist? Warum haben z. B. die Appalachen und die schottischen und norwegischen Berge, obwohl sie durch Meere getrennt sind, die gleichen geologischen Merkmale? Warum wurden auf den Gipfeln dieser Berge Fossilien vom Meeresgrund gefunden? Warum zeigen geologische Fakten, daß die heutige Schweiz früher zehn- oder zwölfmal größer war?

In Zoologie und Klimatologie gibt es ähnliche Rätsel. Warum lebten die kleinen Lemuraffen nur in zwei weit voneinander entfernten Gebieten, an der Ostküste von Afrika und im nahen

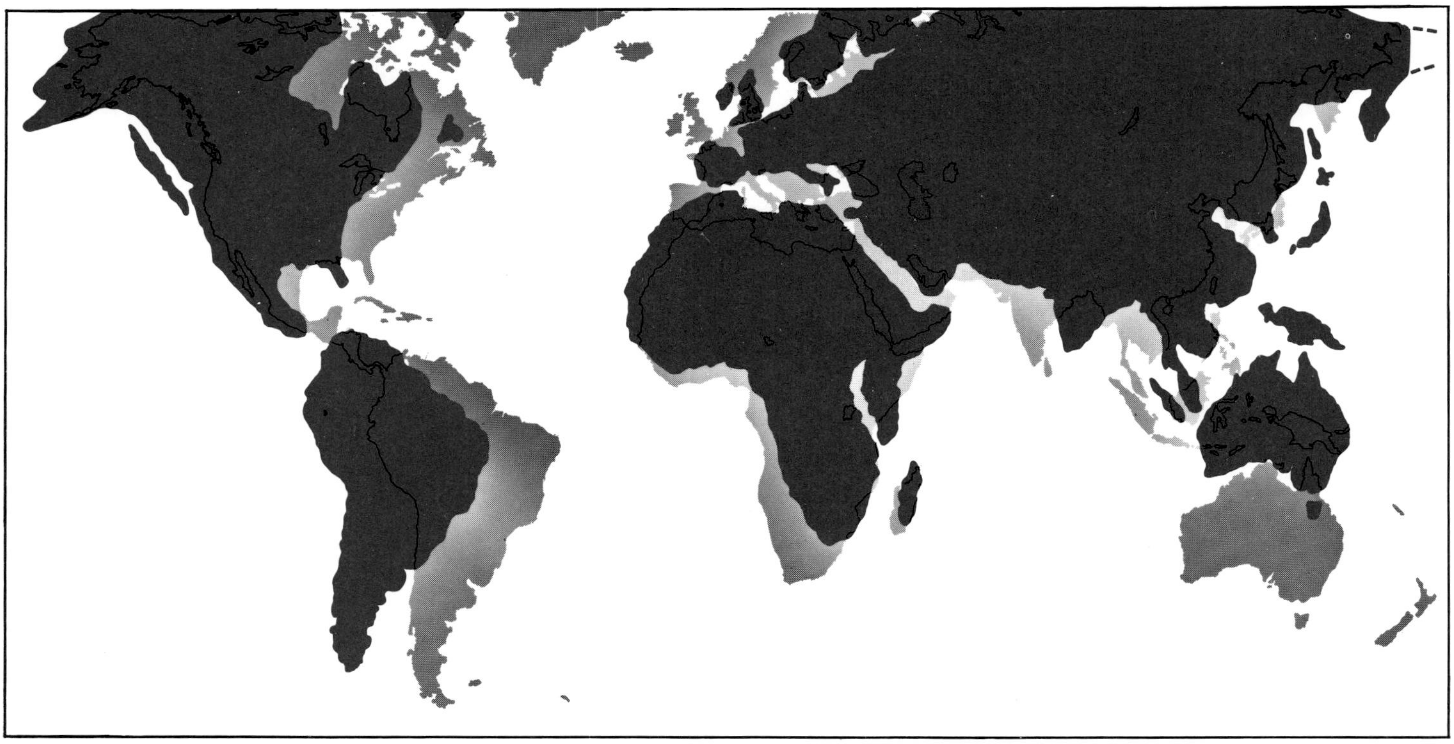

Madagaskar und auf der anderen Seite des Indischen Ozeans, in Sri Lanka, Indien und Südostasien? Warum lebte das Känguruh nur in Australien und Amerika? Wie war es möglich, daß tropische Farnkräuter sowohl in Europa als auch in Grönland wuchsen, wenn zur gleichen Zeit Teile von Afrika und Südamerika unter einer Eisschicht lagen? Wie sind Palmenfossilien in Spitzbergen und Kohle in der Antarktis zu erklären, wenn sie nicht früher Gebiete mit warmem Klima waren?

Wegeners Erklärung war, daß zur paläozoischen Zeit die Kontinente eine zusammenhängende Landmasse bildeten, welche die Hälfte unserer Erde bedeckte. Er nannte seinen Superkontinent Pangaea – »die gesamte Erde« –, und bis auf wenige Details wurde die von ihm gezeichnete Landkarte in den sechziger Jahren auf einmal von der Wissenschaft anerkannt.

Plötzlicher Umschwung

Der Grund dieses plötzlichen Umschwungs war eine, den Geologen allerdings unwillkommene Entdeckung der Physiker. Messungen magnetischer »Streifen« auf dem Meeresboden bewiesen scheinbar einwandfrei, daß große Teile der Erde in ständiger Bewegung waren. Nach und nach entstand ein Bild, nach dem sich die Erdoberfläche in ungefähr ein Dutzend Platten aufteilte. Die Abgrenzung zwischen ihnen wird einerseits von einer 40 000 Kilometer langen Kette von Höhen und Tiefen im Meer markiert, andererseits von vulkanischen Gebieten, die sich über Land und Meer erstrecken (vgl. Karte, Seite 64).

Der andauernde und unberechenbare Druck dieser sich immerfort bewegenden Platten, auf denen die Kontinente ruhen, führt zu vulkanischen Ausbrüchen, drückt Bergketten immer höher und bildet neue Meere. Die Energiequelle dieser Bewegung soll im Inneren der Erde liegen und dringt, wie ein dicker Brei im Kochtopf, zugleich nach oben und nach außen. An einigen Stellen soll die Erdkruste nicht dicker als fünf Kilometer sein. Die nächste Schicht, Lithosphäre genannt, besteht aus festerem Gestein und hat eine Tiefe von 30 bis 300 Kilometern. Die Lithosphäre bewegt sich und wird dabei von einem halbflüssigen heißen »Meer«, der Asthenosphäre, getragen, die auch die Hitze des glühenden Kerns der Erde überträgt.

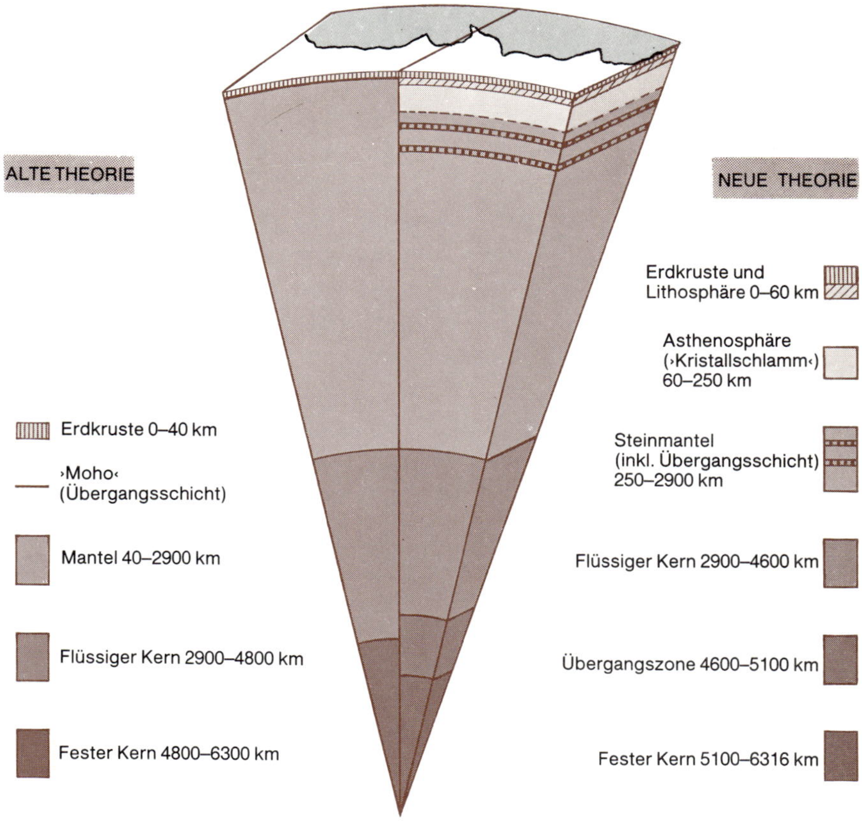

Querschnitt der Erde. Die Erdkruste ist in ihrem Durchmesser mit einer Apfelschale zu vergleichen.

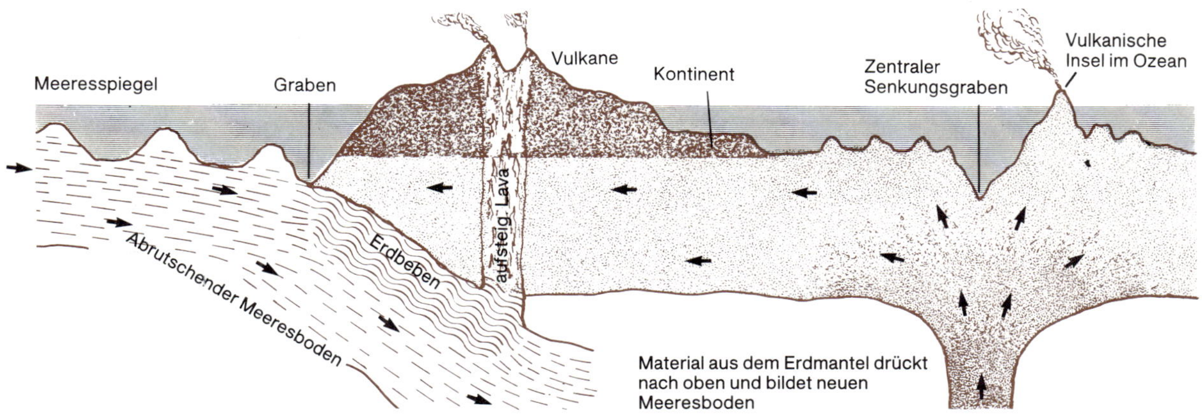

Die Erdkruste rutscht ab und vermischt sich mit der glühenden Schale. Zur gleichen Zeit entstehen unter den Meeren neue Landmassen.

Diese einstimmige Anerkennung einer früher verworfenen Theorie durch die Geologen wirkt fast etwas verdächtig. In der Tat befassen sich einige Physiker in der letzten Zeit mit dem Gedanken, daß die Erdanziehungskraft geringer wird. Wäre das der Fall, so hätte sich die Erde langsam vergrößert und dadurch gespalten. Sollte diese Theorie bewiesen werden, müßten sich die Geologen erneut umstellen. Momentan verbleiben wir noch bei der Theorie, daß die Kontinente sich bewegen. Sie driften im Laufe eines Menschenlebens durchschnittlich zwei Meter seitwärts. Computervergleiche haben bewiesen, daß die Festlandsockel – ein flaches Gebiet vor der Küste, welches nicht immer unter Wasser lag – wie ein riesiges Kreuzworträtsel zusammenpassen. (Ein Krater, auf der für uns unsichtbaren Seite des Mondes, trägt zu Ehren Wegeners dessen Namen. Und im Laufe eines Jahrzehnts werden die auf dem Mond stationierten Lasergeräte beweisen, wie und ob sich die Kontinente auf der Erde noch bewegen.)

Ob diese eindeutige Kehrtwendung der Geologen ein Sieg der Katastrophisten bedeutet, ist noch fraglich. Dietz und Holden, zwei amerikanische Wissenschaftler, geben zu, daß ein »katastrophales Ereignis« zur Trennung von Pangaea vor etwa 200 Millionen Jahren geführt haben muß. Seitdem sollen sich jedoch die Kontinente langsam, aber unaufhörlich weiterbewegt haben, ohne Katastrophen und ohne kosmische Umwälzungen. Da sich die Erde abkühlt, glaubt man, daß sich die Kontinente langsamer bewegen und die feste Oberschicht der Erde tiefer wird. Für die wenigen Geologen, die immer noch der Meinung sind, daß die Kontinente nicht triften, mag dies ein schwacher Trost sein.

In geraumer Zeit werden die Landmassen tatsächlich stehenbleiben, und somit wäre die Richtigkeit ihrer Theorie dann bewiesen. Sie müssen allerdings noch etwas warten – nach momentaner Berechnung noch etwa 200 Millionen Jahre.

Das wechselhafte Magnetfeld der Erde

Wenn wir auf einen Kompaß schauen, erwarten wir, daß der Zeiger unweigerlich in Richtung des magnetischen Nordpols deutet. In den fünfziger Jahren machten einige Geologen die überraschende Entdeckung, daß im Laufe der Geschichte unserer Erde die Pole schon mehrmals umgekehrt lagen. Das bedeutet, man könnte auf einer Schiffsreise morgens aufwachen, und der Kompaß würde Süden anstatt Norden anzeigen. Ein wahres Rätsel, denn es gibt dafür keine wissenschaftliche Erklärung.

»Der Gedanke, daß das Magnetfeld der Erde sich umgekehrt hätte, scheint so unmöglich«, schrieben drei Geologen zu Beginn einer Untersuchung, »daß man sofort an eine Verletzung der physikalischen Gesetze denkt. Die meisten Forscher fragten sich, ob solche Umkehrungen mit der Theorie des Magnetismus überhaupt zu vereinbaren sind.«

Was die Erde anbetrifft, bestehen nur die Umrisse einer Theorie. Man nimmt an, daß – gleich einem Dynamo – durch die Erddrehung Strom erzeugt wird. Dafür gibt es jedoch keine Beweise.

»Nach einigen hundert Jahren der Forschung bleibt das magnetische Feld der Erde eines der bestbeschriebenen, doch am wenigsten verstandenen Phänomene«, gaben die drei Wissenschaftler zu. Trotzdem existiert das Magnetfeld, und seine feinen Schwankungen sind meßbar. Es scheint, daß ein riesiger Stabmagnet im Kern der Erde ein überraschend gleichmäßiges Kraftfeld entwickelt. Bis dieses Feld zur Erdoberfläche durchdringt (wenn es der Fall ist), ist es relativ schwach. Magnetismus wird in »Gauss«-Einheiten gemessen. Ein typischer Spielmagnet hat eine Stärke von etwa 1000 Gauss. Das Magnetfeld der Erde wurde von den NASA-Raumsonden aufgezeichnet; es schwankt zwischen 0,7 Gauss in der Nähe der Pole bis zu 0,3 Gauss am schwächsten Punkt bei Rio de Janeiro.

Magnetische Entdeckungen

Trotzdem sind seine mysteriösen Eigenschaften den Menschen schon lange bekannt. Die Chinesen benutzten schon im 11. Jahrhundert eine Art Kompaß aus Magneteisenstein. Frühe Astronomen hatten die nördliche Richtung an dem Stern über dem Nordpol erkannt. Im 13. Jahrhundert – lange bevor Newton die leicht erfüllbare Schwerkraft entdeckte – hatte schon Petrus Peregrinus, ein außergewöhnlicher französischer Ingenieur, die Haupteigenschaften des Magnetismus festgelegt: Die magnetische Kraft konzentriert sich auf zwei Pole; gleiche Pole stoßen sich ab, ungleiche ziehen sich an. Niemand erkannte jedoch, daß diese magnetische Kraft nicht gleichmäßig war, im Gegenteil, sie schwankte gewaltig. Seit Beginn des 20. Jahrhunderts haben wiederholte Beobachtungen bewiesen, daß das Magnetfeld sich sehr oft umgekehrt hat, und daß auch seine Kraft häufig schwankte. Heute ist die Anziehungskraft um 50 Prozent schwächer wie vor 2500 Jahren. Im Laufe der nächsten Jahrhunderte könnte sie ganz verschwinden, mit vielleicht katastrophalen Auswirkungen auf das Leben.

Eine der ersten Andeutungen, daß sich der Magnetismus auflösen könnte, ging von der Forschung des Italieners Guiseppe Folgheraiter aus. Durch die Untersuchung alter etruskischer Vasen versuchte er die Ausrichtung des Magnetfeldes der Erde zu verschiedenen geschichtlichen Zeitpunkten zu definieren. (Mit dem Brennen des Tons wurde die Polrichtung gleichsam miteingebrannt, was bei Steinen vulkanischen Ursprungs ebenfalls festgestellt werden konnte.) Er hatte erwartet, kleine Variationen zu finden, wie sie auch in der Navigation üblich sind. Zu seiner Überraschung mußte er feststellen, daß sich im 8. Jahrhundert v. Chr. in Italien und Griechenland die Pole umgekehrt hatten.

Magnetische Umwälzungen

Folgheraiters Experimente wurden 1907 durch die Untersuchungen des Genfers P.L. Mercanton bestätigt. Dieser stellte ebenfalls fest, daß das Magnetfeld im Jahre 1000 v. Chr. normal war. Die Arbeiten der beiden wurden 1949 überprüft, weil eine Umkehrung der Pole in solch naher Vergangenheit nicht glaubwürdig erschien. Dabei lieferten Felsen in Schweden zusätzliche Beweise, die den Zeitpunkt der Umkehrung um 860 v. Chr. bestimmten, d. h. kurz vor dem Aufblühen des Assyrischen Reichs und der griechi-

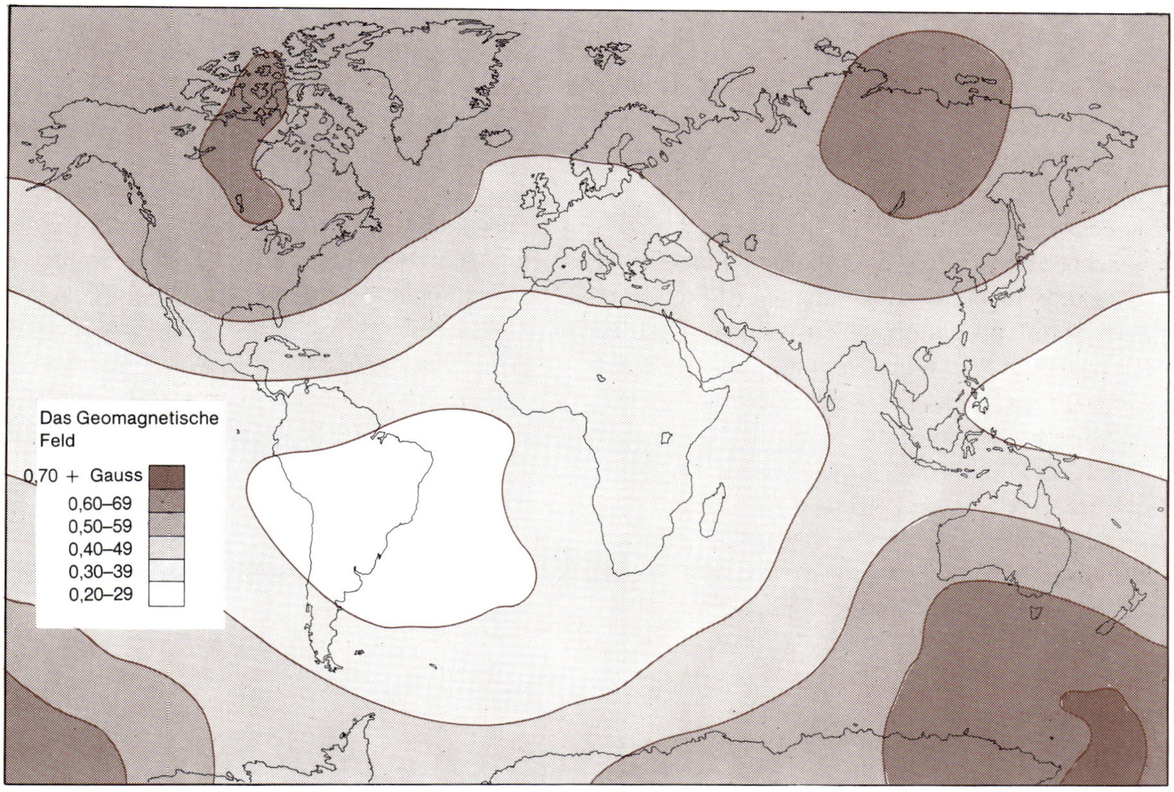

Laut NASA-Vermessungen ist das Magnetfeld der Erde am schwächsten in der Nähe von Rio de Janeiro und am stärksten an den beiden Polen.

Rutengänger sollen selbst kleine Schwankungen im Magnetfeld der Erde spüren können.

Im Laufe der Geschichte hat sich der Magnetpol mehrmals von Norden nach Süden verlegt, was katastrophale Folgen für die Lebewesen hatte.

schen und römischen Zivilisationen. Die Entdeckungen sind immer noch umstritten.

Es steht jedoch fest, daß Umkehrungen öfters und über verschiedene Zeitspannen hinweg stattgefunden haben, seit dem die Erde eine feste Masse wurde. Die Tabelle zeigt die *mindeste* (allseits akzeptierte) Zahl der Umkehrungen im Laufe der letzten drei Millionen Jahre an. Diese Zeitspanne entspricht der Entwicklung des Menschen und seiner Urahnen. Ein Korrespondent der Zeitschrift »Nature« meint dazu, daß diese Zahl nur die »Spitze des Eisberges« darstellen könnte. Vielleicht hat eine Umkehrung im Jahre 330 000 v. Chr. stattgefunden – ein Datum, das zufälligerweise mit dem ersten Erscheinen des modernen Menschen übereinstimmt (vgl. Seite 40).

Es gibt auch Beweise für Umkehrungen vor 110 000 sowie vor 30 000 Jahren. Darüber hinaus haben vor kurzem schwedische Geologen konkrete Nachweise für Umkehrungen oder starke Schwankungen im Magnetfeld der Erde im Jahre 10 000 v. Chr. erbracht, also genau zum Ende der letzten Eiszeit.

Polumkehrungen

Solch ein Ereignis ist mehr als ein geologisches Wunder oder eine große geomagnetische Störung. In den letzten zwei Jahrzehnten wurde immer klarer, daß eine solche Magnetfeldumkehrung für Lebewesen katastrophale Auswirkungen haben kann. Während der Felsbohrungen auf dem Meeresboden, um Beweise für das Triften der Kontinente zu finden, wurde die Bedeutung des Magnetismus für die Entwicklung der Erde klar.

Geologen stellten fest, daß Umkehrungen der Pole mit vernichtenden Ereignissen übereinstimmten. Während Polumkehrungen oder kurze Zeit danach wurden im Pazifischen Ozean sechs Tierarten ausgerottet. Daher wird nun allgemein anerkannt, daß die kaum fühlbaren Schwankungen des Magnetismus einen schwerwiegenden Effekt auf die Entwicklung der Erde ausüben. Für diese Tatsache gibt es noch keine wissenschaftliche Erklärung. Richard Uffen von der New-York-State-Universität vertritt den Standpunkt, daß sich während einer Polumkehrung die Kraft des Magnetfeldes so stark reduziert, daß die Erde nicht mehr durch die Van-Allen-Gürtel geschützt wird. Dadurch wäre das Leben auf der Erde dem Solarwind und Strahleneinflüssen des Weltalls preisgegeben. Die Auswirkungen wären Mutationen und Vernichtung. Doch verschiedene Wissenschaftler haben diese Auffassung mit folgender Begründung abgelehnt: Da die schädlichen Strahlen entweder von der Atmosphäre aufgenommen werden oder nicht bis auf den Meeresboden durchdringen können, würde die zusätzliche zehnprozentige Strahlenbelastung keine merkbare Wirkung erzielen.

Eine alternative Theorie ist die Verbindung von Magnetfeldumkehrung mit Vulkanausbrü-

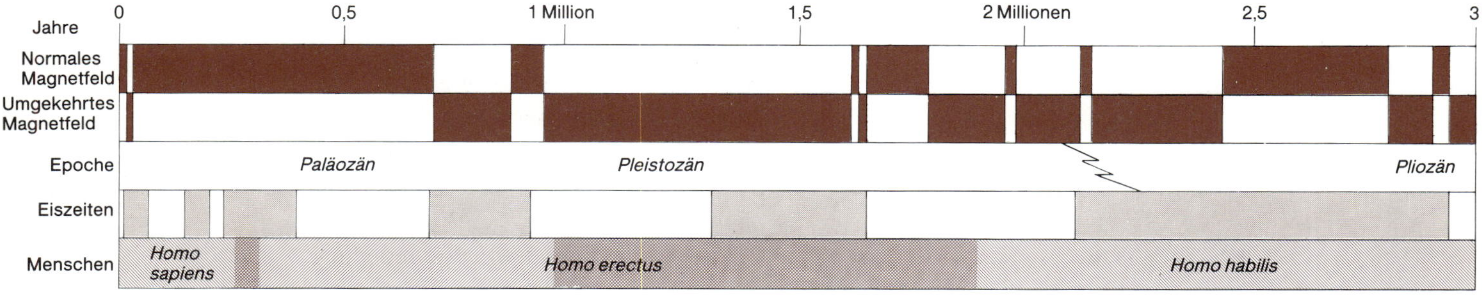

chen, wobei die längere Abschirmung der Sonne durch Vulkanasche das Leben beeinflussen könnte. Doch auch sie birgt nur eine teilweise Erklärung, denn während einer Umkehrung des Magnetfeldes müssen nicht unbedingt alle Vulkane ausbrechen.

Nach einem anderen Vorschlag, der auch keine absolute Lösung bietet, wird durch eine Magnetfeldumkehrung das Klima beeinflußt. Durch die z. B. dadurch bedingte Eiszeit könnte sich die erdgeschichtliche Entwicklung ändern bzw. geändert haben.

In der letzten Zeit gab es einen noch umstritteneren Vorschlag: Können schwache Magnetfelder eine direkte Wirkung auf Lebewesen ausüben? Entgegen aller herkömmlichen Theorien scheint dies tatsächlich der Fall zu sein.

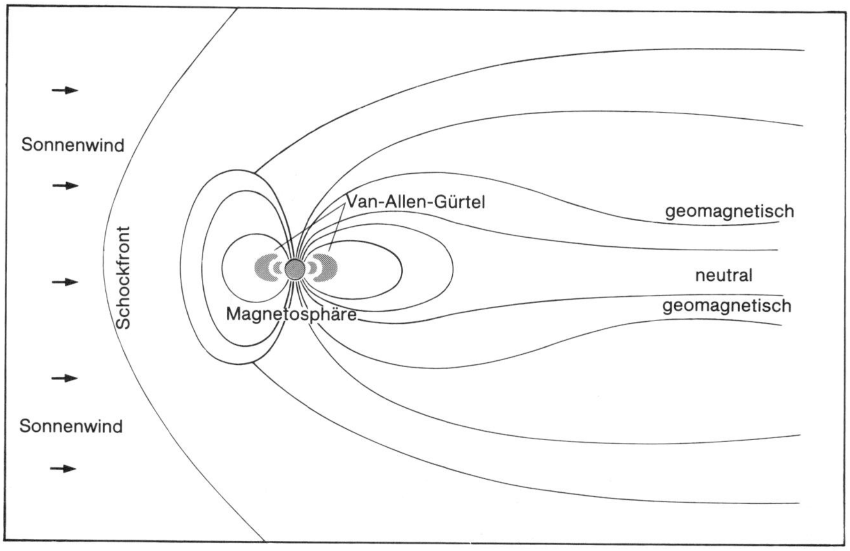

Die Magnetosphäre der Erde reicht bis weit in das Weltall und wendet die schädlichen kosmischen Strahlen ab.

Ist das Magnetfeld zu spüren?

Es ist kaum verwunderlich, daß diese Frage nicht früher gestellt wurde. Menschen reagieren kaum auf Magnetismus. Wenn man z. B. den Finger in das Feld eines kleinen Spielmagneten legt, ist keine merkbare Wirkung zu erzielen. Wir wissen auch, daß das Erdmagnetfeld nur über minimale Kraft verfügt. Sollte diese Kraft schwanken oder sogar ganz verschwinden, so müßte der Körper diese Auswirkungen ohne weiteres verkraften können.

Mysteriöserweise scheint dies jedoch nicht der Fall zu sein. Sämtliche Lebensformen, von den einfachsten bis zu den höchstentwickelten, spüren scheinbar winzige Schwankungen im Magnetfeld. Diese Erkenntnis hat uns an den Rand einer biologischen Revolution gebracht.

Beweise resultieren aus verschiedenen Quellen. Bei einem heranziehenden Gewitter reduziert sich das Magnetfeld. Zur gleichen Zeit erhöhen sich psychiatrische Einlieferungen in Krankenhäusern sowie die Anzahl der Selbstmorde. Tiere spüren ein Erdbeben durch druckbedingte Schwankungen im Felsen im voraus. In einem Labor lebten Menschen zehn Tage in einem Null-Magnetfeld (entsprechend der Umwelt auf anderen Planeten). Nach einiger Zeit konnten sie das Flimmern einer Glühbirne nicht mehr erkennen.

Insekten und Vögel verfügen über einen magnetischen Orientierungssinn. Bei Windstille landen Käfer, Bienen, Heuschrecken und viele Fliegen immer in einer gewissen Richtung. Der Bienentanz auf der Wabe kann durch Veränderungen der Magnetfeldstärke beeinflußt werden. Brieftauben verlieren durch die Befestigung eines winzigen Magneten ihren Orientierungssinn. Mäuse verlieren in einem sehr schwachen Magnetfeld den Geschlechtstrieb, legen sich in ungewohnte Stellungen nieder, leiden an Haarausfall, werden zutraulich und sterben früh.

Unbekannte Mechanismen

Die bisher behandelten Magnetfeldschwankungen sind so winzig klein, daß die meisten Wissenschaftler sie momentan noch nicht akzeptieren. Sie wirken jedoch auf Menschen wie auf Tiere.

Der amerikanische Physiker Zaboj Harvalik hat aufgezeigt, daß 90 Prozent der Menschen Schwankungen von einhunderttausendstel im Magnetfeld der Erde erkennen.

Ein deutscher Wünschelrutengänger konnte sogar ein Billionstel Teil von einem Gauss erkennen, eine unwahrscheinliche Leistung. Bis jetzt weiß niemand, welcher Mechanismus in unserem Körper das ermöglicht. Da er aber vorhanden ist, hat er vielleicht weitgehend zu den ungeheuren Vernichtungswellen unserer Geschichte beigetragen. Nebenbei macht er uns darauf aufmerksam, daß wir unsere scheinbar sichere und bekannte Umwelt nicht ohne weiteres akzeptieren. In den letzten 2500 Jahren fällt die Stärke unseres Magnetfeldes unerbittlich. Sie könnte in 200 Jahren auf Null stehen. Ist das ein Anzeichen der nächsten Polumkehrung? Wird sich dadurch der Entwicklungslauf der Erde wieder ändern?

Spontane Menschenverbrennung

Die Überreste von Dr. John Irving Bentley. Sie wurden von einem Beamten der Stadtwerke vorgefunden. Der Boden war durchgebrannt; darüber hinaus hatte der Brand jedoch nur wenig Schaden angerichtet.

Am 5. Dezember 1966, an einem bitter kalten Morgen, verließ Don E. Gosnell sein Haus in Coudersport, der Kreisstadt von Pennsylvania, um wie üblich für die Gaswerke Zähler abzulesen. Sein erster Besuch galt dem bekannten und als Familienarzt beliebten Dr. John Irving Bentley, der sich jetzt mit 92 Jahren im Ruhestand befand. Obwohl der Arzt stark gehbehindert war,

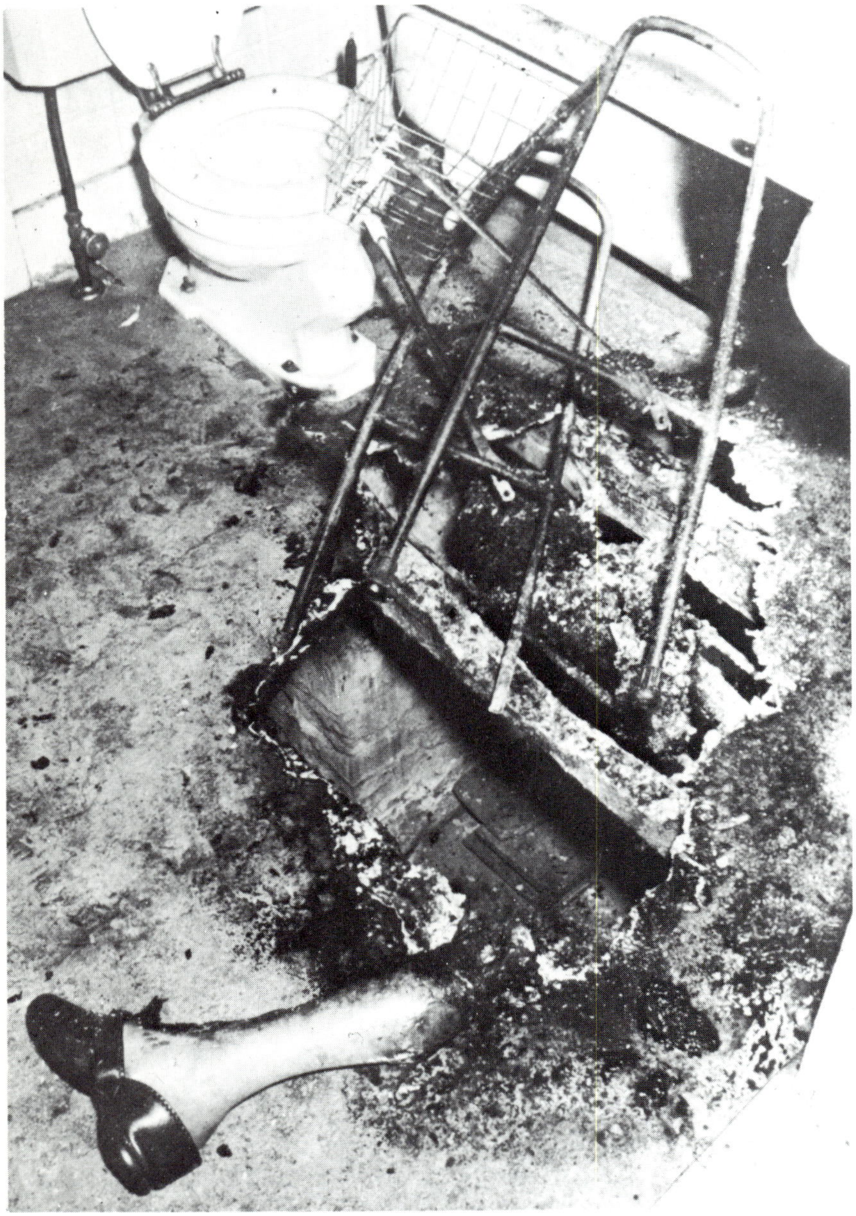

konnte er sich mit Hilfe einer Krücke noch innerhalb des Hauses bewegen und sich selbst versorgen.

Die Eingangstür von North Main Street Nr. 403 war zu, aber nicht verschlossen. Don Gosnell ging hinein und rief einen Gruß. Etwas verwundert, daß er keine Antwort erhielt, ging er zum Zähler in den Keller. Beim Betreten des Hauses war ihm ein komischer Geruch aufgefallen, der nun stärker wurde. »Es roch etwas süßlich, so, wie wenn man zum erstenmal eine Ölheizung in Betrieb nimmt«. Scheinbar stammte der Geruch von dem hellblauen Rauch, der in der Luft hing. Auf dem Boden lag etwa ein Eimer voll feiner dunkler Asche. Gosnell verstreute sie etwas mit seinem Fuß. Der darunterliegende Fußboden war nicht angesengt. Hätte er nach der Decke gesehen, so wäre ihm das durchgebrannte, etwa 0,5 mal 1,0 Meter große Loch aufgefallen. Er las den Zähler und ging dann nach oben, um nach dem Doktor zu sehen, fand ihn jedoch nicht. Der Rauch war hier etwas stärker. Don Gosnell ging ins Badezimmer. Was er sah, ließ ihn erbleichen. Quer über dem Loch im Boden lag des Doktors Krücke. Daneben befanden sich die letzten Überreste von Dr. Bentley. Der untere Teil des rechten Beines war etwas angebrannt, aber sonst noch intakt. Don Gosnell versuchte seine Übelkeit zu unterdrücken und lief aus dem Haus direkt in die Büros der Gaswerke. »Bleich wie eine Leiche«, beschrieben ihn später seine Kollegen. Völlig außer Atem, konnte er nur die Worte »Dr. Bentley verbrannt« herauspressen.

Er war ein seltener Zeuge eines außergewöhnlichen und abscheulichen Phänomens geworden. Spontane Menschenverbrennung, während der ein Mensch in ein paar Minuten zu einem Haufen Asche wird. Es handelt sich um ein seltenes und unvorhersehbares Ereignis (obwohl man in letzter Zeit behauptet, daß solche Ereignisse zur gleichen Zeit wie magnetische Störungen auftreten).

Kein Fall gleicht dem anderen, doch ein Sachverständiger erklärte, daß gewisse Eigenarten bei allen Fällen übereinstimmten: Die Geschwindigkeit und Intensität des Verbrennungsprozesses, oft mit öligen Rauchschwaden verbunden; ein Brennstoff, der sich nicht mit Wasser löschen läßt; eine gezielte Verbrennung, die Teile des Körpers nicht berührt und manchmal sogar die Kleider nicht versengt.

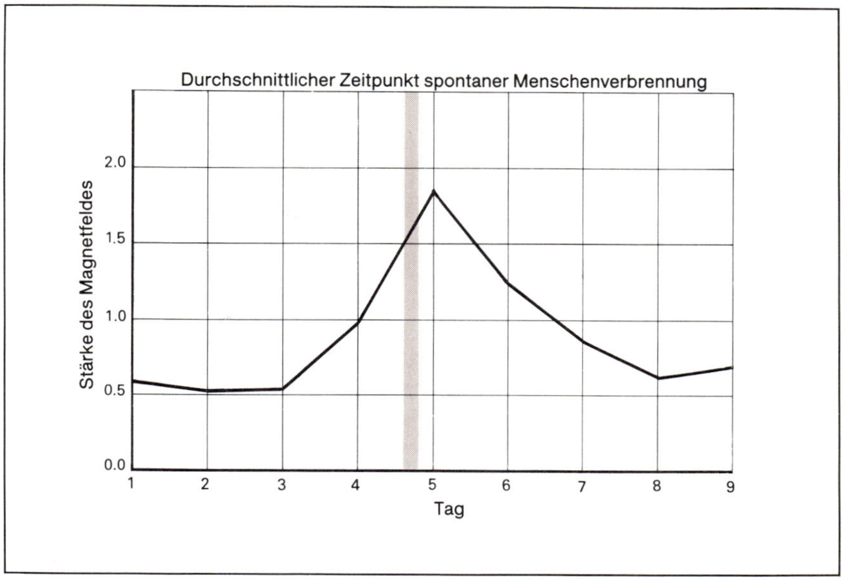

Die Überprüfung von sechs Fällen spontaner Menschenverbrennung beweist, daß sie am häufigsten während magnetischen Schwankungen stattfindet.

Vernichtende Hitze

Im Vergleich zu den großen Katastrophen, Massenvernichtungen und zusammenstoßenden Kontinenten liegt hier eine rein persönliche Katastrophe vor. Medizinisch wird sie kaum besprochen, denn ihre Widersprüche machen sie theoretisch unmöglich. Der Kern des Widerspruchs liegt in der Tatsache, daß uns keine Möglichkeit bekannt ist, nach der menschliches Gewebe beim Verbrennen ausreichende Hitze erzeugt, um zur fast totalen Zerstörung zu führen, würden sie sich nicht auf den Körper allein beschränken und leicht brennbare Stoffe unberührt lassen. Wenn überhaupt, dann wird das Thema »übernatürliche Verbrennung« diskutiert (spontane Entzündung ist auch theoretisch unmöglich), und man ist sich unter Vorbehalt einig, daß es im Laufe der Jahrhunderte davon einige Fälle gab.

1961 schrieb Dr. Gavin Thurston, ein Londoner Leichenbeschauer, im »Medico-Legal Journal«: »Es gibt unwiderrufliche Fälle, in denen ein Körper in sich selbst verbrannt ist und brennbare Gegenstände in unmittelbarer Nähe unversehrt blieben«. Das Rätsel bleibt ungelöst und ist ein Beispiel dafür, wie wenig wir unsere vergängliche Umwelt verstehen.

Der Fall von Dr. John Bentley wurde besonders genau analysiert, jedoch blieben für den zuständigen Leichenbeschauer, John Dec, einige Fragen offen. Nach der rationalen Erklärung hatte der alte Herr, ein Pfeifenraucher, seinen Bademantel versehentlich angesteckt und war dann ins Badezimmer getorkelt. Dort zog er seinen Bademantel aus und warf ihn auf den Boden. – Warum blieb dann der Bademantel relativ unbeschädigt (obwohl er viele alte Brennstellen aufwies, jedoch nie verbrannt war)? Wie konnte glimmender Stoff genügend Hitze erzeugen, um einen menschlichen Körper bis auf die Asche zu verbrennen? Wo kam in einem geschlossenen Haus der nötige Sauerstoff für ein solches Feuer her? Warum roch Don Gosnell kein verbranntes Fleisch, sondern nur den »etwas süßlichen« Rauch? Warum zeigte die Farbe auf der Außenseite des Bades keine Brandblasen, obwohl sie etwas verrußt war?

Verfall

Am wichtigsten: Warum blieb von dem Körper so wenig übrig? John Dec bestätigte, daß er nur den unteren Teil eines Beines und ein Knie fand. Andere erinnern sich an einen unkenntlichen Schädel. Das könnte die ovale Masse unter der Krücke im Bild sein. In seiner Praxis als Leichenbeschauer hatte John Dec einen Autounfall untersucht, bei dem die Hitze des Feuers so intensiv war, daß niemand die drei Opfer erreichen konnte. Die Insassen waren nicht mehr zu erkennen. Trotz diesem Holocaust waren noch Knochenteile vorhanden – Rippen, Glieder, Schädel, Zähne. John Dec stand vor einem Rätsel und schrieb auf dem Totenschein von Dr. Bentley »Tod vorerst durch Erstickung und Verbrennung von 90 Prozent des Körpers«. Später sagte er dem Schriftsteller Larry E. Arnold, daß 98 oder 99 Prozent genauer gewesen wären und bemerkte dazu: »Die ganze Angelegenheit war das Merkwürdigste, was mir je begegnet ist.«

Verbrennung

Diese fast totale Auflösung des Körpers in Asche bleibt ein ungelöstes Problem. Bei einem früheren Fall wurden 1951 in St. Petersburg in Florida die Überreste von Mrs. Mary Reeser von einem Nachbarn gefunden. Sie starb in einem Sessel, der zusammen mit einer Stehlampe auch verbrannte. In einem Kreis mit einem Durchmesser von nicht mehr als einem Meter blieben nur noch ein paar Stahlfedern und der Metallrahmen der Lampe übrig. Mary Reeser hatte ein Körpergewicht von 80 Kilo und ihre Asche wog 4 Kilo. Wie auch bei Dr. Bentley blieb ein Fuß in einem Satinpantoffel übrig. Ein Stück des Rückgrades war noch zu erkennen. Der Schädel war zur Größe einer Orange eingeschrumpft.

Diese letzte Tatsache interessierte besonders den international bekannten Gerichtsmediziner Dr. Wilton M. Krogman, Professor für Anthropologie an der Universität von Pennsylvania.

Im Laufe jahrelanger Beobachtungen in Krematorien hatte er festgestellt, daß Schädel unter der Auswirkung intensiver Hitze entweder schwellen oder zerbrechen. Selbst nach zwölf Stunden in einer Hitze von 3000 Grad verschwinden Knochen nie ganz und gar. Sie zer-

Sechs Fälle von Menschenverbrennung in Relation zu Magnetfeldschwankungen auf der Erde (nach Livingston Gearhart).

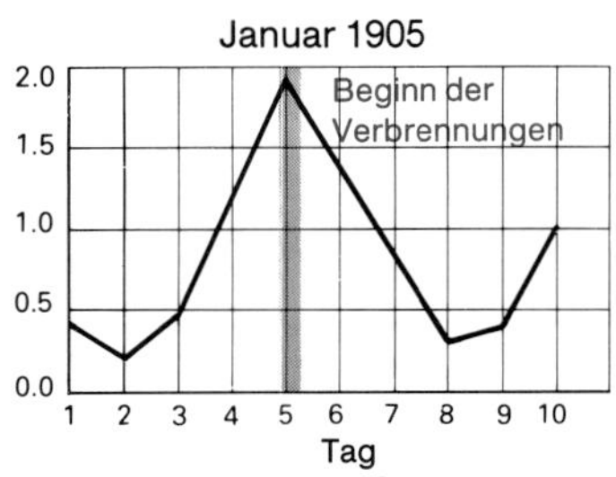

Elisabeth Clark; lag im Sterben in einem vom Feuer unberührten Zimmer. Sie konnte keine Erklärung abgeben.

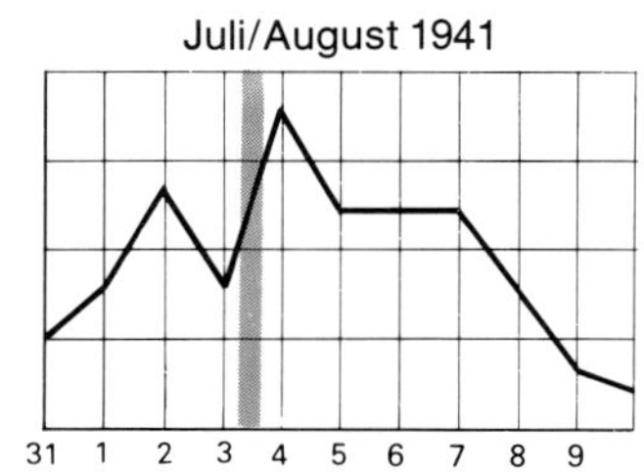

Lois Irene Chapmann; »tot auf brennendem Sofa gefunden«. Im Umkreis wenig Schäden.

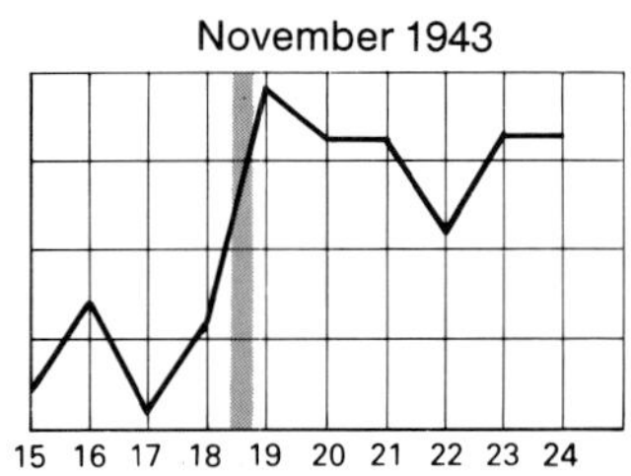

Madge Knight; im Bett schwer verbrannt. Bettzeug unberührt. (Sie starb am 6. Dezember.)

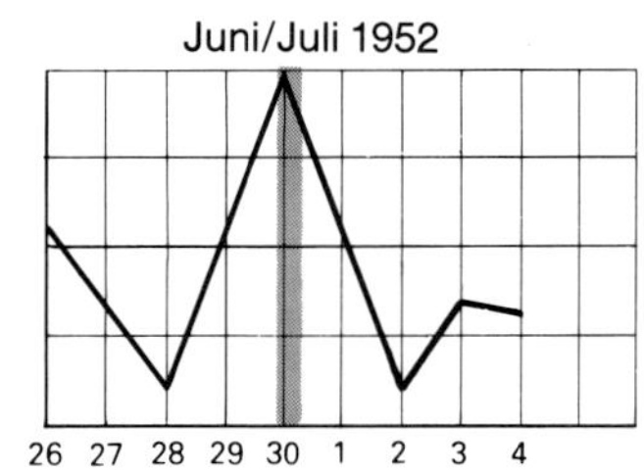

Unbekannter Mann; »unerkennbar verbrannt aufgefunden«. Das Auto war nicht verbrannt.

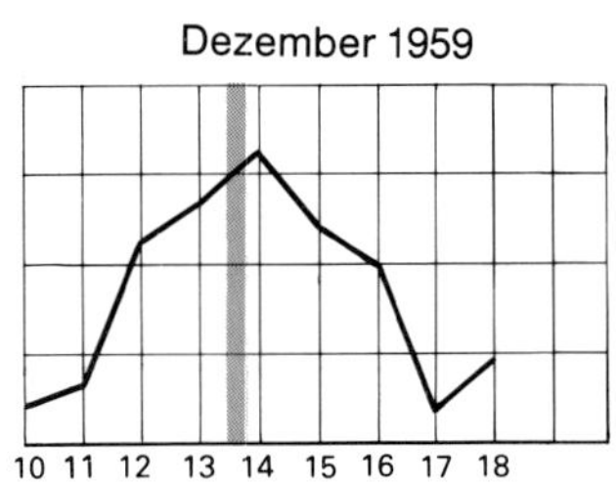

Billy Peterson; Brandwunden dritten Grades sowie interne Verbrennung; Kleider unberührt.

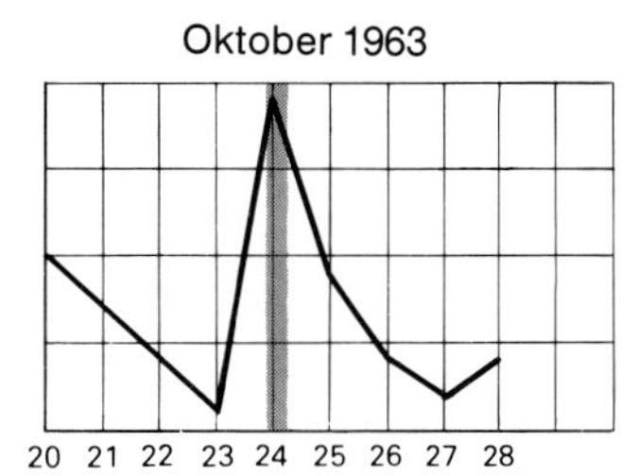

Olga Worth; in einem unbeschädigten Auto verbrannt.

splittern in kleine, aber doch noch erkennbare Teile.

Es handelt sich also bei diesen Verbrennungen um kein normales Feuer. Wenn man die Geschichte spontaner menschlicher Verbrennung verfolgt, wird klar, daß jeder Fall ganz besondere Merkmale aufweist. Die Unterschiede sind keineswegs gleichbleibend, und es scheint fast so, daß sich das Phänomen bewußt nicht klassifizieren lassen will.

Im 17. und 18. Jahrhundert hat man versucht, es mit übermäßigem Alkoholkonsum zu begründen. »Zwei Edelleute«, so ist einem Bericht zu entnehmen, »starben nach einem schweren Trinkgelage an Erstickung, nachdem Stichflammen aus ihrem Magen schossen«.

Bald erkannten jedoch viele Schriftsteller die mysteriöse Verbreitung dieses Rätsels. Zola, Marryat, Melville und de Quincey befaßten sich mit diesem Thema. Dickens war an dem Fall der Contessa Cornelia di Bandi im Jahre 1763 besonders interessiert. Sie wurde eines Morgens von ihrer Dienerin entdeckt, als diese die Gardinen öffnete: »Ihre Leiche lag in einem furchtbaren Zustand auf dem Boden. Einen guten Meter vom Bett entfernt befand sich ein Haufen Asche. Ihre Beine blieben unberührt – der halbverbrannte Kopf lag zwischen ihnen. Fast der gesamte Rest des Körpers war zu Asche verbrannt. Der Raum war voller Ruß. Eine kleine, mit Asche bedeckte Öllampe auf dem Boden war leer. Zwei Kerzenständer standen auf einem Tisch; der Talg war verschwunden, die Dochte noch vorhanden«. Nachbarn, die gelben Rauch bemerkten, hatten Alarm geschlagen. Die Farbe des Rauches ist ungewöhnlich. Meistens spricht man von einer bläulichen Flamme. So zum Beispiel beim Fall des Pariser Malermeisters, der 1851 aufgrund einer Wette eine brennende Kerze verzehrte: »Kaum hatte er die Kerze in den Mund genommen, stieß er einen leisen Schrei aus, und man sah eine bläuliche Flamme auf seinen Lippen . . .«

»Innerhalb einer halben Stunde waren sein Kopf und seine Brust total verkohlt. Das Feuer brannte solange, bis von dem gesamten Körper nur ein Häufchen Asche übrigblieb.«

Ebenfalls eine blaue Flamme war charakteristisch für den Fall von James Hamilton, 1835 Mathematikprofessor an der Universität von Nashville. Er war einer der wenigen, die ein spontanes Feuer löschen konnten. Als er an sei-

Im 19. Jahrhundert wurde ein Arbeiter total verkohlt aufgefunden. Der nahegelegene Heuboden wurde vom Feuer nicht berührt (ganz rechts).

Menschliche Übertreibung

Im März 1955 beschrieb die Zeitschrift »Fate« zwei unerklärte Verbrennungen vom April 1938. Georg Turner, ein Lastwagenfahrer, wurde verbrannt in seiner Fahrerkabine bei Upton-by-Chester, Nordengland, aufgefunden. Neben ihm lag ein unversehrter Kanister Benzin.

Willem ten Bruik starb angeblich am Steuer seines Volkswagens in der Nähe von Nijmegen, Holland. Ein dritter Fall des Jahres 1938 wurde von der Zeitung »Sunday Star-Ledger«, New Jersey, 1966 »aufgedeckt«. Danach soll John Greeley am Ruder seines Schiffes »Ulrich« unweit der Küste von Cornwall, England, umgekommen sein. Erstaunlicherweise sollen alle drei Ereignisse am gleichen Tag, dem 7. April, stattgefunden haben. Die Geschichte ist seitdem öfters erschienen. In seinem Buch »Fire from Heaven« deutet Michael Harrison zusätzlich darauf hin, daß ein gleichschenkliges Dreieck die drei Vorfälle verbindet.

Leider sieht die Wahrheit anders aus. Genaue Untersuchungen vor Ort haben ergeben, daß in Cheshire kein Todesfall auf dem Namen Georg Turner eingetragen ist. Die Volkswagenfabrik wurde erst im Mai 1938 eröffnet, und das Schiffsverzeichnis von Lloyds hat nie ein Schiff unter dem Namen »Ulrich« geführt.

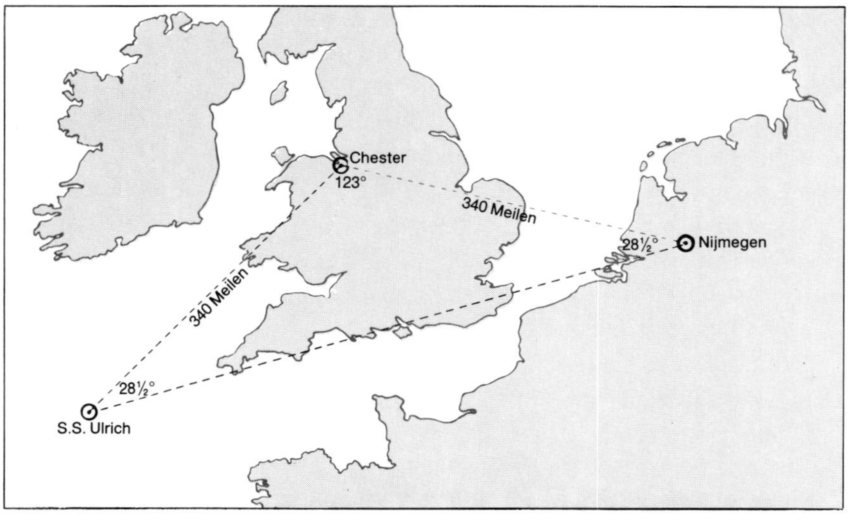

nem Bein eine 10 Zentimeter lange blaue Stichflamme bemerkte, versuchte er sie zuerst auszuklopfen. Als ihm dies nicht gelang, hielt er die Hand auf die Stelle und die Flamme erstickte langsam.

Offizielle Unfälle

Die Anzahl unbestreitbarer Fälle im Laufe des letzten Jahrhunderts ist ungewiß. Ivan Sanderson gründete 1967 in New Jersey die Gesellschaft zur Erforschung des Unerklärten. Er betont, daß seine Liste von etwa zwei Dutzend Fällen höchstwahrscheinlich nur die Spitze eines Eisbergs darstellt. Viele Fälle werden von der Feuerwehr oder den Gerichtsmedizinern einfach als »Unfalltod« bezeichnet. Zu ihnen zählt der Fall von Mrs. Mary Carpenter, die vor den Augen ihrer Familie auf einem Boot auf den Norfolk Broads im Sommer 1938 plötzlich in Flammen aufging und zu Asche verbrannte. Ihr Mann und ihre Kinder blieben unversehrt. Charles Fort, ein amerikanischer Schriftsteller, der sein Leben mit der Sammlung und Aufzeichnung des Außergewöhnlichen und Unerklärlichen verbrachte, beschrieb auch verschiedene Beispiele. Darunter befindet sich das von Mrs. Euphemia Johnson, einer 68jährigen Witwe aus dem Londoner Vorort Sydenham. Ihre verbrannten Knochen fand man an einem Sommermorgen des Jahres 1922 in ihren unbeschadeten Kleidern.

Spontane Verbrennung bleibt ein ungewöhnliches Ereignis und wurde bis jetzt nicht ernstlich erforscht. In einem Artikel für »Pursuit«, der Zeitschrift der Gesellschaft zur Erforschung des Unerklärten, schreibt der Amerikaner Livingston Gearhart über eine mögliche Verbindung mit magnetischen Schwankungen. Seine Theorie basiert auf den gesammelten Daten der US National Oceanic and Atmospheric Administration in Boulder, Colorado. Dort werden die weltweiten Meßwerte von Sternwarten gesammelt und ihr Tagesdurchschnitt errechnet.

Die Skala reicht in Zehntelpunkten von Null (ruhig) bis zu Zwei (Magnetsturm). In sechs Fällen stimmten spontane Verbrennungen mit einer scharfen Verstärkung des Magnetfeldes überein.

Diese Erkenntnis ist vielleicht ein erster Schritt zur Klärung des Phänomens. Schwache Magnetfelder wirken sich nicht immer günstig auf lebende Dinge aus (vgl. Seite 20). Die biologischen Auswirkungen von Magnetfeldvariationen auf den Körper bleiben noch unerklärt. Das plötzliche Feuer, welches die spontane menschliche Verbrennung verursacht, könnte durch magnetische Schwankungen ausgelöst worden sein und einem molekularischen chemischen Verfall entsprechen. Die ausströmende Hitze wird während des Verbrennungsprozesses auf engen Raum beschränkt. Hiermit ist jedoch nicht erklärt, warum es ein seltenes Ereignis bleibt, und warum sich das Feuer nicht verbreitet. Viele Schriftsteller ziehen Vergleiche mit dem plötzlichen Erscheinen eines Poltergeistes aus einer anderen Welt. Die unlogischen Einzelheiten vieler Fälle passen schlecht in den Rahmen herkömmlicher Wissenschaft oder der Konzepte von Raum und Zeit.

Kugelblitze

An einem kalten Morgen im März 1963 um 5.00 Uhr saßen der einzige Passagier und eine Stewardess des Flugs 539 der Eastern Airlines von New York nach Washington auf gegenüberliegenden Seiten des Ganges. Sie waren angeschnallt, denn der Kapitän hatte vor Gewitter und Turbulenz gewarnt. Plötzlich wurden beide durch einen Blitzschlag, der scheinbar die gesamte Kabine erfaßte, hellwach. (Selbst erfahrene Flieger, die wissen, daß ein solches Ereignis selten schweren Schaden anrichtet, werden immer wieder dadurch beunruhigt.) Was als nächstes geschah, schien fast geisterhaft. Durch die Kabine des Cockpits schwebte ungefähr auf Kniehöhe eine glühende blau-weiße Kugel mit einem Durchmesser von etwa 20 Zentimeter. Die beiden Passagiere beobachteten die Kugel, wie sie sich langsam den Gang entlang bewegte und in Richtung der Toilette am anderen Ende des Flugzeuges verschwand. Ein Ufo? Eine Phantasie? Flimmern vor den Augen? Die Stewardess bestätigte später, daß sie trotz ihrer Furcht der Überzeugung gewesen sei, daß es eine Auswirkung des Gewitters sein müßte. Der Passagier behauptete fest: »Ich habe während des Fluges keinen Tropfen Alkohol zu mir genommen.«

Tatsächlich handelte es sich bei dem Phänomen, das wir als Kugelblitz bezeichnen, um eine grelle kugel- oder birnenförmige Lichtmasse. Die verschiedenfarbige Kugel ist am Rande verwischt und schwebt oder springt. Dabei bewegt

Die World Meteorological Organization in Genf hat die Zahl der Gewittertage festgehalten.

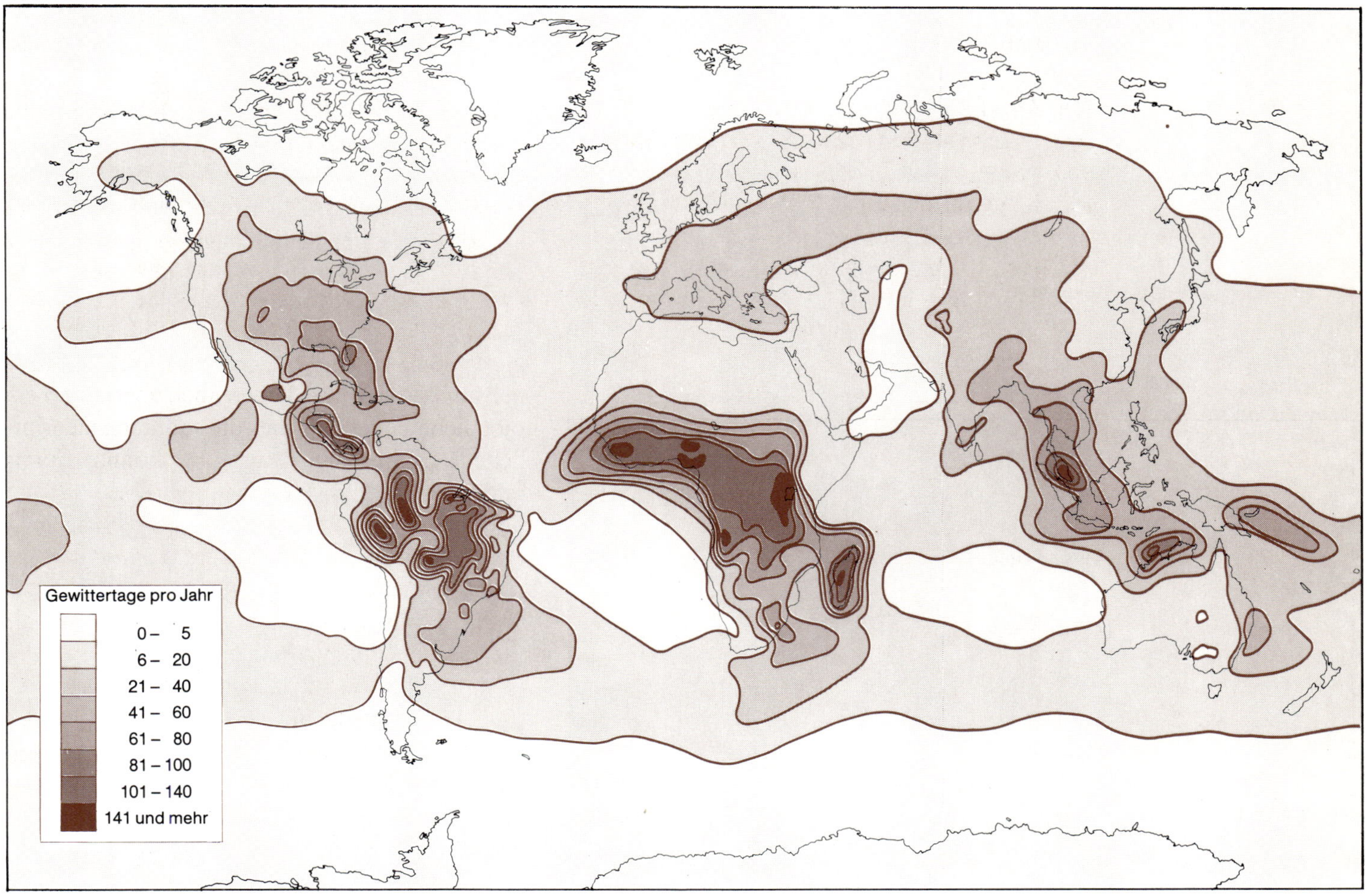

sie sich planlos. Manchmal verschwindet sie mit lautem Knall, und ein Geruch von Sauerstoff, Schwefel oder Stickstoff bleibt zurück. Ihre Durchschnittsgeschwindigkeit beträgt ungefähr zwei Meter pro Sekunde. Die Dauer schwankt von einigen Sekunden bis zu ein paar Minuten. Eine anerkannte wissenschaftliche Erklärung gibt es jedoch nicht dafür. Wie bei vielen unerklärten Phänomenen versuchen die Wissenschaftler sie als Einbildung oder Halluzination hinzustellen.

Interessant an dem oben geschilderten Vorfall ist nicht nur die Tatsache, daß er in einem Flugzeug stattfand, sondern daß ihn ein Fachmann miterlebte: Professor R. C. Jennison war Leiter des elektronischen Labors der Universität von Kent, Canterbury, England. Er konnte deshalb Größe und Geschwindigkeit genau einschätzen. Zudem stellte er fest, daß das Objekt nur wenig Hitze ausströmte und nicht magnetisch war, denn sein Taschenmesser und eine Tabakdose in seiner Tasche reagierten nicht. Etwas später wurde seine Schilderung des Ereignisses von der wissenschaftlichen Zeitschrift »Nature« veröffentlicht. Seit dieser Zeit sind Kugelblitze zunehmend Inhalt wissenschaftlicher Nachforschungen.

Einzigartige Eigenschaften

Die Besonderheit der Kugelblitze besteht darin, daß in der Physik nichts Ähnliches zu finden ist. Dr. Neil Charman vom Manchester Institute of Science and Technology beschrieb in der Zeitschrift »New Scientist« die Kugelblitze wie folgt: »Sie werden nicht von Luftzügen beeinflußt, strömen wenig Wärme aus und drehen sich. Manche Kugelblitze werden von Metall angezogen, d. h. sie bewegen sich an einem Draht oder Zaun entlang. Andere erscheinen in geschlossenen Räumen und bewegen sich problemlos durch Türen oder Gardinen. Auch scheinen Kamine, Schornsteine und Herde von diesen eigentümlichen Objekten heimgesucht zu werden. Besonders verwunderlich sind verschiedene Berichte über ihr Erscheinen in geschlossenen Flugzeugen. In mindestens einem Fall ist eine Kugel in ein Flugzeug eingedrungen und hat es, ohne Schaden zu hinterlassen, wieder verlassen. Da es sich dabei um ein Tankflugzeug handelte, ist die Erleichterung des Piloten zu verstehen.«

Eine der vielen offenen Fragen betrifft die Häufigkeit der Blitze. Ein anerkanntes Nachschlagewerk zählt beinahe 600 gut dokumentierte Beschreibungen über das Erscheinen von Kugelblitzen auf. Die Größe ihrer Durchmesser variiert zwischen einem Zentimeter bis zu einem Meter. Eine Befragung von NASA-Angehörigen deutet auf noch viel öfteres Erscheinen hin. »Vielleicht so oft wie ein normaler Blitz.«

Das scheint nicht sehr wahrscheinlich zu sein. 1975 überprüften die Wissenschaftler der Wyoming-Universität 100 000 Fotos von Blitzen. Davon zeigten nur sechs kugelartige Eigenschaften. Da jedoch auf der Erde durchschnittlich am Tage 13 Millionen Blitze einschlagen, dürfte die Jahressumme der Kugelblitze bei etwa 300 000 liegen.

Vermutlicher Kugelblitz, eine seltene Aufnahme von M.R. Lyons.

Gefahren

Die Wissenschaft akzeptiert langsam den Standpunkt, daß Kugelblitze relativ harmlos sind. Ein typischer Vorfall ermöglichte 1975 eine bedingte Messung ihrer Kraft. Eine junge Hausfrau stand an ihrem Herd in Smethwick, einer Stadt der englischen Midlands, als eine Lichtkugel über ihrem Herd erschien. Die Kugel hatte einen Durchmesser von ungefähr 10 Zentimeter und einen flammenfarbigen Rand. Sie war hell bis purpurblau. Die Kugel bewegte sich in der Höhe von einem Meter in ihre Richtung. Sie konnte nicht mehr ausweichen: »Die Kugel traf mich ungefähr unter der Gürtellinie. Automatisch schob ich sie zur Seite, und sie verschwand. Wo ich sie berührte hatte, war meine linke Hand rot angelaufen und geschwollen. Ich hatte ein Gefühl, als ob mein Ehering mir in den Finger brannte.« Die Kugel explodierte und brannte ein kleines Loch in ihren Rock, hinterließ sonst aber keinen Schaden. (Wenn Kugelblitze jedoch leicht brennbare Stoffe treffen, können sie gefährlich werden. Die Forschungsabteilung von Amoco Oil kennt verschiedene Beispiele von explodierten Tankwagen, Lastkränen oder großen Tankschiffen nach dem Einschlag von Kugelblitzen.)

Warum und wie oft Kugelblitze vorkommen, wird von so vielen Physikabteilungen untersucht, wie es auch Theorien gibt. Noch ist nicht bekannt, ob die Kraft der Kugeln von ihrem Inneren stammt oder ob sie eine äußere Energie formt. Es ist auch noch nicht nachweisbar, ob die Energiequelle elektrischer, elektromagnetischer oder nuklearer Art ist, oder ob es irgendeine andere Quelle gibt. Selbst winzige Bruchteile von Meteoriten aus dem Weltall wurden als Erklärung vorgeschlagen.

Obwohl die Kugeln vorerst noch unerklärt bleiben, ermöglichen sie uns die Deutung anderer Phänomene. Spontane Menschenverbrennung könnte vielleicht von Kugelblitzen ausgehen.

Ein großer Kugelblitz könnte bei dem Kontakt mit einem menschlichen Körper die gleiche Wirkung wie ein Mikrowellenherd auslösen. Das menschliche Gewebe würde ohne Schaden für die Hülle verbrannt. Danach würde ein bis jetzt noch unbekannter physiologischer Prozeß den Verfall herbeiführen, wie es auch bei Menschen der Fall ist, die von einem zickzackförmigen Blitz getroffen werden. Zweitens werden Kugelblitze mehr und mehr als Erklärung für die von Piloten gesehenen »Ufos« herangezogen; der Versuch, ein Rätsel durch ein anderes zu lösen.

Bedrohte Venus die Erde?

Unsere Welt ist nicht unveränderlich. Die Kontinente, auf denen wir leben, bewegen sich. Die Umpolung des Magnetfeldes beeinflußt die Entwicklung unserer Erde. Von Zeit zu Zeit bewirkt eine unbekannte Ursache den Verfall eines Menschen. Zurück bleibt nur ein Häufchen Asche. Schwebende Kugelblitze schlagen planlos auf der Erdoberfläche ein. All diese Phänomene wurden von der Wissenschaft lange nicht anerkannt, und sie werden immer noch nicht richtig verstanden. Zur Zeit werden sie auf das genaueste untersucht mit dem Ziel, sie in den Gesamtrahmen der Wissenschaft einzubinden.

Darum scheint der Gedanke, daß unser Sonnensystem veränderlich ist, nicht ganz irrig. »Die Lage der Sonne und ihrer Planeten, die Erde eingeschlossen, ist und bleibt veränderlich.«

Diese These wurde 1950 von Immanuel Velikovsky aufgestellt. In seinem Buch »Welten im Zusammenstoß« sieht er den Planeten Venus als einen verhältnismäßig neuen Teil unseres Universums. Von Jupiter weggeschleudert, soll dieser Planet erst die letzten 4000 Jahre seine jetzige Bahn verfolgen. Ein Außenstehender könnte erwarten, daß eine solche Theorie entweder als verrückt erklärt oder zwecks künftiger Überprüfung zur Seite gelegt würde. Dieses war nicht der Fall. Das Buch wurde nicht ernsthaft überprüft, aber auch nicht auf die Seite geschoben. Statt dessen führte das Werk zusammen mit den folgenden Büchern von Velikovsky »Erde im Aufruhr« und »Vom Exodus zu König Echnaton« zu einem akademischen Aufruhr. In seiner Heftigkeit und seinem Umfang gleicht er der Widerlegung der absoluten Wahrheit der Bibel durch Darwins Entwicklungstheorie. Velikovsky hat diese Auswirkung in dem Vorwort zu seinem Werk vorausgesehen: »Entsprechend den Theorien Newtons und Darwins bilden die Harmonie und Stabilität des Weltalls und der Erde den

Immanuel Velikovsky; seine Venustheorien greifen die Grundlagen vieler Wissenschaften an.

Grundstein des heutigen Denkens. Wenn diese zwei Wissenschaftler als unantastbar angesehen werden, dann ist dieses Buch Ketzerei.«

Eine unerhörte Theorie

Er hat nicht übertrieben. Seine Grundhypothese, daß die Laufbahn des Planeten Venus im Laufe der modernen Geschichte nahe der Erde lag und katastrophale Auswirkungen hatte, ist so unerhört, wie es die Theorien von Galileo und Kopernikus im Mittelalter waren. Erstaunlich ist aber die Überreaktion der Wissenschaft. Professor Harlow Shapley, Direktor des Harvard College Observatory, sagte ganz schlicht: »Wenn Dr. Velikovsky recht hat, sind wir alle verrückt«. Dean B. Mc Laughlin, Professor für Astronomie an der Universität von Michigan, schrieb an Velikovskys Verleger. Er protestierte gegen die Veröffentlichungen »solcher Lügen, wie sie in großer Anzahl in dem Buch ›Welten im Zusammenstoß‹ vorzufinden sind«.

Shapley und Mc Laughlin bestätigten jedoch, daß sie das Buch nicht gelesen hatten. Dennoch setzten sie zusammen mit anderen Akademikern den Verleger unter Druck und überredeten ihn, das Buch zurückzuziehen. Ein anderer Verleger griff es auf, und es wurde zum Bestseller.

Der Versuch, das Buch am Erscheinen zu hindern, mißlang. Zum Zorn der Hierarchie wurde aus Velikovsky ein Phänomen.

Die Wahrheit der Bibel

Er war schon immer ein ungewöhnlicher Mensch. Geboren am 10. Juli 1895 in Vitebsk in Rußland, lernte er als Kind verschiedene Sprachen. Für seine Ausbildung, die auch Jura und Alte Geschichte umschloß, unternahm er umfangreiche Reisen. 1921 promovierte er als Mediziner. Seine ruhmreiche Laufbahn als Akademiker und Mediziner in Israel und Europa, besonders auf dem Gebiet der Psychoanalyse, führte ihn 1939 nach Amerika. Seine Forschungen über die frühe israelische Geschichte brachten ihn zu der Überzeugung, daß Teile des Alten Testaments wortgetreu der Wahrheit entsprachen. Sie beschrieben Katastrophen, die das Resultat eines nahen Zusammenstoßes der Erde mit einem anderen Planeten waren. Entweder drehte sich die Erde vorübergehend nicht oder ihre Achse verschob sich. Das Ergebnis waren Sintflut und Desaster. Josuas Bericht entsprach genau der Wahrheit: »Die Sonne stand auf ihrem Höhepunkt und ging einen ganzen Tag nicht unter.«

Zum Beweis mußte Velikovsky nach ähnlichen Legenden suchen. Diese sollten beinhalten, daß an einem Tag die Sonne nicht aufging. Entsprechende Berichte fand er auch in uralten Schriften über Amerika aus der Zeit vor Kolumbus sowie in China, Indien, Iran, Babylon, Island, Finnland, Griechenland und Rom. Mexikanische Urkunden sprachen von dem Verschwinden der Sonne im Laufe von vier Nächten. Andere Legenden stimmten scheinbar mit den in der Bibel beschriebenen Unruhen und Seuchen überein. Darin sah Velikovsky die natürlichen Vorboten des nahen Zusammenstoßes.

Aus all diesen Geschehnissen entwickelte Velikovsky einen völligen Neuaufbau unserer Geschichte. Er entschied sich dafür, daß der Planet Venus der Grund der Katastrophe war. (In der Mythologie waren Jupiter und Venus die wichtigsten Götter.) Zudem erzählten fast alle alten Geschichten von der Geburt des Planeten Venus, der traditionell immer in Dreieinigkeit mit der Sonne und dem Mond gesehen wurde. Wäre der Planet immer so weit entfernt und so klein gewesen wie jetzt, wäre diese Dreieinigkeit kaum zu erklären.

Velikovsky schrieb in einem aufregenden, durchaus nicht wissenschaftlichen Stil: »Weltumfassende Stürme entstanden, ganze Wälder wurden zerstört, Feuer und Asche fielen vom Himmel, Berge schmolzen wie Wachs, Lava floß aus dem Boden, Meere kochten, es regnete Pech, die Erde bebte, Städte wurden zerstört, Menschen flüchteten in Berghöhlen, Meere überschwemmten das Land, Flutwellen bewegten sich zwischen den Polen . . .« Das ist nicht die gewohnte Sprache unter Wissenschaftlern. Die kühle Ausdrucksweise, mit der er die Auswirkungen seiner Geschichte lebendig beschrieb, trug zur ablehnenden Haltung der Wissenschaftler bei. Darüber hinaus griff seine Theorie den Grundstein verschiedener Wissenschaften an. Dazu zählte die Astronomie, die Geologie und die Geschichte des Altertums. Diese Wissenschaften wurden immer mehr spezialisiert und Neuerungen gegenüber unzugänglich.

Mc Laughlin drückte seine Einstellung so aus: »Die Behauptung des Allwissens und der Gesamtlösung kennzeichnet unweigerlich den Quacksalber. Kein einzelner Mann kann heute mehr tun, als Fehler eines ganz kleinen wissenschaftlichen Bereichs zu korrigieren. Velikovsky bestreitet die Grundlagen verschiedener Wissenschaften. Das ist Größenwahn.«

Diese Kriterien treffen nicht zu. Velikovskys Bücher sind mit vielen Anmerkungen versehen. Seine Quellen sind leicht zu überprüfen (leichter als in Darwins Werk, wie er verschmitzt bemerkt). Wenn er die Auswirkungen einer Katastrophe etwas zu dramatisch beschreibt, so liegt

Die gesamte altertümliche Welt beschrieb den Planeten Venus als sehr hell und einem Kometen ähnlich. Sagen erzählen von seiner Geburt und deren Auswirkungen auf der Erde.

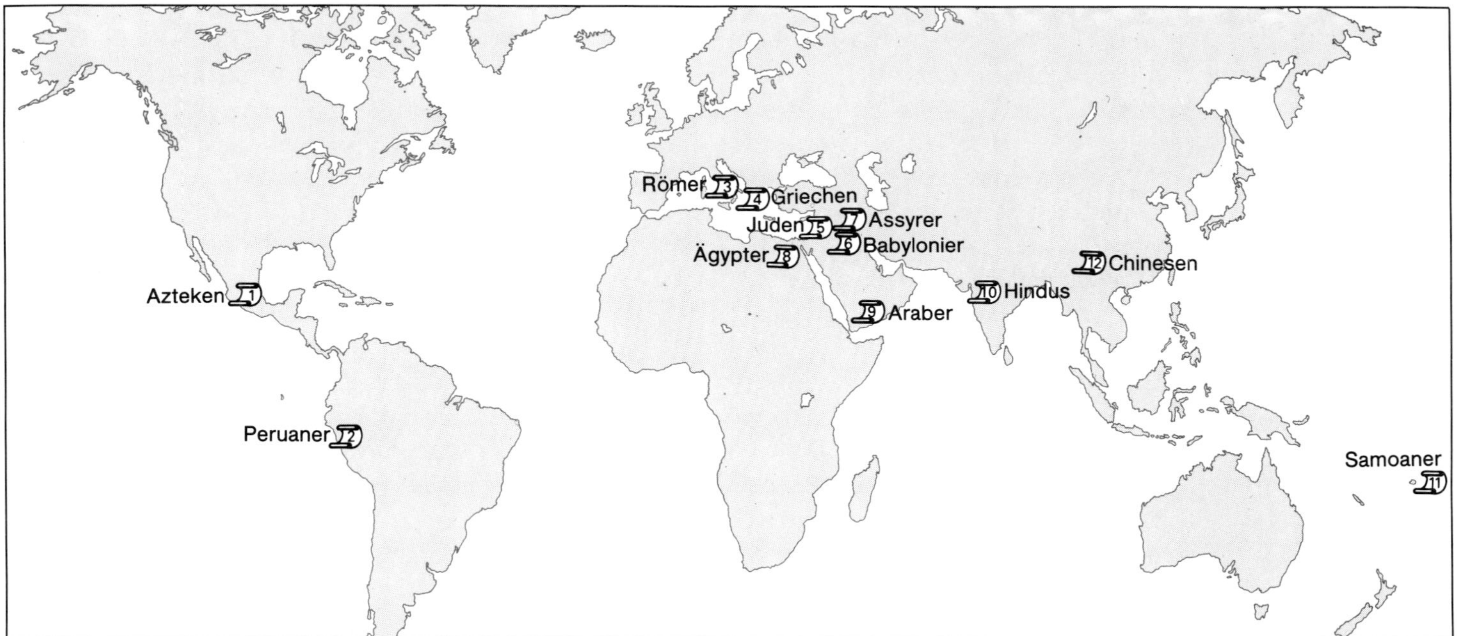

1. Venus wurde »der rauchende Stern« sowie »Quetzalcoatl« (federbedeckte Schlange) genannt. »Die Sonne versteckte sich, und es wurde vier Tage lang nicht hell. Dann erschien ein großer Stern. Er wurde ›Quetzalcoatl‹ genannt . . . viele Menschen starben an der Pest, oder sie verhungerten.«

2. Venus wurde Chaska – »der lockige« – genannt.

3. Nach überlieferten Erzählungen änderte der Planet Venus seine Farbe, Größe, Form und Umlaufbahn. Dieses einmalige Ereignis geschah zur Zeit Moses.

4. Sagen erzählen, wie Phaethon (»der brennende Stern«) durch Feuer fast die Welt zerstörte und sich dann in den Planeten Venus verwandelte. Danach kam die Sintflut.

5. Aus dem »Talmud«: »An dem Planeten Venus hängen Flammen.« »Midrasch«: »Grelles Licht von Venus durchströmt das Weltall.«

6. Die Sumerer nannten Venus »Wilde Kuh«, »Allmächtige, Du bist die Inanna des Himmels und der Erde, von Dir aus regnet Feuer auf das Land . . . Du hast das Land mit Gift bedeckt, wie ein Drachen«. Die Chaldäer: »Königin des Himmels«, »Himmelsfackel«, »eine außergewöhnliche Erscheinung am Himmel«.

7. Venus (Ishtar), genannt »der furchtbare Drachen«, »in Feuer gehüllt, mit phantastischer Krone«.

8. Die Araber nannten Venus »Zebbaj – den behaarten«, und brachten dem Planeten menschliche Opfer.

9. Venus, genannt Sekhmet, die zerstörende Göttin mit dem Löwenantlitz, »ein kreisender Stern, der Feuer und Flammen verbreitet . . . ihr Sturm ist gleich einem Flammenmeer«. Sagen berichten, daß Sekhmet einst versuchte, die Menschheit zu vernichten.

10. Die »Veden« berichten: Venus glich »Feuer und Rauch«. »Wie ein Bulle wirfst Du Feuer auf die Erde und in den Himmel.«

11. »Der Planet Venus wurde wild, und es wuchsen ihm Hörner.«

12. Während der Herrschaft des Kaisers Yao' soll ein Wunder passiert sein. »Zehn Tage (und Nächte) ging die Sonne nicht unter. Die Wälder fingen Feuer. Das Land wurde überflutet. Ein heller Stern entsprang der Yin-Konstellation.«

Die felsige Oberfläche des Planeten Venus. Eine Aufnahme der russischen Raumsonde VENERA 9 beschreibt den Planeten als dem Aussehen nach überraschend jung. Wie kann helles Sonnenlicht solch dicke Wolken durchdringen?

das nur an seiner eigenen Überzeugung. Seine Behauptungen sind nicht zu bestreiten. 1950 war der Uniformitarismus auf seinem Höhepunkt angelangt. Die Beschaffenheit der Erde wurde auf eine stufenweise Entwicklung zurückgeführt. Velikovsky aber gab zu bedenken, daß der Katastrophismus mit berücksichtigt werden müsse: Zufällige, seltene und gewaltsame Geschehnisse haben unsere Entwicklung beeinflußt und werden sie auch wieder beeinflussen.

Die Katastrophentheorie

Seit 1950 ist die Wissenschaft dieser Ansicht zugänglicher geworden. Eine Katastrophe hat den Riesenkontinent Pangaea gespalten (Seite 16). Die magnetische Umpolung (Seite 18) kann als eine Katastrophe bezeichnet werden. Einige der größten Krater der Erde, wie z. B. der Diablo Canyon in Amerika, könnten von dem Einschlag riesiger Meteoriten stammen (Seite 212). Die Möglichkeit einer Verschiebung der Erdachse wird diskutiert.

Zur gleichen Zeit wird Velikovsky jedoch noch ignoriert oder lächerlich gemacht. Trotz seiner Aufsehen erregenden Voraussagen, die durch die Raumforschung bewiesen wurden, äußern seine Kritiker, wie Professor Carl Sagan der Cornell-Universität: »Velikovskys neugewonnenen Ergebnisse sind falsch; und seine richtigen Erkenntnisse beruhen auf der vorangegangenen Forschung anderer.« Dagegen schrieb Dr. William T. Plummer von der Universität von Massachusetts in der Zeitschrift »Science«: »Einige der am wenigstens zu erwartenden astronomischen Entdeckungen wurden von Velikovsky vorausgesagt. So führte er u. a. aus, daß der Planet Jupiter wahrscheinlich Radiowellen ausstrahlt, daß die Erde eine Magnetosphäre haben müßte, daß der Planet Venus sich regelwidrig um die eigene Achse dreht, daß seine Oberfläche heiß sei und er von einer Schicht aus Petroleum-Kohlenwasserstoff bedeckt sein müßte. Mit Ausnahme der letzten bestätigten sich diese Voraussagen, die meisten durch Zufall.«

Warum werden Velikovskys Theorien dann immer noch nicht ernsthaft anerkannt? Zum Teil beruht das, wie Arthur Koestler, ein anderer interdisziplinarer Forscher, schreibt, »auf der Trägheit der Fachleute, die sich auf ihre eigene Wissenschaft beschränken«, aber auch auf der Tatsache, daß viele seiner Voraussagen ungenau oder zögernd klingen (»Venus ist heiß«, »Venus dreht sich vielleicht regelwidrig um die eigene Achse«).

Dazu kommt, daß viele seiner wichtigsten Voraussagen noch nicht bewiesen sind, vielleicht nie bewiesen werden. Obwohl viele Wissenschaftler behaupten, daß die Atmosphäre von Venus keine Kohlenstoffe enthält, bleibt Velikovsky z. B. bei seiner gegenteiligen Ansicht. Wer kann also sagen, ob er recht oder unrecht hat? Die Argumente der beiden Parteien (Velikovsky hat immer mehr bedeutende Anhänger) werden auf den nächsten Seiten zusammengefaßt. Bemerkenswert sind dabei die drastischen, durch Entdeckungen in der Raumforschung bedingte Änderungen wissenschaftlicher Theorien. Diese Entdeckungen wurden zur gleichen Zeit von Velikovsky im Rahmen einer umfassenden Theorie vorausgesagt, deren Grundlagen bis heute noch nicht widerlegt wurden.

Die Vorhersagen von Velikovsky

»Einige dieser Voraussagen wurden seinerzeit als unmöglich bezeichnet. Alle wurden zu einer Zeit getroffen, zu der noch keine Beweise zur Verfügung standen. Andererseits ist mir von Ihnen keine Voraussage bekannt, die seitdem widerlegt wurde«, schrieb 1963 der verstorbene H.H. Hess, Leiter des Space Science Board, National Academy of Sciences, in einem offenen Brief an Velikovsky.

Die Geburt des Planeten Venus

Venus ist ein verhältnismäßig junger Planet, der sich erst vor wenigen 1000 Jahren von Jupiter trennte. Im 15. Jahrhundert v. Chr. stieß er beinahe mit der Erde zusammen. Danach drohte alle 52 Jahre wieder eine ähnliche Kollision. Im 9. bis 8. Jahrhundert v. Chr. kam es dann fast zu einem Zusammenstoß zwischen Venus und Mars.

Die mögliche Reihenfolge verschiedener Umlaufbahnen, die zu der derzeitigen Stellung der Planeten führte (nach C.H. Ransom und L.H. Hoffee).

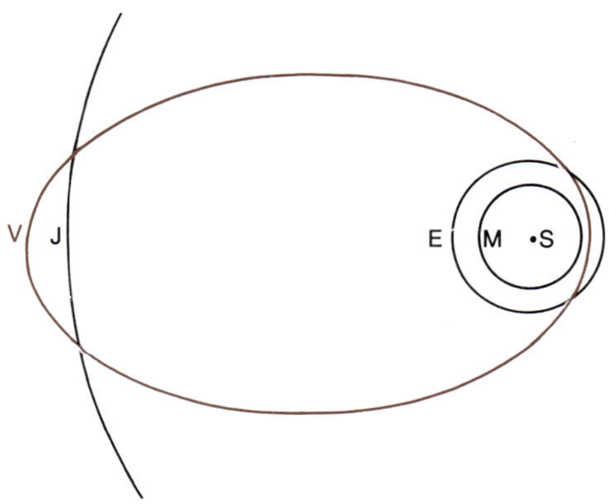

Der »Prototypplanet« Venus auf einer kometähnlichen Laufbahn nach seiner Trennung von Jupiter.

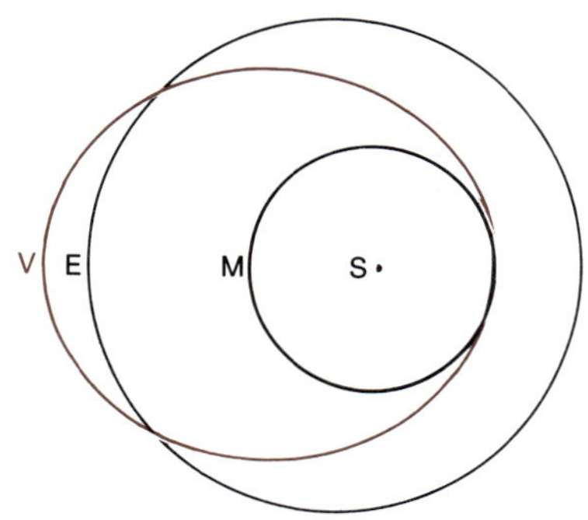

Die Umlaufbahn des Planeten Venus nach seinen Annäherungen mit der Erde in der Zeit 18. Jahrhundert v. Chr. bis 9./8. Jahrhundert v. Chr.

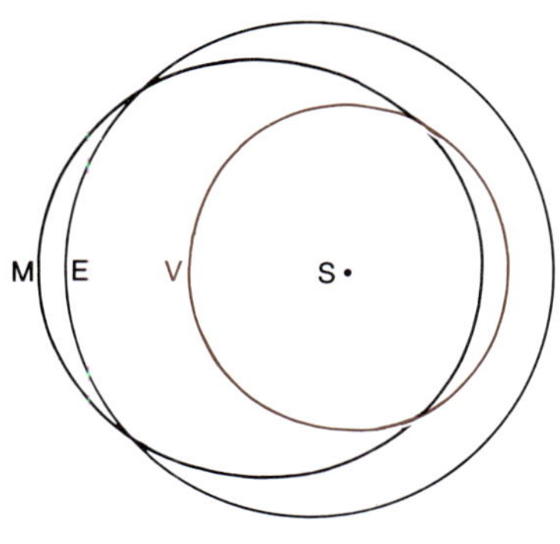

9./8. Jahrhundert v. Chr. hat Venus eine Laufbahn innerhalb der Erde bezogen. Dadurch wurde nun die Laufbahn von Mars gestört.

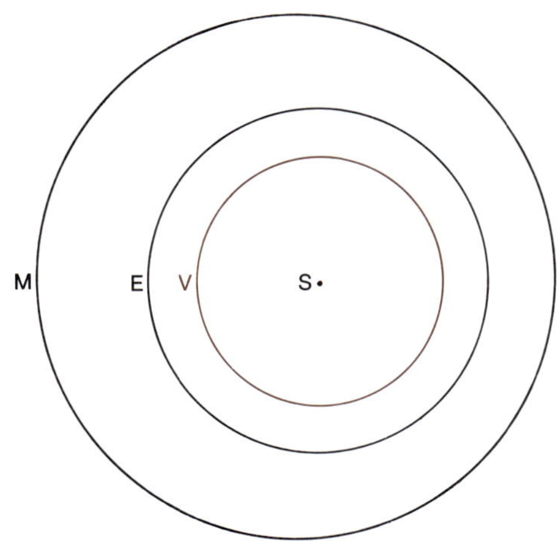

Die heutige »dauerhafte« Stellung der Planeten.

S Sonne
E Umlaufbahn der Erde
V Umlaufbahn des Planeten Venus
M Umlaufbahn des Planeten Mars
J Umlaufbahn des Planeten Jupiter

Anschließend bedrohte Mars mehrere Male die Erde. Langsam glichen sich die Umlaufbahnen an und erreichten im 7. Jahrhundert v. Chr. ihre momentane Position.

Einwand
Unsinn. Sämtliche Planeten entstanden vor mehreren Milliarden Jahren und nahmen damals ihre jetzige Stellung ein. Die Chancen für einen Zusammenstoß liegen bei 10^{23} zu 1 (C. Sagan). Laut den mathematischen Gesetzen des Weltalls sind die veränderten Umlaufbahnen von Mars und Venus dynamisch unmöglich (I. Asimov und andere).

Antwort
Professor Robert W. Bass, ein führender Astrophysiker hat überzeugend bewiesen, daß die von Velikovsky angegebenen Umwälzungen im Sonnensystem nach der anerkannten Himmelsmechanik durchaus möglich sind. Mit seiner Entgegnung hat Carl Sagan einen statistischen Irrtum erweitert und zudem die Auswirkungen der Anziehungskraft von zwei sich nähernden Planeten übersehen. Die Ransom/Hoffee-Umlaufbahnen (siehe Abb.) bieten eine Möglichkeit, wie Planten ihre derzeitige Stellung erreicht haben könnten. Außerdem kann die Stabilität des Planetensystems mathematisch nicht mehr als 300 Jahre vorausgesagt werden.

Hieroglyphe der Mayas »brennendes Wasser« (d.h. Petroleum), häufige Verbindung mit dem Planeten Venus.

Die Temperatur des Planeten Venus

Voraussage:
Die 1926 von Astronomen gemachte Entdekkung, daß die Wolkendecke auf der Nachtseite von Venus die gleiche Temperatur wie die Sonnenseite aufweist (etwa 25 Grad Celsius), bereitete laut Velikovsky keine theoretischen Probleme. Der Grund dafür ist die Eigenwärme des Planeten (sie ist beträchtlich, denn es handelt sich um einen jungen Stern). Die Hitze war durch die Trennung von Jupiter sowie durch die nahen Begegnungen mit Erde und Mars erzeugt worden und hat sich noch nicht verringert. Aufgrund seiner Herkunft dreht sich der Planet vielleicht regelwidrig um die eigene Achse. Die Atmosphäre ist sehr dicht und wird kaum vom Sonnenlicht durchdrungen.

Erster Einwand
(Im Laufe der fünfziger Jahre nach der Herausgabe von »Welten im Zusammenstoß«).

Falsch. Die Hitze auf der Venus stammt nur von der Sonne. Die Temperatur der Schatten- und der Sonnenseite bleibt sicher gleich, weil der Planet sich schneller um die eigene Achse dreht, als wir dachten. Es gibt keinen Grund anzunehmen, daß Venus sich in der entgegengesetzten Richtung wie die anderen Planeten dreht. Die Atmosphäre ist leichter als die der Erde, und die Geschichte beider Planeten »müßte sehr ähnlich sein« (H. Urey und andere).

Zweiter Einwand
(In den sechziger Jahren, nachdem Raumsonden Velikovskys obengenannte Voraussagen bewiesen hatten: Die Temperatur von Venus entspricht 400 bis 500 Grad Celsius. Der Planet dreht sich regelwidrig und verfügt über eine sehr dichte Atmosphäre – dramatisch bewiesen durch das Zerdrücken von Venera 3).

Also gut, Venus ist heiß. Das wußten wir schon lange. Ein Wissenschaftler namens Rupert Wildt hatte das 1940 festgestellt. Die Hitze entsteht durch eine Art »Treibhaus-Effekt« – Kohlensäure in der Atmosphäre speichert die Sonnenwärme, ähnlich wie Glas. Das Sonnenlicht ist auf den Aufnahmen der russischen Raumschiffe zu erkennen (C. Sagan und andere).

Antwort
Wildts Ansichten wurden damals nahezu ignoriert. Seine Theorie ging davon aus, daß in tropischen Lagen um die Mittagszeit Temperaturen zwischen 93 und 135 Grad Celsius (später abgeändert auf 77 Grad) herrschten. Die Durchschnittstemperatur schätzte er auf minus 23 Grad. Spätere Erklärungen wie der »verstärkende Treibhauseffekt« von C. Sagan und der »durchgehende Treibhauseffekt« von S.I. Raspool und C. de Bergh wären von einem beachtlichen Feuchtigkeitsgrad in der Atmosphäre des Planten abhängig. Dafür gibt es jedoch keine Beweise. Was die Aufnahmen betrifft, haben die

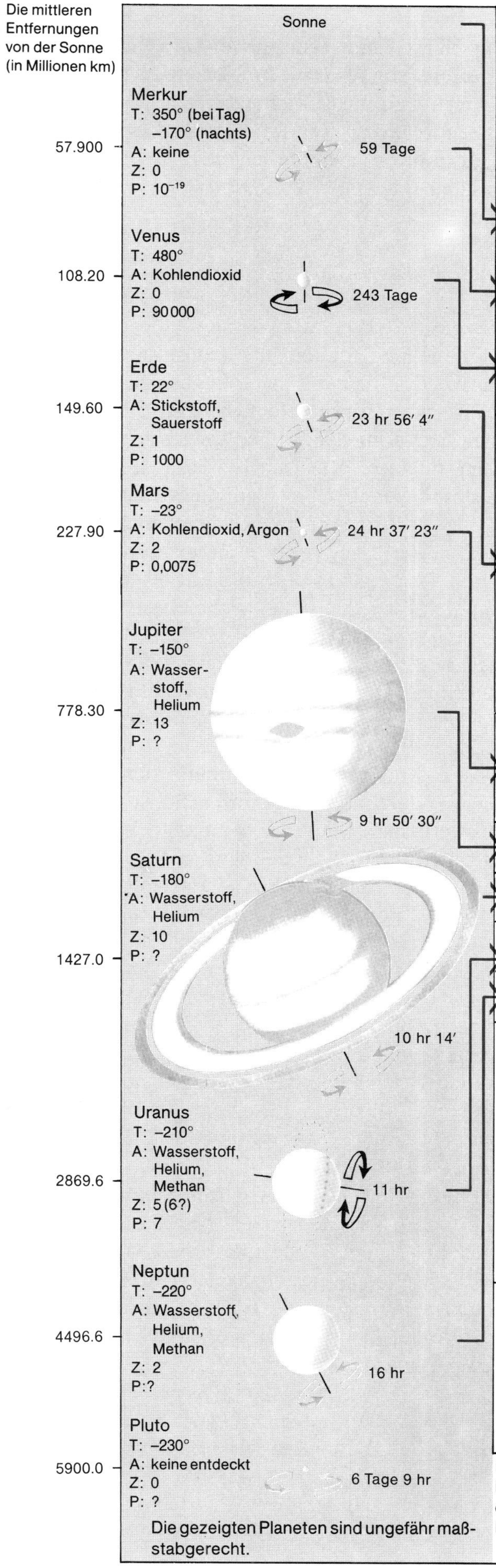

Aufstellung der Vorhersagen

Bewiesen	Unbewiesen
Elektrisch geladen Der Elektromagnetismus ist wesentlich für das Universum	
Elektromagnetisches Feld	Nachtseite warm
Ungewöhnliche Drehung. Heiß. Dichte Atmosphäre	Endstand vom Jupiter. Wird ständig kühler. Kohlenwasserstoff in der Atmosphäre
Veränderungen in der Magnetosphäre und beim Mond haben die Erddrehung beeinflußt. Erdmagnetische Umkehrungen waren der Anlaß für Vernichtungen. Einige neuere Ölablagerungen stammen aus dem Weltraum. Große klimatische Veränderungen im Bronzezeitalter. Große Verwüstungen während der Bronzezeit (nicht von Menschenhand)	Das Meersalz kommt aus dem Weltraum. Eine weltweite Überflutung. Drastische Veränderungen des Meeresspiegels in der Bronzezeit.
Begrenzte radioaktive Stellen. Oberfläche mondähnlich. Argon in der Atmosphäre.	Mikroorganismen, die bei Menschen Krankheiten erregen. Die Polarkappen bestehen aus gefrorenem Kohlenwasserstoff.
Strahlt Funkgeräusche aus	
Wasser- und Chlorvorkommen	Sendet Röntgenstrahlen aus
	Magnetfeld
	Stark aufgeladen
Mond Restmagnetismus in Felsen. Die Hitze kommt aus dem Inneren. Argon und Neon in den Felsen. Häufige Mondbeben. Kohlenwasserstoff an der Oberfläche. Radioaktives Vorkommen.	Die Oberfläche war früher flüssig. Die meisten Krater wurden aus großen Blasen gebildet.
Kometen und Meteoriten Einige Kometen sind neueren Ursprungs. Die Kometenschweife enthalten Kohlenwasserstoff. Einige Meteoriten enthalten Argon und Neon.	

Neigung der Achse
Die Drehung der meisten Planeten, gegen den Uhrzeigersinn von Norden betrachtet
Rückläufige Drehung
Umdrehungszeitraum – »Tag« 16 hr

T: Durchschnittliche Temperatur an der Oberfläche in Celsius
A: Die Hauptbestandteile der Atmosphäre
Z: Zahl der bekannten Monde
P: Atmosphärischer Druck in Millibar

Die Oberfläche des Mars ist von Kratern übersät, wie es Velikovsky vorhergesagt hat.

Der strahlenförmige Krater Tycho auf dem Mond ist wahrscheinlich durch einen interplanetarischen Blitzschlag entstanden.

Russen die Energiequellen von Venera 9 nicht veröffentlicht. Auch die Wellenlängen der Aufnahmen sind nicht bekannt. Die Schatten der Felsen wirken zu scharf, um von einer diffusen Reflexion von einem Prozent des Sonnenlichtes zu stammen.

Kohlenwasserstoff auf Venus

Voraussage
Die Bibel und andere Unterlagen beschreiben, daß Venus in seiner Erscheinung einem Kometen gleicht und Feuer, Staub, Manna und Seuchen vom Himmel fielen. Das bedeutet, daß die Atmosphäre von Venus »reich an Kohlenwasserstoff sein muß. Dieser wird sich solange nicht verflüssigen, sondern als Gas den Planeten umkreisen, wie die große Hitze vorhält«.

Einwand
Venus ist kein Komet, sie ist ein Planet. Ein Komet ist ein Himmelskörper unbekannter Herkunft, mit unberechenbarer Umlaufbahn, einem langen, aus Gasen bestehenden Schweif und verhältnismäßig kleinem Umfang (kleiner z. B. als der Mond). Die Untersuchung infraroter Widerspiegelung der oberen Atmosphäre der Venus weist keine Spuren von Kohlenwasserstoff auf, jedoch eine völlig aus Eispartikeln bestehende Wolkenschicht (W.T. Plummer).

Antwort
In der alten Literatur wurde Venus immer als Komet bezeichnet. Velikovsky hat also das Wort nur übernommen. Die Massengrenzen größerer Kometen sind noch nicht festgelegt. Bobrovnikoff schätzt sie auf 10^{24} Gramm, was den 10^{27} Gramm von Venus nahekommt. Obwohl noch keine Beweise über die Anwesenheit von Kohlenwasserstoff vorliegen, sind Plummers negative Entdeckungen noch nicht einwandfrei bewiesen. Seine Eiskristalle werden heute kaum noch anerkannt. Die niedere Atmosphäre von Venus liegt unter 15 Kilometer dichten Wolken und konnte bis jetzt nicht erforscht werden. Sie könnte also Kohlenwasserstoff enthalten (Velikowsky und andere).

Das Sonnensystem

Voraussage

Der Weltraum ist kein Vakuum. Elektromagnetische Kräfte spielten bei der Entstehung des Sonnensystems eine genauso wichtige Rolle wie die Anziehungskraft. Die Sonne ist stark elektrisch geladen. Jupiter sendet Radiosignale. Die Magnetosphäre der Erde erstreckt sich bis zum Mond.

Erster Einwand

(in den fünfziger Jahren)

Velikovsky wurde beschuldigt, »elektromagnetische Felder mit von ihm erwünschten Auswirkungen erfunden zu haben. Auch gebe es keinerlei wissenschaftliche Beweise für die Kraft dieser Felder« (M. Gardner). Seine elektrischen Berechnungen der Sonne würden die »unmögliche« Aufladung von 10^{19} Volt erfordern (D. Menzel).

Zweiter Einwand

(in den sechziger Jahren)

Raumsonden hatten Velikovskys Aussagen über die elektromagnetischen Kräfte in der Magnetosphäre der Erde unwiderlegbar bewiesen und die elektrische Kraft der Sonne war unabhängig auf 10^{10} Volt errechnet worden. In Ordnung, bei einigen seiner Vermutungen hatte er Glück.

Antwort

Das waren keine Vermutungen, sondern erarbeitete Voraussagen, die auf einer zusammenfassenden, wenn auch nicht orthodoxen Theorie über das Solarsystem beruhten.

Zwar wurden diese unerwarteten Tatsachen jetzt bewiesen, jedoch sind sie nicht von einer Katastrophe abzuleiten. Sie könnten andere Ursachen haben. Steinproben haben ergeben, daß der Mond vor mehr als 4 Milliarden Jahren entstand (D. York und andere).

Antwort:

Eine Katastrophe ist die folgerichtigste und auch einfachste Erklärung dieser Unregelmäßigkeiten. Warum sollte sie also nicht in Betracht gezogen werden? Die Frage lautet nicht: Wann sind die Felsen entstanden, sondern wann wurden sie zum letzten Mal erhitzt? Bis jetzt gibt es dafür noch keine befriedigende Lösung. Tests ergaben eine Erhitzung um das Jahr 8000 v. Chr. oder vielleicht sogar später. Mondgestein erbrachte mindestens fünf verschiedene Beweise, die für eine Erhitzung des Mondes in der näheren Vergangenheit sprechen (Velikovsky).

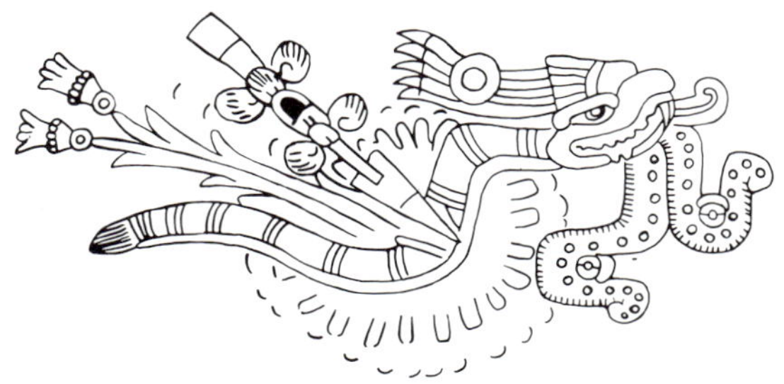

Quetzalcoatl ist der mexikanische Name für den Planet Venus. Historische Aufzeichnungen beschreiben seine Annäherung an die Erde.

Auswirkungen auf Mond und Mars

Voraussage:

Landungen auf Mond und Mars werden verschiedene Konsequenzen von Katastrophen beweisen, die vor weniger als 3500 Jahren stattfanden. Folgendes wird gefunden werden: Kohlenwasserstoff, in den Mondfelsen Magnetismus, der durch die damalige Aufheizung entstanden ist, übergroße Mengen von Neon und Argon und durch Steinproben Beweise, daß der Mond früher heiß war.

Einwand:

(nachdem mit Ausnahme der letzten, alle Voraussagen bewiesen waren)

Auswirkungen auf die Erde

Voraussagen:

Die enge Annäherung anderer Himmelskörper hat das Magnetfeld der Erde mehrmals umgepolt. G. Folgheraiter hat Beweise in griechischen und etruskischen Keramikvasen gefunden, daß eine Umpolung in der Mitte des 8. Jahrhunderts v. Chr. stattgefunden hat.

Einwand:

Umpolungen werden nicht durch die Annäherung anderer Himmelskörper verursacht. In der neueren Geschichte liegen keine archäologischen Beweise für eine Umpolung vor (wie es in der Zeitschrift »Nature« vom 6. Oktober 1972 dargestellt war). Folgheraiter hat sich geirrt. Die Vasen wurden ganz einfach umgekehrt gebrannt. Diesen Schluß hat auch E. Thellier bei seinen Versuchen mit karthagischen Tongefäßen gleichen Alters gezogen. »Es lag also nur eine scheinbare Umpolung vor!« (Verleger der Zeitschrift »Science News« und andere).

Antwort:
Viele Wissenschaftler (unter ihnen Harald Urey, einer von Velikovskys schärfsten Kritikern) glauben jetzt, daß Umpolungen durch die Einwirkung von Himmelskörpern wie Kometen oder großen Meteoriten verursacht wurden. In der gleichen Ausgabe der »Nature« wurde eine um das Jahr 30 000 v. Chr. stattgefundene Umpolung beschrieben, die in einer australischen Herdstätte bei Lake Mungo nachgewiesen worden war; andere sprechen von einer Zeit um 12 500 v. Chr. Die Zeitschrift »Nature« berichtete zudem von einem geomagnetischen Ereignis im 9. Jahrhundert v. Chr., welches seine Entdekker mit den Forschungen von Folgheraiter und Velikovsky verbinden (Seite 20).

Voraussage:
Alte Kulturen wurden gleichzeitig durch riesige Umwälzungen zerschlagen. Diese stimmen mit dem Ende der Alten, Mittleren und Späten Bronzezeit überein. Genau dies erkannte 1948 auch der bekannte französische Archäologe Claude Schaeffer, als er schrieb, »unsere Untersuchungen haben bewiesen, daß diese wiederholten Krisen . . . nicht durch Menschen verursacht wurden«.

Einwand:
Dies war das Ergebnis von ausgedehnten Erdbeben, nicht von kosmischen Katastrophen.

Antwort:
Nur wenn man die Aussagen der Wissenschaftler des Altertums übersieht. Ihrer Ansicht nach kamen Katastrophen aus dem Weltall. Selbst Carl Sagan gestand zu: »Die Anzahl der von Velikovsky gesammelten Legenden ist überwältigend . . . Wenn nur 20 Prozent davon der Wahrheit entsprechen, wird einiges Wichtiges zu klären sein.«

Kapitel 2

Die Entstehung der Menschen

Von allen Wissenschaften ist wohl die am unsichersten, die sich mit den Anfängen menschlichen Lebens befaßt. Nach mehr als einem Jahrhundert bietet Darwins anerkannte Theorie immer noch keine Erklärung für viele Entwicklungszweige. So hat niemand bis jetzt das fehlende Glied in der Kette entdeckt, das zu unseren affenartigen Vorfahren führt. Jeder neuentdeckte Schädel wirft wieder die Frage auf: Handelt es sich um einen Affenmenschen oder einem Menschenaffen? Wissenschaftlich akzeptierte Schätzungen über das Alter unseres Stammbaumes schwanken zwischen 25 und 5 Millionen Jahren. Niemand weiß, wo unsere Wiege stand, oder warum unser Gehirn eine plötzliche Qualitätssteigerung erlebte, die uns unter allen Lebewesen einmalig werden ließ.

Es gibt zwei Gründe für diese Ungewißheit: Der Mangel an Beweisen und die schwierige zeitliche Festlegung der wenigen vorhandenen Beweise. Bei einem berühmten Prozeß in Dayton, Tennessee, wurde 1925 der Lehrer John Scopes angeklagt, weil er statt der vom Gesetz geforderten biblischen Erklärung Darwins Theorie lehrte. Obwohl die Staatsanwaltschaft ausgelacht und letztlich gedemütigt wurde, geht doch die Schwäche der Verteidigung für Darwins Lehren aus dem Prozeß hervor: Sie bestand aus zwei Schädeln, einigen Bruchteilen eines Oberschenkelknochens und einem Stück eines Backenzahnes. Das war der gesamte Fossilienbeweis für menschliches Daseins vor dem Homo sapiens, der damals zur Verfügung stand.

Seitdem wurden Schädel und Oberschenkelknochen des »Java-Menschen« als wirklich alt anerkannt. (Bis jetzt weiß noch niemand genau, wie alt, denn der Entdecker, Eugène Dubois, hatte solch furchtbare Angst vor der religiösen Wut seiner beiden Schwestern, daß er die Fossilien 30 Jahre lang unter dem Boden versteckte und die Berichte seiner Ausgrabungen verwechselte.)

Der zweite Schädel – der des »Piltdown-Menschen« – erwies sich als offensichtliche und lächerliche Fälschung. Der Backenzahn, auf den die ausführliche Rekonstruktion von Herrn und Frau Hesperopithecus basierte (Seite 43), stammte tatsächlich von einer ausgestorbenen Schweineart.

Das alles liegt mehr als 50 Jahre zurück, und seitdem hat sich wenig geändert. 1970 entdeckte Bryan Patterson vom Museum der vergleichenden Zoologie von Harvard auf dem Lothagam-Berg in Kenia einen vom Alter geschwärzten Unterkiefer. Während der nächsten sechs Jahre wurde dieses Schädelteil weitgehend als »das älteste menschliche Fossil außer Ramapithecus« anerkannt. In der Tat eine begeisternde Entdekkung! Im Juli 1977 schrieb dann die Zeitschrift »Current Anthropology« ganz lakonisch, daß das Fossil doch nicht von einem frühen Menschen, sondern von einem Schimpansen oder einem Gorilla stammte.

Ähnliche Zweifel umgeben auch die jetzigen Methoden. Zeitmessungen mit Hilfe von Kohlenstoffanalysen finden ungefähr ihre Grenzen beim Jahr 50 000 v. Chr. (wobei immer ein Spielraum von einigen 1000 Jahren zu beachten ist. So wurde vor kurzem mit der genannten Methode das Alter einer lebenden Auster auf das Jahr 600 v. Chr. festgelegt). Außerdem besteht eine riesige Lücke bis um das Jahr 400 000 v. Chr.; für die Zeit wird dafür die Kaliumargon-Zeitmessung angewendet. Viele Wissenschaftler halten jedoch nicht viel von dieser Methode. Während einer kürzlichen Untersuchung von vulkanischen Lavaüberresten auf Hawaii ergab sie einen Fehler von 2960 Millionen Jahren. Dennoch sind sich Anthropologen über die Entwicklung des Menschen nahezu einig.

Der erste Teil dieses Abschnittes faßt den neusten Stand ihrer Überlegungen zusammen; der zweite beinhaltet die Alternative, die sowjetische Meinung.

Das fehlende Bindeglied

Lebensbereiche der vorgeschichtlichen Menschen, die durch Fossilienfunde belegt sind.

Als die Dinosaurier vor 63 Millionen Jahren so mysteriös von der Erde verschwanden, gab es kaum einen Hinweis dafür, daß die kleinen mausähnlichen Tierchen, die durch die Zweige sprangen, einmal die Erde beherrschen würden. Die Tierchen waren nicht größer als eine Menschenhand; ihre Kopfform glich der einer Spitzmaus. Sie hatten sich in die Bäume geflüchtet, um nicht den anderen Lebewesen zum Opfer zu fallen. Entwicklungsbedingt hatten sich ihre Augen nach vorne verlegt. Sie verfügten also über stereoskopische Sicht und kannten die Perspektive. Dadurch konnten sie genauer von Zweig zu Zweig springen. Die Finger und Daumen, mit denen sie sich festhielten, wurden mit jeder Generation stärker.

Sonst unterschied sie recht wenig vom Rest der Säugetiere. Scheinbar hat das gereicht, denn es führte zu der Entwicklung der Affen und der Menschen. In ihren verschiedenen Formen

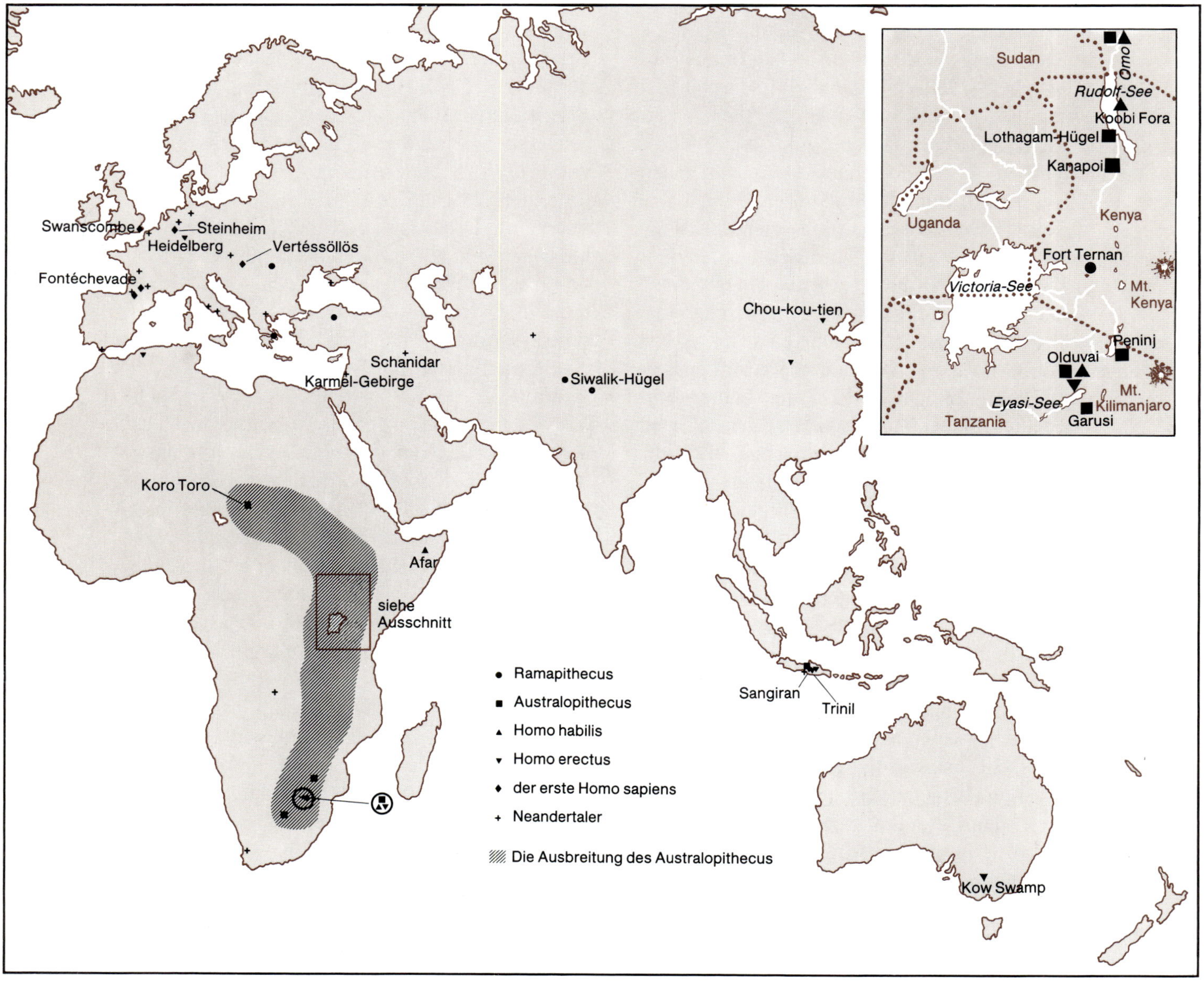

überlebten sie Katastrophen, die weniger anpassungsfähigen Kreaturen zum Verhängnis wurden. Während die Nase immer kürzer und der Geruchssinn immer schwächer wurde, rückten die Augen weiter nach vorne. Das Sehvermögen wurde immer besser. Die Entwicklung dieser Uraffen zeigt auch schon die ganz besondere Eigenschaft der späteren Menschen: Das Gehirn wuchs. Seine Originalgröße entsprach der einer Erbse in einem 5 Millimeter großen Schädel. Insbesondere die Großhirnrinde, die komplexe Muskeln und die fünf Sinne koordiniert, wuchs im Vergleich zu dem restlichen Gehirn.

Der einzigartige Mensch

Auf dem Entwicklungsweg trennten sich Menschen und Affen. Wie und wann wird schon seit einem Jahrhundert diskutiert, und es gibt immer noch keine Lösung. Fest steht nur, daß es zwischen dem Menschen und seinen »Vettern« einmalige Unterschiede gibt. Es werden mindestens 312 verschiedene Merkmale gezählt: So z. B. unser Mangel an Haaren, unsere aufrechte Haltung, unser hilfloses Säuglingsalter und unsere lange Kindheit, die uns von der menschlichen Gesellschaft abhängig macht. Das Wichtigste jedoch ist unsere Kopfform und die Gehirngröße, die scheinbar die Anforderungen weit übertreffen. Das sprungartige Wachstum dieses Gehirns ist kaum zu erklären. Momentan steht die Größe des menschlichen Gehirns in der Relation von 1 : 45 zu der Körpergröße. Bei einem Schimpansen liegt die Relation bei 1 : 75 und bei einem Gorilla bei 1 : 200. Auch im Vergleich mit anderen Säugetieren, mit Ausnahme der Delphine, Elefanten und Wale, ist unser Gehirn schwerer. Bei diesen drei Tierarten ist die Relation auch wesentlich niedriger als bei dem Menschen und beträgt 1 : 100, 1 : 600 und 1 : 10 000. Die ungeheuere Größe des Gehirns darf nicht unterschätzt werden: Von sämtlichen Lebewesen auf der Erde ist es nur uns möglich, unsere Lebensweise zu bestimmen, einen Geschmack zu entwickeln und über das Leben nach dem Tode nachzudenken.

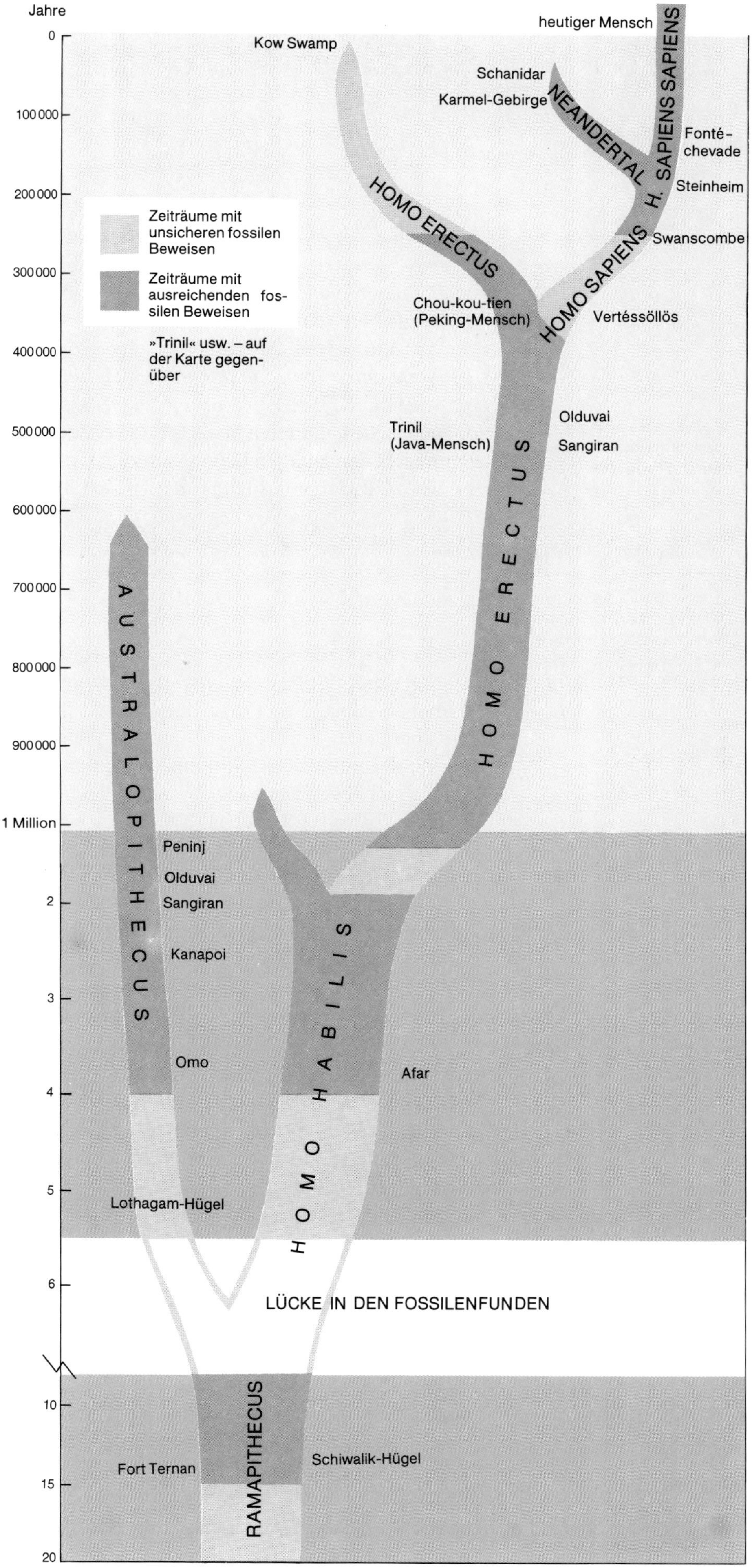

Der bekannte Anthropologe Louis Leakey, der beweisen wollte, daß der Ursprung der Menschheit in Afrika war.

Darwins Zweifel

Unser Gehirn bleibt vielleicht das größte Rätsel und stellt gleichzeitig auch Darwins Theorie der natürlichen Auslese in Frage. Darwin hat das auch anerkannt. Sein Freund Russell Alfred Wallace, der unabhängig von ihm zur gleichen Zeit die gleichen Folgerungen gezogen hatte, entschied später, daß die natürliche Auswahl während der Entwicklung nur bei den Menschen nicht zutrifft.

Das Gesetz der natürlichen Auslese lautet: »In keinem Fall stattet die Natur die Art eines Lebewesens mit mehr Fähigkeiten aus, als sie das tägliche Leben erfordert.« Das Gehirn hat sich jedoch weit darüber hinaus entwickelt. Menschliches Genie und musikalische oder mathematische Begabung können nicht auf der Basis natürlicher Auswahl und des Existenzkampfes erklärt werden. Es muß noch etwas Zusätzliches mit im Spiel sein. Nach Wallaces Ansicht war es der Wille Gottes.

Loren Eiseley, einer der führenden amerikanischen Anthropologen erläuterte, daß Darwin ein verzweifeltes »NEIN« quer über die Seite schrieb und das Wort noch einmal unterstrich, als er zum erstenmal die Erklärung seines Freundes las. Später schrieb er kummervoll an Wallace: »Wenn Du mir diese Bemerkungen nicht bestätigt hättest, hätte ich nie geglaubt, daß sie von Dir stammen könnten. Ich vertrete bedauerlicherweise eine ganz andere Meinung und hoffe nur, daß Du Dein und mein Kind nicht zu früh verunsichert hast.« Zwar ist der Einwand von Wallace damals wie heute nicht zu widerlegen, jedoch wurde Darwins Theorie nie begraben. Die natürliche Auslese bietet noch immer einen guten Leitfaden zur Erklärung des Lebens, obwohl die Theorie stetigen Angriffen ausgesetzt ist, weil sie Eigenarten von Entwicklungsprozessen nicht erklärt. Als Beispiel dienen die Borsten am Kopf der Drosophila-Fliege oder die Büschel an den Ohren gewisser Eichhörnchen.

Zu wenig Fossilien

Die Suche nach unseren Urahnen mußte sich auf drei bestimmte Eigenschaften konzentrieren: Gehirngröße, aufrechter Gang und flache Zähne. Das größte Problem ist der Mangel an Fossilien, die uns erlauben, ein entsprechendes Bild zu rekonstruieren.

In den 70 Jahren nach der Veröffentlichung von Darwins »Origin of the Species« wurden nur zwei Schädel entdeckt. Einer von ihnen, der Piltdown-Mensch, war eine Fälschung. Selbst heute besitzen wir für eine sehr wichtige Zeitspanne von 9 Millionen Jahren nur einen Backenzahn zum Beweis der Entstehung eines Menschenstammes in Ostafrika. Dies liegt darin begründet, daß früher nur eine geringe Zahl Menschen existierte, und Fossilien nur durch einige Todesarten entstehen. Ein Fachwissenschaftler schreibt dazu folgendes: »Ein Mensch wird im Treibsand gefangen oder fällt in ein Felsloch; sein Kopf wird von einem feindlichen Stamm abgehackt, das Gehirn gefressen und der Schädel weggeworfen; so entstehen Fossilien.« Dank der Arbeit der Familie Leakey in Äthiopien, Kenia und Tansania und in der letzten Zeit durch andere internationale Ausgrabungen am Fuße des Himalaya in Pakistan häufen sich langsam die Beweise. Dennoch besteht weiterhin ein Mangel, der die Fachwissenschaftler auf diesem Gebiet recht zurückhaltend stimmt. Unser Stammbaum wird den neuen Entdeckungen stets angepaßt. So ist z. B. heiß umstritten, ob unsere Urahnen zur Zeit der Dinosaurier in den Bäumen lebten oder vielleicht kleine schnelle Tiere waren; ob ihre Beine damals schon länger waren als die Arme und ob sie kleine Kiefer oder vorstehende Zähne und relativ große Schädel hatten. So reizvoll der Gedanke auch sein mag, es stehen keine Fossilbeweise zur Verfügung. Deshalb versucht die Wissenschaft, die verschiedenen bisher gefundenen Skeletteile in einer geraden Entwicklungslinie einzufügen.

Menschenaffen und Affenmenschen

Nach dem tropischen Urwald, in dem die spitzmausartigen Kreaturen lebten, entstanden klimabedingt riesige Grasflächen: die Savanne. Diese Umwelt förderte die Entwicklung von Mammuts, Pferden, Bisons, Wölfen und Tigern. Die Baumbewohner mußten sich auch dieser veränderten Umwelt anpassen, und langsam wuchsen sie zu der Größe von kleinen Affen heran. Loren Eiseley hatte ihre Vorstellung so beschrieben: »Am Rande des Waldes zögerte noch eine seltsame alte Tierart, dem Körper nach Baumbewohner. Vom menschlichen Standpunkt aus waren sie zäh und knochig, im Vergleich zu der Welt, in die sie blickten, jedoch Schwächlinge. Die Zähne waren stark genug, um die harten Früchte des Waldes zu kauen. Von Zeit zu Zeit fingen ihre Greifhände auch einen Vogel, den sie ebenfalls verzehren konnten. Die Zähne standen jedoch in keinem Vergleich zu den Reißgebissen der großen Katzen.

Sie reckten sich gern, um weiter sehen zu können und liefen vielleicht auch ein paar unsichere Schritte auf den Hinterbeinen, jedoch nur in den kurzen Momenten, in denen sie sich aufs offene Land trauten. Ein Überbleibsel ihres Baumlebens.«

Frühe Urahnen

So etwas geschah ganz bestimmt. Die Frage ist nur wann? Das erste Fossil, das in Frage kommt, ist höchstwahrscheinlich zu alt. Ein Schädel aus der Wüste südlich von Kairo wird auf 26 bis 28 Millionen Jahre geschätzt. Aegyptopithecus, wie er genannt wurde, hatte eine längliche Nase und große Schneidezähne, stammt jedoch eher von einem Uraffen als von einem Urmenschen ab. Die nächste Gruppe von infrage kommenden Fossilien besteht aus einer Reihe Zähne und Kiefern, die über einen breiten Teil Europas verstreut waren. Mehr als 100 Stück wurden gesammelt, überprüft und rekonstruiert. Man ist sich im allgemeinen einig darüber, daß die Form des unteren Schädelteils einen bedeutenden Entwicklungssprung in Richtung Mensch darstellt.

Die »Illustrated London News« zeigt die weibliche und männliche Version des Hesperopithecus. Diese wurden fälschlicherweise anhand des Backenzahns eines ausgestorbenen Schweins nachgebildet. (Näheres auf Seite 39)

Diese Menschenaffen wurden Ramapithecus genannt. Martin Pickford, Geologe und Teilnehmer an vielen Expeditionen auf der Suche nach vormenschlichen Überresten in Afrika und Pakistan, beschreibt sie als »die momentanen Favoriten auf der Suche nach den Urahnen des Menschen«.

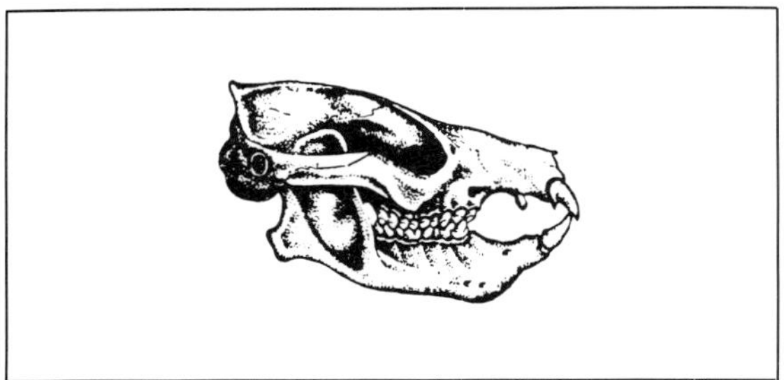

Schädel eines Menschenaffen, dem frühesten Vorfahren der Menschen.

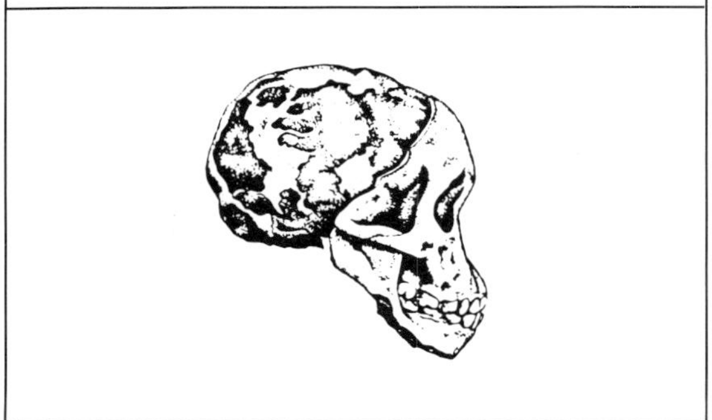

Der Australopithecus wurde von Raymond Dart im Jahre 1924 zum ersten Mal entdeckt.

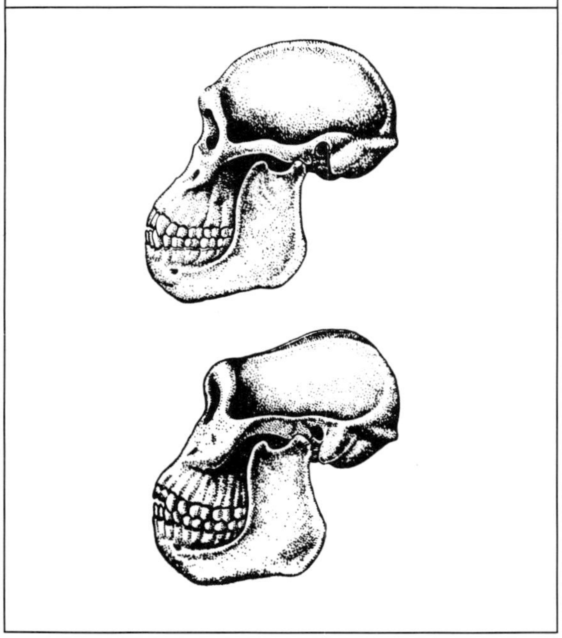

Die beiden Arten des Australopithecus: schlank (oben) und kräftig (unten). Entweder handelt es sich um verschiedene Arten oder verschiedene Geschlechter.

Die gefundenen Überreste stammen aus verschiedenen Zeiten, die im Miozän vor 24 Millionen bis vor 12 Millionen Jahre liegen.

Wissenschaftler können die Lebensweise dieser Menschenaffen nur schätzen. Wahrscheinlich fingen sie im Laufe der Zeit an, sich auf den Hinterbeinen zu bewegen. Einige Beweise, die darauf deuten, daß sie in Büschen und Bäumen lebten, stammen aus Pakistan. Sie jagten während des Tages sicher im Gras und kehrten am Abend zum Unterschlupf in die Wälder zurück. Es ist gut möglich, daß sie primitive Werkzeuge verwendeten, mit denen sie Baumrinde abzogen oder in Ameisenhaufen stocherten. Der Schädel mit dem großen Gehirn läßt auf eine Intelligenz schließen, die der eines Schimpansen entspricht.

Ein Zeitraum ohne Fossilien

Obwohl sie einen Fortschritt in der Entwicklung darstellen, könnten wir bei einer Begegnung mit ihnen wenig Ähnlichkeit mit uns selbst erkennen. Dabei müssen wir aber die Zeitspanne im Auge behalten: Die neuesten Fossilien dieser Art sind 8 Millionen Jahre alt. Nach ihnen klafft eine riesige Lücke von 4 Millionen Jahren. Es ist besonders ärgerlich, daß von diesem Zeitraum keine Fossilien zur Verfügung stehen.

Als die ersten Fossilien der neueren Zeit ans Tageslicht kamen, wiesen sie einige merkwürdige Eigenschaften auf: Scheinbar haben zwei potentielle Menschenarten nebeneinander gelebt. Die erste, Australopithecus (südlicher Menschenaffe) genannt, wurde 1924 von Professor Raymond Dart entdeckt. Er grub den Schädel eines Kindes in der Nähe von Johannisburg aus, der ohne Zweifel menschenartige Zähne hatte. Die Größe des Gehirns wurde auf 525 Kubikzentimeter geschätzt, größer als das Gehirn heutiger Affen. Je mehr Fossilien gefunden wurden, um so mehr wuchs die Überzeugung, daß es sich hier wirklich um unseren Urahn handelte. Beckenknochen zeigten, daß sich diese Kreatur, obwohl sie noch nicht ganz aufrecht ging, mit kurzen, schnellen Schritten fortbewegte. Die Knie und Hüften blieben leicht gebeugt. In Kenia entdeckte Mary Leakey später eine 300 Quadratmeter große »Wohnfläche«. In ihrem Bereich gab es eine spezielle Stelle, wo scheinbar Steine und Knochen zertrümmert wurden – ein klarer Beweis, daß hier Werkzeuge verwendet worden waren.

Neue Entwicklungen

Doch jetzt sieht es so aus, als ob Australopithecus in eine Sackgasse geführt hat. Als mehr und mehr Knochenreste ans Tageslicht kamen, schrumpfte nämlich die errechnete Größe seines Gehirns auf 450 Kubikzentimeter, zu klein für einen wesentlichen Fortschritt. Die Entdeckung von Jonathan Leakey im Jahre 1960 erregte neues Aufsehen. Er fand die Überreste eines menschlichen Wesens und nannte es Homo habilis. Hier war man endlich auf die Beweise einer sprunghaften Gehirnvergrößerung gestoßen. Das Gehirn umfaßte 680 Kubikzentimeter, was der Hälfte unseres Gehirns entspricht. Von wo stammte das Wesen? War es ein Abkommen von Ramapithecus? Niemand kennt die Antwort, denn es mangelt noch immer an Beweisen, um seinen Lebensstil beschreiben zu können. Bestimmt handelt es sich jedoch um ein Lebewesen, das schon vor 2 Millionen Jahren aufrecht ging, obwohl es nur 1,30 Meter groß war. Die Größe des Unterkiefers hätte auch das Vorhandensein einer sprachfähigen Zunge gestattet.

War das jedoch wirklich einer unserer Urahnen? Es besteht noch eine andere Möglichkeit. Ein junger holländischer Anatom entdeckte schon 1891 den »Java-Mann«, der lange Zeit der einzige Hinweis auf unser früheres Erscheinen blieb. Dieses Wesen, auch Homos erectus genannt, war ein wirklicher Mensch. Er war zwischen 1,65 Meter und 1,75 Meter groß, sein Gehirn umfaßte 800 bis 900 Kubikzentimeter, und seine Schenkelknochen entsprachen genau den unseren. Die meisten Lehrbücher geben sein Alter immer noch mit ungefähr 700 000 Jahren an. Damit wäre er aber zu jung, um als unser erster Urahn anerkannt zu werden. Jedoch deutet die Entdeckung von Schädeln seiner Art in Europa und Afrika auf ein Alter von mindestens 2 Millionen Jahren hin. Damit haben wir drei mögliche Urahnen, die zu etwa der gleichen Zeit die Erde bewohnten.

Ein Bindeglied fehlt noch

Sicher ist Homo erectus unser direkter Vorfahre. Aber ein Bindeglied wurde immer noch nicht entdeckt. Denn wir wissen nicht, wo er herkam oder wie eine Verbindung zu den anderen Menschenaffen zu finden ist. Es steht auf alle Fälle fest, daß sich während seines Vorhandenseins auf der Erde die kritische Entwicklung unseres Gehirns schlagartig fortsetzte. Seit seinem ersten Erscheinen haben bis heute 80 000 Generationen gelebt. Unsere Gehirngröße hat sich verdoppelt. Zehn neue Zellen am Tag – 90 000 in jeder Generation. Während dieser Zeit hat sich unser Körper nur wenig verändert. Anfangs wurde das wachsende Gehirnpotential nur wenig beansprucht. Homo erectus hat höchstwahrscheinlich das Feuer entdeckt und genutzt. Auch stellte er grobe Handäxte her. Sonst ist wenig über ihn bekannt. Als er jedoch von der Bildfläche verschwand, stand die Menschheit vor dem letzten großen Durchbruch: Zu dem einzigen denkenden Wesen zu werden, so wie wir es heute sind.

Diese Karikatur Darwins erschien im Jahre 1871 in »The Hornet« und bezeichnete ihn als »einen alten Orang-Utan«.

Das Erbe des Neandertalers

Gesichter von Neandertalern, die von dem Russen Mikhail Gerassimov nachgebildet wurden.

Was mit unseren Urahnen während ungefähr 250 Millionen Jahren, nachdem sie in menschlicher Form aus dem Urwald gekommen waren, geschah, müssen wir anhand eines halben Dutzend nicht kompletter Skelette erraten. Soweit wir es feststellen können, schritt die sprungartige Gehirnentwicklung vom Homo erectus zum Homo sapiens, unserem direkten Vorfahren, problemlos fort. Dann geschah jedoch etwas Sonderbares. Als ob die Natur zwei Versuche gemacht hätte, entstanden zwei verschiedene Arten: Die Neandertaler (Homo sapiens neanderthalensis) und wir (Homo sapiens sapiens). Von diesem Zeitpunkt der Entwicklung sind endlich genug Skelette und Schädel beider Arten vorhanden, um sich ein Bild vom damaligen Leben machen zu können. Das Rätsel unseres Ursprunges bleibt jedoch ungelöst. Ralph S. Solekki, Professor für Antropologie an der Columbia-Universität in New York, schreibt folgendes darüber: »Obwohl wir scheinbar sehr viel über sie wissen, sind die Neandertaler auf unserem Stammbaum immer noch nicht richtig einzuordnen.« Unser eigener Ursprung bleibt verschleiert. Kurz nach 40000 v. Chr. erscheinen wir sozusagen ganz plötzlich auf der Bildfläche. Nach ein paar tausend Jahren (ein kurzer Moment im Rahmen der Gesamtentwicklung) verschwinden die Neandertaler.

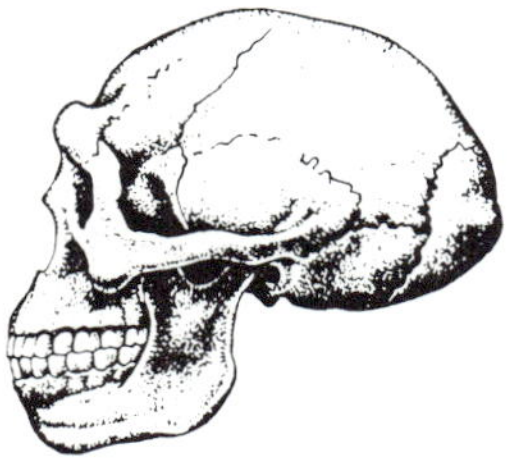

Nachbildung des Peking-Menschen. Er wird heute als Homo erectus (aufrechtstehender Mensch) bezeichnet.

Veränderte Vorstellungen

Die interessanteste Feststellung beim Studium dieser Epoche ist vielleicht die Aufwertung des Neandertalers. Aus der tierartigen, keulenschwingenden Karikatur mit beschränktem Gehirn wird er nun zum Sinnbild der sprungartigen Entwicklung, die nach dem primitiven Homo erectus einsetzte. Die ersten Schädel werden auf ein Alter von etwa 80000 Jahre geschätzt. Die Größe des Gehirns betrug zwischen 1400 bis 1450 Kubikzentimeter, liegt also günstig im Vergleich zu der des heutigen Menschen mit 1200 bis 1800 Kubikzentimeter.

Spätere in Europa lebende Neandertaler weisen sogar größere Gehirne auf, als der moderne Mensch. Auch über ihr Aussehen mögen wir uns geirrt haben. Nicht alle Neandertaler hatten die fliehende Stirn, die bei den Anatomen des 19. Jahrhunderts so beliebt war. Ihre Gesichter waren auf alle Fälle denen der heutigen Ureinwohner Australiens ähnlich. Wie es ein Schriftsteller ausdrückt, »kann man aus dem Schädel eines Neandertalers so gut das Gesicht eines Schimpansen wie das eines Philosophen modellieren«.

Ein zweiter schreibt: »Im Laufe des letzten Jahrhunderts hat sich der Ruhm des Neandertalers erhöht. Sein Bild entspricht einem gebeugten tierartigen Wesen mit riesigem Maul, keiner oder nur wenig Stirn und niedriger Intelligenz. Das Gesicht gleicht einem Affen.« Diese Darstellung entspricht unzähligen Karikaturen, in denen ein mit Fellen bekleideter Mann mit fliehender Stirn einer Frau auf den Kopf schlägt und sie in eine Höhle zerrt. Dieses populäre Bild des Neandertalers wird wohl noch auf Jahrzehnte hinaus erscheinen. Es ist aufregend und schmeichelt uns selbst. Dabei ist es jedoch falsch, so falsch wie die meisten Bestandteile des Konzepts, das man sich von den Neandertalern machte.

Sie haben viel erreicht. Sie lernten als erste Kleider zu tragen, Tierfelle, die sie reinigten, um sie vor dem Verwesen zu bewahren. Durch diese Kleidung konnten sie die menschlich bewohnten Gebiete erweitern. Sie zogen gegen Norden und überlebten dort sogar verschiedene Eiszeiten. Ihre Werkzeuge haben sich immer weiter entwickelt. So wurden Beile, Kratzer und Messer nach festen Modellen hergestellt. Nach unserem Kenntnisstand waren sie die ersten Menschen, die sich ihre eigenen Wohnungen bauten. In Molodova in der Ukraine wurden die Überreste eines Baus aus Mammutknochen entdeckt. Er war kreisförmig und besaß 15 kleine Herdstellen.

Auferstehung

Was die Neandertaler besonders kennzeichnete und von den übrigen Lebewesen unterschied, war ihr Streben, den Tod zu verstehen und ihr Glaube an ein Leben im Jenseits. Sie verstanden die Bedeutung des Todes und befaßten sich mit seiner Bekämpfung. Zeremonielle Bestattungen der Verstorbenen wurden eingeführt.

Die Bezeichnung »Mousterian« für die Kultur der Neandertaler stammt von einer Grabstätte in einer Höhle von Le Moustier in Südfrankreich. Das Grab beweist die Bedeutung der Bestattung. Ein 15 bis 16 Jahre alter Jüngling liegt auf seiner rechten Seite im flachen Grab. Seine Beine sind wie im Schlaf angezogen. Sein Kopf ruht auf einem kleinen Steinhaufen. Ein gutgeformtes Handbeil liegt ihm zur Seite. Verkohlte Knochenüberreste stammen entweder von einem Leichenschmaus oder sollten dem Verstorbenen auf seinem Weg ins Jenseits als Verpflegung dienen. Andere Grabstätten weisen eine noch engere Verbindung mit unserer Zeit auf. Eine Höhle in den Uzbek-Bergen in Zentralasien enthielt das Skelett eines Jungen, welches von sechs Steinbockhörnern umgeben war. Diese Tiere werden seit 50 000 Jahren in dieser Gegend noch immer verehrt. In Shanidar, im nördlichen Irak, entdeckte Ralph Solecki zwei mit Blumen bestreute Gräber. Die Kurden haben auch 60 000 Jahre später diese Tradition beibehalten. Der Forscher schrieb darüber: »Uns scheint es ganz natürlich, die geliebten Toten mit Blumen zu bedecken. Jedoch im Grab von Ne-

Bei Shanidar im Nordirak wurde die erste geschmückte Grabstätte der Welt gefunden (nach Ralph Solekki).

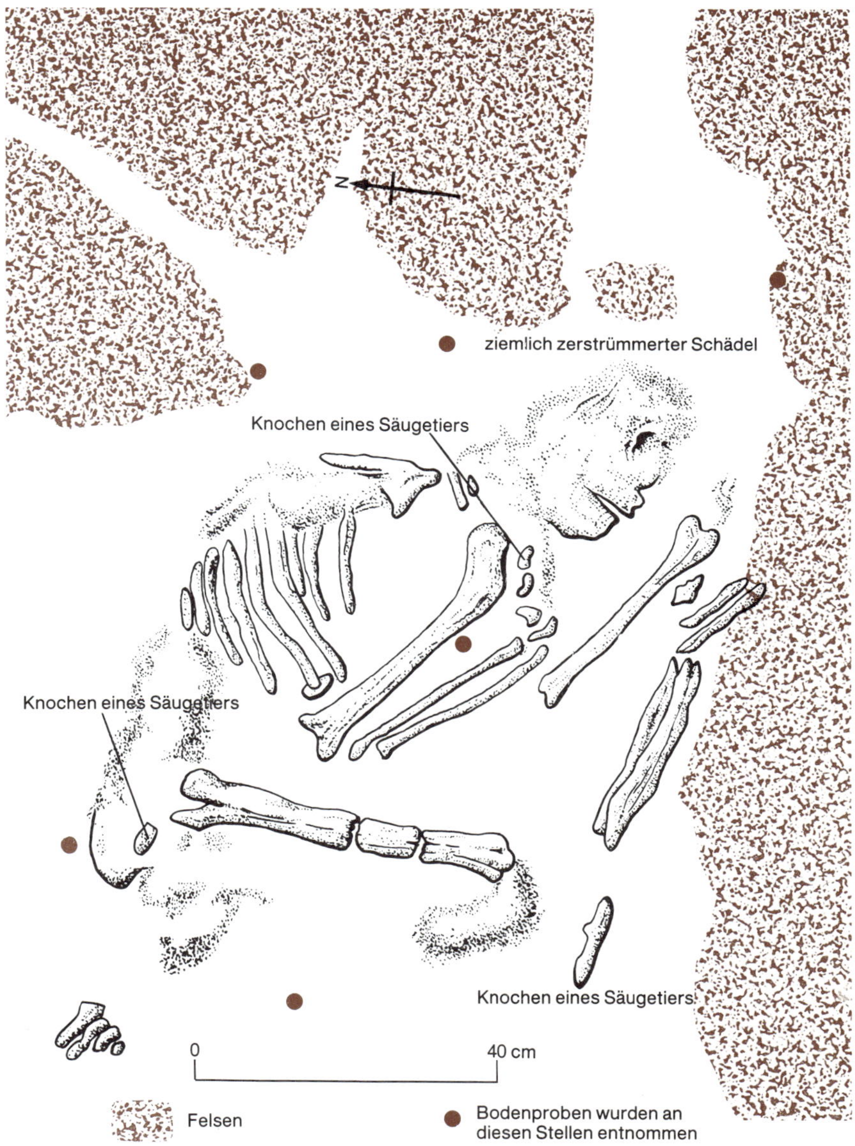

andertalern Blumen zu finden, ist eine ganz andere Sache. Es kennzeichnet sie als die ersten Blumenmenschen.«

Krankenpflege

Ausgrabungen in Shanidar zeigen auch die ersten Hinweise auf eine humane Gesellschaftsform. Das Skelett eines ungefähr 40 Jahre alten Mannes (man gab ihm den Spitznamen »Nandy«) zeigt, daß sein verkrüppelter Arm bis zum Ellenbogen amputiert wurde. Offensichtlich wurde er aber vom Stamm gepflegt, da er das Mannesalter erreichte. Seine Zähne sind ungewöhnlich abgeschliffen. Vielleicht benutzte er sie als Ausgleich für den fehlenden Unterarm. Es wird auch angenommen, daß ihm der Stamm möglicherweise am Herd eine nützliche Arbeit zuteilte. Selbst der Kannibalismus der Neandertaler ist mit Intelligenz zu begründen, denn sie aßen nur das Gehirn. Höchstwahrscheinlich versuchten sie, sich mit der Seele ihrer Ahnen oder Feinde zu identifizieren. Obwohl ein Vergleich schwerfällt, entspricht die Handlung rein symbolisch in etwa dem christlichen Abendmahl.

Im Vergleich zu der nächsten Entdeckung verblaßte jedoch alles Vorhergegangene. Plötzlich erscheint eine ganz andere Rasse Menschen auf der Bildfläche der Geschichte. Die Cro-Magnon-Menschen (der erste Fundort lag in der Dordogne in Südfrankreich) waren ohne Zweifel Menschen wie wir – Homo sapiens sapiens. Ihre Durchschnittsgröße betrug 1,80 Meter. Ihr Gehirn war wesentlich größer als das unsere. In ihrem Aussehen entsprachen sie dem arischen Ideal. Sie wirkten wie die Helden der griechischen Mythologie und führten wie diese auch Eroberungszüge durch.

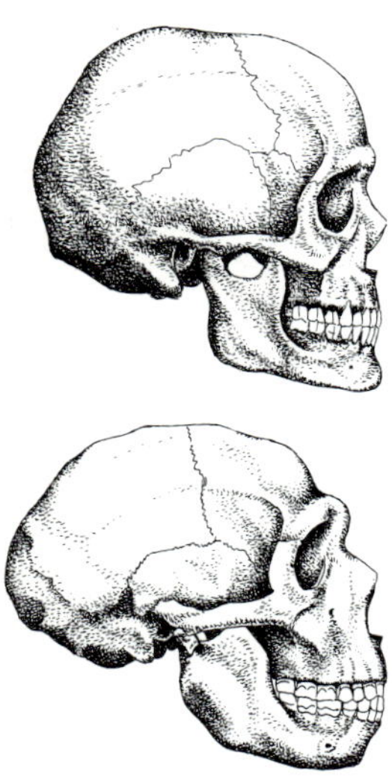

Homo sapiens sapiens (oben) und klassischer Neandertaler (unten). Die Größe des Schädels, der das Gehirn umschließt, ist sichtbar unterschiedlich.

Hilfloses Säuglingsalter

Seitdem im Jahre 1868 die ersten Knochenreste von Cro-Magnon-Menschen gefunden wurden, streiten sich die Wissenschaftler über ihre Abstammung. Haben sie sich aus den Neandertalern entwickelt oder waren sie Eindringlinge aus einer unbekannten Gegend. Der Anthropologe Desmond Collins hat in letzter Zeit eine elegante Theorie entwickelt. Danach wurde für die Neandertaler mit der Vergrößerung des Gehirns das Gebären immer schwieriger. »Die Säuglingssterblichkeit, die normalerweise bei 50 Prozent lag, erhöhte sich auf 90 Prozent oder mehr.« Dadurch entwickelte sich eine neue Menschenrasse. Die starke Knochenpartie unter den Augenbrauen der Neandertaler verschwand und statt ihrer entstand die gewölbte Stirn mit den »Intelligenz-Zellen« der Gehirnrinde.

Seine Theorie würde auch unsere, im Vergleich zu anderen Säugetieren, lange Kindheit erklären. Um überhaupt dem Mutterleib entschlüpfen zu können, haben wir gelernt, es in einem so frühen Stadium zu machen, wo wir noch absolut hilflos sind.

Die meisten Wissenschaftler neigen jedoch eher zu der Meinung, daß es sich bei den Cro-Magnon-Menschen um Eroberer handelt. Dafür spricht ihr plötzliches Erscheinen sowie die Einführung der Kunst aus reinem Kunstinteresse. Die Neandertaler hatten ihr Werkzeug nur so weit entwickelt, wie sie es für technisch notwendig hielten. Danach verloren sie jedes Interesse an ihrer Weiterentwicklung und stellten immer wieder die gleichen Werkzeuge her. François Bordes von der Universität Bordeaux grub 19 000 ihrer Steinwerkzeuge aus, die unter dem Namen »Quina« bekannt sind. Er kam zu folgendem Schluß: »Sie stellten schöne Sachen auf dumme Art und Weise her. Die erste Woche ist man von den Werkzeugen beeindruckt. Wenn man aber immer mehr und mehr genau sich gleichende Schaber findet, wird die Sache langweilig!«

Cro-Magnon-Werkzeuge aus Flintenstein sind dagegen von einzigartiger Schönheit. Die Art ihrer Ausführung übertraf bei weitem den reinen Gebrauchszweck.

Höhlenmalerei

Besonders bei der Betrachtung ihrer Höhlenmalerei erleben wir das gleiche Wunder, wie ein kleines spanisches Mädchen, das 1879 die Dekkenbemalung einer Höhle bei Altamira bemerkte und dem Vater ganz entzückt »Toros, toros (Stiere)!« zurief. Jahrelang hielt man die Herstellung solcher Kunstwerke durch Steinzeitmenschen für unmöglich. Doch Entdeckungen, die 1940 ihren Höhepunkt in Lascaux in Frankreich erreichten, bewiesen, daß es sich bei den Abbildungen um verschiedene Tierarten handelte, die seit der Steinzeit ausgestorben waren.

Wir wissen heute, daß solche Kunstwerke ungefähr seit 30 000 v. Chr. etwa 20 000 Jahre lang erstellt wurden. Desmond Collins bezeichnete

Rentier, Le Gabillou

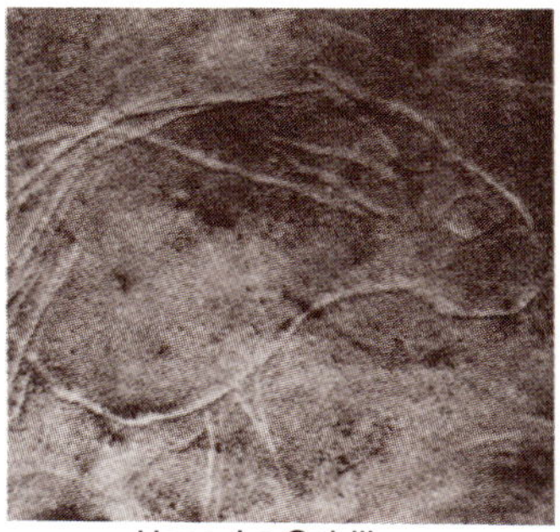

Hase, Le Gabillou

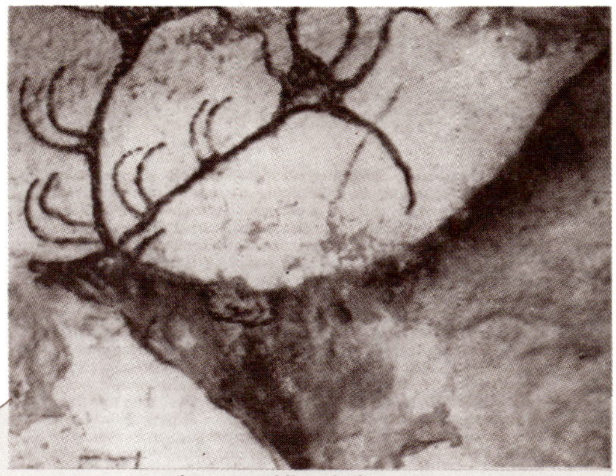

schwarzer Hirsch, Lascaux

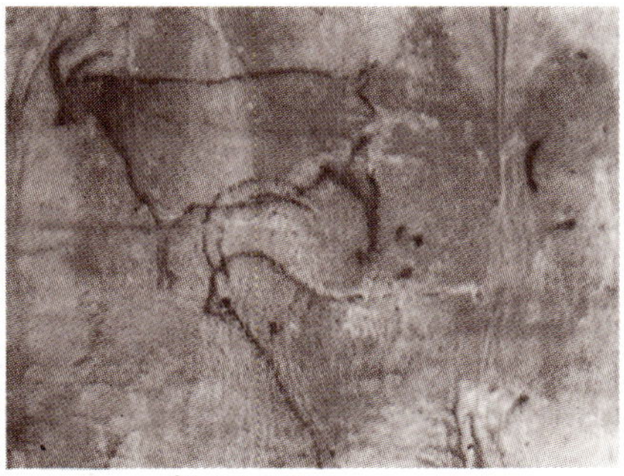

Steinbock, Lascaux

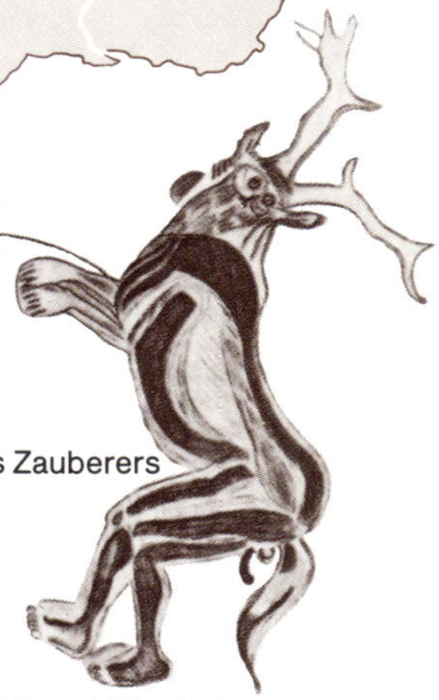

Zeichnung eines Zauberers (Mitte unten)

schwarzer Stier, Lascaux

springende Kuh und Pferde, Lascaux

Zauberer, Les Trois Frères

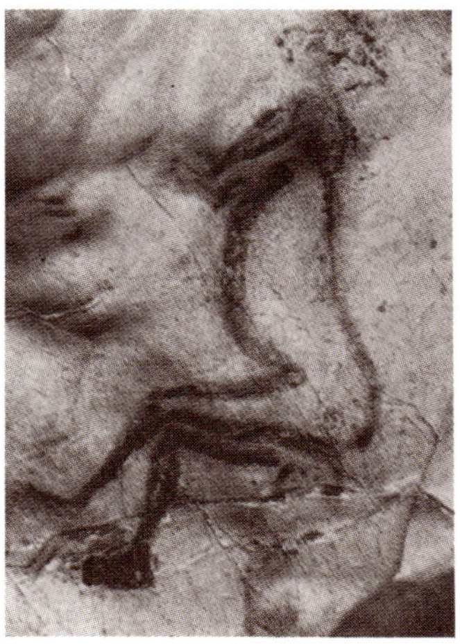

Mammut, Rouffignac

Bison, Lascaux

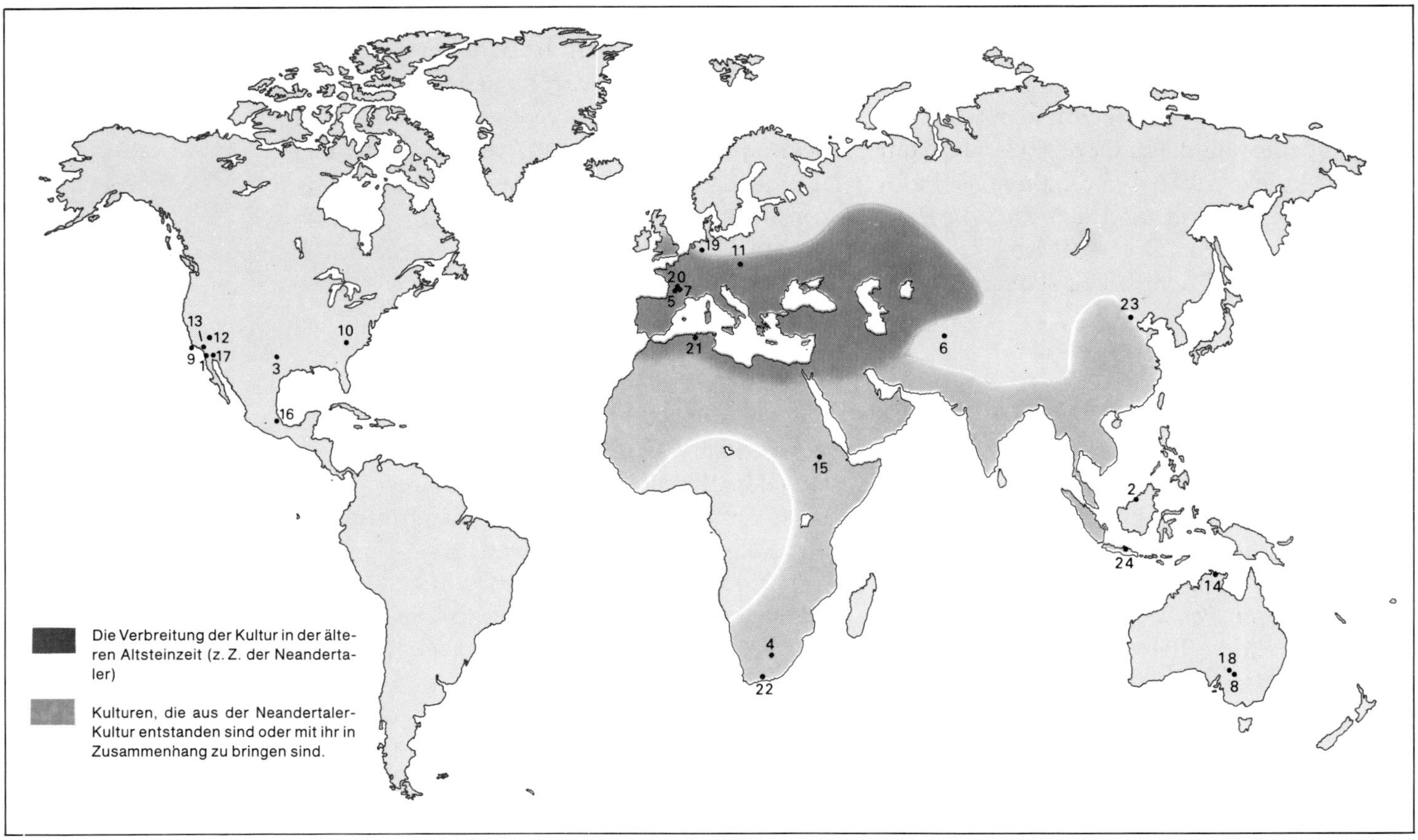

1 La Jolla 48 000?	6 Kara Kamar 34 000	11 Vestonice 26 000	16 Tlapacoya 23 000	21 Afalou 11 000
2 Niah 38 000	7 Cro Magnon 30 000	12 Tule Springs 24 000	17 El Centro 22 000	22 Matjes 11 000
3 Lewisville 37 000	8 Mungo-See 30 000	13 Los-Angeles-Fluß 23 000	18 Menindee 17 000	23 Ober Chou-kou-tien 10 000?
4 Florisbad 35 000	9 Insel Santa Rosa 29 000	14 Oenpelli 23 000	19 Oberkassel 17 000	24 Wadjak 10 000?
5 Combe Capelle 34 000	10 Piedmont 26 000	15 Singa 23 000	20 La Madeleine 17 000	

Bedeutende Stellen, wo direkte Vorfahren der Menschen gelebt haben. Der tatsächliche Ursprung des modernen Menschens ist immer noch nicht bekannt.

sie als »die Beherrschung einer höheren Kultur«. Er glaubte bei den Neandertalern die für Kunst nötigen Voraussetzungen erkannt zu haben. Sie konnten Steine formen, Knochen schnitzen und kannten auch Farbstoffe. Niemand hat jedoch bis jetzt Neandertaler-Malereien entdeckt. Die meisten Wissenschaftler nehmen dies als weiteren Beweis dafür, daß die Cro-Magnon-Menschen eine neue Rasse waren und als Eroberer eindrangen. Ihre Kunst beinhaltet einen magisch-religiösen Sinn. Einige ihrer Bilder findet man in sehr engen Höhlen, in die nur eine Person paßt, so daß ihr Schaffen mit viel Mühe verbunden gewesen sein muß.

Musikinstrumente

Jedem Amateuranthropologen würde das Leben der Cro-Magnon-Menschen bekannt vorkommen: Musik wurde auf Knochenpfeifen und -flöten gespielt. Die Menschen trugen handgeschneiderte Fellkleidung, ähnlich der der heutigen Eskimos, und schmückten sich mit Holzperlen. Sie jagten Hirsche, Mammuts, Bären und viele andere Tiere. Sie fischten und gingen schwimmen. Höchstwahrscheinlich benutzten sie auch Boote. Sie lebten in Hütten zusammen, die mehr als zehn Menschen beherbergen konnten. Am Höhepunkt ihrer Entwicklung waren sie der damaligen Eiszeit sehr gut gewachsen und lebten länger als die Menschen der darauffolgenden wärmeren Zeit. Ob sie von den Neandertalern abstammten oder nicht, auf jeden Fall waren sie andere Menschen. Mittlerweile wurden noch viel ältere Fossilien als die der Cro-Magnon-Menschen gefunden. Die ältesten wurden in Java entdeckt und waren um 38 000 Jahre alt. Die Weiterentwicklung des Menschen könnte also zu gleicher Zeit auf verschiedenen Erdteilen stattgefunden haben.

Der Schriftsteller Stan Gooch vertritt die Ansicht, daß die Wiege der Cro-Magnon-Menschen in dem jetzigen Indien stand und zwar in den Flußbecken des Indus, Ganges und Brahmaputra. Dort lebte ein Menschenschlag, der aus geographischen und klimatischen Gründen Millionen von Jahren vom Rest der Welt abgeschlossen war. Für den weißen Europäer ist der Gedanke aus verschiedenen Gründen packend: Wenn Eroberer aus dieser Gegend kamen, dann würde dies die mysteriöse Verbindung der Indoeuropäischen Sprachen und auch die helle Haut (Seite 52) erklären. Die weitverbreitete Ansicht, daß wir aus dem Osten stammen, wäre hiermit auch begründet. Es gibt jedoch keine Funde, die dies bestätigen würden.

Mischehe: Neandertaler und Cro-Magnon

Die heutigen Menschen könnten aus den Genen der Neandertaler und der Cro-Magnon-Menschen hervorgegangen sein. In der Nähe des Bergs Carmel in Palästina wurden Skelette gefunden, die Eigenschaften beider Stämme aufweisen. Es scheint um das Jahr 35 000 v. Chr. gewesen zu sein, als die beiden Stämme sich trafen und vermischten. Man ist der Meinung, daß dies noch an vielen anderen Orten geschah. Welche Eigenschaften haben wir geerbt? So, wie die sprungartige Entwicklung der menschlichen Gehirngröße einen der wichtigsten Beweise der Einmaligkeit des Menschen darstellte, so liefert von jetzt an die Gehirnaufteilung die entscheidenden Hinweise.

Bei den Neandertalern war das Kleinhirn (Cerebellum) ausgeprägter. Es liegt im Hinterkopf und scheint hauptsächlich unser Unterbewußtsein zu dirigieren. Im Laufe unserer Entwicklung wurde es immer mehr nach hinten verschoben und liegt nun zum größten Teil unter dem Großhirn (Cerebrum) verborgen. Zu diesem gehören die hochliegenden Großhirnklappen, die ein ausgeprägtes Merkmal der Cro-Magnon-Menschen wie auch von uns sind. Hier können wir scheinbar ungewöhnliche Ideenkombinationen schaffen, was die Basis der Intelligenz bildet.

Es ist gut möglich, daß uns durch die Verbindung von Instinkt und Intelligenz auch einiges verloren ging. Die Auffassung, daß Neandertaler telepathische Fähigkeiten besaßen – wie noch vor kurzem die Ureinwohner Australiens und einige Indianer Nordamerikas –, ist weitverbreitet. Es wird sogar behauptet, daß die Neandertaler aufgrund ihrer Kieferform nicht sprechen konnten, und die telepathische Begabung daher für sie unbedingt nötig war.

Trotz seiner Intelligenz lebte der Cro-Magnon-Mensch nicht gern in dem wärmeren Klima, das das Ende der Eiszeit darstellte und zum Beginn des Ackerbaues führte. Als auf den offenen Jagdflächen Wälder entstanden, wurden die von ihnen gejagten Tierarten ausgerottet. So geschah es auch unter archäologischen Gesichtspunkten mit dem Cro-Magnon-Menschen, denn seit dem Jahre 10 000 v. Chr. existieren keine Spuren mehr von ihm. Er verschwand so mysteriös, wie er erschienen war.

Die Rassen

Nicht lange nach der Erfindung der Schriftzeichen und der Entwicklung der alten Zivilisationen der Sumerer und Ägypter begann die ägyptische Regierung die Einwanderung der Neger zu kontrollieren ...: Die erste bekannte Rassendiskriminierung der Geschichte. Die Ägypter versteckten nicht ihre Abneigung gegen Ausländer ... In alten Wandzeichnungen werden diese meistens als »scheußlich« bezeichnet. Pygmäen aus dem Westen, weißhäutige, blauäugige, rothaarige Berber aus Libyen oder dem Nordwesten, Semiten, Puntiten, und andere, alle hatten das Pech, keine Ägypter zu sein.

Hier wird klar, wie lange schon der große Unterschied zwischen »Wir« und »Sie« auf der Welt verbreitet ist. Der Versuch, die Unterschiede rassisch zu klassifizieren, liegt auch schon weit zurück. Die Hebräer anerkannten in dem Buch »Genesis« die Abstammung aller Menschen von Adam, differenzierten jedoch zwischen drei Stämmen: Die Nachkommen der drei Söhne Noahs – Shem, Ham und Japheth – waren durch drei verschiedene Sprachen zu unterscheiden. Die Griechen und Römer bevorzugten zwar nicht einen bestimmten Menschentyp, wunderten sich aber über die verschiedenen Hautfarben der Menschen und bemerkten, daß sie dunkler wurden, je südlicher sie lebten. Doch

Die Hottentotten (rechts) und die Eskimos (unten) sind der naturwissenschaftliche Beweis für die Anpassung an die örtlichen Gegebenheiten nach der Lehre Darwins.

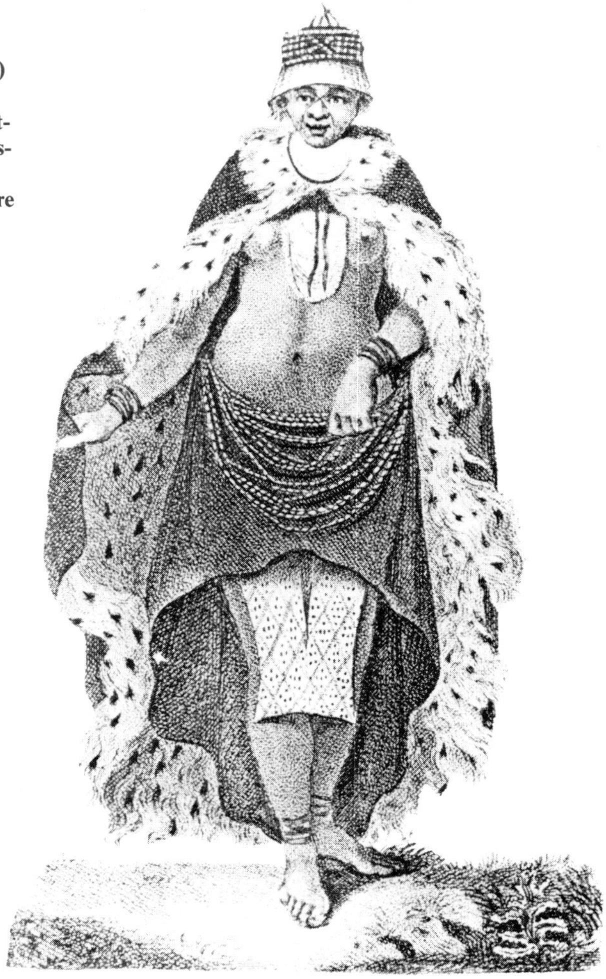

erst zum Ende des 18. Jahrhunderts wurde die Klassifizierung der Menschen durch ihre Farbe wissenschaftlich anerkannt: Johannes Friedrich Blumenbach, ein Anthropologe, teilte die Menschen in weiße, gelbe, schwarze, rote und braune

Rassen ein. Unglaublicherweise wird selbst heute noch diese Einteilung angewendet.

Warum sehen wir nicht alle gleich aus?

Jeder Forscher hat sich mit einem Paradoxon zurechtzufinden. Im allgemeinen unterscheiden sich die Menschen durch ihr Aussehen, wie z. B. Europäer von australischen Ureinwohnern und Eskimos von Hottentotten. Die Grenze zwischen ihnen ist jedoch verwischt. Hinzu kommt, daß Menschen einer Gruppe oft voneinander so unterschiedlich sind, daß eine Verallgemeinerung schwer fällt. So kann z. B. innerhalb einer Familie ein erwachsener Mann doppelt so groß sein wie ein anderer. Tatsächlich gibt es bei keiner Tierart so gewaltige Unterschiede wie bei den Menschen, mit Ausnahme des Hundes, den sich aber der Mensch gezüchtet hat. Man darf sich darum nicht wundern, daß sich Experten nicht über die Zahl der früheren oder heutigen Rassen einig sind. In verschiedenen fachwissenschaftlichen Büchern variiert die Zahlenangabe zwischen zwei und zweihundert. Abgesehen davon versuchen alle Klassifizierungen die gleichen mysteriösen Fragen zu beantworten: Warum sehen wir nicht alle gleich aus? Seit wann sind wir unterschiedlich? Seit Darwins Zeit ist die Lösung der ersten Frage leichter geworden. Seine Theorien des Überlebens und der Anpassung gründen klar auf den verschiedenen Gesichtern der Menschen. Weltweit gibt es riesige Unterschiede unter den Menschen, die zum größten Teil klimabedingt sind. Die großen, schlanken Watusi des Sudan haben sich so entwickelt, weil die im Vergleich zu ihrem Gewicht große Hautfläche eine leichtere Abkühlung ermöglicht. Die Frauen der Hottentotten im Afrikanischen Busch setzen bei guter Nahrung um die Hüften ein Fettpolster an. Dies stellt eine Nahrungsreserve dar, ähnlich wie der Höcker des Kamels. Die orientalischen Schlitzaugen sind auf mongolische Abstammung zurückzuführen. Ein besonders gutes Beispiel läßt sich anhand der Eskimos aufzeigen. Laut dem Anthropologen William W. Howells entwickelten sich ihre Gesichter, als sich der Beginn der letzten Eiszeit (um 25 000 v. Chr.) ankündigte. Dazu schreibt Howells folgendes: »Die natürliche Auswahl unter Menschen, die nördlich eines Gletscherrings unter dem Einfluß starker Kälte überleben mußten, hielt sich an klassisch Darwinsche Regeln. Lungenentzündungen und Schleimhautinfektionen ließen weniger Widerstandsfähige sterben. Wenn diese Vorstellung richtig ist, dann war der Gesichtstyp die letzte menschliche Anpassung.«

Unser Erfolg beruht auf dieser Verschiedenheit. Seit den Dinosauriern hatte kein anderes Lebewesen ein solches Anpassungsvermögen. Noch bis in dieses Jahrhundert hinein lebten die Akaluf-Indianer des südlichen Chile ohne Kleider im Schnee, Hagel und eisigem Wind. Die Eingeborenen Australiens schlafen trotz der eiskalten Temperatur der Wüstennacht bis heute noch nackt.

Unstimmigkeiten in Darwins Theorie

Manche Rätsel, wie z. B. die Unterschiede in der Hautfarbe, bleiben bis heute noch ungeklärt. Laut der Theorie der natürlichen Auswahl müßte die Entwicklung unserer Hautfarbe von der Auswirkung der Sonnenstrahlen abhängig sein. Um möglichst viel Wärme der Sonne aufzunehmen, müßten die Menschen in den nördlichen Regionen dunklere Haut haben. Dagegen müßte im Süden helle Haut vorherrschen, um die starken Sonnenstrahlen besser abwehren zu können. Da genau das Gegenteil zutrifft, mußten sinnvollere Entwicklungstheorien formuliert werden. Eine von ihnen beruht darauf, daß ultraviolette Strahlen Krebs auslösen. Darum konnten vielleicht nur Rassen, die durch ihre dunkle Haut geschützt waren, auf die Dauer in diesem Klima überleben. Die gleichen Strahlen versorgen auch den Körper mit Vitamin D. Zuviel oder zuwenig dieses Vitamins ist schädlich, und darum dient die Hautfärbung vielleicht der Regulierung. Selbst wenn jedoch beide dieser Lösungen bei der Entscheidung für unsere Hautfarbe eine Rolle spielten, bleibt noch einiges ungeklärt. Verschiedene der dunkelhäutigsten Rassen leben im Schutz der Wälder am Äquator und sehen kaum das Sonnenlicht. Dient ihre Hautfarbe also der Tarnung? Oder haben sie sich in der grellen Sonne der Wüsten entwickelt und sind dann in die Wälder gezogen? Andere physische Eigenschaften afrikanischer Völker wurden ebenfalls ohne Resultat untersucht. Howells erläutert: »Wolliges Haar könnte ein vorzüglicher Sonnenschutz sein. Jede Erklärung für dicke Lippen aber scheint bis jetzt absurd. Vielleicht sind sie ganz einfach nur eine Auswirkung der Hautfärbung (wie die Entwicklung dicker Narben), so, wie blondes Haar eine Nebenerscheinung der hellen Hautfarbe nördlicher Rassen ist.«

Die jährliche Sonnenscheindauer auf der Welt (nach Carleston Coon).

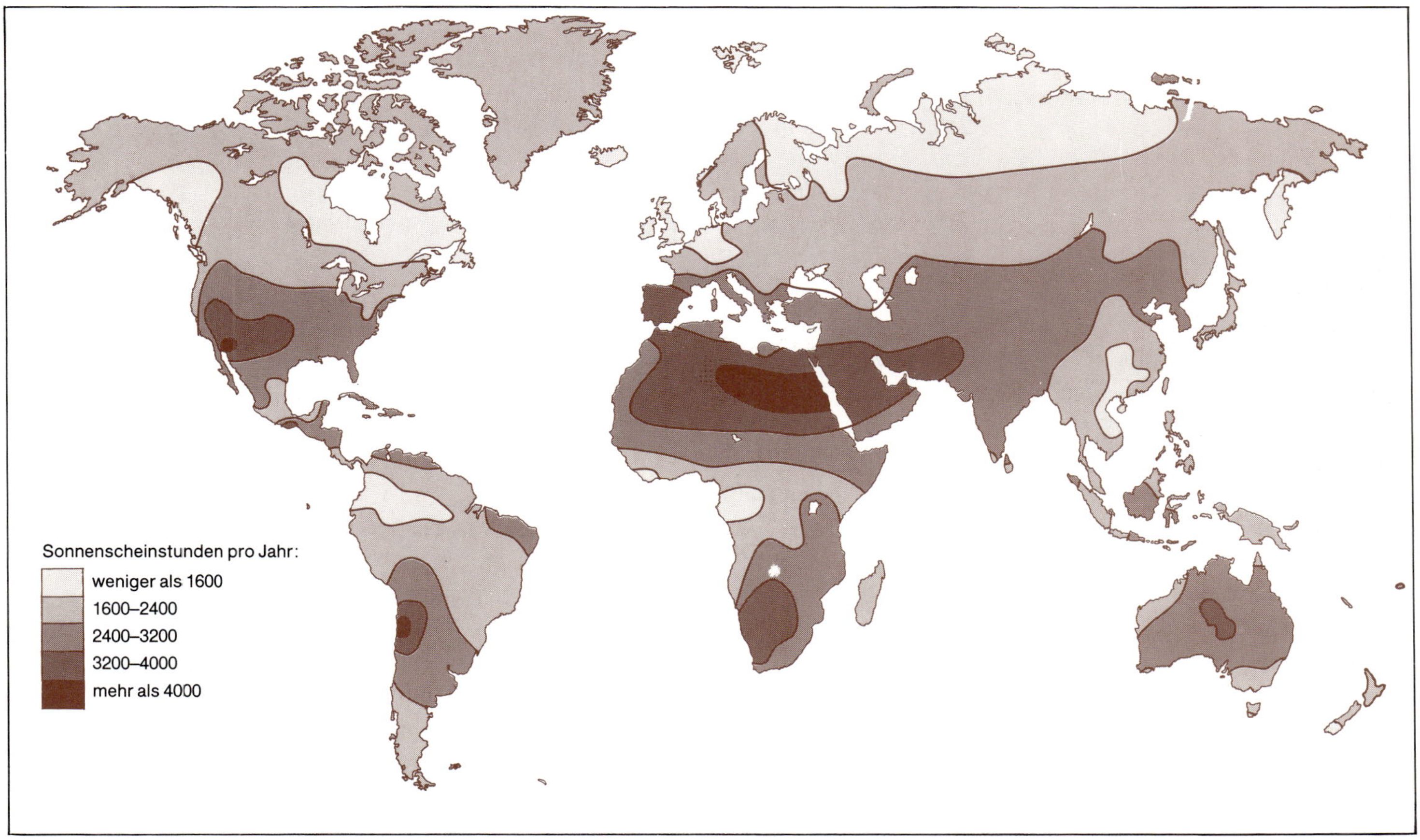

Verteilung der Rassen vor 1492 (d.h. vor dem Zeitalter der Entdeckungen, das Mischehen ermöglichte).

Wie viele Rassen gibt es auf Erden?

Ein Grund für die unbeantworteten Fragen könnte darin liegen, daß die Rassenfrage ein heikles Thema darstellt, obwohl sie für die Herkunft des Menschen sehr bedeutend ist. Seit der Herausgabe von Professor Carleton S. Coons umfangreichem Werk »The Origin of Races« im Jahre 1962 und der darauf folgenden Debatte, wurde akademisch auf diesem Gebiet wenig geleistet. Coon überprüfte »jedes Informationsbruchteil von sämtlichen Fossilienknochen und -zähnen der Welt«. Daraus ergaben sich fünf Grundrassen. Sie lebten von der Urzeit bis zum Zeitalter der Entdeckungen, das mit der Entwicklung moderner Transportmittel begann (als Ausgangspunkt nimmt er die Entdeckung Amerikas durch Kolumbus im Jahre 1492). Er gab den Rassen folgende Namen: Kaukasier, Mongolen, Kongolesen, Kapoiden (Kapbewohner) und Australoiden (Ureinwohner des australischen Kontinents).

Außer einer evtl. Unterteilung dieser Gruppen ist diese Klassifizierung kaum anzuzweifeln. Strittig ist jedoch seine Behauptung, daß diese fünf Rassen schon seit 500 000 Jahren existieren. Seiner Ansicht nach hat sich im Laufe dieser Zeit, Homo sapiens »nicht nur einmal, sondern fünfmal entwickelt, indem jede Rasse die kritische Schwelle vom tierischen zum menschlichen Status überschritt«. Den Zeitpunkt dafür gibt er mit etwa 250 000 Jahre v. Chr. für die kaukasische und 40 bis 50 000 Jahre v. Chr. für die kongolesische Rasse an. Daraus ergab sich die Schlußfolgerung, daß die weiße Rasse etwa 200 000 Jahre länger als moderne, denkende Menschen gelebt hat als die schwarze.

Rassenprobleme

Das war ein herausfordernder Gedanke, besonders in Amerika, wo der höchste Gerichtshof 1962 ein vielumstrittenes Urteil gegen die Rassentrennung fällte. Wie vorauszusehen, wurde dann die Arbeit Coons auch von verschiedenen rassistischen Gruppen als falscher Beweis der Überlegenheit der Weißen angesehen. Als Folge davon »ließ man die Frage rassiger Unterschiede ganz still im Sand verlaufen«, wie der

Ausbreitung des modernen Menschen nach der Theorie der genetischen Verschiebung.

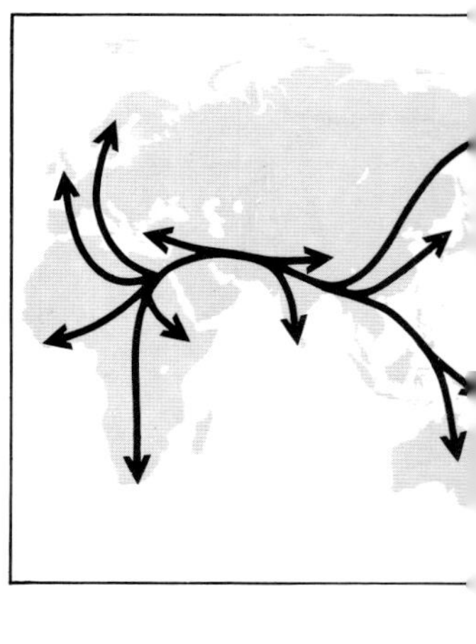

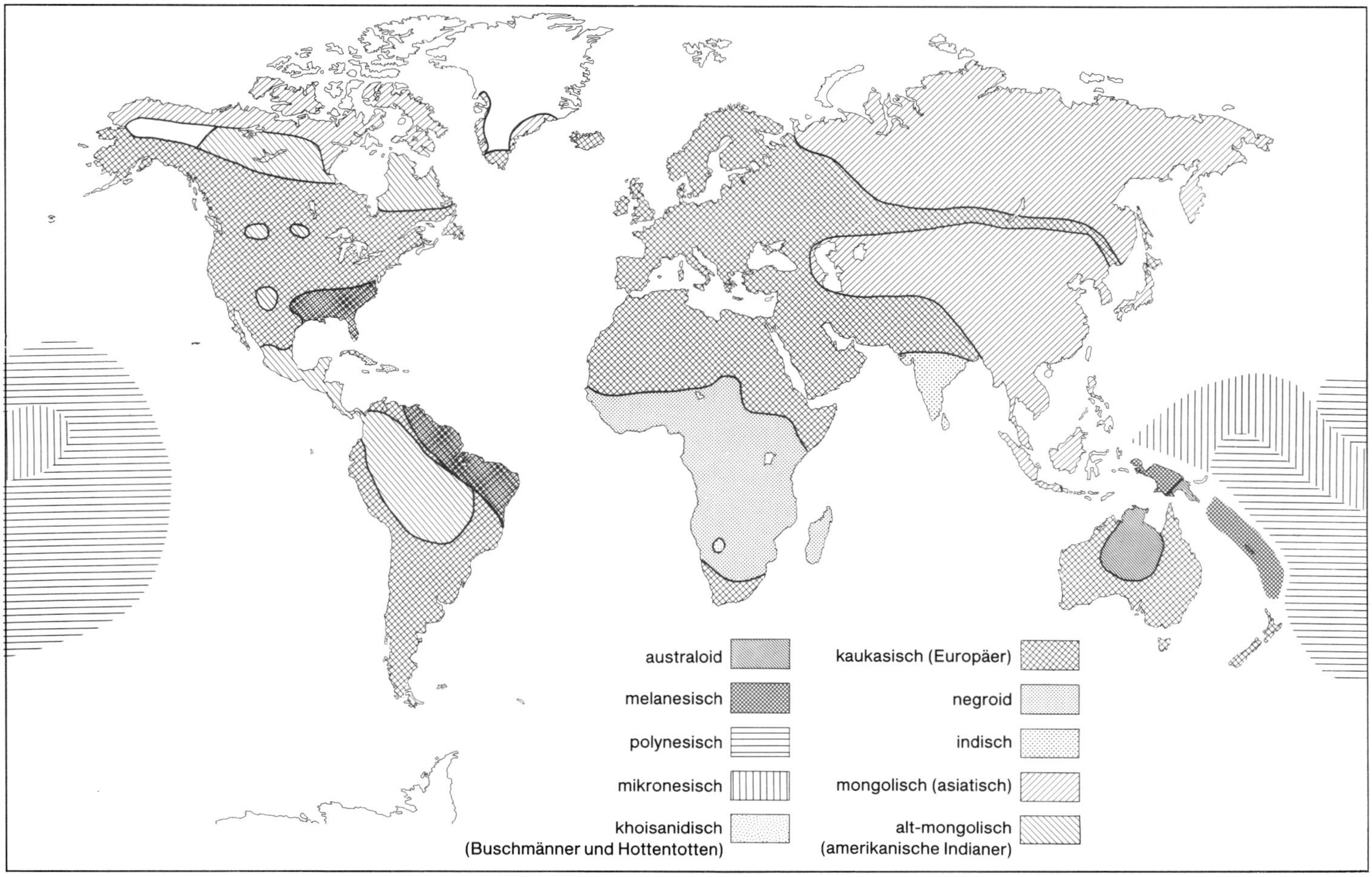

Heutige Rassenverteilung (aus verschiedenen Quellen).

Herausgeber der wissenschaftlichen Zeitschrift »Biological Anthropology« feststellte. Um die Wunden zu heilen, hat Coon zwei Jahre später eine Deklaration der UNESCO unterschrieben, die so beginnt: »Alle Menschen, die heute leben, gehören einer einzigen Rasse, dem Homo sapiens an und haben die gleiche Abstammung. Wie und wann sich verschiedene Gruppen von dieser Rasse trennten und unterschiedlich entwickelten, ist noch umstritten.« Am Ende wird bestätigt, daß weder Intelligenz und Kultur noch Körperbau eine »höhere« und eine »niedere« Rasse rechtfertigen.

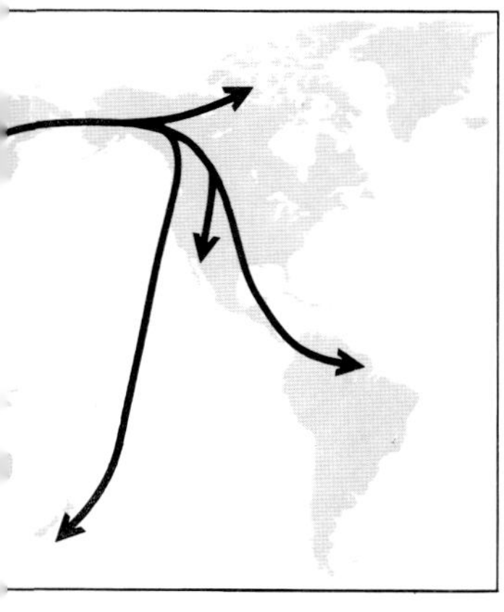

Gene driften um die Welt

Da das Thema mehr oder weniger tabu ist, ist eine Untersuchung von Coons These schwierig. Viele Genetiker sind der Meinung, daß der Sprung zum Homo sapiens sapiens vor etwa 50 000 Jahren in Asien stattfand und so gewaltig war, daß er »wohl kaum« mehr als einmal vorgekommen sein konnte. Langsam hat sich dieser neue Menschenschlag über die ganze Erde verbreitet. Dagegen belegen neue Ausgrabungen, daß mindestens zwei moderne Rassen – Australoiden und Mongolen – schon vor zwei Millionen Jahren, also lange vor der europäischen Rasse, klar zu unterscheiden waren. Dennoch unterstützen die Ausgrabungen im allgemeinen Coons Theorie.

Höchstwahrscheinlich ist den Menschen in einem unbekannten Paradies vor etwa 50 000 Jahren etwas Unwahrscheinliches widerfahren. Die darauf folgende starke Mutation wurde durch die Völkerwanderung verbreitet. Auf alle Fälle ist die Verteilung der Rassen auf einer Landkarte nach 1492 immer komplizierter geworden. Dagegen ließen sich die Rassen selbst weniger deutlich unterscheiden. Amerikanische Neger und amerikanische Kaukasier haben zu einundzwanzig Prozent die gleichen Erbeinheiten. Umfragen haben erwiesen, daß siebzig Prozent amerikanischer Neger mindestens einen weißen Ahnen haben. – Auf der Landkarte, auf der hauptsächlich die Verteilung der fünf Grundrassen eingezeichnet ist, kann man erkennen, daß sich seit Beginn der Menschheit wesentliche Änderungen ergeben haben.

Die letzten Neandertaler

Im Jahre 1925 verfolgte Generalmajor Mikail Stephanovich Topilsky Truppen der weißrussischen Armee, die sich in das Pamir-Gebirge im Süden Rußlands zurückgezogen hatten. Seine Leute entdeckten an einer Klippe, die zu steil war, um sie zu erklimmen, im Schnee Fußabdrücke. In der Nähe fand man menschliche Exkremente, die Rückstände von getrockneten Beeren enthielten. Als die Soldaten in einer Höhle Geräusche vernahmen, schossen sie mit Maschinengewehren hinein, weil sie dort die fliehenden Feinde vermuteten. Aus der Höhle taumelte ein wildes, haariges menschenähnliches Wesen, das unartikulierte Schmerzensschreie von sich gab und dann tot vor ihre Füße fiel. Es blieb das einzige dieser seltenen Exemplare, das in diesem Jahrhundert untersucht werden konnte.

Behaarter unzivilisierter Mensch, aus dem Pekinger Anatomischen Wörterbuch des 18. Jahrhunderts.

Der vorsichtig formulierte Bericht Topilskys zeigt, wie erstaunt er über diese Kreatur war, die seine Leute irrtümlich erschossen hatten. »Auf den ersten Blick glaubte ich, daß es sich um einen Affen handelte, denn das Wesen war am ganzen Körper behaart. Aber ich wußte, daß es in diesem Gebiet keine Affen gab. Außerdem glich der Körper dem eines Menschen. Ein Mediziner schwor jedoch, daß »es kein menschliches Wesen war«, obgleich »wir keine bedeutenden anatomischen Unterschiede zwischen ihm und einem Menschen entdeckten: Die Genitalien entsprachen denen eines Menschen. Die Arme hatten normale Länge. Die Hände und Füße waren etwas breiter, aber kürzer als die eines Menschen.« Tatsächlich war es, abgesehen davon, daß er am ganzen Körper (mit Ausnahme der Knie, Füße, Hände und des Gesichts) behaart war, zweifellos ein menschliches Wesen. »Die Augen waren dunkel und die Zähne groß und gleichmäßig und glichen denen eines Menschen. Die Stirn war abgeflacht und die Augenbrauen ziemlich ausgeprägt. Die vorstehenden Backenknochen gaben dem Gesicht ein mongolenhaftes Aussehen. Die Nase war platt . . . und der Unterkiefer sehr groß und kräftig.«

Diese tote Kreatur war mit ihren offenen Augen und dem offenen Mund so menschenähnlich, daß sie von den Soldaten unter einem Steinhaufen begraben wurde. Und so ging der alte Mann, wie viele Russen glauben, in das Reich seiner Vorfahren, den Neandertalern, ein. Diese wurden wahrscheinlich vor etwa 40 000 Jahren genauso wie er begraben.

Kein Student der Anthropologie hätte heute nach dieser Beschreibung Schwierigkeiten, in ihm die bekannte Physiologie der Neandertaler zu finden. Die Beschreibung des Schädels könnte aus einem Lehrbuch stammen. Nur die dichte Behaarung könnte etwas skeptisch machen. Da aber die Rekonstruktionen der Neandertaler nur anhand von Knochen gemacht werden, kann nicht mit Bestimmtheit gesagt werden, ob sie behaart waren oder nicht.

Die herkömmliche Theorie besagte lange Zeit (Seite 46), daß die Neandertaler mit dem Auftauchen der Cro-Magnon-Menschen, unseren unmittelbaren Vorfahren, ausgerottet wurden. Erst in den 50er Jahren verwarf ein weltbekannter Gelehrter, Prof. Boris Porshnev, Direktor der Abteilung für moderne Geschichte der Moskauer Akademie, diese Ansicht als unsinnig.

Nach seiner Meinung war die These, daß alle Neandertaler innerhalb von 3 000 Jahren ausstarben oder in einer anderen Rasse aufgingen »von vorneherein biologisch völlig absurd«. Er bezog sich auf die vielen authentischen Berichte (von der Vorgeschichte bis zur Gegenwart) über unzivilisierte Menschen, wie z. B. die Almas in der Mongolei. Sie gelten als Nachkommen der Neandertaler, waren aber gegenüber diesen in

Tongefäße aus der klassischen Zeit stellten häufig Satyre dar (oder Neandertaler?)

ihrer Lebensart bedauernswert degeneriert. Die Schwierigkeit war, daß es sowohl von ihnen als auch von dem Schneemenschen Yeti (S. 236) kaum Beweismaterial aus erster Hand gab.

Obgleich viele bekannte Wissenschaftler seit Anfang dieses Jahrhunderts die Wesen gesichtet hatten, bestand die offizielle Ansicht, solche Geschichten einfach zu ignorieren oder lächerlich zu machen. Dadurch sind viele wertvolle Gelegenheiten für ein Studium dieser möglicherweise schwindenden Zahl von Überlebenden ausgestorbener Menschenrassen vertan worden.

Teilweise als Erfolg von Porshnevs Hartnäckigkeit wurde man in den 60er Jahren für dieses Thema zugänglicher. Seine Nachfolgerin, Dr. Jeanne Kofman, konnte im Kaukasus ein Quartier beziehen, von dem aus sie Gespräche mit etwa 300 Landarbeitern und Teepflückern führte. Anhand der dabei gewonnenen Erkenntnisse zeichnete sie ein Identitätsbild der Almas. Im März 1966 übergab sie ihre ersten Berichte der geographischen Gesellschaft in Moskau. Das Gesicht eines Alma war dem Lebewesen sehr ähnlich, das die Soldaten des Generalmajors Topilsky erschossen hatten: »Niedrige, abgeflachte Stirn, kleine, platte Nase, fliehendes, rundes Kinn, hohe Backenknochen und mongolisches Aussehen.« Porshnev war von ihren Funden sehr angetan, denn er sah darin die endgültige Abkehrung von »den veralteten Ansichten zeitgenössischer Anthropologen«.

Anschaulich beschreibt er ihre damalige Vorlesung: »Sie zeichnete auf die Tafel den Schädel eines modernen Menschen und daneben den eines Neandertalers, wie wir ihn von Ausgrabungen kennen. Neben ihnen skizzierte sie das Ergebnis der von ihr zusammengetragenen Beschreibungen – den Schädel eines Alma. Es war klar zu erkennen, daß die zweite und dritte Schädelform genau übereinstimmten.«

Weitere Beweise kamen dazu. Jeanne Kofmans Gruppe entdeckte zwei Lager, die hinter fast undurchdringlichen Büschen versteckt waren. Eine »Speisekammer« enthielt zwei Kürbisse, acht Kartoffeln, einen angenagten Maiskolben, zwei Drittel eines Sonnenblumenherzens sowie die Überreste von drei Äpfeln. Dazwischen lagen vier Pferdeäpfel. Scheinbar gehörten sie wegen ihres Salzgehaltes zu der Nahrung der Almas. In einem naheliegenden Maisfeld hatten mehr als dreißig unabhängige Zeugen ein etwa 16jähriges Alma-Mädchen gesehen. Es suchte scheinbar die süßesten Maiskolben. Die von ihr hinterlassenen Zahnabdrücke waren wesentlich breiter als die eines Menschen. Ihre Fußabdrücke ließen auf platte, nackte, nach innen gekehrte Füße schließen, als ob sie O-Beine hätte.

Beschreibungen dieser Wesen, die auf den dünnbewohnten Steppen von China bis zum Kaukasus leben, stärken die Meinung, daß sie von der gleichen menschenähnlichen Rasse abstammen. Boris Porshnev und seine Kollegen haben überzeugende Verbindungen zwischen den Almas, den Berichten über die wilden Männer Westeuropas im Mittelalter, sowie den Satyrn der alten Griechen gefunden. Alle haben ähnliche Eigenschaften, wie z. B. die rotbraunen Haare auf dem ganzen Körper, außer dem Gesicht, den Händen, den Knien und den Füßen. Ein Fachwissenschaftler drückt es so aus: »Es wäre übertriebene Leichtgläubigkeit, die Ähnlichkeit dieser Beschreibungen nur dem Zufall oder geschichtlichen Traditionen zu überlassen.«

Sind sie jedoch Neandertaler? Abgesehen von der Ähnlichkeit, passen sie in das Gesamtbild? Nachdem in letzter Zeit die Errungenschaften der Neandertaler wieder anerkannt wurden, scheinen sie nicht besonders gut ins Bild zu passen. Man hat ernsthaft erwägt, ob sie nicht einer noch älteren Rasse, dem Australopithecus (S. 44) angehören. Im Vergleich zu den heutigen, zurückgezogenen, höhlenbewohnenden Almas erwiesen sich die Neandertaler als emsige Hersteller von Werkzeugen. Sie gerbten Felle, um sie als Kleidung zu tragen, bauten einfache Wohnungen, bestatteten ihre Toten mit viel Umsicht und Zeremonie und machten sich das Feuer zunutze.

Bevor Boris Porshnev starb, widerlegte er diese Einwendungen grundsätzlich: Genau, wie eine Rasse sich weiterentwickeln kann, erklärte

Die Darstellung einer wilden Frau, aus der »Historia Naturalis« von Bontius aus dem Jahre 1658.

Ein griechisches Standbild, Illustration eines chinesischen Wörterbuchs und eine karthagische Schale aus dem 7. Jahrhundert zeigen realistische Darstellungen von Satyren/menschenähnlichen Wesen.

Hinweise auf unzivilisierte haarige Menschen stammen aus einer großen Zahl von zuverlässigen Quellen. Es gibt sie, seit Geschichtserzählungen niedergeschrieben werden, wie aus der untenstehenden Aufstellung ersichtlich ist.

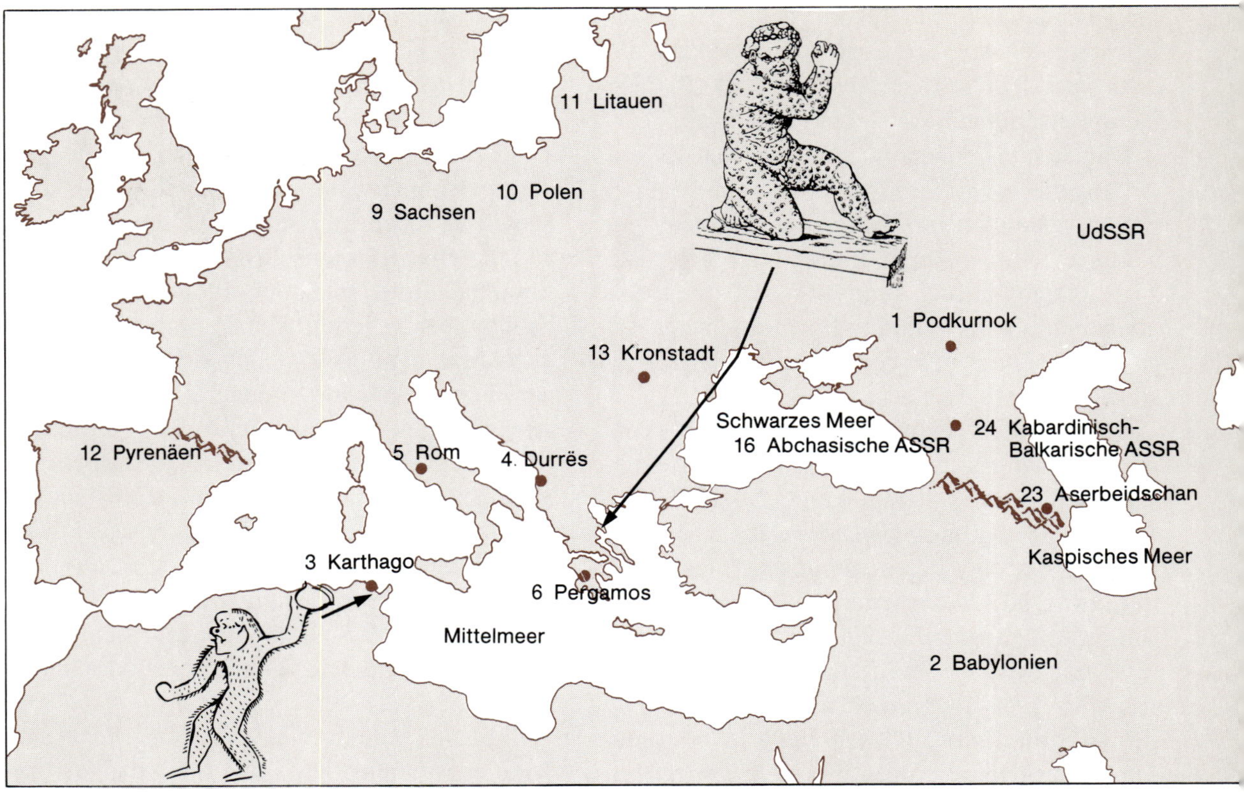

er, so kann sie auch degenerieren. Die Almas konnten keine Steinwerkzeuge mehr anfertigen, weil die Cro-Magnon-Menschen die Fundstätten geplündert hatten; ihr Verfall beruhte also auf negativen Umweltbedingungen. Eine ähnliche Entwicklung fand er bei den Wikingern Grönlands. Als diese ihre Begabungen auf dem Gebiet der Metallverarbeitung verloren, starben sie kurz danach aus.

Professor John Napier, ein weltweit anerkannter Fachwissenschaftler auf den Gebieten der Primaten-Anatomie und -Geologie, stimmt dieser These unter gewissen Vorbehalten zu: »Es ist durchaus möglich, daß noch heute in abgelegenen Gegenden Europas, Sibiriens und der Mongolei einige Neandertaler leben, weil sie die Eingliederung in andere Rassen oder die Vernichtung verhindern konnten«.

Die Vertreter anerkannter Theorien sind über Porshnevs Haltung empört. Seine Ansichten widersprechen den gültigen Lehren vor allem durch die Verachtung derjenigen, die versuchen, seit Australopithecus menschliche Züge bei den frühen menschenähnlichen Rassen zu finden: »Was für Menschen sollen das sein, die über keine Kunst verfügen, behaart sind und nicht sprechen können? Sie sind einfach menschenähnliche Wesen, aber eine von den Menschen völlig separate Rasse.« Die »Leistungen« dieser Wesen, die er Höhlenbewohner nannte, widerlegte er eine nach der anderen: Ihre Werkzeuge benutzten sie wie Affen ihre spitzen Stöcke. Sie gewöhnten sich an das Feuer, aber sie erzeugten es nicht. Sie lernten gehen, weil sie von Überresten lebten. Sie brauchten also ihre Hände zum Sammeln und zum Zerbrechen von Knochen. Ihr Gehirn wuchs, weil die Futtersuche einige komplexe Überlegungen über das »Wie« und »Wo« verlangte. Sie waren jedoch keine Menschen. Dazu, wie zur Kunst und zum abstrakten Denken, gehört die Sprache. Seine Ansicht, daß selbst die Neandertaler nicht sprechen konnten, findet bei Forschern der Universitäten von Yale und Connecticut Unterstützung. Diese kamen zu dem Schluß, daß Neandertaler nur fähig waren, »wirkungslose, affenähnliche Laute« von sich zu geben.

Wo also kamen wir, Homo sapiens sapiens, plötzlich her? Wie kam es zu unserem gewaltigen Entwicklungssprung? Wie viele andere, hat leider auch Prof. Porshnev bei seinen ansprechenden Überlegungen über die Neandertaler auf dieses Rätsel, das größte von allen, keine Antwort gefunden.

Aber für die Anhänger der Theorie der Auswahl durch überirdische Wesen vor 40 bis 50 000 Jahren, hinterläßt er einen herausfordernden wie beunruhigenden Gedanken: »Die Geschwindigkeit unserer Entwicklung spricht für eine künstliche Auswahl.«

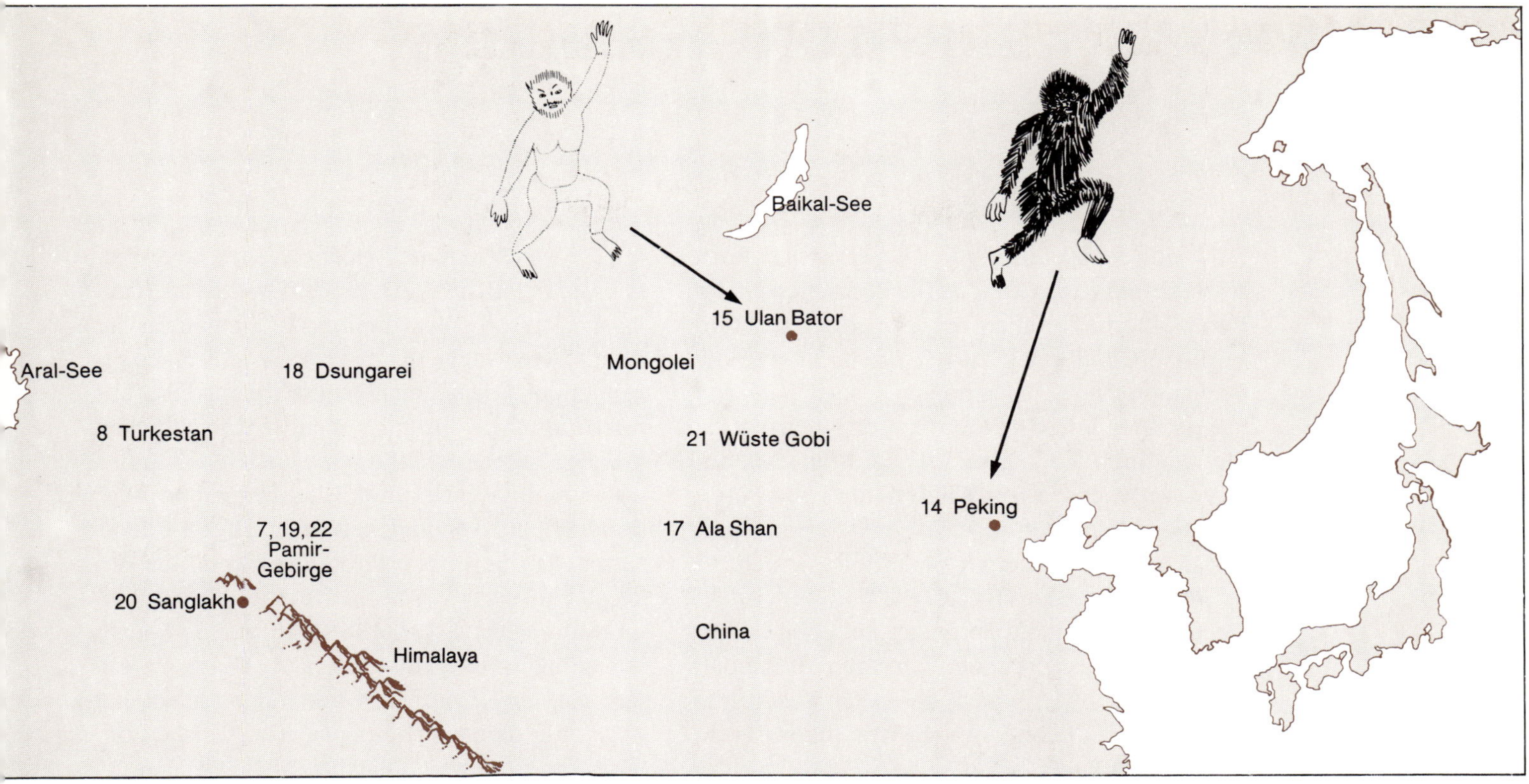

1. Entdeckung eines Neandertaler-Schädels aus der Bronzezeit.

2. Das Epos von Gilgamesch (7. Jahrhundert v. Chr.) beschreibt den wilden Menschen aus der Enkidu-Steppe: »Zottige Haare am ganzen Körper . . . er trinkt mit den wilden Tieren an den Wasserstellen . . . er ist sehr stark . . .«

3. Eine karthagische (oder phönizische) Schale aus dem 7. Jahrhundert zeigt die Abbildung von vier behaarten menschenähnlichen Wesen.

4. Im Jahre 86 v. Chr. wurde ein schlafender Satyr gefangengenommen und dem römischen Feldherrn Sulla vorgeführt. Er hatte das Aussehen eines Tieres, und seine »Sprache« glich dem Wiehern eines Pferdes und dem Blöken einer Ziege.

5. Der Philosoph Lucretius (gestorben etwa 55 v. Chr.) gab eine überraschend genaue Beschreibung über das Aussehen und die Gewohnheiten des »Prä-sapiens-sapiens«-Menschen.

6. Der griechische Schriftsteller Pausanius (2. Jahrhundert n. Chr.) beschrieb die Grabstätte des berühmten Satyr Silenus und kam zu der Feststellung, daß Satyre sterblich waren.

7. Im 10. Jahrhundert schrieb der Araber Makdisi über die Nasnas, ein Name der heute noch verwendet wird, um »unzivilisierte Menschen« zu benennen: »Eine Gruppe von Nasnas wurde im Hochland von Pamir und in den Wüsten zwischen Kaschmir, Tibet und China entdeckt. Sie sind tierähnliche Menschen und am ganzen Körper, außer im Gesicht, behaart.«

8. Im 12. Jahrhundert schrieb Nizami al-Arudi über die Nasnas in den Ebenen von Turkestan: »Nachdem die Menschen die höchstentwickelten Tiere sind, sind sie in verschiedener Hinsicht wie Menschen: 1. in ihrem aufrechten Gang, 2. in der Art ihrer Finger- und Fußnägel und 3. in der Behaarung des Kopfes.«

9. Der Philosoph Albertus Magnus berichtet im 13. Jahrhundert von der Gefangennahme zweier behaarter Waldbewohner, die wie Menschen aussahen.

10. Ein russischer Bericht aus dem 17. Jahrhundert beschreibt die Gefangennahme eines »Bärenmenschen«, der langhaarig war und nicht sprechen konnte.

11. Im Jahre 1661 fingen Soldaten einen »Bärenmenschen« und schickten ihn nach Warschau. Die Königin von Polen lehrte ihn einige kleine Verrichtungen durchzuführen.

12. Im Jahre 1774 sichteten Schäfer einen außergewöhnlich flinken wilden Menschen. Er war behaart wie ein Bär.

13. Der Anthropologe Michael Wagner untersuchte einen wilden Jungen, der im Jahre 1784 in den Wäldern gefangen worden war. Er hatte rohe Gesichtszüge, eine abgeschrägte Stirn, vorspringende Augenbrauen, einen behaarten Körper und eine linkische Gangart. Er lebte mehrere Jahre. Konnte aber nicht sprechen lernen und auch nur die einfachsten Arbeiten verrichten.

14. Ein »Anatomisches Wörterbuch« aus dem 18. Jahrhundert zeigt in dem ernstzunehmenden Teil über tibetanische Lebewesen einen behaarten »Tiermensch«.

15. Eine Ausgabe aus dem 19. Jahrhundert zeigt ebenfalls einen wilden Menschen. Die Beschreibung sagt, »er lebt in den Bergen, seine Herkunft ist ähnlich der eines Bären, sein Körper ist ähnlich dem der Menschen, und er ist ausgesprochen stark.«

16. Im Abchasischen Gebiet erzählt man von den »Abnauayu«. Eine von ihnen wurde gefangen und von den Einwohnern eines Dorfes gezähmt. Man gab ihr den Namen »Zana«.
Sie war am ganzen Körper mit rötlichen Haaren bedeckt, hatte eine flache Nase und kräftige Backenknochen, einen groben Körperbau und »tierähnliche« Gesichtszüge. Sie lernte niemals sprechen, hinterließ aber verschiedene Kinder, die sie mit Männern gezeugt hatte. Porshnev untersuchte den Leichnam einer ihrer Töchter und fand heraus, daß sie die Charakteristiken der Neandertaler aufwies.

17. Eine Expedition der Russischen Geographischen Gesellschaft (1905–1907) begegnete einem behaarten »wilden Menschen« mit langen Armen.

18. Der Zoologe Khakhlov sammelte ab dem Jahre 1910 Berichte über »wilde Menschen« von den Kasachen. Einmal wurde ein männliches Wesen gefangen, mit abgeschrägter Stirn, vorspringenden Augenbrauen, kräftigen Backenknochen, kleiner Nase, spitzen Ohren und dichten rötlichen Haaren am ganzen Körper.

19. Der Fall des Russen Topilsky.

20. Der Geologe Zdorik berichtete im Jahre 1925 von einer Geschichte, die ihm die Tadschiken über die Gefangennahme und Flucht eines »Dev« (unreiner Geist) erzählt haben – es war ein kleines, untersetztes männliches Wesen, mit braunen Haaren bedeckt. Zdorik selbst sah 1934 einen schlafenden Dev.

21. Der mongolische Wissenschaftler Rinchen sammelte Augenzeugenberichte über die »Almas« aus der Wüste Gobi. Sie sind bedeckt mit rötlich-braunen Haaren, haben eine abgeschrägte Stirn, große Backenknochen und vorspringende Augenbrauen.
Eine Karawane sah im Jahre 1927 eine Gruppe Almas, die sich an einem verlöschenden Lagerfeuer wärmten.

22. In den Jahren von 1930–1950 sammelte Porshnev zahlreiche Augenzeugenbericht.

23. Die dortigen Bewohner berichten von Kaptars. Das sind Wesen ähnlich wie die Almas. Y. Merezhinsky, Professor für Völkerkunde und Anthropologie an der Universität von Kiew, sah im Jahre 1959 einen Albino-Kaptar und beurkundete seine Existenz.

24. Von hier aus unternahm Frau Dr. Kofman ab 1962 ihre Forschungen.

Warum verschwanden die Mammuts?

Am Ende der Eiszeit, als die Gletscher sich nordwärts zurückzogen, fanden die Menschen an der neuen Wärme Gefallen. Sie vermehrten sich und begannen, Ackerbau zu betreiben. Er war die Basis moderner Zivilisation.

Das feine Gleichgewicht in der Natur wurde jedoch durch die Verbreitung der Menschen sowie dem Wachsen von Wäldern auf früher offenem Flachland gestört. Mehrere Tierarten konnten sich den veränderten Verhältnissen nicht so gut anpassen, und es folgte eine riesige Vernichtungswelle. Ihr Höhepunkt lag um 8000 v. Chr. Unter den aussterbenden Tierarten befanden sich große Katzen, Steppenbisons, bestimmte Arten von Faultieren, Tapire, Armadillos, Wölfe und Mammuts.

Die meisten dieser Ausrottungen sind für Wissenschaftler keine Rätsel. Obwohl sie sich über die Gründe streiten, gibt es verschiedene vernünftige Argumente. Eine Frage bleibt jedoch noch offen: Was geschah mit den fellbedeckten Mammuts Sibiriens? Welche außergewöhnliche Entwicklungen ließen diese starken Dickhäuter in unglaublich kurzer Zeit zu Eisblöcken gefrieren? Es werden immer wieder welche davon entdeckt, wie z. B. im Jahre 1900 in Berezovka, Rußland: Dort stand ein Mammut im ewigen Eis der Arktis, sein Magen mit unverdautem Fressen gefüllt und auf der Zunge Butterblumen, die es aus unerfindlichen Gründen nicht mehr schlucken konnte. Teile von fünfzig gefrorenen Mammuts und Zehntausende ihrer Elfenbeinzähne wurden im Laufe der Jahre gefunden. 1977 entdeckte man das bis jetzt besterhaltene Exemplar. Ein Bagger förderte ein sechs Monate altes Mammutbaby in Jakutsk, UdSSR, zu Tage. Es war so gut erhalten, daß sogar die zwei »Finger« am Rüsselende vorhanden waren, die man bis jetzt nur von Höhlenzeichnungen der Cro-Magnon-Menschen kannte.

Der Tod der Mammuts wirft eine Reihe von Fragen auf: Starben sie alle zur gleichen Zeit?

Warum liegen sie so tief im ewigen Eis vergraben? Warum sind sie so gut erhalten? Das Problem dieser Fragen liegt darin, daß niemand mit Sicherheit sagen kann, welches Klima in Sibirien zur Lebzeit dieser Tiere herrschte. So entstanden

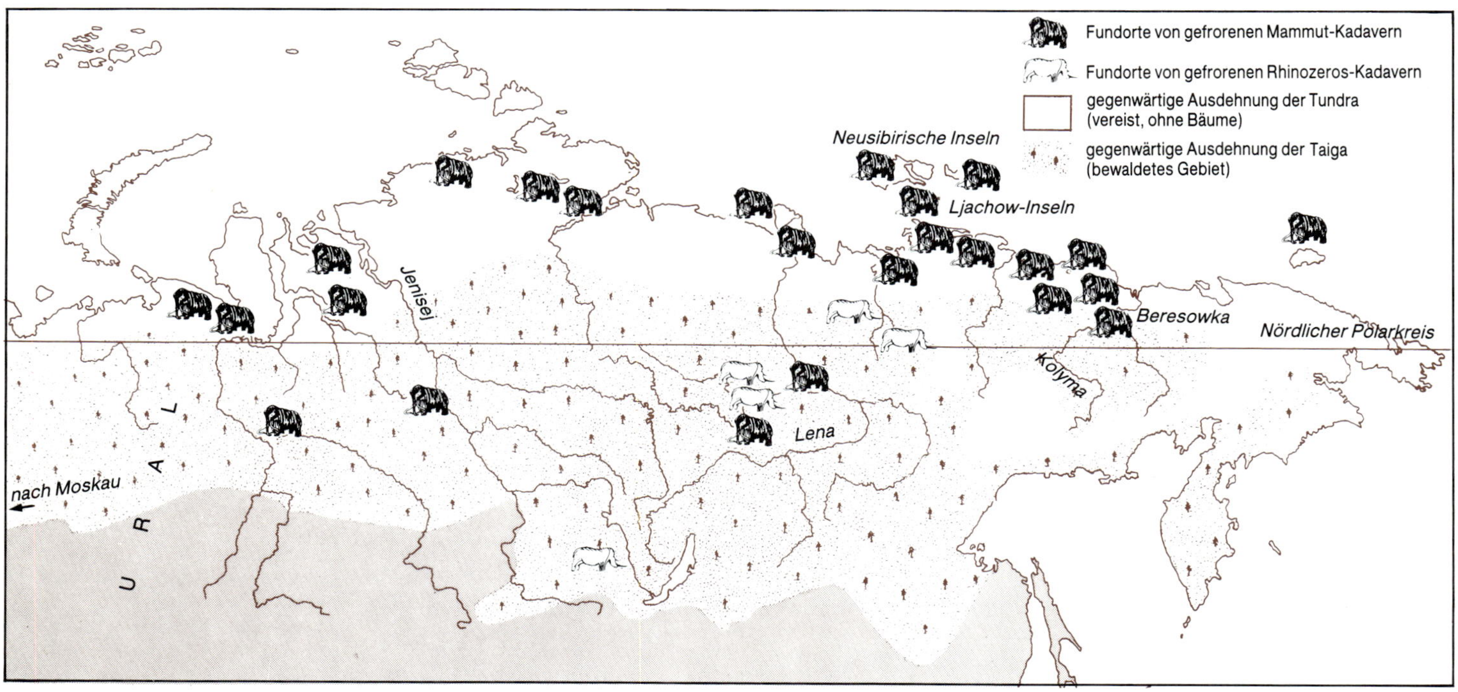

In weiten Teilen Sibiriens wurden im Eis Überreste von Mammuts gefunden. Es ist nicht bekannt, in welchem Klima sie lebten.

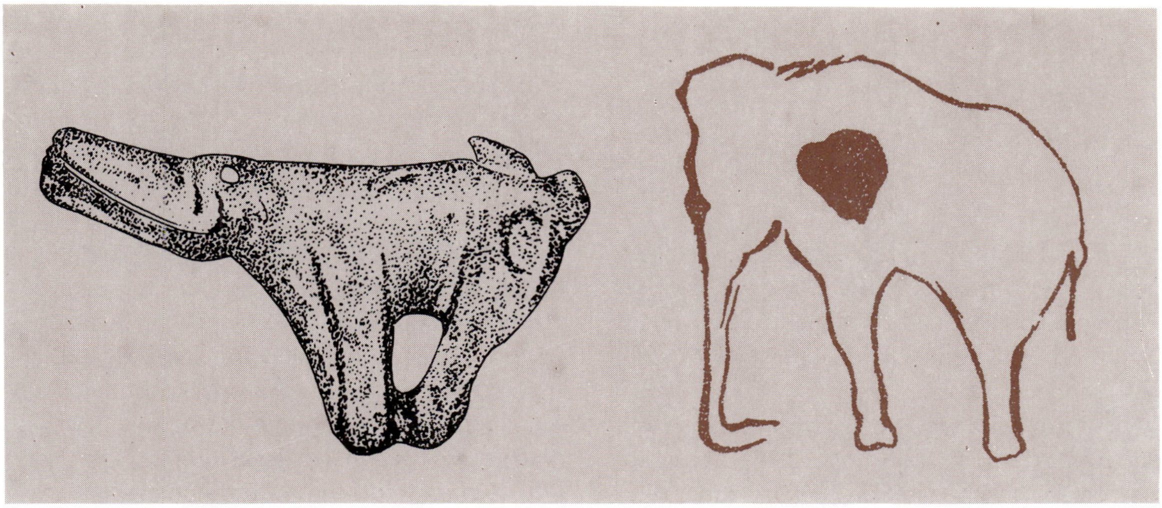

Ähnliche Darstellungen von Mammuts wurden an den Höhlenwänden der Cro-Magnon-Menschen gefunden. Sie zeigen, daß sie an das gemäßigte Klima angepaßt waren.

zwei völlig unterschiedliche Beschreibungen ihres möglichen Todes, wobei die eine von warmem, die andere von kaltem Klima ausging. Leider ist keine von beiden zutreffend. Es ist ungefähr so wie ein zweiseitiges Puzzle. Eine Seite zeigt eine Sommer-, die andere eine Winterlandschaft. Gleich welches Bild man auch fertigstellt, es bleiben immer ein paar Teile übrig, die nicht dazu passen. Nehmen wir zunächst das Warmwetterbild. Danach müßte Sibirien eine Ausnahme bilden, denn in dem Zeitraum von 100000 bis 10000 v. Chr. war die nördliche Halbkugel überwiegend sehr kalt. Von Zeit zu Zeit wichen die Gletscher zurück, als es vorübergehend etwas wärmer wurde. Doch grundsätzlich waren die Tiere in diesen Breitengraden die niedrigen Temperaturen gewöhnt und hatten sich entsprechend angepaßt. In Sibirien gab es jedoch nur auf den Berggipfeln Gletscher. Darum wäre es durchaus möglich, daß in Sibirien die Sonne schien, während der Rest der nördlichen Halbkugel vom Eis bedeckt war. Butterblumen und andere großblättrige Pflanzen, die in den Mägen von Mammuts gefunden wurden, brauchen Frühlingstemperaturen. Auch lebten Moschusochsen, Säbelzahnkatzen, Elche und Hirsche, also Warmblütler, mit den Mammuts zusammen. Jedes dieser Mammuts benötigte einige hundert Kilo Futter am Tage. Bedenkt man, daß in Sibirien mindestens 50000 dieser Tiere gleichzeitig lebten, ist es schwer vorstellbar, wie sie alle in der kargen Tundra genug Nahrung finden konnten.

Die Hinweise, die uns der Körperbau der Mammuts gibt, können zur Unterstützung beider Theorien herangezogen werden. Sie waren etwa drei Meter groß, d. h., etwas kleiner als die heutigen Elefanten. Ihr Fell war bis zu einem halben Meter lang und von rotgelber Farbe. Unter der dicken Haut lag eine Fettschicht von etwa 9 Zentimetern. Sie hatten breite Füße mit vier Zehen, die es ihnen gestatteten, sich auch in Sümpfen zu bewegen. Dies alles beweist jedoch wenig. Vielleicht haben sie sich wirklich im kalten Klima wohlgefühlt. Andererseits haben aber auch Tiere aus warmen Gebieten, wie z. B. Tiger, ein dickes Fell. Elefanten in tropischen Gegenden haben eine ähnliche Haut und Kamele eine Fettschicht. Außerdem besaß ihre Haut (ähnlich wie die der Elefanten) keine Talgdrüsen. Diese sind jedoch im warmen Klima gut entbehrlich, da sie zur Abwehr der Kälte dienen.

Also stellen wir uns vor, daß an einem sonnigen Frühlingstag im Jahr 10000 v. Chr. ein Mammut in Berezovka gemächlich an seinen Butterblümchen kaute. Was konnte passiert sein, um ihn so schnell erfrieren zu lassen, daß sein Fleisch die vielen Jahre danach immer noch frisch genug war, um von Schlittenhunden gefressen zu werden? Ersticken führt z. B. zu einem schnellen Tod. Das Mammut scheint in ein tiefes Felsloch gefallen zu sein (etwas komisch, jedoch nicht unmöglich, wenn man gerade Butterblumen frißt). Möglicherweise geriet dabei Erde in die Luftröhre. Vielleicht war das Ersticken eine Folge plötzlicher eisiger Kälte. Wenn diese Erklärung zutrifft – Kritiker bezeichnen sie als reine Science-fiction – fand in diesem Moment eine fast unglaubliche Katastrophe statt: Entweder hat sich die Erdkruste bewegt oder, wie Velikovsky vorschlägt (S. 28), verschob sich die Erdachse. So oder so veränderten die daraus resul-

Darstellung eines sibirischen Mammuts aus dem frühen 18. Jahrhundert.

An der Mündung des Flusses Lena wurde dieses Mammut im Jahre 1799 im Eis gefunden. Die Darstellung stammt von dem Elfenbeinhändler Boltunov.

Ein sechs Monate altes Mammut, das aus dem vereisten Boden in Jakutsk (UdSSR) im Sommer 1977 ausgegraben wurde. Die beiden »Finger« am Ende des Körpers waren die gleichen, die man auch bei Höhlenzeichnungen findet.

Moderne Zeichnung des bekanntesten, bei Berezovka im Jahre 1900, im Eis gefundenen Mammuts. Angeblich sollte es von sowjetischen Wissenschaftlern in Moskau verspeist worden sein. Heute weiß man, daß dies nicht stimmt.

tierenden Erdbeben und Vulkanausbrüche das Klima unserer Erde in einem Maße, wie es seitdem nie wieder passiert ist. Riesige Aschenwolken verdeckten monatelang die Sonne, furchtbare Schneestürme tobten, und riesige Flutwellen richteten Verwüstungen an. Bei diesem Vernichtungswirbel sammelten sich hoch über der Erde Giftgase, die plötzlich zu Boden sanken. An vereinzelten Stellen fiel daraufhin die Temperatur bis zu 100 Grad unter den Gefrierpunkt. Dies war wahrscheinlich der Untergang der Mammuts. Damit ist das blitzschnelle Gefrieren des Berezovka-Mammuts erklärt und der Grund, warum sein unverdauter Mageninhalt nicht verdarb und auch, warum das Tier halb stand und halb auf einer (durch einen starken Erdstoß) gebrochenen Hüfte hockte. Dies erklärt auch den Fund anderer Mammuts, die in Stücke zerrissen waren, sowie die großen Knochenhaufen, die durch das Zermalmen einer ganzen Herde zustande gekommen waren. Die Hälfte allen Elfenbeinvorkommens der Welt existiert in Sibirien. Die Ursache liegt darin, daß es gefroren war und nicht verwesen konnte.

Doch einige Teile des Puzzles bleiben übrig und damit einige Fragen offen: Wann passierte diese Katastrophe? Bestimmt nicht 1500 v. Chr., wie Velikovsky vorschlägt, denn eine Kohlenstoffanalyse setzt das Alter verschiedener Mammuts zwischen 30000 und 10000 Jahre v. Chr. fest. Will man ernstlich behaupten, daß es verschiedene solcher Katastrophen gab? Warum beinhaltet der »Dreck« oder das Eis, in dem die Mammuts gefunden wurden, keine großen Mengen vulkanischen Staubs?

Die Kaltwettertheorie sieht in dem Verschwinden der Mammuts keine Rätsel. Sie geht davon aus, daß das Klima in Sibirien immer ähnlich wie heute war. Die Jahreszeiten wechselten sich ab, es fror und taute wieder. Die Mammuts, die wir heute finden, starben aus verschiedenen Gründen. Sie gerieten in einen Sumpf oder einen Erdrutsch, fielen in ein Felsloch oder ertranken. Sie wurden dann in relativ kurzer Zeit eingefroren, wahrscheinlich in weniger als einem Jahr, und der »Dreck« lagerte sich langsam um sie herum ab.

Aber diese zurückhaltende Theorie der Uniformitaristen hinterläßt noch mehr Teile, die nicht in das Puzzle passen. Langsames Einfrieren hinterläßt keine ungeplatzten Zellen im Magen. Das Gefrieren und Wiederauftauen führt zur Verwesung. Wie ist es mit dem vielen Elfenbein, das ausreicht, um der halben Welt Billardkugeln zu liefern? Warum wurde aus Sibirien eine eisige Wüste, in der zahllose Herden umkamen, die dort 2,5 Millionen Jahre problemlos gelebt hatten?

Es gibt also keine befriedigende Lösung. Weil Wissenschaftler eine natürliche Abneigung gegen Katastrophen haben, wird die Kaltwettertheorie trotz der vielen ungeklärten Probleme von den meisten anerkannt. Vielleicht liegt es auch daran, daß die Ansicht der Katastrophisten noch nicht genug überprüft wurde. Auf alle Fälle verbleibt eine Reihe ungeklärter Fragen. Die Grundfrage ist auch die ärgerlichste: Wie kann man 8,5 Tonnen lebendes Fleisch und Knochen tiefkühlen?

Kapitel 3

Verlorenes Wissen: Mysteriöse Verbindungen

Wir verfügen immer noch über keine Erklärung, warum die Menschen auf der ganzen Welt ihre heiligen Orte in einer komplexen geometrischen Weise markierten. Priester aufsteigender Kulturen befaßten sich mit der Bewegung der Sonne, des Mondes und der Sterne. Sie erbauten ihre Tempel, um das Gelernte festzuhalten. Selbst heute zeigen uns noch Ruinen alter Städte, daß ihre Erbauer größeres Wissen als wir besaßen, die sie sich durch uns unbekannte Methoden angeeignet hatten.

Archäologische Nachweise kann man von Europa nach Ägypten, dem Nahen Osten und bis nach Amerika verfolgen. Obwohl sich die weit voneinander entfernten Denkmäler in Form und Größe wesentlich unterscheiden, ist ihre Ähnlichkeit doch beachtlich. Auf den ersten Blick weisen die Megalithen und Steinkreise im Nordwesten Europas (z. B. Stonehenge) wenig Gemeinsamkeiten mit den Mustern in der Wüste von Nazca in Peru auf. Bei näherer Untersuchung erweisen sich jedoch beide als genaue Landvermessungen. Beide unterliegen dem unerklärlichen Drang, die Erde mit geraden Linien zu überziehen. Die Erbauer der Megalithen teilten ihre Passion für Geometrie und Astronomie mit den ägyptischen Priestern, die die »Große Pyramide« so gestalteten, daß sie als Sternwarte und auch als Rechenzentrum dienen konnte.

Das Studium unserer Vorgeschichte, d. h. der Gedanke, daß frühe Zivilisationen und vielleicht sogar des Schreibens unkundige Menschen über ein uns verlorenes Wissen verfügten, bereitet Archäologen Unbehagen. Deshalb bezeichnen sie Wissenschaftler, die in der »Großen Pyramide« mehr als ein riesiges Grab sehen, als »Pyramidenidioten«. Altertumsforscher, die in England nach heiligen Markierungen suchen, gelten als schwachsinnig.

Dennoch brachte die Altersbestimmung durch Kohlenstoffanalysen einen Umschwung. Die Archäologie erkennt nun selbst, daß die Urmenschen über beachtliche intellektuelle Fähigkeiten verfügten. Sie waren nicht die ungebildeten Wilden, wie sie in den Büchern beschrieben sind. In vielen Abschnitten dieses Werkes findet man Hinweise auf ihre Fähigkeiten. Sie konnten Ackerbau betreiben, zeichnen, bauen, rechnen, segeln, navigieren und vielleicht schon fliegen.

Dieser Abschnitt befaßt sich mit der Fähigkeit, das Land, auf dem sie lebten, zu vermessen. Dazu bedurfte es der Kenntnis der Erdstellung im Weltraum und der angestrengten körperlichen und geistigen Arbeit vieler Generationen. So, wie die Bestattungen der Neandertaler die erste Hoffnung auf ein Leben im Jenseits andeuteten und die Höhlenmalereien der Cro-Magnon-Menschen die erste Kunst war, so zeigte die Planimetrie den ersten Versuch, die Kräfte des Weltalls zu verstehen.

Der Kristall-Planet

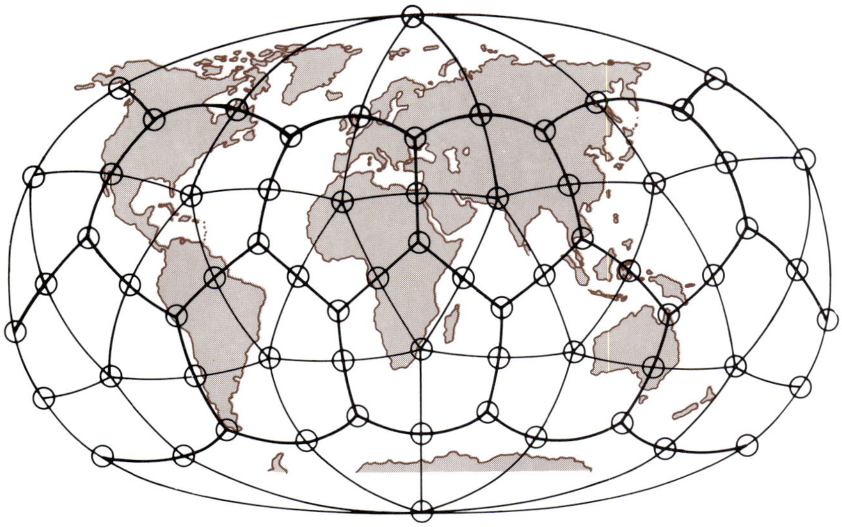

»Ist die Erde ein großer Kristall?« – Diese sowjetische Darstellung erschien im »Khimya i Zhizn«.

Die Grenzen der sich verändernden kontinentalen Platten (Seite 15) sind durch heftige Erdbebenaktivitäten gekennzeichnet.

Der Glaube, die Erde sei symmetrisch, ist sehr alt. Schon Sokrates sagte zu seinem Schüler Simmias: »Mein lieber Junge, von oben gesehen, wirkt die Erde wie ein Ball, der aus 12 Lederstükken genäht wurde.« 1960, etwa 2000 Jahre später, kamen russische Wissenschaftler auf den Gedanken, die Erdkugel im Hinblick darauf zu untersuchen, ob zwischen geschichtlich bedeutsamen Plätzen eine Verbindung zu finden ist. Das ist der Fall! Nach einigen Jahren der Forschung veröffentlichten sie ihre Ergebnisse in der volkswissenschaftlichen Zeitschrift »Khimiya i Zhizn« unter der Überschrift »Ist die Erde ein großer Kristall«?

Aufgrund ihrer gemeinsamen Erfahrung auf den Gebieten der Geschichte, Technik und Elektronik kamen sie zu dem Schluß, daß die Erde theoretisch seit ihrem Entstehen einem komplizierten Plan kosmischer Energie unterliegen könnte. »Komsomol's Pravda«, eine offizielle russische Zeitschrift, ergänzte das Thema mit der Theorie, daß die Erde ein Kristall war und sich nur langsam zur heutigen Kugel formte.

Im Anschluß an diese Hypothese kann die Erde noch heute als zwölfseitiger Kristall gesehen werden, auf dem sich 20 gleichseitige Dreiecke befinden. Der geometrische Aufbau ist nach Ansicht der Wissenschaftler durch die Standorte uralter Zivilisationen zu erkennen. Als weitere Argumente führen sie Erdspalten, magnetische Absonderheiten und viele andere sonst unerklärte Standorte an, die entweder an den Kreuzungen des Gitters oder an seinen Verbindungslinien liegen.

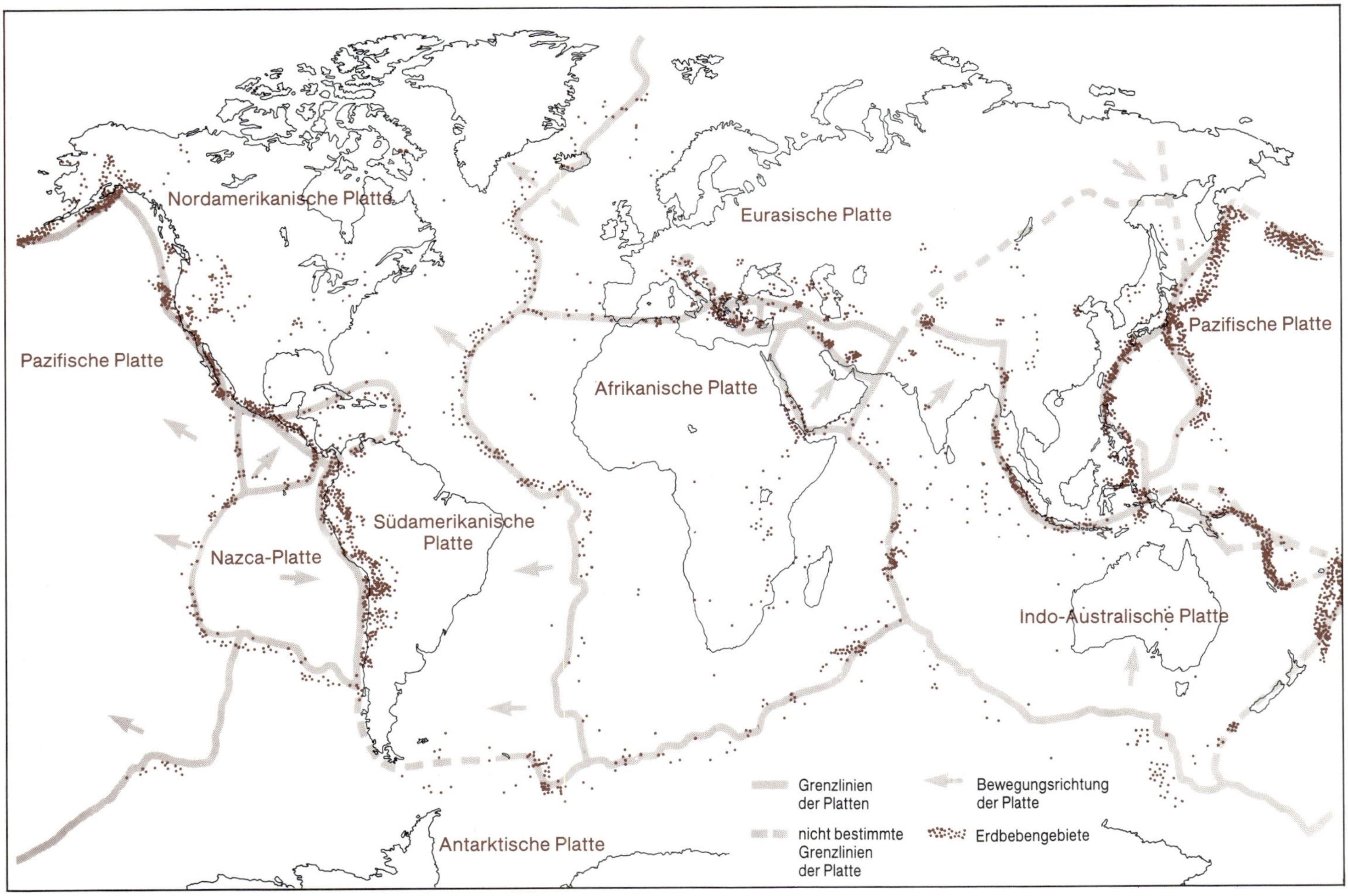

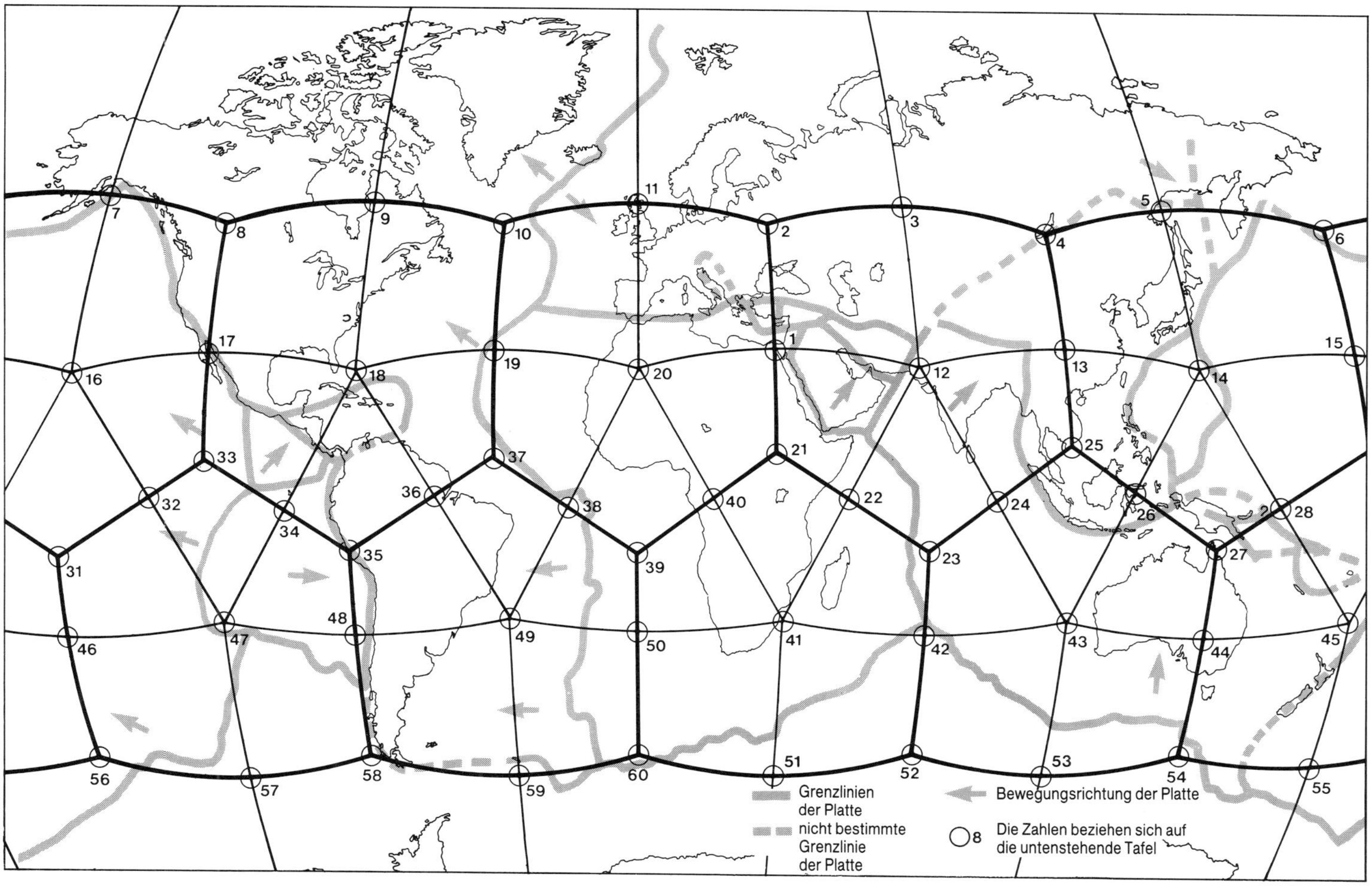

»Gemeine Wirbel«: Nach den Forschungen des Wissenschaftlers Ivan T. Sandersons zehn Gebiete, symmetrisch um den Erdball verteilt, mit starken magnetischen und klimatischen Störungen. Dazu gehört das Bermuda-Dreieck (S. 257) und Gebiete, in denen in starkem Maße ungewöhnliche Ereignisse stattfinden sollen: 16, 18, 20, 12, 14, 47, 49, 41, 43, 45.

Vulkane: Die geometrischen Linien sollen mit den Rändern der Gesteinsplatten übereinstimmen, an denen vulkanische Aktivitäten stattfinden.

Magnetische Abweichungen sollen sich mit den Wirbeln der Polygone überschneiden.

Meteorologie: Die Zentren von Tiefdruck- und Hochdruckgebieten liegen an den Knoten des Gitters. Dort entstehen die Hurrikane, die dann in den Rippen des Gitters verlaufen. Ebenfalls häufige Winde und Wasserläufe.

Verwerfungen: Die Unterwassergebirge im mittleren Atlantik liegen zwischen 10 und 37.

Sonnenstrahlung: Die größte Sonneneinstrahlung (Karte Seite 53) gibt es in 1, 17, 41.

Atomexplosion: Vor 1700 Millionen Jahren gab es in 40 eine natürliche Atomzündung, basierend auf Uran-235.

Mineralerze: Bodenschätze kommen konzentriert vor entlang der Linien des Gitters, die mit den Grenzen der Kontinentalplatten übereinstimmen; Ölvorkommen gibt es an den Schnittpunkten (z. B. große Ölvorkommen bei Tyumen in 3).

Satellitenfotos: Die fotografischen Daten von amerikanischen und russischen Satelliten haben in letzter Zeit die Karte der Erde genauer werden lassen und bestätigen einige der Abnormitäten, die sich aus dem Netz ergeben: eine »Grabenlinie« von Marokko bis Pakistan findet man auf der Linie von 20 bis 12; die Gemini-Raumfähren haben runde geologische Strukturen von 200–350 km im Durchmesser festgestellt, die sich bei 17, 18 und 20 befinden.

Bodenbeschaffenheit: Das Fehlen von bestimmten Elementen im Erdboden von 2 und 4 führte zu einer seltsamen Entwicklung der dortigen Pflanzen; bei 4 (Baikal-See) sind drei Viertel der dort vorkommenden Pflanzen und Tierarten einmalig.

Vogelwanderung: Vögel überwintern (Seite 99) bei 12, 20, 41.

Vorgeschichtliche Zivilisationen: Unbewußt plazierten die Menschen ihre Zentren an den Hauptkreuzungspunkten: Die Ägypter (1), im Tal des Indus (12), die Megalitherbauer (11), Peru (45), Osterinseln (47), nördliche Mongolei (4).

Ist die Idee verrückt? Einerseits, ja. Wenn wir die Beweise für das Triften der Kontinente anerkennen (S.15), dann hat sich die Erdoberfläche im Laufe der Zeit so viel bewegt, daß die Symmetrie verschwunden ist. (Wenn das Triften im Expandieren der Erde begründet liegt, entfällt dieser Einwand.) Wenn wir das vorgegebene Gitter auf die heute weitgehend anerkannten Grenzmarkierungen der beweglichen Kontinente legen, stimmen diese längst nicht so gut überein, wie die Russen das behaupten. Zu kritisieren ist weiterhin, daß die Linien auf den russischen Karten so dick sind, daß Hunderte verschiedener Gitter ein ähnliches Resultat ergäben.

Trotzdem sollte man die Grundlagen der russischen Forschung beachten. Dieser Teil des Buches verweist immer wieder auf verschiedene Stätten, die man instinktiv für bedeutsam hielt und zwischen denen sehr wahrscheinlich gewisse Verbindungen bestehen. Russische Wissenschaftler haben diesen Gedankengang weiterverfolgt. Sie glauben, daß die Energie, die zu dem Kristallmuster führte, nach einem bestimmten Rhythmus schwankt. Ihre dafür gesammelten Beweise sind in der Tabelle auf dieser Seite zusammengefaßt.

Wer baute die Megalithen?

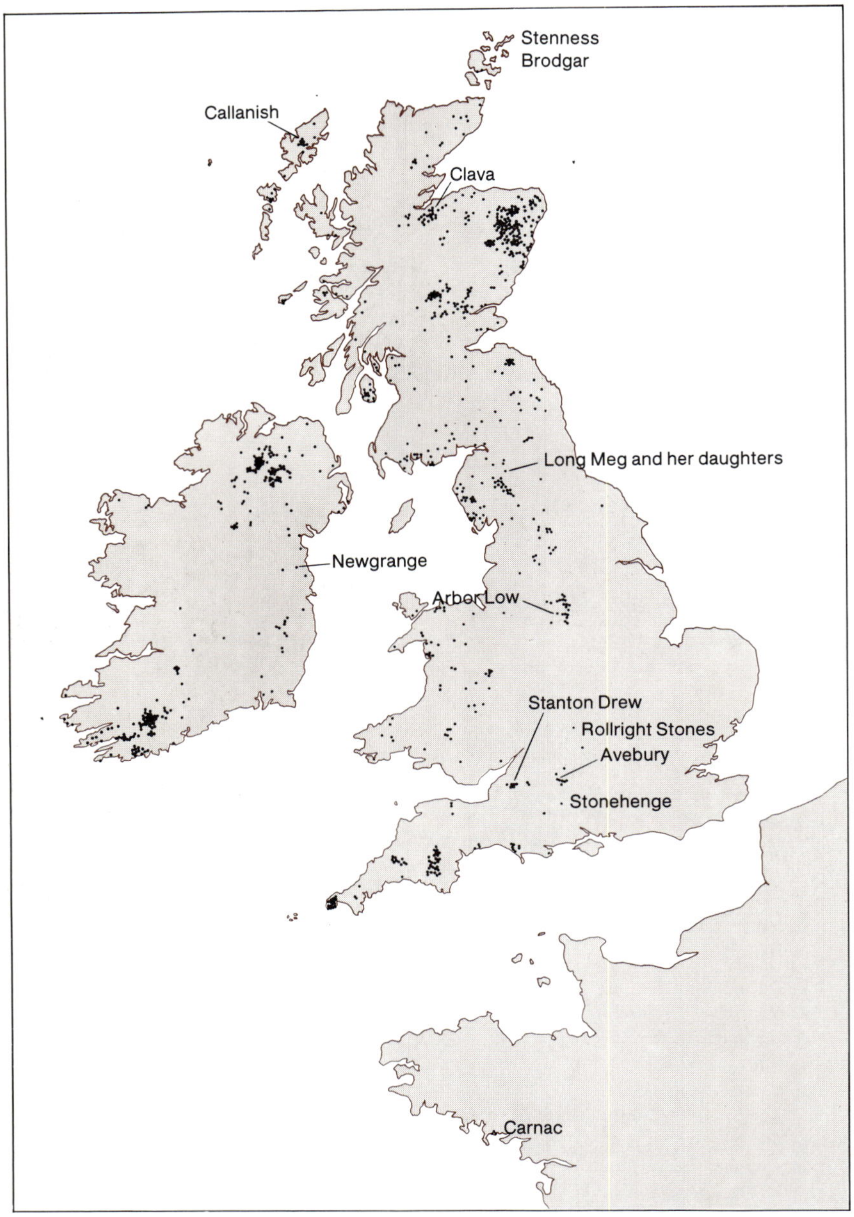

Steinkreise auf den Britischen Inseln und in der Bretagne (nach Aubrey Burl).

Am Rand der europäischen Atlantikküste stehen einige der ältesten von Menschenhand geschaffenen Denkmäler: Menhire, Grabhügel und -kammern einer verlorenen Zivilisation, deren Höhepunkt die Erbauung von Stonehenge war. Die ältesten von ihnen stammen aus einer Zeit, zu der vielleicht noch kein Mensch schreiben oder lesen konnte. Bis vor kurzem haben Archäologen die Menschen dieser Zeit, Menschen, die diese Denkmäler fleißig und mit Vorsicht erbauten, als ungelehrte Barbaren abgetan, als Wilde, die für die Entwicklung unserer Geschichte nicht von Bedeutung waren.

In der letzten Zeit hat sich diese Einstellung gewaltig verändert. Verschiedene, unabhängige Forschungsarbeiten haben bewiesen, daß diese Steine vielleicht nicht nur die ältesten, sondern auch die außergewöhnlichsten Denkmäler der Welt sind. Diejenigen, die sie aufstellten, waren besonders begabte Astronomen und Mathematiker, obwohl sie ohne schriftliche Aufzeichnungen arbeiteten. Man könnte fast sagen, daß ihre peinlich genaue Beobachtung der Sonne, des Mondes und anderer Himmelskörper, auf der ihr religiöses Leben beruhte, eine gewisse Besessenheit aufwies.

Unverständliche Steine

Die Anerkennung ihrer Fähigkeiten ließ lange auf sich warten, da die beschränkte Technik der herkömmlichen Archäologie keine Erklärung für die Tausende von Steinen fand. Manche stehen allein, andere in Kreisen, scheinbar ohne

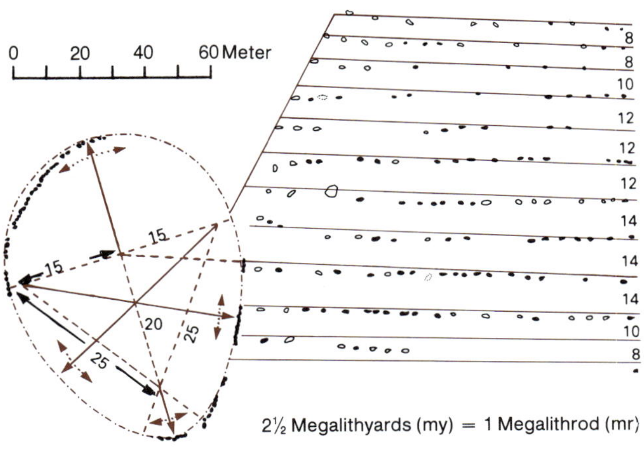

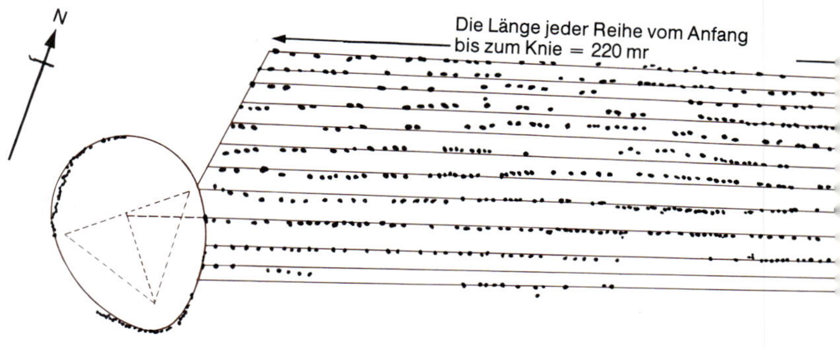

Typ 1 eiförmiger Kreis
Der Umfang = 304,4 my

Plan und Ziel, in der Mitte eines Feldes oder an einem Berghang. Der Schriftsteller Daniel Defoe faßte die Ansichten des 18. Jahrhunderts zusammen, als er schrieb: »Alles, was wir von ihnen lernen können, ist, daß sie da sind.« Wenn man die Steine ausgräbt, findet man meistens nichts als Felsen und Erde. Innerhalb der Steinkreise kann man oft Hinweise auf Verbrennungen entdecken. An ihrem äußeren Rand finden sich manchmal Holzkohlenreste, die auf Feuerzeremonien deuten. Diese Überreste und noch einige Keramikteile können jedoch unsere Fragen kaum beantworten.

Schwerarbeit

Warum wurde so viel Energie verbraucht, um diese Felsblöcke zu bearbeiten und sie dann manchmal über große Entfernungen zu transportieren? Die Blausteine von Stonehenge stammen aus den 200 Kilometer entfernten Prescelly-Bergen in Wales. So beeindruckend wie Stonehenge auch ist, an anderen Orten gibt es viel größere Steine. Der »Grand Menhir Brise«, der sich in Locmariaquer in der Bretagne, Nordfrankreich befindet, war einmal 50 Meter hoch und wog 340 Tonnen. Ein Erdbeben stürzte ihn um, und er zerbrach in vier Teile. Sie gelten heute als stumme Zeugen der ungeheuren Technik und Kraft, die für die Errichtung des Menhirs einmal benötigt wurden. In dem nahegelegenen Carnac stehen mehr als 3000 Steine in Reihen, die bis an den Horizont und noch weiter reichen. Sie sind die Überreste einer riesigen Planimetrie, die

Menhir-Reihen bei Carnac in der Bretagne.

Zwei der drei Steinkreise in der Bretagne haben Verbindungen zu den bewundernswerten Reihen bei Carnac, die Anfang dieses Jahrhunderts neu aufgestellt wurden. Durch statistische Analysen wurde ihre ursprüngliche geometrische Form neu berechnet (nach Alexander Thom).

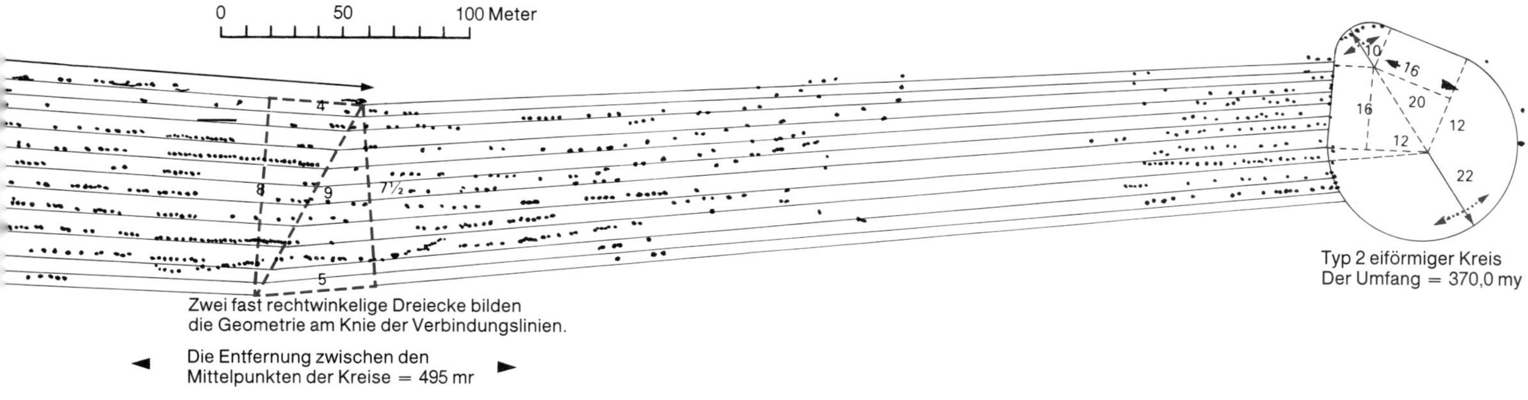

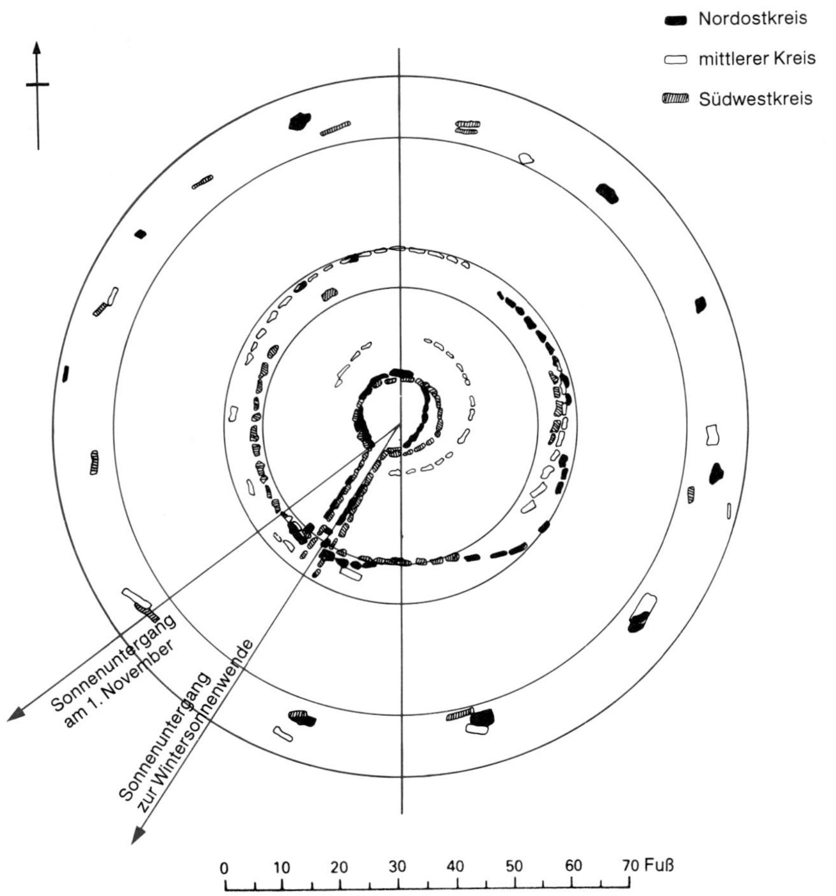

Die Aufzeichnungen von Admiral Boyle Somerville in den 20er Jahren bewiesen, daß die Steinkreise sorgfältig angelegt worden waren. Er legte die Kreise von Clava, Schottland, übereinander um seine Ansicht zu beweisen.

durch Menschen verstümmelt wurde, als sie sich Steine zum Bau von Häusern suchten.

Man kann sich des Eindrucks nicht erwehren, daß diese Stätten heidnische Heiligkeit ausstrahlen. Im Laufe der Geschichte haben sie jedenfalls immer wieder Gefühle der Verehrung, aber auch der Wut ausgelöst, die kaum mit solch groben und doch harmlosen Steinen zu vereinbaren sind. In manchen der Steinkreise werden immer noch moderne Hexenbeschwörungen abgehalten. In Frankreich rutschten Mädchen früher nackt die Steine herunter, weil sie glaubten, dadurch fruchtbar zu werden. Fast alle Steine sind von Legenden umgeben, nach denen sie eine magische Kraft besitzen und sich bewegen oder heilen können. Die frühe christliche Kirche war so beunruhigt, daß sie ihren Missionaren befahl, die Steinkreise mit in das kirchliche Leben aufzunehmen. Viele alte Kirchen stehen deshalb im Bereich der historischen Hügel oder haben einige der Steine in ihren Mauern. Das riesige Steinfeld bei Avebury, im Süden Englands, weist weit größere Ausmaße als Stonehenge auf.

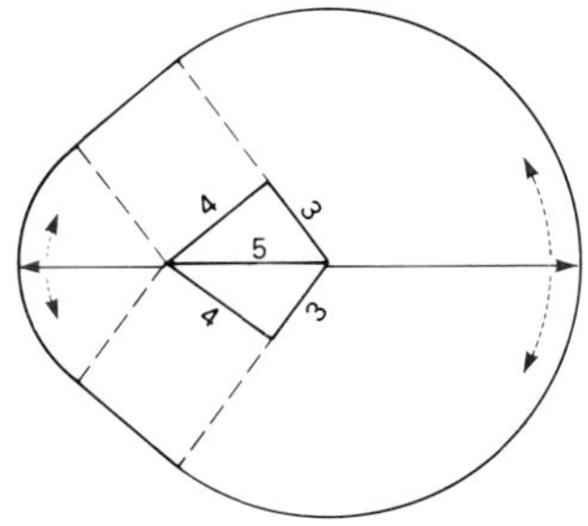

Typ 2 eiförmiger Kreis gebildet aus zwei Dreiecken nach dem Lehrsatz von Pythagoras mit einer gemeinsamen Hypotenuse

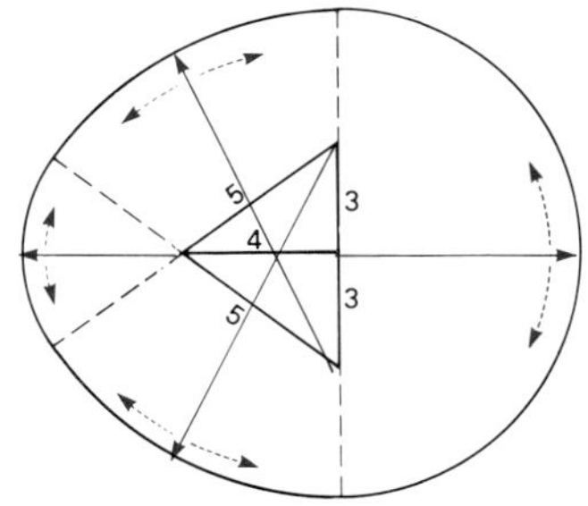

Typ 1 eiförmiger Kreis gebildet aus zwei Dreiecken nach dem Lehrsatz von Pythagoras. Mit der Rückseite aneinander.

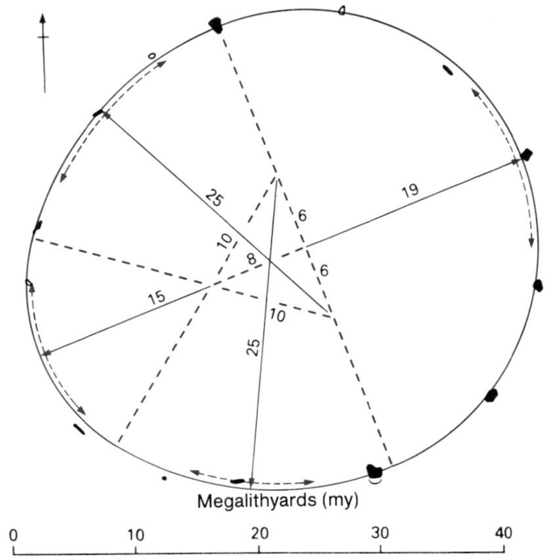

Die Berechnungen der Abmessungen Alexander Thoms zeigten, daß die Kreise oft abgeflacht oder eiförmig waren, so wie in den drei Beispielen rechts. Die geometrische Form des mittleren »Eis« wurde bei Clava verwendet (oben).

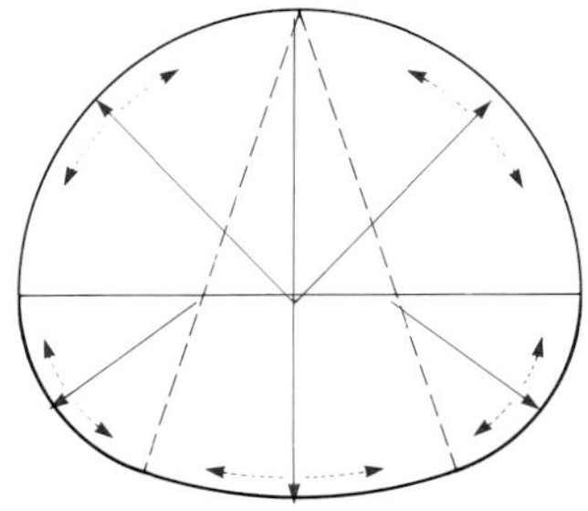

abgeflachter Kreis

Im Mittelalter führte die Kirche hier eine Zeremonie ein, bei der alle 25 Jahre zur symbolischen Zerstörung des Teufels einer der Steine gelokkert und geschlagen wurde.

Das Geheimnis der Sterne

Welche Geheimnisse kannten die Erbauer der Megalithen? Warum führen ihre Monumente immer noch zu unerklärlichen Reaktionen? In der letzten Zeit wurde klar, daß, wenn die Steine wirklich über okkulte Kräfte verfügen, diese von genauen astronomischen Beobachtungen abgeleitet sind. Daraus hat sich eine neue Wissenschaft, die »Astro-Archäologie« entwickelt. Der englische Schriftsteller John Michell erläutert dazu: »Sie entwickelte sich aus dem Wahnsinn über die Ketzerei zum interessanten Gedanken und steht kurz vor der Anerkennung.« Weiter schreibt er: »Der Gedanke, daß die Erbauer der Megalithen vor 4000 Jahren schon die Astronomie verstanden, erscheint harmlos, erregt jedoch starkes Interesse. Dahinter verbergen sich nämlich viel wichtigere Fragen, die unsere Geschichte und unsere gesamte Zivilisation betreffen . . . Der Widerstand gegen astro-archäologische Theorien wird durch die Erkenntnis verstärkt, daß der Glaube an die Einzigartigkeit unserer wissenschaftlichen Errungenschaften untergraben wird, wenn die Menschen der Jungsteinzeit die astronomische Wissenschaft beherrschten und somit in gewissem Sinne dem Mittelalter und sogar der modernen Zeit voraus waren. Jedoch häufen sich die Beweise für eine weiterentwickelte und -verbreitete Wissenschaft der Steinzeit.«

Natürlich ist schon lange bekannt, daß die Lage von Stonehenge und andere alte Tempelstätten an bestimmten Tagen der Richtung des Sonnenaufgangs entspricht. Der weitblickende Altertumsforscher Rev. William Stukeley schrieb im Jahre 1740, daß der Weg, auf dem der »Heel Stone« liegt, von Stonehenge nach Nordosten führt, dorthin, »wo die Sonne an den längsten Tagen aufgeht«. Er sieht darin ein Denkmal für die um das 460 v. Chr. lebenden Druiden, die älteste bekannte Priesterschaft. (Eine ganz besondere Eigenschaft der Archäologie ist die immer neue Altersfestsetzung der Steine. Bei jeder neuen Schätzung werden sie älter. Momentan geht man davon aus, daß Stonehenge erstmals 2800 v. Chr. und die heutige Form um 1560 v. Chr. angelegt wurde.)

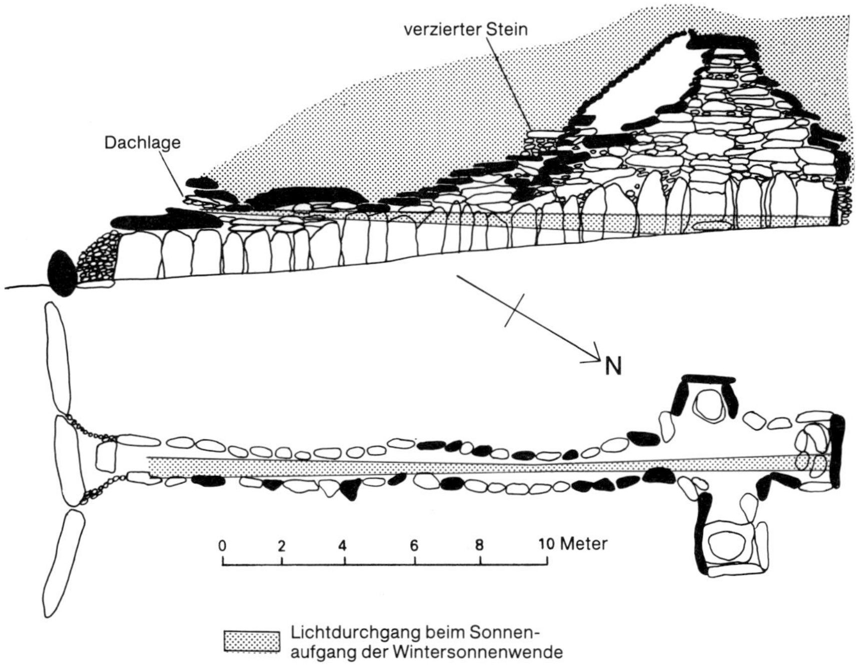

Die Steinkammer und der Hügel bei Newgrange in Irland haben eine »Lichtöffnung«, durch die am Tag des Winteranfangs der Sonnenaufgang für kurze Zeit zu beobachten ist.

Sonnenanbetung in früherer Zeit

Erst am Ende des 19. Jahrhunderts bemerkten Archäologen, daß die Sonne in vielen Ländern nach einem bestimmten Muster angebetet wurde. 1901 fanden sie in dem führenden Astronomen und Wissenschaftler Sir Normal Lockyer einen neuen Anhänger ihrer Ansichten. Er war Mitglied der »Royal Society«, Direktor des »Solar Physics Laboratory« sowie Gründer und 50 Jahre lang Redakteur der Zeitschrift »Nature«. Nachdem er festgestellt hatte, daß die ägyptischen Pyramiden nach der Sonne orientiert waren, befaßte er sich mit England. In seinem Buch »Stonehenge and Other British Stone Monuments« kam er zu dem Schluß, daß viele der Steinkreise auf den Britischen Inseln nicht nur nach der Sonne, sondern auch nach den Sternen ausgerichtet waren. Viele Ungenauigkeiten in seinem Buch und seine Ansicht, daß kleine, unwichtige Sterne mit für die Lage der Megalithen verantwortlich waren, könnten bemängelt werden. Dennoch ebnete er nach John Michells Worten »den Weg zur neuen Anschauung der vorgeschichtlichen Gesellschaft, der die Grundvorstellungen der zeitgenössischen Archäologie widerlegte«. Einer der wenigen Gelehrten, die bereit waren, seine Arbeit weiterzuführen, war Admiral Boyle Somerville. Er war kein Archäologe, aber seine Kenntnisse auf dem Gebiet der Landvermessung überzeugten ihn, daß Lockyer zumindest auf dem rechten Weg war. Nach un-

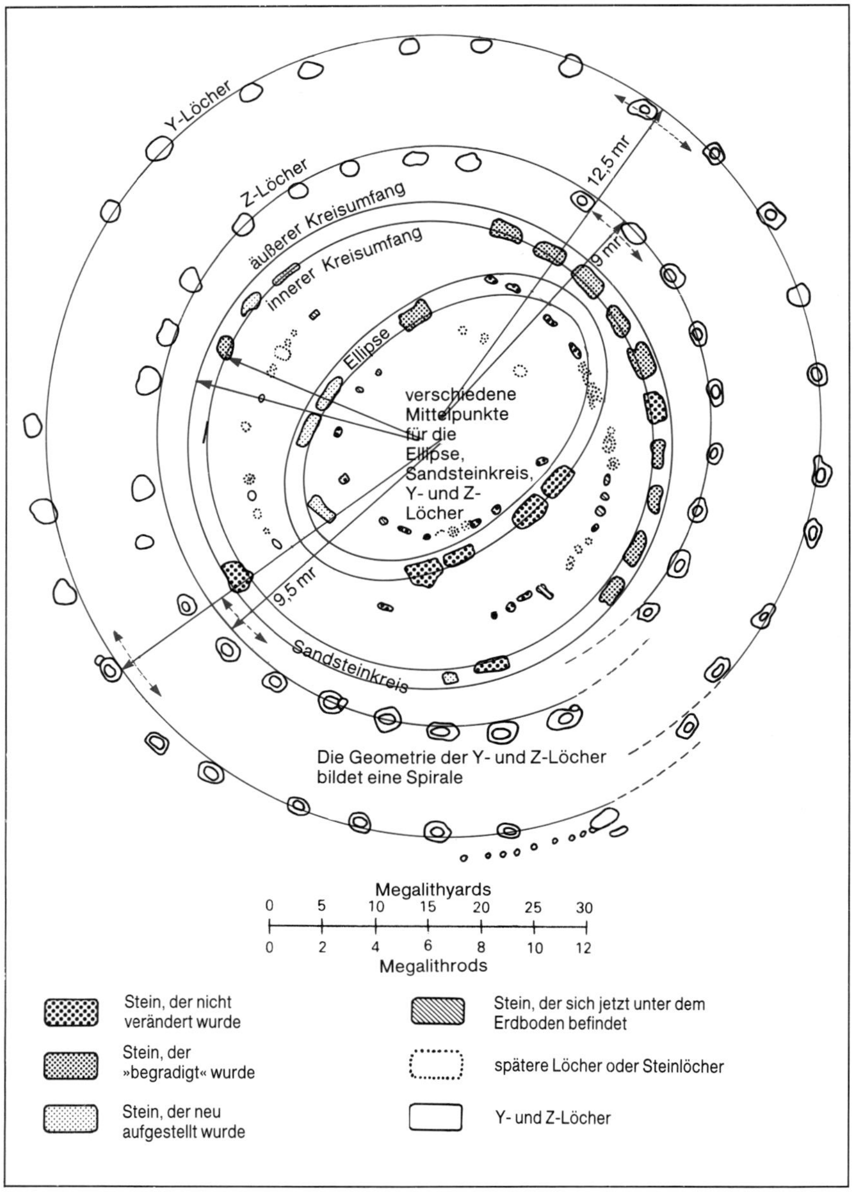

Die Abmessungen und der geometrische Aufbau von Stonehenge in megalithischen Maßen, wie sie Alexander Thom berechnet hat.

gefähr 90 Vermessungen kam er zu dem Ergebnis, daß »auf jeden Fall Orientierungspunkte der einen oder anderen Art vorlagen«. Die Kongruenz von drei Kreisen bei Clava in Schottland führte zu der Entdeckung, daß gleiche Maßeinheiten benutzt worden sein mußten.

Unter dem Einfluß der Ausbreitungstheorie, nach der die Zivilisation im Nahen Osten oder in Ägypten begann und sich von da aus verbreitete, wollten Archäologen in den zwanziger Jahren diese Überlegungen nicht akzeptieren. Sir Mortimer Wheller, Präsident der »Society of Antiquaries« in London, schrieb über die Existenz alter Astronomie: »Durch diesen Gedanken hat eine ganze Generation Altertumsforscher viel Zeit und Tinte für die Untersuchung der vermuteten astronomischen Eigenschaften dieser Kreise vergeudet.«

Hier wäre man vielleicht ohne die Anstrengungen eines Mannes stehengeblieben, der die Hälfte seines Lebens damit verbrachte, »eine gut konstruierte Briefbombe« unter die Grundsteine zeitgenössischer Archäologie zu legen.

Ein Einzelgänger

Dr. Alexander Thom, von 1945 bis 1961 Professor (em.) für Technische Wissenschaft an der Universität Oxford, begann sich in den 30er Jahren während einer Segelfahrt im Norden Schottlands für megalithische Bilder zu interessieren. Als er bei dem großen Steinkreis von Callanish an Land ging, bemerkte er, daß dieser genau nach Norden ausgerichtet war – »eine sehr schwierige Aufgabe für die Menschen der damaligen Zeit, denn der Polarstern befand sich nicht dort, wo er heute steht«. Von diesem Moment an verbrachte er den größten Teil seiner Freizeit mit der Vermessung von Steinkreisen in ganz England. Als er seine »Zeitbombe« »Megalithic Sites in Britain« 1967 herausgab, hatte er nicht weniger als 600 Standorte untersucht und ausgewertet. Darauf basierten auch seine Schlußfolgerungen: Sämtliche Steinkreise, so unordentlich sie auch auf freiem Feld wirken, sind geometrisch und astronomisch genau ausgerichtet.

Das Megalithische Yard

Eine gemeinsame Maßeinheit war benutzt worden: Das megalithische Yard = 2,72 Fuß. Damit wurden nicht nur Kreise, sondern auch elegante Ellipsen, Eiformen und abgeflachte Kreise angelegt. Alle basierten auf einer inneren Geometrie, die den Gebrauch von rechtwinkligen Dreiecken voraussetzte, deren Entdeckung dem 1000 Jahre später lebenden Pythagoras angerechnet wurde.

Wie bei Pythagoras schienen auch bestimmte, bei Dreiecken gebrauchte Zahlen – z. B. 5, 12, 13, oder 8, 15, 17 – eine symbolische oder magische Bedeutung zu haben. Das impliziert aber auch die Kenntnis des Wertes »Pi«, mindestens 2000 Jahre bevor ihn der Hindu-Wissenschaftler Arya-Bhata im 6. Jahrhundert n. Chr. zum ersten Mal erwähnte.

Bei größeren Anlagen wie Avebury, Carnac und Stonehenge wurde ein anderes Maß ange-

wandt, das »Megalithic Rod«, das genau 2,5 megalithischen Yard entspricht. Bei allen drei Standorten überrascht die geometrische Harmonie. Die außergewöhnlichen Steinreihen von Carnac ändern in der Mitte an einem »Knie« ihre Richtung. Alexander Thom betrachtet die Art, wie dies erreicht wurde, nämlich durch den Gebrauch zweier fast genau pythagoräischer Dreiecke, als den Höhepunkt geometrischen Schaffens – »etwas, worauf jeder Techniker der Geschichte stets stolz sein könnte«.

Alte Mathematiker

Also waren die Erbauer der Megalithen ganz großartige Mathematiker, die ihre Fähigkeiten sicherlich vor allen anderen auf der Erde nutzten. Allein dieser Gedanke war den Archäologen »alter Schule« schon unangenehm. Thoms Zeitbombe verfügte jedoch über noch mehr Sprengstoff, denn die Erbauer waren auch auf ihre Art besonders hochqualifizierte Astronomen. Unter Anwendung einfacher örtlicher Mittel, wie z. B. Markierungssteine, Einschnitte in den Bergen und von ihnen erbaute Gerüste nahmen sie komplizierte Vermessungen vor. Sie beobachteten nicht nur die Sommer- und Wintersonnenwende, sondern auch andere bedeutende Sternbewegungen bis auf ein Tausendstel genau. So erkannten sie z. B. das »kleine Stillstehen« des Mondes. Dieses Phänomen ist durch den ellipsenförmigen Kreislauf des Mondes bedingt und nur alle 18,6 Jahre wahrzunehmen. Nur die wissenschaftliche Arbeit vieler Generationen konnte solche kleine Variationen erkennen. (Obwohl Thoms Untersuchungen die Grundlage bilden, haben auch andere Astronomen Beiträge geliefert.)

1963 behauptete Gerald Hawkins, Professor der Astronomie an der Universität von Boston,

In Stonehenge wurden geringe Abweichungen am fernen Horizont künstlich nachgebildet, um die wichtigen Augenblicke, wenn Sonne und Mond auf- und untergehen, festzuhalten (nach Alexander Thom).

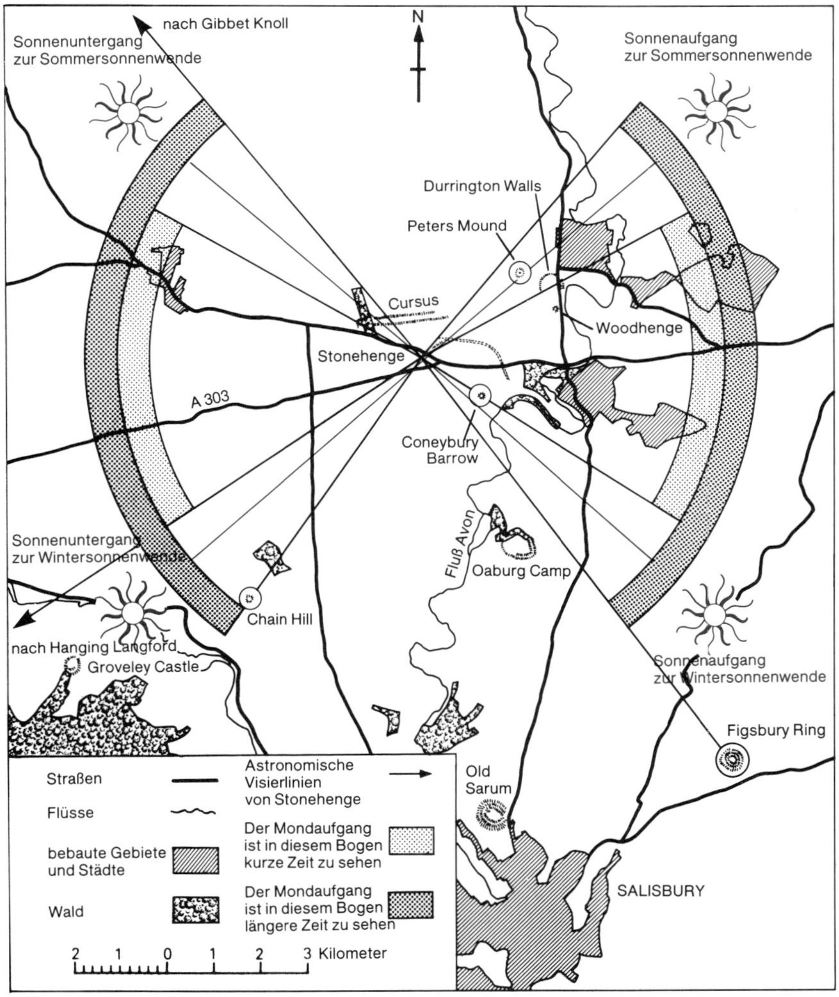

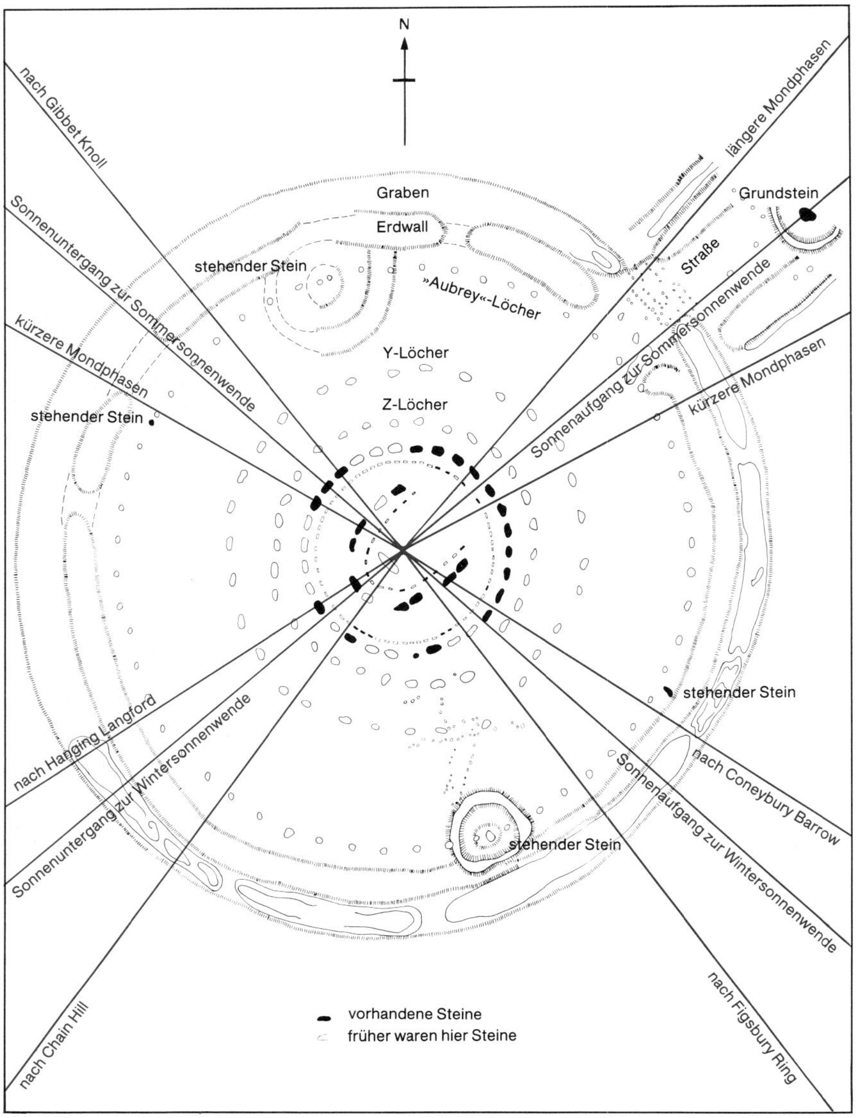

Die sechs astronomischen Hauptrichtungen haben ihren Mittelpunkt in Stonehenge (nach Alexander Thom).

er habe »entschlüsselt«, wie Stonehenge als Observatorium genutzt wurde. Sein Buch, das 1965 erschien, wies jedoch viele Unstimmigkeiten auf. Die Tabelle, auf der seine Computerrechnung basierte, war so ungenau, daß die Wissenschaft sie ohne weiteres ablehnen konnte. Das sich daran anschließende, wesentlich besser dokumentierte Buch von C. A. Newham hat die Vermutung vieler Besucher bestätigt, daß Stonehenge die Sternwarte der alten Astronomen war. Von der Mitte des Steinkreises konnten sie die Laufbahn der Sonne und des Mondes errechnen. Löcher in den Felsen zeigen die Stellen, wo sie Stangen einsetzen konnten, um genau den Punkt markieren zu können, an dem die Planeten hinter dem Horizont verschwanden. Die geistigen Fähigkeiten dieser frühen Menschen sind damit erwiesen.

Archäologie im Aufruhr

Professor Richard Atkinson von der Universität Cardiff in Wales hatte zunächst Gerald Hawkins' Arbeiten in einem Kommentar unter dem Titel »Mondschein über Stonehenge« abgelehnt. Seine anschließende Meinungsänderung und den Grund für die Unruhe unter den Archäologen erklärte er so: »Thoms Forschung stellte die gesamte, zum Teil auch jetzt noch anerkannte Theorie auf den Kopf ... Es ist doch kaum zu glauben, daß Barbaren an der äußersten nordwestlichen Spitze des europäischen Kontinents über mathematische Kenntnisse verfügten, die zur selben Zeit nur denjenigen der Ägypter bzw. später auch denjenigen der Mesopotamier entsprachen.« »Es ist kaum verwunderlich, daß viele Geschichtsgelehrte Thoms Arbeit entweder bewußt unbeachtet lassen oder versuchen, sie zu widerlegen, denn das ist bequemer. Ich hatte auch diese Einstellung. Nun bin ich jedoch zu der Überzeugung gelangt, daß die Ablehnung von Thoms Theorien, nur weil sie nicht in den gängigen Rahmen passen, dazu führt, noch größere Unwahrscheinlichkeiten akzeptieren zu müssen.«

Die Steinzeit-Universität

Die Anerkennung der megalithischen Leistungen bewirkt aber noch größere Rätsel: Wo erwarben diese Priester ihre astronomischen Kenntnisse? Wie wurden diese von Generation zu Generation weitergegeben? »Es muß ein Newton oder ein Einstein gewesen sein«, schreibt der englische Astronom Sir Fred Hoyle. Darüber hinaus muß eine Universität zur Ausbildung der Schüler existiert haben.

1976 erklärte Dr. Euan MacKie vom Hunterian Museum in Glasgow, er habe den ehemaligen Standort einer solchen Universität bei Durrington Walls in der Nähe von Stonehenge entdeckt. Die Ausgrabungen lieferten Beweise für die ersten gewobenen Stoffe sowie für eine viel reichhaltigere Nahrung als gewöhnlich. Die Frage nach der Herkunft der Erbauer der Megalithen beantwortet er mit dem Hinweis auf das durch die Kohlenstoffanalyse bestimmte Alter der verschiedenen Hünengräber. Die ältesten liegen an der atlantischen Küste und datieren von etwa 4500 v. Chr. Landeinwärts liegen die jüngeren Megalithen, also genau entgegengesetzt zu der Verbreitungstheorie, nach der die

Zivilisation von Ägypten ausging. Ist dies vielleicht ein Hinweis auf Atlantis (Seite 154)? Haben die Überlebenden einer verlorenen Kultur ihr Wissen so überliefert? Oder haben sich die Fähigkeiten unabhängig entwickelt, vielleicht durch das Genie eines einzelnen Wissenschaftlers? Oder sind vielleicht, wie Euan MacKie denkt, frühe Priester, die an der Ostküste des Mittelmeers gelebt haben sollen, in Richtung des Atlantischen Ozeans gesegelt und haben sich im südlichen Portugal niedergelassen?

Die Fragen bleiben unbeantwortet. Zur gleichen Zeit bleibt es auch ein Rätsel, wie astronomisches Wissen ohne Schriftstücke weitergereicht werden konnte. Richard Atkinson kommt zu folgenden Überlegungen: »Es wurde kein ›Astronomical ephemeris‹ herausgegeben. Das Wissen wurde von Mund zu Mund in der Form von Heldengedichten überliefert, die gelernt und ihr Inhalt weitergegeben werden mußte.«

Verbindung zu den Druiden

Solche Gedächtnisleistungen sind durchaus nicht unmöglich. Bei seiner Ankunft in England, 1500 Jahre nach der Erbauung von Stonehenge, schrieb Julius Caesar, daß die Priestergemeinschaft der Druiden »viele Verse auswendig lernen mußte und damit oftmals 20 Jahre ihres Lebens verbrachte. Ihr Wissen dürfte aus zwei Gründen nicht schriftlich festgehalten werden: Erstens, um die Geheimnisse vor der Öffentlichkeit zu bewahren und zweitens, um das Gedächtnis ihrer Schüler zu trainieren.« Es ist also durchaus möglich, daß die Druiden die Erben der alten Weisheiten der Megalithenerbauer waren. Beruht damit die oft verpönte Verbindung der Druiden mit Stonehenge auf einer Tatsache?

Diese Möglichkeit erscheint heute immer wahrscheinlicher. Auf alle Fälle ist es sicher, daß der Bau einer Sternwarte etwa 1850 v. Chr. der Höhepunkt der vielleicht längsten wissenschaftlichen Entwicklung unserer Geschichte war. Was die Menschen zu dieser Zeit motivierte, sich körperlich und geistig so stark zu engagieren, ist heute nur noch schwach zu erkennen. Die Begründung mag darin liegen (Seite 94), daß die Menschen einen viel engeren Kontakt zur Natur hatten als wir und so über Kräfte verfügten, die irgendwie mit der Bewegung von Sonne, Mond und Sternen verbunden waren.

Der Große Menhir Brise war einmal 17 m hoch. Von ihm aus könnte die Mondumlaufbahn bestimmt worden sein.

Die geheimnisvollen Standorte der Pyramiden

Würde man von einem Satelliten aus Bilder von Ägypten aufnehmen, um einen besseren Platz für die Cheops-Pyramide zu finden, es wäre nicht möglich. Sie liegt peinlich genau in der Mitte zwischen den beiden Längengraden, welche die Grenze zwischen dem alten Ägypten und seinen Nachbarn bildete. Ein Viertelkreisbogen, von der Mitte der Pyramide aus geschlagen, begrenzt genau das Nildelta.

Die quadratische Grundfläche war so sorgfältig angelegt, daß die 230 Meter langen Seiten genau in Nord/Süd/Ost/West-Richtung ausgerichtet waren. (Durch die Wanderung des Kontinents, auf dem die Pyramide steht, besteht diese Exaktheit heute nicht mehr.)

Wie wurde in einem so frühen Stadium der Zivilisation eine solche Genauigkeit erreicht? Und warum? Etwa 40 bedeutende Pyramiden wurden entlang des Nils errichtet. Die Cheopspyramide jedoch ist einmalig. In ihrer Umgebung gibt es Wunder und Geheimnisse, die wir selbst heute, nach fast 5000 Jahren, immer noch nicht völlig verstehen können. Eines ist sicher, wer auch immer den Plan für das größte Grab der Welt entworfen hat, beabsichtigte damit ein höheres Ziel als nur eine prachtvolle Begräbnisstätte.

Zunächst muß man sich ihre Ausmaße vor Augen halten, die bedeutend größer sind als die irgendeiner vorher oder nachher erbauten Pyramide. Als sollte sie ein Zeichen setzen für den Höhepunkt einer Entwicklung, nach der keine weitere Steigerung mehr notwendig war. Ohne sie selbst gesehen zu haben, ist es schwierig, sich eine Vorstellung über ihre ungeheuere Größe zu machen. Die zweieinhalb Millionen Kalksteinquader sind so zusammengesetzt, daß die Zwischenräume niemals größer als einige Millimeter sind. Sie bedecken eine Grundfläche von 52 600 Quadratmetern – genug, um die großen Kathedralen von Mailand und Florenz, die St.-Peter-Basilika von Rom und Westminster Abbey darauf unterzubringen.

Die Cheopspyramide befand sich in der Mitte der Erde; dies war die Ansicht von Charles Piazzi Smyth im 19. Jahrhundert. Seine phantastischen Auslegungen werden heute angezweifelt.

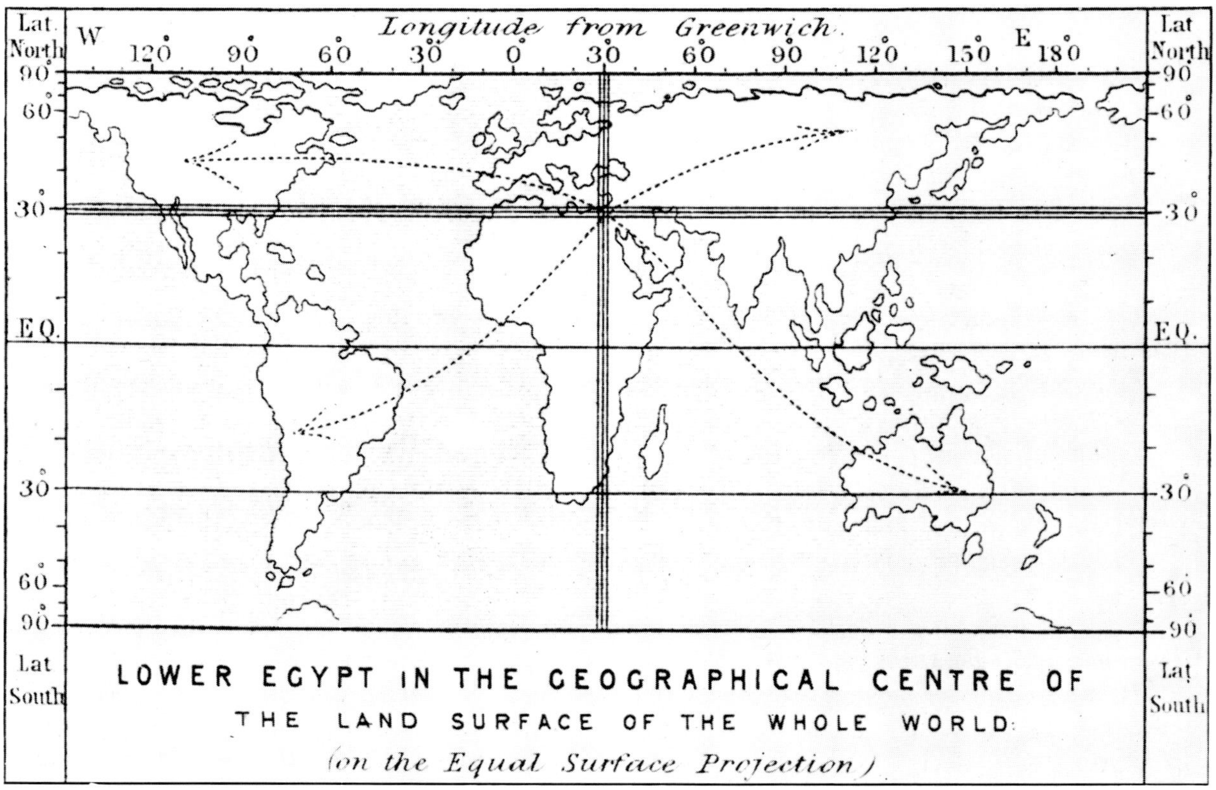

Die Sachverständigen Napoleons berechneten, daß ihre Steine mit denen der beiden Schwesterpyramiden in Gizeh genügten, um eine drei Meter hohe und ein Meter breite Mauer rund um Frankreich zu bauen.

Es ist immer noch nicht gelöst, wie diese ungeheuere Konstruktion überhaupt erstellt werden konnte, vor allem, wenn man berücksichtigt, daß sie nach anerkannten komplizierten mathematischen Formeln erbaut wurde. Von den Baumethoden existieren keine zeitgenössischen Berichte oder Schilderungen. Die erste Aufzeichnung stammt von dem griechischen Historiker Herodot, der Ägypten 440 v. Chr. besuchte, etwa 2000 Jahre nach der Errichtung der Cheopspyramide. Nach seinen Feststellungen erforderte es die Arbeitskraft von 100 000 Menschen und den Zeitraum von 22 Jahren, um sie fertigzustellen.

Heutzutage wird dies als eine beträchtliche Überschätzung angesehen. Da aber niemand genau die Zahl der Bevölkerung Ägyptens jener Zeit kennt, noch bekannt ist, ob die Steine 1. über Rampen aus Erde geschleift oder 2. durch Maschinen hochgehoben und eingesetzt wurden, muß die Frage offenbleiben. Eine großartige Lösung wurde vorgeschlagen, um zu erklären, wie die Konstrukteure das erste Hindernis überwanden – nämlich ein genau gerades Fundament auf einer so großen Fläche zu errichten: Wahrscheinlich legten sie Erdwälle um den gesamten Bereich und leiteten Wasser in das Innere. Hügel und Unebenheiten, die sich über der Oberfläche zeigten, konnten allmählich durch das Ableiten des Wassers beseitigt werden. Das Ergebnis war eine ebene Fläche mit einer Genauigkeit von 1 : 10 000; exakter wird heute auch nicht gebaut.

Gegensätzliche Thesen

Was war der Zweck dieser ungeheueren baulichen Leistung? Spätestens seit dem 17. Jahrhundert, als Sir Isaac Newton irrige mathematische Schlüsse aus ihm vorliegenden falschen Daten zog, haben sich Ägyptologen in zwei Lager geteilt: Einerseits die Orthodoxen, die eine Pyramide für ein Grabmal und nichts anderes halten, deren Größe durch den Reichtum und die Macht des jeweiligen Pharao bestimmt war. Andererseits solche, die diese »Pyramidenidioten« verlachen und glauben, daß das Wichtigste einer Pyramide, besonders der Cheopspyramide, das okkulte numerologische und prophetische Wissen ist, das sich in ihren Maßen verbirgt.

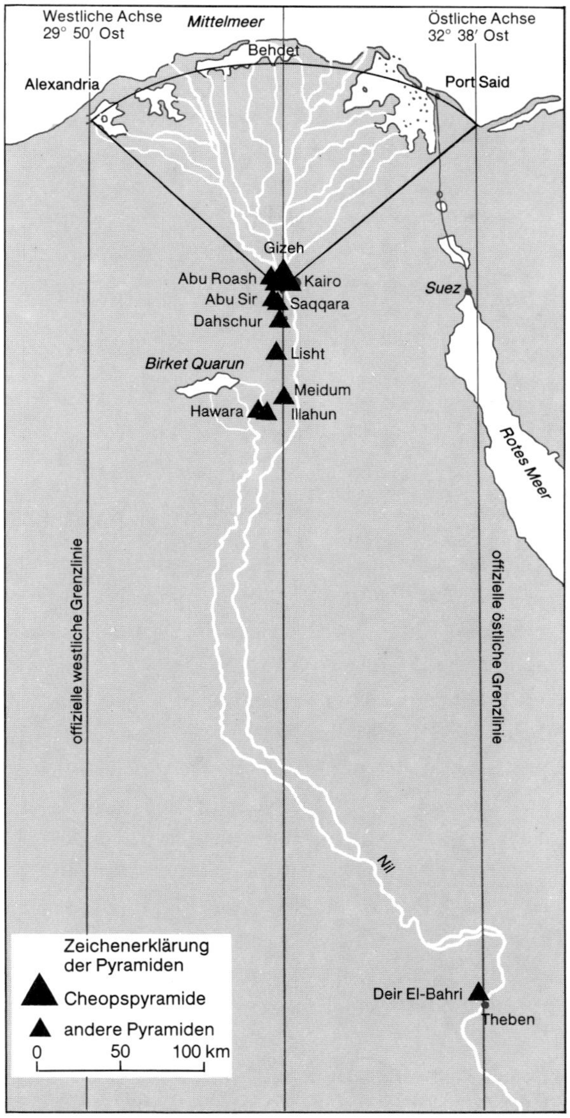

Die Cheopspyramide stand genau zwischen den beiden senkrechten Grenzen des alten Ägypten.

Die meisten heutigen Ägyptologen gehören zur ersten Gruppe. Für sie ist die Cheopspyramide nur eine Grabstätte, in die der Körper des Pharao Khufu, bei den Griechen als Cheops bekannt, versteckt wurde, und die stets unentdeckt bleiben sollte. Sie verweisen auf die ähnlichen, aber kleineren Pyramiden, die sie umgeben; jede mit der gleichen Art von verstecktem Korridor, der direkt zu der wahrscheinlichen Ruhestätte des toten Pharao führt. Der Kernpunkt der alten ägyptischen Religion war, daß das Leben nach dem Tode von der ungestörten Ruhe des Leichnams abhängig war. Daher verbrachten viele angesehene Ägypter ihr Leben damit, für den Augenblick des Todes Grabstätten zu bauen. Diese waren für die Ewigkeit gedacht und enthielten ein kompliziertes Labyrinth von geheimen Gängen und Tunnels, um so die Aufmerksamkeit

Die Ausmaße der Großen Galerie machen sie zu einem hervorragenden astronomischen Observatorium.

von Grabräubern abzulenken. Cheops muß nach dieser Ansicht in einer besonders wohlhabenden Zeit der ägyptischen Geschichte gelebt haben und in der Lage gewesen sein, den Bau eines Grabmals von unglaublicher Größe unter Einsatz aller Erfindungskraft durchzusetzen.

Wenn man der Überlieferung des Herodot Glauben schenken darf, die schon 2000 Jahre alt war, als er sie hörte, war Cheops ein tyrannischer und verhaßter König.

Wo sind die Leichname?

Ein Problem, die Pyramiden auf diese einfache Weise zu erklären, besteht darin, daß kein einziger Leichnam in einer von ihnen gefunden wurde. In den meisten – wie auch in der Cheopspyramide – steht ein großartiger Sarkophag. Er war vermutlich dazu bestimmt, den Sarg des Pharao aufzunehmen. Aber jedesmal sind die Sarkophage leer. In einigen Fällen wurden sie sogar verschlossen und versiegelt vorgefunden. Augenscheinlich unberührt und dennoch leer.

Was geschah nun mit den Toten? Wurden sie – (die übliche Erklärung) – von Grabräubern entfernt? Obgleich es dokumentarische Beweise (auf Papyrus) gibt, daß tatsächlich viele Grabplünderungen in späterer Zeit stattgefunden haben, erscheint diese Lösung unwahrscheinlich. Diebe im Tal der Könige, dem Ort vieler späterer königlicher Begräbnisse, stahlen nur die Grabschätze und ließen die Mehrheit der Mumien unberührt.

Eher wahrscheinlich ist die Idee, daß Priester, besorgt wegen der Grabräuber, die geheimen Kammern in den verschiedenen Pyramiden öffneten und die Toten in unscheinbare Gräber an anderer Stelle brachten. Oder vielleicht sind die bisher gefundenen Grabkammern einfach nur geschaffene Irreführungen – falsche Hinweise, um Grabräubern vorzutäuschen, daß schon andere vor ihnen da waren – und die Pharaonen liegen bis heute in einem anderen Teil der Pyramiden, unentdeckt von den Archäologen, die unbestreitbar die größten Grabplünderer sind.

Die Grabkammer ist gefunden

Nach den Berichten einiger arabischer Historiker lassen die Umstände, unter denen Arbeiter zum ersten Mal die Königskammer der Cheopspyramide im Jahre 820 n. Chr. betreten, keinen Zweifel daran, daß etwas Außergewöhnliches mit dem Leichnam Cheops geschehen sein muß; entweder wurde er niemals in den großen Granitsarkophag gelegt, der jedoch für ihn bestimmt war, oder er verschwand auf irgendeine Weise. Wie so viele Geheimnisse um die Pyramide ist es ein Rätsel, das unlösbar scheint.

Die Kammer wurde entdeckt, nachdem der Kalif Abdullah Al Mamun in römischen Berichten über eine Geheimtür und einen Geheimgang im Inneren der Pyramide gelesen hatte, die nach seiner Meinung zu einer märchenhaften Bücherei mit Aufzeichnungen über astronomische Geheimnisse führen müßten. Nach verschiedenen Fehlversuchen entdeckten seine Arbeiter zufällig den ersten von vielen Gängen, die wie ein Irrgarten zu der Königskammer führten. Einer davon, der »Aufsteigende Gang«, war durch Granitblöcke verschlossen, jeder ungefähr zwei Meter lang und so eng verkeilt, daß er noch nie bewegt worden sein konnte. Der einzige Weg voranzukommen war, einen Tunnel um die Blöcke herum zu treiben. Als sie endlich die Kammer betraten, fanden sie die Blöcke, die die

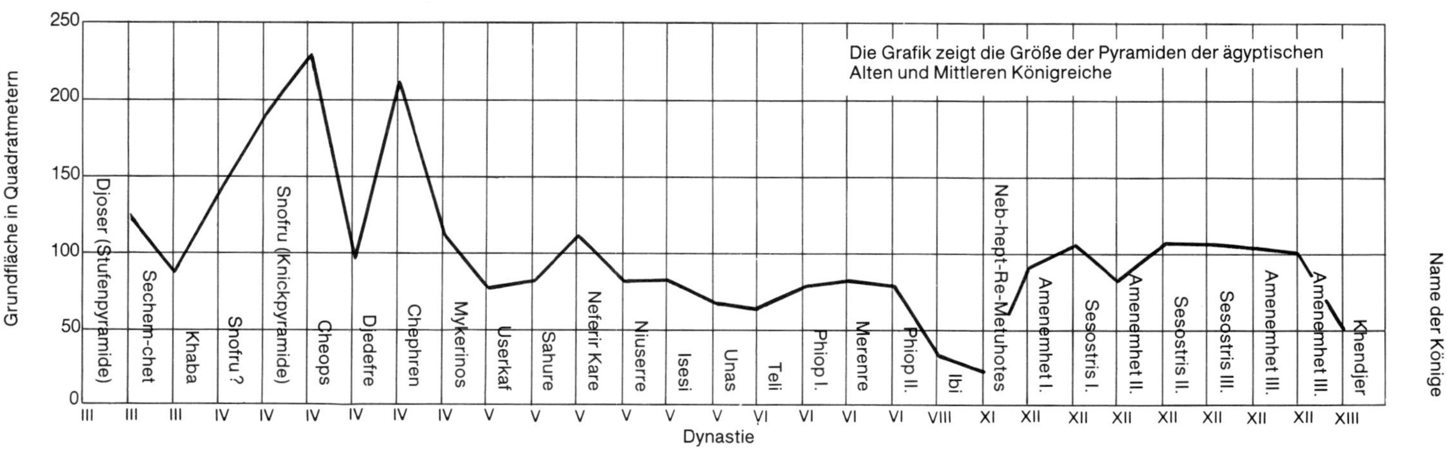

Wände und Decke zusammenhielten, völlig unbeschädigt vor.

Trotzdem war der Sarkophag leer, und sein Deckel fehlte. Wie konnte irgendeiner den Körper und den Deckel entfernt haben, wo doch offensichtlich noch niemand dort gewesen sein konnte? Was war mit den Skeletten der Sargträger geschehen, die wahrscheinlich den Raum

Die Cheopspyramide.

Zehn Thesen, die man am besten vergißt

1. Verhältnis des Gewichts Pyramide/Erde
Das Gewicht der Pyramide von 5923400 Tonnen gleicht dem Gewicht der Erde geteilt durch eintausend Billionen (10^{15}).
Niemand weiß, wie schwer die Pyramide ist, weil es keine übereinstimmende Zahl für die Anzahl der verwendeten Blöcke gibt. Auch das genaue Gewicht der einzelnen Blöcke ist nicht bekannt. Schätzungen: 2,3 bis 2,6 Millionen Blökke, 5,75 bis 6,5 Millionen Tonnen.
Die Erde wiegt etwa $6{,}6 \times 10^{20}$ Tonnen.
Die Gleichung stimmt nicht.

2. Verhältnis des Pyramiden-Sonnen-Abstandes
Die Höhe der Pyramide multipliziert mit eintausend Millionen (10^9) gleicht der Entfernung zwischen Erde und Sonne.
Die Höhe der Pyramide kann nicht genau gemessen werden, da ungefähr 10 m von der Spitze fehlen. Da die Erde sich auf einer elliptischen Bahn bewegt, variiert ihre Entfernung zur Sonne um viereinhalb Millionen Kilometer. Daher kann keine genaue Zahl angenommen werden.

3. Perfekte Gleichseitigkeit
Die Seiten der Pyramide bilden gleichseitige Dreiecke.
Nein, nicht alle Winkel sind genau 60°.

4. Verhältnis der Abmessungen der Pyramiden zum Kalender
Die Peripherie der Pyramide zeigt die Länge des Sonnenjahres an. Zuerst wurde diese These von Charles Piazzi Smyth im Jahre 1865 aufgestellt, der die periphere Länge mit 36520 Pyramiden-Inches angab. Dies entspricht der Anzahl der Tage eines Jahres, wenn der Punkt um eine Stelle verschoben wird.
Der gewissenhaftere Archäologe Flinders Petrie stellte später unter Verwendung derselben Maßeinheit die Länge der Peripherie mit 36276 Inches fest.

5. Verhältnis der Erddichte zur Pyramide
Die Truhe in der Königskammer weist die mittlere Dichte der Erde auf. Ihr Rauminhalt beträgt 71250 Kubik-Inches, eine Zahl, die leicht geteilt werden kann, um die Zahl 5,7 zu erhalten.
Der allgemein gültige Wert für die Erddichte beträgt in Übereinstimmung mit gebräuchlichen Normen 5,41. Diese Pyramidenmathematik ist aber absurd, da man dasselbe Ergebnis vom Eiffel-Turm und dem Washington-Denkmal errechnen könnte (was auch schon durchgeführt wurde).

6. Quadratur des Kreises
Die Höhe der Pyramide steht im gleichen Verhältnis zu seiner Grundfläche, wie der Radius eines Kreises zu seiner Fläche.
Die magische Zahl π könnte den Pyramidenerbauern wohl bekannt gewesen sein, aber sicher verwendeten sie diese nicht für ihre Berechnungen. Um bei der Mathematik zu bleiben: Man braucht nur alles mit zwei zu multiplizieren, um eine Annäherung zu erreichen.

7. Die Pyramide war eine geheime Kornkammer
Sie war es nicht.

8. Numerische Vorhersagen
Durch umsetzen der Maße der Großen Gallerie und anderer Kammern, kann die Zukunft vorausgesagt werden.
Piazzi Smyth und Robert Menzies sagten beide, daß sie aus den Abmessungen der Pyramide ein bevorstehendes Wunder (1881) vergleichbar mit der zweiten Ankunft Christi, ablesen konnten, andere haben ähnliche Ereignisse für 1936 und 1953 vorhergesagt (nichts davon bewahrheitete sich).

9. Außerirdische Erbauer
Nur eine übermenschliche Rasse aus dem Weltraum könnte ein solches architektonisches Wunder vollbracht haben.
Strahlentechnische Untersuchungen bestätigen, daß die Pyramide ungefähr 2500 v. Chr. gebaut wurde zu einer Zeit, als die ägyptische Technologie durchaus den Anforderungen des Baues entsprach.

10. Die Pyramide war nur eine Grabstätte
Der einzige Grund, daß es keinen Leichnam gibt, liegt darin, daß die ersten Arbeiter, die die Königskammer betraten, die Mumie Cheops in Stücke rissen.
Die Expedition von Al Mamun wollte geschriebene Aufzeichnungen finden. Es gibt keinen Beweis, daß sie die Grabstätte plünderten.

verschlossen, nachdem sie die Königskammer betreten hatten?

Vergessenes Wissen

Peter Tompkins, dessen Buch »Secrets of the Great Pyramid« die endgültige moderne Zusammenfassung dieses Themas darstellt, glaubt, daß darin das Hauptträtsel zu sehen ist. Die Frage, was mit den Sargträgern geschehen ist, könnte nun durch folgende Theorien geklärt sein: Nachdem der Leichnam des Pharao niedergelegt worden war, verließen sie die Grabkammer durch den aufsteigenden Gang. Nach einer gewissen Zeit verschlossen sie dann mit einer komplizierten Methode den Zugang mit den Gesamtblöcken.

Aber selbst dadurch bleibt die Frage des fehlenden Leichnams ungeklärt. Denn es steht fest, daß bis zu dem Zeitpunkt, als die Arbeiter im Jahre 820 eindrangen, die Kammer auf jeden Fall verschlossen war. Daher war der Leichnam entweder niemals dort, oder er ist buchstäblich verschwunden. Tompkins liebäugelt mit der ersten These. Er glaubt, daß die Priester das Gebäude als etwas weitaus Größeres als ein Grabmal betrachteten und niemals die Absicht hatten, Cheops dort beizusetzen. Vielmehr versprachen sie dies nur und erhielten so Zugang zu etwas, was heute vergessen ist. Während des Baus der Cheopspyramide, so glaubt er, fanden sie die Bestätigung für eine Wissenschaft, die Astronomie, Mathematik und Astrologie umfaßte und sie verbargen ihre Geheimnisse für alle Zeiten in der Gestaltung der Pyramide. Oder vielleicht wußte Cheops selbst, was sie taten und bestimmte, daß sein Leichnam an anderer Stelle beigesetzt wurde?

Historische Erfahrung

Die Geschichte der Pyramidenkunde ist nicht bestätigt, aber heute viel weniger von der Hand zu weisen als früher. Die Cheopspyramide ist unwiderlegbar in dem genauen Mittelpunkt Ägyptens erbaut, und zwar auf eine Weise, die Genauigkeit und exaktes Wissen erfordert. Daß es so ist, erklärt auch einige der Kenntnisse, die den alten Ägyptern zugesprochen werden.

Zusammen mit Dr. Livio Stecchini, Professor für Alte Geschichte am William Paterson College, New Jersey, der die angewandte Mathematik überarbeitete, hat Peter Tompkins viele der damals errungenen Leistungen aufgezeichnet:

»Die Cheopspyramide ist ein sorgfältig plazierter geodätischer Markstein oder festes Wahrzeichen, an dem sich die Geographie des Altertums hervorragend orientieren konnte. Sie diente als astronomisches Observatorium, von dem aus Karten und Tabellen der Sternenhemi-

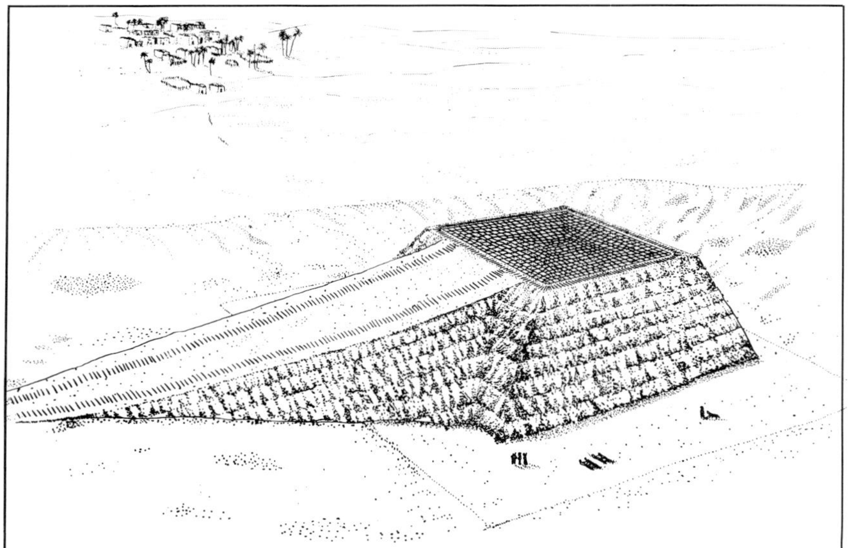

Wie man eine Pyramide ohne außerirdische Wesen baut

Obgleich niemand weiß (siehe Text), wie die Steinblöcke an ihren Platz gelangten, so wurden doch die Grundschritte des Steinebrechens und des Transports der Steine zur Pyramide von Archäologen überzeugend ausgearbeitet.
Diese Zusammenfassung basiert auf dem Bericht von Dr. Peter White der Universität von Sydney, Australien, in dem Buch »The Past is Human«.

1. Die Wahl des Standortes
Am Westufer des Nils, am nächsten zum Sonnenuntergang, auf stabilem Fels und in der Nähe des Wassertransportweges.

2. Die Organisation der Arbeit
Gruppen von 250 Arbeitern waren wahrscheinlich die Grundeinheit: Sie verrichteten meist ihre Arbeit, wenn sie nicht auf den Feldern gebraucht wurden. Der Ausgleich für Soldatendienste oder Arbeit, statt Steuerzahlungen.
Die Gruppenführer und Facharbeiter wurden während der gesamten Zeit eingesetzt.

3. Begradigung des Standortes
Bilde ein Netzwerk von Gräben und fülle diese mit Wasser, lasse laufend Wasser durchfließen; dies begradigt im Laufe der Zeit den Boden (Ungenauigkeit: 0,004%).

4. Vermessung des Standortes
Beobachte den nächtlichen Stand des Polarsterns. Mache genaue Berichtigungen durch die Beobachtung des mitternächtlichen Standes anderer Sterne. Dann bilde ein Quadrat.

5. Das Brechen der Steine
Nehme nach Belieben einen nahegelegenen Steinbruch – im Falle der Gizeh-Pyramiden kann der Steinbruch gleich hinter dem Sphinx besichtigt werden. Die Verblendsteine für die Pyramiden wurden aus schönen weißen Kalksteinen gemacht, die von den Turasteinbrüchen am Ostufer des Nils stammten. Die Gruben sind heute noch zu sehen.

6. Formgebung der Steine
Vermesse und markiere mit Reißschienen, Senkloten und Zirkel. Schneide mit Kupfersägen und Meißeln.

7. Transport der Steine
Lege die Steine, normalerweise 2 bis 5 t, aber manchmal bis zu 200 t schwer, auf Schlitten. Gib den Arbeitskräften die Anweisung zu singen und zu ziehen.

8. Bau von Rampen
Man fand Überreste von Rampen mit einer durchschnittlichen Neigung von 10 Prozent, die den Hauptversorgungsweg zu einer Seite der Pyramide bildeten. Steilere und schmälere Dämme umgaben die anderen drei Seiten.

9. Die Bearbeitung der Steine
Die äußeren Blocks waren bis auf ein paar Zentimeter genau. Sie waren wahrscheinlich von Facharbeitern am Boden sehr präzise geschnitten und vorbereitet worden.

10. Heben an die richtige Stelle
Wie die endgültige Plazierung der Steine erreicht wurde, ist nicht bekannt. An den schmäleren Dämmen muß eine Art von Hebelkraft angewendet worden sein.

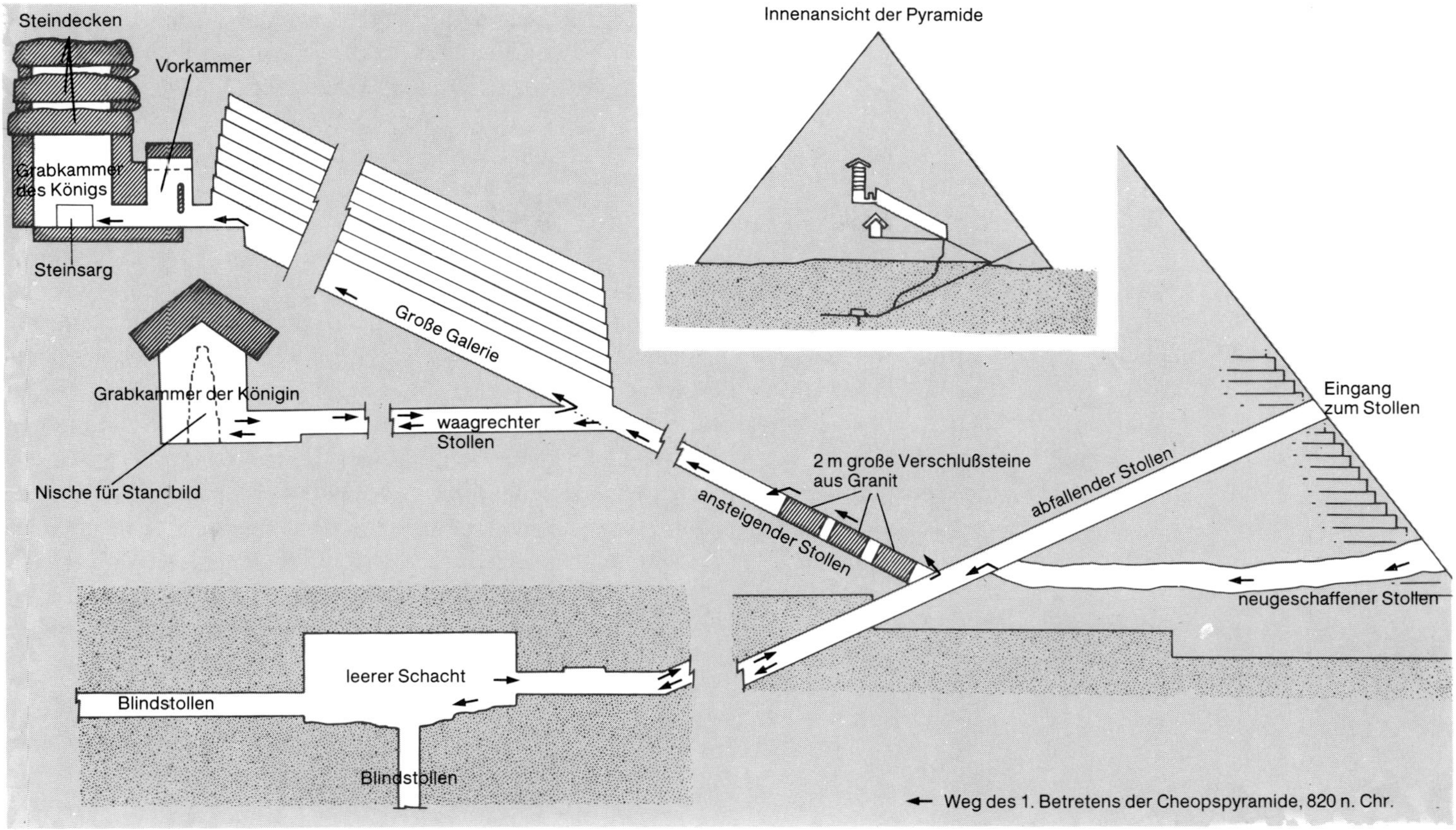

sphäre genau gezeichnet werden konnten. Sie beinhaltete in ihren Seiten und Winkeln die Mittel, um eine hochentwickelte Kartenprojektion der nördlichen Hemisphäre zu schaffen ... Die Fundamente waren fast genau nach Norden ausgerichtet. Ihre Form beinhaltete einen Wert für π. Ihrer Hauptkammer lagen die ›heiligen‹ Dreiecke zugrunde, die Pythagoras berühmt machten. Sie könnten gut der Aufbewahrungsort eines historischen und möglicherweise allgemeinen Systems von Gewichten und Maßeinheiten sein ... Wer auch immer die Cheopspyramide erbaute, er kannte den genauen Umfang des Planeten, die Länge des Jahres und die Einteilung des Tages. Ihre Erbauer könnten auch die mittlere Länge der Erdumlaufbahn um die Sonne gekannt haben, das spezifische Gewicht des Planeten, den 26 000-Jahres-Zyklus der Tagundnachtgleiche, die Beschleunigung der Schwerkraft und die Lichtgeschwindigkeit«.

Aufgrund dieser umfangreichen Kenntnisse kommt Livio Stecchini zu dem Schluß, daß die Erbauer der Pyramide, die wohl wußten, daß die Erde rund war, den geographischen Abstand vom Äquator zu den Polen berechnet hatten und daraus folgerten, daß er leicht abgeflacht war. Tompkins faßte das Ganze so zusammen: »Die Cheopspyramide wurde wie die meisten großen Tempel der Antike auf der Grundlage einer abgeschlossenen Geometrie entworfen, die nur einer begrenzten Gruppe von Eingeweihten bekannt war. Spuren davon sind zu den klassischen und alexandrinischen Griechen durchgesickert.«

Die Ägypter und die Megalithen

Der Beweis dafür beansprucht viele tausend Worte und fast genauso viele mathematische Formeln. Aber überraschend ist, wie viele der von den Ägyptern beanspruchten Errungenschaften mit denen identisch sind, die von den Megalitherbauern in Nordwesteuropa gezeigt wurden (siehe vorhergehende Seiten). Hunderte und in vielen Fällen Tausende von Jahren vorher, als es die meisten Schulbücher beschreiben, gab es gleichlautende Entdeckungen des Wertes der pythagoräischen Dreiecke, einen genauen Kalender, einen auf den Nordpol gerichteten Kompaß, das Wissen über die Bewegung der Himmelskörper (möglicherweise ebenso das Wissen, daß die Erde rund war) und ein ziemlich genaues Maßsystem.

Als die Cheopspyramide im Jahre 820 n.Chr. zum ersten Mal betreten wurde, waren alle Gänge versiegelt. Niemand war vorher dort gewesen, aber die Grabstätte war leer.

Peru: Flugplatz für Außerirdische?

Die Ballonflieger Jim Woodman (links) und Julian Knott (rechts).

Condor I hoch über den Felszeichnungen.

Das flächenmäßig größte Kunstwerk der Welt, eines der beeindruckendsten, aber gleichzeitig am wenigsten verständlichsten Werke der vorgeschichtlichen Zeit, wurde erst 1939 wegen seiner Ausmaße entdeckt.

Piloten berichteten, wenn sie die Hochebene von Südperu überflogen, von fremdartigen Markierungen, die bei bestimmten Lichtverhältnissen gesehen werden konnten. Es handelte sich dabei um ein kreuz- und querverlaufendes Wirrwarr von langen geraden Furchen, die von eigentümlichen Krümmungen und Mustern unterbrochen waren.

Archäologen vermuteten, daß es sich um die sagenhaften Überreste eines historischen Bewässerungssystems handelte, und beauftragten Dr. Paul Kosok, einen Bodensachverständigen der Universität von Long Island, mit der Untersuchung. Aus der Luft schien ihre Größe überdimensional zu sein. Aber auf der Erde machten es die leichten Einschnitte schwer, sie überhaupt zu finden. Ein anderer Beobachter schrieb später: »Die Furchen kommen nur dann deutlich zum Vorschein, wenn man der Länge nach darüber blickt. Steht man einige Meter seitlich, so werden sie unsichtbar.«

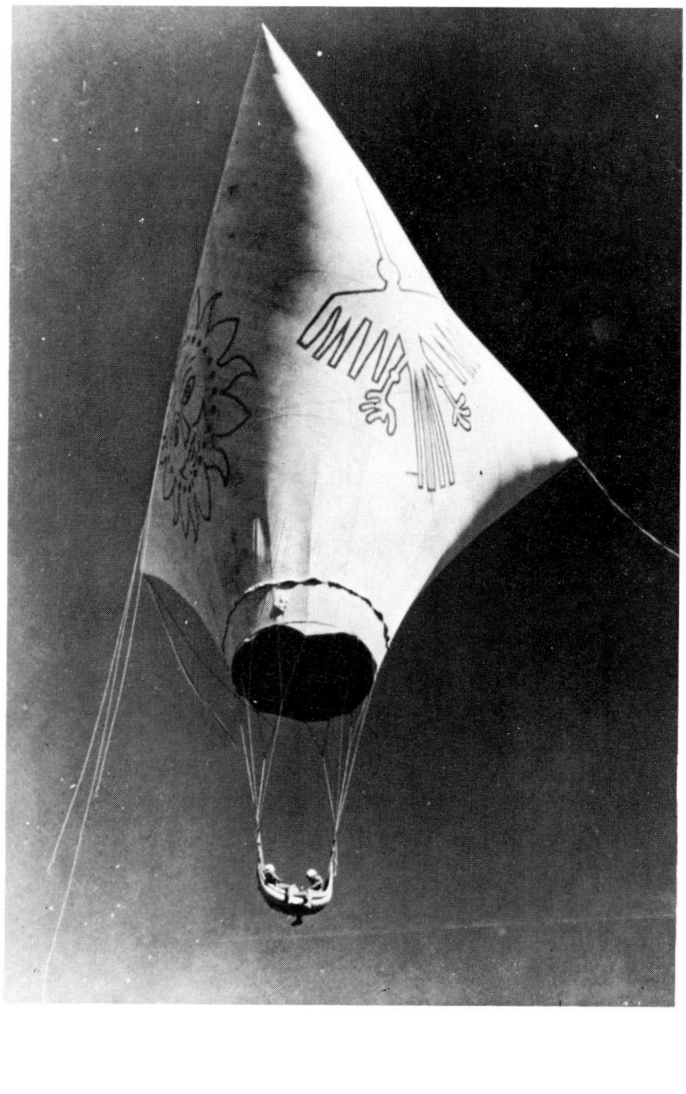

Während Kosok sein erstes Gutachten erstellte, wurde er selbst noch verwirrter: Auf seinen Zeichnungen erschien die perfekt nachgebildete Form eines großen Vogels, dessen Konturen vom Boden aus völlig unsichtbar waren. Wie konnte diese Form zustande gekommen sein? Bei mühsamen Märschen durch die Wüste entdeckte und vermaß Kosok die Abbildung einer großen Spinne und von Dutzenden anderer tierischer und geometrischer Formen.

Als er im Jahre 1946 seine Aufzeichnungen an Frau Dr. Maria Reiche, eine an historischen Studien interessierte deutsche Mathematikerin,

siehe Bildausschnitt unten

weitergab, war er sich selbst immer noch nicht im klaren darüber, warum und weshalb diese ungeheueren Konstruktionen hergestellt worden waren. Aber sie waren da, die unbegreiflichen Werke einer vergangenen Zivilisation in der unbewohnten Hochebene.

Historische Startbahnen?

Seit damals hat Maria Reiche sehr viel mehr von der Anlage entdeckt. Sie arbeitete beständig, um die genauen Abmessungen aller Zeichen und Furchen zu ermitteln, bevor sie von Touristen und dem Verkehr vernichtet werden konnten.

Jedoch ist ihr Zweck nach wie vor unbegreiflich, außer der Tatsache, daß sie bestimmt keine Startbahnen für Raumfahrzeuge waren. So formulierte Frau Reiche: »Wenn man die Steine entfernt, dann ist der Boden ziemlich weich. Ich fürchte, die Raumfahrer wären im Boden eingesunken.«

Die peruanischen Bodenzeichnungen bleiben eines der Weltwunder. Der Astronom Gerald Hawkins, der für sich in Anspruch nahm, Stonehenge enträtselt zu haben, war im Jahre 1972 dort. Er wollte feststellen, ob es einen Beweis für astronomische Linien entlang dieser Furchen gab. Es gab sie nicht.

Er wies darauf hin, daß ihre gerade Ausrichtung eine fast unglaubliche Leistung war – im Durchschnitt ist die Abweichung nicht größer als 2 Meter auf einen Kilometer: »Ein besserer Wert konnte durch die fotometrische Untersuchung nicht festgestellt werden. Die ehemaligen Furchen waren tatsächlich wesentlich gerader, als mit modernen Luftuntersuchungstechniken gemessen werden konnte. Und diese gerade Linienführung setzt sich kilometerweit fort. Hinter einer Querrinne führt sie in derselben beständigen Richtung auch über Hügel pfeilgerade weiter.«

Die Furchen sind nach einem einfachen Verfahren beschaffen. In Südengland wurden weiße Pferde und andere Figuren geformt, in dem man die dünne Oberflächenschicht aus Erde und Gras von dem darunterliegenden Kalkstein entfernte. Auf ähnliche Art entstanden wahrscheinlich auch die Furchen bei Nazca. Sie sind nämlich leicht zu bilden, wenn man den gelblich weißen Boden von der dünnen Schicht dunkler Steine säubert.

Obgleich die notwendige körperliche Arbeit nicht sehr schwierig ist, so ist der Entwurf doch sehr kompliziert. Frau Reiche glaubt, daß eine feste Maßeinheit von 66 Zentimeter vorhanden war, ähnlich wie das megalithische Maß von Alexander Thom (Seite 70). Ihrer Meinung nach wurden die Figuren auf verkleinerten Plänen eingezeichnet, die dann auf den Boden übertragen wurden. Als Hilfsmittel wurden Seile an

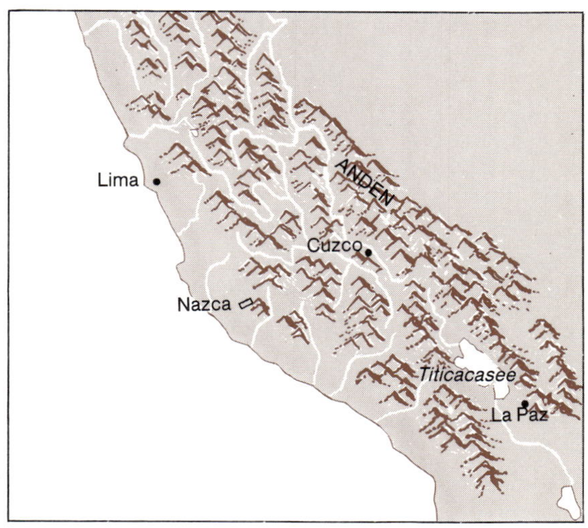

Obwohl Südamerika so ungeheuer groß ist, findet man die Felszeichnungen nur in einem eng eingegrenzten Gebiet, nördlich der kleinen Stadt Nazca.

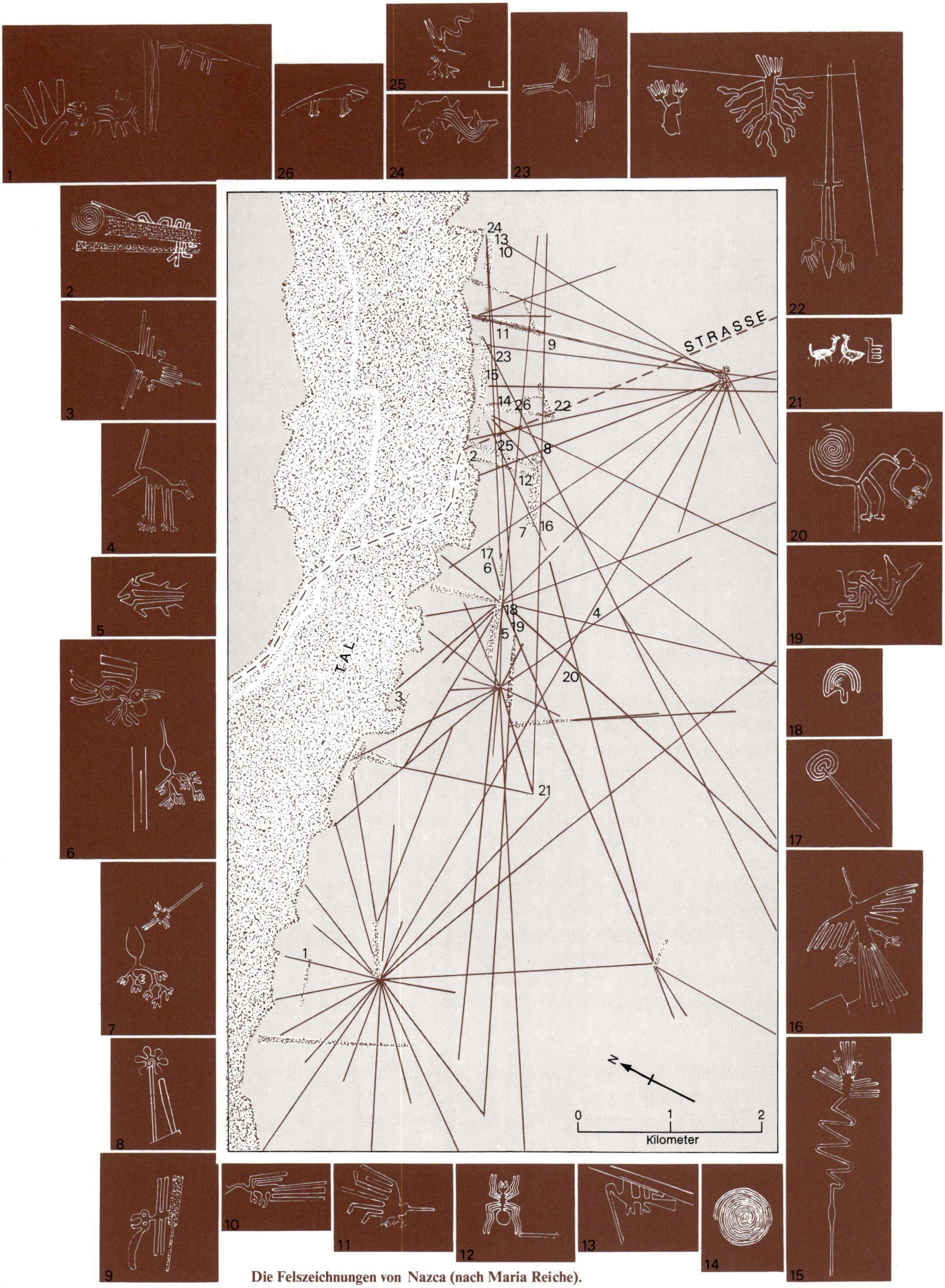

Die Felszeichnungen von Nazca (nach Maria Reiche).

heute noch bestehenden steinernen Markierungen befestigt. »Länge und Richtung jedes einzelnen Stückes wurde sorgfältig gemessen und aufgeschrieben. Eine ungefähre Schätzung hätte nicht ausgereicht, diese Formen zu erstellen. Denn bei einer Abweichung von einigen Zentimetern wären die Größenverhältnisse verschoben worden, die, wie man aus den Luftaufnahmen sieht, einwandfrei stimmen.

Die heutigen Vermessungen zeigen am besten, welches Wissen für ein solches Unternehmen notwendig war. Die alten Peruaner müssen Werkzeuge und Ausrüstungen gehabt haben, die wir nicht kennen, und die mit diesem Wissen untergegangen sind. Sie wurden vor den Augen der Eroberer wie ein Schatz versteckt, der nicht in ihre Hände geraten durfte.«

Von Condor I wird Ballast abgeworfen.

Perfekter Maßstab

Frau Reiche glaubt, bis jetzt nur einen Teil dieses Wissens entdeckt zu haben: »Was bei all diesen Bodenzeichnungen am meisten beeindruckt, ist ihre ungeheuere Größe, gepaart mit dem perfekten Maßstab. Wie sie diese Tierbilder mit ihren wunderschönen genauen Rundungen und ihren ausgewogenen Abmessungen erstellen konnten, die so schwierig zu formen sind, ist ein Rätsel, das sicher erst – wenn überhaupt – in einigen Jahren entschlüsselt werden kann.« Allerdings macht Frau Reiche eine Einschränkung: »Es sei denn, sie hätten fliegen können.« Und genau das ist es, was der in Peru lebende Amerikaner Bill Spohrer, ein Mitglied der Internationalen Forschungsgesellschaft, beweisen will.

Die Menschen, die diese Zeichnungen angefertigt haben, scheinen aus zwei verschiedenen Kulturkreisen zu stammen, den Paracas und Nazcas (sie lebten viele Jahrhunderte vor und nach Christi Geburt).

Feinster Stoff für Fallschirme

Sie hatten zwei besondere Talente: Weben und Bemalen von Tongefäßen. Und diese etwas überraschenden Fähigkeiten gaben Spohrer den Hinweis.

Vier in Nazca gefertigte Webstücke wurden in ausgeraubten Gräbern in der Nähe der Wüstenzeichnungen gefunden. Unter einem Mikroskop zeigt es sich, daß sie feinmaschiger gewebt waren als heutiger Fallschirmstoff und engmaschiger als bei modernen Heißluftballons: 250 × 110 Fäden pro Quadratinch, statt heute 160 × 90 Fäden. Auf Tongefäßen fand man zahllose Zeichnungen, die mit Bändern fliegende Ballons und Drachen darstellen könnten.

Er verfolgte die Spuren weiter und entdeckte eine alte Inkasage über einen Jungen namens Antarqui, der die Inkas im Kampf unterstützte, indem er über die feindlichen Linien flog und Stellungen erkundete – viele der in Nazca getragenen Kleidungen zeigen fliegende Menschen. Die Sagen datieren aus der Vorgeschichte der indianischen Stämme in Mittel- und Südamerika, die bis zum heutigen Tage bei ihren religiösen Festen kleine Heißluftballons starten lassen. Bezeichnenderweise wurde der erste bemannte Flug eines Heißluftballons im Jahre 1709 in Lissabon von einem brasilianischen Pfarrer unternommen, mehr als 70 Jahre vor dem bekannten Flug der Brüder Montgolfier in Frankreich.

Der endgültige Schlüssel zu Nazca lag in den »Brenngruben« am Ende vieler der langen geraden Furchen, runde Flächen von mehr als zehn Meter Durchmesser, in denen sich geschwärzte Steine befanden. Spohrer untersuchte mit mehreren Mitgliedern der Internationalen Forschungsgesellschaft diese Steine, um die Theorie zu widerlegen, daß die Schwärzungen von außerirdischen Raumfahrzeugen stammen, aber gleichzeitig zu bestätigen, daß sie durch große Hitze verursacht wurden. War dies das Ergebnis eines großen Feuers, um die Luft im Inneren der Ballons zu erwärmen, damit sie aufsteigen konnten?

Condor I landet in einer Staubwolke, die von dem abgeworfenen Ballast einige Minuten vorher aufgewirbelt wurde.

Ballonversuch

Im November 1975 wurde diese These überprüft. Man baute einen Ballon unter Verwendung des Materials und dem Stand der Technik der damaligen Zeit und entzündete ein Feuer darunter. Tatsächlich flogen zwei Mann damit eine gewisse Strecke über die Wüste.

Von allen Theorien, wie so perfekt entworfene Formen und Muster entstehen konnten, scheint die Idee des Ballonfluges derzeit am einleuchtendsten. Aber der Zweck ist immer noch unbekannt. Wie Legenden erzählen, wurden die toten Häuptlinge von Nazcas in schwarzen Ballons auf die letzte Reise zur Sonne geschickt. Vielleicht symbolisieren die Flügel und andere große Figuren das Leben eines solchen Häuptlings.

Aber warum das Bestreben, alles so exakt zu errichten? Dafür gibt es noch keine Antwort – aber es scheint sich herauszukristallisieren, daß dieses Bestreben unter den alten Völkern weiter verbreitet war als bisher angenommen. Wie auf den nächsten Seiten beschrieben, besteht eine unverkennbare Übereinstimmung zwischen den langen geraden Furchen in Peru und dem, was auf der anderen Seite der Erde sehr viel früher geschah. Stonehenge und viele andere Megalithen-Fundorte scheinen mit geometrischer Genauigkeit verbunden zu sein. Zu der Zeit, einige Jahrhunderte vor oder nach Christi Geburt, als die peruanischen Urbilder erstellt wurden, war die Sitte, Megalithen zu errichten, jedoch schon lange überholt. Daher gibt es sicher keine direkte Verbindung zwischen den beiden Kulturen. Aber sicherlich war der Kulturstand etwa der gleiche. Bis zum Beginn gemeinschaftlichen Lebens und geschriebener Aufzeichnungen wurden von beiden Kulturen Steine behauen, um Ereignisse festzuhalten.

Die frühen Astronomen

In früherer Zeit scheint die Priesterschaft auf der ganzen Welt von der angeblich magischen Kraft der Himmelskörper überzeugt gewesen zu sein. Die Anbetung der Sonne kann bis zum Beginn der Zivilisation zurückverfolgt werden. Die Erbauer der Pyramiden und der Megalithen auf beiden Seiten des Atlantiks verwendeten große Sorgfalt bei der Anordnung und Errichtung ihrer Bauwerke, um sie als astronomische Beobachtungsposten zu benutzen.

Das damit verbundene Wissen und ihre Anstrengungen waren wesentlich größer, als man annehmen würde. Im Verhältnis zu der Bevölkerungsdichte war der Aufwand noch umfangreicher als beim Tempelbau der griechisch-römischen Zeit (wobei auch astronomische Gesichtspunkte zugrunde gelegt wurden) oder beim Bau der großen mittelalterlichen Kathedralen Europas. Eines von vielen außergewöhnlichen Beispielen ist der kegelförmige Silbury-Hügel in Südengland: Man hat berechnet, daß zu Beginn des 2. Jahrtausend vor Christi etwa 18 Millionen Arbeitsstunden nötig waren, um ihn zu errichten. Nach Aussage des Archäologen Richard Atkinson »stellt dies einen Teil des Bruttosozialprodukts, der mindestens so groß war, wie der Anteil, den die USA für ihr ganzes Raumfahrtprogramm aufwenden.«

Die Anerkennung der Archäologen für die immensen und schwierigen Leistungen ließ lange auf sich warten (Seite 66), nicht zuletzt, weil diese eine Menge von akademischen Lehren in Frage stellten: War es im besonderen möglich, daß die ungebildeten und möglicherweise primitiven, auf Landwirtschaft ausgerichteten Gemeinschaften ihre verschiedenen Bauwerke und Tempel in einer so ausgeklügelten Kenntnis der Erdgeometrie errichten, daß diese selbst die heute anerkannten astronomischen Erfahrungen in den Schatten stellen?

Wenn wir zum Beispiel Stonehenge betrachten, sind wir dann am Mittelpunkt eines riesigen Netzes von untereinander verbundenen heiligen Stätten, deren Zweck heute vergessen ist? Haben wir mit anderen Worten die Talente und das Wissen dieser frühen Volkstämme völlig unterschätzt?

Die Bauwerke in Stonehenge

Schwärmerische Altertumsforscher aller Zeiten haben diese Frage oft bejaht, ohne den schlüssi-

Der königlich britische Astronom Sir Norman Lokkyer ermittelte ein fast genau gleichseitiges Dreieck unter Zugrundelegung der Daten des Sonnenaufgangs von Stonehenge.

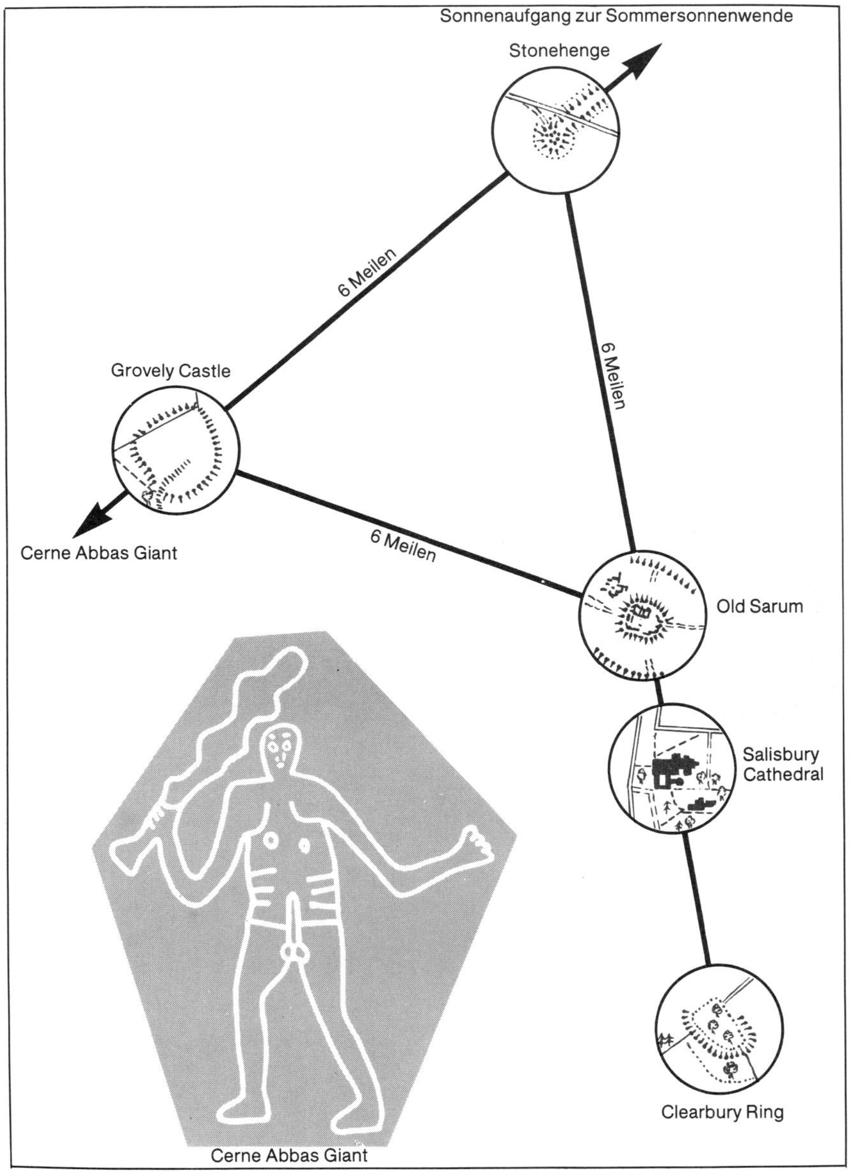

Zieht man eine Linie durch die längste ununterbrochene Ausdehnung des südlichen England, so stimmt diese mit dem Lauf der Sonne am 1. Mai überein.
Von den anderen, sogenannten Grundlinien, ist eine in Beziehung zur Stonehenge-Linie gesetzt. Sie scheint damit ein rechtwinkliges Dreieck zu bilden.

gen Beweis dafür liefern zu können. Im Jahr 1909 erhielten sie jedoch Unterstützung von Sir Norman Lockyer (Seite 69). In der zweiten Auflage seines Buches »Stonehenge and other Stone Monuments Astronomically Considered« schrieb er über eine seltsame geometrische Form, die ihren Scheitelpunkt in Stonehenge hatte. Er fand heraus, daß der Weg des Sonnenaufgangs während der Sommersonnenwende von dort aus genau sechs Meilen zu der Kultstätte namens Grovely Castle zurückverfolgt werden konnte. Zwischen Stonehenge und Old Sarum, einem gleichartigen Hügel auf dem die ursprüngliche Salisbury-Kathedrale errichtet wurde, war die Entfernung etwa ebenso groß. Verband man die drei Orte auf der Karte mit Linien, entstand ein fast genau gleichseitiges Dreieck. Muß dies nicht der Beweis für eine großangelegte Planung sein? Und war dieses Wissen in späteren Zeiten noch vorhanden? Denn geheimnisvollerweise wurde im Jahre 1220 n. Chr. die neue Salisbury-Kathedrale mathematisch genau auf der gleichen Linie, nämlich 2 Meilen unterhalb von Old Sarum, errichtet.

Zu Lebzeiten Lockyers wurden seine Spekulationen nicht ernst genommen. Die Einwände, die gegen ihn erhoben wurden, bestehen noch heute. Sie richten sich gegen seine Forschungsarbeit und ebenso gegen die der vielen ihn umgebenden Prähistoriker, die seine Ideen aufgenommen und weiterentwickelt haben. Erstens wurde ihm unterstellt, daß er die Natur der frühen Gemeinschaften mißverstanden habe – tatsächlich wären nämlich die »Barbaren« des nordwestlichen Europas nicht zu solch erstaunlichen und durchdachten Planungen fähig gewesen. Zweitens wurde er der statistischen Naivität bezichtigt – eine fast endlose Anzahl von bedeutungslosen Formen kann man in Karten einzeichnen und damit viele historische Stätten mit geraden Linien verbinden.

Der erste dieser Einwände kann heute nicht mehr überzeugen. Geht man davon aus, daß die Erbauer der Megalithen in der Lage waren, in Stonehenge ein genaues und vielseitiges Observatorium zu errichten, eine gemeinsame Maßeinheit des gesamten von ihnen bewohnten Gebietes zu besitzen, geometrische Formationen zu erforschen und große Steinblöcke über weite Entfernungen zu transportieren (was von vielen Archäologen anerkannt ist), dann muß man auch annehmen, daß sie über große Strekken Formationen schaffen konnten. Aber taten sie das wirklich?

Dies wird heute noch genauso angezweifelt, wie zur Zeit Lockyers. Ebenso bestreitet man die

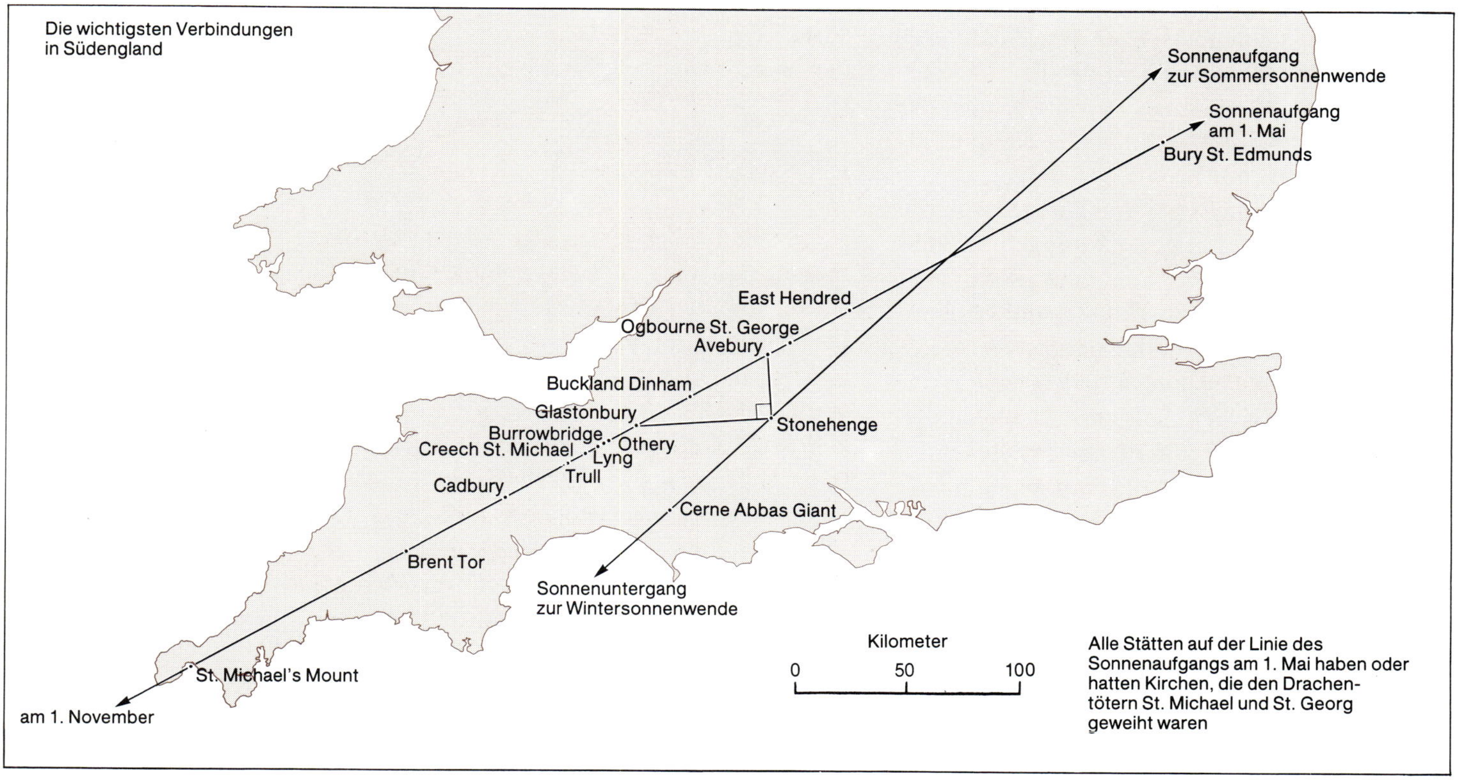

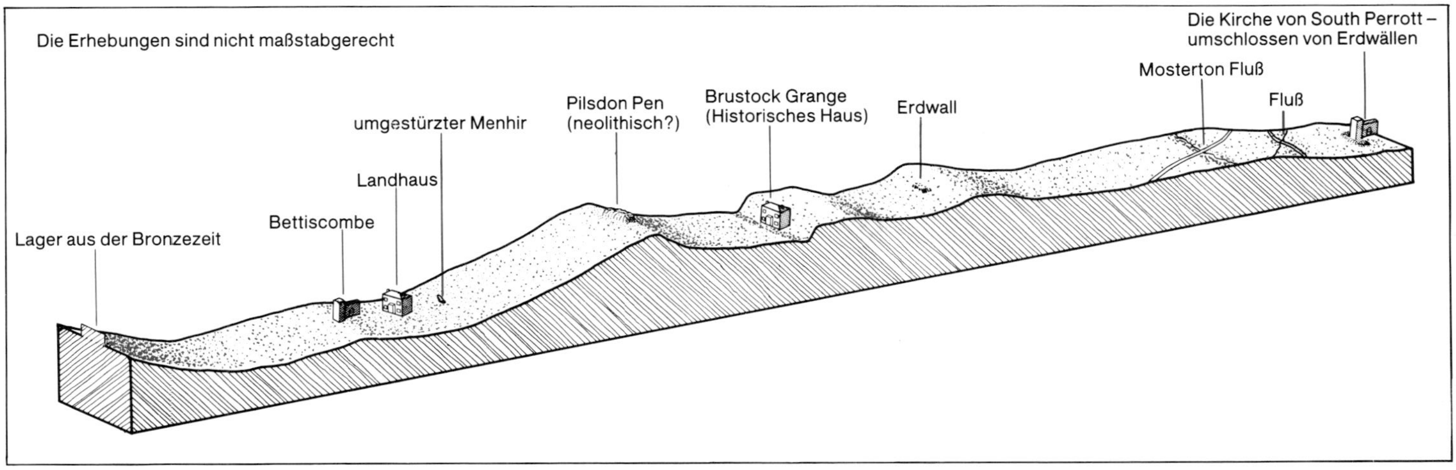

Ein Ausschnitt, der eine typische Verbindung zwischen Kultstätten aus verschiedenen Zeitaltern zeigt. In diesem Beispiel liegt der Mittelpunkt bei Pilsdon Pen in Dorset.

Thesen des Altertumsforschers Alfred Watkins aus den Jahren um 1920. Er sprach von einem Vermessungssystem, nach dem ganz England geometrisch aufgeteilt war und zwar in einer Spinnengewebe ähnlichen Form. Auch er war der Ansicht, daß durch die Verlängerung der Seitenlinie, die sich durch den Sommersonnenwendenstand ergab, Verbindungen zu anderen historischen Kultstätten hergestellt werden konnten. Im Nordwesten, hinter dem St.-Peter-Hügel, lag Inkpen Beacon, ein bekannter Berg, und das Winterbourne Camp aus neolithischer Zeit. Im Südwesten, hinter Groveley Castle, traf die gedachte Linie auf ähnliche frühe Ansiedlungen, kreuzte das rätselhafte Hügelmonument des Cerne-Abbas-Riesen (eines großen, aber nicht näher erforschten Monuments) und endete an der Südküste Englands bei Puncknowle Beacon – alles in allem, eine Verbindung von mehr als 100 Kilometer.

Vermessungssystem

Watkins erläuterte anderen Naturkundlern, daß Verbindungen wie diese im ganzen Land hergestellt werden könnten. Man konnte sie auf einer Landkarte einzeichnen und dann anhand der Überreste von alten Kultstätten an Ort und Stelle bestätigt finden: Begräbnishügel, steinerne Monumente, künstlich angelegte Seen und Wassergräben, alte heilige Quellen und Brunnen, auf Berg- und Hügelkämmen Stätten von Kultfeuern, Wegmarkierungen, an den Kreuzungen alter Handelswege, Kirchen, die auf alten heidnischen Kultstätten errichtet wurden, Kerben zur Richtungsanzeige an Ruinen von Schlössern und Burgen.

Seine Lehren und Forschungen faßte er 1925 in der Veröffentlichung »The Old Straight Track« zusammen. Doch stieß dieses gut geschriebene Buch bei den etablierten Archäologen auf so viel Ablehnung, daß ein Nachdruck in den meisten Fachzeitschriften nicht gestattet wurde. Sogar heute, nachdem viele Anhänger seiner Theorie eine bedeutende Gesellschaft gründeten und selbst Tausende solcher Vermessungen durchführten, um seine Forschungen zu untermauern, wird diese Ansicht immer noch verworfen. »Gegen Dummheit kann man nicht argumentieren«, schrieb ein Rezensent eines kürzlich über dieses Thema erschienenen Buches; und »dies ist der Punkt, in dem sich Amateurforscher und Fachleute grundlegend unterscheiden«, sagt Dr. John Coles, Herausgeber des »Journal« der Gesellschaft für Frühgeschichte.

Widersprüchlichkeiten

Tatsächlich ist es nicht schwierig, rasch Argumente gegen diese Verbindungen zu finden. Die obengenannten Markierungspunkte, die Watkins festlegte, stammen aus völlig verschiedenen Zeitaltern. Die keltischen Kreuze und die vorreformatorischen Kirchen sind Jahrtausende oder Jahrhunderte jünger als die neolithischen Grabhügel und Steinmonumente. Und da Hunderte solcher nicht zu vergleichenden Stätten auf den meisten von »Vermessungsspezialisten« verwendeten Generalstabskarten im Maßstab 1 : 50 000 existieren, ist es statistisch wahrscheinlich, daß zumindest einige zufällig übereinstimmen.

Trotzdem, könnte nicht doch ein Funke Wahrheit in Alfred Watkins Thesen liegen?

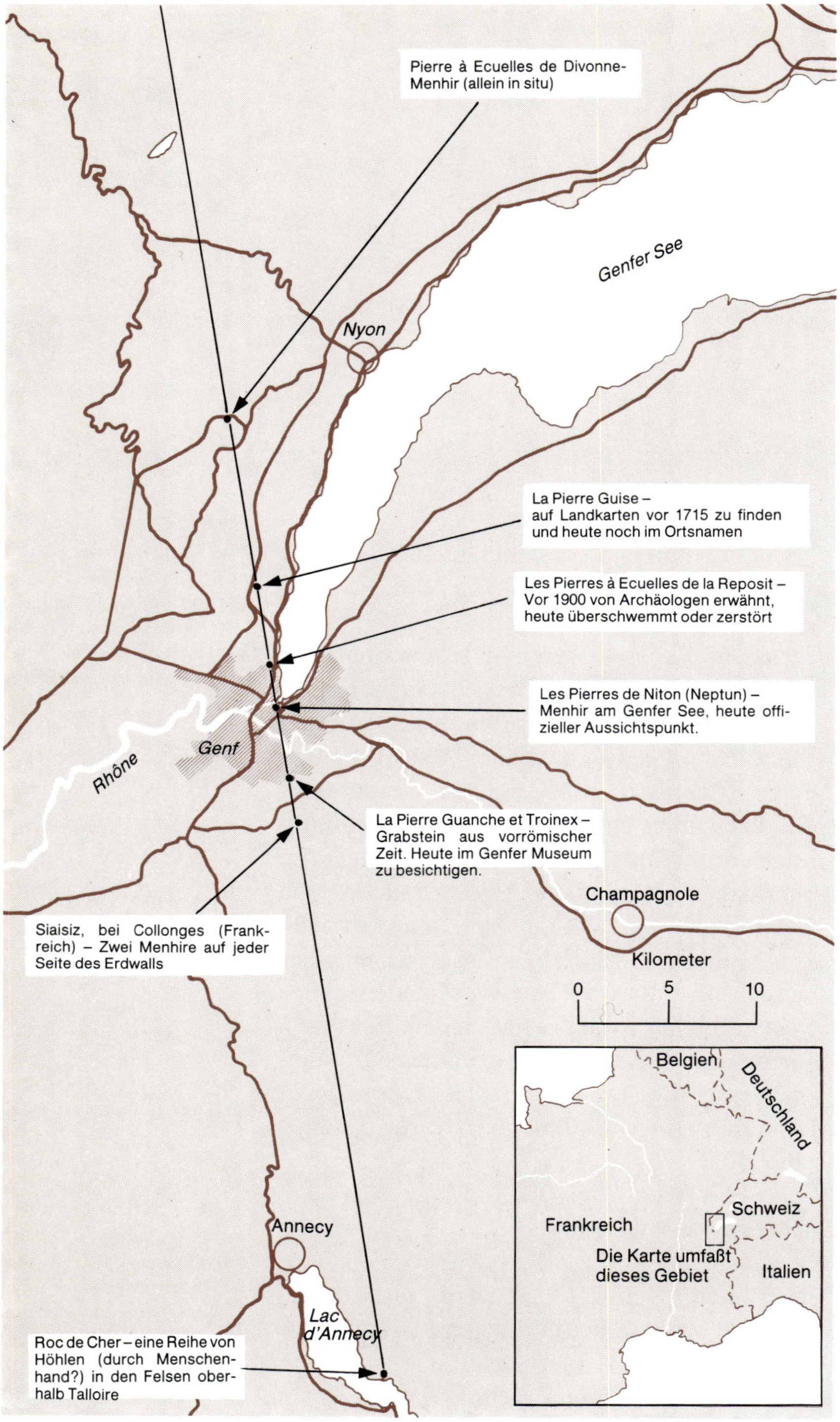

Verbindungen, ähnlich wie in England, wurden auch in anderen Ländern gefunden. In der Schweiz wurde eine solche Verbindung von der Altertumsforscherin June Knowles entdeckt.

Diese Verbindungen haben die unangenehme Eigenschaft, plötzlich aufzutauchen. So geschehen, als ein Archäologe die Behauptungen anhand des Sonnenunterganges am 1. Mai auf dem Pilsdon Pen überprüfen wollte. Der Pilsdon Pen ist einer der höchsten Hügel von Dorset, einer Kultstätte der frühen Bronzezeit, die mit großen Erdrampen erbaut wurde. Archäologische Ausgrabungen haben den unumstößlichen Beweis erbracht, daß ein direkter Zusammenhang zwischen den Rampen und astronomischen Konstellationen bestand. Die Verlängerung dieser Erdrampen führt vorbei an einem zerstörten Steinmonument, einem Herrenhaus und entlang einem Handelsweg zu einer alten Kirche. Dies sind nach Watkins alles Verbindungspunkte, die von Sagen und Geistergeschichten umrankt sind. Zu jenen, die zwar die astronomischen Kenntnisse der Megalithenerbauer anerkennen, aber nicht das Vorhandensein dieser theoretischen Verbindungslinien, gehörte auch dieser Archäologe, bis er sich die Karte näher betrachtete. Plötzlich tauchte eine nicht vorhersehbare Verbindung auf. Ihre Verlängerung führte in einer Richtung auf den Eckpunkt eines anderen Lagers aus der Bronzezeit, genau wie es Watkins in vielen anderen Beispielen beschrieben hatte. In der anderen Richtung endete die Linie an einer normannischen Kirche, die in der Nähe eines alten Erdwalls stand. Dieses Brauchtum der Götteranbetung an Kultstätten ist eines der stärksten Argumente. Es muß jedoch noch bewiesen werden, da sowohl alte als auch neuere Kultstätten in die Verbindungslinien mit einbezogen werden.

Die ersten christlichen Missionare hatten von Rom den Auftrag, die alten heidnischen Kultstätten zwar nicht zu vernichten, aber sie in ihren Kirchen miteinzubeziehen. Den Beweis dafür kann man heute in diesen anhand der Form von Steinmonumenten oder der Gestaltung des Kirchhofes finden.

Es existieren nur wenige Aufzeichnungen darüber, warum spätere vorreformatorische Kirchen an ihren heutigen Standorten errichtet wurden. Jedoch gibt es den mathematischen Beweis, daß ein tatsächlicher Zusammenhang zwischen der Kathedrale von Salisbury und alten Kultstätten besteht.

John Michell, ein Autor und Forscher, der die Thesen von Alfred Watkins engagiert vertritt, glaubt, daß die Planung dieser Verbindung in einer ungeheueren Größenordnung stattgefunden hat. Wenn man auf einer Karte von Südengland die Linie des Sonnenuntergangs am 1. Mai einzeichnet, so zeigt sich gleichzeitig die längstmögliche Ausdehnung von zusammenhängendem Land.

Erstaunlicherweise müssen die Erbauer der Megalithen dies gewußt haben, da sie viele Kultstätten entlang dieser Linien errichteten. Avebury, einst größer und ausgedehnter als Stonehenge, liegt fast im Mittelpunkt dieser Linie. Glastonbury, dessen steile Hügel künstlich wie ein dreidimensionales Labyrinth angelegt wurden, liegt weiter westlich. Und verteilt auf der ganzen Linie befinden sich viele bedeutende Kirchen. Wahrscheinlich stehen sie auf früheren heidnischen Kultstätten, da sie den heiligen Drachentötern Michael und Georg geweiht sind. (Die Verbindung zwischen Labyrinthen und Drachen alter Sagen wird auf den Seiten 180 und 184 beschrieben.)

Europäische Verbindungen

Geschah etwas Ähnliches zur gleichen Zeit in Europa? John Michell zitierte die Arbeit des deutschen evangelischen Pfarrers Wilhelm Teudt, eines Zeitgenossen Watkins, dessen Buch »Germanische Heiligtümer« im Jahre 1929 veröffentlicht wurde. Darin beschreibt Teudt Einzelheiten über »heilige Linien«, die eine Verbindung zwischen alten Kultstätten herstellten, und die denen in England beinahe entsprachen.

Wie Watkins fand er bald enthusiastische Anhänger, die sich auf seine Thesen stürzten und viele andere Verbindungen fanden. Unterstützt durch Heinrich Himmler fanden seine Thesen zeitweilig offizielle Anerkennung. Obwohl seine Werke wegen des rassistischen Inhalts heute nicht abgedruckt werden, könnten sich seine astroarchäologischen Entdeckungen doch als richtig erweisen.

Weitaus bemerkenswerter ist eine fast unbekannte Arbeit des französischen Philologen Xavier Guichard. Im Jahre 1936 druckte er auf eigene Kosten das Buch »Eleusis Alesia« (mit 558 Seiten und 555 Karten, von dem nur noch wenige Exemplare in einigen europäischen Museen existieren).

Guichard erforschte 1911 den Ursprung alter europäischer Ortsnamen und kam zu dem Schluß, daß es drei Grundnamen gab: Burgus, Antium und Alesia. Der letzte war einmalig und niemals einer heidnischen Stadt oder einem heidnischen Dorf gegeben worden. In der griechischen Form »Eleusis« führt er zurück in die Zeit vor Homer. In der Indogermanischen Zeit bedeutet Alès, Alis oder Alles einen Treffpunkt, an dem sich Menschen aus entfernten Gegenden versammelten. Als er den Namen in den verschiedenen Formen auf der Landkarte hervorhob, fand er ihn vornehmlich im heimatlichen Frankreich, aber auch im weitentfernten Ägypten (Eleusis am Nil Delta), in Polen (Kalisz) und in Spanien (la Aliseda).

Der französische Philologe Xavier Guichard veröffentlichte im Jahre 1936 ein nur wenig bekanntes Buch. Es befaßt sich mit der Verbindung von vorgeschichtlichen Stätten, die von dem Wort »Alesia« abgeleitet sind. Wie bei den Hauptverbindungen in England, entdeckt man auch hierbei eine Linie, die vom Sonnenstand am 1. Mai abgeleitet werden kann.

Seine Studien über die tatsächliche Bedeutung des Wortes und die Herkunft der Menschen, die es zuerst verwendet hatten, nahmen 25 Jahre in Anspruch. Als er sich die Umgebung der Orte anschaute, die mit diesem Namen verbunden sind, fand er heraus, daß es zwei übereinstimmende Formen gab: bewaldete Hügel in Flußnähe und salz- oder mineralhaltige Quellen. Daraus schloß er, daß diese Orte Treffpunkte waren, an denen Reisende rasteten und das belebende Wasser tranken.

Er fand mehr als 400 solcher Stätten allein in Frankreich. Zu seinem Erstaunen schienen sie zu einem so großartig angelegten geodätischen System zu gehören, daß alle anderen Spekulationen wie Kindergartenspiele aussahen. Er nahm an, daß ganz Europa in zwei Windrosen (wie sie von griechischen Geographen verwendet wurden) aufgeteilt worden war (das Zentrum lag bei einer alten Stadt namens Alaise, in der Nähe von Besançon in Südfrankreich): eine mit 24 Linien, die den Gesichtskreis in gleiche Teile zu zerlegen versuchte und eine mit vier Linien, die die Mittagslinie, die Tag- und Nachtgleiche und

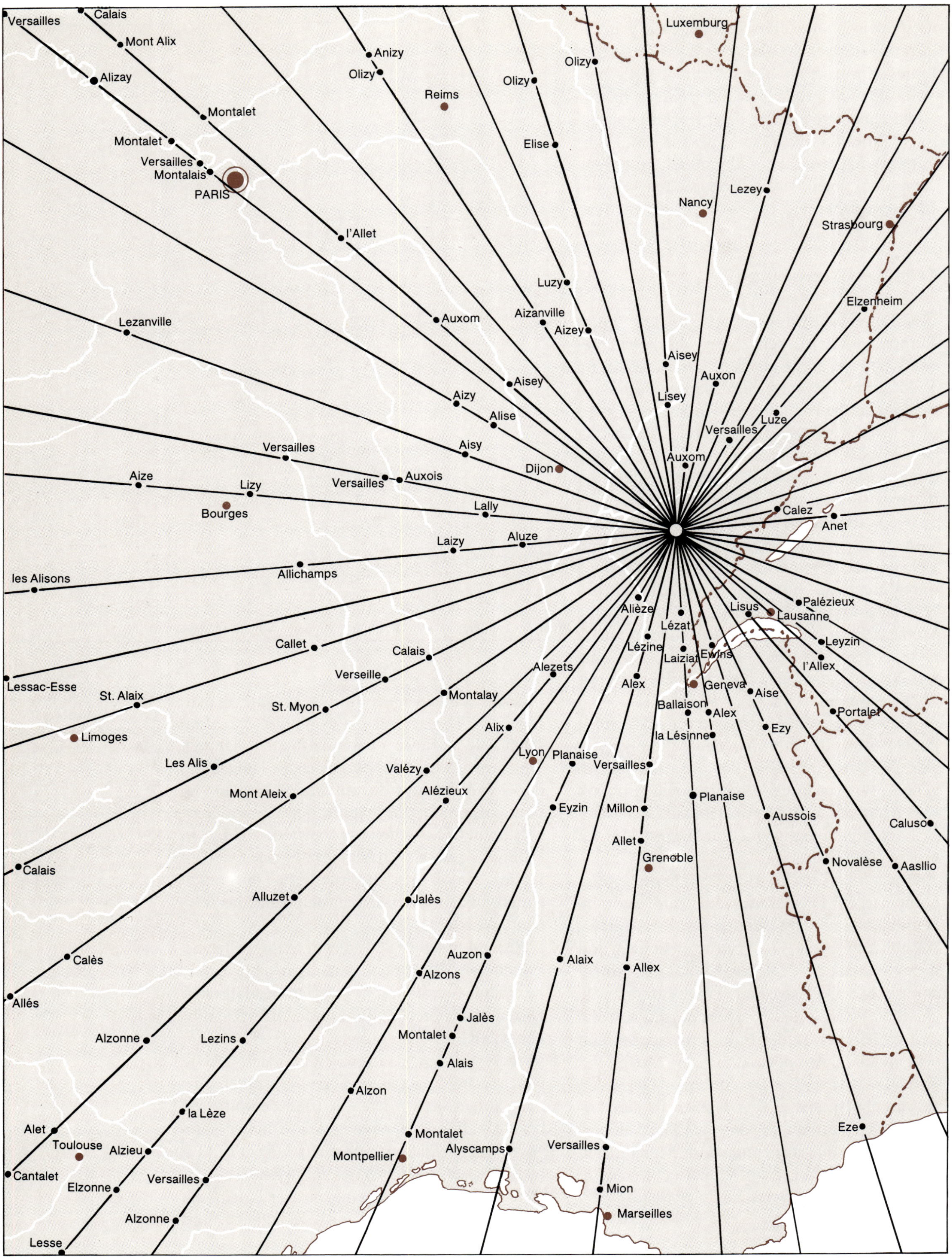
Versailles
Calais
Mont Alix
Alizay
Montalet
Montalet
Versailles
Montalais
PARIS
l'Allet
Anizy
Olizy
Reims
Olizy
Olizy
Elise
Luxemburg
Lezey
Nancy
Strasbourg
Luzy
Aizanville
Aizey
Auxom
Lezanville
Elzenheim
Aisey
Auxon
Aisey
Lisey
Aizy
Alise
Luze
Versailles
Aisy
Versailles
Auxom
Dijon
Auxois
Versailles
Aize
Lizy
Bourges
Lally
Calez
Anet
Laizy
Aluze
les Alisons
Allichamps
Alièze
Palézieux
Lisus
Lausanne
Lézat
Leyzin
Callet
Lézine
Calais
Laiziat
Ewins
l'Allex
Alezets
Verseille
Alex
Geneva
Lessac-Esse
St. Alaix
Montalay
Aise
St. Myon
Ballaison
Alex
Portalet
Alix
Ezy
la Lésinne
Limoges
Lyon
Planaise
Les Alis
Versailles
Valézy
Mont Aleix
Alézieux
Planaise
Eyzin
Millon
Aussois
Caluso
Allet
Grenoble
Calais
Novalèse
Aasllio
Alluzet
Jalès
Auzon
Alaix
Allex
Calès
Alzons
Allés
Jalès
Montalet
Alzonne
Lezins
Alais
Alzon
la Lèze
Alet
Montalet
Eze
Toulouse
Alzieu
Alyscamps
Versailles
Montpellier
Cantalet
Elzonne
Versailles
Mion
Marseilles
Alzonne
Lesse

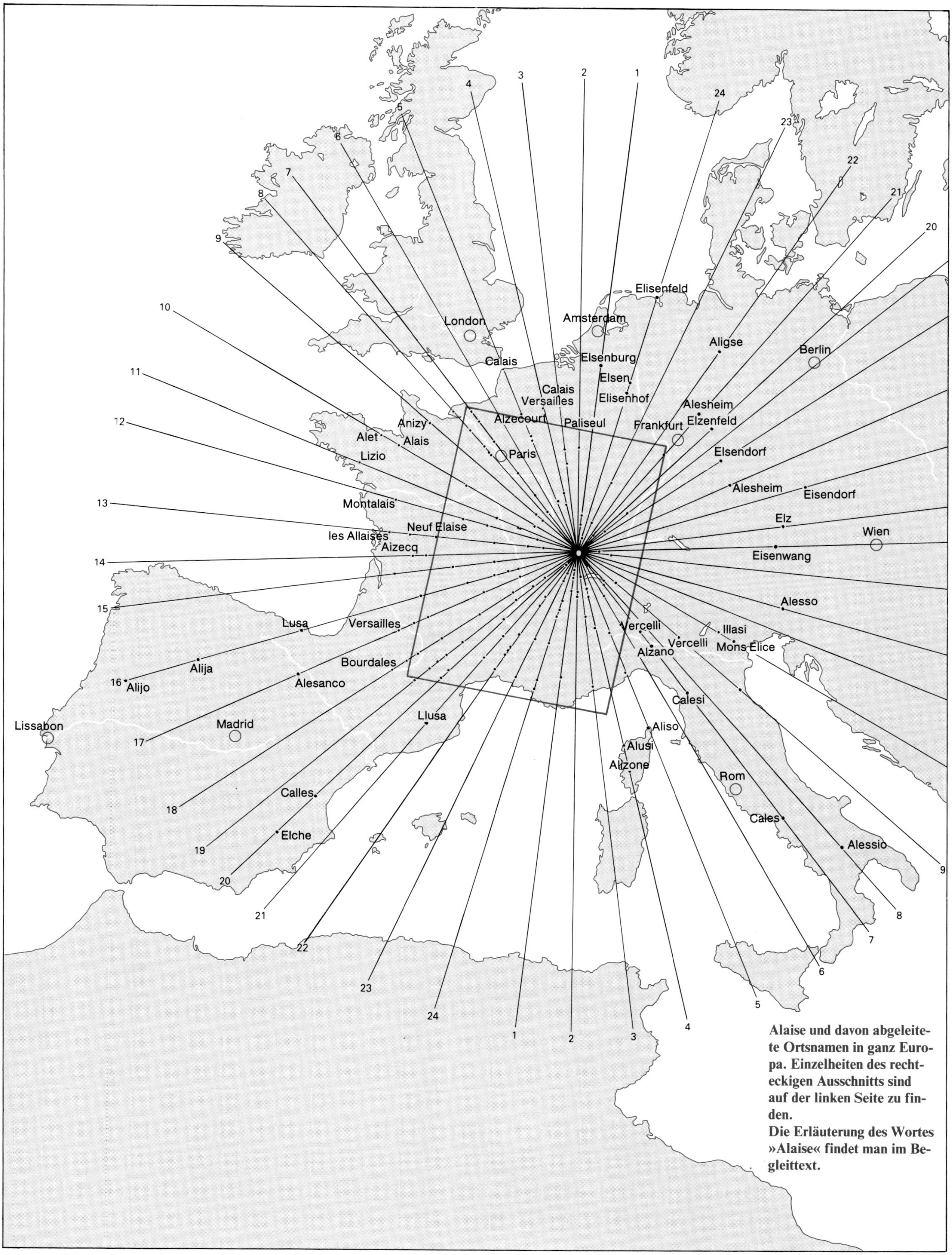

Alaise und davon abgeleitete Ortsnamen in ganz Europa. Einzelheiten des rechteckigen Ausschnitts sind auf der linken Seite zu finden.
Die Erläuterung des Wortes »Alaise« findet man im Begleittext.

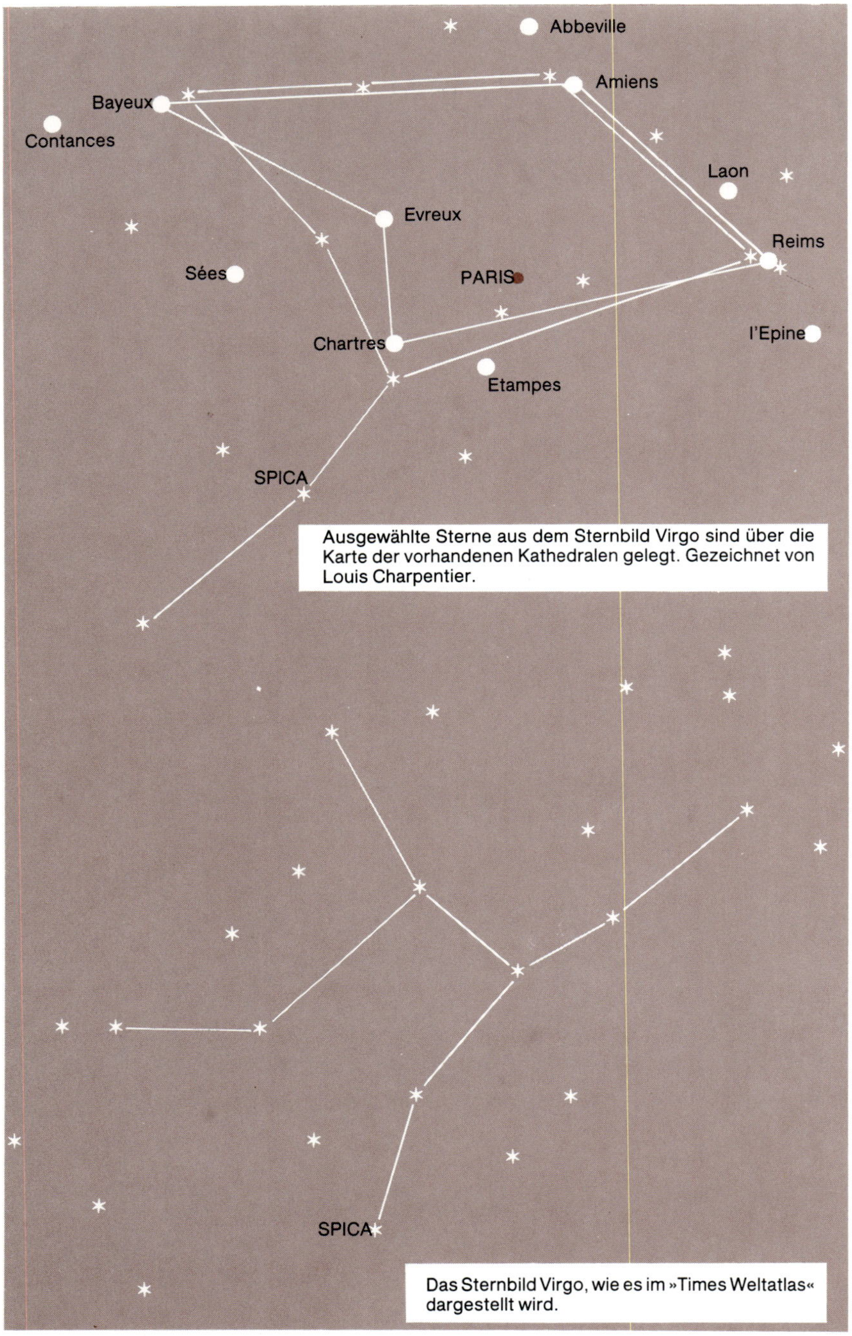

Ausgewählte Sterne aus dem Sternbild Virgo sind über die Karte der vorhandenen Kathedralen gelegt. Gezeichnet von Louis Charpentier.

Das Sternbild Virgo, wie es im »Times Weltatlas« dargestellt wird.

Einfach zu widerlegen ist die Behauptung, daß z.B. die französischen Kathedralen bei Chartres – die der Jungfrau Maria geweiht sind – entsprechend der Stellung des Sternbildes Jungfrau errichtet wurden.

die Winter- und Sommersonnenwende darstellte. Deshalb war er der Ansicht, daß dies die Kenntnis der Längen- und Breitengrade und der Lage des Nordpols und des Äquators bedeutete. Darüber hinaus konnte er eine bestimmte Entfernung zwischen den verschiedenen Stätten feststellen, was die Kenntnis einer Maßeinheit voraussetzt. Dieses Buch von Guichard ist einmalig in seinen Aussagen. Es wurde bisher nicht übersetzt und fand noch keine akademische Anerkennung. Betrachtet man die Karten der Seiten 90 und 91 dieses Buches, stellt man fest, daß durch die Art der Projektion einige der Orte etwas abseits der Linien liegen, die in den ursprünglichen, von Guichard benutzten Karten eingezeichnet sind. Nach unserem Urteil ist er auf eine richtige Spur gestoßen, ging aber, wie viele andere, in seinen Schlußfolgerungen zu weit.

Häretische Gesichtspunkte

Es gibt aber zwingende Übereinstimmungen zwischen seinen und Alfred Watkins Spekulationen. Ohne die Arbeit des anderen zu kennen, kamen beide zu dem Schluß, daß der Salzhandel ein lebenswichtiges Interesse an den alten Handelswegen hatte. Grundsätzlich stimmen beide Männer in ihrem häretischen Standpunkt überein, daß die Auswahl der alten Stätten nicht von ungefähr kam, sondern von den Menschen damals sorgfältig ausgewählt wurden. Das Wie und Warum einer so umfassenden Tätigkeit scheint außerhalb unseres Verständnisses zu liegen: Watkins Annahme von geraden Handelswegen ist archäologisch und geologisch absurd und die von Guichard noch mehr. Aber je weitergehend die geistigen Anstrengungen der Menschen damals erforscht werden, um so wahrscheinlicher scheint es zu sein, daß sie etwas suchten, etwas Bildliches, außerhalb des normalen Gesichtskreises.

Der Beweis dafür wurde in Europa, Ägypten und Südamerika gefunden. John Michell stellt es so dar: »All dies kann nicht nur das Ergebnis der Zeit von Datumsberechnungen oder dem abstrakten Wunsch nach astronomischen Wissen gewesen sein.« Aber wessen denn sonst? Alle Spekulationen müssen das ungeheuere Ausmaß des damaligen Geschehens mit in Betracht ziehen. Wenn Verbindungen über so große Entfernungen angelegt wurden, ist es schwierig sich vorzustellen, daß sie keinen praktischen Sinn hatten. Außerdem ergibt sich aus den verschiedenen Hinweisen auf die bestehenden mathematischen Ansichten, daß die Pythagoras-Zahlenkunde die Bewegung der Gestirne und die Hauptzeiten der jährlichen Erdbewegungen in einem gewissen Zusammenhang gebracht wurden. Das trifft ebenso auf die großen Fortschritte zu, die damals gemacht wurden und die wir uns heute gar nicht vorstellen können – eine Wissenschaft, die vorwiegend auf dem Instinkt beruhte, die aber wesentlich war für die Entwicklung der Menschheit.

Kapitel 4

Die Kraft, die »Berge versetzt«

Nach allgemeiner Meinung sind bei »primitiven« Völkern Telepathie, Schwarze Magie und andere übernatürliche Kenntnisse weit verbreitet. So »kennen« zum Beispiel die Ureinwohner Australiens den Todeszeitpunkt eines Angehörigen, der viele Meilen entfernt eintritt. Den Medizinmännern der nordamerikanischen Indianer sagt man die gleichen Fähigkeiten und übernatürliche Heilkräfte nach. In vielen afrikanischen Stämmen gibt es Medizinmänner, die verlorengegangene Gegenstände wiederfinden und durch einen Zauberspruch einen Feind töten können. Darüber gibt es mehrfach bewiesene Berichte.

Diese Dinge sind für jeden Ungereimtheiten, der sich an das Schulwissen unseres modernen Rationalismus hält. Es gibt dafür keine wissenschaftlichen Grundlagen, und anscheinend geschehen diese Begebenheiten auch nicht in unserer hochentwickelten modernen Zeit.

Falls hellseherische oder übernatürliche Kräfte aber vorhanden waren, eröffnen sich daraus völlig neue Perspektiven über Art und Lage der historischen Stätten (siehe vorheriges Kapitel). Tatsächlich argumentieren viele Historiker ernsthaft, daß das gesamte Netz der megalithischen Stätten als ein kosmisches Kraftfeld erbaut wurde. Durch dieses erhielt die Erde in bestimmten Zeitabschnitten neue Lebenskraft, und einigen Auserwählten wurde es möglich, telepathisch miteinander in Verbindung zu treten. Es besteht nur insofern eine Schwierigkeit, als es für alle diese Möglichkeiten keine Beweise gibt. So liegen keine geschriebenen Berichte über die megalithische Zeit vor, und die Überlieferungen der Stammesgeschichten sind so ungewiß, daß man keinen annähernd richtigen Zeitablauf nachvollziehen kann. Die umfangreiche Literatur der übersinnlichen Forschung enthält nur wenige überwachte Tests mit »primitiven« Volksstämmen.

Selbst in unserer aufgeklärten Zeit und allen Laboratoriumsversuchen zum Trotz, gibt es glücklicherweise auch heute einige Anhaltspunkte für PSI oder das Übernatürliche. Dieses Kapitel befaßt sich mit einigen verblüffenden Beispielen von Lebewesen, seien es Menschen, Säugetiere, Vögel, Fische, Reptilien oder Insekten, die in der Lage zu sein scheinen, übernatürliche Dinge wahrzunehmen.

Wissenschaftler haben heute den Beweis erbracht, daß wir vielmehr durch kleine Änderungen in unserer Umgebung beeinflußt werden, als es bisher für möglich gehalten wurde. In diesem Kapitel wird eine Anzahl von bisher ungelösten Geheimnissen erklärt. Aber auch darüber hinaus hat man oft zwangsläufig das Gefühl, daß es irgend etwas gibt, was wir mit unserer heutigen Wissenschaft nicht begründen können. Ob es nun ein Wünschelrutengänger ist, der Wasser entdeckt, oder ein Hund, der seinen Herrn über große Entfernungen wiederfindet, oder ein Medium, das beschreiben kann, was Hunderte von Kilometern entfernt geschieht; es muß eine unbekannte Kraft geben, die dies ermöglicht.

Die Menschen, die heute die Gabe außersinnlicher Wahrnehmung (PSI) besitzen, sagen ohne Ausnahme, daß es unmöglich ist, ohne diese Begabung die Geschehnisse der früheren Zeiten zu verstehen.

Telepathie

Die Darstellung der kleinen Insel Kerguelen im Indischen Ozean, darunter die Zeichnung eines Wahrsagers.

Der New Yorker Künstler Ingo Swann besitzt eines der außergewöhnlichsten Talente der heutigen Zeit, er ist ein Medium. Er hat bereits verschiedentlich bewiesen, daß er unter bestimmten Bedingungen Bilder und Ereignisse sehen kann, die für das normale Auge nicht erkennbar

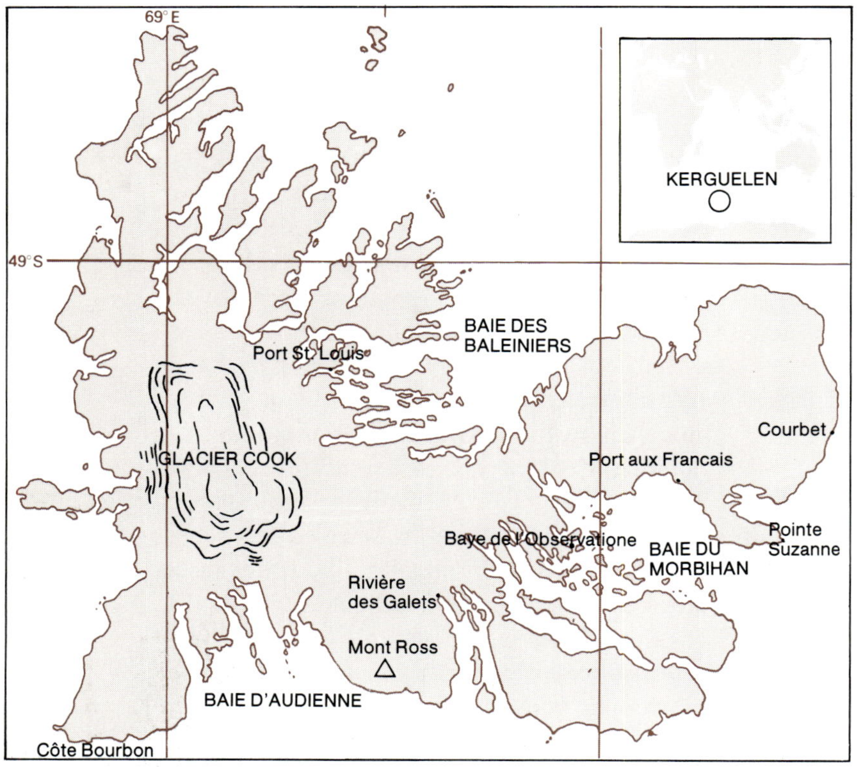

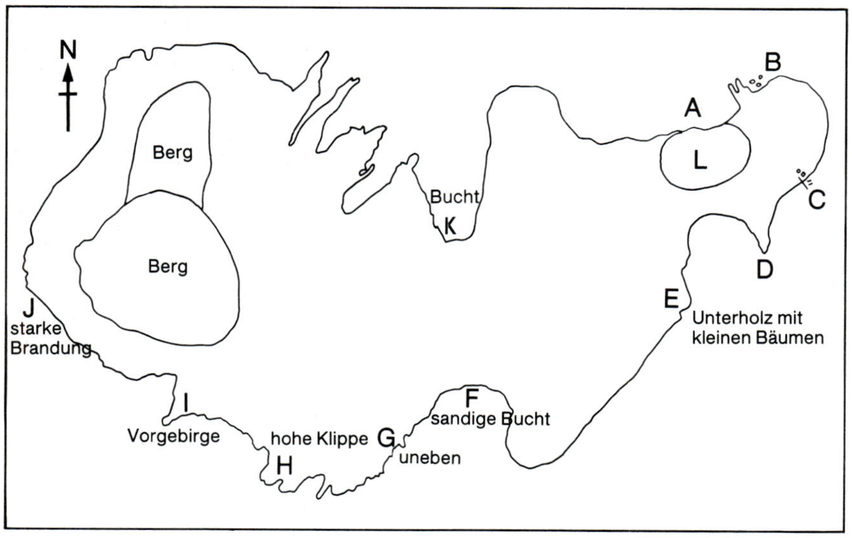

sind. Unter der Aufsicht von zwei Physikern, Russell Targ und Harold Puthoff, Wegbereiter der übersinnlichen Forschung, wurden mit ihm am Stanford-Forschungsinstitut in Kalifornien Experimente gemacht. Ein genauer Bericht über ihre dreijährige Arbeit findet sich in ihrem Buch »Mind-Reach«.

Sie erläutern mehrfach die wissenschaftlich nicht erklärbare Fähigkeit vieler Menschen, in einer bestimmten Geistesverfassung Dinge zu sehen, die gleichzeitig an weitentfernten Orten geschehen. Nicht nur Menschen, die sich selbst als Medium bezeichnen, sondern auch andere und sogar Wissenschaftler, die diesen Thesen ablehnend gegenüberstanden, haben die Fähigkeit, die Targ und Puthoff als Telepathie bezeichnen.

Magnetische Störungen

Die längsten Untersuchungen machten sie mit Ingo Swann, mit dem sie auch die bis zum heutigen Tage erstaunlichsten und beachtenswerte Resultate erzielten. Im März 1972 suchte Harold Puthoff in wissenschaftlichen Magazinen Medien, um eine Erklärung für übersinnliche Wahrnehmungen (PSI) zu finden. Daraufhin meldete sich Swann. Schon während ihres ersten Treffens verblüffte Swann viele Wissenschaftler im Stanford-Forschungsinstitut. Er konnte genau die Form eines einmaligen Meßinstruments für die Feststellung von Magnetfeldern beschreiben, das sich etwa zwei Meter unter dem Zementboden befand.

Außerdem konnte er durch seine Willenskraft bewirken, daß der Apparat Signale aussandte, die mit einem Aufzeichnungsgerät registriert wurden (die festgestellten Ausschläge des Meßinstruments, die es vorher oder nachher in dieser Form nicht mehr gegeben hat, werden im Institut sorgfältig aufbewahrt).

In ersten Versuchsreihen sollte Swann grüne und weiße Karten bestimmen, die an einem entfernten Ort in unregelmäßiger Reihenfolge gezogen wurden. Swann verwies darauf, daß diese Tests seinen Fähigkeiten nicht angemessen seien, da er wichtigere Dinge in großen Entfernungen sehen könne. So sei es ihm möglich, zu einem nach Längen- und Breitengrad bestimmten Ort zu »gehen« und die genaue Umgebung zu beschreiben. Dies stieß allerdings auf die Skepsis der Wissenschaftler. Als Physiker begegneten sie schon der Telepathie auf kurze Distanz mit Vorbehalten; darüber hinaus wußten sie, daß die Längen- und Breitengrade völlig willkürliche von Menschen gemachte ungewisse Bestimmungen waren. Da Swann jedoch darauf bestand, entwarfen sie ein entsprechendes Raster mit Koordinaten. Der unerwartete Erfolg des Projekts gilt noch heute für viele als Phänomen.

Ergebnisse des Koordinaten-Tests

Bei verschiedenen Durchgängen mit jeweils zehn Koordinaten waren Swanns Angaben meistens acht bis neun Mal zutreffend. Zum Beispiel beschrieb er 2 Grad Süd, 34 Grad Ost (Victoria-See in Afrika) so: »Ich habe das Gefühl, mich auf schnell fließendem Wasser zu befinden; komme jetzt an Land. Im Westen ein See, hohe Erhebungen.« Selbst als Puthoff und Targ ihm vorhielten, daß sich auf ihrer Karte die Koordinaten mitten im See kreuzten, bestand er auf seiner Beschreibung. Aufgrund einer genaueren Karte stellte sich seine Behauptung als richtig heraus.

Rein wissenschaftlich waren diese ersten Tests kein endgültiger Beweis für übersinnliche Fähigkeiten: Eine mögliche Erklärung hätte sein können, daß Swann die seltene und außergewöhnliche Gabe eines bildhaften Gedächtnisses besaß, und daß er sich anhand eines Atlanten die Längen- und Breitengrade jedes Ortes der Erde eingeprägt hatte. Um diese Möglichkeit auszuschließen, überredeten Puthoff und Targ andere skeptische Kollegen, möglichst schwierige Orte zu wählen. Von diesen sollte Swann dann Beschreibungen abgeben, die nicht aus Karten ersichtlich sind, so zum Beispiel die Lage und bauliche Details von Gebäuden, Türmen oder Brükken. Sie nannten 49 Grad 20 Süd, 70 Grad 14 Ost – die kleine Insel Kerguelen im südlichen Indischen Ozean, auf der heute französisch-russi-

Wünschelrutengänger sind seit altersher dafür bekannt, Wasser zu finden. Sie arbeiten auch mit Landkarten.
Ein Wünschelrutengänger in Südwales konnte mit dieser Methode diese Steinmonumente in New England genau bezeichnen.

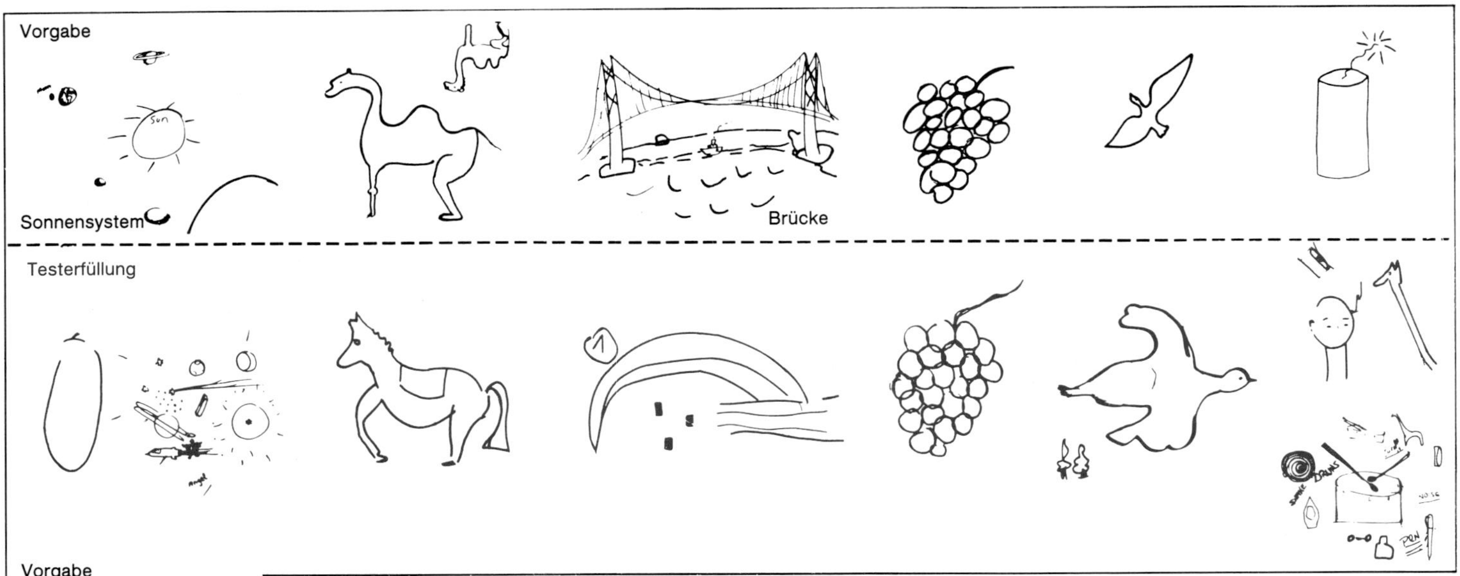

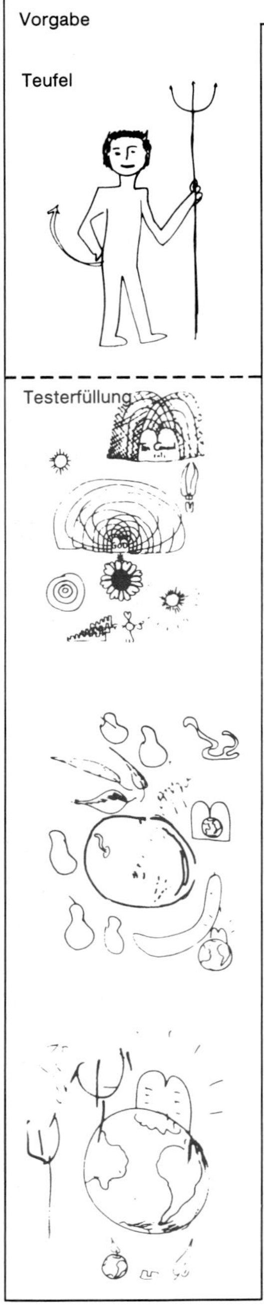

sche Wetterforschungen der oberen Atmosphäre betrieben werden.

Swann begann sofort mit seiner Beschreibung: »Mein erster Eindruck ist eine Insel, ein Berg erscheint durch die Wolken. Der Boden scheint steinig zu sein. Eine Art kleiner Pflanzen scheint dort zu wachsen. Wolkenbank im Westen. Sehr kalt. Ich sehe einige Bauwerke aneinandergereiht. Eines davon ist orangefarben. Es gibt so etwas wie ein Radarschirm, eine runde Scheibe.« Das war alles völlig richtig. Nun zeichnete er ein Bild von dem, was er vor seinem geistigen Auge sah: »Zwei weiße zylindrische Behälter, sehr groß. Im Nordwesten ein kleines Rollfeld. Es weht ein ziemlicher Wind. Vor dem Gebäude stehen zwei oder drei Lastwagen. Dahinter, ist das ein Schuppen? Sonst gibt es nicht sehr viel dort. Es ist noch nicht völlig dunkel, alles scheint in orangefarbenem Licht. Im Westen sehe ich Hügel, im Norden Flachland, und ich glaube im Osten ein Rollfeld und das Meer; im Süden kann ich nichts sehen.«

Beschreibung der Insel

Er begann mit Punkt A und zeichnete die Umrisse der Küste. »Punkt B, aus dem Wasser ragen einige Felsen, ich sehe Brandung. C, eine Reihe von Gebäuden, Landeplätze und Boote. Punkt D, ein Hafendamm ragt heraus. Punkt E, ein Sandbecken, ein Fluß fließt durch, viele Vögel. Punkt F, Buschland. Das macht Spaß; das erste Mal, das ich so etwas mache . . . Eine fast gerade Küstenlinie, Felsen, Strand, dann weiter. Ich sehe im Nordwesten einen Berg, schneebedeckt. Der Bereich G ist unregelmäßig, Punkt H ist eine steile Klippe. Punkt I ist ein Vorgebirge. Bei Punkt J gibt es hohe Wellen. K ist eine Bucht, L ist der Bereich mit Rollfeld und Gebäuden.«

Bis heute haben Puthoff und Targ keine genaue Auswertung darüber veröffentlicht, wie genau diese Beschreibung der Wirklichkeit entspricht, aber auch ein oberflächlicher Blick zeigt, daß es im allgemeinen eine großartige Beschreibung ist. Die Form, die Geländebeschreibung, der schneebedeckte Berg, womit zweifellos der fast 2000 Meter hohe Mount Ross mit dem Cook-Gletscher gemeint ist. Objektiv gesehen, trotz evtl. Ungenauigkeiten, ist es doch eine Tatsache, daß es dieses Phänomen überhaupt gibt und daß die ersten Tests von Ingo Swann er-

1972 wurden am Stanford-Forschungsinstitut in Kalifornien Uri Gellers Fähigkeiten getestet. Dabei legte man ihm ein 1700 Seiten dickes Wörterbuch vor, in das an irgendeiner Stelle eine Karte eingelegt wurde. Der Tester zeichnete dann für sich ein Bild des ersten Wortes der bestimmten Seite. Inzwischen versuchte Uri Geller in einem faradayischen Käfig (eine isolierte Kammer mit doppelten Metallwänden, die vor Geräuschen und elektromagnetischen Einflüssen schützt) nachzuempfinden, was dieser gezeichnet hatte. Das Experiment wurde wegen der Anwesenheit seines Freundes Shipi Strang, der ihm angeblich bei verschiedenen Gelegenheiten Zeichen machte, angezweifelt. Jedoch sind die beiden mit diesem Experiment befaßten Wissenschaftler, Harold Puthoff und Russell Targ, davon überzeugt, daß die Kontrollen bei diesem Test außerordentlich scharf waren, und daß zudem der faradayische Käfig eine Verständigung mit dem Freund unmöglich machte.

folgreich waren. Vor allem, wenn man bedenkt, daß die Beschreibungen von Orten gemacht wurden, die zufällig ausgesucht waren und über 5000 Kilometer entfernt lagen. In den meisten Fällen ist die Übereinstimmung zwischen den Beschreibungen und einer fotografischen Aufnahme des Ortes sehr groß, selbst wenn das Experiment mit Menschen durchgeführt wurde, die selbst nicht an ihre übersinnlichen Fähigkeiten glaubten.

Targ und Puthoff fassen es wie folgt zusammen: »Dieser Blick in die Ferne gibt den Menschen in einem Maße Möglichkeiten, mit Worten oder durch Zeichnungen Dinge zu beschreiben, die alle vorstellbaren Grenzen übersteigen; und dies, obwohl es sich um unbekannte Orte – selbst auf anderen Kontinenten – handelt.«

Wünschelruten: Wassersuche auf Landkarten

Eine ähnliche übersinnliche Fähigkeit ist, Wasser mit Wünschelruten auf Landkarten zu suchen. Hierbei gibt es sicherlich genauso viel Skeptiker, wie für Ingo Swanns bewiesene Behauptungen. Doch existiert aufgrund von Berichten und Statistiken eine Fülle von Beweisen. Tatsächlich werden heute von erstrangigen Wünschelrutengängern selten Aussagen getroffen, ohne daß sie ein Pendel oder ein anderes Instrument über eine Karte halten. Meistens glau-

Die vorgeschichtliche Stätte Pilsdon Pen (S. 87) wurde 1964–71 ausgegraben. Dort soll es noch Grabstätten geben, die der Waliser Wünschelrutengänger Bill Lewis bei weiteren Ausgrabungen freilegen will.

ben sie natürlich nicht, daß von der Landkarte etwas besonderes ausgeht – weder Strahlen, noch sonstige Kräfte. Durch die Karte sind sie jedoch in der Lage, sich die Gegend eines bestimmten Punktes auf der Erde vor ihrem geistigen Auge vorzustellen und eine Beschreibung darüber anzufertigen (wie bei Ingo Swanns Koordinaten).

Das Finden Vermißter

Erfolgreiche Beispiele findet man in allen Literaturformen über Wünschelrutengänger. Der holländische Hellseher Gerard Croiset besaß ein außergewöhnliches Talent beim Auffinden von vermißten Flugzeugen und Menschen. Der irische Wünschelrutengänger Thomas Trench wurde im Jahre 1966 von der belgischen Polizei um Hilfe ersucht. Man hatte von seinem Ruf gehört und suchte die Leiche eines Polizisten, der bei einem Aufstand getötet und von den Mördern im Auto weggeschleppt worden war. Ohne sein Haus zu verlassen, bestimmte Trench den genauen Ort in der Nähe von Blankenberge. Die englische Polizei wendet sich ebenfalls oft an Wünschelrutengänger, um gestohlene Sachen wiederzufinden, und von vielen Ölkonzernen nimmt man an, daß sie mit Wünschelrutengängern zusammenarbeiten.

Warum ist dann dieses Phänomen, das »in die Ferne sehen«, nicht besser anerkannt und ausgenutzt?

Ein Grund ist die Unzuverlässigkeit. Ingo Swann gibt an, daß aufgrund seiner übernatürlichen Fähigkeiten getroffene Aussagen nur zu etwa 50 Prozent stimmen (das heißt, er ist durchaus nicht unfehlbar). Auch viele der von Targ und Puthoff aufgezeigten Beispiele können unterschiedlich interpretiert werden. Ein Experiment, bei dem der walisische Wünschelrutengänger William A. Lewis unter der Aufsicht der Gesellschaft für physikalische Forschung in London auf einer Landkarte megalithische Stätten in New England feststellen sollte, zeigte eine Erfolgsquote von etwa 40 Prozent.

Der andere Grund liegt darin, daß trotz der vielschichtigen experimentellen Beweise die Existenz dieses Phänomens von den meisten Wissenschaftlern immer noch heftig umstritten ist. Die Arbeiten von Puthoff und Targ wurden in glaubwürdigen und anerkannten Magazinen wie »Nature« und »Proceedings of IEEE« (Institut für Elektro- und Elektronikingenieure) veröffentlicht. Im Laufe der Zeit wurden ihre Experimente immer sicherer kontrolliert; dennoch verstummen nicht die Kritiker, die von Zufallsergebnissen oder Betrug sprechen. Diese Kritiker versagen auch den erstaunlichen Ergebnissen aus den Versuchsreihen mit Uri Geller ihre Anerkennung, obwohl Puthoff und Targ ihn in einer abgeschirmten Kammer eingeschlossen hatten. Aber es liegt im allgemeinen in der Natur der Wissenschaftler – wie viele Berichte in diesem Buch zeigen – eine einmal eingenommene Position hartnäckig so lange zu verteidigen, bis der tatsächliche Nachweis sie zu einer Revidierung zwingt.

Das ist bei PSI bisher noch nicht der Fall, obgleich es vielleicht bald soweit sein könnte. Inzwischen sollte man der Auffassung des französischen Nobelpreisträgers und Physiologen Charles Richet über das Wünschelrutengehen folgen: »Es ist eine Tatsache, die wir akzeptieren müssen. Man sollte nicht herumexperimentieren, um herauszufinden, warum es so ist. Es ist einfach so. Macht weiter und entwickelt es!«

Der Wandertrieb bei Tieren

Jedes Jahr im Herbst sammeln sich an den Küsten Nordeuropas 4 000 000 Seevögel zu ihrem jährlichen Flug. Sie gehören zu der Gattung Puffinus gravis, auch Großer Sturmtaucher genannt. Dieser Flug gehört zu den jährlichen Wundern der Natur, die unser Begriffsvermögen übersteigen. Durch ihren Instinkt und den südlichen Passatwind getrieben, fliegen sie unbeirrt auf der gleichen Route nach Tristan da Cunha, einer kleinen entlegenen, sehr schönen Inselgruppe im Südatlantik, wo sie nisten. Bereits auf dem Weg dorthin beginnen sie mit dem Freien.

Was sie zu diesen Inseln treibt, wie sie sich so genau orientieren und warum diese genaue Orientierung besteht, ist heute, trotz 100 Jahren Forschung, immer noch ungeklärt. Der Wandertrieb wurde bei vielen Tierarten registriert. Der französische Biologe Mathieu Ricard drückte es so aus: »Angefangen vom Karpfen, der von einem Teil seines Sees zum anderen schwimmt, um Eier zu legen, bis zum Albatros, der den Erdball umkreist, gibt es wahrscheinlich kein Tier, bei dem sich nicht in irgendeiner Form dieses Verhalten zeigt.« Aber warum zeigt sich dieser Instinkt oftmals in einer solch ausgeprägten Form? Die Küstenschwalbe folgt bei ihrem jährlichen Flug von ihren Nistplätzen im hohen Norden Sibiriens, von Nordamerika und Europa bis an die Küsten der Antarktis und wieder zurück. Bei diesem Flug von Pol zu Pol legt sie eine Strekke von etwa 38 000 Kilometer zurück und fliegt insgesamt acht Monate lang. Auch ein solcher Flug bringt keine Erklärung für das Phänomen, daß der Vogelzug normalerweise stattfindet, um bessere klimatische Verhältnisse zu suchen.

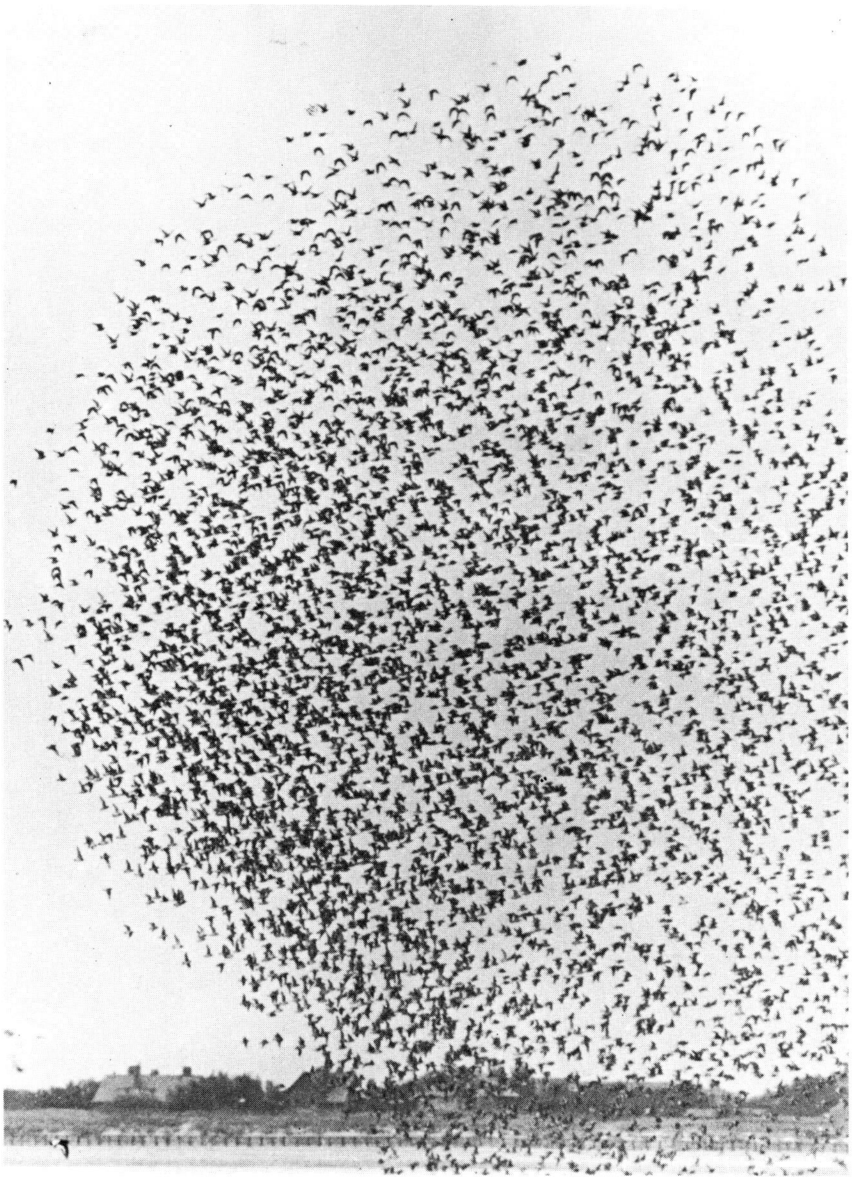

Ein Vogelschwarm, der gleichzeitig wendet. Es ist nicht bekannt, wie sie sich untereinander verständigen.

Ursprünge der Vogelzüge

Man glaubt, daß die Ursprünge der Vogelzüge in den Umwälzungen zu suchen sind, die aufgrund der verschiedenen Eiszeiten entstanden. Die letzte endete etwa 10 000 v.Chr. Als sich das Eis nach Norden zurückzog, traten vielleicht einige Vögel aus ihren heimischen Gefilden einen abenteuerlichen Flug an, um günstige Futterplätze zu erhalten. Auf ihrem Weg könnten ihnen andere Schwärme begegnet sein, die nicht wegflogen. Im Herbst, mit Eintritt der kalten

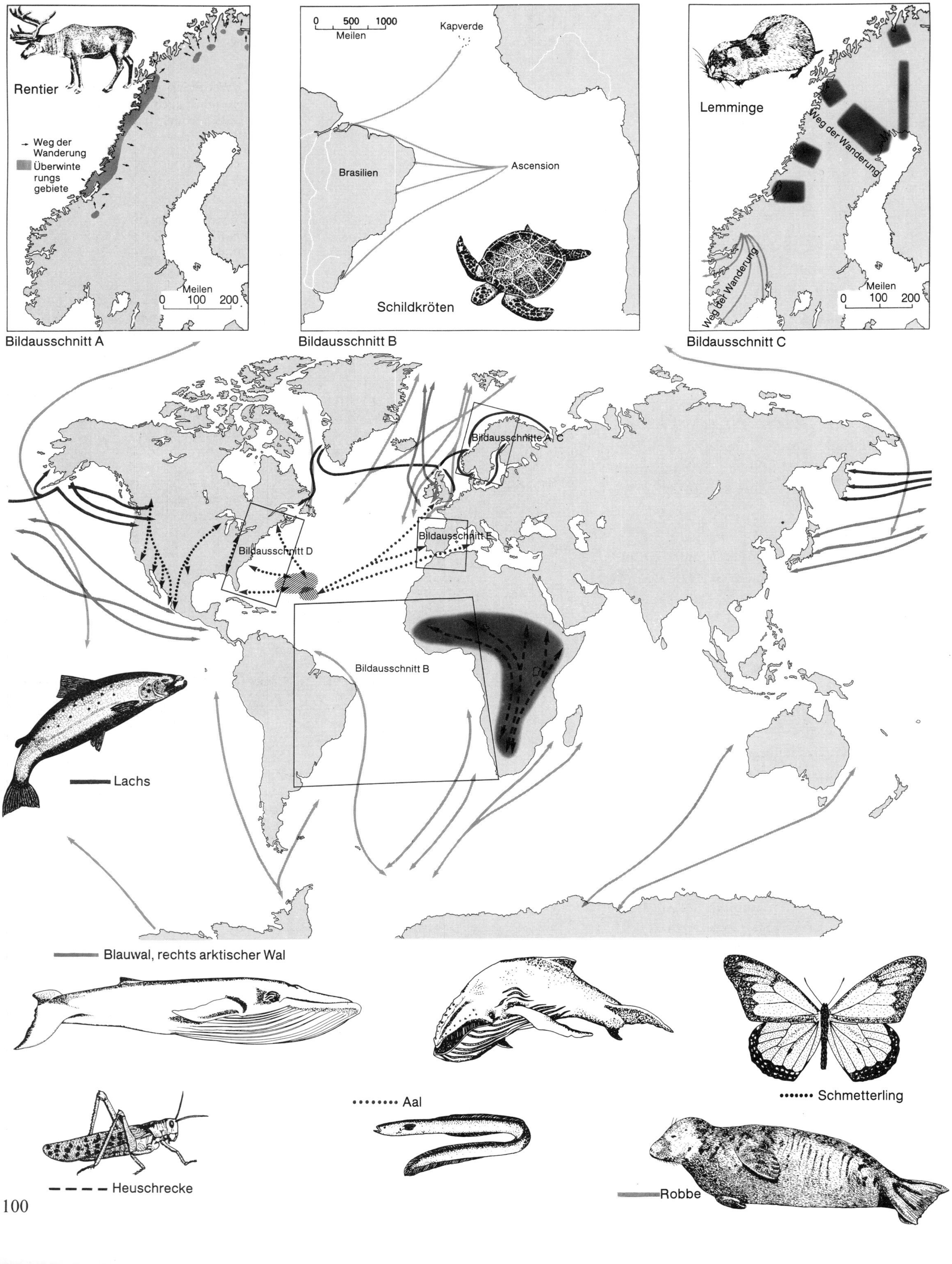
Rentier
Weg der Wanderung
Überwinterungs gebiete
Meilen
0 100 200
Bildausschnitt A
0 500 1000
Meilen
Kapverde
Brasilien
Ascension
Schildkröten
Bildausschnitt B
Lemminge
Weg der Wanderung
Weg der Wanderung
Meilen
0 100 200
Bildausschnitt C
Bildausschnitte A, C
Bildausschnitt D
Bildausschnitt E
Bildausschnitt B
Lachs
Blauwal, rechts arktischer Wal
Schmetterling
Aal
Heuschrecke
Robbe

Arten	Wanderungscharakteristika	Orientierung
1. Rentiere Eines der größten Säugetiere, dessen Wanderungsgewohnheiten beobachtet werden können.	Rentiere verbringen den Sommer in der Grassteppe, wo der Schnee geschmolzen ist. Im Winter wandern sie zu den Küstenstrichen, wo sie von dem Seetang leben, der durch die Flut angespült wird. In manchen Teilen Lapplands waten die Rentiere durch das Meer zu nahegelegenen fruchtbaren Inseln.	Auf welche Weise sich größere Säugetiere, wie z. B. Rentiere (aber auch Hunde und Katzen) orientieren, ist noch nicht bekannt.
2. Schildkröten Pflanzenfressende Tiere, die ausgewachsen mehr als 25 kg wiegen.	Grüne Schildkröten wandern regelmäßig von der Küste zu ihren Futterstellen. Sie orientieren sich so genau, daß sie selbst nach 2800 km noch eine kleine Insel finden.	Schildkröten benutzen möglicherweise die Sonne als Kompaß. Dies erklärt aber nicht völlig ihre Zielgenauigkeit über so große Entfernungen.
3. Lemminge Kleine, flinke Nagetiere, in Gefangenschaft sehr bissig. Sie leben im Sommer in unterirdischen Höhlen und im Winter in überirdischen Nestern.	Die Wanderung der Lemminge beginnt mit einem enormen Anwachsen der Geburtsrate. Die Weibchen werfen vier bis fünf Mal pro Jahr, jeweils sechs bis acht Junge. Die Höhlen sind schnell überbevölkert und die Geburtenzahl der in ihrer Nähe lebenden Raubtiere (z. B. Seeulen, Adler, Seemöwen, Hermeline und Füchse) nimmt ebenfalls zu. Der beginnende langsame Auszug einiger Lemminge verstärkt sich bald zu einer Massenwanderung.	Die typische Wanderung der Lemminge geht von den Bergen über die Ebene zum Meer. Auf dem Weg zu ihrem Ziel ziehen sie durch Gebäude und überqueren Flüsse. Ein vererbter Drang treibt sie wahrscheinlich durch die Nordsee zu den Britischen Inseln, wo früher einmal eine Landverbindung bestand. Vielleicht haben sie auch ein inneres Regulativ, um ihre Zahl nicht überhand nehmen zu lassen.
4. Schmetterlinge Trotz ihrer Zartheit und ihrer kurzen Lebensdauer vollbringen Schmetterlinge bekanntlich weite Flüge.	Beachtliche Flugweiten erreichen der »Monarch« und die »Painted Lady«. In sichtbaren Schwärmen beginnen die Flüge normalerweise im September im Süden Kanadas und im Norden der USA. Oft begleiten diese Schwärme Marienkäfer und Hausfliegen.	Es gibt keinen schlüssigen Beweis dafür, wie sie Jahr für Jahr an die gleichen Brutstätten zurückkehren. Möglicherweise benutzen sie wie die Bienen polarisierte Lichtstrahlen.
5. Robben Entsprechend der Jahreszeit wandern die Robben nach Norden oder Süden.	Die kalte Witterung scheint der Auslöser für die Wanderung nach Süden zu sein. Dabei bilden die männlichen Tiere die Vorhut, um das Territorium vorzubereiten.	Bis heute gibt es keine abschließende Überprüfungen dieser Wanderungen.
6. Wale Der Blauwal ist das größte lebende Säugetier. Er erreicht eine Länge von über 30 m.	Die Wanderung der Wale scheint den Bewegungen des Planktons zu folgen, das ihre Hauptnahrung darstellt.	Durch eine Niederfrequenzecholotung können Wale die Meerestiefe bestimmen und ihre Beute finden; wie sie sich auf große Entfernungen orientieren, ist noch nicht bekannt.
7. Aale Sowohl die europäischen als auch die amerikanischen Aale laichen und sterben in der Sargassosee.	Die Wasserpflanzen in der Sargassosee treiben von der Küste Floridas an. Der europäische und der amerikanische Aal benutzen für die Aufzucht verschiedene Bereiche des Meeres. Beide Arten kehren dann in ihre heimatlichen Gewässer zurück, haben aber den bisher ungeklärten Drang, in fortgeschrittenem Alter erneut in die Sargassosee zu schwimmen.	Die Aale haben einen starken Geruchssinn, mit dem sie sich in Flüssen orientieren können. Ein angeborenes Erinnerungsvermögen scheint die einzige Erklärung für ihre Wanderung in der Sargassosee zu sein.
8. Heuschrecken Die Wanderheuschrecke ist eine eigene Art in der Familie der Heuschrecken. Sie ist durch viele historische Heuschreckeninvasionen bekannt.	Die Wanderheuschrecken folgen besonderen Routen über die Gebirge. Dabei gehen sehr viele zugrunde. Hier liegt die wahrscheinliche Lösung für ihre anfangs große Vermehrung zu Beginn des Zuges.	Im allgemeinen sehr abhängig von der herrschenden Windrichtung.
9. Lachse Die Unterwasserwanderung der Lachse vom offenen Meer zu ihren Geburtsstätten und wieder zurück, ist sehr schwierig zu beobachten.	Die Lachse leben im offenen Meer, kehren aber zur Brutzeit zu einem bestimmten schnellfließenden Strom zurück. Die Entfernungen können daher sehr groß sein – in einem bekannten Fall von Alaska nach Korea.	Für den Großteil der Wanderung benutzen die Lachse wahrscheinlich die Sonne als Kompaß und für den letzten Teil ihren Geruchssinn. Wie sie einen bestimmten Strom orten können, ist noch nicht bekannt.
10. Amphibien Kröten und Frösche wandern, um zu brüten.	In Afrika machen sich große Scharen von Fröschen kurz vor der Regenzeit auf ihren jährlichen Weg zu einem bestimmten See, um dort zu brüten.	Sie orientieren sich nach Mond und Sternen.

——— Der Rotfußfalke

(Falco vespertinus) Länge 28 cm
Er nistet in Europa und Nordchina und hat sein Winterquartier in den Steppen Süd- und Ostafrikas. Durchschnittliche Flugentfernung 9000 km.

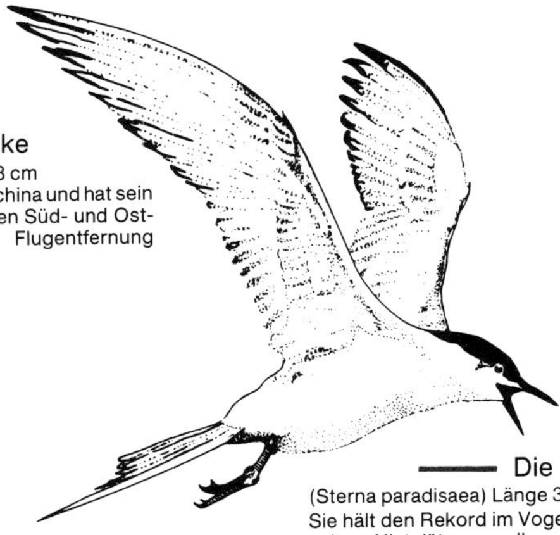

——— Die Küstenschwalbe

(Sterna paradisaea) Länge 38 cm
Sie hält den Rekord im Vogelweitflug. Sie fliegt von ihren arktischen Nistplätzen zu ihrem Winterquartier in der Antarktis. Durchschnittliche Flugentfernung 18 000 km.

– – – Amerikanischer Goldregenpfeifer

(Pluvialis dominica) Länge 30 cm
Er nistet in Nordamerika und fliegt oft 3000 km ohne Unterbrechung zu seinem Winterquartier in Südamerika. Durchschnittliche Flugentfernung 10 000 km.

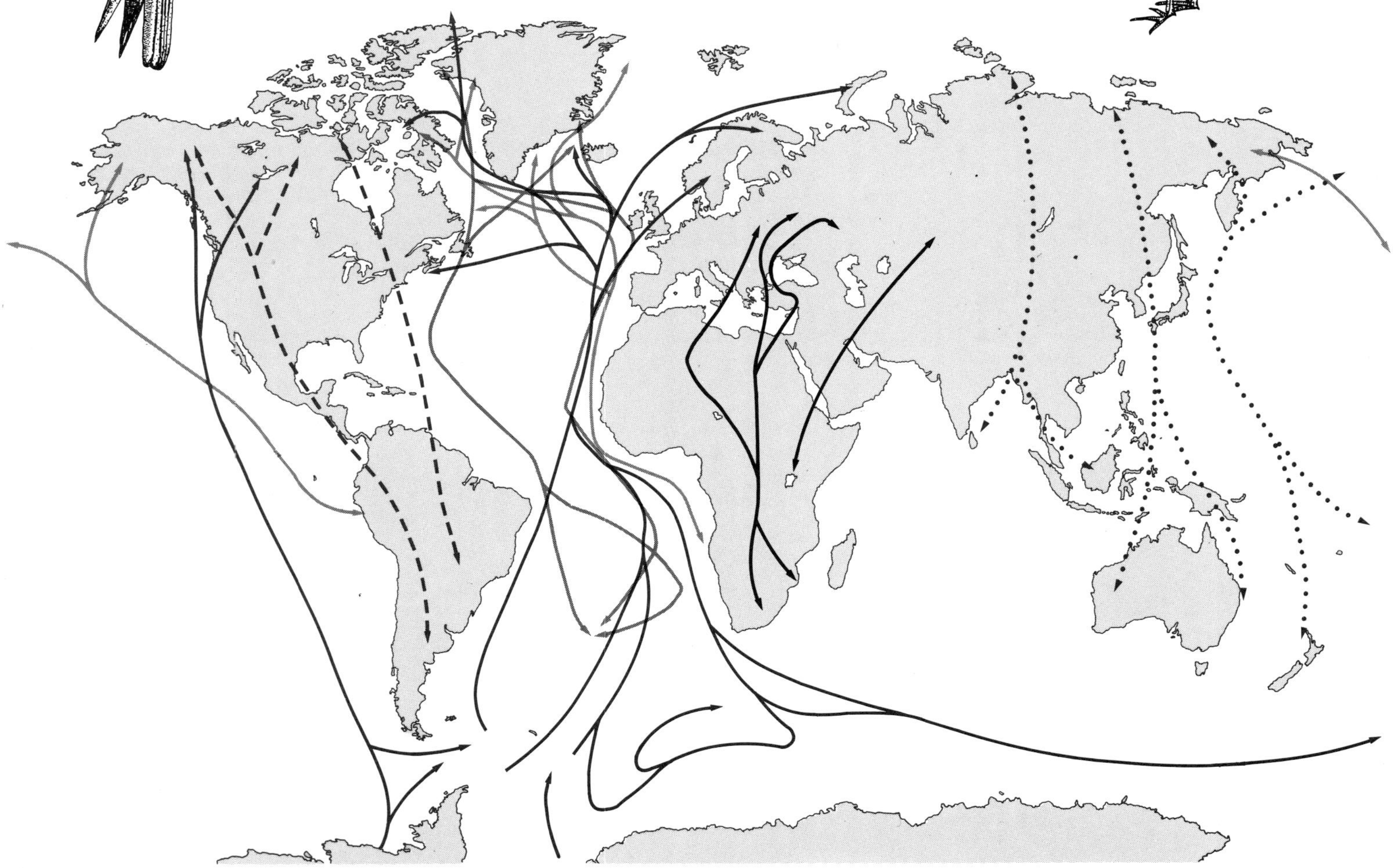

——— Der Große Sturmtaucher

(Puffinus gravis) Länge 48 cm
Er brütet nur auf der kleinen Insel Tristan da Cunha im Südatlantik und überwintert in Neufundland und Grönland. Durchschnittliche Flugentfernung 10 500 km.

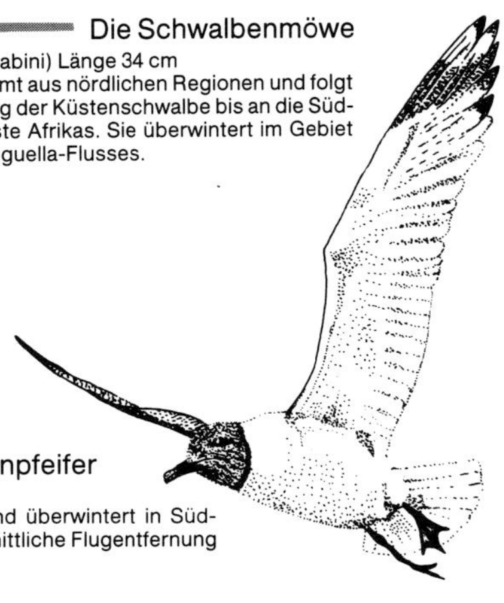

——— Die Schwalbenmöwe

(Xema sabini) Länge 34 cm
Sie kommt aus nördlichen Regionen und folgt dem Weg der Küstenschwalbe bis an die Südwestküste Afrikas. Sie überwintert im Gebiet des Benguella-Flusses.

•••••• Der Asiatische Goldregenpfeifer

(Pluvialis apricaria) Länge 30 cm
Er nistet in Nordeuropa bis nach Island und überwintert in Südwesteuropa und Nordwestafrika. Durchschnittliche Flugentfernung 8500 km

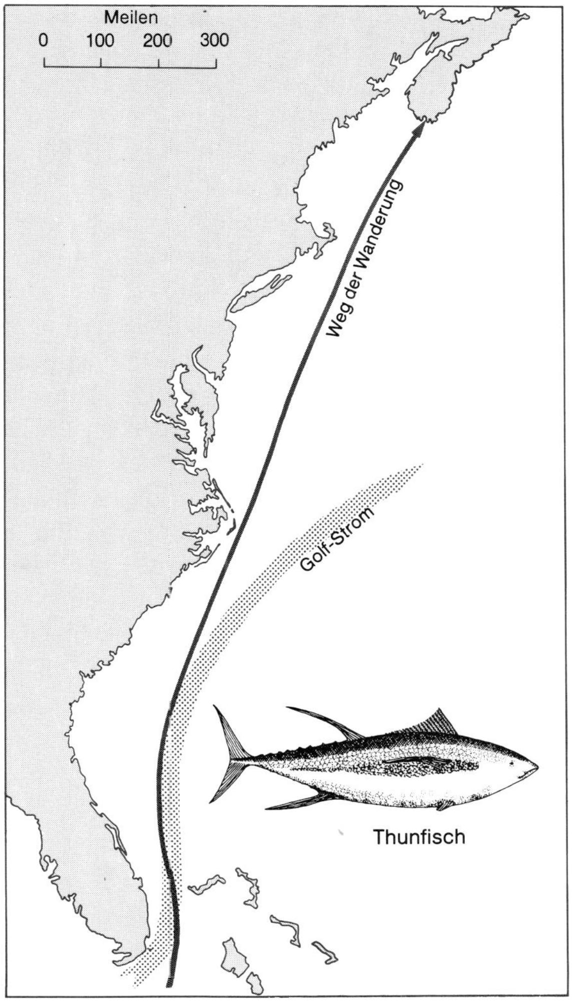

Bildausschnitt D (vgl. S. 100)

Thunfisch
Wiegt 600 bis 2000 Kilogramm und wird bis zu vier Meter lang. Er sammelt und pflanzt sich nur in ganz begrenzten Gebieten fort.

Nach der Laichzeit schwimmen Thunfische viele 1000 Kilometer bei der Futtersuche. Sie folgen dabei Routen, die den Seglern und Fischern seit alters her bekannt sind.

Fledermäuse
In früheren Zeiten glaubte man, daß Fledermäuse im Winter »verschwinden«. Tatsächlich überwintern sie oder fliegen in angenehmere Klimazonen.

Mausohr- (Abb.) und Goldohrfledermaus fliegen weite Strecken über den Atlantik, bevor sie zur Brutzeit in eine bestimmte Höhle zurückkehren. Die Ortsbestimmung in der Dunkelheit erfolgt durch Ultraschall. Bei Flügen über weite Strecken dienen wahrscheinlich Himmelskörper der Orientierung.

Jahreszeit, flogen sie dann mit diesen an ihre alten Brutstätten zurück.

Durch die Darwinsche Auslese dominierten nach und nach die robusteren Zugvögel über die mehr seßhaften, bis nach einiger Zeit alle an den Zügen teilnahmen. Ein Beweis für diese Annahme könnte z.B. darin gesehen werden, daß sich bei Vögeln, wie den Kolibris oder Schwalben, die Intensität der Paarung mit wechselnden Temperaturen ändert. Durch Experimente fand man heraus, daß sich im Frühjahr bei einer Zunahme der Sonnenstrahlung die Paarungstätigkeit verstärkt.

Gegenüber
Sechs herausragende Vogelarten, die besonders weite Strecken zurücklegen.

Unbeantwortete Fragen

Diese These kann aber bei weitem nicht alle offenen Fragen befriedigend beantworten. Warum nehmen nicht alle Vögel an diesen Zügen teil? Fast die Hälfte aller Vogelarten ist seßhaft und hat sich an die neuen Klimaverhältnisse angepaßt. So verlassen selbst bei tiefen Temperaturen bestimmte Arten, wie z.B. die Schnee-Eulen oder die Elfenbeinmöwen, nicht ihre unwirtliche Umgebung. Und warum gibt es eine ganz bestimmte Zeit für den Vogelzug. Einige Arten verhungern oder erfrieren in ihrer gewohnten Umgebung, weil der Zeitpunkt des Abfluges noch nicht gekommen ist. Viele andere fliegen zu einer bestimmten Zeit weg, obwohl es noch genügend Futtermöglichkeiten gibt. Es gibt dafür keine Erklärung. Es muß jedoch noch mit einem aus Urzeiten stammenden Zeitmechanismus zusammenhängen, der bis jetzt noch nicht wissenschaftlich erklärt werden kann.

Der Grund für diese Züge ist noch unerklärlich, aber genauso unerklärlich ist die außerge-

Bildausschnitt E (vgl. S. 100)

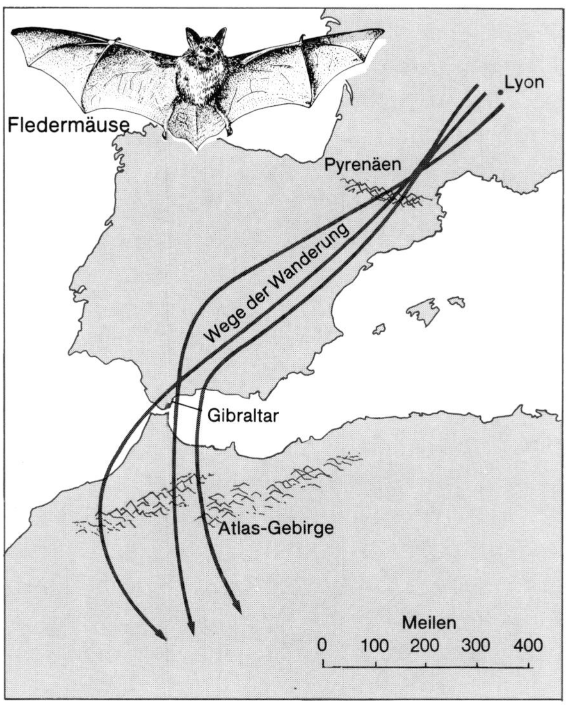

Experimente in einem Planetarium zeigen, daß Vögel die Stellungen der Sterne erkennen können und sich danach orientieren.

wöhnliche Fähigkeit, mit der die Tiere ihren genauen Bestimmungsort finden: Die Schwalbe findet jedes Jahr dasselbe Nest; der Lachs kehrt über Tausende von Kilometern dorthin zurück, wo er geboren wurde; die grünen Wasserschildkröten, die an der brasilianischen Küste leben, finden von Zeit zu Zeit noch einen Weg durch das offene Meer über 2200 Kilometer zu ihrer nur acht Kilometer im Durchmesser großen Ascension-Insel.

Obgleich Wissenschaftler in mühsamer Kleinarbeit versucht haben, verschiedene Möglichkeiten aufzuzeigen, gibt es doch keine wirklich befriedigende Antwort.

Sonnenkompaß

Auf der nördlichen Halbkugel bewegt sich die Sonne während eines Tages bekanntlich von links nach rechts. Jeder Reisende, der sie zur Orientierung benutzt, muß, um die genaue Uhrzeit berechnen zu können, wissen, in welche Richtung er sich bewegt. Erstaunlicherweise können dies viele Lebewesen durch ihren Instinkt.

William T. Keeton, Biologieprofessor der Cornell-Universität beschrieb es so: »Wenn eine Taube eine bestimmte Richtung einhalten muß, so geht dies nicht einfach im Winkel zum Sonnenstand. Sie muß den Winkel zur Sonne stündlich um etwa 15 Grad ändern, da sich in diesem Winkel der Sonnenstand im Laufe eines Tages wandelt. Kurz gesagt, ein Vogel muß einen genauen Zeitverstand haben, eine innere Uhr, die mit dem Sonnenstand in Beziehung steht.« Durch Experimente wurde festgestellt, daß dieser Gebrauch des Sonnenkompasses wahrscheinlich die wichtigste Orientierungshilfe der Tiere ist: viele Insekten, einschließlich der Ameisen, Bienen und Spinnen, korrigieren ständig ihren Kurs in Anbetracht des Sonnenstandes. Der »gerade« Weg nach Hause stellt sich gewissermaßen als ein Zickzack-Kurs dar. Aber woher wissen sie, wo ihr »zu Hause« ist? William Keeton sagt: »Um den Heimweg zu finden, brauchen sie mehr als einen Kompaß. Würde man einen Menschen in ein unwirtliches Gebiet absetzen und mit einem Kompaß ausrüsten, damit er zu seinem Hunderte von Kilometern entfernten Heimatort findet, würde er dort niemals ankommen. Selbst wenn er auf dem Kompaß die Nordrichtung bestimmen könnte, würde er niemals wissen, wo er sich im Hinblick auf den Heimatort befindet. Daher wäre der Kompaß fast nutzlos.«

Polarisiertes Licht

Eine weitere Fähigkeit, die viele Insekten und Vögel (einschließlich Tauben) besitzen, besteht darin, den Himmel wie durch polarisierte Linsen zu sehen. Menschen und Säugetiere haben diese Fähigkeit nicht. Für eine Biene ist ein Stück wolkenloser Himmel nicht einfach blau, sondern wie ein Muster aus hellen und dunklen Streifen, etwa wie Autoscheiben, die man durch geschliffene Brillengläser betrachtet. Selbst bei bedecktem Himmel hat die Biene genügend Licht, um den genauen Sonnenstand zu errechnen.

Trotz dieser Entdeckung bleibt ein Rätsel immer noch ungelöst: Wie können solche Tiere bestimmen, welche Richtung sie einschlagen müssen, wenn sie von ihrer Heimstätte entfernt wurden. Der Orientierungssinn der Bienen wächst mit zunehmender Erfahrung. So erweitert eine junge Biene schnell ihren Flugbereich von einigen 100 Metern auf 1000 Meter. Es ist für uns unverständlich, wie ein so kleines Gehirn eine so große Anzahl von sofortigen Berechnungen durchführen kann. Allerdings leben Insekten und Vögel in einer Sinneswelt, die für den Menschen unvorstellbar ist.

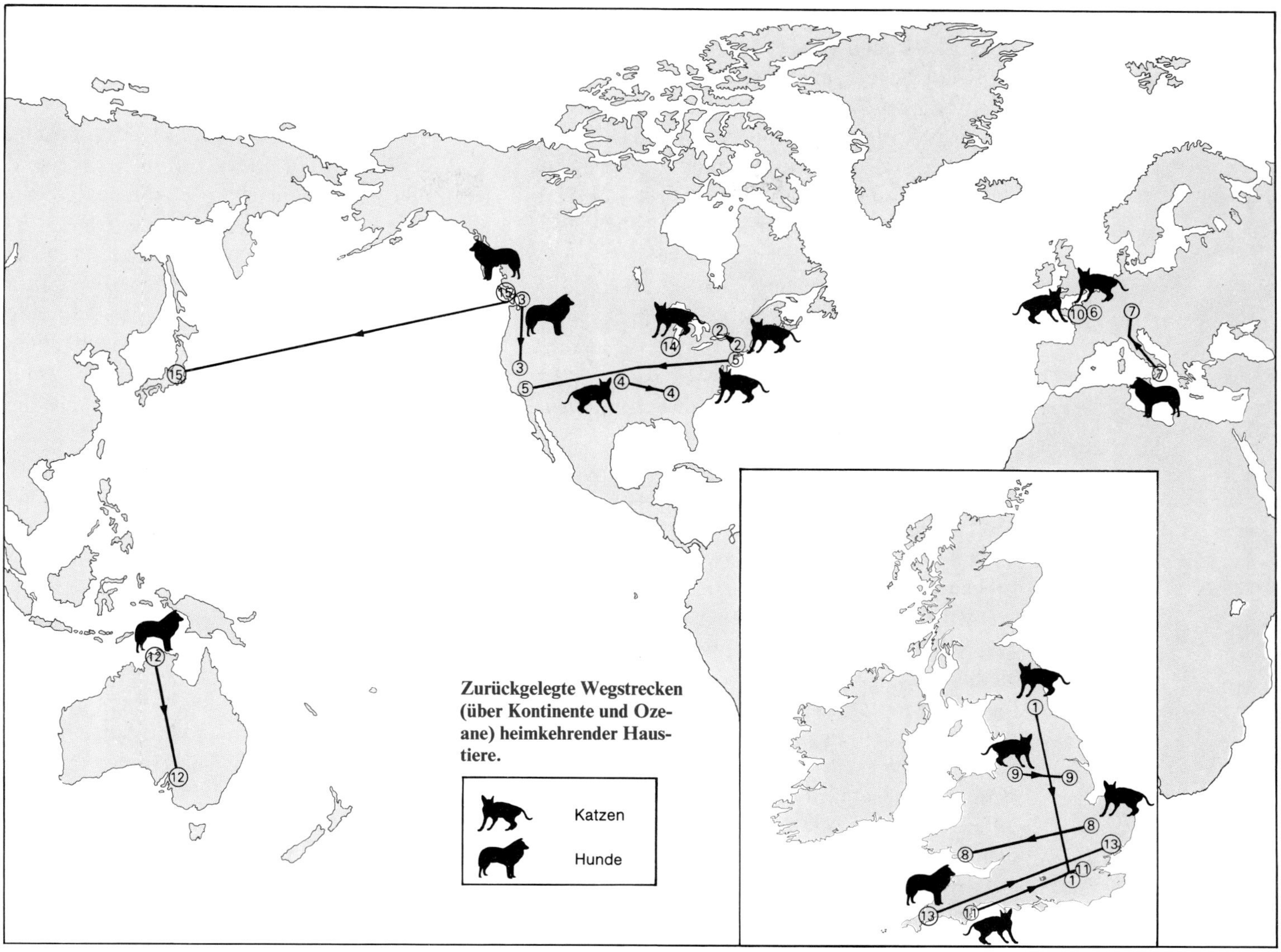

Orientierung nach den Gestirnen

Die Orientierung anhand des Sonnenstandes ist schon schwierig genug, aber nicht im gleichen Maße, wie die Fähigkeit vieler Vögel, sich nach den Sternen zu richten.

Stephen T. Emlen, Lehrstuhlinhaber für tierische Verhaltensforschung an der Cornell-Universität, schrieb: »Es gibt nur eine Sonne, und sie bewegt sich nach einem bestimmten Kurs. Es gibt aber Tausende von Sternen. Außerdem sind einige nur zu bestimmten Nacht- und Jahreszeiten zu sehen.«

Es war der deutsche Ornithologe E.G.F. Sauer von der Freiburger Universität, der Ende der 50er Jahre als erster feststellte, daß einige Vögel einen angeborenen Instinkt haben, um die Karte des nächtlichen Himmels lesen zu können. Seine Experimente in einem Planetarium mit europäischen Singvögeln, die jedes Jahr vom hohen

Berichte von Tieren, die über weite Entfernungen ihren Weg nach Haus fanden

Name und Art	Reiseweg	Entfernung	Zeit
1. Sooty/Katze	Durham nach Surrey	480 km	Juni 1967
2. Rusty/Katze	Claremont, New Hampshire nach Ontario	880 km	Mai 1975
3. Spook/Hund	Vancouver, Britisch Columbia nach Kalifornien	1600 km	Juli 1977
4. Smoky/Katze	Oklahoma nach Tennessee	480 km	Oktober 1974
5. Katze	New York nach Kalifornien	4000 km	Oktober 1974
6. Bobby/Katze	Paris nach Orleans	96 km	Oktober 1974
7. Barry/Hund	Süd-Italien nach Süd-Deutschland	320 km	Oktober 1974
8. Whisky/Katze	Cambridge nach Swansea	240 km	August 1973
9. George/Katze	Manchester nach Lincoln	144 km	Dezember 1974
10. Chausettes/Katze	Caen nach Nantes	160 km	Januar 1977
11. Dimples/Katze	Torquay nach Clapham	560 km	Juni 1977
12. Whisky/Fox Terrier	Darwin nach Adelaide	2880 km	Juli 1974
13. Bede/Irish Setter	Cornwall nach Essex	480 km	Juli 1974
14. Gypsy/Katze	Kehrte nach 2 Jahren wieder nach Chikago zurück	unbekannt	August 1976
15. Hector/Hund	Vancouver, Britisch Columbia nach Tokio	9600 km	April 1922

Norden Skandinaviens bis an die Spitze von Südafrika ziehen, sind um so bemerkenswerter, da »jeder Vogel seinen eigenen Weg zu dem Bestimmungsort findet. Die Singvögel folgen keinem Führer und fliegen nicht gruppenweise. Sie orientieren sich einzeln. Die Jungvögel auf dem ersten Flug erreichen das Ziel genauso sicher wie die erfahrenen. Irgendwie kennen die Vögel ihren Weg einfach durch den Instinkt«.

Da diese Vögel meistens nachts fliegen, prüfte er, ob sie sich an den Sternen orientieren. Dann benutzte er eine künstliche Kuppel, an der er die Sterne und ihre Stellungen, sowie die geographischen Grade ändern konnte. Dadurch hatten die Vögel den Eindruck, weiter nördlich oder südlich zu sein als in Wirklichkeit.

Die Flugrichtung der Vögel änderte sich entsprechend. Es gab für ihn kein Zweifel, daß »die Singvögel einen bemerkenswert angeborenen Mechanismus besitzen, um sich anhand der Sterne zu orientieren, – eine genaue Vorstellung der Sternstellungen am Himmel«. Trotzdem bleiben viele Fragen offen. »Die Vögel müssen irgendwie in der Lage sein, sich der astronomischen Entwicklung anzupassen. Denn im Laufe der Zeit haben sich die Sternkonstellationen am Himmel langsam, aber stetig verändert. Noch schwieriger ist das Geheimnis zu erklären, wie es den Vögeln überhaupt möglich war, sich an den Gestirnen zu orientieren und ihr Talent weiterzuentwickeln.«

Hochentwickelte Sinnesorgane

Es ist sicher, daß viele Tiere wesentlich bessere Empfindungsfähigkeiten haben als Menschen. Einige Fischarten können Temperaturschwankungen von 0,03 Grad Celsius bemerken, und man nimmt an, daß dadurch die Aale den Kurs von den europäischen Küsten zur Sargassosee finden. Während dieser Wanderung steigt die Wassertemperatur von 10 Grad Celsius bis auf 40 Grad Celsius.

Verschiedene Fischarten, die man in westafrikanischen Flüssen gefunden hat, erzeugen ihr eigenes elektrisches Feld. Sie sind hochempfindlich für kurze elektromagnetische Signale. Lachse haben einen außergewöhnlich gut entwickelten Geruchssinn. Sie sind in der Lage, verschiedene chemische Substanzen im Wasser zu unterscheiden. Manchmal kehren sie auf ihrem Weg stromaufwärts um, wenn sie eine menschliche Hand riechen, die sich im Wasser vor ihnen befindet. Es ist fast sicher, daß sie ihre Laichplätze durch die dort hinterlassenen Gerüche wiedererkennen.

Vielleicht die wichtigste neuere Entdeckung ist die Fähigkeit der Tauben, Rotkehlchen und Möwen – und möglicherweise anderer Tiere – auch kleine Änderungen im Magnetfeld der Erde zu registrieren. Niemand weiß wie, da dieser schwache magnetische Strom theoretisch Zellgewebe unbemerkt durchdringen müßte (Seite 21). Aber William Keeton bewies schließlich, daß Tauben sich hoffnungslos verirrten, wenn man an ihnen kleine Magnete befestigte, die die normale Richtung des Erdmagnetfeldes umkehrten. Dies geschah allerdings nur, wenn der Himmel bedeckt war, so daß die Tauben sich nicht mehr an Markierungspunkten auf der Erde oder am Sonnenstand orientieren konnten.

Die kosmische Theorie

Die gängige Meinung ist, daß es nicht nur eine Erklärung für alle Gesichtspunkte gibt, nach denen Tiere ihren Weg nach Hause finden. Tauben z.B. verwenden wahrscheinlich die Sonne als Hauptrichtungsanzeiger, wechseln dann zu einem magnetischen Kompaß, wenn die Umstände es erfordern, und für die letzten Kilometer des Weges verwenden sie die direkte Sicht.

Die grünen Schildkröten benutzen auf ihrer ungewöhnlichen Wanderung durch den Atlantik für die größte Strecke die Gestirne und finden am Ende mit Hilfe ihres Geruchssinns die Insel Ascension.

Aber selbst wenn man alle genannten physikalischen Erklärungen zusammenfaßt, so beantworten sie doch nicht die grundlegende Frage, wie die Tiere wissen, wo ihr »Heim« ist. Woher weiß der Lachs aus Tausenden von Kilometern Entfernung, welche Flußmündung er erreichen muß. Wieso fand ein einzelner Gelbschnabel-Sturmtaucher seinen Weg in zwölfeinhalb Tagen über 5000 Kilometer zurück zu seinem Nistplatz auf der Insel Skokholm an der Küste von Wales, nachdem man ihn in einem Flugzeug über den Atlantik nach Bosten, Mass., transportiert hatte. Wissenschaftler, die die »kosmische Theorie« vertreten, gehen davon aus, daß diese Leistungen, wie auch der Wandertrieb, unfreiwillig sind: Vögel, Insekten und andere Tiere, befinden sich von Geburt an in der Gewalt eines unerklärlichen kosmischen Vorganges, dem sie sich nicht entziehen können. Daher besteht bei einigen Tieren ein periodischer Zwang, wie z.B. bei den Lemmingen der Zwang zu ihrer selbstmörderischen Wanderung oder bei anderen der Zwang, an einem bestimmten Tag aufzubrechen, unabhängig von den klimatischen Verhältnissen.

Der Instinkt

Natürlich gibt es für diese Theorie keine konkreten Beweise, obwohl sich eine Verbindung von elektrischen und magnetischen Kräften als Erklärung für den Zwang zur Wanderung anbietet. Irgend etwas in dieser Art muß es sein, will man die zum Teil verblüffenden Fälle erklären – z.B. von Haustieren, die über weite Strecken ihre Eigentümer wieder finden.

Dies, wie auch die kürzlich gefundene Fähigkeit von Menschen, entfernte Ereignisse wahrzunehmen (siehe die vorhergehenden Seiten), ist zweifellos ein Phänomen, das nach einer Erklärung sucht. Man muß sich von den derzeit geltenden wissenschaftlichen Erklärungen lösen, um sich vorzustellen, wie z.B. der Hund Hektor im April 1922 seinen unmöglich erscheinenden Weg fand.

Hektor war ein Schiffshund und gehörte dem 1. Offizier des holländischen Schiffs »Simaloer«. Er blieb versehentlich in Vancouver zurück, als das Schiff nach Yokohama ablegte. Hektor durchstreifte den Hafen bis er eines der fünf im Hafen liegenden Schiffe betrat. Und dies war das einzige, das auch nach Japan fuhr. Auf der Reise machte er es sich in der Kajüte des Kapitäns bequem, zeigte aber kein Interesse für andere Menschen. Nach 18 Tagen erreichte das Schiff Yokohama. Er wurde ganz aufgeregt und bellte wie verrückt, als er ein kleines Boot mit zwei Mann an Bord ausmachte. Das kleine Boot kam von der »Simaloer« und der eine Mann war sein Besitzer.

Ähnliche Geschichten liest man fast täglich in den Zeitungen. Fast immer kann man davon ausgehen, daß etwas wie Elektromagnetismus im Spiel sein muß, etwa ein kosmisches Bewußtsein, das in der jetzt erforschten Theorie der kosmischen Wanderung eingebettet ist. Was es auch immer sei, es scheint rein instinktiv, angeboren und unfreiwillig zu sein. Vielleicht ist es ein Menschen und Tieren angeborenes universelles Gedächtnis, das noch aktiviert werden kann, wenn es die Umstände erfordern.

Beweise für übersinnliche Fähigkeiten bei Tieren

Hunde
Vielleicht können Tiere hellsehen, oder registrieren die kleinsten Bewegungen und Veränderungen im Magnetfeld der Erde. Es ist heute wohlbekannt, daß Pferde, Katzen und besonders Hunde oft frühzeitig vor bevorstehenden Erdbeben, Lawinen oder anderen Naturkatastrophen warnen.

In dem Schweizer Skiort Cervinia gibt es eine Gedenktafel für einen Hund namens Bleck. Er war Mischling und besaß eine fast unheimliche Art, vor niedergehenden Lawinen zu warnen. Wurde trotz seiner Warnung jemand durch eine Lawine getötet, heulte er die ganze Nacht hindurch.

Im Februar 1939 weigerten sich Bernhardiner in den Schweizer Alpen zum ersten Mal, ihren morgendlichen Ausgang mit den Mönchen anzutreten. Eine Stunde später ging an der Stelle, wo sie sich zu dieser Zeit normalerweise aufgehalten hätten, eine Lawine nieder.

In seinem Buch »Animal Navigation« berichtet J. D. Carthy über ein deutsches Experiment. Der Schäferhund Maxl wurde auf Umwegen zu einer sechs Kilometer von seinem Heimatort entfernten Stelle gebracht. Am nächsten Morgen wurde er freigelassen und irrte zunächst ziellos umher. Dann machte er die richtige Richtung aus und war in 78 Minuten zu Hause. Der Test wurde 18 Tage später wiederholt. Diesmal benötigte Maxl nur 5 Minuten, um sich zu orientieren. Er nahm einen kürzeren Weg und war in nur 43 Minuten zu Hause angelangt.

Ein späteres Experiment mit einem anderen Hund auf einem 8,5 Kilometer langen Weg zeigte ähnliche Zeitverbesserungen beim zweiten Mal, obgleich der Hund andere Wege einschlug und sich so nicht an den bekannten Wegmarkierungen orientieren konnte.

Katzen
Der französische Konsul in Istanbul erzählte die seltsame Geschichte von einem Dutzend Katzen. Sie wurden von ihren Eigentümern auf ein im Hafen liegendes Handelsschiff gebracht, um es von Ratten zu befreien. Als das Schiff von seiner Reise zurückkehrte, wurden die Katzen ihren Eigentümern zurückgegeben. Jedesmal nun, wenn das Schiff bei späteren Reisen im Hafen anlegte, waren die Katzen schon da, als wollten sie es begrüßen, und sie wußten genau, an welchem Ankerplatz des Hafens es anlegte.

Durch Experimente wurden die vielen Geschichten bestätigt, nach denen Katzen den Weg über weite Strecken finden, wenn ihre Besitzer umgezogen waren. Dies kann nur an einem nicht bekannten Orientierungssinn liegen, der aber angeboren sein muß. Matthieu Ricard schrieb in seinem Buch »Mystery of Migration«: »Katzen, die man in verdunkelte Behälter gesetzt hatte, um sie dann auf vielen Umwegen an einen weit entfernten Ort zu transportieren, hatten keine Möglichkeit sich den zurückgelegten Weg einzuprägen. Sie wurden dann aus den Behältern herausgelassen und in einen großen Irrgarten mit 28 Ausgängen gebracht. Die Mehrheit der Katzen benutzte die Ausgänge, die in der Richtung ihrer Heimwege lagen.«

Pferde
Wie Experimente beweisen, haben Pferde ein stark ausgeprägtes Gedächtnis. Ihre Fähigkeiten, den Heimweg zu finden, hat schon vielen verletzten Reitern das Leben gerettet.

J. D. Carthy berichtet, daß in mindestens einem aufgeschriebenen Fall durch das Erinnerungsvermögen eines Pferdes ein Kriminalfall gelöst wurde: Ein Dieb hatte in der Nähe von Marburg einen Bauernhof beraubt und gleichzeitig ein Pferd und einen Wagen mitgenommen, um die gestohlenen Sachen abzutransportieren. Diese versteckte er in einem Bunker in einem nahegelegenen Wald. Pferd und Wagen wurden später verlassen in einem weiter entfernten Ort gefunden. Das Pferd führte die Polizei direkt zu dem Versteck.

Unterirdische Wasseradern

Bei allen Lebewesen gibt es eine starke Verbindung zu Wasser. Es durchfließt uns ständig und macht mehr als drei Viertel unseres Gewichts aus. Ohne Wasser würden wir zehnmal schneller sterben als ohne Nahrung. Schon seit Urzeiten wurden geheiligte Stätten dort errichtet, wo es Wasser gibt.

Einer der großen amerikanischen Naturforscher, Loren Eiseley, schrieb einmal: »Diesen Stoff gibt es überall; er reicht in die Vergangenheit zurück und bestimmt auch die Zukunft. Er ist unter den Polen und in den Höhen der Luft über uns zu finden. Wenn es auf unserem Planeten magische Kräfte gibt, dann sind sie im Wasser zu finden.«

Es wäre ein kleines Wunder, wenn eine Substanz mit solch mystischen Assoziationen nicht zu wissenschaftlichen Forschungen anregen würde.

Woher kommt das Wasser? Warum gibt es soviel davon? Warum können Wünschelrutengänger und Tiere so leicht verborgene Quellen finden? Welche Auswirkungen hat Wasser auf den menschlichen Körper? Warum der beharrliche Glaube an Heilquellen, deren Auswirkungen chemisch nicht analysiert werden können? Haben die Priester und Seher der vorgeschichtlichen Zeit mehr darüber gewußt als wir heute?

Die natürlichen Wassersucher

Tiere können lange Zeit ohne Wasser oder nur mit einem geringen Quantum überleben.

Das schwarze Nashorn in Somalia braucht wochenlang nur einmal zu trinken; auf einer Insel im Roten Meer, die überhaupt kein Wasservorkommen hat, scheint eine Antilopenart ihren Wasserbedarf nur aus den Pflanzen zu ziehen.

Bei Experimenten wurden verschiedene kleine Säugetiere in Nordamerika daran gewöhnt, nur von einer bestimmten Art von getrockneten Samen zu leben. Anscheinend setzt ihr Organismus diese Nahrung in Flüssigkeit um.

Ein Standardlehrbuch über dieses Thema sagt aus, daß »die meisten Tiere, gleich welcher Größe, mindestens zehn Tage, manchmal auch mehrere Wochen ohne Wasser leben können«.

Elefanten können jedoch sogar in Zeiten der Trockenheit Wasser finden, ähnlich wie Wünschelrutengänger. Es gibt viele Beispiele, wonach sie weit entfernt von ihren eigentlichen Futterplätzen auf die Suche gehen. Sie bohren dann mit ihren Rüsseln Löcher in die Erde, selbst an Stellen, wo es an der Oberfläche keine Hinweise auf Wasservorkommen gibt. Wenn sie Wasser gefunden haben, dürfen die jungen Elefanten zuerst trinken, dann die weiblichen Tiere und am Schluß die männlichen.

In Indien wurde sogar beobachtet, daß männliche Elefanten durstigen Tieren gestattet haben, zuerst zu trinken.

In Afrika ist bekannt, daß Elefanten die Wasserlöcher mit Pfropfen aus gekauter Baumrinde wieder verstopfen. Wahrscheinlich wollen sie dadurch Verschlammungen und Verunreinigungen verhindern.

Zu viel Wasser

Das erste große Problem für die Wissenschaft ist die Wassermenge in den Weltmeeren, die zwei Drittel der Erdoberfläche bedecken, – nach neuesten Schätzungen etwa 1370 Millionen Kubikkilometer. Der frühere Gedanke, daß das uns umgebende Wasser verdampft und als Regen wieder auf die Erde fällt (wie in der 40 Tage dauernden biblischen Sintflut), ist als mathematisch unmöglich anzusehen. Die gegenwärtige Schwerkraft der Erde kann nur einen einige 100 000mal geringeren Druck aushalten, den eine solche Wasserverdampfung erfordern würde.

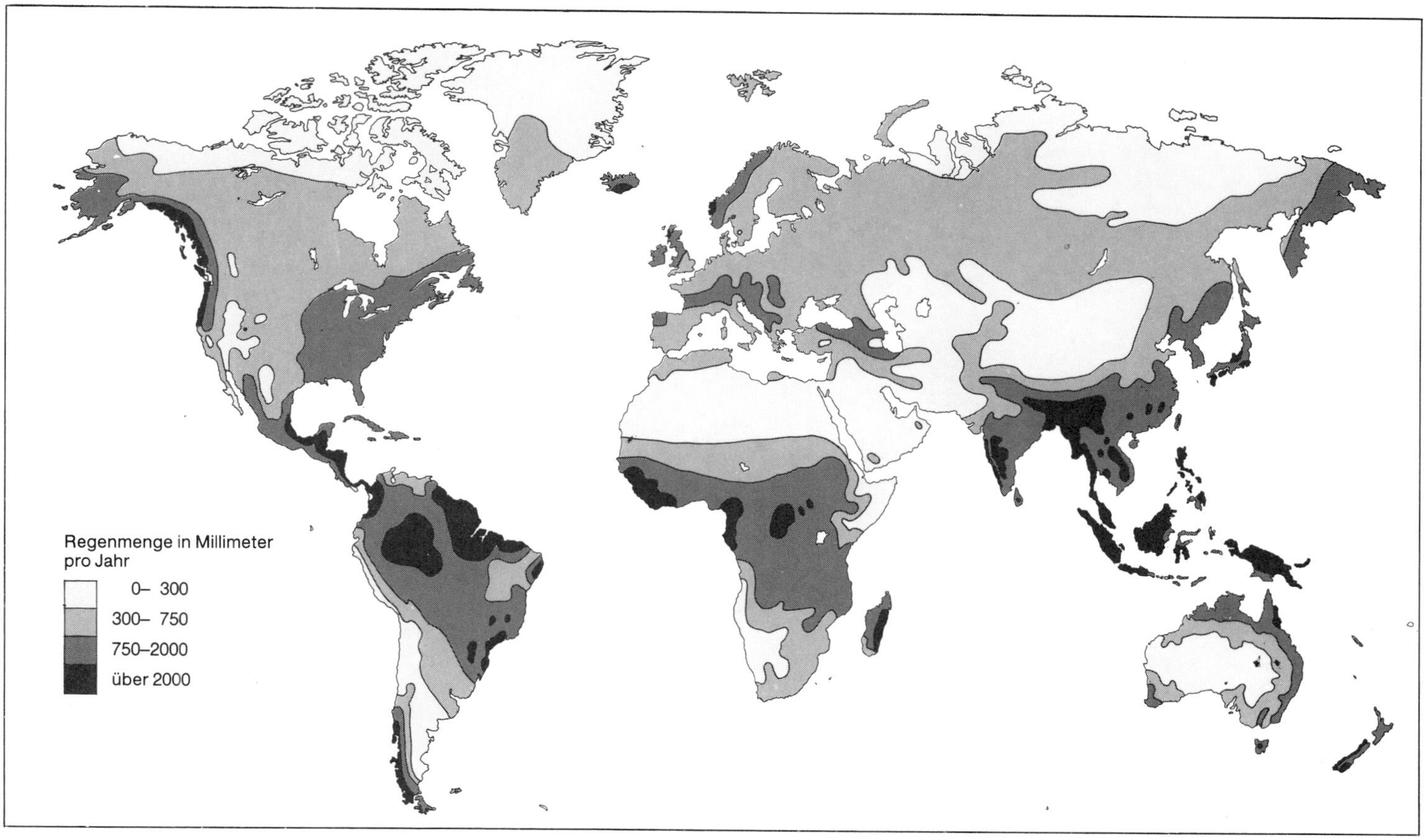

Außerdem stammt das Salz des Meerwassers nicht nur von Mineralien der Erdoberfläche ab, sondern enthält auch Chemikalien, die sonst nur in Vulkanen gefunden werden. Daher lautet die jüngste Theorie, daß Wasser ein Nebenprodukt der Kontinentalverschiebung ist (S. 15). Die Spalten im Erdmantel, die sich kilometertief unter den großen Ozeanen bewegen und die Grenzen der Kontinentalplatten bilden, sind Schauplatz von fast ununterbrochenen unter Wasser stattfindenden Vulkanaktivitäten. Dort, so glaubt man, fließt frischer Basalt zusammen mit dem sogenannten »jungen Wasser« – Bestandteile des Wassers, die es vorher nicht in flüssiger Form gab – mehr als 600 Kilometer hoch aus dem halbgeschmolzenen Erdmantel.

Man hat berechnet, daß durch den Einfluß dieser heißen amorphen Masse ins Meer jährlich etwa 100 Kubikmeter Wasser neu gebildet werden. Allerdings war diese Menge während der geologischen Erdgeschichte wahrscheinlich sehr unterschiedlich. Bestimmt hat es katastrophale Veränderungen der Meereshöhen gegeben. Vor ungefähr sechs Millionen Jahren gab es das Mittelmeer noch nicht. Als die Wassermassen vom Atlantik eindrangen, muß die Gewalt des Wassers so groß gewesen sein, daß die Niagara-Fälle im Vergleich dazu wie ein Plätschern in der Badewanne sein würde.

Ungelöste Probleme

Obwohl Wasser höchstwahrscheinlich tief im Inneren der Erde entsteht, weiß bis heute keiner

Ansammlungen von Regenwasser sind in verschiedenen Tiefen unter der Erdoberfläche zu finden. Viele Menschen, wie z.B. die australischen Eingeborenen, haben eine naturgegebene Fähigkeit festzustellen, in welcher Tiefe sich das Wasser befindet.

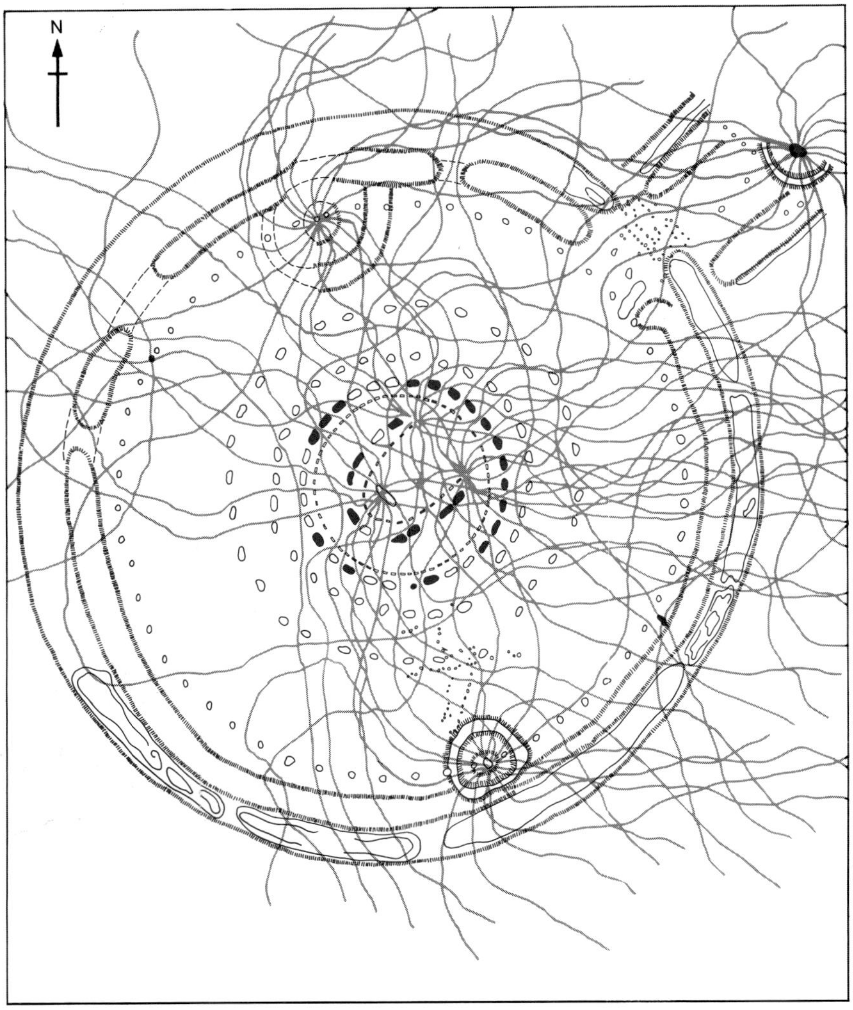

In Stonehenge (oben) und in Avebury (gegenüberliegende Seite) haben Wünschelrutengänger anhand von Karten unterirdische Wasseradern festgestellt. Ähnliche Wasseradern sollen unter allen historischen Kultstätten zu finden sein.

genau, wie das geschieht. »Die Entstehung und der Anteil der Menge, die vom Ozean aufgenommen werden, sind immer noch ein ungelöstes Problem« erklärte C.A.M. King, Professor für physikalische Geographie der Universität Nottingham in England.

Ferren MacIntyre, Lehrstuhlinhaber des Meereskundlichen Institutes der Universität von Kalifornien, schrieb: »Die Chemie der Ozeane ist größtenteils die Chemie von unbekannten Reaktionen außergewöhnlicher Verflüssigungen in einer starken Salzverdünnung, bei der alle klassischen Theorien und Verfahren mit ›destilliertem Wasser‹ zusammenbrechen.«

Geht man davon aus, daß der Grundgedanke richtig ist, und Wasser tatsächlich im Inneren der Erde entsteht, dann ist es sicher kein Zufall, daß Wünschelrutengänger diese Meinung schon seit langer Zeit vertreten. Mit anderen Worten ist es möglich, daß die jüngsten theoretischen Erkenntnisse der Geologen nun die Wünschelrutengänger in Bezug auf die Hydrologie unterstützen. (Hydrologie ist die Lehre vom Wasser, seiner Arten, Eigenschaften und praktischen Verwendungen.)

Der Hauptstreitpunkt ist die Frage, ob Wünschelrutengänger unterirdische Wasseradern, die spezielle Wassersorten enthalten, entdecken können oder nicht.

»Normales« Wasser, darin sind sich beide Seiten einig, entsteht durch Regen, der durch die Pflanzen aufgenommen und wieder an die Atmosphäre zurückgegeben wird. Oder es sickert durch den Erdboden und bildet entsprechend der Erdformation in verschiedenen Tiefen Wasserreservoirs. Dieses Wasser wird für unseren täglichen Bedarf verwendet und fließt durch unsere Wasserleitungen. Hydrologen studieren die geologischen Formationen und können bestimmen, ob genügend Wasser vorhanden ist, um es sinnvoll und wirtschaftlich zu nutzen.

Grundwasser

Die Wünschelrutengänger sind da anderer Ansicht. Sie sagen, daß es darüber hinaus ein fast unerschöpfliches Reservoir mit Grundwasser gibt, das vom Regen unabhängig ist. Wie das »junge Wasser« der Geologen kommt es aus den Tiefen der Erde. Es fließt durch unterirdische Adern, und der natürliche Druck bringt es bis an die Oberfläche der Erde. Oft findet man es an Orten, die durch geologische Methoden nicht bestimmt werden können. Nach Ansicht der Wünschelrutengänger fließt dieses Wasser in einem riesigen Netzwerk von Gräben durch die Erde, ähnlich den Adern des menschlichen Körpers. Manchmal fließt es durch natürliche Kanäle sogar bis an Bergkuppen und breitet sich dort wie die Speichen eines Regenschirmes aus.

In den herkömmlichen geologischen Büchern wird nichts über diese These gesagt. Nichtsdestoweniger wurden teilweise unerklärliche Wasserquellen gefunden. Die Zeitschrift »Engineering News-Record« berichtete 1957 über eine riesige Wasserfontäne, die bei Erdarbeiten zum Erweiterungsbau des Harlem-Hospitals in New York ausbrach. Es strömten etwa 8000 Liter pro Minute aus und trotz eines sehr kalten Winters blieb die Wassertemperatur konstant bei 20 Grad Celsius. Die Experten des staatlichen Versorgungsamtes für Wasser, Gas und Strom konnten die Herkunft nicht ermitteln, obwohl

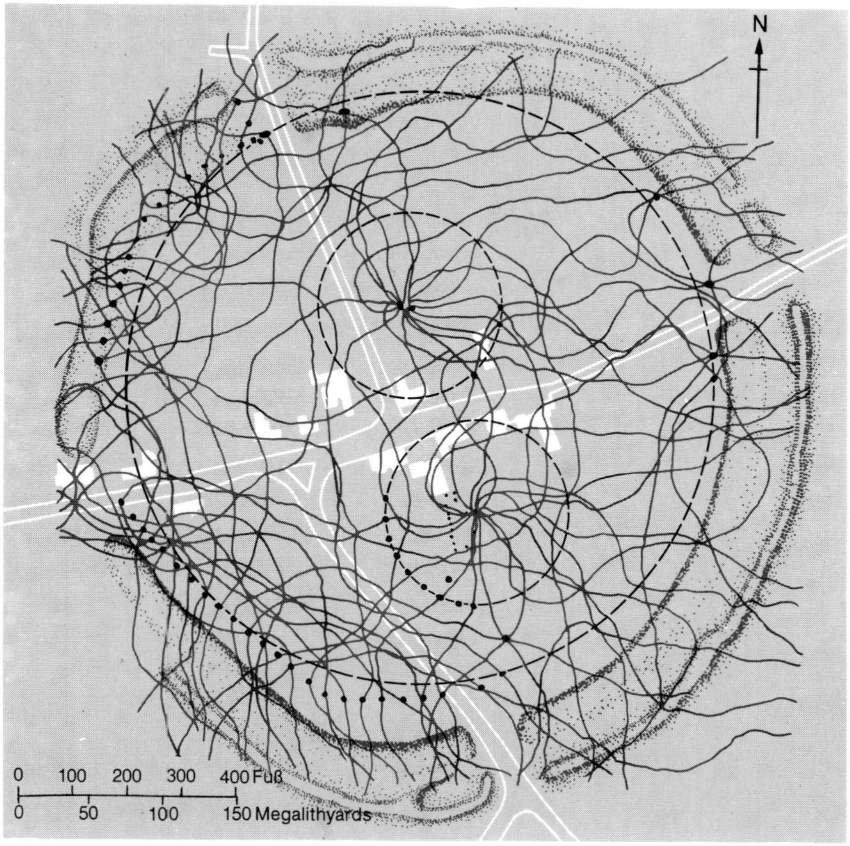

man grünen Farbstoff in die umliegenden Kanäle und Behälter einließ. Die chemische Analyse ergab ein so reines Wasser, wie es sonst nur in Bergquellen vorkommt.

Schließlich wurde die Öffnung mit massiven Betonklötzen verschlossen; das Fundament des Gebäudes mußte besonders verstärkt werden, um dem Wasserdruck standzuhalten. Christopher Bird, ein Mitglied der amerikanischen Wünschelrutengängervereinigung, glaubt, daß es nur folgenden Grund gab, warum diese ergiebige Wasserversorgung nicht für das Krankenhaus genutzt wurde: »Die unerklärliche Furcht vor dem geheimnisvollen Wasser, die sich auf die Tatsache stützt, daß ähnlich, wie beim Wünschelrutensuchen, seine Herkunft allen herkömmlichen hydrologischen Gegebenheiten widerspricht.«

Wünschelrutengänger

Die Ergebnisse der besten Wünschelrutengänger lassen sich wissenschaftlich nicht erklären. Im Gegensatz zu den ungenauen Vorhersagen eines Geologen, der Wasser an einer unbestimmten Stelle und Tiefe zu finden hofft, entspricht der Fundort eines Spitzenwünschelrutengängers mit einer Genauigkeit von weniger als zehn Zentimeter Differenz der gefundenen Stelle. Er kann auch die exakte Tiefe in Meter und Zentimeter, die Menge, die zu erwarten ist und die Qualität des Wassers vorherbestimmen. Solche Angaben genau zu erraten, hat schon den Beigeschmack des »zweiten Blicks« oder magischer Kräfte. Daher ist es nicht verwunderlich, daß man in den USA Wünschelrutengänger auch als Wasserzauberer bezeichnet.

Die Wünschelrutengänger wissen selbst nicht, warum sie diese Fähigkeit besitzen. Allgemein gesprochen, müssen sie an einer kosmischen Vereinigung der Allwissenheit teilnehmen. Etwa in der gleichen Art, wie ein Hellseher entfernte Orte mit seinem geistigen Auge erblicken kann, oder Haustiere ihren Weg über einen ganzen Kontinent nach Hause finden können.

Über ihre Fähigkeit sind sie auch nicht beunruhigt. Sie versuchen sogar in praxisbezogenen Diskussionen diese zu verbessern. Sie wollen gar nicht wissen, warum sie diese Fähigkeit besitzen.

Der Waliser Wünschelrutengänger Bill Lewis (S. 95 und 97) kann spiralförmige Kräfte an historischen Steinmonumenten empfinden. Sie sollen aus den darunterliegenden unterirdischen Wasseradern entstehen.

Um die Tiefe einer Wasserader bestimmen zu können, »sehen« sie einfach in der Art eines Fragenkatalogs: Ist sie tiefer als 10 Meter? oder tiefer als 20 Meter? oder tiefer als 30 Meter?, usw. bis ihre Rute oder das Pendulum ausschlägt. Menge und Qualität werden auf die gleiche Art und Weise ermittelt.

Dieses Vorgehen mag außerhalb des wissenschaftlichen Verständnisses liegen, aber es funktioniert. Jack Livingston, ein bekannter Wünschelrutengänger, der am Fuße der Sierra in Kalifornien lebt, hat genaue Aufzeichnungen über mehr als 1000 Brunnen und ihre Tiefen und Ergiebigkeit gemacht. Nur ungefähr ein Dutzend entsprach nicht seinen Vorhersagen. Die große Trockenheit der Jahre 1976 und 1977 gaben ihm und anderen guten Wünschelrutengängern der Westküste Gelegenheit, ihre Methoden mit den herkömmlichen Methoden der Wassersuche zu vergleichen. Sie waren erfolgreich, selbst wenn die Reservoirs ausgetrocknet und die Grundwasserflächen verkleinert waren.

Livingston ist besonders stolz auf eine Quelle, die er im öffentlichen Park von Pine Grove, einer kleinen Stadt in der Nähe seines Wohnortes fand. Zwei Brunnen, die von einem Ingenieur und einem Geologen festgestellt worden waren, blieben trocken. Livingston bezeichnete einen Punkt und berechnete eine Leistung von 550 Liter pro Minute aus einer Tiefe von weniger als 41 Meter. Zu seiner Freude war die Bohrung so erfolgreich, daß eine Wasserfontäne aufstieg und alle Beobachter durchnäßte.

Christopher Bird berichtete im Sommer 1977, daß es unter den 250 Nachbargemeinden nur in Pine Grove keine Wasserrationierung gab: Die von Livingston gefundene Quelle schien unerschöpflich zu sein.

Bird hat für seine Gesellschaft viele Fakten über kalifornische Wünschelrutengänger gesammelt, die selbst unter besonders ungünstigen Bedingungen erfolgreich waren. Es gibt viele ähnliche Begebenheiten in der ganzen Welt, so daß man der allgemeinen Meinung nicht zustimmen kann, nach welcher der Erfolg nur auf Zufall beruht. Warum schenken die Geologen ihnen nur so widerstrebend Glauben? Teilweise, weil dieses Phänomen zweifellos nicht erschöpfend erklärt werden kann; aber auch – Geologen eingeschlossen –, weil es nicht viele gute Wünschelrutengänger gibt.

Bei den Wünschelrutengängern herrscht die weitverbreitete Ansicht, daß ihre Gabe ein fast universales Geschenk für alle Menschen darstellt, das durch praktische Anwendung entwikkelt werden kann. Doch ist die Fast-Unfehlbarkeit eines Jack Livingston sehr selten. Daher kann jeder Geologe genügend Beispiele bringen, wo weniger gute Wünschelrutengänger erfolglos tätig wurden.

Schädliches Wasser

Darüber hinaus hat die außergewöhnliche Empfindungsfähigkeit gute Wünschelrutengänger in Bereiche geführt, wo der Beweis für die Richtigkeit noch schwieriger anzutreten ist, als bei der Wassersuche.

Außenstehende finden nicht nur die Wünschelrutensuche auf Landkarten unglaublich, sondern auch den Glauben an unsichtbare Ausstrahlungen unterirdischer Wasserströme, die schädliche oder heilsame Einflüsse auf die menschliche Gesundheit haben können. In der Literatur über Wünschelrutengänger wird häufig über »schwarze Wasseradern« berichtet, die Arthritis oder Krebs auslösen können, und deren Wirkung durch Wünschelrutengänger neutralisiert werden sollen. Dr. Herbert Douglas, ein praktischer Arzt in Arlington, Vermont, war zuerst besonders skeptisch gegen diese Verbindung. Als er jedoch feststellte, daß er selbst ein fähiger Wünschelrutengänger war, sagte er im Jahre 1965: »Ich ging um die Betten und Stühle der Arthritis-Patienten herum, um festzustellen, ob tatsächlich irgendwelche Einflüsse von unterirdischen Strahlungen vorhanden waren. Zu meinem Erstaunen fand ich einige. Zuerst glaubte ich an einen Zufall. Es war einfach verrückt, daran zu glauben. Ich wiederholte den Test in 55 zusammenhängenden Fällen. Jedesmal, ohne Ausnahme, fand ich in bestimmten Bereich unterirdische Strahlungen, die vermutlich von unterirdischen Wasseradern ausgingen und im allgemeinen unter dem Teil des Bettes, wo die Patienten normalerweise lagen. 25 dieser Patienten stimmten einer Verlegung ihrer Schlafstätte zu. Tatsächlich verbesserte sich ihr Zustand erheblich und sie wurden schmerzfrei.«

Erdeinflüsse

Anschließende Forschungen mit 16 Krebspatienten brachten ihn zu der Überzeugung, daß auch diese Krankheit eine gewisse Verbindung zu unterirdischen Wasserströmen hat. Douglas gibt zu, daß es keine wissenschaftlichen Erklärungen für den Zusammenhang zwischen Krankheiten und unterirdischen Kräften gibt, weist aber auf ähnliche Forschungsarbeiten von Wissenschaftlern in der Schweiz, Deutschland und Österreich hin, die sich mit »durch Erdeinflüsse verursachten Krankheiten« beschäftigen. Seine Entdeckungen könnten vielleicht auf Zufälligkeiten beruhen, aber fast jeder gute Wünschelrutengänger unterstützt seine Thesen und hat wohl gefühlsmäßig die gleichen Empfindungen.

Als einen zusätzlichen Beweis für die geheimnisvolle Kraft des Grundwassers und dessen entscheidenden Einfluß auf die menschliche Entwicklung führen sie an, daß die alten Kultstätten immer dort errichtet wurden, wo es bedeutende Unterwasserströmungen gibt. Wünschelrutengänger entdecken in megalithischen Kreisen und Steinmonumenten stets ein verzweigtes Netz von verbundenen unterirdischen Adern. Vor den Altären der Kirchen, die auf alten heidnischen Kultstätten errichtet wurden, kreuzen sich Wasseradern.

Auf Seite 97 wird von einem Experiment des walisischen Wünschelrutengängers William Lewis berichtet, der genaue Studien betrieben hat, wie die einzelnen Megalithen durch darunterliegende Wasseradern beeinflußt werden. Er kann eine – natürliche – magnetische Energiequelle feststellen, die in Spiralform von den Steinen ausgeht. Sie scheint absichtlich als ein Verstärker für eine irdische Kraft angelegt zu sein, die mit dem Mondzyklus zu- oder abnimmt. Diese Energie gewinnt an Stärke, wenn sie durch den Stein nach oben steigt und kann häufig körperlich als Prickeln empfunden werden, wenn man den Stein mit den Fingerspitzen berührt, oder als Verlust des Gleichgewichts, wenn man die Handflächen darauf legt.

Wie von Wünschelrutengänger beschrieben, besitzt der St.-Michael-Berg eine natürliche Quelle.

Magnetische Kräfte

Für Wissenschaftler besteht eine Schwierigkeit in der Überlegung, ob sie den Wahrnehmungen und Schwingungen Glauben schenken können, die normalerweise zu gering sind, um gemessen zu werden. Ein Teil dessen, was Lewis fühlt – eine steigende magnetische Kraft am oberen Teil des Steinmonuments – wurde durch eine Reihe von genauen Messungen mit einem tragbaren Magnetometer von Professor John Taylor vom Kings College, London, bestätigt.

Giorgi Piccardi, ein italienischer Chemiker, hat ebenfalls demonstriert, daß die molekulare Struktur des Wassers durch Sonnenfleckenaktivität beeinflußt wird. Daher ist es wohl nicht unrealistisch zu glauben, daß das Weltraumgeschehen auch ungeahnte Auswirkungen auf die Erde haben kann. Wie wir wissen, haben auch kurze Veränderungen im Magnetfeld (Seite 18) unerklärliche Auswirkungen auf das menschliche Leben.

Historisch betrachtet, ist der Glaube an die heilenden Kräfte des Wassers schon immer überwältigend gewesen. Auf den Bergen und Hügeln, wo alte Kultstätten stehen, und wo viele christliche Kirchen errichtet wurden, die dem St. Michael oder dem St. Georg, geweiht wurden (Seite 86), sind fast immer Brunnen, Quellen oder Bäche zu finden, die nach Aussage der Wünschelrutengänger dem Grundwasser entspringen.

Über 300 frühe griechische Heilstätten waren dem Gott Äskulap geweiht, dessen Zeichen die Doppelspirale ist. Sie befinden sich alle an Wasserstellen. Dort fanden spezielle Beschwörungsrituale für die magischen (oder wie wir heute sagen würden: chemischen) Eigenschaften des Wassers statt.

Vorgeschichtliche Zeremonien

Es ist schwierig, sich dem Gedanken zu widersetzen, daß das Wasser der Schlüssel zu vielen in diesem Buch angesprochenen Geheimnissen, des vergessenen alten Wissens ist. Der heutige Homöopath ist der Erbe von Verfahren, die weit in die Vorgeschichte zurückreichen. Er verdünnt seine Kräuterheilmittel 1 : 100 in Wasser, schüttelt kräftig die Flasche und verdünnt dann diese Lösung 1 : 100, und so weiter, bis der ursprüngliche Kräuterbestandteil kaum noch erkennbar ist. Damit ein solches Heilmittel wirksam sein kann, muß etwas eingetreten sein, was sich der wissenschaftlichen Analyse entzieht. Vielleicht hat sich die molekulare Struktur des Wassers durch das Vermengen verändert. Da viele dieser Dinge keine Messungen zulassen, können sie noch nicht bewiesen werden.

Aber für einen nichtwissenschaftlichen Beobachter kann Wasser die Erklärung sein, warum die vorgeschichtlichen Völker ihre heiligen Zeremonien zu bestimmten Zeiten des Jahres an besonders ausgewählten Bauten abhielten, an denen die Kräfte der Erde am stärksten empfunden wurden. Nach der Überlieferung wurde zu solchen Zeiten die Lebenskraft aktiviert und verstärkt. Darin ist der Beweis für eine enge Beziehung zwischen den Menschen und den kosmischen Kräften zu sehen, deren Natur wir nur dann annähernd begreifen können, wenn wir die Grenzen des rationalen Denkens durchbrechen.

Feng-shui

Selbst heute gibt es noch viele Orte auf der Welt, wo die Menschen teilweise ein Leben führen, das den in diesem Buch aufgezeichneten wissenschaftlichen Prinzipien entspricht: eine überlieferte Empfindung für magnetische Kräfte; eine Fähigkeit, irdische Kräfte zu aktivieren; eine natürliche Gabe, um den richtigen Ort für die Errichtung ihrer Kultstätten zu finden.

Bei den Chinesen heißt diese Kunst »Feng-shui«. Sie wurde auf dem Festland nach dem Sieg des Vorsitzenden Mao zwar nicht mehr gerne gesehen, wird aber in Taiwan und Hongkong weiterhin angewendet. Dort müssen sich ausländische Geschäftsleute immer noch gegen die Lebenseinstellung zur Wehr setzen, die schon E.J. Eitel, ein ernstzunehmender Missionar der englischen Kirche, im Jahre 1873 wie folgt beschrieben hat:

»Wenn man ein Grundstück kaufen, ein Haus bauen, eine Wand niederreißen oder einen Fahnenmast errichten will, so gibt es für die Bewohner der Handelshäfen ungezählte Schwierigkeiten, die alle auf Feng-shui zurückzuführen sind.

Bei dem Vorschlag, einige Telegrafenmasten zu errichten oder für die Kohlengruben im Landesinneren einen Schienenweg anzulegen, machten die chinesischen Beamten immer nur eine höfliche Verbeugung und bezeichneten die Arbeit wegen Feng-shui als nicht durchführbar.

Als die Regierung von Hongkong eine Straße zum Tal der Glücklichen bauen ließ, waren die chinesischen Einwohner in Anbetracht der Unruhe, die diese Amputation der Glieder des Drachens für das Feng-shui von Hongkong bedeuten würde, in Angst und Schrecken versetzt.

Als der Gouverneur von Macao, Senhor Amaral, der durch eine große Vorliebe für den Straßenbau und seine Verachtung für das Feng-shui bekannt war, sich beim Anlegen von chinesischen Grabstätten einmischte, lauerte man ihm auf und enthauptete ihn. Die Chinesen nannten dies die Rache des Feng-shui.«

Wind und Wasser

Wörtlich übersetzt heißt Feng-shui »Wind und Wasser«. Eitel drückte einen tiefempfundenen Schmerz über die Schwierigkeit aus, diesen Grundgedanken zu verstehen, als er seinen Hausdiener zitierte: »Es ist etwas wie der Wind, den man nicht fassen kann und etwas wie das Wasser, das man nicht festhalten kann.« Sicherlich ist diese Kunst des Feng-shui für jeden westlichen Menschen, der nur an die moderne Wissenschaft glaubt und alles was darüber hinausgeht, ablehnt, unverständlich und irrational. Feng-shui ist der Versuch, die Kräfte »Yang« und »Yin«, das Positive und das Negative, im Gleichgewicht zu halten, wenn für den menschlichen Bedarf das Landschaftsbild verändert werden muß; »die Kunst, die Wohnstätten der Lebenden und der Toten so anzupassen, daß sie mit den örtlichen Einflüssen des kosmischen Atems harmonieren«. Im chinesischen Gedankengut haben alle Dinge ein innerstes Wesen, das sie am Leben erhält. Dieses stammt vom Atem des Himmels (Yang) und dem Atem der Erde (Yin).

Nach Steve Moore, einem jungen, in England erzogenen Gelehrten, »ist jede Leistungsfähigkeit durch den Atem des Himmels verursacht, der herunterströmt und sich mit dem Atem der Erde vermischt. Die günstigsten Orte liegen dort, wo sie den stärksten himmlischen Atem erlangen. Daher ist die Struktur der Landschaft so wichtig«.

Damit verbunden ist der Begriff der Drachenpfade oder »lung-mei«. Entlang dieser Wege fließen die Ströme der Lebenskraft. Der weibliche Strom (Yin) fließt über Berg- und Hügelketten. Der männliche Strom (Yang) fließt durch Täler und durch unterirdische Kanäle. Der englische Altertumsforscher John Michell, der ausführlich darüber geschrieben hat, sagt, daß »der weibliche Strom immer zur Linken und der männliche Strom immer zur Rechten jeder Stadt oder Ansiedlung verlaufen sollte, wodurch ein beständiger Schutz sichergestellt sei. Aber dies war nur der Anfang eines Komplexes, da hohe und steile Böschungen ebenfalls als Yang und abgerundete Erhebungen als Yin bezeichnet wurden«.

Viele andere Faktoren, besonders astronomische, wurden in Betracht gezogen. Sie alle mußten mit der Art der Stätte in Einklang stehen – z.B. dreifünftel Yang zu zweifünftel Yin – um den größtmöglichen Nutzen aus dem jeweiligen Bauwerk zu ziehen. Eine berühmte Legende erzählt, wie Chao Ming aus Armut und Einsamkeit zum Gründer und Kaiser der Sing-Dynastie wurde, nachdem er die Gebeine seines Vaters an einen Ort verlegt hatte, der von lung-mei begünstigt war.

Was auch immer das menschliche Leben beeinflußt, jeder Beobachter glaubt, daß die hervorragende Übereinstimmung und innere Symmetrie der chinesischen Landschaft aus dem Feng-shui entstanden sind.

Chinesische Landschaftszeichnung aus dem 18. Jahrhundert von einem unbekannten Maler. Sie zeigt die ideale Harmonie einer Landschaft, die man im »feng-shui« anstrebt.

Gefühlsmäßiges Verstehen

John Michell nimmt an, daß »die Vorstellung des erdbezogenen Geistes als ein Leitungsfaktor des Lebens« zuerst rein gefühlsmäßig bestand. Auch heute noch beraten chinesische Wahrsager anhand von Kompassen der Geometrie, wie sie

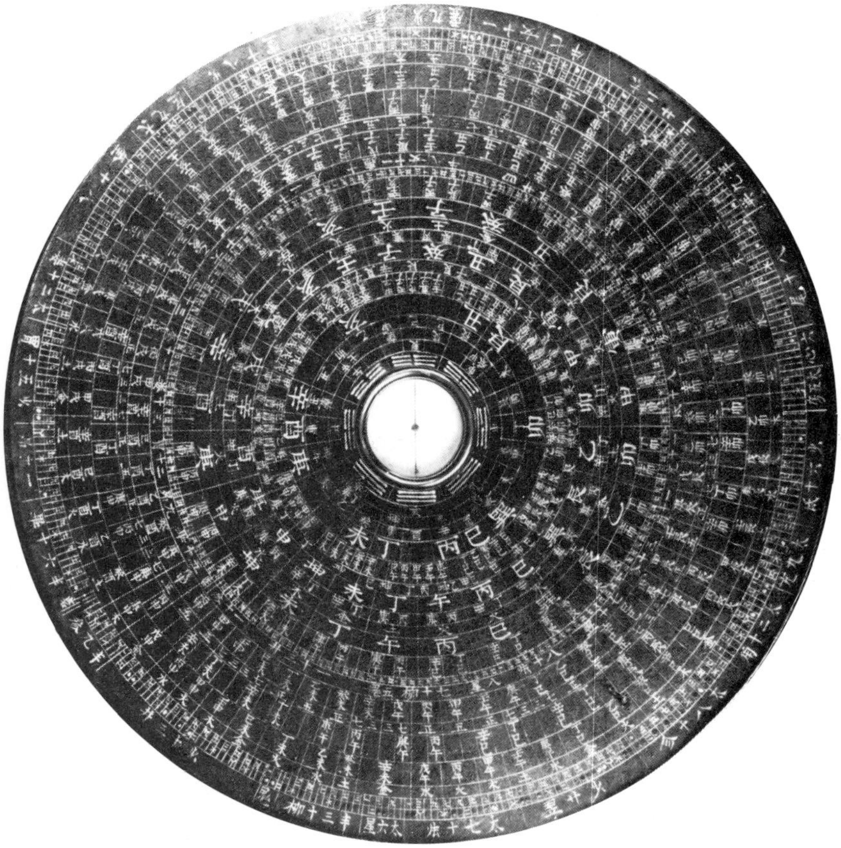

Ein Kompass, wie er von chinesischen Wahrsagern benutzt wurde. Magnetische und magische Kräfte werden mit einbezogen. (Mit Genehmigung des Wissenschaftlichen Museums London abgebildet) (oben rechts) Wahrsager bei der Arbeit in der Zeit der Ching-Dynastie.

im wissenschaftlichen Museum in London gezeigt werden, wo Gebäude errichtet werden sollen. Sie halten sich dabei an eine verhältnismäßig junge Tradition, die auf den Lehren von Choo-he und anderen basiert, die in der Zeit der Sung-Dynastie (1126 – 1278 n.Chr.) lebten.

Der Wahrsager ist dafür verantwortlich, daß »keine Veränderungen an der Form und dem Erscheinungsbild der Landschaft gemacht werden, die den harmonischen Fluß der lebensspendenden Erdenergie beeinflussen. Darüber hinaus soll er die Landschaftsform so verbessern, daß die verborgenen Kräfte zu Tage kommen, und die Form des Energiefeldes besser den Erfordernissen der Bewohner entspricht. Dies geschieht durch eine kluge Auswahl der Lage aller Gebäude, Grabstätten, Mauern und Straßen und den Bau von Säulen, Tempeln und Monumenten an den Stellen, die von der Natur dafür bestimmt sind«.

Ein Jahrhundert später wurde wahr, was E.J. Eitel trotz seines religiösen Glaubens bedauert hatte: »Gäbe Gott, daß unsere eigenen Wissenschaftler sich diese kindliche Verehrung für die lebendigen Kräfte der Natur bewahren; diese Ehrfurcht und zitternde Angst vor den Geheimnissen des Unsichtbaren; diesen starken Glauben an die Wirklichkeit der nicht sichtbaren Welt und die ständige Verbindung zwischen dem Sichtbaren und dem Vergänglichen, mit dem diese Chinesen nach den natürlichen Wissenschaften suchen.«

Diese Gedanken sind in den industrialisierten Ländern, einschließlich großer Teile von China, verlorengegangen.

Kapitel 5

Verlorengegangenes Wissen

Durch bedeutende archäologische Funde stieg in den letzten Jahren die Achtung vor den Fähigkeiten und Errungenschaften, die Völker früherer Zeiten besaßen. Gleichzeitig stellte man fest, daß die verschiedenen wichtigen Schritte der menschlichen Entwicklung viel weiter zurücklagen, als man bisher angenommen hatte.

Noch in den 50er Jahren stand in den Schulbüchern das Jahr 4000 v.Chr. als Beginn der landwirtschaftlichen Entwicklung. Seit 1978 wissen die Geschichtsforscher, daß im nördlichen Irak schon 9000 v.Chr. Viehzucht betrieben wurde. Getreideanbau gibt es schon seit 7500 v.Chr.

In den USA ist dieser Umschwung im vorgeschichtlichen Denken noch stärker eingetreten. Unter der Führung des Altertumsforschers Aleš Hrdlička, eines hartnäckigen Gelehrten, durfte bis zum Zweiten Weltkrieg niemand die Meinung vertreten, daß das amerikanische Festland vor dem Jahr 2000 v.Chr. besiedelt war. Man nahm an, daß die landwirtschaftliche Entwicklung erst um die Zeit der Geburt Christi einsetzte. Heute weiß aufgrund der Funde jeder, daß in der »Neuen Welt« bereits in den Jahren 30 000 bis 25 000 v.Chr. (und vielleicht schon sogar um 50 000 v.Chr.) Menschen lebten. Maisanbau gab es schon um 5200 v.Chr.

Auf anderen Gebieten gibt es ebenfalls neue Standpunkte. Professor Alexander Thom schätzte als erster die außergewöhnlichen Fähigkeiten der Megalitherbauer richtig ein. Er gehört zu der wachsenden Zahl von Wissenschaftlern, die es für möglich halten, daß diesen, da sie bereits in den sturmgepeitschten Gewässern des nördlichen Schottland segelten, auch schon 3000 Jahre v.Chr. die Überfahrt nach Amerika gelang.

Kürzlich durchgeführte Experimente mit kleinen Booten haben gezeigt, daß weder der Atlantik noch der Pazifik dafür ein unüberwindliches Hindernis darstellen würden, wie man bisher angenommen hatte.

Viele Volksstämme waren auf ihre Art technisch begabt. Die Steinsicheln der vorgeschichtlichen Zeit waren schärfer als heutige Rasierklingen. Darüber hinaus schärften sie sich beim Gebrauch selbst, da durch jede abgetragene Schicht eine neue Schneide entstand.

Der Umgang mit großen Steinblöcken war ebenso bewundernswert. Die sorgfältig geschichteten Verbindungen der Monumente in Stonehenge erforderten eine hoch entwickelte Handwerkskunst. Die 1,5 Tonnen schweren Kalksteinquader der Cheopspyramide sind so sorgfältig vorbereitet worden, daß der Abstand zwischen den einzelnen Quadern nur wenige Millimeter beträgt. Die asymetrischen Verbindungen der großen Steinquader bei Sacsahuan sind ebenfalls unglaublich perfekt gefertigt.

Vor dem Hintergrund zunehmender Hochachtung für die Leistungen der vorgeschichtlichen Völker befaßt sich dieses Kapitel mit der Frage, ob andere, wahrscheinlich vergessen Fähigkeiten auch eine Rolle spielten. Schweben oder der Gebrauch von Kräften, die der Schwerkraft entgegenwirken, waren wahrscheinlich in der Vergangenheit stark verbreitet. Die Art des psychischen Sehens, das im vorigen Kapitel beschrieben wurde, könnte zum Anfertigen von Karten und bei der Schiffahrt geholfen haben. Eine Reihe von historischen Gebrauchsgegenständen in verschiedenen Museen weisen auf die Kenntnis der Elektrizität hin.

Bisher nahm man an, daß Schriftzeichen zum ersten Mal um das Jahr 3500 v.Chr. in Mesopotamien verwendet wurden. Inzwischen muß diese Begebenheit um mindestens 1000 Jahre zurück und in einen anderen Teil der Welt verlegt werden. Für keine dieser Errungenschaften muß man außerirdische Einflüsse heranziehen. Die Forschungen der heutigen Archäologen zeigen, daß alles auf die fast unbegrenzten Möglichkeiten des menschlichen Gehirns zurückzuführen ist.

Das Gravitationsrätsel

Daniel Douglas Home, das Medium des 19. Jahrhunderts, dessen freies Schweben bei verschiedenen Gelegenheiten beobachtet werden konnte.

Schweben kann vielleicht einfacher sein, als man es sich vorstellt.

Im August 1852 tauchte für einige Gäste des Seidenfabrikanten Ward Cheney dieses Phänomen in seinem Haus in Connecticut völlig überraschend auf. Wie es damals Mode war, hielten sie eine spiritistische Sitzung ab und hofften dabei, durch Geistererscheinungen Beweise für ein Leben nach dem Tode zu finden. Sie hatten Daniel Dunglas Home – ein 19jähriges Medium als besondere Attraktion zu ihrem Vorhaben eingeladen. Nun geschah etwas, was die Leute noch nie gesehen hatten und auch dem Medium zum ersten Mall passierte: Er schwebte unfreiwillig über dem Boden.

Glücklicherweise nahm an dieser Sitzung auch ein ernstzunehmender Reporter, F.L. Burr, der Herausgeber der »Hartford Times«, teil und berichtete darüber: »Plötzlich, völlig überraschend für alle Teilnehmer, erhob sich Home in die Luft. Ich hielt gerade seine Hand und berührte seine Füße, die sich etwa 30 cm vom Boden erhoben. Er zitterte am ganzen Körper und war gepackt von widerstreitenden Gefühlen der Freude und der Angst, die sich in seinem Gesicht ausdrückten. Immer wieder erhob er sich unfreiwillig vom Boden. Beim dritten Mal schwebte er bis an die Decke, die er mit Händen und Füßen leicht berührte.«

Nach und nach lernte D.D. Home freiwillig zu schweben. Er vollbrachte das Kunststück vor Hunderten, vielleicht Tausenden von Menschen. Unter ihnen waren berühmte Persönlichkeiten und Skeptiker, die er von seinem Können überzeugte: Thackeray, Bulwer Lytton, Kaiser Napoleon II, Ruskin, Rosetti, Mark Twain und viele andere sahen das Phänomen, das ihm anhaftete, wo auch immer er sich aufhielt.

Aber er war nicht nur selbst in der Lage zu schweben, sondern konnte auch Tische umwerfen und schweben lassen (selbst wenn sich darauf schwere Gegenstände befanden). Dasselbe geschah mit schweren Möbelstücken (manchmal sogar mit großen Konzertflügeln), die wie schwerelos durch den Raum schwebten. Glokken läuteten, man hörte Musik (sogar ein Akkordeon, ohne daß es sich bewegte), Vogelstimmen erklangen, Geisterstimmen sangen. Ein Abend mit D.D. Home war ein übersinnliches Erlebnis.

1. Henry C. Gordon schwebte in New York, 1858
2. Der Sohn von Charles Cathcart wurde in Indiana von einer geheimnisvollen Kraft vom Boden gehoben, 1858.
3. Pater Suarez schwebte in Santa Cruz, 1911.
4. Mary London schwebte in Cork, 1661.
5. David Dunglas Home schwebte in Manchester, 1852.
6. Henry Jones schwebte in Shepton Mallet, 1657.
7. St. Edmund, Erzbischof von Canterbury, schwebte in Canterbury, etwa 1242.
8. Die Heilige Teresa schwebte in Madrid, 1680.
9. Nana Owuku schwebte in Togo, Afrika, Mai 1975. Das Ereignis wurde auf einem Film festgehalten.
10. Der heilige Joseph von Copertino schwebte viele Male in dem Gebiet, von dem sich auch sein Name ableitete, 1603–1663.
11. Mitglied der Kirchengemeinde der Hl. Maria in Wien, 1861.
12. N. P. Damascolluf schwebte in Warschau, 1933.
13. Ein afrikanischer Zauberer veranlaßte einen Jüngling in Durban zum Schweben, 1870.
14. Schwester Maria, eine arabische Karmeliterschwester, schwebte in Bethlehem, etwa 1700.
15. Ein Felsblock in Schiwapur, Indien, wird häufig durch eine Gruppe zum Schweben gebracht, die die Worte »Qamar Ali Dervish« mit großer Lautstärke rufen.
16. Sabbyar Pullavar schwebte in Südindien, 1936. Das Ereignis wurde gefilmt.
17. William Eglinton, ein weltweit anerkanntes Medium, schwebte in Kalkutta, 1862.
18. Ein Fakir, dessen Name nicht bekannt wurde, schwebte vor dem Prinz von Wales in Kalkutta, 1862.
19. Der Kaiser Cheng Tang beauftragte im Jahre 1766 v. Chr. Ki-Kung-Shi, einen fliegenden Streitwagen zu bauen. Der Wagen wurde später auf kaiserlichen Befehl zerstört.
20. Der chinesische Dichter Chu Yuan schrieb über seinen Flug in einem Streitwagen aus Jade im Jahre 300 v. Chr.

Die obige Karte zeigt, daß die Fähigkeit zu Schweben schon vor langer Zeit weitverbreitet war.

Kein Betrug

Was ihn einmalig in der Geschichte der Schwerelosigkeit macht, sind die verbürgten Zeugenaussagen. Die Vorführungen erstreckten sich über einen Zeitraum von fast 40 Jahren. Sie fanden meist bei Tageslicht und völliger Einsichtnahme für jederman statt. Man konnte ihm nie irgendwelche Betrügereien nachweisen. Er hatte viele ihm feindlich gesonnene Kritiker, wie z.B. den Zauberer Harry Houdini, der behauptete, alle Kunststücke nachmachen zu können, aber nie den Beweis dafür antrat. 1871 erhielt Home Unterstützung von William Crookes, einem der berühmten Wissenschaftler der damaligen Zeit. Dieser wurde später in den Ritterstand erhoben und Präsident der Englischen Gesellschaft für wissenschaftlichen Fortschritt.

Er schrieb im »Quarterly Journal of Science«: »Diese Phänomene, die ich hier bestätigen kann, sind so außergewöhnlich, und den festverwurzelten Prinzipien des wissenschaftlich Möglichen – wozu auch die Allgegenwart und Unveränderlichkeit der Schwerkraft gehört – so entgegengesetzt, daß selbst jetzt, wenn ich mir die Ereignisse, die ich gesehen habe, ins Gedächtnis zurückrufe, in meinem Gehirn ein Widerstreit herrscht, zwischen der Vernunft, die mir sagt, daß es wissenschaftlich unmöglich ist und dem Bewußtsein, daß meine Sinne, weder die Augen noch die Hände, falsche Zeugen sein können«.

Die Schwerelosigkeit Christi

Das wissenschaftliche Establishment lehnte seine Beobachtungen ab. Darwin sagte, daß er weder an Crookes Feststellungen zweifeln noch an seinen Bericht glauben könne. Außerdem seien Homes Aktivitäten vielmehr eine spektakuläre Demonstration von Ereignissen mit langer Tradition, die vielleicht sporadisch geschehen könnten. Schwerelosigkeit wurde zu allen Zeiten beobachtet: Sowohl bei dem Wunder, als Christus über das Meer wandelte, als auch bei dem 12jährigen Henry Jones aus Shepton Mallet in Westengland im Jahre 1657, der als »verhext« galt. Bei vielen beobachteten Gelegenheiten schwebte er in jenem Jahr und berührte mit den Händen die Decke. Einmal überquerte er in etwa zehn Meter Höhe eine Gartenmauer. Kurz nach Home zeigte Eusapia Palladino, ein gleichfalls bekanntes Medium, ähnliche Vorführungen im Zustand der Schwerelosigkeit. Unter

Anhänger von Maharishi Mahesh Yogi (oben) behaupten, daß man bei strikter Einhaltung seiner Lehren auch heute leicht schweben kann.

strenger wissenschaftlicher Aufsicht wurde sie auf einem Stuhl festgebunden und von einigen zweifelnden Beobachtern festgehalten. Diese schworen hinterher, daß sie tatsächlich die Gegenstände im Raum umherschweben sahen und Frau Palladino selbst auch schwebte. Über einen Zeitraum von mehreren Jahren bestand diese liebenswürdige Bauersfrau aus Neapel alle Tests zur Zufriedenheit. Als man ihr jedoch bei weniger wichtigen Anlässen absichtlich Gelegenheit gab zu betrügen, tat sie es. Daher wurden abschließend ihre früheren, zweifellos erfolgreichen Leistungen von der Gesellschaft für übersinnliche Forschung nicht mehr anerkannt.

Die heilige Teresa

Es gibt 230 katholische Heilige, denen man die mehr oder weniger freiwillige Fähigkeit der Schwerelosigkeit zuschreibt. Zumindest einige von ihnen sind über jeden Zweifel erhaben. So wurde Teresa von Avila deswegen heilig gesprochen. Ihre authentische Biographie, die sie zu Lebzeiten schrieb, berichtet über ihre Gefühle: »Als ich mich dagegen wehren wollte, schien mir, als würde mich eine starke Kraft unter meinen Füßen hochheben . . . Ich bekenne, daß ich, vor allem beim ersten Mal, sehr große Angst bekam. Es ist ein seltsames Gefühl (jedoch angenehm, wenn man sich nicht dagegen wehrt), wenn man sieht, daß der Körper sich von der Erde erhebt, obwohl der Wille ihn nach unten ziehen möchte . . . Ich muß sagen, nachdem die Verzückung vorüber war, schien mein Körper oft so leicht zu sein, als wäre alle Schwere daraus entwichen. Ich wußte hin und wieder nicht, ob meine Füße überhaupt die Erde berührten.«

Der heilige Joseph

Der heilige Joseph von Copertino (1603-1663) verbrachte ein noch verzückteres Leben. Er war ein schwachsinniger Junge aus Apulien in Italien. Die meiste Zeit seiner Jugend schien er in Selbstkasteiung verbracht zu haben. Er setzte sich selbst mit verschiedenen Arten der Selbstpeinigung wie Geißeln und Fasten in Ekstase.

Im Alter von 22 Jahren wurde er als Franziskaner-Pater angenommen. Kurz darauf fiel er bei Gebeten nach der heiligen Messe in Ekstase und schwebte über dem Erdboden zum Altar, wo er sich an den Kerzen verbrannte. Bei einem Besuch des Papstes schwebte er fast einen Meter über dem Erdboden. Als darauf ein Begleiter ausrief, daß dies ein gottbegnadeter Tag sei, stieß Joseph einen Freudenschrei aus und flog auf die Spitze eines Baumes.

Von den Gelehrten wurden mehr als 100 solcher Vorkommnisse bezeugt, die zu seiner Heiligsprechung führten. Seine Oberen verordneten ihm ein zurückgezogenes Leben im Gebet, um ihn von den Mitbrüdern fernzuhalten. Bei Zusammenkünften, an denen er teilnahm, suchte er immer wieder Gelegenheiten, seine Flüge durchzuführen.

So heiter diese Ereignisse uns heute auch erscheinen mögen, sie sind doch wichtig, weil sie tatsächlich passierten. So bedeutende Persönlichkeiten wie Prinzessin Maria von Savoyen und König Kasimir V. von Polen bezeugten seine Kunststücke unter Eid. Und wenn dieses Schweben damals stattfinden konnte, gibt es eigentlich keinen Grund, warum es nicht heute ebenso sein sollte.

Tatsächlich sagen Anhänger der Transzendentalen Meditation des Maharishi Mahes Yogi, daß sie nach einem Lehrgang im TM-Hauptquartier in der Schweiz durch ihre Willenskraft Schweben können. Der Londoner »Evening Standard« zitiert einen Absolventen eines solchen Lehrgangs: »Als wir das erste Mal damit anfingen, bewegte sich keiner von uns, – wir waren zu sehr damit beschäftigt, über unsere Lehrer zu lachen, die sich wie hüpfend durch den Raum bewegten. Dann, nach und nach, begannen wir

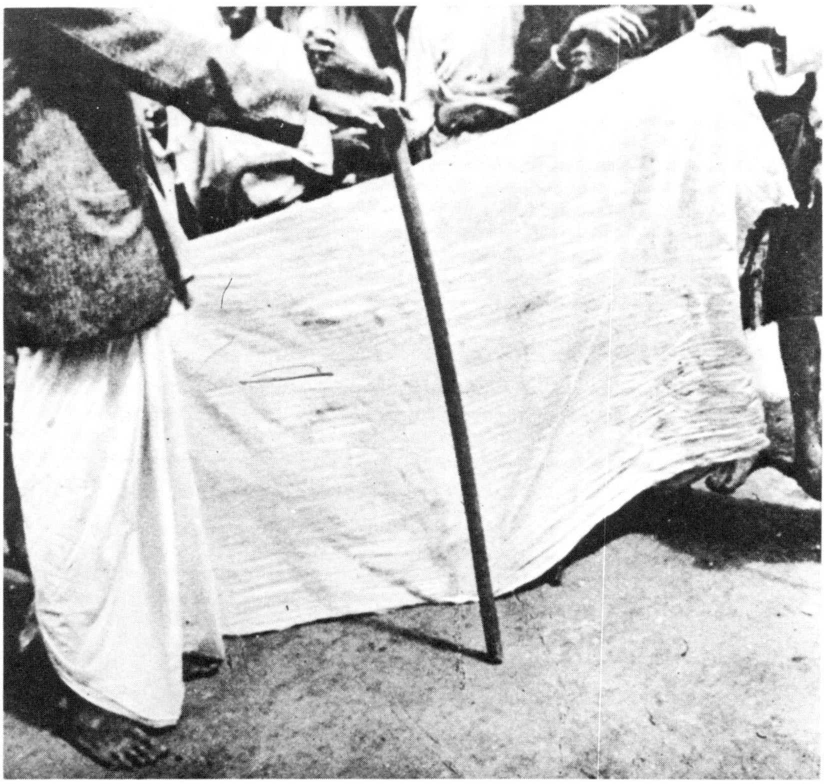

Der Stab, der vermutlich zum Balance halten benutzt wird, wird in ein Tuch eingehüllt.

Die wahrscheinlich überzeugendsten Fotos eines schwebenden Menschen wurden am 6. Juni 1936 in der »Illustrated London News« abgedruckt.

selbst damit. Die Leute bewegten sich leicht, dann immer stärker und schwebten dann über der Erde. Man muß den Lotus-Sitz einnehmen, um es zu tun. Wenn man die Beine herunterhängen läßt, kann man sich verletzen. Der Anfang ist wie der erste Flug der Gebrüder Wright – man macht eine Bruchlandung. Darum müssen wir auf Schaumgummikissen sitzen. Später hat man sich besser unter Kontrolle, und es wird wirklich anregend.«

Um solchen Beschreibungen Glauben zu schenken, müssen wir erst eine natürliche Hemmschwelle überwinden: Man glaubt es nicht, bevor man es nicht mit den eigenen Augen gesehen hat, und selbst dann halten wir es noch für Betrug, weil es keinen wissenschaftlichen Beweis gibt. Natürlich haben wir es manchmal mit Betrügereien oder Selbsttäuschungen zu tun. Aber viele Reporter, die Nachforschungen über die neuerdings weitverbreiteten Berichte über Schwerelosigkeit – in den östlichen Kultzonen – angestellt haben, sind davon überzeugt, daß es neben etlichen Betrügereien auch eine Anzahl von authentischen Fällen gibt. John Keel berichtete in seinem Buch »Jadoo«, daß er bei den meisten »wunderwirkenden« heiligen Männern festgestellt habe, daß sie normalerweise nicht mehr als erfahrene Zauberer sind. Jedoch traf er in Sikkin, Tibet, einen Lama namens Nyang-Pas, der während ihrer Unterredung schwebte.

Der Lama »hatte Mühe sich auf den Beinen zu halten, klammerte eine Hand um seinen etwa 1,20 Meter langen schweren Stock, stieß sich etwas ab und schwebte dann mit den Beinen langsam vom Erdboden bis er mit gekreuzten Beinen in der Luft saß . . . Es war nichts hinter oder unter ihm. Seine einzige Stütze war der Stab, mit dem er scheinbar die Balance hielt«.

Fotografische Beweise

Es scheint, daß diese Leute im allgemeinen einen Stab dieser Art verwenden. Manchmal ist er mit einem Tuch verhüllt. Darum glaubt man meistens, daß unter ihren Kleidern Metallstäbe versteckt sind. Falls die vielen Stiche aus dem 19. Jahrhundert genau gezeichnet sind, wäre dies jedoch schier unmöglich, der Mittelpunkt der Schwerkraft wäre an der falschen Stelle. Außerdem gibt es Fotografien aus dem Jahre 1936, die P.T. Plunkett in der »Illustrated London News« veröffentlichte und die überzeugend zu sein scheinen. Das abgebildete Ereignis fand im südlichen Indien statt und wurde von Plunkett sorgfältig im Detail beschrieben. »Es war ungefähr 12.30 Uhr mittags, die Sonne stand direkt über uns, so daß es während der Vorführung keine Schatten gab . . . Bei uns stand Subbayah Pullavar. Er hatte langes Haar, einen hängenden Schnurrbart und wild dreinblickende Augen. Er begrüßte uns und führte ein kurzes Gespräch. Er vollführte diese Art von Yoga seit fast 20 Jahren. (wie schon frühere Generationen seiner Familie.) Wir baten um Erlaubnis, Fotografien von der Vorführung machen zu dürfen. Bereitwillig stimmte er zu, um alle Zweifel an der Echtheit des Vorgangs zu zerstreuen.«

Es gab etwa 150 Zeugen. Dann konnte Plunkett sehen, wie der Fakir um das kleine Zelt, in dem die Vorführung stattfinden sollte, kreisförmig Wasser ausgoß. Niemand mit Ledersohlen an den Schuhen durfte diesen Kreis betreten. Einige Minuten später wurde das Zelt entfernt.

Plunkett und ein Freund beobachteten aufmerksam, wie der schwebende Fakir zum Vorschein kam. Sie machten ihre Fotografien, untersuchten die nähere Umgebung und kamen zu dem Schluß: »Der Mann hatte außer dem tuchverhüllten Stab, den er mit einer Hand leicht berührte, überhaupt keine Stütze.« Er blieb für etwa vier Minuten waagrecht in der Luft liegen. Danach wurde das Zelt wieder zurückgebracht, damit er unbeobachtet vom Publikum auf die Erde zurückkommen konnte.

Die Zeltwände waren jedoch so dünn, daß Plunkett sehen konnte, was darin geschah. »Nach einer Minute schien er sich zu bewegen und schwebte langsam nach unten, immer noch waagrechter Lage. Es dauerte etwa fünf Minuten, bis er von der Stockspitze bis zum Erdboden gelangte. Eine Strecke von ungefähr einem Meter. Anscheinend sollten wir diesen Teil der Vorführung nicht sehen. Anschließend trugen ihn seine Helfer zu unsererm Sitzplätzen und baten uns, seine Glieder zu bewegen. Auch bei gemeinsamer Anstrengung war dies nicht möglich.«

Es dauerte wieder etwa fünf Minuten, bis er durch Massagen und Kaltwassergüsse wieder zum normalen Zustand zurückfand. Plunkett beendet seinen Bericht mit der Erklärung, »da ich mit einigen meiner Pflanzerkollegen diese Vorführung bei verschiedenen Gelegenheiten sehen konnte, bin ich fest davon überzeugt, daß es keine Tricks gab«.

Faszinierende Phänomene

Einige der beschriebenen Tatbestände stimmen bei allen beobachteten Schwerelosigkeiten überein, so z.B., daß sie nur von kurzer Dauer sind und meist örtlich nur in geringen Grenzen (einige Meter, selten Kilometer) auftreten. Dies scheint nicht für die von Menschen errichteten Gebilde zuzutreffen, wie z.B. die Schlangenhügel in Ohio, die Wüstenfurchen in Peru (Seite 80) und bestimmte Monumente auf den Hügeln des südenglischen Tieflandes. Diese sind über größere Flächen angelegt: entweder durch früheres

Der eigentliche Schwebevorgang fand in einem Zelt statt. Es wurde entfernt, um den in Trance schwebenden Yogi zu zeigen.
Von allen Seiten konnten Nahaufnahmen gemacht werden.

Fliegen mit Heißluftballons oder gedankliche Entwürfe in den verschiedenen Formen der Telepathie. Tatsächlich scheint das Schweben sehr eng damit zusammenzuhängen. Über die als »out-of-body experience« (OOBE) (außerkörperliche Erfahrung) bekannte Sinneswahrnehmung wurde sowohl in psychologischen als auch in anderen medizinischen Fachzeitschriften berichtet, daß sie bei jedem 20. Menschen auftreten könnte. Während des OOBE hat die betroffene Person das Gefühl, sich aus dem eigenen Körper entfernt zu haben und sieht diesen in einer Art Abgesondertheit. Oft erlebt man diese Erfahrung in der Zeitspanne zwischen Leben und Tod, z.B. nach einem schweren Unfall oder nach einer Operation in einem Krankenhaus. Aber es gibt auch sinnliche Erfahrung, die manche Menschen, wie sie sagen, durch ihren Willen herbeiführen können. Dabei können sie wie in einem Traum zu weit entfernten Orten reisen und sehen die Umgebung in absoluter Klarheit.

Nach Berichten von tibetanischen Lamas ist dies die Erklärung für die Erzählungen von ihren Flügen von Hunderten von Kilometern über Berge und Schluchten. Darin könnte auch eine Verbindung zu den zwar nicht beobachteten, aber weit verbreiteten Geschichten von Hexenritten des Mittelalters gesehen werden.

In jüngster Zeit gibt es eine Meinungsverschiedenheit zwischen Carlos Castaneda und seinem »Don Juan«, dem Yaqui-Indianer und dem Mann mit großem Wissen und übernatürlichen Kräften. Unter dem Einfluß von Drogen glaubt Castaneda, daß er eine halbe Meile durch die Luft schwebte.

Um sich zu vergewissern, sagte er zu seinem Meister: »Ich flog nicht wirklich, Don Juan. Ich flog in meiner Einbildung, nur in meinen Gedanken. Wo war mein Körper?« Die Antwort lautete: »Du glaubst nicht, daß ein Mensch fliegen kann? Und doch kann ein Brujo (Zauberer) in einer Sekunde Tausende von Meilen zurücklegen und die dortigen Geschehnisse sehen. Er kann sehr weit entfernte Feinde vernichten. Also kann er nun fliegen oder nicht?«

Gründe der Schwerelosigkeit

Neben solchen Doppelsinnigkeiten und Rätseln kann es nur zwei Ursachen für die klassische Schwerelosigkeit geben (eine führt wahrscheinlich zur anderen): außergewöhnliche Kontrolle über den Körper oder eine zeitweilige Störung der Anziehungskraft der Erde. Die erste Annahme scheint die richtige zu sein. Als D.D. Home älter wurde, konnte er glühend heiße Kohle in der Hand halten, ohne sich zu verbrennen (ähnlich wie andere, die über heiße Kohle gehen).

Nach 14 Jahren Aufenthalt in Tibet veröffentlichte die französische Forscherin Alexandra David-Neel 1929 das Buch »Mystiques et Magiciens du Tibet«. Darin erzählt sie von vielen Beispielen, wie Einsiedler in der Lage waren, eine innere Hitze (tumo genannt) durch eine bestimmte, dem Yoga ähnliche Konzentrationsübung zu produzieren und so in dünner Baumwollbekleidung Temperaturen unter dem Gefrierpunkt aushalten können. Sie beschreibt einen Lama im Norden Tibets, der sich in der Art des legendären Tänzers Vaslav Nijinsky bewegte. Er schien mit jedem Schritt zu schweben. »Der Mann lief nicht. Er schien sich mit Bocksprüngen vorwärts zu bewegen. Dabei war er elastisch wie eine Feder und sprang mit der Regelmäßigkeit eines Pendels.« Auf diese Art konnte der Mann Hunderte von Kilometern zurücklegen und hatte den Blick nur auf das anvisierte Objekt gerichtet.

Gegenwirkung der Schwerkraft

Die richtige Schwerelosigkeit aber – das Schweben eines Menschen in der Luft für einige Minuten – bedeutet weitaus mehr. Es muß etwas eintreten, damit die Schwerkraft aussetzt. Für diese Tatsache mag sprechen, daß sich die Grundeigenschaften der Schwerkraft auch heute noch der Analyse der Wissenschaft entziehen.

Außerdem ist sie eine sehr schwache Kraft: jedesmal, wenn ein Kind seinen Löffel zum Mund führt, macht es die Schwerkraft der gesamten Erde zunichte. Eines der am besten bewiesenen körperlichen Experimente ist die Gewichtsänderung durch die Willenskraft. Totale Gewichtslosigkeit ist nur ein weiterer Schritt. Das größte Geheimnis liegt wohl in der Frage, warum es nicht mehr Menschen und noch häufiger passiert. Da es jedoch nicht so ist, müssen wir uns mit D.D. Homes Beschreibung seiner Gefühle zufriedengeben: »Ich fühle keine Hände, die mich festhalten. Obwohl ich mich sicher ernsthaft verletzt hätte, wenn ich in manchen Räumen, in denen ich bis an die Decke schwebte, heruntergefallen wäre. Normalerweise schwebe ich aufrecht stehend. Meine Arme werden steif und werden über den Kopf gezogen, als wollte ich nach der unsichtbaren Kraft greifen, die mich langsam vom Boden weghebt.«

Frühe Astronomen

Die Bekanntmachung Galileis, daß er am 7. Januar 1610 mit seinem neu entwickelten Fernrohr vier Jupiter-Monde entdeckt hatte, wurde heiß diskutiert. Er war sowieso ins Zwielicht geraten und die Genauigkeit seines Fernrohrs und seine Feststellungen wurden bestritten. Man glaubte ihm nicht. Die weltlichen und kirchlichen Autoritäten hatten Angst, daß das Prinzip der Erde als Mittelpunkt des Universums ins Wanken käme, wenn seine Analysen richtig wären. Eine Vielzahl von Gegenvorschlägen wurde gemacht, um ihn unglaubwürdig erscheinen zu lassen: optische Täuschungen, Strahlenkränze, Widerspiegelungen, helle Wolken und Selbsttäuschung.

Als 300 Jahre später Fliegende Untertassen auftauchten, waren die Reaktionen genau die gleichen. Arthur Koestler schreibt dann in seinem Buch »The Sleepwalkers«: »Für die Gelehrten um 1610 war die Entdeckung der Jupiter-Monde nicht weniger erschreckend, als die übersinnlichen Wahrnehmungen für die Gelehrten von 1960.«

Wir wissen, daß Galilei recht hatte. Auch wenn wir nur in beschränktem Maße die Schwerkraft und ihre Auswirkungen auf die Himmelskörper verstehen, so ist es doch nicht schwierig zu glauben, daß nicht nur Jupiter, sondern die meisten anderen Planeten auch Monde haben, die sie umkreisen. Aber war Galilei der erste, der dies feststellte? Und ist das Fernrohr die einzige Möglichkeit, entfernte Gestirne zu sehen?

»Primitive« und vorgeschichtliche Völker scheinen ein überdurchschnittliches Wissen über das Universum gehabt zu haben, das über das normale Sehen hinausgeht. Wie sich entstehende Zivilisationen mit der Bewegung der Himmelskörper beschäftigten (Seite 66), gleicht einem Wunder. Es ist kaum glaublich, daß einige Menschen Gestirne ausmachen konnten, die für das Auge unsichtbar als kleine Punkte am Himmel kreisten.

Die Ituri-Pygmäen

Aber genau das können z.B. die Pygmäen im Ituri-Wald in Zentralafrika. Jean Pierre Hallet, ein französischer Anthropologe, lebte 18 Monate bei ihnen und wurde Ehrenmitglied des Efé-Stammes. Er fand heraus, daß sie seit Urzeiten den Saturn »Bibi Tiba Abutsiua ani« (den Stern der neun Monde) nennen. Dieses war zu Hallets Zeiten eine wenig bekannte Tatsache, da der neunte Saturnmond erst 1899 von dem Amerikaner W. H. Pickering entdeckt wurde. Im Jahre 1966 wurde ein zehnter kleiner Mond mit 200 Kilometer Durchmesser durch den französischen Astronomen Adouin Dollfus entdeckt. Aber dies schmälert wohl kaum die Leistung der Pygmäen. Hallet faßte zusammen: »Ich habe niemals einen Bantu- oder Sudanneger getroffen, für den der Saturn weniger als neun Monde hat. Die meisten Amerikaner oder Europäer sind über das Vorhandensein und die Zahl der Saturn-Monde nicht besser informiert«.

Die Dogons

In der südlichen Sahara leben vier verwandte afrikanische Stämme, die von den französischen Anthropologen Marcel Griaule und Germaine Dieterlen von 1946 bis 1950 studiert wurden. Sie lebten hauptsächlich bei dem Stamm der Dogons. Diese hatten soviel Vertrauen zu ihnen, daß vier ihrer obersten Zauberer ihnen viele ih-

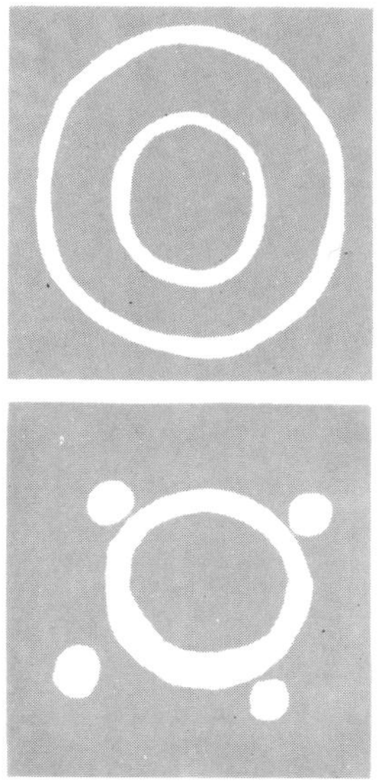

Stammesangehörige der in der südlichen Sahara lebenden Dogons zeichneten im Sand Bilder des Strahlenrings, der den Saturn umgibt, und der vier Monde, die Jupiter umkreisen.

Die Pygmäen aus dem Ituri-Urwald in Zentralafrika kennen die Monde des Saturn.

Der kleine Punkt unten rechts ist Sirius B. Ein Stern, der bei den Dogons bekannt ist. Er erscheint zwergenhaft gegenüber Sirius und konnte erst 1970 fotografiert werden.
Die anderen kleinen Punkte auf der Fotografie sind vielfache Bilder von Sirius.

Nur mit einem starken Teleskop kann man die Strahlenringe vom Saturn erkennen.

rer geheimen Traditionen anvertrauten. Es gibt keinen Zweifel, daß die ihnen mitgeteilten Informationen authentisch sind. Sie waren beide so beliebt bei den Dogons, daß 250 000 Bewohner jenes Gebietes 1956 nach Mali zogen, um der Beerdigung Griaules beizuwohnen.

Die Zauberer der Dogons zeigten ihnen anhand von Mustern und Symbolen, die sie in den Sand zeichneten, welche unglaublich genauen Kenntnisse des Universums aus früheren Zeiten überliefert worden waren. Der Mittelpunkt ihrer Aufmerksamkeit war der Sirius, der hellste Stern am Firmament, der tatsächlich aus zwei Sternen besteht.

Um Sirius A, den wir sehen können, bewegt sich Sirius B, ein »weißer Zwerg«, mit hoher Dichte und für das bloße Auge nicht sichtbar. Er wurde zum ersten Mal im Jahre 1862 von dem Amerikaner Alvan Clark durch das größte damals existierende Fernrohr als ein schwacher Punkt gesichtet. Sein Licht ist 100 000mal schwächer als das von Sirius A. 1970 konnte er zum erstenmal fotografiert werden.

Die Dogons jedoch wußten nicht nur von der Existenz dieses Sterns, sondern auch viel über seine Merkmale. Ihnen war bekannt, daß er weiß war, und obgleich er »das kleinste ist, was es gibt«, ist er auch »der schwerste Stern«, bestehend aus einem Material »schwerer als alles Eisen auf der Erde«. Eine gute Beschreibung für die Dichte des Sirius B, die etwa 20 000 Tonnen je Kubikmeter beträgt.

Sie wußten genau, daß seine Umlaufbahn um Sirius A 50 Jahre beträgt und nicht kreisförmig, sondern elliptisch ist (das sind zwar die Umlaufbahnen aller Himmelskörper, aber es ist zum größtenteil nur den Astronomen geläufig). Darüber hinaus war ihnen auch selbst die Stellung des Sirius A innerhalb dieser Ellipse bekannt.

Auch ihre sonstigen astronomischen Kenntnisse waren nicht weniger erstaunlich. So konnten sie den Kreis aufzeichnen, der den Saturn umgibt, obwohl er mit bloßem Auge nicht auszumachen ist. Sie wußten, daß Jupiter vier Hauptmonde hat, daß die Planeten die Sonne umkreisen und daß die Erde rund ist und sich um ihre eigene Achse dreht. Es ist fast unglaublich, doch sie waren sicher, daß die Milchstraße eine Spiralform hat. Eine Tatsache, die Astronomen erst in diesem Jahrhundert entdeckten. Außerdem glaubten sie (Seite 175), daß sie ihr Wissen von außerirdischen Besuchern erhalten haben.

Die Maoris

Reisende haben schon vor längerer Zeit bei den Maoris in Neuseeland herausgefunden, daß auch diese eine weitreichende Kenntnis der Gestirne haben, wenn auch nicht so ausgeprägt, wie bei den Dogons. Angeblich richteten sie sich bei ihren Fahrten durch die Polynesischen Inseln nach astronomischen Wegweisern.

Ein Forscher schrieb im Jahre 1814: »Sie haben bestimmten Sternen und Sternbildern Namen gegeben, die in Verbindung zu verschiedenen Überlieferungen stehen, und die sie abgöttisch verehren. Während des Sommers ist es üb-

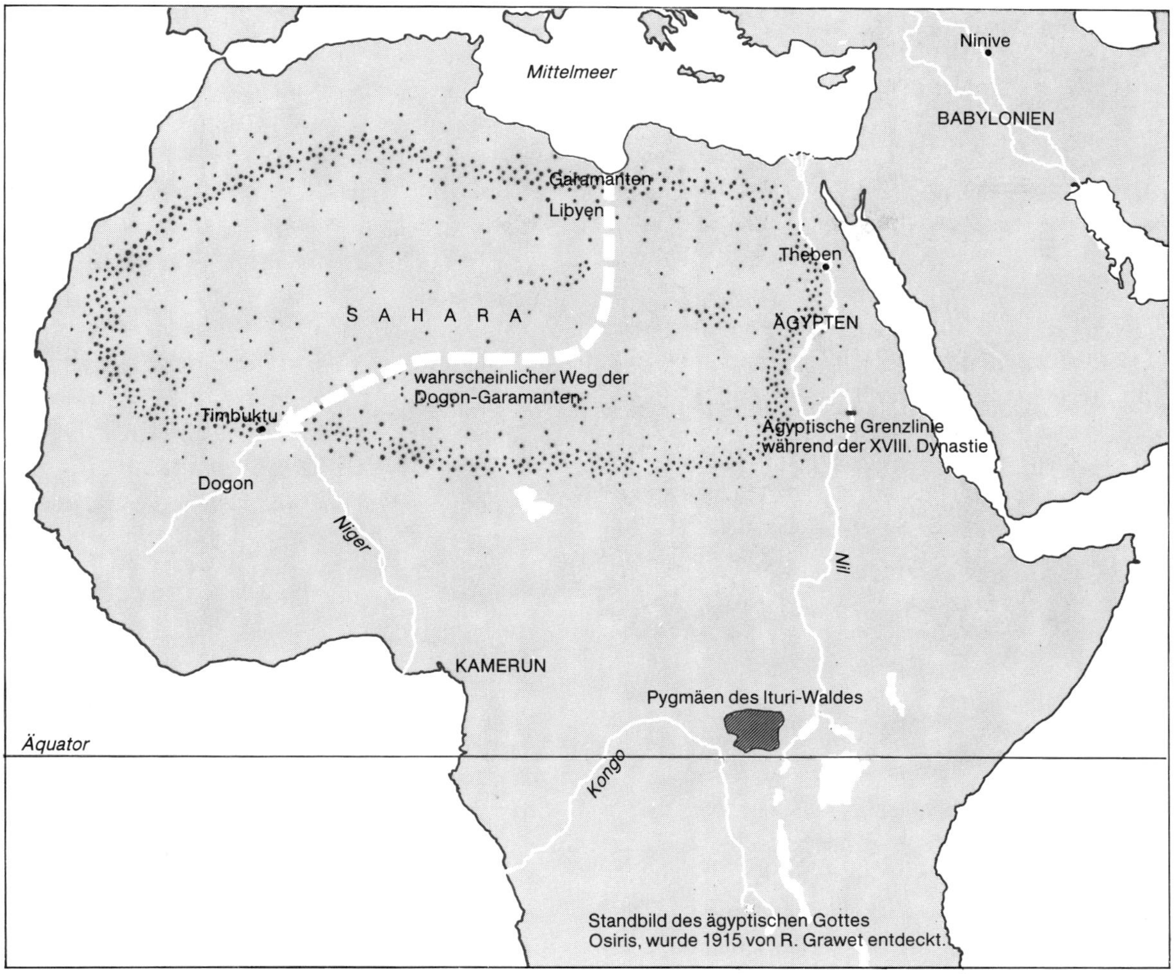

Der wahrscheinliche Weg, den die Dogons vor langer Zeit von Nordafrika in ihre heutige Heimat zurücklegten.

lich, daß sie den größten Teil der Nacht wach bleiben und die Sterne beobachten. Sie machen Aufzeichnungen über die Zeiten, zu denen ein bestimmter Stern erscheint«. Die wahrscheinlich wichtigste – scheinbar übernatürliche – Beobachtung der Maoris war die des Planeten, den sie Parearu nennen, und der von einem Ring umgeben ist. Ob sie damit die Ringe des Saturn oder die Monde des Jupiter meinen, geht aus ihren Legenden nicht klar hervor, aber keiner von diesen kann mit dem bloßen Auge gesehen werden.

Fernrohre aus vergangener Zeit

Woher kommt dieses außergewöhnliche Wissen dieser Völker? Vielleicht können im Fall der Maoris übermenschliche Sehfähigkeiten nicht ausgeschlossen werden. Der Blick durch Fernrohre, das Vorhandensein von Luftschichten, die als Vergrößerungsglas dienen, größere ausgeprägtere Monde und Ringe, die man durch klarere Luftschichten sehen konnte, eine Zeit in der Geschichte, als die Planeten näher an der Erde waren als heute; dies alles wurde zwar als unwahrscheinliche, aber nicht unmögliche Erklärung für diesen Wissenstand angesehen. Aber das Wissen der Dogons und der Ituri-Pygmäen gründet auf anderen Dingen.

Die beiden französischen Anthropologen haben das Problem unterbewertet, als sie sagten: Die Schwierigkeit war, herauszufinden, »wie diese Menschen ohne Instrumente die Umlaufbahnen und bestimmte Charakteristiken der eigentlich unsichtbaren Gestirne kennen konnten«. Was die Dogons und die Ituri-Pygmäen kannten, war völlig unsichtbar.

Es besteht die Möglichkeit, daß sie ihre astronomischen Kenntnisse von jemand anderem erlernt haben – nicht von den früheren europäischen Forschern, da ihr Wissen in weitaus frühere Zeit zurückreicht, sondern vielleicht durch Kontakte zu den alten Mesopotamiern, Ägyptern oder Griechen. Dies ist entschieden wahrscheinlicher.

Obgleich Galilei normalerweise als der Erfinder des Fernrohrs gilt, ist es doch wahrscheinlich, daß weniger gute Ausführungen lange vor

Stammen die astronomischen Kenntnisse der primitiven afrikanischen Stämme aus Ägypten? Auf vielen ägyptischen Zeichnungen sind Pygmäen (unten) dargestellt.

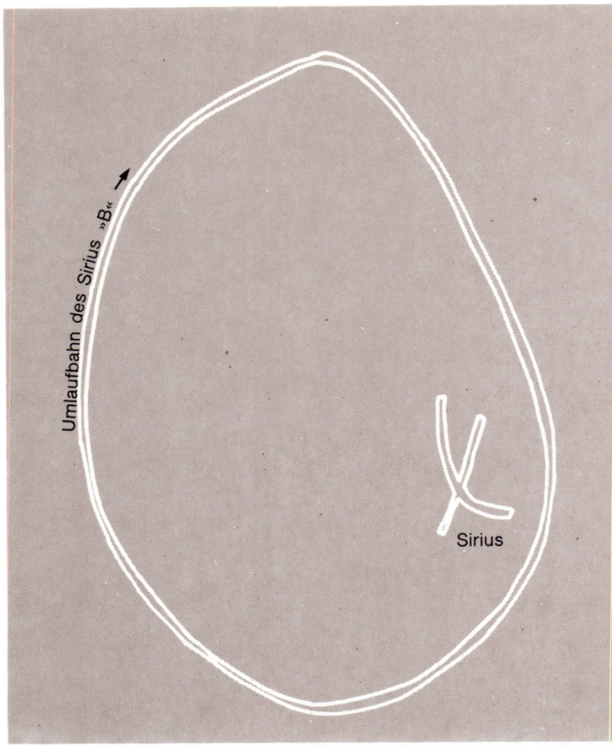

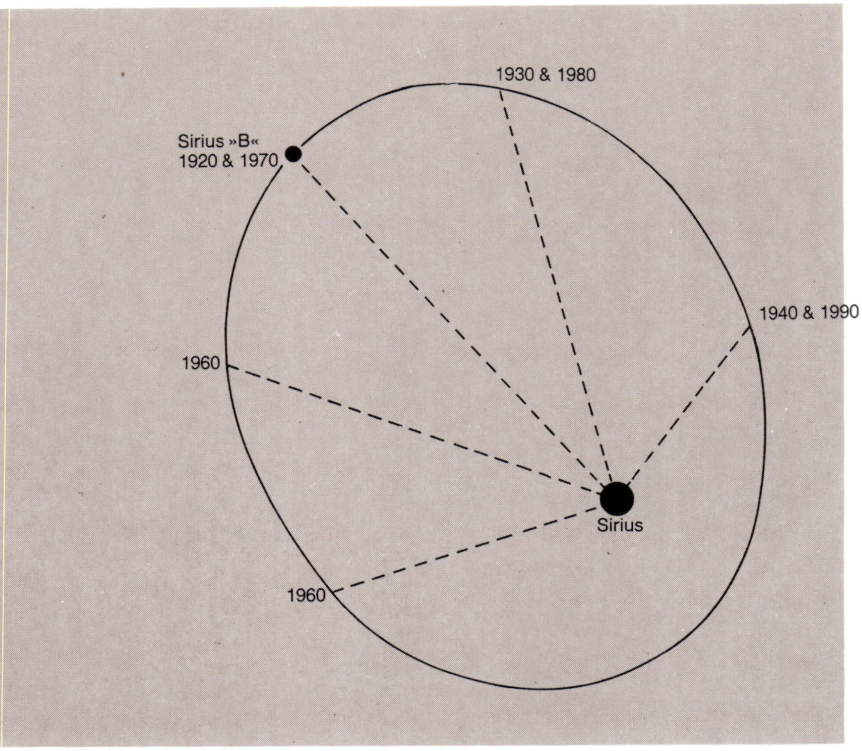

Die Sandzeichnungen der Dogons zeigen genau die Umlaufbahn von Sirius B um Sirius.

seiner Zeit bekannt waren. Glas wurde erstmals um 3500 v.Chr. in Ägypten hergestellt. In Kreta und Kleinasien wurden einfache optische Gläser gefunden, die etwa aus der Zeit 2000 v.Chr. datieren. Es ist nicht schwierig, zwei dieser Gläser zu einem einfachen Fernrohr zusammenzubauen. Galilei selbst stellte fest, daß die »Alten« schon Fernrohre kannten. 300 v.Chr. stellte Euklid den Lehrsatz über die Berechnung und Vergrößerung des Lichtes auf. Im griechischen Drama gibt es Beweise für Vergrößerungsgläser, die aus mit Wasser gefüllten Kugeln gemacht wurden. Später verwendete Nero (der sehr kurzsichtig war) ein Fernrohr aus smaragdgrünen Linsen, um die Römischen Spiele zu betrachten.

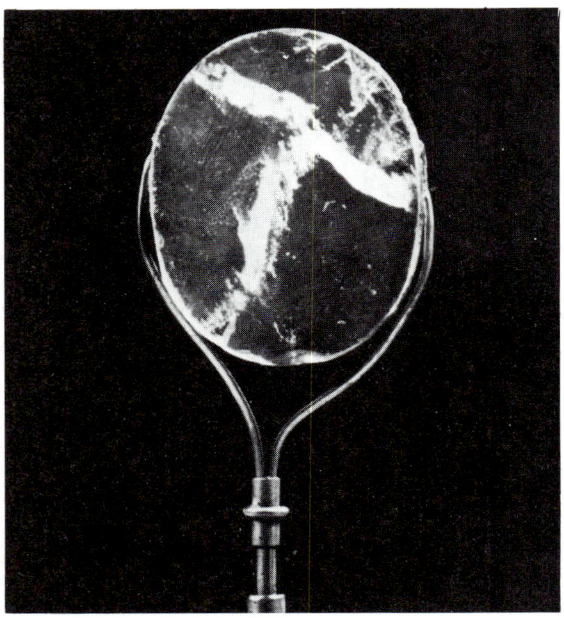

Mattglas im Britischen Museum. Wurde wahrscheinlich im 8. Jahrhundert v.Chr. als Objektiv verwendet.

Die Hauptfrage ist jedoch, wie gut diese Fernrohre waren, und welchen Wissensstand die Priester der alten Völker erlangen konnten. Die Babylonier kannten bestimmt die Phasen der Venus und entdeckten vielleicht die Monde Jupiters und Saturns, obgleich sie glaubten, daß der Saturn sieben statt neun Monde habe.

Falls die Geheimnisse der Cheopspyramide (Seite 74) letztlich doch entschlüsselt sind, so war der Wissensstand der Ägypter noch weitaus größer. Er schloß Tatsachen über die Natur des Universums mit ein, die später von Pythagoras und der philosophischen Schule Platons übernommen wurden und die Grundlage für das zivilisierte Denken für mehr als 1000 Jahre bildeten. Dieses Wissen umfaßte sicher weitaus mehr als das der Dogons und Ituri-Pygmäen.

In seinem Buch »Das Sirius-Rätsel« hat der amerikanische Historiker Robert Temple eine überzeugende These vertreten. (Er behauptet, daß Bewohner des Planeten Sirius dieses Wissen zuerst zur Erde gebracht haben. Wir beschäftigen uns damit ab S. 175 dieses Buches.) Er verfolgte die Ursprünge der Dogons bis zu dem Stamm der Garamantes in Libyen, dem Nachbarland Ägypten.

In jedem Fall war der ägyptische Einfluß auf den afrikanischen Kontinent größer als bisher angenommen wurde. Die Ägypter kannten die Pygmäen gut. Sie schätzten diese kleinen Menschen hoch ein und hielten sie als Clowns und Tänzer an den Höfen. Der Kontakt zwischen beiden Völkern geht zurück bis ins Alte Königreich (etwa 2300 v.Chr.). In manchen Schätzungen geht man noch weiter zurück, da eine Statue des Gottes Osiris südlich des Ituri-Waldes gefunden wurde. Man glaubt sogar, daß die geheimnisumwitterte Herkunft der neuseeländischen Maoris bei den Libyern zu suchen ist, dort bekannt als »Ma«. Der ägyptische Sonnengott Ra wird mit der in Polynesien und Neuseeland verehrten Gottheit gleichen Namens in Verbindung gebracht.

Wenn es einen gemeinsamen Ursprung für das astronomische Wissen aller drei Völker gibt, so ist Temples Lösung zweifellos die treffendste. Das Problem ist, ob die Babylonier und die Ägypter wirklich Einzelheiten über Sirius kannten. Sein Beweis basiert auf Hieroglyphen-Aufzeichnungen, die bekanntermaßen schwierig zu übersetzen sind. Es ist merkwürdig, daß die Dogons in der Lage sind, alles so exakt zu beschreiben, wenn der von früheren Zivilisationen niedergeschriebene Beweis so ungenau ist.

Neuere Experimente mit Telepathie und übersinnlichen Wahrnehmungen (Seite 94) zeigen eine andere mögliche Erklärung auf. In der übersinnlichen Welt, in die Medien, wie z.B. Ingo Swann ohne Schwierigkeiten eindringen können, spielen Entfernungen keine Rolle. Zusammen mit einem anderen Medium, Harold Sherman, berichtete er seine Eindrücke von einer »Betrachtung« der Oberflächen von Jupiter und Merkur, bevor »Pioneer 10« und »Mariner 19« Aufnahmen machten. Die Beschreibung der beiden Männer war im Detail bemerkenswert ähnlich – auf Jupiter eine unheimlich gefärbte dicke Wolkendecke, blaue Eiskristalle, tornadoähnliche Stürme; auf Merkur eine dünne Luftschicht, ein geringes Magnetfeld und ein Heliumsog auf der Sonne entgegengesetzten Seite (dies alles war den Astronomen vorher nicht bekannt, wurde dann aber später durch »Mariner 10« bestätigt).

Das Wissen der Dogons ist strenggenommen fehlerfreier als diese Aussagen. Unter dieser Voraussetzung kann man sie als die letzten Erben einer vorgeschichtlichen Weisheit ansehen, die aus dem All zu uns gekommen ist. Allerdings könnte es auch sein, daß ihr Wissen von einem alten Stammesseher stammt, der sich in seinem Geist auf den hellsten Stern des Himmels versetzte und das beschrieb, was er dort gesehen hatte.

Gullivers Monde

Alle Bücher, die sich mit außerirdischen Besuchern und dem Wissen beschäftigen, das diese den Erdbewohnern brachten, zitieren auch Jonathan Swifts »Voraussagen« aus seinem 1726 veröffentlichten Buch »Gullivers Reisen«. Darin schreibt Swift, daß der Mars zwei Monde habe, die ihn in einer Entfernung von drei bzw. fünf seiner Durchmesser umkreisen und zwar der ihm nächstliegende in zehn Stunden und der äußere in 21,5 Stunden. Die damals getroffene Aussage ist sehr bemerkenswert, obwohl sie nur – sozusagen beiläufig – in seinem satirischen Gleichnis über die Englisch-Spanischen Beziehungen der damaligen Zeit erscheint.

Jonathan Swift (links) hatte seine Kenntnisse über die Monde des Mars (z.B. Phobos, nächste Seite) von Johannes Kepler (rechts).

Diese Monde wurden erst im August des 1877 durch Asaph Hall, einem Astronomen am US-Naval-Observatory mit Hilfe eines 65-Zentimeter-Teleskops entdeckt. Sie waren kaum mehr als winzige Steinbrocken am Himmel: die Abmessungen des äußeren betrugen 20 × 23 × 28 Kilometer und die des inneren 10 × 12 × 16 Kilometer. Ihr Abstand vom Mars und ihre Umlaufbahn stimmt fast genau mit Swifts Angaben überein. Auch bewegt sich der innere Mond mit ungeheurer Geschwindigkeit, genauso wie Swift es annahm.

Der amerikanische Psychologe Martin Gardner, der für seine große Skepsis gegenüber allen übersinnlichen Dingen bekannt ist, schrieb in seinem Buch »Fads and Fallacies in the Name of Science« über diesen inneren Mond: »Er ist der einzige bekannte Körper im gesamten Universum, der den Mittelpunkt schneller umkreist, als sich dieser Mittelpunkt um seine eigene Achse dreht. Aber auch diese Tatsache ist in Swifts Beschreibung enthalten.«

Vermutungen über außerirdische Einflüsse

Andere Autoren haben diesen Punkt häufig aufgegriffen. Sie nehmen im allgemeinen an, daß Swift diese Kenntnisse nicht ohne außerirdische oder übernatürliche Hilfe haben konnte. Erich von Däniken schreibt in seinem Buch »Erinnerungen an die Zukunft«: »Wie war es Swift möglich, diese Satelliten des Mars zu beschreiben, die erst 150 Jahre später entdeckt wurden? Zweifellos vermuteten verschiedene Astronomen aus der Zeit vor Swift schon die Existenz dieser Monde. Aber solche Vermutungen liefern nicht diese genauen Daten. Wir wissen nicht, woher Swift sein Wissen hatte.« R. De Witt Miller äußert sich ähnlich in dem Buch »Impossible - Yet It Happened«: »Die Frage ist, woher Jonathan Swift seine astronomischen Kenntnisse hatte.«

Heute wissen wir mit ziemlicher Sicherheit, woher er die Informationen hatte: von Johannes Kepler, dem Mathematiker, Gelehrten, Astrologen und Entdecker der Gesetze der Planetenbewegung. Kepler, im 17. Jahrhundert ein hitziger Verfechter der Lehren von Pythagoras und Plato, glaubte an eine Harmonie des gesamten Universums, die auf einer rhythmischen, kalkulierbaren Symmetrie basiert.

Er hörte von Galilei und seinem Fernrohr, durch das dieser vier Monde des Jupiter entdeckt hatte. Kepler wollte sich das Fernrohr ausleihen, aber Galilei war zunächst dagegen, da er auf ihn eifersüchtig war. Als Kepler dann doch Gelegenheit hatte, das Fernrohr zu benutzen, konnte er sich von der Existenz der Monde überzeugen. Er folgerte (fälschlicherweise), daß es eine geometrische Reihe in der Anzahl der die Planeten umkreisenden Satelliten geben müsse: Venus keinen Mond, die Erde einen, Mars zwei und Jupiter vier.

Gesetze der Planetenbewegungen

Obgleich diese Annahme falsch war, wurde die These Keplers allgemein anerkannt, und tatsächlich haben seine Gesetze der Planetenbewegungen noch heute Gültigkeit.

Es gibt keinen Zweifel, daß Swift, als er das Buch »Gullivers Reisen« schrieb, die Berechnungen Keplers kannte und damit seiner Erzählung ein Stück phantasievoller, aber durchaus möglicher Zukunftsvision hinzufügen wollte. Zu den Quellen Swifts gehörte auch das Buch »Philosophical Transactions of the Royal Society«, die Keplers Aussagen als unwiderrufliche Wahrheiten ansahen.

Auch elementare Berechnungen nach Keplers drittem Gesetz der Planetenbewegungen hätten Swift eine ziemlich genaue Auskunft über die einmalig schnelle Umlaufbahn des inneren Marsmondes gegeben. Pech für diejenigen, die diese Tatsache als einen Beweis für außerirdische Einflüsse darstellen wollen; es gibt sie nicht. Wie der amerikanische Astronom Carl Sagan in seinem Buch »The Cosmic Connection« schrieb: »Es gibt eine ganze Reihe von Büchern, die sich damit befassen, wieso Swift so genau über die Marsmonde Bescheid wußte. Eine Annahme war sogar, er sei ein Lebewesen vom Mars. Wesentliche Beweise sprechen dafür, daß Swift dies nicht war; seine Kenntnis über die zwei Monde kann mit größter Wahrscheinlichkeit auf Keplers Thesen zurückgeführt werden.«

Schiffahrt im Altertum

Die Kunst der Schiffahrt gehört zu den ältesten praktizierten Fähigkeiten der Menschen. Schon lange bevor Menschen Viehzucht oder Ackerbau betrieben, begannen sie Flüsse, Seen und schließlich auch die Ozeane zu überqueren, um neue Wohnstätten zu finden. Die Leistungen dieser Seefahrer sind ein Zeugnis für den fortwährenden Ehrgeiz der Menschen. Man weiß nicht sicher, wer die ersten Seefahrer waren, aber der Wunsch und die Fähigkeit, sich mit Schiffen fortzubewegen, können schon aus der Zeit des geheimnisvollen Ursprungs der modernen Geschichte der Menschheit stammen (Seite 50).

Der Homo sapiens sapiens erreichte Australien vor mindestens 30 000 Jahren, kurz nach seinem ersten Erscheinen in Europa. Obgleich Borneo und der größte Teil Indonesiens damals wegen des niedrigeren Meeresspiegels mit Süd-Ost-Asien verbunden war, und Neuguinea zum australischen Festland gehörte, gab es Tiefen zwischen den Inseln, die zu Fuß nicht überquert werden konnten. Falls man zu dieser Zeit noch keine Boote kannte, verwendete man sicher Flöße oder ähnliches. Irgendwie schafften es die ersten Ureinwohner schon zu Beginn der Geschichte, große Wasserflächen zu überqueren.

Nach dem Ende der letzten Eiszeit, ab etwa 10 000 v. Chr., überschwemmten die steigenden Weltmeere viele Landverbindungen und trieben die Menschen so zur Seefahrt. Man geht davon aus, daß ein handgearbeitetes Ruderblatt aus dem Jahre 7500 v. Chr. (bei Star Carr in Yorkshire gefunden), von einem Volk stammt, das je nach der Jahreszeit jagte oder fischte.

Etwa zur gleichen Zeit gab es auch Seefahrer im Ägäischen Meer. In der Franchthi-Höhle auf dem Peloponnes fand man eine Menge von Fischgeräten, die darauf hinweisen, daß die Höhlenbewohner sich ihre Nahrung aus dem Meer holten. Dort findet man auch eine Menge von Obsidian (einem schwarzen vulkanischen Glasgestein), das in der Urzeit wegen seiner Schönheit und Bearbeitungsfähigkeit hoch geschätzt war. Es stammt von der etwa 120 Kilometer entfernten Insel Melos. Und dies ist der Beweis, daß schon frühzeitig Seetransporte durchgeführt wurden.

Mit Häuten bespannte Boote (Currachs) sind fast unsinkbar. Größere Exemplare als diese modernen Fischercurrachs gab es schon in der Frühzeit; mit ihnen wäre sogar eine Atlantiküberquerung möglich gewesen.

Verschiedene Bootsarten

Das erste bekannte Boot ist ein hölzernes Kanu, das bei Pesse in Holland gefunden wurde. Man schätzt seinen Ursprung auf die Zeit um 6400 v. Chr.

Aber Holzboote vermodern im Laufe der Zeit. Daher glauben die Altertumsforscher, daß andere Arten – z. B. mit Häuten bespannte Boote, oder Balkenflöße – verwendet wurden, die man vielleicht eines Tages unter dem Sand und Schlick des Meeresbodens entdecken kann. Die amerikanische Altertumsforscherin Alice B. Kehoe glaubt, daß sowohl die keltischen als auch

Obgleich im Jahre 30000 v.Chr. der Meeresspiegel tiefer lag, mußten die Vorzeitmenschen doch von Insel zu Insel fahren, um nach Australien zu gelangen.

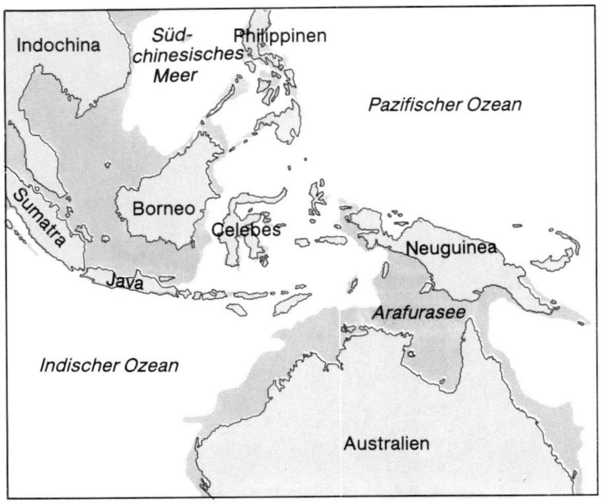

die irischen und walisischen mit Häuten bespannten Boote (»Currach«) denen aus der neolithischen Zeit nachgebaut wurden. Die wenigen kleinen, noch heute im Gebrauch befindlichen Fischerboote sind nur kärgliche Nachbildungen der in der klassischen und vormittelalterlichen Literatur beschriebenen imposanten Schiffe. Einige irische Boote der damaligen Zeit hatten Platz genug für einen Mast und konnten etwa 20 Menschen befördern. Sie waren in ihrer Art seetüchtiger, als die schweren mit einem Kiel versehenen Schiffe, die Ballast aufnehmen mußten, um fahren zu können. Obwohl ein »Currach« umkippen kann, gleitet es durch die Wellen und ist fast unsinkbar. Man nimmt an, daß diese Boote mindestens seit 4500 v. Chr. von den westeuropäischen Erbauern der Megalithen (Seite 66) von der Iberischen Halbinsel im Süden bis zu den westschottischen Inseln verwendet wurden.

Mesopotamische Reisen

Zur gleichen Zeit begannen im Arabischen Golf ähnliche Fahrten. Bei Eridu, der ersten bekannten Besiedlung in Mesopotamien, fand man das Tonmodell eines Segelschiffes, dessen Ursprung wahrscheinlich im Jahr 5000 v. Chr. liegt. Seine breite ovale Form läßt auf ein mit Häuten bespanntes Boot schließen. Abbildungen der bekannten Schiffsboote mit hohem Bug und hohem Heck, deren Form für die mesopotamischen und ägyprischen Schiffe charakteristisch war, sind auf Steintafeln aus der zweiten Hälfte des vierten Jahrtausends v. Chr. zu finden.

Die zur damaligen Zeit benutzten Seerouten unterschieden sich wahrscheinlich nicht sehr von denen, die ab 3000 v. Chr. von den arabischen Dhaus entlang den arabischen, afrikanischen und indischen Küsten befahren wurden.

Die Bezeichnungen der Handelswege zeigen, daß es im Jahre 2350 v. Chr. bereits einen blühenden Handel zwischen den jungen Zivilisationen im Indus-Tal und den schon länger bestehenden der Sumerer in Mesopotamien gab.

Die Ägypter waren keine Seefahrer

Im Gegensatz dazu zeigten die Ägypter selbst wenig Neigung, von ihrem Heimatland wegzugehen. Sie haben uns viele hervorragende Bilder von Schiffen hinterlassen. Darunter waren Segelschiffe, Ruderboote und auch Papyrusboote, die durch Thor Heyerdahls Ra-Expeditionen berühmt wurden.

Aber es gibt wenig Hinweise, daß sie diese Boote außerhalb des Nils benutzten. Wie wenig Erfahrung die Ägypter auf dem offenen Meer hatten, kann man an der Reise der Königin Hatschepsut (etwa 1500 v. Chr.) nach dem geheimnisvollen Land Punt erkennen. Ihre eigenen Berichte preisen dieses Ereignis als eine große seemännische Leistung. Auch viele Historiker stellen diese Fahrt als eine weitere Großtat des alten Ägyptens heraus.

Die Ägyptologin Alessandra Nibbi hat die Wahrheit kürzlich etwas einfacher dargestellt. Sie weist darauf hin, daß die Ägypter keinen Meeresgott und nicht einmal ein Wort für Meer hatten, bis sie das semitische Wort Yam übernahmen. Daneben fand sie heraus, daß das Land Punt die Sinai-Halbinsel war, gleich auf der anderen Seite des Suez-Kanals. Die gesamte Reise der Königin Hatschepsut ging wahrscheinlich nur über eine Strecke von etwa 700 Kilometern und war bestimmt weniger abenteuerlich, als die üblichen Segelfahrten der europäischen Jungsteinzeitvölker oder der Mesopotamier (Seite 131).

Reisen über lange Strecken

Diese neuerdings herausgefundenen Tatsachen sind ganz wichtig, um die beiden Hauptfragen beantworten zu können, die diese Seefahrer der Frühzeit betreffen: Welche Strecken legten sie mit ihren Booten zurück? Wie brachten sie es fertig, den genauen Kurs zu halten?

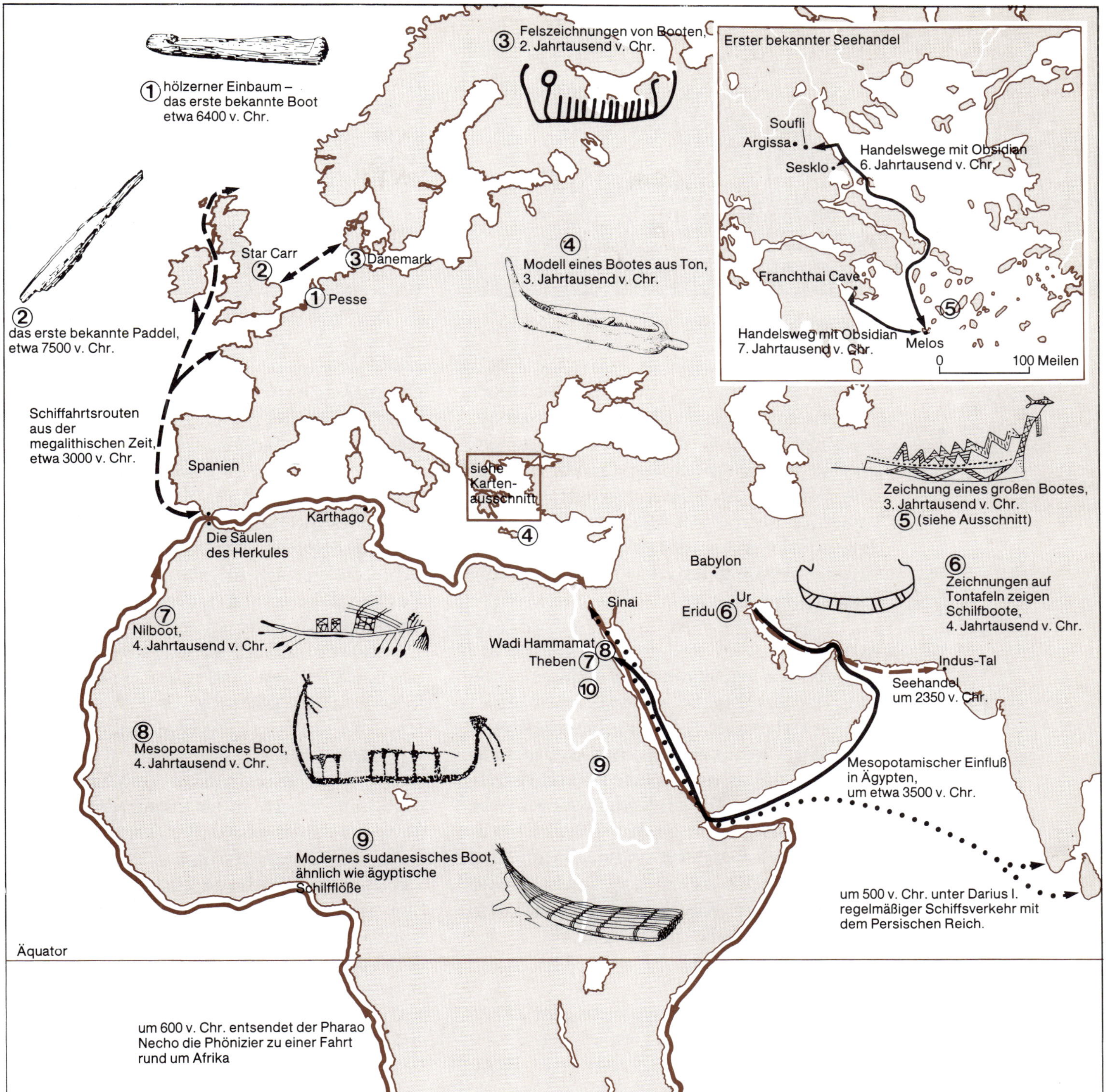

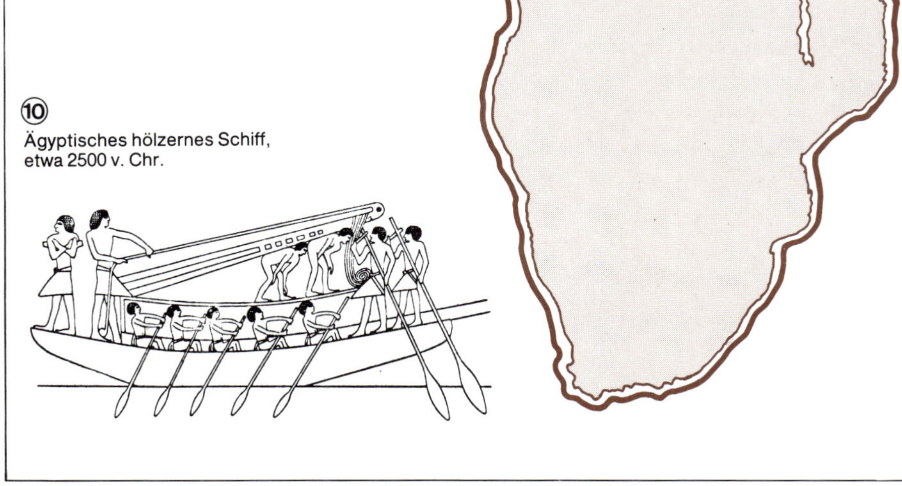

Die überraschenderweise frühe »Umschiffung« Afrikas (etwa 600 v. Chr.) durch phönizische Seeleute im Auftrag des ägyptischen Pharao Necho II. ist durch einen Bericht des Herodot bewiesen, obwohl dieser selbst nicht daran glaubte. Über Afrika sagte er folgendes: ». . . Wir wissen, daß es rundum vom Meer umgeben ist, außer an der Verbindungsstelle zu Asien. Soweit wir wissen, wurde dies zum ersten Mal durch den ägyptischen König Necho bewiesen. Nachdem er den Plan eines Kanalbaus zwischen dem Nil und dem Arabischen Golf aufgegeben hatte, beauftragte er eine Flotte von Phöniziern westwärts zu segeln und über die »Säulen des Herkules« und durch das Mittelmeer nach Ägypten zurückzukehren.«

Die Phönizier brauchten über zwei Jahre, um Afrika zu umsegeln, einschließlich zweier längerer Aufenthalte an Land, um Getreide anzubauen und zu ernten. »Diese Männer haben etwas berichtet, was ich im Gegensatz zu anderen selbst nicht glauben kann«, schrieb Herodot. Er meinte damit ihre Aussage, daß sie, als sie die Spitze Afrikas umsegelt hatten, die Sonne im Norden zu ihrer Rechten sahen. Dies beweist, daß sie den Äquator überquert haben.

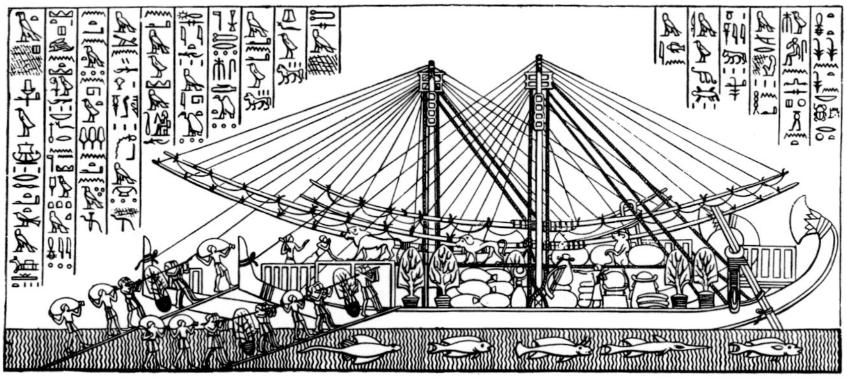

Auf vielen ägyptischen Bildern findet man Schiffe. Obgleich die Ägypter selbst keine guten Seefahrer waren, beauftragten sie oft andere Völker, für sie Seehandel zu treiben.

Auf den nächsten Seiten wird beschrieben, daß eine große Anzahl dieser unerschrockenen Seefahrer nicht nur den Atlantik überquerte, sondern wahrscheinlich auch bis zur Antarktis kam. Während dieser Reisen fertigten sie Landkarten von überraschender Genauigkeit an. Altertumsforscher haben sich auf vier mögliche Orientierungsarten festgelegt, die die Seefahrer benutzt haben könnten:

Kompaß
Obgleich der legendäre chinesische »nach Süden zeigende Wagen« aus dem Jahre 2634 v. Chr. oft als der erste den Pol anzeigende Magnet bezeichnet wird, ist es doch ziemlich sicher, daß er nicht mehr als ein mechanisches Hilfsmittel war. Die Merkmale eines Kompasses waren bei den Chinesen erst im Jahre 1093 n. Chr. bekannt, wurden aber erst etwa 200 Jahre praktisch angewendet. Der erste sichere Beweis für den Gebrauch eines Kompasses in Westeuropa stammt aus dem Jahre 1187 n. Chr.

Zweifarbige Kristalle
Die Wikinger gebrauchten um das Jahr 1000 n. Chr. »Sonnensteine« aus zweifarbigen Kristallen, die man an der Küste Norwegens findet. Sie brechen das Licht, so daß auch bei bewölktem Himmel der Sonnenstand festgestellt werden kann. Dies war wahrscheinlich auch die Orientierungshilfe für die Seefahrer der Jungsteinzeit.

Orientierung durch den Vogelflug
Den Weg der Zugvögel (Seite 99) zu einem bestimmten Ziel machten sich viele Seefahrer zunutze, um die richtige Richtung einzuschlagen (selbst Noah ließ einen Raben und eine Taube fliegen).

Orientierung nach dem Gedächtnis
Keith Oatley, ein Psychologe der Sussex-Universität, berichtete darüber, wie die Inselbewohner im Pazifik sich auf ihr Gedächtnis verlassen: »Sie beobachten z. B. das Kielwasser ihres Bootes, die Windstärke, den Sonnenstand, den Stand der Gestirne und andere Naturgegebenheiten und kennen so jederzeit ihren genauen Standort in Beziehung zu den bekannten Inseln des Archipels«.

Darüber hinaus sind einige Bewohner in der Lage, sich anhand eines instinktähnlichen Gefühls und durch Telepathie (Seite 94) zu orientieren.

Obgleich diese Feststellungen nur teilweise eine Antwort geben können, sind sie der entscheidende Punkt um herauszufinden, wie die frühen Seefahrer exakte Landkarten von weitentfernten Küsten anfertigen konnten. Und hier fängt die Kontroverse und das Geheimnis an. Einmal auf dem Atlantik und dem richtigen Kurs, waren keine besonderen Talente mehr notwendig, den Ozean in den damals zur Verfügung stehenden Booten zu überqueren.

Die Frage ist: Wieviele Menschen wollten hin und wieder zurückfahren?

Kartographen der Frühzeit

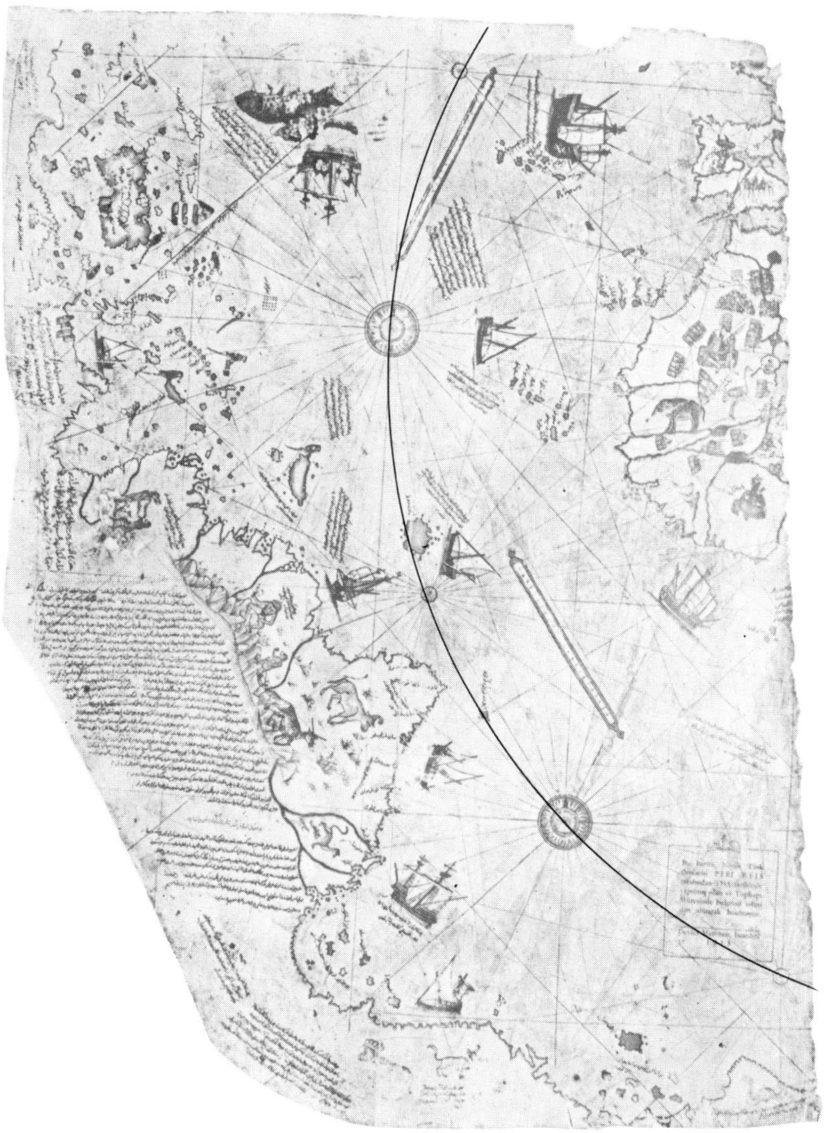

Auf den ersten Blick ist die Landkarte der Küstenlinie des Atlantiks, die der türkische Admiral Piri Re'is im Jahre 1513 gezeichnet hat, eine seltsame und geheimnisvolle Mischung von Kunstfertigkeit und Einfallsreichtum. Sie ist mit einer Reihe von unverständlichen, gitterartigen Linien versehen, die ihr jedoch eine gewisse Glaubwürdigkeit verleihen.

Piri Re'is selbst wußte es besser. Er versah die Karte mit der Fußnote: »In diesem Jahrhundert gibt es keine Landkarte wie diese«. Zusammenfassend schrieb er: »Ich verwendete ungefähr 20 alte Seekarten«, die bei den Arabern ›Jaferiye‹ heißen. Sie wurden zur Zeit Alexander des Großen gezeichnet und zeigten die gesamte damals bekannte Erde. Das Rätsel jedoch ist: wenn Piri Re'is die Wahrheit sagte (und es gibt keinen Grund daran zu zweifeln), beweisen die alten Landkarten, die er abzeichnete, eine genaue Kenntnis der Erde schon in der vorgeschichtlichen Zeit.

Professor Charles Hapgood des Keene State College, New Hampshire, arbeitete sieben Jahre an der Interpretation dieser und anderer Landkarten aus der damaligen Zeit. Er sagte, daß sie »den ersten handfesten Beweis dafür liefern, daß bereits vor den heute bekannten Völkern Menschen über große Talente verfügten . . .«.

Es gab Menschen im Altertum, die reisten von Pol zu Pol. So unglaublich es klingen mag, einige Menschen erforschten bereits die Küsten der Antarktis, als diese noch frei von Eis waren. Es trifft auch zu, daß sie Orientierungshilfen besaßen, die weitaus besser waren als die im Alter-

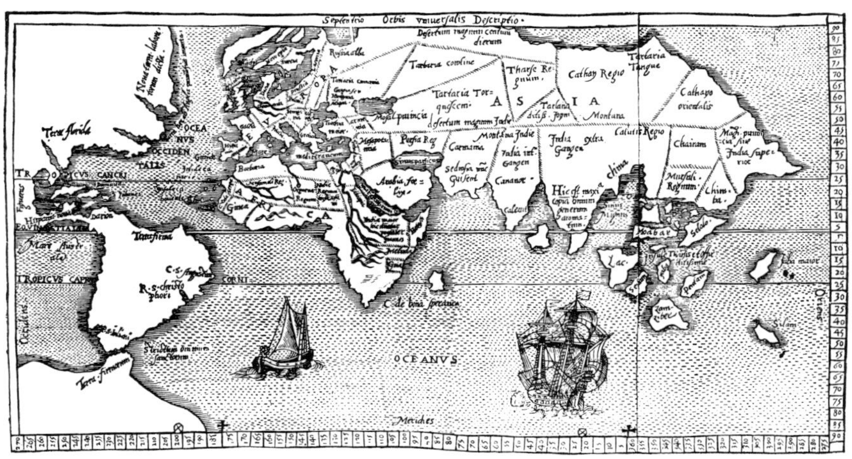

Eine Karte, die von dem türkischen Admiral Piri Re'is im Jahre 1513 zusammengestellt wurde. Ihre Einzelheiten stehen in großem Widerspruch zu den typischen Karten der damaligen Zeit, wie z.B. die von Robert Thorne (unten).

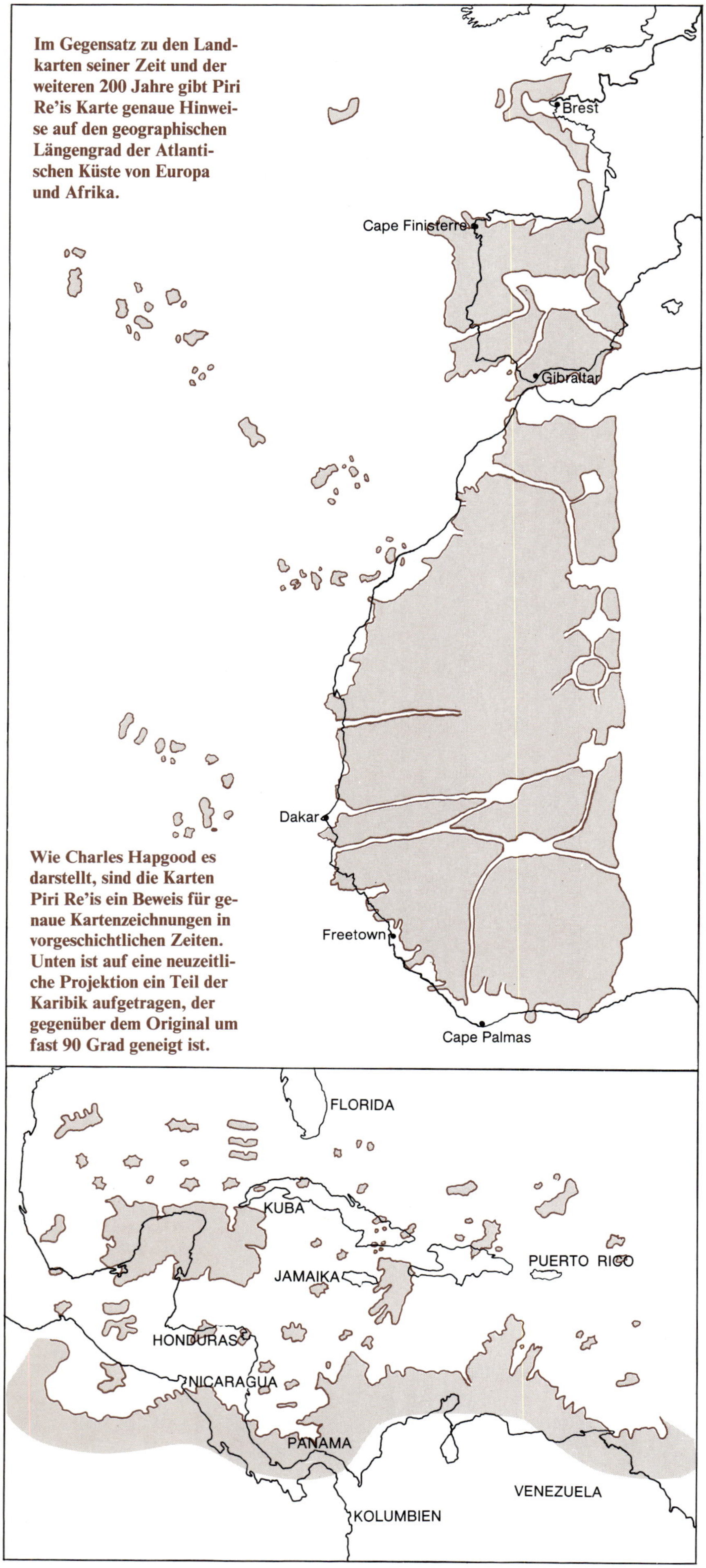

Im Gegensatz zu den Landkarten seiner Zeit und der weiteren 200 Jahre gibt Piri Re'is Karte genaue Hinweise auf den geographischen Längengrad der Atlantischen Küste von Europa und Afrika.

Wie Charles Hapgood es darstellt, sind die Karten Piri Re'is ein Beweis für genaue Kartenzeichnungen in vorgeschichtlichen Zeiten. Unten ist auf eine neuzeitliche Projektion ein Teil der Karibik aufgetragen, der gegenüber dem Original um fast 90 Grad geneigt ist.

tum, im Mittelalter und bis zur zweiten Hälfte des 18. Jahrhunderts bekannten Instrumente.

Aufsehen erregende Folgerungen

Diese Aufsehen erregenden Behauptungen stellt Hapgood 1966 in seinem Buch »Maps of the Ancient Sea Kings« auf. Trotz seiner weitreichenden, sogar revolutionären Folgerungen, die den Lehrweisheiten über die Vorgeschichte entgegenstehen, konnten sie nicht endgültig widerlegt werden. Die in dem genannten Buch zitierten Urteile verschiedener geographischer Experten haben immer noch Gültigkeit.

Oberstleutnant Harold Z. Ohlmeyer, der zur damaligen Zeit in der »Reconnaissance Technical Squadron« der US-Luftwaffe diente, schrieb über Piri Re'is' Landkarte: »Die geographischen Einzelheiten, die auf dem unteren Teil der Karte gezeigt werden, stimmen bemerkenswert mit den Ergebnissen des seismischen Profils überein, die von der schwedisch-englisch-norwegischen Antarktis-Expedition des Jahres 1949 gemacht wurde. Dies beweist, daß der Küstenverlauf gezeichnet wurde, bevor er mit Eis überzogen war. Die Eisschicht in diesem Bereich ist heute etwa 1500 Meter dick. Wir wissen nicht, wie die Daten auf dieser Landkarte mit den geographischen Kenntnissen des Jahres 1513 in Einklang gebracht werden können.«

Ähnlich schrieb auch der Leiter der kartographischen Abteilung der gleichen Schwadron, Captain Lorenzo W. Burroughs, an Hapgood: »Nach unserer Meinung bedeutet die Genauigkeit der kartographischen Formen, die in der ›Oronteus Finnaeus Landkarte‹ (1531) gezeigt werden, ohne allen Zweifel, daß diese aus Landkarten über die ursprüngliche Antarktis zusammengestellt wurden. Genaue Untersuchungen haben gezeigt, daß die Originalkarten zu einer Zeit erstellt wurden, als Land und Flüsse noch frei waren«.

Professor Hapgood kam nach einer umfangreichen Forschungsarbeit an Hunderten von anderen Landkarten aus der gleichen Zeit zu seinen Schlußfolgerungen. Dazu gehörte ein beachtliches Stück Detektivarbeit, um die bedeutenden Karten dann auf neuere Entwürfe zu übertragen. Es gab allerdings nur wenige, denn zu der Zeit Piri Re'is war die Anfertigung von Landkarten mehr oder weniger als primitiv zu bezeichnen. Das Zeitalter der Forschungsreisen, das normalerweise im Jahre 1492 mit der Ankunft von Kolumbus in der Neuen Welt beginnt, stand gerade am Anfang. Obgleich man im großen und ganzen die Formen der Kontinente kannte, waren die Maßstäbe meistens weitaus weniger genau. Die Landkarte von Robert Thorne (1527) ist typisch dafür. Als sie in späteren Jahren gedruckt wurde, entschuldigt sich der Verleger wie folgt: »Sie sollten die Ungenauigkeit dieser Karte entschuldigen, die damaligen kosmographischen Kenntnisse sind nicht mit den heutigen zu vergleichen«.

Die Schwierigkeit mit den Längengraden

Die größte Schwierigkeit war das Finden der Längengrade (die vertikalen Linien auf einer Landkarte ermöglichen die Feststellung der Ost- und Westrichtung). Die Breitengrade konnten unter Zuhilfenahme der Gestirne ziemlich einfach festgelegt werden. Die Längengrade aber erforderten den Einsatz genauer Zeitberechnungen. Die erste Uhr wurde jedoch erst mehr als zwei Jahrhunderte später erfunden. Die große Mehrheit der Karten aus der Zeit Piri Re'is enthält grobe Fehler in der östlichen und westlichen Lage der einzelnen Länder. Selbst Kolumbus, der eine Landkarte (sie ging verloren) des Atlantischen Ozeans und der westindischen Inseln anfertigte, glaubte irrtümlicherweise, daß er Asien erreicht habe, als er zum ersten Mal die Kanarischen Inseln erblickte, die etwa 1500 Kilometer vor seinem Bestimmungsort lagen.

So rätselhaft die Karte (oben) zuerst auch erscheint, so war Charles Hapgood doch in der Lage, diese Karte der Antarktis von Oronteus Finnaeus neu zu zeichnen und eine überraschende Übereinstimmung mit der Küstenlinie unter dem Eis festzustellen (unten). Die brasilianische Küstenlinie auf Piri Re'is Karte scheint über einen kleineren Bereich ebenfalls genau zu sein.

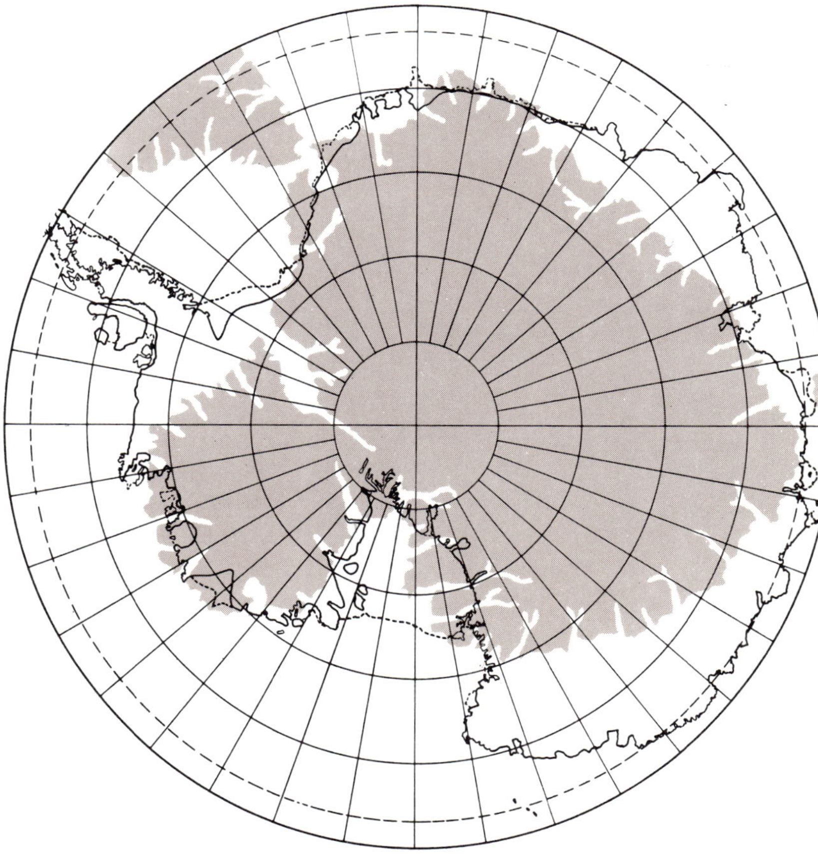

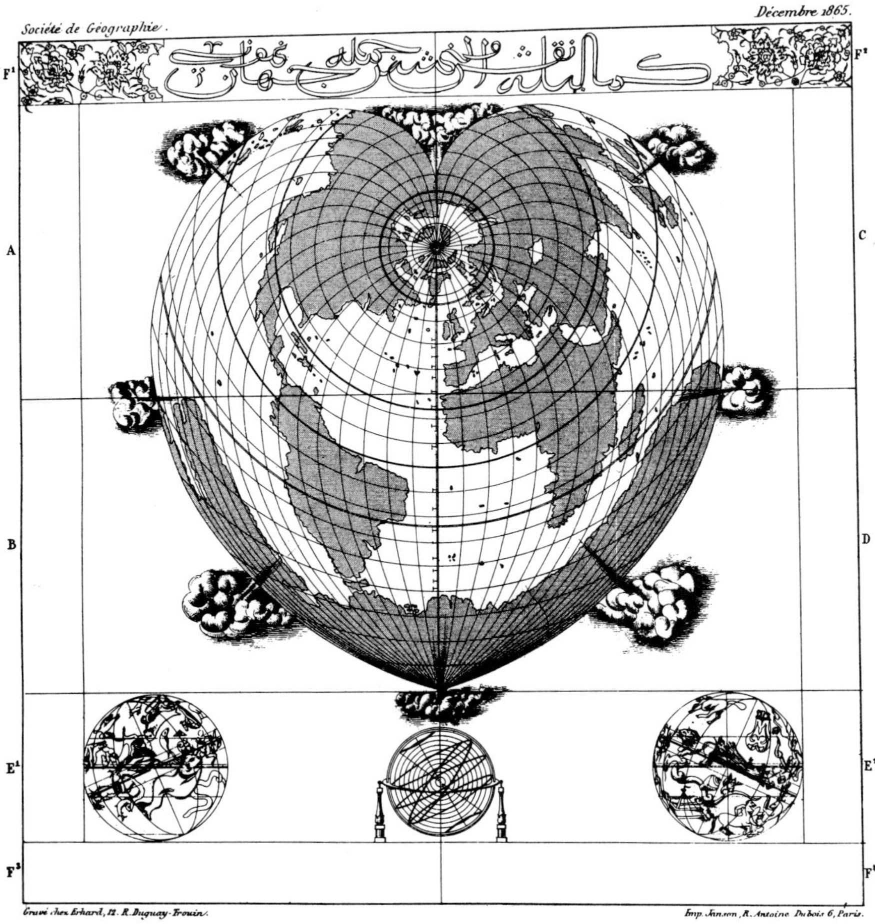

Eine türkische Landkarte, die im Jahre 1559 von Hadji Ahmed gezeichnet wurde, zeigt die amerikanische Westküste unglaublich genau. Diese war zu jener Zeit kaum erforscht, und wenig beschrieben.

Linien auf alten Karten

Manche Karten sind jedoch auch Ausnahmen. 200 Jahre lang wurden z.B. von den mittelalterlichen Seefahrern für das Schwarze Meer und das Mittelmeer verhältnismäßig genaue Karten verwendet, die aus Segelhandbüchern stammten. Die Linien darauf gehen strahlenförmig auseinander, wie die Speichen eines Rades. Manchmal sind es 16, manchmal auch 32 in Form eines Seekompasses. Ihre Herkunft ist nicht bekannt.

Der bekannte schwedische Landkartenforscher des 19. Jahrhunderts, A.E. Nordenskiöld, wies darauf hin, daß die Karten während dieser zwei Jahrhunderte nicht genauer wurden. Er vermutete, daß alle diese Karten Kopien einer sehr viel älteren Landkarte waren. Wozu die Segelhandbücher verwendet wurden, blieb auch unklar. Waren sie eine Orientierungshilfe für die Seefahrer oder eine Hilfe für die Kartenzeichner? Die umfangreiche Arbeit Professor Hapgoods und seines Teams bestand darin, herauszufinden, auf welche Art Piri Re'is die verschiedenen Karten auf seine Landkarte übertragen hat. Der Schlüssel lag in der Tatsache, daß die Schwerpunkte der fünf Segelhandbücher auf der Peripherie eines Kreises lagen. Nach dreijähriger aufreibender Arbeit war Hapgood in der Lage festzustellen, daß der Mittelpunkt dieses Kreises am Schnittpunkt zweier uns heute bekannten Hauptkoordinaten lag: Längengrad 30 Grad Ost, durchschneidet Alexandria, das in der Frühgeschichte als Zentrum der Wissenschaft galt. Piri Re'is hatte von dort auch seine Originalkarten erhalten, und der Breitengrad 23,5 Grad Nord, der Wendekreis des Krebses.

Mit diesen Informationen ausgestattet, konnte Richard W. Strachan vom Massachusetts Institute of Technology (MIT) trigonometrische Methoden anwenden, um herauszufinden, wo die Mittelpunkte der Karten aus den fünf Segelhandbüchern lagen. Aufgrund des Ergebnisses konnte er die Piri Re'is-Karte auf neuzeitliche Landkarten übertragen und überprüfen.

Aufsehen erregende Ergebnisse

Das Resultat war Aufsehen erregend. Piri Re'is hatte nach eigenen Angaben seine Karte anhand von historischen Karten gezeichnet. Und diese waren in ihrer Genauigkeit wesentlich besser als die aus seiner Zeit. Die westlichen Küsten Afrikas und Europas sowie die nordatlantischen Inseln (mit Ausnahme von Madeira) waren mit ihrem genauen Längengrad eingezeichnet. Noch erstaunlicher war, daß diese Längengrade in der richtigen Beziehung zu den Küsten Südamerikas und der Antarktis standen. Auch die Karibik befand sich an der richtigen Stelle, nachdem Hapgood eine Eigentümlichkeit herausgefunden hatte, die sich aus den Segelhandbüchern ergab. Dort war die Karibik in einem falschen Winkel eingetragen. Dieser Teil der Piri Re'is Landkarte, so scheint es, wurde von einem Original abgezeichnet, auf dem Ägypten der Mittelpunkt der kugelförmigen Darstellung war.

Über den Amazonas und die Insel Marajo sagte Hapgood: »Die ausgezeichnete Darstellung der Insel Marajo ist einmalig. Auf keiner Karte des 16. Jahrhunderts findet man bis zu der offiziellen Entdeckung der Insel im Jahre 1543 etwas Gleichartiges«. Der südliche Teil Südamerikas war mit einer Abweichung von nur weniger als einem Grad eingezeichnet. Namen von Entdeckern waren nicht eingetragen, aus dem einfachen Grund – wie Hapgood schrieb – »weil es keine bekannten Entdecker gab«.

Die Falkland-Inseln erscheinen auf diesem Teil der Karte mit dem genauen Breitengrad, aber einer Abweichung von fünf Grad in der Länge. Die Entdeckung der Falkland-Inseln wird John Davis im Jahre 1592 zugeschrieben, ungefähr 80 Jahre nachdem Piri Re'is seine Landkarte zeichnete.

Landkarten der Antarktis

Bis zu diesem Punkt könnte man Hapgood vorwerfen, eine phantasievolle und überzogene Erklärung einer einzelnen rätselhaften Karte erstellt zu haben. Er selbst schrieb: »Wenn es nur die Landkarte des Piri Re'is gäbe, wäre es unbefriedigend, sich allein davon überzeugen zu lassen. Aber es gibt nicht nur diese eine Karte«.

Darüber hinaus ist der Teil, der unabhängig davon bestätigt wurde, am bemerkenswertesten – die Umrisse der Antarktis. Eine Diskussion im Rundfunk gab Hapgood den Anstoß zu seinen Forschungsarbeiten. Denn wenn diese Tatsache bewiesen werden könnte, wäre es »keine leichte Aufgabe. Wichtige Fragen, sowohl für die Geologie als auch für die Geschichtsforschung, hängen damit zusammen«.

Die Antarktis wurde offiziell im Jahre 1818 »entdeckt«. Obgleich in dem ungefähren Bereich auf historischen Landkarten oft ein großes Land zu finden war, glaubte man lange, dies sei Phantasie; besonders im 18. Jahrhundert, nachdem Cook dieses Land auf seinen Reisen nicht finden konnte. Die Landkarte Piri Re'is zeigt nur einen kleinen Teil der nördlichen Küste, bekannt als Queen Maud Land.

Die Genauigkeit ist jedoch genauso gut wie bei anderen Teilen der Karte, die von altem historischem Material abgezeichnet worden war. Eine etwas später im Jahr 1531 von Oronteus Finnaeus gezeichnete Karte ist ein noch besserer Beweis. Sie zeigt Einzelheiten der seit mindestens 4000 v.Chr. mit Eis bedeckten Antarktisküste, wie z.B. Flüsse, die aus den Bergen ins Meer fließen und ein unausgefülltes Landesinnere. Dies mag darauf hindeuten, daß sich zu der Zeit, als die Karte entstand, dort bereits Eis befand. Wiederum mußte Hapgood vor der endgültigen Übertragung auf heutige Maßstäbe verschiedene Korrekturen durchführen, die er aber in seinem Buch sehr genau bespricht und die bis heute nicht widerlegt werden konnten. So scheinen seine Annahmen richtig zu sein. Die Kunst, Karten zu zeichnen, hatte in der Frühzeit ihren Höhepunkt und wurde dann im klassischen Altertum und im Mittelalter stark vernachlässigt. Die Landkarten waren ein Teil der frühgeschichtlichen Wissenschaft. Sie waren in den Millionen, sich in Alexandria befindlichen Büchern aufgezeichnet, wurden jedoch im 7. Jahrhundert n.Chr. durch ein Feuer zerstört. Verbliebene Fragmente benutzte Piri Re'is, um seine eigene Weltkarte zu zeichnen (auch hiervon gibt es heute nur noch Teile). Aber wer waren die Mathematiker und Seefahrer, und wann befuhren sie die Meere und zeichneten die Karten der Erdkugel?

Neben Hapgoods eigenem Lösungsversuch – sie stammen von untergegangenen Völkern aus der Eiszeit, d.h. vor 10 000 v.Chr., wofür es nicht den geringsten archäologischen Beweis gibt – bieten sich nur drei mögliche Lösungen an. Sie sind alle schwierig, wobei die dritte vielleicht am wenigsten unwahrscheinlich ist.

1. Der von Geologen angegebene Zeitpunkt für die Eisbildung in der Antarktis ist um etwa 3000 Jahre verfehlt. Dann hätten minoanische oder phönizische Seefahrer den Kontinent erreichen können.

2. Die Erbauer der Megalithen (oder ihre atlantischen Vorgänger, Seite 162) fuhren in ihren mit Häuten bespannten Booten weiter über die Meere als man bisher angenommen hat. Mit ihren großen astronomischen Kenntnissen waren sie in der Lage, genaue Landkarten anzufertigen. Aber es gibt keine schriftlichen Beweise für diese These.

3. Die geheime Wissenschaft der klassischen und alexandrinischen Zeit entstand aus vielen Quellen und umfaßte neben Berichten über frühere Reisen möglicherweise auch das Wissen außerirdischer Herkunft (Seiten 168 bis 178). Sie beinhaltete eine Art Weissagung, die es den Priestern ermöglichte, eine geographische Weltkarte zu zeichnen (etwa wie heute die Wünschelrutengänger), die über die Formen des normalen Denkens hinausgeht.

Wer entdeckte Amerika?

Einige der Wege, von denen man glaubt, daß sie von früheren Seefahrern benutzt wurden.

Wenn man in den Standardlehrbüchern über die Besiedlung der Neuen Welt nachliest, könnte man zu der Überzeugung kommen, daß für die damaligen Menschen ihre Füße das einzige Fortbewegungsmittel waren.

Man will uns Glauben machen, daß vor 30 000 oder mehr Jahren eine Völkerwanderung über eine damals grüne und fruchtbare Landverbindung der Beringstraße in Richtung Süden stattfand. Menschen mit mongolischem Einschlag bildeten dabei den Kern, der sich dann unter dem Einfluß der örtlichen Gegebenheiten in verschiedene Volksstämme aufteilte. Die Vielfalt der Volksstämme amerikanischer Eingeborenen wird mit der natürlichen Auswahl und der genetischen Veränderung erklärt. Außer den Wikingern gab es vor Kolumbus niemanden, der diese Entwicklung stören konnte. Gordon A. Willey und Jeremy A. Sabloff von der Harvard-Universität erläutern in ihrem Buch »History of

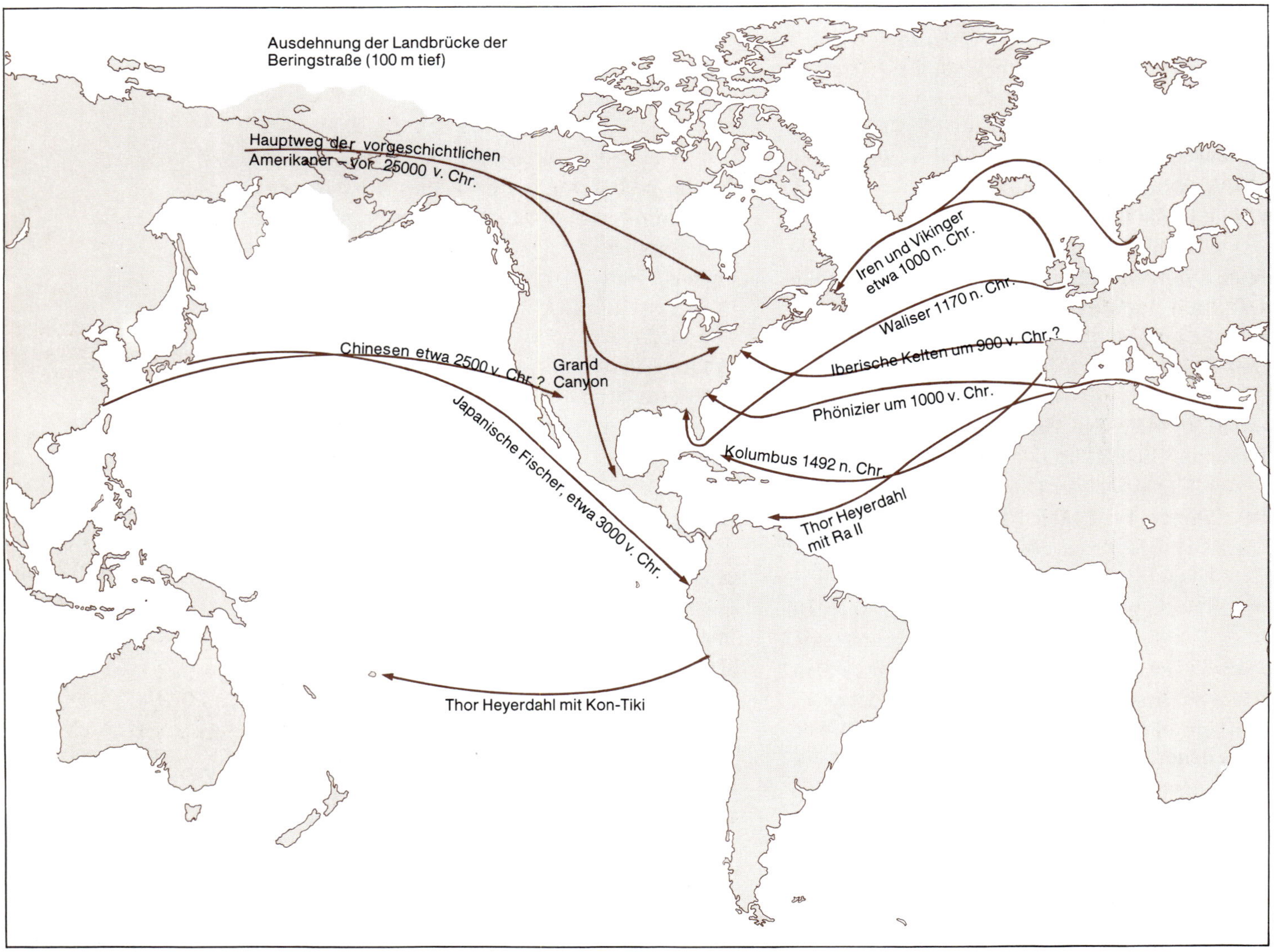

American Archaeology«, daß die Denkweise der meisten heutigen Altertumsforscher bestimmt wird »durch die Tradition der amerikanischen Kulturgeschichte, als eine sich im wesentlichen selbst kontrollierende Kultur, ohne direkte Kontakte oder Verbindungen zur Alten Welt«.

Sie selbst erkennen dies an. In ihrem Buch werden keine frühgeschichtlichen Atlantiküberquerungen angesprochen; auch nicht die Versuchsfahrten von Thor Heyerdahl und Santiago Genoves mit der »Ra«, die bewiesen haben, daß solche Fahrten durchführbar waren. Sie sprechen von nur zwei möglichen, aber unbedeutenden Pazifiküberquerungen.

Grundlegende Lehrsätze

Die Ansicht, daß sich Zivilisationen nicht nur in Amerika, sondern auch in anderen Teilen der Erde unabhängig voneinander selbständig entwickelt haben, stellt einen großen Gegensatz zu den in den Jahren 1920 und 1930 in der Archäologie vertretenen Thesen dar. Damals nahm man allgemein an, daß die »Zivilisation« sich nur einmal entwickelt hat, irgendwo im Nahen Osten, und sich von dort über den Rest der Erde ausgebreitet hat.

Diese Ansichten der damaligen Zeit werden heute nicht mehr ernst genommen. »Warum glaubt die Welt diesen akademischen Unsinn?« Diese Frage stellte der einflußreiche englische Altertumsforscher Professor Glyn Daniel von der Cambridge-Universität und gab dann gleich selbst die Antwort: weil die Menschen eben in bezug auf die Vorgeschichte nur ganz einfache Antworten erwarten. Er selbst hat die These der »vielgeschichtigen Entwicklungen« aufgestellt. Danach haben einige Volksstämme unter besonderen Bedingungen den Sprung vom einfachen Stammesleben zu größeren, höher entwickelten Gesellschaftsformen gemacht: vorwiegend in Mesopotamien, Ägypten, Indien, China und in drei verschiedenen Regionen Amerikas.

Zwar verneint er nicht die Möglichkeit verschiedener Versuche der gegenseitigen Kontaktaufnahme, aber »alle transatlantischen oder transpazifischen Kontakte, die möglicherweise zustande kamen, waren sehr unbedeutend und sehr selten. Sie hatten kaum Einfluß auf die Entwicklung der Bewohner Amerikas in der Zeit vor Kolumbus«.

Angriffe auf die Theorie

Diese Ansicht der Isolationisten wird heute jedoch häufig angegriffen, da sie in ihrer Aussage begrenzt ist. Glyn Daniel selbst zitiert die Warnung eines Freundes (»Denk an meine Worte, die Stimmung wird umschlagen. Die These der Ägypter wird wieder Vorrang erhalten, ganz gleich, was du sagen wirst.«) Heute werden alle Arten frühgeschichtlicher Einflüsse durch Seefahrer auf die Entwicklung der Bewohner des amerikanischen Kontinents angeboten. Nach Aussage von Professor Roger Wescott von der Drew-Universität haben nicht weniger als 25 verschiedene Völker der Alten Welt ihre Spuren in der Neuen Welt hinterlassen.

Viele davon wurden 1970 auf einem wichtigen Symposium unter dem Titel »Man Across the Sea« (Überquerung der Meere) vorgestellt. Der amerikanische Archäologe Robert A. Kennedy erläuterte, warum sie bisher nicht in die Lehrbücher aufgenommen wurden: »Es ist leicht zu verstehen, daß Völker sich auf dem Land ausbreiten als über Ozeane hinweg. Der Grund ist einfach: Die wenigsten der Forscher der Vorgeschichte kennen sich mit kleinen Booten aus und haben keine Erfahrung mit dem Meer und seemännischen Verhaltensweisen, die den Völkern der wirklich großartigen Reiseepoche vor etwa 5000 Jahren selbstverständlich waren.«

Die amerikanische Archäologin Alice B. Kehoe faßt das Thema wie folgt zusammen: »Es ist durch Hunderte von Überfahrten in kleinen Schiffen jeder Art ausreichend bewiesen, daß der Atlantik schon überquert werden konnte, bevor man im 15. Jahrhundert Karavellen entwik-

Megalithische Stätten, wie diese »Kammergrabstätte« in New England, sind heftig umstritten.

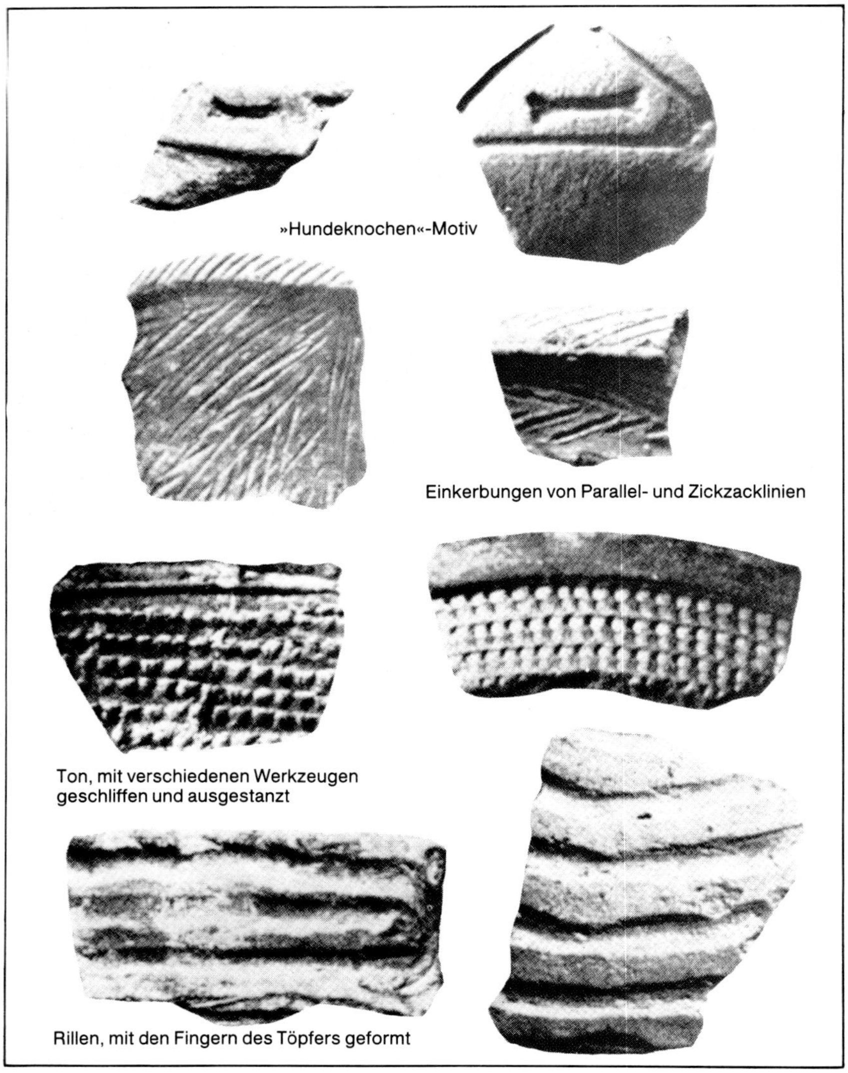

Ähnlichkeiten zwischen Tonscherben aus Japan (links) und Ekuador lassen kaum Zweifel, daß es zwischen den beiden Ländern um 3000 v.Chr. Verbindungen gegeben hat.

kelte. So haben mindestens zwei Flöße, zwei Kanus, zwei Fischerboote mit Rudern, verschiedene Fischerboote mit Segeln, normale Segelboote in der Länge von etwa fünf Meter und andere Boote, wie z.B. Kajaks, Faltboote und ein Amphibienjeep den Ozean erfolgreich überquert.«

Japanische Töpferkunst

Daher ist die Frage heute nicht mehr, ob die transozeanischen Kontakte stattgefunden haben, sondern vielmehr, wie frühzeitig, wie oft und welche Auswirkungen sie hatten. Daher stimmen z.B. fast alle Forscher überein, daß die Töpferkunst, die um das Jahr 3000 v.Chr. an der Küste Ekuadors plötzlich begann, japanischen Ursprungs ist. Die Gefäße sind genauso dekoriert und graviert wie die japanischen aus dem Gebiet von Jomon. Vorher gab es in Ekuador nur einfache und unscheinbare Tongefäße.

Die einzig wahrscheinliche Erklärung ist, daß ein japanisches Fischerboot durch einen Sturm die 8000 Meilen nach Ekuador abgetrieben wurde und sich an Bord jemand befand, der die Töpferkunst beherrschte.

Es soll noch verschiedene andere abenteuerliche Pazifiküberquerungen gegeben haben. Der österreichische Ethnologe Robert v. Heine-Geldern ist überzeugt, daß um 2000 v.Chr. die Chinesen weitgehenden Einfluß auf die Entwicklung der Zivilisation in Mittelamerika und Peru genommen haben.

Die Hopi-Indianer in Arizona erzählen in einer Legende, daß sie die ersten Einwohner Amerikas waren, und über »Schrittsteine« (Inseln) dorthin kamen. Die älteste chinesische Schrift, das »Shan Hai King« aus etwa dem Jahre 2250 v. Chr., enthält eine genaue Beschreibung des Grand Canyon.

Atlantiküberquerungen

Es scheinen keine seefahrttechnischen Gründe dagegen zu sprechen, daß Amerika auf dem Weg über den Atlantik angesteuert wurde. Im Nordatlantik fließt der Irminger Strom von Skandinavien über die Färöer Inseln, Island und Grönland. Hier hätten die Seefahrer überall Proviant aufnehmen können. In der Gegenrichtung hätte der Golfstrom die Schiffe über Neu-Schottland nach England, eventuell auch direkt zu der Iberischen Halbinsel zurücktreiben können.

Alice Kehoe erläuterte zwei archäologische Besonderheiten, die man eigentlich nur mit einem transatlantischen Handelsaustausch erklären kann. Zum ersten tauchten um das Jahr 2500 v. Chr. im Gebiet der Großen Seen Werkzeuge zur Holzbearbeitung und Fischfanggeräte und kurz danach in Skandinavien und dem Baltikum Messer aus Schiefergestein auf. Sie glaubt, daß sich Kabeljaufischer auf dem Atlantik verirrten und die neuen, besseren Messer zur Bearbeitung ihres Fanges mitbrachten. Ihr anderes Beispiel sind die charakteristischen Töpferarbeiten der amerikanischen Frühgeschichte um das Jahr 1000 v. Chr., die den baltischen Töpferarbeiten aus derselben Epoche sehr ähnlich sind. Obgleich die meisten Archäologen der Meinung sind, daß diese Kunst auf die herkömmliche Art und Weise, nämlich auf dem Landweg von Asien dorthin kam, sagt sie: »Falls es so wäre, müßten auf dem Weg Spuren zu entdecken sein.« Und außerdem, »die Archäologen glauben immer noch, daß die Jäger ihren mühsamen Weg über die Meerengen und 3000 Kilometer arktische Küste oder durch die nördliche Tundra gemacht hätten, ohne dabei ihre Tongefäße zu zerstören. Eine viel wahrscheinlichere Erklärung ist, daß die Tongefäße in Fischerbooten über den Atlantik kamen«.

Ein weiterer archäologischer Disput dreht sich um die rätselhaften Steinmonumente und Grabhügel in Neu-England. Es wurden einige hundert entdeckt, die in ihrer Form den europäischen Megalithen ähneln. Die dortigen Reiseführer beschreiben sie – was aber unwahrscheinlich ist – als Bienenstöcke oder Schweinepferche aus der Kolonialzeit. Die dortigen Altertumsforscher sind überzeugt, daß ihr Ursprung wesentlich weiter zurückreicht, und sie ein Beweis für die frühgeschichtliche transatlantische Kolonisation darstellen.

Der mittlere Atlantik

So wie weiter südlich Fahrten zwischen den Mittelmeerländern und Nordafrika stattgefunden haben, kann nicht mehr verneint werden, daß auch Verbindungen zwischen Afrika und Mittelamerika bestanden haben. Auch hier kann man sagen, daß es von der Seefahrttechnik her nicht unmöglich war. Die Konstrukteure der »Ra« wiesen daraufhin, daß die Kombination von Wind und Meeresströmungen »das Boot nach Amerika trieb, ob es die Besatzung wollte oder nicht«.

Historiker, wie z.B. R.A. Jairazbhoy, sind überzeugt, daß im Jahr 1200 v.Chr. Einfluß ägyptischer, afrikanischer, jüdischer und chinesischer Einwanderer den Anstoß für das schnelle Wachstum der Olmec-Zivilisation in Mexiko gab. Aus den Interpretationen der Texte Platos und Diodor geht hervor, daß um das Jahr 1000 v. Chr. die Phönizier mit Amerika Handel trieben. Professor Alexander von Wuthenau von der »University of the Americas«, Mexiko, sammelte 50 Jahre lang aus Stein gehauene Köpfe aus den Jahren 1500 v.Chr. bis 1500 n.Chr. Diese stellen eindeutig bärtige Juden (amerikanische Indianer sind bartlos), afrikanische Neger und andere Rassen dar.

Tonfiguren aus Westmexiko zeigen unbestreitbar semitische Gesichter. Sie stammen alle aus der Zeit von 300 v.Chr.

Thor Heyerdahl ist der Ansicht, daß der Pyramidenkult in verschiedenen amerikanischen Zivilisationen – obgleich in Einzelheiten doch sehr unterschiedlich von denen in Ägypten – zuviel grundlegende Übereinstimmung zeigt, als daß dies nur durch den Einfluß von Seefahrern aus dem Mittelmeer begründet sein kann.

Für die meisten Gelehrten ist es nicht einfach, für diese Verbindungen über die Meere hinweg, die die Entwicklung der Zivilisation in Amerika beeinflußt haben, Beweise zu finden. Aber man kann diese Möglichkeit heute nicht mehr verneinen. Als Hernando Cortez im Jahre 1519 in Mexiko landete, hatte er keinen Zweifel, daß andere schon lange vor ihm dagewesen waren. Zunächst wurde er vom aztekischen Herrscher Montezuma begrüßt. Priester erzählten ihm dann, daß er, Cortez, der zurückgekehrte blonde, bärtige Gott Quetzalcoatl sei, der ihnen vor langer Zeit »vom Sonnenaufgang her« die Zivilisation gebracht habe, dann wieder wegfuhr, aber versprach, zurückzukehren.

Warum sollte dieses dunkelhäutige, bartlose Volk eine blonde, bärtige Gottheit verehren, es sei denn, jemand dieses Aussehens war einmal der lebendige Mittelpunkt ihres religiösen Lebens?

Ungereimtheiten aus der Antike

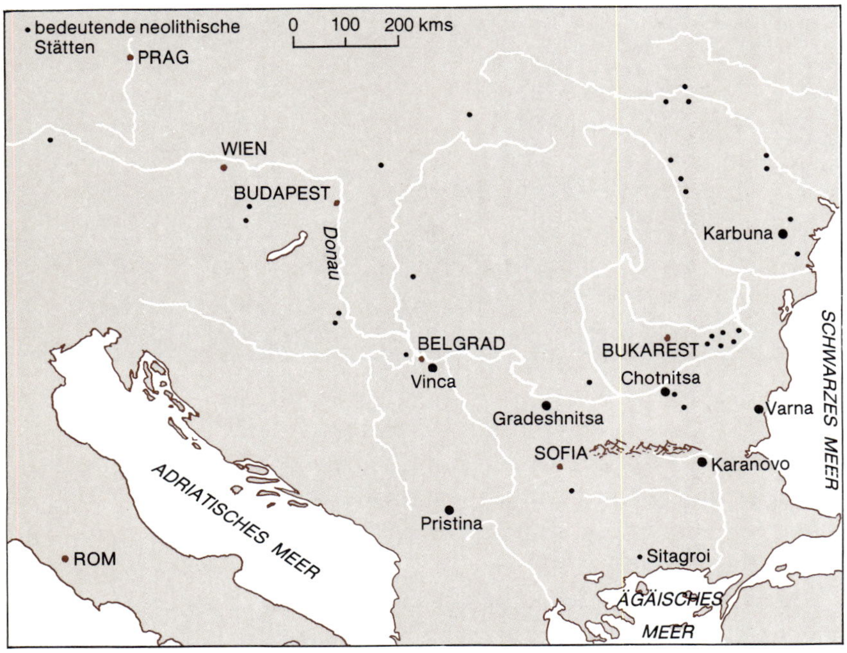

Um 4500 v.Chr. erreichten die Karanovos auf dem Balkan einen Wohlstand, der in der Welt einmalig war. Ihre Kultur begann um mehr als ein Jahrtausend vor der Kultur des Nahen Ostens.

Im Sommer 1977 wurde ein Zwischenbericht über die Funde aus 81 Gräbern an der Schwarzmeerküste Bulgariens herausgegeben, die alle aus der Zeit um 4500 v.Chr. stammen. Bisher hatte man allgemein angenommen, daß sich die technischen Errungenschaften damals auf Steinwerkzeuge, Lehm- oder Holzhütten und einfache Töpferarbeiten beschränkten. Die mit der Aufzeichnung beauftragte Archäologin, Professorin Maria Gimbutas der Universität von Kalifornien in Los Angeles, war von den Funden so beeindruckt, daß sie in wenig wissenschaftlicher Sprache schrieb: »Die Gräber sind sowohl außergewöhnlich in ihrem ungeheuren Reichtum an Gold, Kupfer, Marmor, Obsidian, Feuersteinen, verschiedenen Halbedelsteinen und Muscheln aus der Ägäis, als auch in ihren technischen Ausführungen, die graphit- und goldbemalten Tongefäße eingeschlossen.«

Wieder einmal bestätigten archäologische Funde die Lieblingsthesen der Altertumsforscher: Vor vielen Jahren blühte mitten im Herzen Europas eine inzwischen verlorene Zivilisation, die ihrer Zeit weit voraus war. Unabhängig und abgeschieden von den Megalith-Erbauern auf der einen und den Ackerbau und Städtebau betreibenden Völkern des Nahen Ostens auf der anderen Seite, scheinen diese Menschen ein friedliches Leben geführt zu haben. Sie waren reich, aber auch Verfechter der Gleichheit (nur fünf Gräber hatten keine reiche Ausstattung). Das Auffälligste war, daß ein reicher Mann mit einem Übermaß an Goldschmuck begraben wurde: drei goldene Halsbänder, drei massiv goldene Armreifen an jedem Arm, zwei goldene Ohrringe, sechs goldene Haarspangen und verschiedene Goldplatten, die auf die Bekleidung aufgenäht waren. An seiner Schulter lag, wie es Maria Gimbutas beschreibt, »eine Streitaxt von hervorragender Qualität, deren Stiel in einem goldenen Köcher steckte«. Auf der anderen Seite lag ein Kupferspeer, dessen Schaft ebenfalls vergoldet war.

Technologische Leistungen

Diese Entdeckung bestätigt, daß bisher die intellektuellen und technologischen Leistungen dieser Menschen aus der Frühzeit weit unterschätzt wurden. Ihre hohe geistige Fähigkeit zeigt sich daran, daß sie schon in der Steinzeit Astronomie, Mathematik und die Fertigung von Landkarten beherrschten (Seite 125 und 135). Es gab beachtliche Talente beim Anfertigen von Steinwerkzeugen, bei der Bearbeitung von Steinen und dem Erstellen von Bauwerken (Seite 66), bei der Seefahrt (Seite 131) und der Metallkunde. Die kürzlich entdeckten Funde sind dafür ein gutes Beispiel. Schon 1977 gab der Leiter des Instituts für archäologische Metallforschung, Professor Benno Rothenberg, bekannt, daß er in Israel und Spanien Kupferminen und -schmelzstätten entdeckt habe, die aus der Zeit um 4000 v. Chr. stammen. Damit verschob sich das bisher bekannte Datum der ersten Kupferbearbeitung um 2000 Jahre, und dies bedeutete gleichzeitig »eine völlige Neuordnung unserer Vorstellungen über den Abbau von Metallen in der Frühzeit«.

Inzwischen fanden die Archäologen Adrian Boshier und Peter Beaumont im südlichen Afrika Beweise für den Abbau von Ocker, die diese nahöstlichen und europäischen Jahreszahlen in den Schatten stellen. Kohlenstoffversuche an der holländischen Universität in Groningen zeigen, daß die Minen bereits in der Zeit von 26 000 bis 20 000 v. Chr., eventuell sogar schon 40 000 v.

Chr. in Betrieb waren. In einer anderen Mine fand man 50 000 bis 35 000 Jahre alte eingekerbte Knochen, »die zeigen, daß die Menschen in diesem Zeitalter schon Zahlen kannten«. Die beiden Wissenschaftler konnten ihre eigenen Funde kaum selbst glauben, als sie berichteten, daß sie zu dem Schluß gekommen waren, »daß der Anfang des Bergbaus in Swaziland sehr wahrscheinlich zwischen 70 000 bis 80 000 Jahren v. Chr. liegt«.

Von Menschen geschaffene Wunder

Entdeckungen dieser Art teilen die Geschichtsforscher in zwei Lager. Auf der einen Seite befinden sich die orthodoxen Archäologen. Sie haben zu einer Zeit gelernt, als es ketzerisch war, daran zu zweifeln, daß die Zivilisation in der Zeit um 3000 v. Chr. mit der Einführung von Schriftwerken begann und vom Nahen Osten ausging. Für diese Gruppe und auch für die, die ihre Ansichten etwas angepaßt haben und zustimmen, daß die Entwicklung der Zivilisation von verschiedenen Punkten ausgegangen sein muß, sind alle Funde aus der Frühzeit, wie z. B. Schreibtafeln oder Blitzableiter, auf den ersten Blick Betrug oder auf falschen Daten beruhende Fehleinschätzungen. Auf der anderen Seite stehen Autoren, die hinter jedem archäologischen Fund, sei es ein Steinkopf, eine Pyramide oder ein Rad, ein Beispiel für außerirdische Einflüsse und/oder verlorengegangene hochentwickelte Technologien aus einer unbestimmten Vorzeit sehen.

Für die beiden Gruppen sind die neuen Entdeckungen gute Hinweise darauf, welche Wunder der Mensch selbst vollbringen kann, ohne die Hilfe von reisenden ägyptischen Priestern oder Lebewesen aus dem Weltraum.

Elektrizität im Altertum

Ein Beweis dafür ist die Elektrizität. Beim Bau einer Eisenbahnstrecke in der Nähe von Bagdad stießen 1936 Arbeiter auf ein altes Grab. Während der nächsten zwei Monate fand man unter der Aufsicht des irakischen Ministeriums für alte Geschichte 613 frühgeschichtliche Gebrauchsgegenstände, die aus der Zeit von 248 v. Chr. bis 226 n. Chr. stammen (Perlen, Lehmfiguren, gravierte Steine usw.). Darunter erweckte ein Gegenstand besonderes Interesse: ein Kupferzylinder mit einem Eisenstab. Der damals für das Laboratorium des irakischen Museums arbeitende deutsche Archäologe Wilhelm König identifizierte diesen als eine wahrscheinlich einfache elektrische Batterie. Wieder in Deutschland, verglich er im Berliner Museum den Fund mit anderen, im Irak entdeckten Zylindern und Stäben. Alle zeigten die gleichen Verfallserscheinungen, die durch Säure entstanden sein könnten. Er schloß daraus, daß bis zu zehn Batterien zu einer Einheit zusammengefaßt waren, um die elektrische Energie zu verstärken. Der Zweck dieser Batterien bestand darin, den nötigen Strom für die Galvanisierung des Gold- und Silberschmucks zu liefern.

Man schenkte diesem bemerkenswerten Fund zunächst wenig Aufmerksamkeit. Die Gründe hierfür faßte der englische Chemiker und Physiker Walter Winton, der den Umzug des irakischen Museums in die neuen Räume im Jahr 1962 überwachte, zusammen: »Erzählen Sie einem Physiker, daß es bereits 15 Jahrhunderte vor Galvani und seinen Froschschenkelversuchen elektrischen Strom gab, und er wird sagen: ›Unsinn! Lächerliche Spekulation! Unmöglich!‹ Auch ich habe so reagiert, als ich zum ersten Mal davon hörte. Ich war sehr mißtrauisch und dachte an eine Fehleinschätzung der Tatsachen, ein Schwindel, ein Betrug oder eine

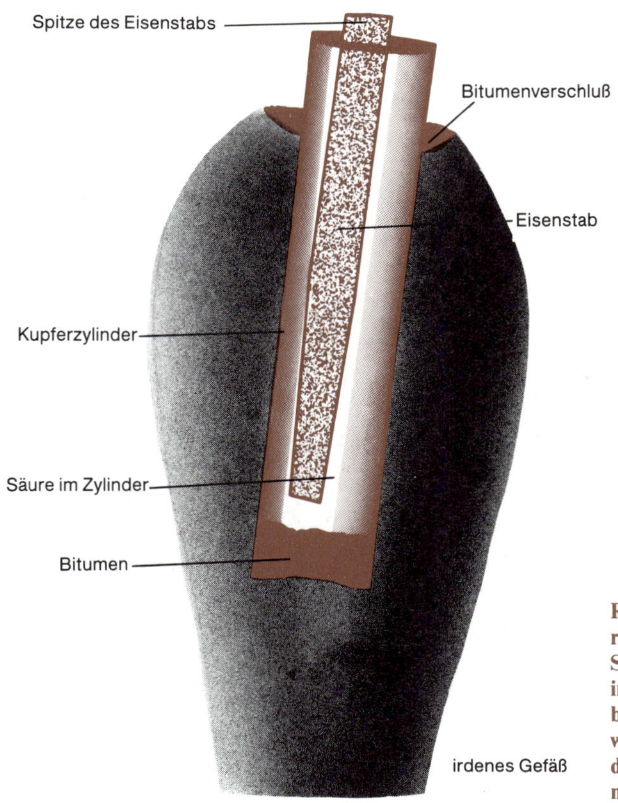

Rekonstruktion einer Batterie, die wahrscheinlich von Silberschmieden in Bagdad in der Zeit um Christi Geburt verwendet wurde. Dies war 15 Jahrhunderte vor der ersten Batterie Galvanis.

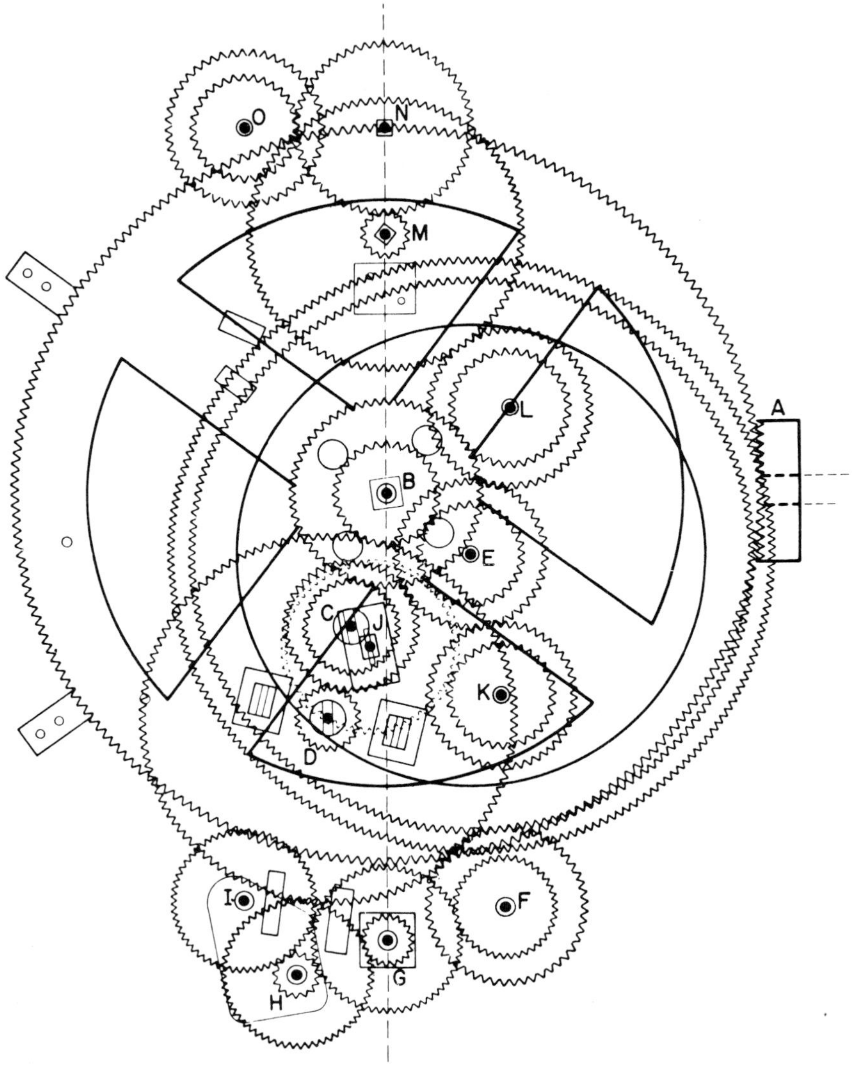

Derek de Solla Price rekonstruierte einen Zeitmesser, der von den Griechen etwa 65 v.Chr. benutzt wurde. Taucher fanden die Teile vor der Insel Antikythera.

lächerliche Einbildung. Denn wenn dies der Wahrheit entsprach, wäre es die größte Sensation in der Geschichte der Wissenschaft.«

Einfache elektrische Batterien

Als er jedoch den Fundgegenstand zum erstenmal sah, erkannte er in ihm eine einfache elektrische Batterie. Er sagt heute: »Obwohl ich kein Archäologe bin, sah ich darin sofort die einfachste wissenschaftliche Lösung. Ich kann mir nicht vorstellen, welchen anderen Zweck sie gehabt haben könnte. Um allerdings den absoluten Beweis zu erhalten, brauchte man einige weitere Teile, wie z.B. die Verbindungskabel. Ich hielt es für wichtig, meine Ansicht bekannt zu machen, damit die Archäologen künftig bei ihrer Suche auch auf solche Gegenstände achten. Ist denn die praktische Anwendung des elektrischen Stroms zu jener Zeit so undenkbar? Ich bin sicher, daß die Fähigkeiten der frühgeschichtlichen Völker oft weit unterschätzt werden. Es ist einfach der arrogante Stolz unserer modernen Wissenschaft, daß wir nicht glauben wollen, daß der elektrische Strom schon vor 2000 Jahren bei unseren Vorfahren in Mesopotamien bekannt war.«

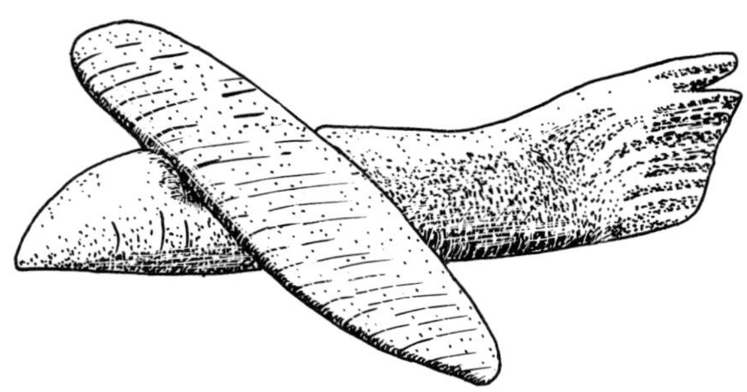

Zeichnung eines Flugmodells, das in der Nähe der Stufenpyramide von Saqqara gefunden wurde. Es entspricht ungefähr ⅓ der Originalgröße.

Versuche mit elektrischer Spannung

Bei zwei verschiedenen Versuchen in den USA wurden die Zellen nachgebildet und lieferten 18 Tage lang jeweils 0,5 Volt Strom. Als Elektrolyt wurden 5prozentige Lösungen aus Essig, Wein oder Kupfersulfat verwendet. Schwefel- oder Zitronensäure, die es zur damaligen Zeit gab, hätten den gleichen Zweck erfüllt. Mit dem Wissen über die Nutzung des elektrischen Stroms zur damaligen Zeit eröffnen sich viele neue Möglichkeiten.

Das Vergolden und Versilbern gab es in Mesopotamien schon 2000 Jahre und im heutigen Bulgarien schon 4000 Jahre früher. Wann wurde diese Technik zum ersten Mal angewandt? Ist sie der Ursprung für die Alchimie, die Umwandlung von Metallen in Gold? Die mögliche Antwort muß »ja« heißen.

Nun scheint auch die anscheinend dumme Annahme, daß die Erbauer der Pyramiden elektrischen Strom kannten, nicht mehr so weit hergeholt. Es gibt ein Rätsel, auf das Sir Norman Lockyer im 19. Jahrhundert stieß. Tief in den Pyramiden, in absoluter Dunkelheit, sind viele Zeichen in den Stein gemeißelt. Obgleich die Künstler dafür auf jeden Fall Licht benötigten, gibt es keine Anzeichen für den Gebrauch von Fackeln oder Öllampen, die Spuren an den Wänden hinterlassen hätten.

Verwendeten sie vielleicht Batterien zur Lichterzeugung? Steinzeichnungen an den Grabwänden von Dendera zeigen Gegenstände, die große Ähnlichkeit mit Isolatoren und elektrischen Birnen haben. Daß man bisher noch keine entsprechenden Funde gemacht hat, könnte die gleiche

Ursache haben, wie bei den Batteriefunden in Bagdad: es gibt kaum einen Archäologen, der solche Gegenstände richtig einordnen kann.

Es bestehen noch weitere Ungereimtheiten aus der jüngere Vorgeschichte, die in halbwissenschaftlichen Büchern dargestellt werden. Auch sie zeigen viele praktische Beispiele wissenschaftlicher Anwendung der Mechanik.

An der Vorderfront ägyptischer Tempel gab es bis zu 30 Meter hohe hölzerne Flaggstöcke, die an der Spitze mit einer Kupferschicht versehen waren. Nach einer ptolemäischen Inschrift aus dem Jahr 320 v.Chr. war ihr Zweck, »den Blitz vom Himmel zu holen«. In Saqqara, wo die erste Stufenpyramide stand, fand man das Modell eines aerodynamisch wohldurchdachten Segelflugzeuges mit einer Flügelspannweite von 18 Meter. Es ist zweifelhaft, ob es das maßstabgerechte Modell eines größeren Flugkörpers war, wird aber oft mit Leonardo da Vincis Flugmodell verglichen, – das zwar durchaus hätte fliegen können, aber in der Praxis nie erprobt wurde. Vor der griechischen Insel Antikythera fanden Taucher teilweise korrodierte Metallteile, deren Ursprung auf das Jahr 65 v. Chr. zurückgeht, und die zusammengesetzt einen komplizierten Mechanismus aus Zahnrädern und Zahlenscheiben ergaben.

1959 konnte Derek J. de Solla Price vom »Princton Institut for Advanced Study«, New Jersey, beweisen, daß dies die einfache Konstruktion eines Analogie-Rechengerätes war, mit dem astronomische Berechnungen durchgeführt werden konnten. In der Zeitschrift »Scientific American« erklärte er, daß es seiner Ansicht nach »ein bißchen beängstigend sei, daß die alten Griechen kurz vor dem Niedergang ihrer Zivilisation nicht nur in ihrem Denken, sondern auch in ihrer Technologie unserem heutigen Stand der Technik so nahe waren«.

Schöpferische Talente

Solche Funde (und zweifellos könnten es mehr sein, wenn man verstärkt suchen würde) geben Anlaß zu einer Neueinschätzung des vererbten menschlichen Verstandes. Sie sind von großer Bedeutung als Hintergrundinformation für unser nächstes Kapitel: die viel diskutierten Funde früher Schriften. Wenn alte Völker in der Lage waren, den Nutzen der Elektrizität zu entdecken und das Wesen des Fliegens zu erforschen, wer könnte dann die Grenzen für ihre anderen Fertigkeiten aufzeigen, so unwahrscheinlich sie auf den ersten Blick auch sein mögen?

Die unlesbaren Schriften

Wer erfand Schriftzeichen und wann? In den Lehrbüchern steht die Antwort: die Sumerer etwa 3500 v. Chr., um den Anforderungen des geordneten Gemeinschaftslebens gerecht zu werden. Durch die Schrift war es z.B. möglich, das Eigentum des einzelnen zu dokumentieren, Waren zu verteilen, die Löhne der Arbeiter festzulegen und auf rationelle Weise viele notwendige Verwaltungsarbeiten zu erledigen. Die Ägypter übernahmen dann diese Idee von den Sumerern (obwohl ihre Hieroglyphen wenig gemeinsam haben). Später entwickelten die Hebräer und die Phönizier daraus ihre Schrift. Dabei entstand ebenfalls die heute verwendete lateinische Schrift, die aus dem Phönizischen und dem Griechischen abgeleitet wurde. Auch die Chinesen entwickelten ihre Schriftzeichen unter dem Einfluß des Nahen Ostens.

Der eigentliche Ursprung der Schrift scheint aber viel komplizierter zu sein, als hier beschrieben. Die Zivilisationen der Neuen Welt zeigen verschiedene Formen der geistigen Bildung. Die Inkas kannten keine Schrift in unserem Sinne. Um ihre Mitteilungen weiterzugeben, verwendeten sie »Quippu«, eine Knotenschrift, die aber bis heute noch nicht entziffert werden konnte. Die Azteken gebrauchten ihre Bilderschrift nur für religiöse und rituelle Zwecke sowie für die Zeitbestimmung. Auch die Ägypter benutzten ihre frühen Hieroglyphen nur für Inschriften von religiöser oder staatlicher Bedeutung, aber nicht für den allgemeinen Gebrauch.

Zweifel an den Sumerern

Hierzu gesellen sich viele Zweifel, ob die Sumerer wirklich die ersten waren, die die Schrift erfanden. Für den wissenschaftlichen Außensei-

Der Farmarbeiter Emile Fradin, der mit seinen Entdeckungen im Jahre 1924 ein halbes Jahrhundert lang die Archäologen beschäftigte.
(rechts)
Mit seinem Freund und Gönner Dr. A. Morlet bei der Untersuchung der Fundstelle.

ter, der über die heute bekannten Leistungen der Frühzeit gelesen hat, dürfte es keinen Zweifel geben, daß die gedankliche Fähigkeit zum Schreiben schon seit etwa 40 000 Jahren gegeben war. Die Frage ist nur, wo und aus welchem Anlaß der Anstoß dazu kam.

Zeitmarkierungen auf Knochen aus der Frühsteinzeit veranlaßten Alexander Marshack zu

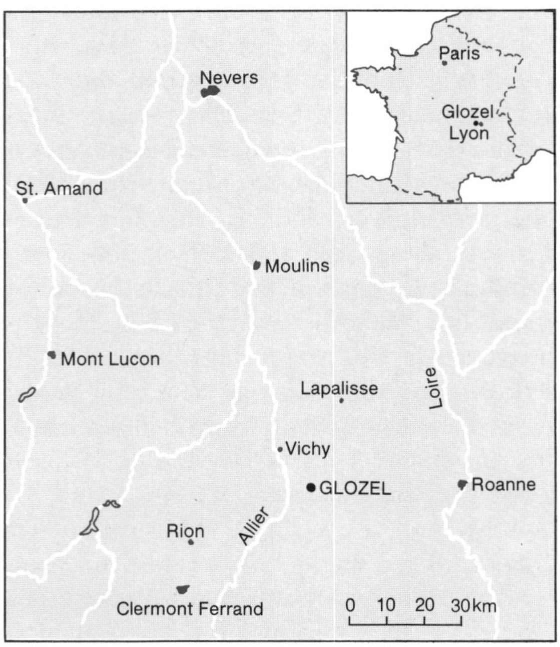

Glozel; eine ähnliche Fundstelle wurde bisher nicht wieder entdeckt.

der Feststellung, daß »sie aus einer früheren Epoche stammen, die mindestens 25 000 Jahre alt ist«. Bei Mas d'Azil in Frankreich fand man rätselhafte Markierungen auf Kieselsteinen aus der Zeit um 10 000 v. Chr. Die astronomischen Beobachtungen der megalithischen Zeit und die Anfertigung von Karten der frühgeschichtlichen Seefahrer sind undenkbar ohne eine Art von schriftlichen Aufzeichnungen. Alles in allem scheint es unwahrscheinlich zu sein, daß es etwa in der Zeit zwischen 35 000 v. Chr. und 3500 v. Chr. keine Schriften gegeben haben soll. Vielmehr wird es so sein, daß wir sie noch nicht entschlüsselt haben.

Dies mag zum Teil an einem archäologisch sehr merkwürdigen Fund in diesem Jahrhundert liegen: Man entdeckte 1920 auf einem Acker bei Glozel, in der Nähe von Vichy in Südfrankreich, außergewöhnliche Mengen von Gebrauchsgegenständen und nicht entzifferbare Schrifttafeln. Es kam zu einem großen archäologischen Skandal. Für die eine Seite der Archäologen wurde die revolutionäre Bedeutung für die Forschung der Vorgeschichte herausgestellt, für die andere Seite war dies alles ein großer Bluff. In der darauf von der Öffentlichkeit stark beachteten Debatte schienen diejenigen, die an Betrug glaubten, die Oberhand zu behalten.

»Nicht ganz astrein«

Die Art, wie das Ganze behandelt wurde, zeigt, wie schwierig es ist, eine Sache durch spätere Beweise richtig zu stellen, wenn man einmal von falschen Voraussetzungen ausging. (Etwas ähnliches ereignete sich in der Altersbestimmung von ägyptischen und griechischen Funden. Näheres darüber auf Seite 196.) Für die Ausgrabungen bei Glozel liegt das Hauptproblem darin, daß etwas Gleichartiges bisher noch nicht entdeckt wurde.

Auf einem Acker, dem »Champ des Morts«, wurde eine Vielzahl von fremdartigen Gegenständen, darunter mehr als 300 Tongefäße gefunden. Es ist eine erstaunliche Mischung, die man heute in dem örtlichen Museum besichtigen kann: Töpferarbeiten (Urnen, Lampen, Phallus-Symbole und Tontafeln), geschnitzte Knochen, mit Zeichen versehene Kieselsteine und verschiedene Werkzeuge aus Steinen und Knochen. Einige von ihnen sind zweifellos sehr alt, wie z. B. eine geglättete Steinaxt. Andere wiederum nur einige hundert Jahre alt, wie z. B. gebrannte Glasstücke, die wahrscheinlich aus dem Mittelalter stammen. Aber alles ist von totaler unbekannter Herkunft. Und obwohl das Alter nach kürzlichen wissenschaftlichen Prüfungen auf etwa 2000 Jahre geschätzt wird, erhebt sich die Frage, warum wurden sie im Boden vergraben? Man fand z.B. auch keine, bei solchen Funden sonst üblichen Gegenstände, wie Tonscherben und Münzen.

Für einen Archäologen ist dies höchst verdächtig. So schrieb auch 1975 Professor Colin Renfrew aus Southampton: »Um beim üblichen Jargon zu bleiben, irgend etwas ist bei den Funden von Glozel nicht ganz astrein.«

Die ersten Funde

Zu den archäologischen Problemen kommt noch hinzu, daß die Ausgrabungen nicht von Fachleuten durchgeführt wurden.

Den ersten Fund machte der Bauernjunge Emile Fradin, der das Feld pflügte. Eines der Zugtiere brach in einen flachen Graben von 50 Zentimeter Tiefe und drei Meter Länge ein, der von glasüberzogenen Steinen und Ziegeln begrenzt war und später als ein mittelalterlicher Brennofen identifiziert wurde. Auf dem Ziegelboden lagen Tonscherben und eine geglättete Steinaxt. Auf Anraten seines Lehrers grub der Junge in der Umgebung weiter und entdeckte nach und nach immer mehr Gegenstände.

Wie diese ersten Funde gemacht wurden, ist sehr bedeutsam für die ganze Geschichte. Die Glozel-Gegner stellten fest, daß bis zum Eingreifen des Lehrers M. Clément nichts Wichtiges, vor allem keine unbekannten Schriften, gefunden wurden. M. Clément selbst behauptet, daß er Emile Fradin illustrierte archäologische Bücher gezeigt habe, bevor die ersten Schrifttafeln entdeckt wurden. Die meisten Forscher scheinen ihm geglaubt zu haben. Die Professorin Dorothy Garrod, das englische Mitglied der Glozel-Kommission von 1927, schrieb 1968 in einem Memorandum, daß der Junge nach Cléments Auftauchen »verschiedene Sachen zutage förderte, die nichts mehr mit denen zu tun hatten, die vorher gefunden worden waren«.

Cléments Behauptung steht im Widerspruch zu den vorliegenden Beweisen. Emile Fradin machte seinen ersten Fund am 1. März 1924 und Clément wurde erst vier Monate später, am 9. Juli aktiv. In der Zwischenzeit hatten viele Ortsansässige die Fundstätte besucht, und nicht weniger als 43 von ihnen sagten später gegenüber Zeitungen und auch vor Gericht aus, daß

Einmalige Charakteristiken eines aus Stein gemeißelten Gesichts. Die Zeichen auf dem unteren Tongefäß sind nicht zu deuten.

Beispiele der nicht entzifferten Zeichen, die bei Glozel gefunden wurden. Man nimmt an, daß sie okkulte Bedeutung haben und bei heidnischen Zeremonien verwendet wurden.

Eine französische Forschergruppe glaubt an die Echtheit der Funde. In englischen Nachforschungen wird die Echtheit angezweifelt.

LES DISPUTES DES VIVANTS AUTOUR DU CHAMP DES MORTS

GLOZEL EST AUTHENTIQUE

Telle est la conclusion des savants qui viennent d'y pratiquer des fouilles

[DE NOTRE ENVOYÉ SPÉCIAL]

VICHY, 15 avril. — *Par téléphone.* — Le comité d'études glozélien a terminé vendredi ses fouilles dans le champ des morts.

Cette dernière journée, qui a amené d'intéressantes découvertes, fut marquée par un curieux incident. Devançant leurs collègues, quatre membres du comité s'étaient, dès sept heures du matin, acheminés vers le champ des morts et s'étaient mis au travail avec la collaboration des deux terras-

LES FOUILLES DU COMITÉ DANS LE CHAMP DES MORTS

Au bord de la tranchée, on reconnait : MM. FOAT (1) *et* SODERMAN (2), *le docteur* ARCELIN (3), MM. LOTH *fils* (4) *et* LOTH *père* (5).

zumindest eine der Schrifttafeln unter den ersten Fundstücken war.

Daher muß diese in jedem Fall echt sein, oder er hätte ohne eigene Kenntnis der Materie schon damals eine Fälschung gefertigt. Auch die bereits am ersten Tag auf dem Boden des Brennofens gefundenen Töpferarbeiten sollten als Beweis genügen, da sie mit den späteren Funden übereinstimmen, die er unter Anleitung gefälscht haben soll.

Neben M. Clément wurden noch zwei weitere Personen als Urheber des Betruges angesehen: der bekannte Direktor des französischen Museums für Nationale Altertümer, M. Salomon Reinach, und ein Lehrer aus Vichy, Dr. A. Morlet. Reinach hielt die Funde für wichtig und übersandte Clément zur Unterstützung verschiedene Dokumente und Bücher, was Dorothy Garrod »als Anleitung zu einem organisierten Betrug« bezeichnete.

Dr. A. Morlet wird in den englischen Darstellungen als Hauptanstifter der Fälschungen bezeichnet. Diese Ansicht vertrat die Glozel-Kommission des Jahres 1927, die aus acht vom »International Institute of Anthropology« bestellten Archäologen bestand. Sie kam nach einem etwas oberflächlichen Vier-Tage-Besuch zu dem Ergebnis, daß alle Gegenstände, die sie überprüft hatten, Fälschungen seien. Ausnahmen waren nur einige Steinäxte und die im Brennofen hergestellten Tonwaren und Gläser, die aus jüngerer Zeit stammten.

Geheime Nachforschungen

Dorothy Garrods Bericht über die Nachforschungen erzählt, daß bei Ankunft der Kommission schon viele Gräben ausgehoben waren, unter anderem auch von bekannten Persönlichkeiten, wie z. B. dem rumänischen König. Nachdem die Kommission sich eine Stelle zum Graben gesucht hatte, arbeiteten die Mitglieder drei Tage lang, ohne den neugierigen Reportern und Fotografen Gelegenheit für Berichte zu geben. Abends schlossen sie sich in einem Hotelzimmer ein und achteten peinlich genau darauf, daß es keine unliebsamen Zuhörer und Lauscher gab.

Am ersten Tag entdeckten sie nichts – weil, wie Dorothy Garrod schrieb, »die Betrüger noch keine Zeit hatten, unsere Grube mit den notwendigen Fundstücken auszustatten und sie nicht wußten, welche Stelle wir uns aussuchen würden. Aber am zweiten Tag fanden wir typische glozelanische Gegenstände, wie ein kleines rundes Knochenstück mit eingeritzten Zeichen und eine der berühmten Tafeln. Diese Tontafeln waren nicht groß, ziemlich weich, und hatten außergewöhnliche Zeichen, nämlich phönizische Buchstaben und verschiedene bedeutungslose Zeichen durcheinander. Das Ganze sollte eine Inschrift darstellen.«

Eine unentdeckte Tafel

Außer durch den einmaligen Charakter der Tafel wurde das Mißtrauen der Kommission dadurch geweckt, daß die Erde an der Fundstelle offensichtlich von anderen Personen aufgewühlt war. Die Kommission wahrte jedoch Stillschweigen darüber und präparierte die Stelle, damit während der Nachtzeit niemand etwas verändern konnte. Als Morlet dies am nächsten Morgen feststellte, überprüfte Dorothy Garrod gerade die Markierungen. Es kam zu einem heftigen Wortwechsel, wobei er ihr vorwarf, selbst Fälschungen vorzunehmen, um ihn in Mißkredit zu bringen. An diesem Tag wurden auch keine weiteren Funde gemacht. Zu Beginn des nächsten Jahres gab die Kommission ihr Urteil bekannt: die gefundenen Gegenstände, einschließlich der Tafeln, waren gefälscht.

Der Herausgeber der Zeitschrift »Antiquity«, O.G.S. Crawford aus Cambridge, war darüber hocherfreut. Er war schon immer ein Gegner der Glozel-Funde gewesen und schrieb: »Nach einem kurzen, aber blühenden Leben hat sich die Sache von selbst erledigt. Auf dem Schlachtfeld liegen die Leichen einiger gelehrter Persönlichkeiten . . . Wir sollten Glozel ganz schnell vergessen.«

Aber das war nicht das letzte Wort in dieser Angelegenheit. Unter der Leitung von Salomon Reinach nahm 1928 eine französiche Kommission den Vorgang wieder auf und kam zu einem völlig anderen Ergebnis. Man entdeckte verschiedene Gegenstände, darunter auch eine Tafel mit Fingerabdrücken. Die Fingerabdrücke paßten aber weder zu Fradin oder seiner Familie noch zu anderen Personen aus seiner Umgebung. In den folgenden Jahren wurden Fradin und Morlet in drei Gerichtsverhandlungen des Betrugs angeklagt. Zwei Verhandlungen gingen in die Berufung.

Die englische Meinung blieb jedoch weitgehend unverändert und 1974 schrieb Glyn Daniel, der Nachfolger von Crawford: »Kaum jemand kann daran zweifeln, daß die meisten der in Glozel gefundenen Gegenstände in den Jahren 1924–27 hergestellt wurden.« Sein provozierender Kommentar rührte wohl daher, daß 1974 vier Physiker die Fundstücke mit einem Wärme-Lichtverfahren untersucht und ihren Ursprung auf die Zeit von 700 v. Chr. bis 100 n. Chr. festgelegt hatten. Wie alle wissenschaftlichen Verfahren zur Altersbestimmung ist auch dieses neue Wärme-Lichtverfahren für Laien schwer verständlich. Es wird aber weitgehend anerkannt bei der Feststellung, wann keramische Erzeugnisse gebrannt wurden.

Dr. Salomon Reinach, der ehrenwerte französische Museumsdirektor, auf dem Weg zur Fundstätte. Er glaubte, daß die Funde aus der Zeit um 4000 v.Chr. stammen.

Glyn Daniel ergriff sofort die Gelegenheit und schrieb in »Antiquity«: »Eines ist sicher: irgend jemand hat sich geirrt. Entweder sind die Daten, die dieses Verfahren liefert, falsch – aber alle unsere wissenschaftlichen Kollegen versichern uns, daß dies nicht sein kann – oder viele der ehrenwerten Archäologen, die seit 1925 den Standpunkt vertreten, daß die Funde Fälschungen sind, haben sich geirrt . . . Diese Zeitschrift ist ein wichtiges Dokument in der Wiederaufnahme der Affäre Glozel. Und während wir dies veröffentlichen, fragen wir uns, ob sich Crawford nicht im Grabe umdrehen muß. Hat sich die Glozel-Kommission des Jahres 1927 geirrt?«

Weitere Wärme-Lichtprüfungen haben gezeigt, daß dies in wissenschaftlicher Hinsicht auf jeden Fall zutrifft. Verschiedene Laboratorien stimmen heute darüber ein, daß bei 27 ausgewählten keramischen Gegenständen das Alter in der Zeit von 350 v.Chr. bis 250 n.Chr. liegt. Ein Röntgentest mit der Zehe einer Kuh, die in einer der Urnen gefunden wurde, führte zu den gleichen Daten. Außerdem beweist eine Schrifttafel, die mit Glas aus dem 18. Jahrhundert

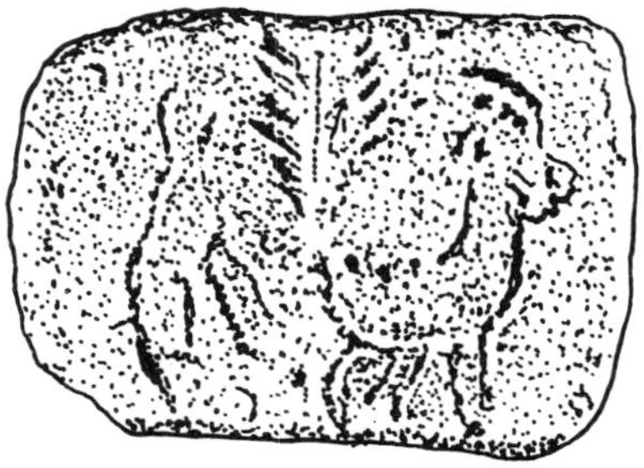

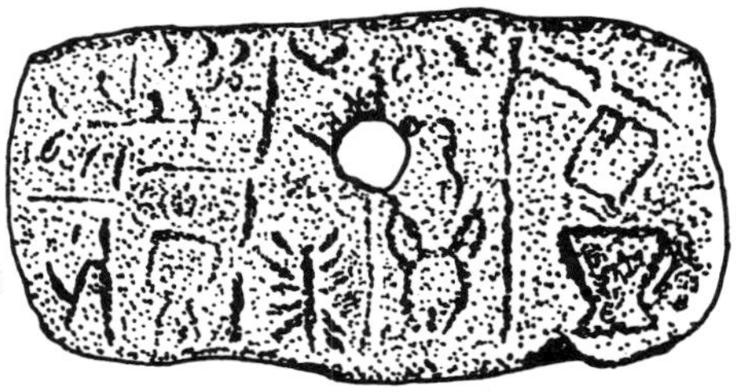

Die Schriftzeichen auf den tartarischen Tafeln (oben) scheinen aus einer Zeit vor der ersten bekannten Schrift zu stammen, die bei Dschemdet Nasr gefunden wurde (Mitte). Es gibt offensichtliche Ähnlichkeiten in der Gestaltung.

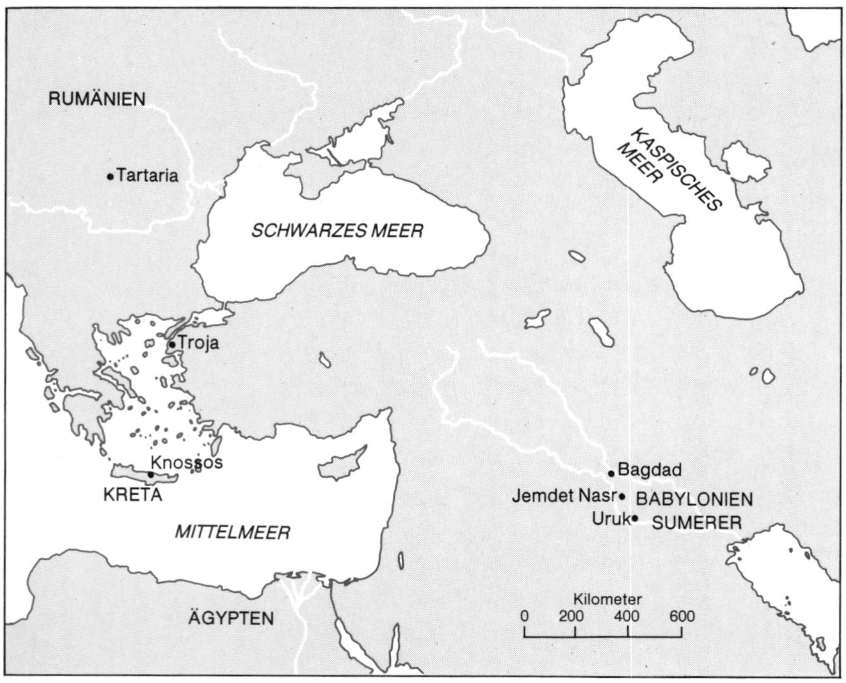

überzogen ist, daß diese Tafel nicht erst 1920 beschriftet werden konnte.

Mit anderen Worten, der wissenschaftliche Beweis ist schlüssig. Dr. Hugh McKerrell, einer der vier Wissenschaftler, schrieb 1977: »Wir haben jetzt alle nur möglichen Aspekte der Fälschung oder zufälliger Täuschung durch das Wärme-Lichtverfahren ausschließen können. Jedes Stück, das wir untersucht haben, ist mit Sicherheit keine neuere Fälschung.«

Obgleich Glyn Daniel sich immer noch hartnäckig dagegen wehrt, seine Meinung zu ändern, kann er doch nur noch schreiben: »Die Wissenschaftler sind verwirrt und produzieren verworrene Ergebnisse.« (Worauf Dr. McKerrell antwortete: »Vielleicht sind Sie es, der verwirrt ist, da die wissenschaftlichen Ergebnisse eine zu klare Sprache sprechen.«)

Aber wieder einmal ist das Thema »Glozel« für die »Antiquity« nicht existent.

Vorläufer der Schrift

Die Schrift auf den Glozel-Tontafeln ist immer noch nicht entziffert. Nach der bis heute wahrscheinlichsten Theorie besteht sie aus einer großen Zahl von magischen Zeichen, die von Stammeszauberern verwendet wurden und eigentlich nicht als Schrift zu verstehen sind. Ihre Bedeutung liegt aber besonders in der Tatsache, daß die archäologische Fachwelt sich dagegen wehrt, sie als eine der ältesten Schriften anzusehen. Für die älteste Schrift hält man die inzwischen in Bulgarien gefundenen Tartarischen Tafeln, die allgemein für echt gehalten werden und offensichtlich Ähnlichkeiten mit den bei Jemdet Nasr gefundenen Schriften der Sumerer haben.

Diese Tartarischen Tafeln sind um mindestens 1000 Jahre älter als die von Jemdet Nasr und zeigen wieder einmal, daß die »Barbaren« des neolithischen Europas Talente und Wissen schon vor der bisher angenommenen Zeit hatten.

Wie Varna, wo erstaunliche Mengen Gold und Silber gefunden wurden (siehe die vorhergehenden Seiten), ist auch Tartaria Teil der Vinca-Kultur. Schon um 4500 v.Chr. bauten ihre Völker Getreide an, züchteten Tiere und befuhren das Schwarze Meer, die Ägäis und das Mittelmeer. Bis man vielleicht irgendwo in Europa frühere Schriften findet, muß man annehmen, daß diese Menschen als erste schreiben konnten.

Kapitel 6
Die Vorzivilisation

In den vorhergehenden Kapiteln haben wir uns bemüht, die Vorgeschichte aus einem anderen Blickwinkel zu sehen. Dies ist etwas schwieriger zu verstehen und ungenauer, als es die herkömmlichen Lehrbücher beschreiben. Dazu kommen die Thesen über bisher nicht bekannte und nirgends aufgezeichnete Ereignisse, die das Leben auf der Erde beeinflußt haben. Wir wissen heute nur sehr wenig über die Fähigkeit früherer Erdbewohner, sich die Erde nutzbar zu machen, und wie es z. B. schon in der Steinzeit möglich war, die entferntesten Gebiete zu erforschen und auf Landkarten festzuhalten.

In wissenschaftlichen Kreisen wird heute zwar anerkannt, daß Menschen schon vor der bisher angenommenen Zeit über gewisse technische Fähigkeiten verfügten, im großen und ganzen aber werden solche Thesen abgelehnt, da sie nicht nachweisbar sind.

Es gibt aber zwei wichtige Gesichtspunkte, die man nicht übersehen darf und die auf jeden Fall vorgestellt werden müssen. Der erste ist, daß unsere heutige Zivilisation das vorläufige Ende einer ganzen Reihe bereits vergangener Zivilisationen darstellt. Wir alle glauben an ein vergangenes »Goldenes Zeitalter« und den Garten Eden.

Der zweite Gesichtspunkt besteht darin, daß die Entwicklung des Lebens auf der Erde, besonders der Menschen, von außerirdischen Lebewesen unterbrochen und in andere Bahnen gelenkt wurde. Tatsächlich ist keine dieser Ansichten, besonders die erste, so unmöglich oder verrückt, wie es vielleicht anfangs klingen mag. Leben in der jetzigen Form gibt es seit höchstens 50 000 Jahren, und die bedeutsame Entwicklung unserer Zivilisation hat nur etwa 10 000 Jahre gedauert. Leben in irgendeiner Form gibt es auf der Erde aber seit mindestens 500 Millionen Jahren. Wie oft kann es während dieser Zeitspanne Gesellschaftsformen gegeben haben, die entstanden sind und wieder verschwanden, so wie es Plato und die heidnischen Philosophen beschrieben haben? Die Antwort kann nur sein: viele Male. Immanuel Velikovsky z. B. (Seite 37) zweifelt nicht daran: »Vor dem jetzigen Erdzeitalter gab es die gleiche Erde mehrere Male. Sie wurde geschaffen, zerstört und wieder geschaffen. Die früheren Zivilisationen sind heute so tief in den unteren Schichten der Erde begraben, daß wir keine archäologischen Beweise für ihre Existenz haben.«

Ohne Beweise ist es natürlich unmöglich, ihm Recht oder Unrecht zu geben. Und die geologische Diskussion, ob sich die Gestalt der Erde durch Katastrophen weitgehend verändert hat, liegt mehr im philosophischen als im wissenschaftlichen Bereich. Sicher gibt es in vielen Teilen der Erde bestechende Hinweise auf früheres menschliches Dasein vor Hunderten von Millionen Jahren. Diese reichen aber nicht aus, um überzeugende oder klare Beweise zu liefern. Plato und seine Anhänger glaubten jedoch an eine untergegangene Zivilisation in möglicherweise greifbarer Vergangenheit: Atlantis. Ob es nun Beweise dafür gibt oder nicht – das nächste Kapitel befaßt sich mit Atlantis und wie es in die sich ändernden Ansichten über die Vorgeschichte paßt.

Hinsichtlich außerirdischer Lebewesen gibt es wesentlich weniger Beweise. Fast alles, was man diesen gewöhnlich zuschreibt, kann auch durch die schöpferische Kraft des menschlichen Verstandes erreicht werden. Fast alles; es gibt nur einen möglichen Zeitabschnitt in der Menschheitsgeschichte, in der Lebewesen vom Stern Sirius direkten Einfluß auf die Entwicklung der Zivilisation gehabt haben können. In diesem Kapitel werden deshalb neue Tatsachen vorgestellt, die diese Thesen des Autors Robert Temple unterstützen.

Möglicherweise sind wir durch eine unbegreifliche Zerstörungswut um diesen Beweis darüber gebracht worden. Die große Schriftensammlung in Alexandrien enthielt eine Million Schriften, in denen die gesamte Wissenschaft, Philosophie und verborgenen Kenntnisse der frühen westlichen Kulturen aufgezeichnet waren, einschließlich der Mitteilungen, die die Lebewesen vom Sirius hinterlassen haben könnten. Diese Sammlung wurde im 7. Jahrhundert von arabischen Soldaten niedergebrannt, die die unbezahlbaren Papiere wahrscheinlich dazu benutzten, um ihr Badewasser in den römischen Bädern anzuheizen.

Das Rätsel um Atlantis

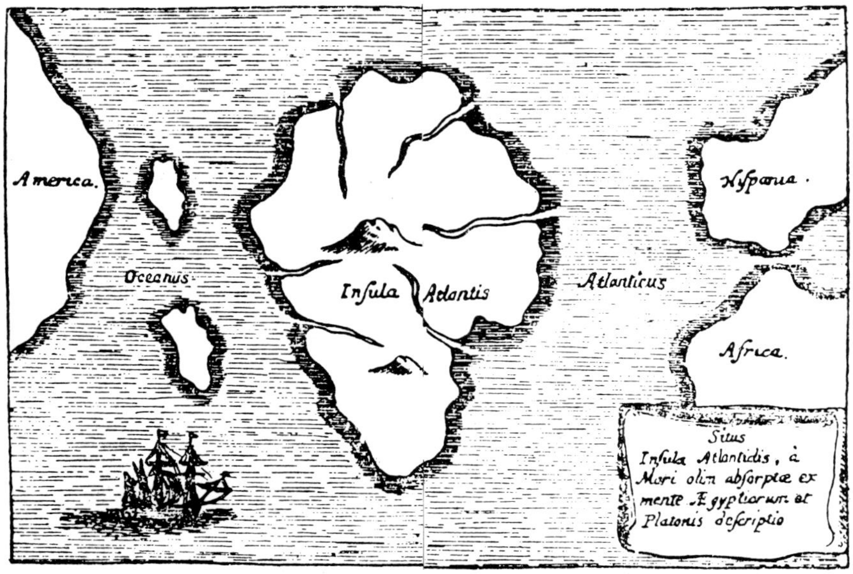

Der Gelehrte Athanasius Kircher stellte als einer der ersten im 17. Jahrhundert wieder Nachforschungen über das von Plato beschriebene Atlantis an.

Den ersten Hinweis auf Atlantis findet man in den Büchern »Critias« und »Timaios«, die Plato um das Jahr 355 v. Chr. schrieb. Als fast Siebzigjähriger wurde er damals Schüler des Sokrates und diskutierte mit ihm und seinen Anhängern philosophische Probleme. Daher ist nicht genau auszumachen, welche der Thesen von Sokrates oder von Plato stammen, und was davon den Tatsachen entspricht oder Erfindung ist.

Im Falle Atlantis wird die Geschichte seinem Freund Critias zugeschrieben, der sagte, daß »es der geschichtlichen Überlieferung entstammt«. Aristoteles glaubte, daß Plato Atlantis erfunden hat und dieser Auffassung ist man heute noch. Die vorherrschende archäologische Meinung ist, daß Atlantis entweder überhaupt nicht existierte oder daß damit in einer verherrlichenden Weise die minoische Zivilisation Kretas im Bronzezeitalter dargestellt wird. Derek Ager, Leiter der geologischen Abteilung der Universität Bristol schrieb einmal: »Ich glaube nicht daran, daß dieses Land (zumindest nicht seit dem Menschen existieren) jemals vorhanden war. Ich halte es für wahrscheinlich, daß die Legende sich auf eine minoische Zivilisation bezieht, die durch Vulkanausbrüche zerstört wurde.«

L. Sprague de Camp analysierte in seinem Buch »Lost Continents« sorgfältig die Beweise und war überzeugt, daß »man Platos Geschichte als einen beeindruckenden, aber mißglückten politischen, historischen und wissenschaftlichen Roman betrachten muß«. Er verglich ihn mit Thomas Mores »Utopia«, worin der Autor eine von ihm erdachte vollkommene Gesellschaft beschreibt.

Platos Aussagen

Es wurden jedoch mehr als 2000 Bücher über das Thema Atlantis geschrieben und die Möglichkeit besteht, daß es dieses Land tatsächlich gab. Plato hält sich in seinem Bericht genau an die Ursprünge der Legende um Atlantis:

Die ägyptischen Priester von Sais erzählten die Geschichte dem bekannten griechischen Dichter Solon, der ein Gedicht darüber schreiben wollte. Er gab sein Wissen weiter an seinen Freund Critias, dessen Enkelsohn der Freund von Sokrates war. Sie alle waren sehr bedeutende Persönlichkeiten. Auch Plato war sicher, daß die Geschichte der Wahrheit entsprach.

Aus der Geschichte ist bekannt, daß Solon, nachdem er sich von den Regierungsgeschäften zurückgezogen hatte, den Mittelmeerraum bereiste. Nachweislich hat er sich in Ägypten etwa 600 v. Chr. aufgehalten. Und es soll ein ägyptischer Priester namens Sonchis gewesen sein, der ihm von Atlantis erzählte.

Hinter Gibraltar

Aber wo befand sich nun dieses Land? Plato legte sich nicht so genau fest: hinter den »Säulen des Herkules«. Dies kann nur bedeuten im Atlantischen Ozean, denn die »Säulen des Herkules« standen zu beiden Seiten der Straße von Gibraltar.

Platos Beschreibung hat viele Menschen veranlaßt, intensiv und an allen möglichen Stellen nach Atlantis zu suchen. T. H. Martin schreibt im Jahr 1841 in seinem Buch »Etudes sur le Timée de Platon«: »Viele Gelehrte haben sich ohne genaue Kenntnis der Örtlichkeit und ohne Kompaß auf die Suche begeben und sich nur auf ihre Vorstellung und auf den Zufall verlassen. Wohin sind sie damit gekommen? Sie kamen nach Afrika, Amerika, Spitzbergen, Schweden,

Platos Beschreibung der Hauptstadt von Atlantis

»In der Mitte der Insel, in der Nähe des Meeres, gab es eine Ebene, die die schönste und fruchtbarste aller Ebenen gewesen sein soll.

Ungefähr 50 Stadien (1 Stadium = 603¾ Fuß) landeinwärts vom Zentrum dieser Ebene lag ein nicht sehr hoher Hügel . . . Es gab zwei ringförmige Landbereiche und drei Seenbereiche, wie Wagenräder, mit der Insel als Mittelpunkt und im gleichen Abstand zueinander . . . In der Mitte lag ein Heiligtum, das Poseidon und Cleito geweiht und das mit einer goldenen Wand umgeben war, die niemand durchschreiten durfte . . . Es gab einen Poseidon-Tempel, eine Stadie in der Länge, 100 Meter breit und 100 Meter hoch, der etwas fremdartig in seiner Erscheinung wirkte. Die Außenseite dieses Tempels war bis auf die vergoldeten Giebelfiguren völlig mit Silber überzogen . . . Rund um den Tempel waren Standbilder aller zehn Könige und ihrer Frauen und viele andere Standbilder, die von Königen und Privatpersonen der Stadt und der Kolonien gestiftet worden waren . . . Die beiden kalten und warmen Quellen lieferten unbegrenzte Mengen Wasser in bemerkenswerter Qualität und Güte. Es wurde für die Häuser und Gärten genutzt, floß in Becken im Freien und bot die Möglichkeit für heiße Bäder im Winter. Es waren getrennte Einrichtungen für den Adel und das gewöhnliche Volk vorgesehen, außerdem für Frauen, Pferde und andere Lasttiere . . . Das abfließende Wasser wurde in den Hain des Poseidon geleitet, in dem (wegen der Vortrefflichkeit des Bodens) viele Bäume von hervorragender Schönheit und Größe wuchsen oder über Aquädukte zu den äußeren kreisförmigen Inseln. Auf jeder dieser Inseln waren viele Tempel für die verschiedenen Götter erbaut, außerdem viele Gärten und Sportplätze, einige für die Menschen und einige für die Pferde . . . Schließlich existierten Hafenanlagen für Schiffe und deren Ausrüstung, die alle in gutem Zustand waren . . . Hinter den drei äußeren Häfen war eine Mauer errichtet, die eng mit Häusern bebaut war.

Sie verlief kreisförmig und ihr gleichbleibender Abstand zum äußeren Ring betrug 50 Stadien. Der Kanal und der große Hafen wurden von unzähligen Handelsschiffen befahren, von denen Tag und Nacht Lärm erschallte.«

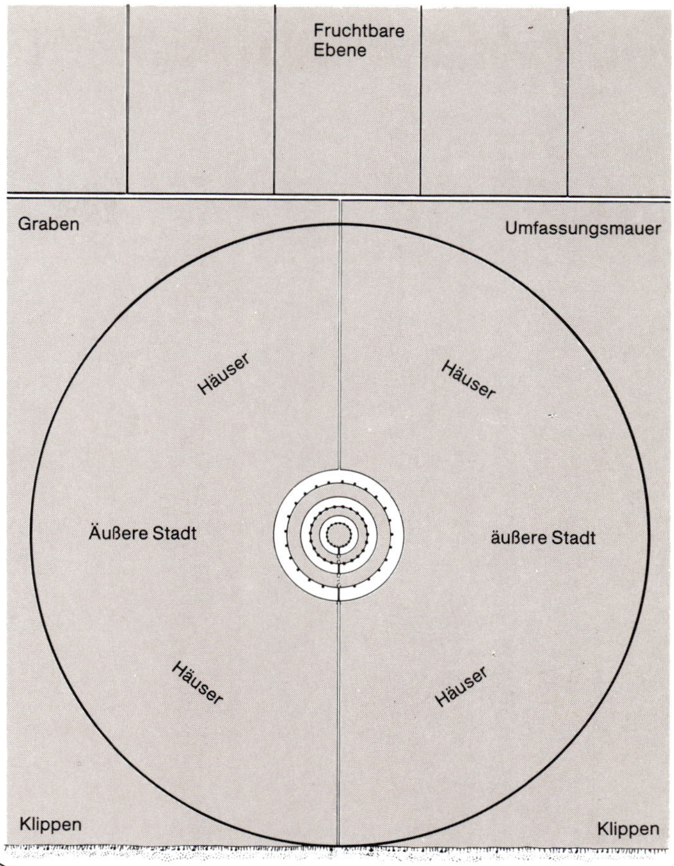

(oben) Plan von Atlantis, wie es Plato beschrieben hat

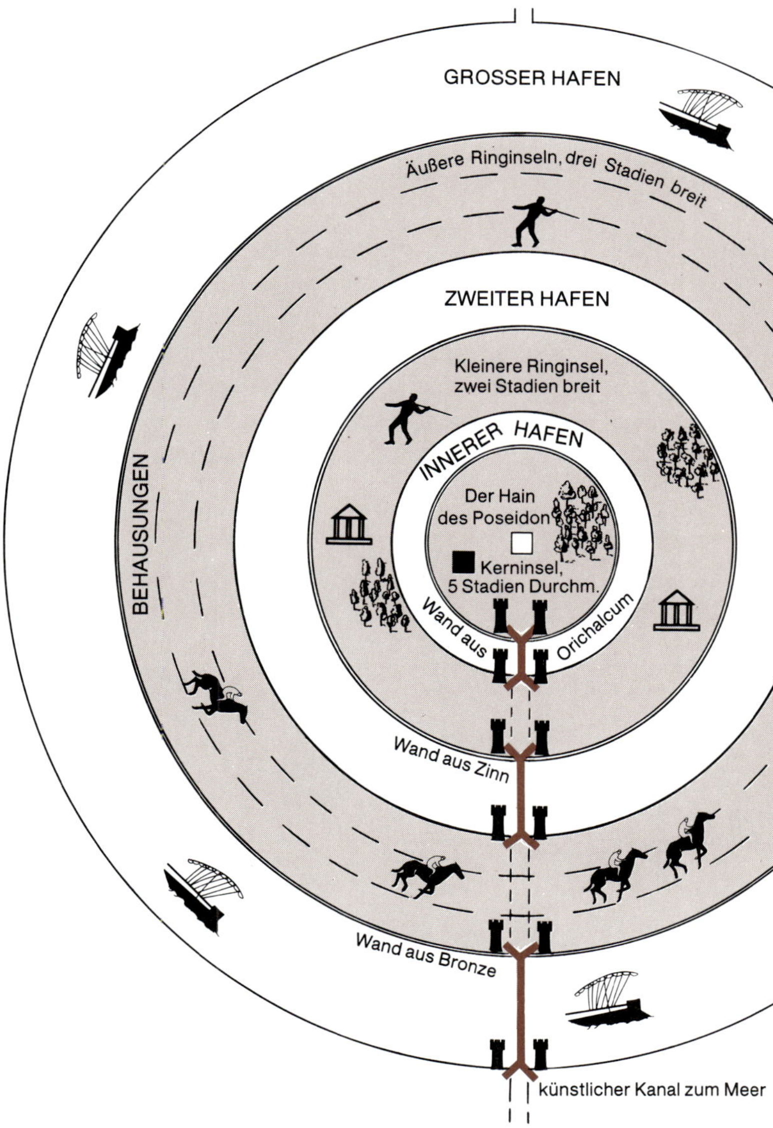

(links) Einzelheiten des Stadtkerns

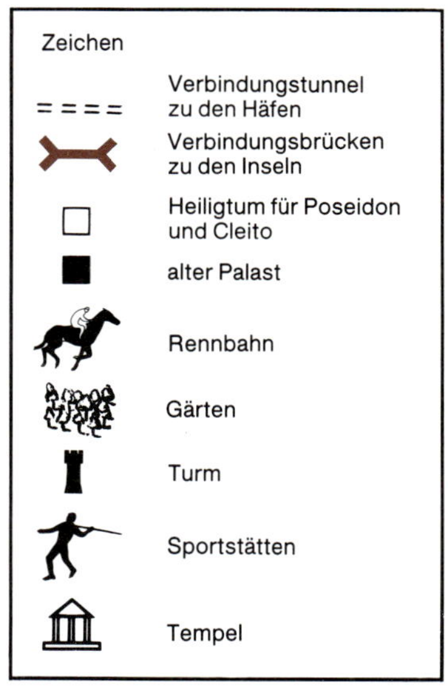

ANMERKUNG: 1 Stadie = 606, 75 Fuß

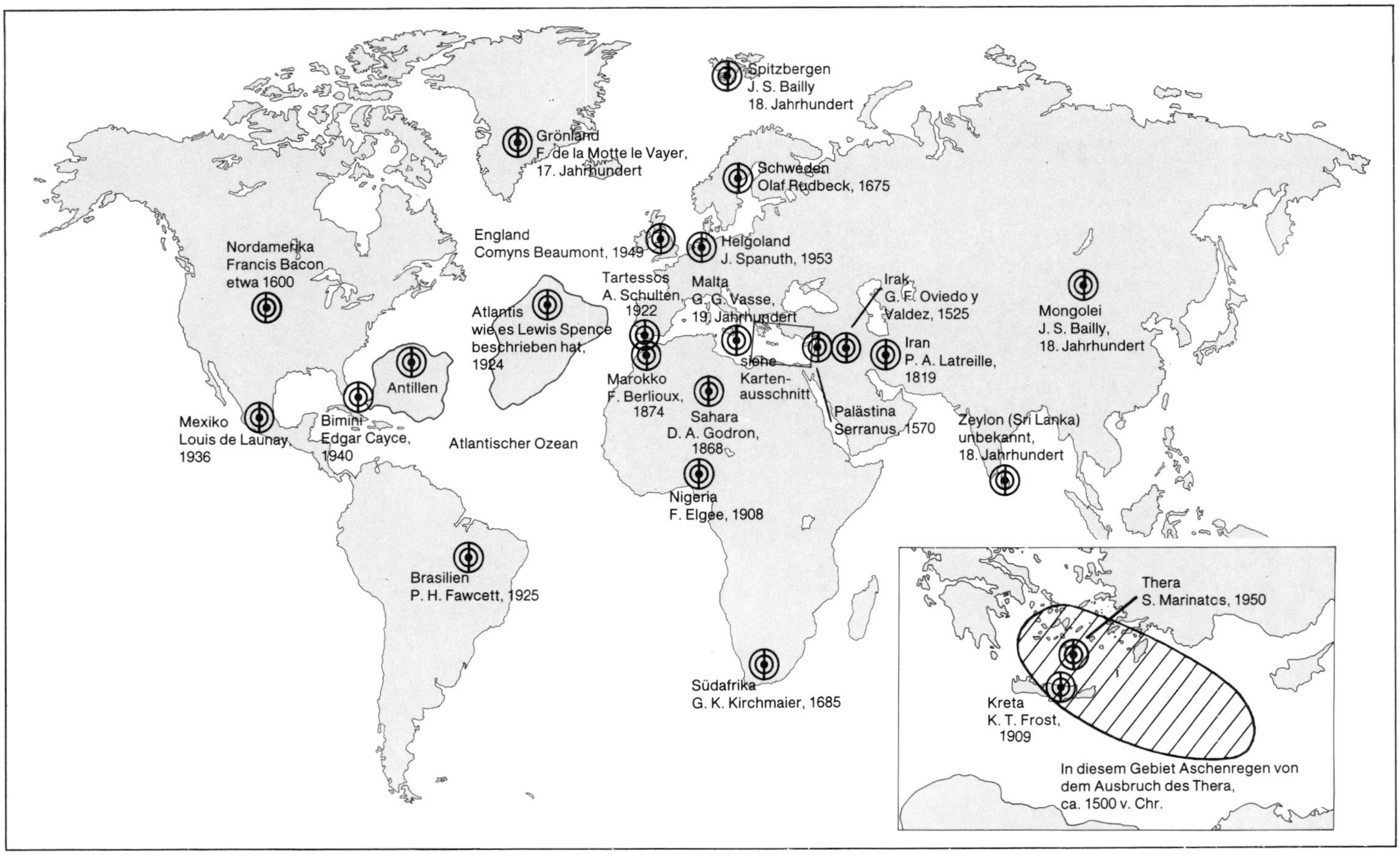

Von allen Spekulationen über Atlantis scheint den Archäologen heute am wahrscheinlichsten, daß Plato sich auf die minoische Kultur auf Kreta bezog.

Sardinien, Palästina, Athen, Persien und Ceylon, aber nicht nach Atlantis.«

Im allgemeinen jedoch konzentrierte sich die Suche auf zwei Bereiche, die in etwa Platos recht ungenauer Beschreibung entsprechen: ein versunkener Kontinent irgendwo im Atlantik, oder (wenn man die »Säulen des Herkules« außer acht läßt) eine untergegangene Zivilisation im Mittelmeer.

Das Paradies

Platos Bild von Atlantis stellt ein Goldenes Zeitalter dar, ein irdisches Paradies vor dem Sündenfall. Der Gedanke daran ist so verführerisch und überzeugend zugleich, daß er immer wieder zu neuen Spekulationen Anlaß gegeben hat. Ernsthafte Nachforschungen begannen im 17. Jahrhundert. Am Ende des 18. Jahrhunderts fanden

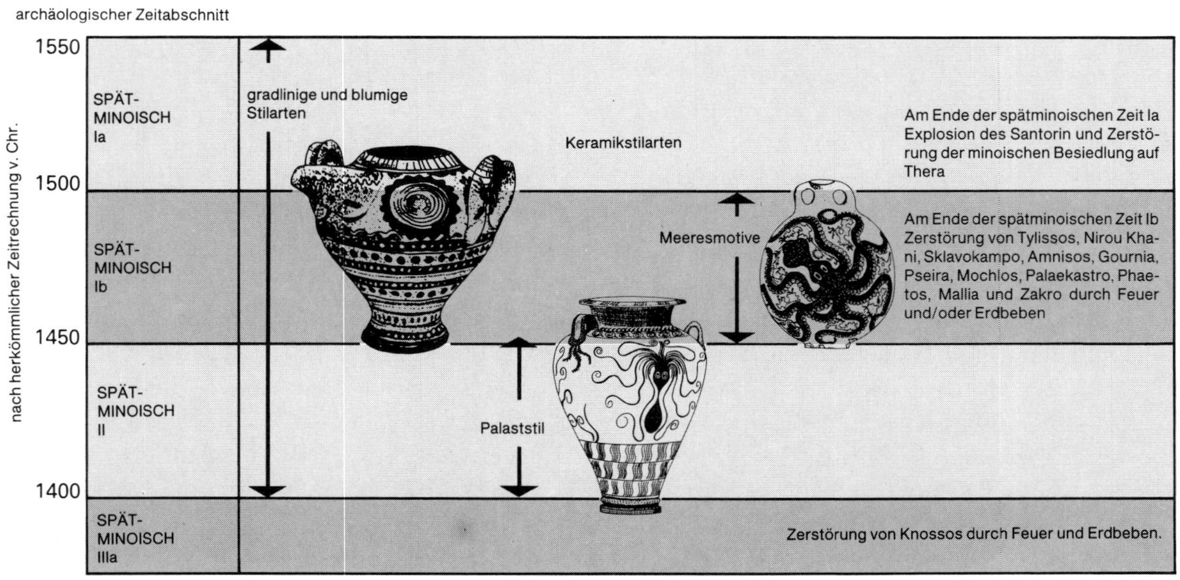

Die These, daß die minoische Kultur durch die Explosion von Santorin zerstört wurde, ist durch die Zeitbestimmung anhand von Tongefäßen widerlegt. Diese zeigt, daß die Hauptorte in Kreta erst 50 Jahre nach dem Ausbruch von Santorin zerstört wurden. Knossos, die Hauptstadt, sogar erst mehr als 100 Jahre später.

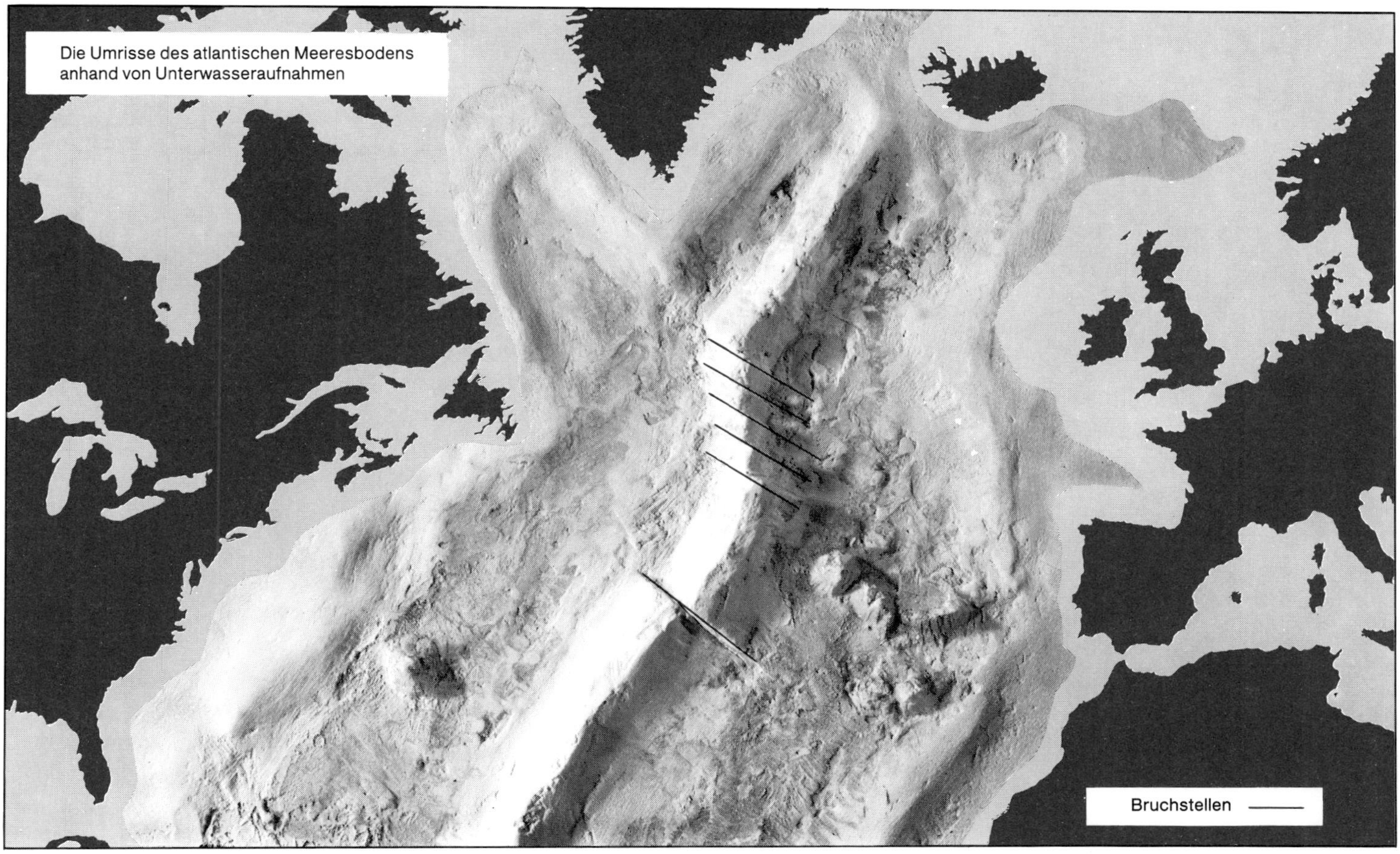

die Atlantis-Gläubigen ihren Propheten: Ignatius Donnelly. Er war ein außergewöhnlicher Staatsmann, aber auch ein Gelehrter. Im Alter von 22 Jahren war er Rechtsanwalt, wurde sechs Jahre später stellvertretender Gouverneur von Minnesota und war mit 34 Jahren Kongreßabgeordneter. Wegen seiner ständigen Studien wurde er als »das wahrscheinlich gelehrteste Mitglied des Kongresses« bezeichnet. In den Jahren 1882 und 1883 wurden seine beiden Meisterwerke veröffentlicht, die sofort Bestseller wurden: »Atlantis, the Antediluvian World« und »Ragnarok, the Age of Fire and Gravel«. Er zeichnete viele Mythen des Altertums auf, um Platos Thesen, »daß Atlantis durch starke Erdbeben und Überflutungen in nur einem Tag und einer Nacht zerstört wurden«, zu untermauern. Er glaubte, daß Atlantis ein bereits vor 9600 Jahren existierender Kontinent im mittleren Atlantik war, und daß es dort die erste mit Metallen arbeitende Kultur auf der Erde gab. Alle wichtigen Formen der zivilisierten Gesellschaft sollen dort entstanden sein: die Erfindung der Schrift, die Entdeckung des Kompasses, die Seefahrtskunde, die Erfindung des Schießpulvers, Papier, Seidenhandel, Astronomie und Ackerbau.

Veraltete Theorien

Donnellys Dokumentation war der Ausgangspunkt für alle späteren Bücher über die Lage Atlantis im mittleren Atlantik. Leider haben unsere neugefundenen Kenntnisse über die Ausbreitung des Meeresbodens, über die Wanderung der Kontinente (Seite 15) und andere wissenschaftliche Erkenntnisse die meisten dieser Argumente entwertet.

»Auf beiden Seiten des Atlantik gibt es gleiche Tier- und Pflanzenarten, daher muß es zwischen ihnen eine Landbrücke gegeben haben.« Das ist nicht richtig. Vögel fliegen und Samen werden durch den Wind oder den Strom des Meeres über weite Strecken getragen. »Die Aale, die zur Sargassosee wandern, haben wahrscheinlich einen vererbten Instinkt für eine Frischwasserquelle, die dort floß; außerdem gibt es keine Erklärung für die Fläche von vier Millionen Quadratkilometer Pflanzen auf dem Meeresboden.«

Heute kann es erklärt werden: Die Samen kommen mit Stromstrudeln von der Küste Floridas. Und obgleich der vererbte Instinkt bei den Aalen eine Rolle spielen kann (Seite 99), ist der

Wegen der Steilheit der Unterwassergebirge im mittleren Atlantik, die den Alpen und den Rocky Mountains ähnlich sind, ist es unmöglich, daß dort ein untergegangener Kontinent bestanden hat.

Ignatius Donnelly zeichnete diesen Vesuvausbruch des Jahres 1737, um zu zeigen, wie Atlantis untergegangen ist.

Wandertrieb heute nicht mehr so geheimnisvoll wie damals. »Die vielen kulturellen Ähnlichkeiten über den Atlantik hinweg (z. B. Pyramidenbau, Einbalsamierung) müssen aus einer zentralen Quelle entstanden sein.«

Vielleicht aber auch deshalb, weil die vorgeschichtlichen Völker bessere Seefahrer waren, als bisher angenommen wurde (Seite 125).

»Die Griechen, Ägypter, Kelten und andere europäische Völker kannten Sagen von einem märchenhaften Land im Atlantik; die Azteken in Mexiko glauben, daß ihr Ursprung auf einer Insel namens »Aztlan« liegt – was dem Wort Atlantis sehr nahe kommt.« Es ist unmöglich, diesen Beweis zu negieren, der die stärkste Bestätigung Platos ist. Einige dieser Legenden mögen jedoch nur symbolischen Charakter haben. Die keltischen Paradiesinseln könnten auch die Kanarischen Inseln gewesen sein.

Die Azteken selbst legen als Datum ihrer Abreise von Aztlan das Jahr 1168 n. Chr. fest. Zu welcher Zeit auch immer Atlantis bestanden haben mag (siehe unten), die Azteken müßten mehrere 1000 Jahre gewandert sein, bevor sie in ihrem jetzigen Land angekommen sind.

Mittelatlantische Bergketten

»Die große Kette von Unterwassergebirgen im Mittelatlantik, deren Spitzen man an manchen Stellen (wie z. B. als Azoreninseln) sehen kann, sind der sichtbare Beweis für einen versunkenen Kontinent.« Es ist eine geophysikalische Unmöglichkeit, daß ein Kontinent kurz vor der Zeit Platos existiert haben soll. Tatsächlich wird das Gebirge durch die Wanderung der Kontinente und die dadurch bedingten Erdbewegungen ständig größer.

»Das Ende der Eiszeit, als der Meeresspiegel auf der ganzen Erde um zehn Meter anstieg, stimmt genau mit den Daten Platos für den Untergang von Atlantis überein.« Viele Legenden der Sintflut scheinen auf diesem Ereignis zu basieren (Seite 190). Wie aber konnten die ägyptischen Priester um 600 v. Chr. das genaue Datum eines Ereignisses bestimmen, das etwa 9000 Jahre vorher geschah?

Die minoische Theorie

Ein Vulkanausbruch von unvorstellbaren Ausmaßen zerstörte um 1500 v. Chr. die Insel Thera in der südlichen Ägäis. Dieser Ausbruch kann in neuerer Zeit nur mit dem Ausbruch des Krakatau im Pazifik im Jahre 1883 verglichen werden, bei dem durch eine 15 Meter hohe Flutwelle benachbarte Inseln zerstört wurden und riesige Mengen Asche und Lava bis in die Atmosphäre geschleudert wurden. Diese Katastrophe forderte etwa 37 000 Menschenleben. Der Explosionsknall war so gewaltig, daß er noch im 6300 Kilometer entfernten Australien gehört wurde – der lauteste, historisch belegte Knall in der Erdgeschichte.

Merkmale	Platos Aussagen	Kommentar zu Platos Schriften
1. Die Zeit	9000 Jahre vor Solon (etwa 600 v. Chr.)	Vitaliano (V): Wenn man eine Null wegläßt, ist die Zeit richtig. James (J): *Willkürlich, dies kann aus dem Inhalt nicht abgeleitet werden.*
2. Der Ort	»In jener Zeit konnte der Atlantik mit Schiffen befahren werden; und vor der Meeresstraße, die von Euch die Säulen des Herkules genannt wird, lag eine Insel.«	V: Das Atlantis, das Plato beschreibt, war zu groß für das Mittelmeer, daher verlegte er es in den Atlantik. J: *Das stimmt. Plato sprach bestimmt nicht über das Mittelmeer. Und die Ägypter um 600 v. Chr. wußten, wo die »Säulen des Herkules« waren (Seite 133).*
3. Umliegende Inseln	Die Insel . . . war die Verbindung zu weiteren Inseln, und von diesen konnte man den gegenüberliegenden Kontinent erreichen, der den wirklichen Ozean umgibt (im Gegensatz zum Mittelmeer, das er als »Hafen«, nicht als »richtiges Meer« beschreibt).	V: Die Beschreibung bezieht sich auf Kreta als Tor zu den Kykladen und dem Festland Griechenland (der »Kontinent«). J: *Aber Plato schließt das Mittelmeer ausdrücklich aus.*
4. Großes Weltreich	Atlantis war »ein großes und wunderbares Weltreich, das über die gesamte Insel, verschiedene andere Inseln und über einen Teil des Kontinentes regierte« (in Europa reichte der Einfluß bis nach Libyen und Norditalien).	V: Dies ist eine genaue Beschreibung der Gebiete, die unter minoischem, politischem und wirtschaftlichem Einfluß standen. J: *Es ist auf keinen Fall sicher, wie groß der Einfluß des minoischen »Weltreiches« war.*
5. Der Untergang von Atlantis	»Es traten schwere Erdbeben und Überschwemmungen auf. In einem Tag und einer Nacht verschlang das Meer die Insel Atlantis.«	V: Dies beschreibt den Ausbruch von Thera. J: *Oder irgendein anderes Erdbeben oder einen Vulkanausbruch an irgendeinem Ort.*
6. Schlammbänke	»Das Meer dort ist unpassierbar und undurchdringlich, weil eine Schlammbank im Weg liegt, die durch das Versinken der Insel entstand.«	V: Vielleicht eine Beschreibung von flüssiger Lava nach dem Vulkanausbruch. J: *Bei Kreta gibt es keine Schlammbänke. Lava ist in jedem Fall eine Zweck-Erfindung.*
7. Regierungsform	»Zehn Söhne des Meeresgottes Poseidon erbten Atlantis und teilten es unter sich auf. Sie regierten es als Konföderation der Könige.«	V: Völlig übereinstimmend mit den minoischen Priesterkönigen, die dem obersten Herrscher in Knossos unterstellt waren. J: *Vergleichbar auch mit vielen anderen Königreichen des Altertums, einschließlich des britischen Empire.*
8. Die Stadt und die Ebene	Die Stadt war kreisförmig und maß etwa 22 Kilometer im Durchschnitt. Ein Kanal floß durch die Stadt und verband sie mit »einer 340 × 510 Kilometer großen bewässerten Ebene.«	V: Möglicherweise eine Beschreibung der Verbindung zwischen Thera und Kreta. J: *Gleichgültig wie man auch mit den Abmessungen jongliert, sie passen weder für die eine noch für die andere Insel.*
9. Heiße und kalte Quellen	Der in der Mitte der Stadt gelegene Hügel lieferte kaltes und heißes Wasser aus unterirdischen Strömen.	V: Heiße Quellen sind normalerweise mit vulkanischen Gebieten in Verbindung zu bringen. J: *Es gibt sie aber auch in vielen nichtvulkanischen Gebieten.*
10. Flora	Auf der Insel wuchsen »alle auf der Erde bekannten wohlriechenden Gewächse . . . in schöner, wunderbarer und unendlicher Fülle«.	V: Zugegebenermaßen nicht zu vergleichen mit dem unfruchtbaren Kreta von heute. J: *Selbst überzeugte Thera-Anhänger geben zu, daß diese Beschreibung nicht paßt.*
11. Fauna	»Es gab viele Elefanten auf der Insel« und genügend Nahrung für alle Arten von Tieren aus »den Seen, Wiesen und Flüssen«, genauso wie von den Bergen und aus den Ebenen.	V: Der Grund könnte sein, daß die Minoer Elfenbein importierten. J: *Das taten auch andere Völker im Nahen Osten. Aber es gibt in Kreta weder Seen noch Wiesen (noch Elefanten).*
12. Bodenschätze	Die Insel besaß Bodenschätze von solcher Menge, daß man die inneren Bezirke der Hauptstadt mit Gold und die Umfassungsmauern mit Messing und Zinn verkleiden konnte.	V: Die Minoer haben die meisten der benötigten Metalle importiert – die Beschreibung Platos ist höchst unwahrscheinlich. J: *Das stimmt.*
13. Der Palast	Die Könige verschönerten und vergrößerten nach und nach ihren Palast, so daß er »ein Musterbeispiel für Größe und Schönheit« wurde.	V: Der prächtige königliche Palast paßt genau auf Knossos. J: *Und genauso auf jeden anderen Palast.*
14. Farbige Steine	Weiße, rote und schwarze Steine wurden verwendet, um die Mauern von Atlantis zu errichten.	V: Die Farben waren auf den ägäischen Inseln weit verbreitet. J: *Aber auch auf den Azoren und anderswo.*
15. Religion	Über dem heiligen Ort, an dem sich Poseidon aufgehalten hatte, stand ein Tempel, der von einer goldenen Wand umgeben war. Auch die anderen Tempel waren reich verziert und mit goldenen Figuren ausgestattet.	V: Nichts passendes. Die Minoer bauten keine Tempel, wie sie Plato beschreibt. Auch fertigten sie keine großen, goldenen Standbilder. J: *Das ist richtig.*
16. Baderäume	Die Bewohner von Atlantis waren stolz auf ihre warmen Bäder im Winter. »Es gab Bäder für die Könige und Bäder für die anderen Bewohner der Insel. Für Frauen wurden besondere Baderäume eingerichtet.«	V: Das Vergnügen der Minoer an Bädern ist wohlbekannt. J: *Das stimmt. Ein Punkt für Thera.*
17. Kanalsystem	Ebenso wie der Hauptkanal, umgab und durchquerte ein ausgeklügeltes Bewässerungssystem die Ebene.	V: Es wurden keine Spuren von früheren Bewässerungssystemen auf Kreta gefunden. J: *Ja.*
18. Militärische Stärke	Die Könige von Atlantis konnten 10 000 Krieger und 1200 Schiffe aussenden als sie gegen Athen in den Krieg zogen.	V: Die Zahlenangaben treffen auf Kreta zu, wenn man eine Null wegläßt. J: *Das ist Zahlenspielerei.*
19. Die Stiere	Die Könige trafen sich in jedem 5. oder 6. Jahr zur Beratung. Um dieses Ereignis zu unterstreichen, opferten sie jedesmal einen Stier. Dieser wurde in Fallen und Schlingen gefangen, bevor man ihm die Kehle durchschnitt.	V: Dies ist bewiesen durch minoische Malereien, die einen öffentlichen Kult mit Stierkämpfern darstellen. J: *Die minoischen Malereien sind echt, aber Kulthandlungen mit Stieren waren weitverbreitet. Die ältesten stammen von den Cro-Magnon-Menschen (?).*

So gewaltig diese Explosion auch war, die von Thera kann nach den Berechnungen des griechischen Archäologen Spyridos Marinatos viermal so stark gewesen sein. Er war es auch, der im Jahr 1939 in der Zeitschrift »Antiquity« zum ersten Mal detaillierte Gründe dafür anführte, daß Platos Atlantis nicht im Atlantik, sondern im Mittelmeer zu suchen sei.

Nach seiner Ansicht erreichten die Flutwellen in kurzer Zeit das etwa 100 Kilometer entfernte Kreta, richteten dort »enorme Verwüstungen in dem tiefliegenden Land an und vernichteten die reiche und mächtige minoische Kultur«. Er argumentiert, daß das Reich der Minoer, die damals diesen Teil der Erde beherrschten und deren Seeverbindungen bis nach Nordafrika und Südeuropa reichten, ohne weiteres mit dem mächtigen und schönen Reich verglichen werden können, von dem Plato berichtete. Er veränderte die von Plato genannte Jahreszahl 9000 in 900 und addierte diese Zahl zu dem Jahr, in dem ägyptische Priester Solon die Geschichte erzählt hatten (600 v. Chr.). So kommt man zu dem Jahr 1500 v. Chr., also zu dem Zeitpunkt, als der Ausbruch von Thera stattfand und die minoische Kultur aus den archäologischen Aufzeichnungen verschwand.

Er faßte zusammen: »So kann der Mythos um Atlantis als eine historische Überlieferung angesehen werden, die aus verschiedenen Episoden entstanden ist.« Die Zerstörung von Thera, begleitet von einem schrecklichen Naturphänomen, das man auch in Ägypten spürte und der gleichzeitige Abbruch des kretischen Handels mit Ägypten, ließen den Mythos einer untergegangenen Insel entstehen, die über alle Maßen reich und mächtig war.

Irrtümer über Thera

Andere Archäologen haben später diese Theorie weiterentwickelt. Z. B. stellte der griechische Seismologe Angelos Galanopoulos 1960 für die Internationale Union für Geodäsie und Geophysik 19 »auf Tatsachen begründete« Feststellungen Platos über Atlantis zusammen. Die meisten davon könnten sich auf das minoische Kreta beziehen. Die Geologin Dorothy Vitaliano faßte diese Punkte in ihrem Buch »Legends of the Earth« zusammen. Sechs davon bezeichnete sie als »völlig übereinstimmend« und acht als »möglicherweise in Übereinstimmung zu bringen«. Dies erscheint mehr als großzügig zu sein. Peter James, ein junger Archäologe und Chefforscher für dieses Buch, hat die Legende um Atlantis mindestens sechs Jahre studiert. Er bezeichnet höchstens drei dieser Punkte als positiv, sechs als negativ und die übrigen als nicht schlüssig (vgl. S. 159).

Tatsächlich hätte man die kretische Theorie ohne weitere kritische Prüfung akzeptieren können, wenn nicht 1977 wichtiges Beweismaterial aufgetaucht wäre, nachdem der Ausbruch auf Thera lange vor dem Zerfall der minoischen Kultur stattfand.

Zwei deutsche Wissenschaftler, Hans Pichler und Wolfgang Schiering, haben nach einem intensiven Studium von vulkanischen Trümmern in der Zeitschrift »Nature« berichtet, daß sich die Explosion von Thera kaum auf Kreta ausgewirkt haben kann. Kreta wurde nicht vor 1450 v. Chr. von einem »katastrophalen regional begrenzten Erdbeben, ähnlich dem des Jahres 1926 n. Chr.« heimgesucht. Aber die minoische Kultur bestand sogar noch bis 1380 v. Chr. um

Typischer aus Steinen gebildeter Kreis in England, der die Genialität der Megalitherbauer zeigt. Vielleicht war dieses Reich der Ursprung der Legende von Atlantis.

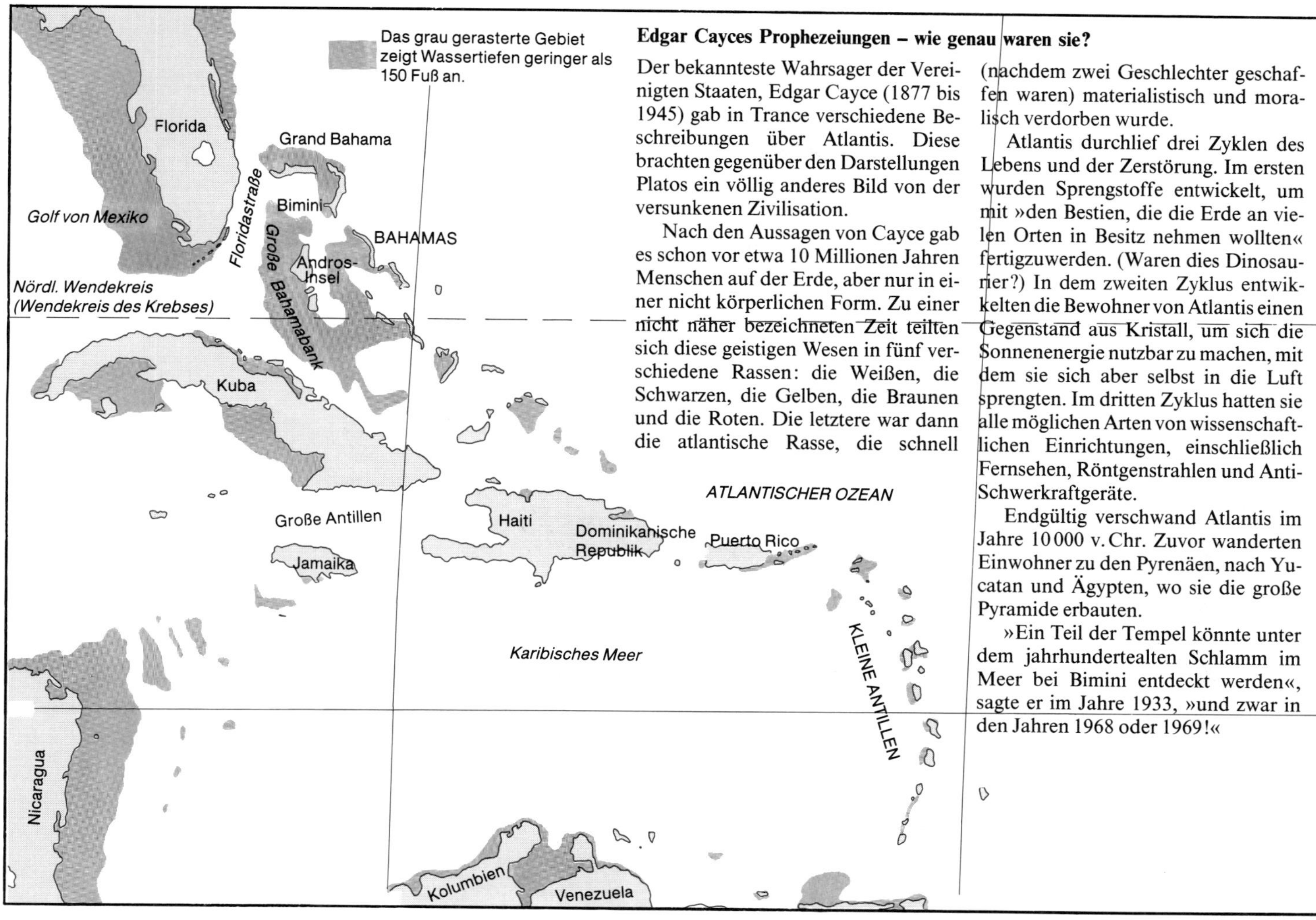

Edgar Cayces Prophezeiungen – wie genau waren sie?

Der bekannteste Wahrsager der Vereinigten Staaten, Edgar Cayce (1877 bis 1945) gab in Trance verschiedene Beschreibungen über Atlantis. Diese brachten gegenüber den Darstellungen Platos ein völlig anderes Bild von der versunkenen Zivilisation.

Nach den Aussagen von Cayce gab es schon vor etwa 10 Millionen Jahren Menschen auf der Erde, aber nur in einer nicht körperlichen Form. Zu einer nicht näher bezeichneten Zeit teilten sich diese geistigen Wesen in fünf verschiedene Rassen: die Weißen, die Schwarzen, die Gelben, die Braunen und die Roten. Die letztere war dann die atlantische Rasse, die schnell (nachdem zwei Geschlechter geschaffen waren) materialistisch und moralisch verdorben wurde.

Atlantis durchlief drei Zyklen des Lebens und der Zerstörung. Im ersten wurden Sprengstoffe entwickelt, um mit »den Bestien, die die Erde an vielen Orten in Besitz nehmen wollten« fertigzuwerden. (Waren dies Dinosaurier?) In dem zweiten Zyklus entwikkelten die Bewohner von Atlantis einen Gegenstand aus Kristall, um sich die Sonnenenergie nutzbar zu machen, mit dem sie sich aber selbst in die Luft sprengten. Im dritten Zyklus hatten sie alle möglichen Arten von wissenschaftlichen Einrichtungen, einschließlich Fernsehen, Röntgenstrahlen und Anti-Schwerkraftgeräte.

Endgültig verschwand Atlantis im Jahre 10000 v. Chr. Zuvor wanderten Einwohner zu den Pyrenäen, nach Yucatan und Ägypten, wo sie die große Pyramide erbauten.

»Ein Teil der Tempel könnte unter dem jahrhundertealten Schlamm im Meer bei Bimini entdeckt werden«, sagte er im Jahre 1933, »und zwar in den Jahren 1968 oder 1969!«

Eine Prophezeiung des amerikanischen Wahrsagers Edgar Cayce war der Anlaß zu intensiven Unterwasserforschungen bei Bimini (Bahamas).

den Palast von Knossos. Peter James sieht es so: »Die minoische Kultur überlebte Thera um etwa 50 Jahre und bezogen auf Knossos, sogar um 100 Jahre. Die ursprüngliche archäologische Annahme, daß Kreta/Thera/Atlantis zusammengehörten, ist daher unhaltbar, neben allen anderen Schwachpunkten dieser Theorie. Die Originalgeschichte über Atlantis, die von den ägyptischen Priestern erzählt wurde, kann sich nicht auf die Zerstörung der minoischen Kultur durch den Vulkanausbruch auf Thera beziehen, da sie nicht durch diesen Ausbruch zerstört wurde.«

Man kann natürlich antworten, daß es sich in Platos Legende um zwei verschiedene Ereignisse handelt, die zu einem zusammengefaßt wurden. Aber selbst wenn es so wäre, meint James, wäre es willkürlich und falsch, von Platos Jahreszahl einfach eine Null wegzunehmen, damit sie mit dem Ausbruch auf Thera übereinstimmt. Auch Velikovsky handelte so. Dadurch stimmte der Untergang von Atlantis mit dem durch die Annäherung des Planeten Venus an die Erde entstandenen Chaos überein.

Andere Archäologen nehmen an, daß Solon einen Fehler machte, als er die ägyptischen Schriften übersetzte, oder daß die Symbole für die Zahlen 100, 1000 und 10000 in der kretischen Schrift sehr ähnlich sind.

Lange Vorzeit

Peter James sieht das alles als wenig überzeugend an. Er verweist auf den inhaltlichen Beweis von Platos Bericht, der verdeutlicht, daß die ägyptischen Priester in ihrem Gespräch mit Solon über eine Epoche aus lang vergangener Zeit sprachen: »Viele große Fluten haben während der letzten 9000 Jahren stattgefunden. Und dies ist die Zahl der Jahre, die verflossen sind, seit der Zeit, über die ich spreche . . .«

Hätten die ägyptischen Priester von einer Zeit vor 900 Jahren gesprochen, dann wäre dies die erst relativ kurz zurückliegende und geschichtlich bekannte Zeit der XVIII. Dynastie gewesen. Ihre Zeitbestimmung aber bezieht sich auf eine wenig bekannte Epoche, »als ein Krieg zwischen den Völkern im Gange war, die außerhalb der ›Säulen des Herkules‹ lebten« (d.h. die Bewohner von Atlantis) »und denen, die unter ihnen lebten« (d.h. die Griechen). Der Bericht erzählt weiterhin, daß dieser Krieg 1000 Jahre vor dem Beginn der ägyptischen Zivilisation stattfand.

Dies ist eine entscheidende Feststellung, denn sie bezieht sich auf eine bekannte Jahreszahl – den Anfang der ägyptischen Zivilisation. Atlantis bestand und ging unter vor dieser Zeit. Die Jahreszahl des Beginns der ägyptischen Geschichte liegt bei 3100 v. Chr. ± 150 Jahre. Darin sind sich alle Geschichtsforscher einig. Wenn die ägyptischen Priester die Wahrheit sagten, hätte der Untergang von Atlantis 3100 + 1000 = 4100 v. Chr. stattgefunden.

Aber dies sagten sie nicht, sondern 9600 v. Chr. Woher kommt diese Diskrepanz? Peter James hat dieses Problem treffend gelöst. Er zeigt auf, daß die alten Königreiche immer bestrebt waren, eine längere Existenz aufzuweisen, als die anderen (Seite 76). Sowohl die Ägypter, Babylonier, Phrygier, Juden und alle anderen haben dies getan. Die Ägypter zählten die Regierungszeiten aller ihrer Herrscher zusammen, obwohl es immer gleichzeitig mehrere Herrscher gab. Dies führte zu einem enorm langen Zeitraum. Dem griechischen Historiker Herodot, der Ägypten etwa 150 Jahre nach Solon besuchte, wurde anhand dieser Methode als Gründungsjahr 12 040 v. Chr. angegeben.

Der richtige Zeitpunkt

Daher kann man annehmen, daß auch der Zeitpunkt, den die ägyptischen Priester nannten, ebenso übertrieben war.

Nach Peter James' Berechnung ist deshalb »ein Zeitpunkt in der Mitte des 4. Jahrtausends v. Chr. unbedingt übereinstimmend mit dem Text und dem historischen Beweis«.

Wo befand sich Atlantis?

Wenn dies zutrifft, wo befand sich nun dieses legendäre Land Atlantis und welchen Einfluß übte es aus?

Nehmen wir an, der ägyptische Hang zum Übertreiben – nicht zum Lügen – betrifft auch die geographische Größe, so können wir außerhalb der Straße von Gibraltar nach einem versunkenen Kontinent suchen oder wie es Plato beschreibt nach »einer Insel, die größer ist als Libyen und Asien zusammen«.

Das erste Werk über Atlantis nach Plato, das von dem griechischen Geographen Marcellus im 1. Jahrhundert n. Chr. geschrieben wurde, sagte aus, daß »Atlantis aus sieben Inseln bestand und weiteren drei von ungeheuren Ausmaßen«. Die mittlere davon sei dem Atlantisgott Poseidon geweiht gewesen. Der Umfang dieser Insel betrug »eintausend Stadien« und ihre Einwohner »bewahrten das Andenken an ihre Vorfahren und an die atlantische Insel, die dort gewesen und von unvorstellbarer Größe gewesen war; sie hatte für eine lange Zeit die Herrschaft über alle Inseln im atlantischen Ozean«.

Der Historiker Lewis Spence, der zu den Anhängern Donnellys gehörte, schrieb im Jahre 1912, daß die Überreste dieser Inselformation noch teilweise in der Inselgruppe der Antillen oder den westindischen Inseln fortbestehen. Und dies scheint heute auch wirklich der wahrscheinlichste Ort zu sein.

Das Meer rundherum ist flach. Und wenn der Meeresspiegel seit der letzten Eiszeit nicht gestiegen wäre (Seite 165), befände sich eine wesentlich größere Landfläche über Wasser. Die noch andauernden Bimini-Untersuchungen, die auf den nächsten Seiten beschrieben werden, könnten bereits einen Beweis dafür erbracht haben, daß es dort einmal eine Zivilisation gab. Aus der Sicht des Mittelmeers sind die drei Hauptinseln Kuba, Haiti und Puerto Rico sehr groß. Haiti, die mittlere Insel, hat auch die Größe, von der Marcellus ausging – ungefähr 150 Kilometer im Durchmesser, das entspricht etwa eintausend Stadien.

Amerika und Atlantis

Ohne archäologische Beweise kann man nur Vermutungen über den Ort anstellen. Im Hinblick auf den derzeitigen Wissensstand scheint dieses Gebiet sich geradezu anzubieten.

Amerika scheint »Kontinent« zu sein, den Plato in seinen Werken anspricht. »Atlantis war der Übergang zu anderen Inseln. Von diesen kann man den gegenüberliegenden Kontinent erreichen, der im wirklichen Ozean liegt.« Bei anderer Gelegenheit schrieb er: »Auf der Insel Atlantis entstand ein mächtiges Königreich, das über die gesamten Inseln herrschte und über viele andere und auch über Teile des Kontinents; zusätzlich beherrschte es innerhalb der Meer-

Jungsteinzeitliche Begräbnisstätten in West-Europa (grau). Die ältesten liegen an der Atlantikküste.

enge Libyen bis an die Grenze Ägyptens und Europa bis zum Tyrrhenischen Meer.«

Wenn also Amerika der Kontinent war, was geschah dann in den Gebieten Westeuropas und Nordafrikas? Könnte die Beschreibung Platos zutreffen, daß dort Menschen lebten, die Ackerbau betrieben, eine hochentwickelte Gesellschaft hatten, die schreiben und mit metallenen Werkstoffen umgehen konnten?

Dafür kommen die Erbauer der Magalithen in Frage, deren Kultur viel früher bestand als die ägyptische. Sie hatten ihre eigenen Astronomen, Mathematiker, betrieben Ackerbau und stellten Gegenstände aus Kupfer her. Erst kürzlich konnten diese Dinge archäologisch nachgewiesen werden (Seite 66). Man kann jedoch annehmen, daß die Beschreibung Platos auf diese Gesellschaftsform zutrifft. Bisher war man der Meinung, daß es sich um primitive Stammesformen gehandelt habe. Euan MacKie vom »Hunterian Museum« schreibt in seinem Buch »The Megalith Builders«, daß die megalithische Kultur als genauso hochentwickelt angesehen werden kann, wie die der Mayas in Mittelamerika, »in der eine kleine Elite von Priestern, Weisen und Herrschern von der überwiegend ländlichen Einwohnerschaft ihre Tribute und Steuern erhielt«.

Schriften aus der Jungsteinzeit

Der megalithische Herrschaftsbereich reichte wahrscheinlich bis nach Libyen und Italien. Dies paßt zu Solons Beschreibung, nach der sie bereits vor der ägyptischen Zivilisation bestand. In Malta und auf der Iberischen Halbinsel wurde schon im 4. Jahrhundert v. Chr. Kupfer verarbeitet. Es bestehen zwar außer den Tartarischen Tafeln keine Beweise für das Vorhandensein einer Schrift (Seite 152). Aber es scheint nicht unwahrscheinlich, daß in irgendeiner Form Aufzeichnungen auf Materialien gemacht wurden, die nicht dauerhaft waren. Das ist eher anzunehmen als die Vermutung, daß die astronomischen Erkenntnisse der damaligen Zeit überhaupt nicht aufgezeichnet wurden.

Darüber hinaus gibt es heute eine ganze Reihe von Strahlungsuntersuchungen, die Peter James' Annahme über den ungefähren Zeitpunkt des Bestehens der Kultur von Atlantis und deren Einfluß auf die Kulturen ostwärts von Atlantis bestätigen.

Im 6. Jahrtausend v. Chr. existierten einfache, neolithische, landwirtschaftliche Gemeinschaften. Dann tauchten um 4500 v. Chr. die megalithischen Grabkammern an der Küste der Iberischen Halbinsel und von Britannien auf; bald darauf auch in Ostirland und auf den westschottischen Inseln. Um 3500 v. Chr. war die megalithische Kultur weit verbreitet. Vermutlich gab es hierarchisch aufgebaute Gesellschaftsformen und sternkundige Priester, die darüber herrschten.

»All dies wurde Solon von den ägyptischen Priestern berichtet,« sagt Peter James. »Ob es stimmt oder nicht, die Ägypter glaubten, daß die europäischen Gesellschaften des Altertums Kolonien von Atlantis, der Insel im Atlantik, waren.«

Mit anderen Worten, Atlantis scheint die sagenhafte Heimat der Erbauer der Megalithen und der Ursprung ihrer Talente zu sein.

Das Bimini-Rätsel

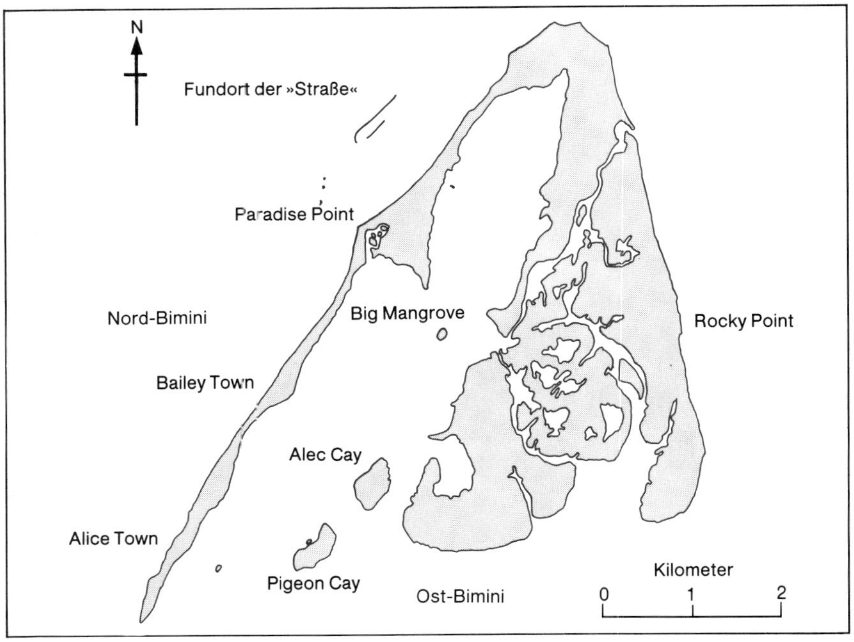

Durch das Ansteigen des Meeresspiegels wurden um 3000 v.Chr. die Felsen vor Bimini überschwemmt. Vorher war die Insel wesentlich größer.

John Steele ist ein kalifornischer Archäologe, der heute Vorlesungen in London hält. 1975 und 1977 gehörte er den »Poseidia-75«- und »Poseidia-77«-Expeditionen an, die die eigentümlichen Felsformationen vor der Küste von Nord-Bimini, einer kleinen Insel der Bahamas, erforschen wollten.

Viele Jahre vorher hatte der US-Wahrsager Edgar Cayce vorausgesagt (Seite 159), daß 1968 oder 1969 »ein Teil der Tempel von Atlantis« bei Bimini entdeckt werden würde. Als dann 1968 zufällig in der Nähe symmetrisch geformte Steine gefunden wurden, kam es zu vielen spekulativen Berichten. Die Expeditionen sollten nun die Tatsache feststellen. Im folgenden ist eine gekürzte Version des jüngsten Berichtes von John Steele über die geheimnisvolle »Straße« von Bimini wiedergegeben.

Der archäologische Bericht

Anfang September 1968 zeigte Bonefish-Sam, ein einheimischer Fischer, dem Archäologen Dr. J. Manson Valentine eine Reihe von seltsamen rechteckigen Steinen, die ungefähr einen Kilometer nördlich von Paradise Point sieben Meter unter Wasser zu sehen sind. Für die einheimischen Fischer ist dies ein wohlbekannter Ort, wo Seegras und andere Meerespflanzen wachsen – ein idealer Futterplatz für viele Fischarten.

Für Manson Valentine war dies eine Offenbarung. Er war Direktor h.c. des Wissenschaftsmuseums in Miami, Florida, und hatte an vielen Expeditionen nach Yucatan und in den Südpazifik teilgenommen. Als Forscher verbrachte er 15 Jahre auf den Bahamas, um nach Überresten von untergegangenen Zivilisationen zu suchen. In den »News« seines Museums erläuterte er, daß er überrascht war, zwei parallel verlaufende Steinreihen vorzufinden, die etwa 600 Meter lang waren. Er beschrieb sie wie folgt: »Ein ausgedehntes Pflaster aus symmetrischen und vieleckigen Steinen, offensichtlich so geformt und exakt zusammengesetzt, daß ein bestimmtes Muster entstand. Diese Steine haben sehr lange Zeit unter Wasser gelegen, denn die Ecken der größten waren vom Wasser abgerundet. Sie erhielten dadurch die Form von riesigen Brotlaiben oder Kissen.«

Frühe Zweifel

Seit damals bestand das Problem darin, »die besondere Form« der Steine richtig zu bewerten. Warum man selbst heute, nach mehr als zehn Jahren, zu keiner Lösung kam, liegt darin begründet, daß natürliche Felsformationen ähnlicher Art in der Nähe zu finden sind. John Hall, Archäologieprofessor der Miami-Universität, erklärte, nachdem er 1970 zur Untersuchung der Steine getaucht war: »Nach unseren Feststellungen stellen diese Steine ein Naturphänomen dar, die als Steinformationen aus der Eiszeit bekannt sind ... Wir fanden keinen noch so geringen Beweis für irgendeine Bearbeitung von Menschenhand. Pech für alle, die an die alten Märchen glauben. Eine weitere Legende von Atlantis hat sich nicht bewahrheitet.«

Doch seit damals bestehen die Zweifel über die Steine weiter. John Gifford, ein Meeresgeologe und Chefwissenschaftler der gleichen Expedition im Jahre 1970, bemerkte aber: »Keiner der Beweise schließt endgültig menschliche Einflußnahme auf die Form der Steine aus.« Obgleich er sich in den darauffolgenden Jahren der Meinung John Halls anschloß, ist er nicht der einzige, der glaubt, daß »die Steine von Paradise Point in ihrer Ursprungsform und Anordnung eine geologische Eigentümlichkeit in sich verbergen«.

Mensch oder Natur: Wer schuf die Straße?

Die Schwierigkeit ist, daß die Steine sowohl durch die Natur als auch von Menschenhand dorthin gekommen sein können. Natürliche Steine dieser Art gibt es z. B. an der Westküste von Süd-Bimini. Vielleicht wurden sie benutzt, um den Damm am Paradise Point zu bauen?

In der megalithischen Zeit gibt es viele Vorbilder dieser Art. Dazu gehört auch der Transport der blauen Steine aus den 200 Kilometer entfernten Prescelly-Bergen in Wales nach Stonehenge.

Der Zweck unserer Expedition im Jahre 1975 war, an Ort und Stelle genauere Untersuchungen durchzuführen. Nach unseren Aufzeichnungen besteht der größte Teil der »Bimini-Straße« aus 5 m × 5 m × 1 m großen Steinblöcken. Sie ist über mehr als 1000 Meter lang und in nordöstlicher Richtung angelegt. Am südlichen Ende macht die Straße einen Bogen. Dadurch entsteht ein »J«. Während der letzten Woche unserer Expedition entdeckte ich, daß sich die Straße nach einem scheinbaren Ende in einem Seegrasfeld auf der anderen Seite um mindestens 750 Meter fortsetzte.

Abgesehen von vier oder fünf Ausnahmen, wo zwei oder mehr Blöcke vertikal übereinan-

Luftaufnahmen zeigen deutlich das symmetrische »J« der Straße, die unten von John Steele gezeichnet ist.

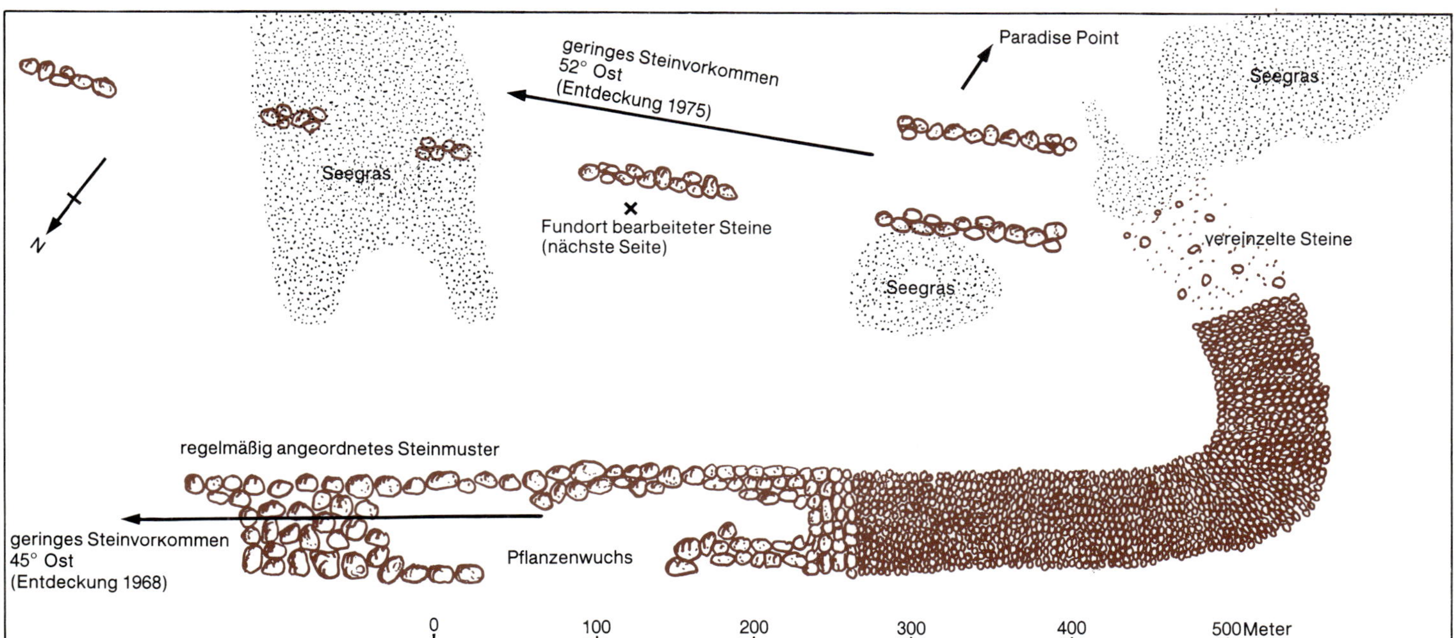

Der Forscher David Zink mit Nut- und Feder-Quadern bei Bimini. Der Ursprung konnte bisher noch nicht ermittelt werden.

dersitzen, besteht sie aus nur einer Lage von Blöcken. Obgleich die gesamte Anlage nicht aus einheitlich großen Steinen zusammengesetzt ist, haben wir durch statistische Analysen eine theoretische Baueinheit von 1,15 Meter errechnet (Basis waren die Abmessungen einiger Steine, die 2,30 und 3,45 Meter betrugen). Genaue Messungen an Steinen, die durch Wassereinflüsse abgerundet sind, lassen sich nicht genau durchführen.

Die annähernd entsprechende Maßeinheit aus dem Altertum waren zwei phönizische Ellen, etwa 1,14 m.

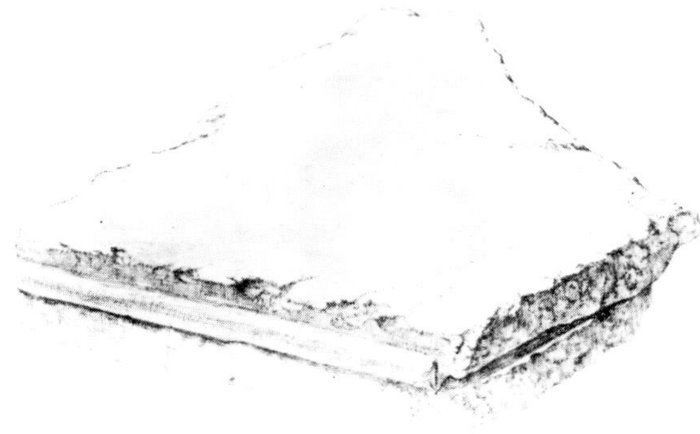

Teile von Marmorsäulen wurden südlich von Bimini gefunden. Diese Art ist sonst nirgends auf den Bahamas bekannt.

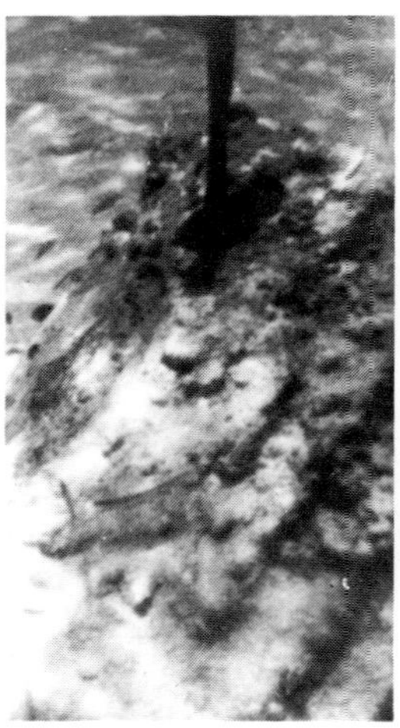

Geologische Streitfragen

Dr. David Zink, der Leiter der Expedition, warf eine Reihe von Streitfragen auf. Es ging um die Aussage, daß es sich um naturgeformte Steine in der richtigen Lage handele, und die Beobachtung, daß die Verbindungen zwischen den Steinen in der oberen Lage nicht mit denen der darunterliegenden Grundschicht übereinstimmen. Außerdem:

1. Die natürlichen Formationen im Gebiet von Bimini bilden höchstens auf einer Länge von 50 Metern eine gerade Linie. (Die längste meßbare Seite der »Straße« beträgt mehr als 600 m).
2. Die Verbindungen in der unteren Schicht haben im Durchschnitt eine Stärke von 28 Zentimeter, verglichen mit 10 bis 15 Zentimeter in der oberen Schicht.
3. Steinverbindungen, die auf natürliche Weise entstanden sind, lösen sich meist langsam auf. Sie werden normalerweise nicht von ungebrochenen Steinblöcken begrenzt, wie es in der oberen Schicht oftmals der Fall ist.
4. Der Bogen des »J« besteht aus Steinen, die in einer bemerkenswerten Präzision einen Bogen von 90 Grad bilden (der letzte Teil des Bogens ist weniger deutlich). In Luftaufnahmen sieht man diese Form genauso eindrucksvoll wie die lange Steingerade.

Der Zeitpunkt

Der Meeresspiegel stieg in diesem Gebiet seit dem Ende der Eiszeit (etwa 10 000 v. Chr.) ständig an und besonders nochmals um 5000 v. Chr. Die Schätzungen besagen, daß die oberen Schichten der Steine im Jahre 6000 v. Chr. etwa 10 bis 12 Meter über dem Meeresspiegel und im

Jahre 2000 v.Chr. 2 bis 3 Meter unter dem Meeresspiegel lagen.

Dies gibt uns einen Anhaltspunkt, warum – falls überhaupt – Menschen diese »Straße« benutzten. Das Alter einer der Steine aus der unteren Schicht wurde durch eine Thorium/Uran-Untersuchung (Th^{230}/U^{234}) auf 15 000 Jahre festgelegt. Älter kann die Straße nicht sein.

Gebrauchsgegenstände

Einen endgültigen Beweis für menschliche Besiedlung würde die Entdeckung vorgeschichtlicher Gebrauchsgegenstände bringen. Bis jetzt wurde nichts Gleichartiges gefunden, obgleich es einige Gegenstände gibt, die sich als bedeutsam erweisen könnten.

Der erste ist ein höchst ungewöhnliches Teil eines bearbeiteten Steines, das David Zink zwischen den Steinblöcken der Straße gefunden hat. Der Stein wurde zweifellos von Menschenhand bearbeitet und ist Teil einer wohldurchdachten Nut- und Federverbindung. Eine Ecke ist halbzylindrisch und die andere rechteckig. Etwas ähnliches wurde bisher weder in Bimini noch auf einer anderen Insel der Bahamas gefunden.

Aber kein Archäologe oder Architekt konnte seinen Ursprung abschließend einordnen, da er nicht gebrannt ist und so sein Alter nicht durch ein Wärme-Lichtverfahren bestimmt werden konnte. Außerdem wurde interessanterweise auf dem Meeresboden Marmor entdeckt.

Auf den Bahamas gibt es keinen Marmor, jedoch fand Pino Turolla vier Kilometer südlich der »Straße« verschiedene Marmorsäulen unter Wasser. Dieser Marmor wird in keinem heute bekannten Steinbruch gebrochen. Die Frage ist, ob der Marmor und der Nut- und Federstein aus einer untergegangenen Kultur stammen, oder ob sie Ballast auf einem versunkenen Schiff waren.

Die Expedition glaubt an die erste Version. Man sollte erwähnen, daß Anfragen bei Museen und archäologischen Kreisen auf der ganzen Welt keine plausiblen Antworten gebracht haben. So kann auch niemand eine Erklärung dafür geben, daß Marmorsäulen als Ballast auf Schiffen verwendet wurden. Daher kann man annehmen, daß das Steingefüge in seinem Ursprung eher archäologisch als geologisch ist. Aber der Zweck bleibt nach wie vor ein Spekulationsobjekt. Die einzigen megalithischen Strukturen von vergleichbarer Wichtigkeit wären die großen Steinavenuen von Carnac (Seite 67), der Avebury-Komplex in Südengland und vielleicht einige der Konstruktionen aus der Vorinkazeit in Peru.

Die »Straße« (wegen ihrer Ähnlichkeit mit großen Steindämmen so genannt), scheint wegen der scharfen Haarnadelkurve kein Transportweg im eigentlichen Sinn gewesen zu sein. Auch die Klassifizierung als »Mauer« oder »Hafendamm« dürfte wegen der geringen Höhe, die nicht mehr als einen Meter beträgt, nicht richtig sein. In der Hauptsache sind das Größenverhältnis und die Geometrie der Struktur hervorstechend. Mit der Annahme, daß die Steine aus einem weltlichen (im Gegensatz zu einem religiösen) Zweck angeordnet wurden, können wir uns nicht anfreunden. Die Interpretation dieses Gebildes ist besonders schwierig, da der kulturelle Zusammenhang des Ortes völlig ungewiß ist und es auf den Bahamas keine megalithische Vergangenheit gibt.

Außerirdische Lebewesen auf der Erde!?

Die Zeitangaben für mutmaßliche Landungen von Raumfahrern auf der Erde zeigen große Zeitabweichungen. Falls überhaupt Raumfahrer landeten, müssen sie sehr oft hier gewesen sein.

Der Erfolg Erich von Dänikens ist eines der Phänomene und Geheimnisse unserer Zeit. Sein erstes Buch »Erinnerungen an die Zukunft« wurde 1967 veröffentlicht und war innerhalb von fünf Jahren ein Bestseller in 26 Sprachen. Die 5,5 Millionen Käufer seines Buches werden darin aufgefordert, sich seinem Glauben an die folgenden fünf Punkte anzuschließen:

1. Fremde Lebewesen von einer entfernten Galaxis besuchten die Erde vor etwa 10 000 Jahren, möglicherweise nach einem intergalaktischen Krieg.
2. Diese »Kinder der Sterne« schufen »den intelligenten Menschen, indem sie die Erbanlagen der Affen in ihrem Sinne änderten«.
3. Die fremden Raumfahrer wurden wegen ihrer unerklärlichen Technologien von den Menschen »wie Götter verehrt«.
4. Viele bisher nicht identifizierte archäologische Funde könnten Überreste dieses Besuchs der Raumfahrer sein.
5. Die Mythen, die Bibel und andere »heilige Bücher« sind in Wahrheit Berichte über den vorübergehenden Aufenthalt von »Göttern« auf der Erde.

Dieses Buch befaßt sich mit geheimnisvollen Dingen und Ereignissen. Die Grundidee, daß irgend etwas Außergewöhnliches die Menschheit in ihrer Entwicklung beeinflußte, ist an sich nicht absurd. Das plötzliche Auftauchen der heutigen Menschheit vor 35 000 bis 30 000 Jahren wurde in Kapitel 2 besprochen.

Frühgeschichtliche Gemeinschaften waren oft fortschrittlicher, als allgemein von den Archäologen angenommen wird. Die unerwartet schnelle Entwicklung der Zivilisation in Mesopotamien und Ägypten um etwa 3000 v. Chr. ist immer noch ungeklärt.

Bedauerlicherweise sind Erich von Dänikens »Beweise«, die einen Aufschluß geben sollten, zum Teil absolut unbrauchbar – eine hinterlistige Vermischung von Halbwahrheiten, die zu einer kompletten Lüge verdreht wird.

Sein Erfolg gab den Anstoß für viele weitere Bücher über das gleiche Thema (und frühergeschriebene Titel wurden wieder aktuell). Sie alle wollen auf eine bestimmte Art historische Geschehnisse und Gegenstände interpretieren – als Beispiele für außerirdische Einflüsse.

Dreizehn der Behauptungen von Däniken sind nachstehend aufgeführt, und man kann beweisen, daß sie falsch sind. In einer Zusammenstellung von dreizehn Büchern über das gleiche Thema sind nicht weniger als neun dieser Behauptungen als vermeintlicher Beweis zu finden. Es handelt sich um folgende Bücher:

Jacques Bergier »Extra-Terrestrial Visitations from Prehistoric Times«,

Joseph F. Blumrich »The Spaceships of Ezekiel«,

Robert Charroux »Phantastische Vergangenheit«,

Marc Dem »The Lost Tribes from Outer Space«,

Raymond Drake »Gods and Spacemen in the Ancient West«,

John Keel »Our Haunted Planet«,

Peter Kolosimo »Not of This World«,

Peter Kolosimo »Timeless Earth«,

Alan und Sally Landsburg »In Search of Ancient Mysteries«,

Alan und Sally Landsburg »The Outer Space Connection«,

Brinsley le Poer Trench »Temple of the Stars«,

Eric and Craig Umland »Mystery of the Ancients«,

George Hunt Williamson »Road in the Sky«.

Wie diese Bücher die verschiedenen Gegenstände oder legendären Ereignisse interpretieren, unterscheidet sich von Däniken nur sehr geringfügig. Im großen und ganzen sind sie vorsichtiger in ihren Aussagen. Von Däniken selbst hat seine Ansichten aus dem ersten Buch in den späteren Publikationen kaum verändert. Die unten aufgeführten Punkte entstammen diesem ersten Buch.

Die Olmeken-Standbilder

»Die Standbilder der Olmeken sind außerordentlich groß. Mit ihren schönen behelmten Riesenschädeln kann man sie nur an ihren Fundorten bewundern, da sie niemals in einem Museum gezeigt werden können. Keine Brücke im ganzen Land könnte das Gewicht dieser Riesen tragen.«

Eine Übertreibung der Größe und des Gewichtes. Er nimmt an, daß sie zu groß seien, um mit neuzeitlichem Gerät bewegt werden zu können. (Dies schreibt er auch anderen historischen Gegenständen zu, z. B. den Pyramidenquadern und den Standbildern auf den Osterinseln.) Tatsächlich sind aber drei in Mexiko-City ausgestellt, und ein anderes wurde ins »Metropolitan Museum of Art« in New York transportiert.

Der Raumfahrer von Palenque

»Dort sitzt ein menschliches Wesen, den Oberkörper nach vorn gebeugt, wie ein Motorrad-

rennfahrer. Heute würde jedes Kind sein Fahrzeug als Rakete erkennen ... Der gebückte Mensch ... betätigt eine Anzahl von undefinierbaren Kontrollinstrumenten und hat die Ferse seines linken Fußes auf einer Art Fußhebel ... Mit unserer Kenntnis gleichartiger Bilder wären wir überrascht, wenn der komplizierte Kopfschalter fehlen würde. Tatsächlich ist er vorhanden, mit den üblichen Einschnitten und Röhren und einer Art Antenne darüber ... Der Vordersitz des Astronauten ist von dem hinteren Teil des Fahrzeuges abgetrennt. Dort kann man symmetrisch angeordnete Kästen, Ringe, Knöpfe und Spiralen sehen.«

Der Astronaut ist in Wirklichkeit der Maya-König Pacal. Er starb im Jahre 683 n. Chr. Die Steinplatte, die die eingeritzten Motive in der Art der Mayakunst trägt, befindet sich über seinem Grab. Die »Rakete« ist eine heilige Maisstaude, ein Symbol der Wiedergeburt, von der Pacal gerade einen Kolben abpflückt. Er betätigt also nicht irgendwelche »undefinierbaren Kontrollinstrumente«. Er thront über dem »Herrn der Unterwelt« und befindet sich in dem Stadium zwischen Leben und Tod.

Die nichtrostenden Säulen

»Im Vorhof eines Tempels in Delhi gibt es ... eine Säule, die aus geschweißten Eisenteilen besteht. Diese ist nun seit mehr als 4000 Jahren der Witterung ausgesetzt und zeigt noch keine Anzeichen von Rost, da das Eisen weder Schwefel noch Phosphor enthält. Hier haben wir es mit einer unbekannten Metallegierung aus dem Altertum zu tun.

Wahrscheinlich wurde die Säule von einer Gruppe weitblickender Techniker gegossen, die nicht genügend Material zur Verfügung hatten, um damit riesige Bauwerke zu errichten. Aber sie wollten der Nachwelt ein sichtbares, die Zeit überdauerndes Zeugnis ihrer Kultur hinterlassen.«

In dieser Aussage liegen vier Fehler. Die Säule steht nicht in Delhi, sondern in dem nahegelegenen Mehauli. Sie besteht aus einem Stück Eisen, nicht »aus mehreren geschweißten Teilen«. Sie ist rostfrei, weil sie aus reinem Eisen und nicht aus »einer unbekannten Legierung« besteht. Ihr Ursprung ist genau bekannt. Sie wurde zu Ehren Königs Chandraguptra II. im 5. Jahrhundert n. Chr. errichtet.

Der Text zu der Fotografie in seinem Buch widerspricht der Aussage »mehr als 4000 Jahre«, da dort erklärt wird, »das Alter kann nicht genau bestimmt werden, aber sie ist einige hundert Jahre alt«.

Von Däniken gibt später zu, daß er sich in bezug auf die Säule geirrt hat.

Die Cheopspyramide

»Mehrere 100 000 Arbeiter schoben und zogen die zwölf Tonnen schweren Steinblöcke über eine Rampe mit (nichtvorhandenen) Seilen auf (nichtvorhandenen) Rollen. Die Heerschar von Arbeitern lebte von (nichtvorhandenem) Getreide. Der Bau dauerte 664 Jahre. Sie ist ein ›sichtbarer Beweis für eine nichtnachzuvollziehende Technik‹. Heute, im 20. Jahrhundert, könnte kein Baumeister die Cheopspyramide nachbilden, selbst wenn er die technischen Möglichkeiten der ganzen Welt zur Verfügung hätte.«

So bemerkenswert die Pyramide auch ist, jede seiner Aussagen ist einfach falsch. Die Steinblöcke hatten ein Gewicht von 1,5 Tonnen. Es gab auch Seile, wie man auf den Steinzeichnungen sieht. Ebenfalls Rollen, obgleich die ägyptischen Erbauer auch andere Hebewerkzeuge gehabt haben könnten. Der griechische Historiker Herodot, der in seinen Berichten gerne übertrieb, schrieb im 5. Jahrhundert v. Chr. von 100000 Arbeitern, die 22 Jahre lang arbeiteten. Baumeister und Techniker der heutigen Zeit könnten mit genügend Geldmitteln das Bauwerk in kürzerer Zeit und mit weniger Arbeitskräften erstellen.

Und wie viele Menschen auch immer damit beschäftigt waren, in dem fruchtbaren Niltal gab es genügend Nahrungsmittel für alle.

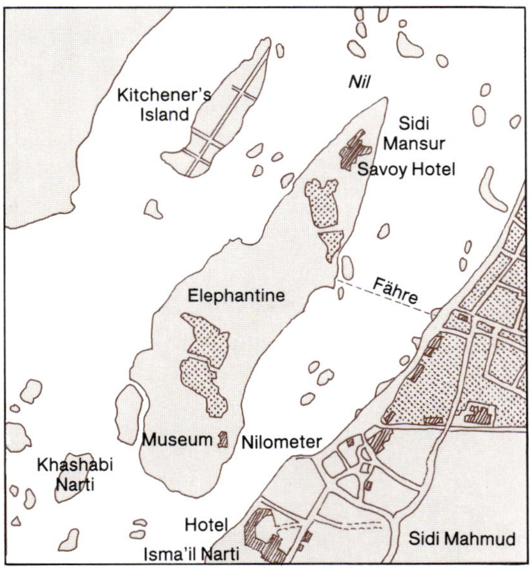

Die Elefanteninsel

»Jeder Tourist kennt die Elefanteninsel im Nil bei Aswan. Auch in den ältesten Schriften hat sie diesen Namen, da ihre Form einem Elefanten ähnelt. Die Schriften haben recht. Die Insel gleicht einem Elefanten. Aber woher konnten sie das wissen? Die Form kann man nur von einem Flugzeug aus erkennen, denn auf der ganzen Insel gibt es keinen Hügel, von dem aus man diese Beobachtungen hätte machen können.«

Die Insel hat in keinster Weise die Form eines Elefanten. Die Griechen gaben ihr den Namen, weil dort Elfenbeinhandel (auf griechisch elephantinos) betrieben wurde.

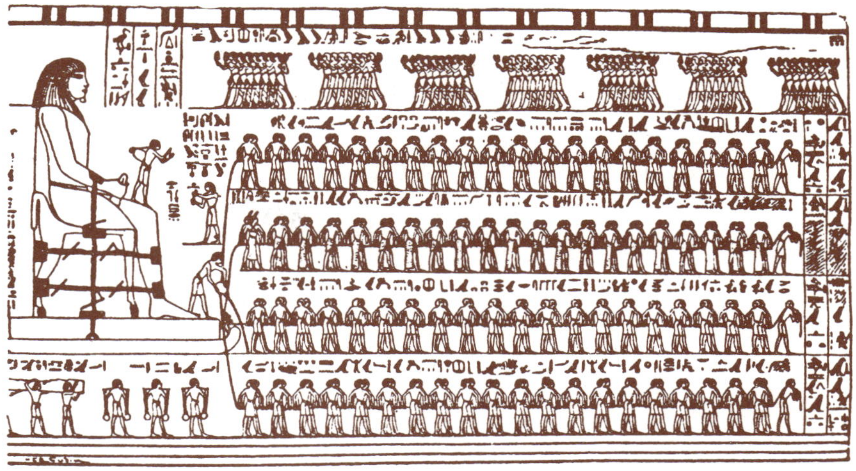

Die Landkarte von Piri Re'is

»Die Küsten von Nord- und Südamerika und auch die Umrisse der Antarktis waren auf den Landkarten Piri Re'is genau eingezeichnet ... Vergleiche mit heutigen Satellitenaufnahmen unserer Erde zeigen, daß die Karten Piri Re'is aus großer Höhe fotografiert worden sein müssen.

Wie kann dies sein? Ein Raumschiff schwebt über Kairo und richtet seine Kamera nach unten ... Wer auch immer diese Karten gemacht hat, mußte fliegen und fotografieren können.

Die Landkarten wurden im 18. Jahrhundert entdeckt und waren ›absolut genau‹.«

Es gibt nur eine Landkarte von Piri Re'is, die 1929 gefunden wurde. Sie ist eine Zusammenstellung aus früheren Landkarten, in denen ein Beweis für die Fähigkeiten der ersten Seefahrer

Gesamtprojektion der Erde mit Kairo als Mittelpunkt, zusammengestellt nach NASA-Quellen.

zu sehen ist. Aber sie ist in keinem Fall »absolut genau«.

Tiahuanaco

»Erinnerungen an die Zukunft«:

»Es gibt keine plausible Erklärung für den Beginn oder das Ende dieser Kultur. Dies hindert die Archäologen in ihren kühnen und selbstbewußten Behauptungen jedoch nicht daran, das Alter der Ruinen auf 3000 Jahre festzulegen. Sie entnehmen diesen Zeitpunkt einigen kleinen Tonfiguren, die wahrscheinlich überhaupt nichts mit der damaligen Zeit zu tun haben.«

»Meine Welt in Bildern«:

»Die geheimnisvolle Welt von Tiahuanaco wurde zeitlich durch Knochen und verkohlte Überreste von den Archäologen bestimmt. Man nimmt an, daß die Bauwerke aus der Zeit um 600 v. Chr. stammen. Ein idealer Zeitpunkt!

Die Begegnungen des Propheten Hesekiel mit einem Raumschiff fanden im Jahre 592 v. Chr. statt. Ist es nicht vorstellbar, daß die außerirdischen Raumfahrer einen Stützpunkt in Tiahuanaco hatten?«

Die Zeitpunkte, die von Däniken nennt, widersprechen sich also. Wie heute feststeht, ist außerdem weder das eine noch das andere Denken richtig. Röntgentests haben gezeigt, daß die Errichtung von Tiahuanaco auf die Zeit um 800 n. Chr. festgelegt werden kann.

Die Furchen von Nazca

»In der Vergangenheit kamen einmal unbekannte intelligente Wesen auf die Erde, um sie zu erforschen. Sie landeten auf der unbewohnten Ebene in der Nähe der heutigen Stadt Nazca. Dort bauten sie für ihr Raumschiff einen improvisierten Flugplatz, auf dem sie wegen des besonders geeigneten Geländes zwei Landebahnen errichteten. Oder haben sie die Landebahnen mit einem für uns unbekannten Material gekennzeichnet? Wie auch bei anderen Gelegenheiten führten die Kosmonauten ihren Auftrag aus und kehrten auf ihren eigenen Planeten zurück.«

Die Nazca-Indianer sollen weitere Landebahnen und andere Zeichnungen angelegt haben,

um die Raumfahrer zur Rückkehr zu veranlassen.

Welche Rakete würde so lange Landebahnen benötigen? Nachdem die Archäologin Maria Reiche die Furchen über 25 Jahre lang untersucht hatte, sagte sie: »Der Boden ist ziemlich weich; ich fürchte, die Raumfahrer wären auf diesem Boden eingesunken.« Von Däniken hat in späteren Interviews erklärt, daß es vielleicht keine Landebahnen, sondern Orientierungshilfen gewesen sein könnten. Wie fanden die Raumfahrer dann auf Anhieb das »besonders geeignete Gelände«?

Die Vision des Hesekiel

Das Alte Testament berichtet über den Propheten Hesekiel, als er sich am Fluß Kebar in Mesopotamien aufhielt:

»Ich sah, wie der Sturm eine mächtige Wolke von Norden herantrieb; sie war von einem Feuerschein umgeben, und Blitze zuckten aus ihr. Aus ihrem Inneren leuchtete ein helles Licht, wie der Glanz von Bernstein, und heraus traten vier Gestalten, die wie Menschen aussahen. Aber jede hatte vier Gesichter, und jede hatte vier Flügel. Sie hatten gerade Füße mit Hufen wie Kälber, und ihr ganzer Körper funkelte wie blankes Metall.«

Von Däniken ist der Meinung, daß dies die Beschreibung eines Raumschiffes mit außerirdischen Lebewesen ist. Hesekiel selbst glaubt, daß er im Traum Gott sah. Er unterstrich dies mit seiner Aussage: »Die Hand des Herrn war über mir.«

Hesekiels Vision, anschaulich dargestellt von Eliphas Levi (19. Jahrhundert).

Babylonischer Mondgott

Babylonischer Sonnengott

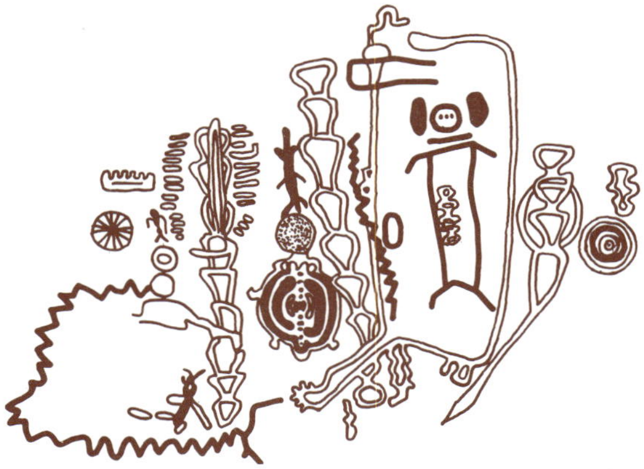

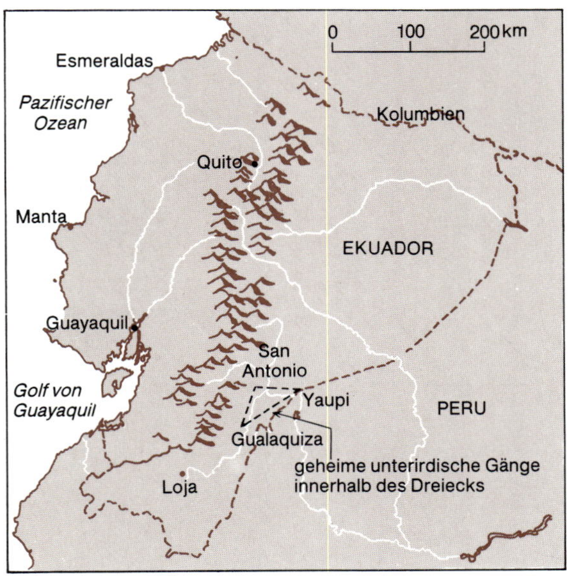

Dieser Ausspruch wird im Alten Testament oft benutzt, um das Stadium eines geänderten Bewußtseins anzuzeigen. Wem sollen wir nun glauben – von Däniken oder Hesekiel?

Haben Raumfahrer vier Gesichter und gerade Füße?

Die Tafeln von Ur

»Die Tafeln und Keilschriften von Ur, die ältesten Bücher der Menschheit, berichten ohne Ausnahme von ›Göttern‹, die in Fahrzeugen über den Himmel fuhren, und von ›Göttern‹, die von den Sternen kamen, die schreckliche Waffen besaßen und wieder zu den Sternen zurückkehrten.«

Die uns bekannte sumerische Literatur paßt nicht auf diese Interpretation. Die Tafeln von Ur berichten nicht über die Heldentaten ihrer Götter, sondern sind hauptsächlich Handelsunterlagen für weltliche Nachrichten und Auflistungen. Mindestens 1700 der gefundenen Tafeln befassen sich nicht mit religiösen Texten. Die sumerischen Götter kamen nicht von den Sternen – sie waren die Sterne. Wie die Sonnen- und Mondgötter der meisten nahöstlichen Mythologien fuhren sie in Himmelsschiffen.

Die Felszeichnungen von Santa Barbara

»Bisher hat es keine ausreichende Erklärung für diese komplizierten Felszeichnungen gegeben.«

Nach Ansicht eines Schweizer Elektronikers, den von Däniken zitiert, könnte eine der Zeichnungen ein kompliziertes wissenschaftliches Diagramm darstellen – »ein Plan für die künstliche Schaffung der Lebensbestandteile«.

Die Quechan-Indianer, deren Vorfahren diese Zeichnungen anfertigten, erklären, daß sie einfach symbolische Markierungen der Jäger sind. Sie sollen Informationen enthalten, die z. B. den Weg zur nächsten Wasserstelle zeigen.

Die Standbilder auf den Osterinseln

»Eine kleine Gruppe von intelligenten Lebewesen strandete durch einen technischen Defekt auf den Osterinseln. Das Leben auf der kleinen Insel wurde ihnen zu langweilig und eintönig ... Entweder um den Eingeborenen eine bleibende Erinnerung an ihren Aufenthalt zu hinterlassen oder um ihren Freunden, die nach ihnen suchten, ein Zeichen zu geben, bauten die Fremden ein monumentales Standbild aus Vulkangestein.« Nachdem sie gerettet worden waren, verließen die Raumfahrer die Insel und hinterließen den »sorglos in den Tag hineinlebenden Einwohnern« die unvollendeten steinernen Standbilder. Diese waren aber aufgrund ihrer geringen technischen Kenntnis nicht in der Lage, sie fertigzustellen.

1956 machte Thor Heyerdahl mit dem Häuptling und sechs Einheimischen der Insel ein Experiment. Mit traditionellen Methoden meißelten sie in drei Tagen aus Vulkanstein die Umrisse einer neuen Figur, wobei sie nur Steinwerkzeuge und Wasser benutzten.

Unterirdische Gänge in Ekuador

In seinem Buch »Aussaat und Kosmos« erzählt von Däniken, daß er mit dem Forscher Juan Moricz durch einen geheimen Eingang in ein ausgedehntes Netz von unterirdischen Gängen gelangt sei. Dort gebe es auf dünnen Metallplättchen eine Schriftensammlung, die Tausende von Jahre alt ist. Während der Expedition »entzündeten wir unsere Fackeln und die Lampen auf unseren Helmen, und entdeckten vor uns ein gähnendes Loch, das in die Tiefe führte . . . Wir ließen uns an einem Seil bis auf die erste Plattform hinunter«. Später »brach er in schallendes Gelächter aus«, »fühlte sich vollkommen glücklich«, und »hatte das Gefühl, als würde er ständig beobachtet«.

Vier Monate nach Veröffentlichung des Buches gab von Däniken in einem Interview zu, daß er niemals in dem von ihm beschriebenen Teil Ekuadors gewesen sei, sondern nur in der Stadt Cuenca, die zehn Kilometer entfernt liegt. Moricz selbst sagte, daß er niemals mit von Däniken in dieser Höhle gewesen sei: »Wir konnten die Höhle nicht betreten, da der Eingang verschlossen war.«

Lebewesen vom Sirius

So ziemlich das bemerkenswerteste Beispiel für unerklärliche astronomische Kenntnisse bei primitiven Völkern (Seite 125) ist der Dogon-Stamm in Afrika. Die Dogons leben in Mali, südlich der Wüste Sahara. Sie kennen genaue Einzelheiten über einen kleinen Stern, der für das menschliche Auge völlig unsichtbar ist. Er umkreist den Sirius, den hellsten Stern am Himmel. So wissen sie, daß er ein großes spezifisches Gewicht besitzt, daß er eine elliptische Umlaufbahn hat, und sie kennen die Stellung des Sirius in dieser Umlaufbahn. Diese Kenntnis ist erstaunlich, denn von Forschern können sie ihr Wissen nicht haben.

Die Existenz dieses Sterns war den westlichen Astronomen bis zur Mitte des 19. Jahrhunderts überhaupt nicht bekannt. Die erste fotografische Aufnahme entstand erst im Jahre 1970.

Dieser Stern (von heutigen Astronomen Sirius B genannt) bildet jedoch seit der Urzeit die Grundlage für alle Legenden der Dagons. Woher konnten sie etwas über ihn wissen? Es scheint nur zwei denkbare Möglichkeiten zu geben: Entweder benutzen sie eine Form der Zukunftsdeutung oder hellseherische Fähigkeiten, wie sie heute in psychischen Experimenten (Seite 94) erforscht werden, oder, wie die Dogons selbst glauben, Besucher dieses Planeten landeten auf der Erde und haben ihr Wissen weitergegeben. Diese Möglichkeit hat der Historiker Robert Temple in seinem bemerkenswerten Buch »Das Sirius-Rätsel« erforscht. Hierin schreibt er überzeugend, daß die Dogons die letzten Menschen auf der Erde sind, die außerirdische Lebewesen verehren, die zu Beginn unserer Zivilisation im Persischen Golf gelandet sind. Über ihre

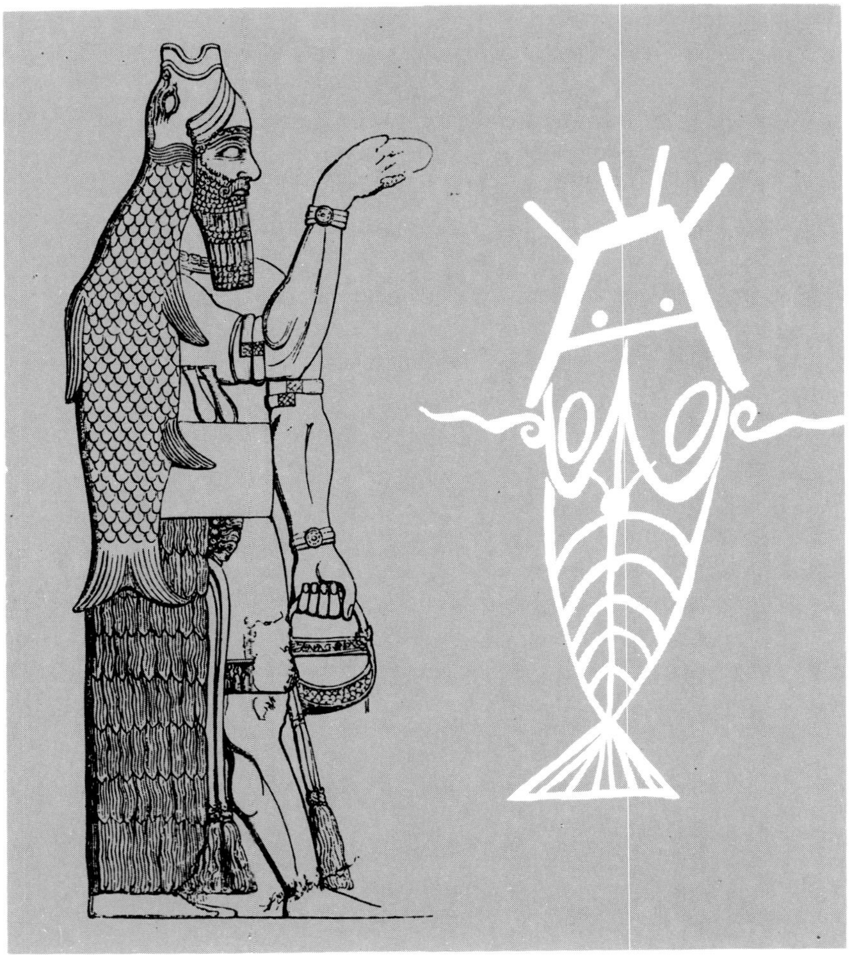

Oannes, der Meeresgott, der den Babyloniern die Kultur brachte, hat viele gleichartige Charakteristiken mit Nommo, dem Gott der Dogons.

(unten rechts)
So zeichnen die Dogons die Ankunft der Lebewesen des Gottes Nommo in ihrer Arche.

Anwesenheit berichten die Zeichnungen und Götterlegenden der Babylonier, Ägypter und Griechen.

Die Arche der Nommos

Er beschreibt, daß die Dogons diese Lebewesen Nommos nennen, die im Wasser leben müssen. Sie behaupten, daß die Nommos in einer Arche ankamen; Zeichnungen der Dogons im Staub stellen »die entstandenen Wirbel beim Landen der Arche« dar. Sie beschreiben das Donnergetöse und den Staubwirbel, der beim Aufsetzen auf den Boden entstand. Andere Legenden berichten von »blutigen Flammen« aus der Arche, die auf den Rückstoß der Rakete hinweisen könnten. Die Dogons machen offensichtlich auch einen Unterschied zwischen der Arche, die tatsächlich auf der Erde landete, und einem Satelliten am Himmel, der das Hauptraumschiff gewesen sein könnte.

All dies könnte man noch als Legenden abtun. Aber seine außergewöhnliche Wißbegierde führte Robert Temple auch zum Ursprungsland der Dogons, nach Libyen. Dort fand er Parallelen zwischen Nommo und dem Gott Oannes von Babylon. Er soll ein übernatürliches Wesen gewesen sein. Mit seinen Gefährten lehrte er die Sumerer Mathematik, Astronomie, Ackerbau, soziale und politische Organisation und das Schreiben. Oder, wie es Professor Carl Sagan von der Cornell-Universität ausdrückt: »Alle die notwendigen Kenntnisse, um den Schritt vom Jäger und Sammler zur ersten Zivilisation zu machen. Überreste der babylonischen Geschichte, die von einem griechischen Priester namens Berossus niedergeschrieben wurden, schildern Oannes sehr genau: »Der ganze Körper des Wesens glich dem eines Fisches. Unter dem Fischkopf hatte es einen anderen Kopf und unter dem Fischschwanz Füße wie ein Mensch. Seine Stimme und seine Sprache waren artikuliert und menschlich. Und eine Abbildung von ihm besteht bis zum heutigen Tag . . .

Wenn die Sonne unterging, mußte es wieder zurück ins Wasser. Dort verbrachte es die ganze Nacht in der Tiefe, weil es ein amphibisches Lebewesen war.«

Geheimnisvolle Religionen

Nachdem Robert Temple die Parallelen zwischen den beiden Göttern gezogen hat, stellt er eine Verbindung her zwischen den »geheimnis-

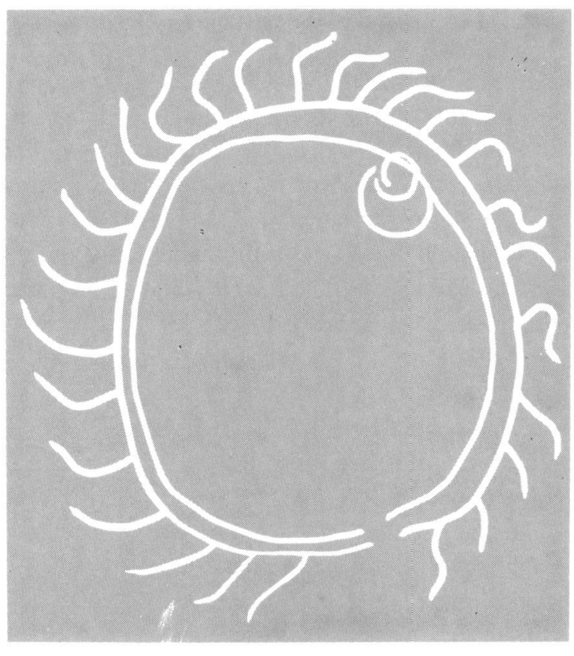

vollen Religionen« des klassischen Altertums mit Oannes und Sirius. Erklärungen für diese Religionen gibt es nur in verschlüsselter Form, und in die Geheimnisse Eingeweihte durften ihre Kenntnisse nicht an Außenstehende weitergeben. Aber es gibt verschiedene Hinweise auf die Verbindung zu Sirius – z. B. das sich immer wiederholende Motive »50«, das die Umlaufzeit des Planeten Sirius B darstellt, oder eine Gottheit mit Hundekopf und andere Assoziierungen mit Hunden, die auf Sirius A, den »Hundsstern«, hinweisen. Temple führt viele Legenden an, die seine These belegen. Da diese ursprünglich so angelegt waren, daß sie nicht verstanden werden sollten, überrascht es nicht, daß es heute verschiedene Interpretationen dafür gibt. Doch es fällt nicht schwer, in vielen von ihnen diesen Sirius-Faktor festzustellen. Darüber hinaus gibt es in den griechischen Mythen genügend Stoff, um seine Theorie zu unterstützen. Er macht in

Viele griechische Sagen berichten von Amphibien, von denen die Dogons in Afrika heute noch erzählen. Sie brachten die »Zivilisation« und lehrten das Schreiben und andere Künste.

1. Die Heimat der Annedoti.
Die Babylonier sagten, daß die Fischmenschen (»Die Widerwärtigen«) ihnen die Zivilisation gebracht haben. Der erste und berühmteste wurde Oannes oder Oe genannt, und man glaubte, er entstamme einem »großen Ei«. Zwar wurde behauptet, daß sie zu Beginn der Geschichte auftauchten, aber noch im zweiten Jahrhundert n. Chr. berichtete Plutarch von einem geheimnisvollen »Wesen«, das einmal im Jahr aus dem Golf auftauche und »die restlichen Tage seines Lebens mit umherstreifenden Nymphen und Halbgöttern« verbringe.

2. Die älteste Stadt der Sumerer, in die das Königtum zuerst »vom Himmel herabstieg«, war die Stadt des Enki oder Ea (= Oannes oder Oe), des Gottes der Weisheit und des Beschützers der Menschheit. Man glaubte, daß Ea in dem »Apsu« lebte, einem Palast unter Wasser. Es gibt Spuren für seine Verehrung (große Mengen von Fischknochen) bei einem der ersten Tempel von Eridu (etwa 3500 v. Chr.).

3. Die Philister verehrten zwei amphibische Gottheiten, Dagon (männlich) und Atargatis (weiblich), die mit Fischschwänzen und menschlichen Körpern dargestellt waren. Atargatis war auch bekannt als die »syrische Göttin«, von der man sagt, sie sei aus einem »Ei« geboren, das vom Himmel in den Fluß Euphrat fiel.

4. Heimat des amphibischen Gottes Proteus (»der erste Mensch«), bekannt als »Meeresgreis«. Er konnte seine Gestalt verändern und in die Zukunft sehen. Er lebte zum Schutz vor »der Hitze des Sterns Sirius« in einer Höhle zwischen Seelöwen. Viele der griechischen Helden befragten ihn als Orakel.

5. Heimat des amphibischen Gottes Triton, der die Zukunft vorhersagen konnte und ungeheuere Kräfte besaß. Er half den Argonauten, als ihr Schiff »Argo« im Tritonsee festlag. (Temple sieht einen wichtigen »Sirius-Faktor« in der Sage über die 50 Argonauten). »Triton« wurde das gebräuchliche griechische Wort für »Wassermann«.

6. Heimat des Nereus, einem anderen »Meeresgeist«. Wie Proteus und die Telchinen konnte er seine Gestalt verändern und weissagen.
Er hatte 50 Töchter – die Nereiden –, die genau wie er in Bildern mit menschlichen Körpern und Fischschwänzen dargestellt wurden. Man glaubt, daß Nereus auch in »Eridanus« lebte, wodurch eine Verbindung zu dem sumerischen Gott Enki/Ea von Eridu hergestellt ist.

7. Aufenthaltsort des amphibischen Gottes Glaucus (»grau-grün«). Glaucus unterrichtete Apoll, den griechischen Gott der Weissagung und des Lichtes, dem das Orakel von Delphi unterstand, in der Kunst der Zukunftsdeutung.

8. Dort war ein »Wassermann« im Tempel des Dionysos aufgestellt. Der griechische Reisende Pausanias (im zweiten Jahrhundert n. Chr.) sah ihn und einen ähnlichen in Rom: »Wassermänner sind ein ganz besonderer Anblick. Ihre Kopfhaare sind wie Frösche in abgestandenem Wasser und so strähnig, daß man sie nicht kämmen kann. Der Rest des Körpers ist wie bei einem Fisch mit Schuppen überzogen. Hinter den Ohren haben sie Kiemen, aber eine menschliche Nase, einen sehr großen Mund und Zähne wie ein Raubtier. Ich glaube, die Augen sind graugrün, und ihre Hände, Finger und Fingernägel sind verkrustet wie Muscheln. Von der Brust abwärts haben sie statt Füße einen Fischschwanz.«

9. Hier befand sich ein von Pausanias beschriebenes Heiligtum, mit dem Bildnis der Göttin Artemis (nach Temple eine Göttin von Sirius). Sie hatte das Aussehen einer Frau mit einem Unterkörper eines Fisches. Sie ist auch bekannt als »Eurynome«, eine der ältesten griechischen Göttinnen, die im Meer lebte.

10. Heimat der Telchinen, die amphibische Götter mit magischen Kräften waren und ebenso gefürchtet wie respektiert wurden. Zeus versuchte sie zu vernichten, nachdem sie das Wetter beeinflußt hatten, und vertrieb sie von Rhodos. Sie flohen nach Lycia, wo sie einen Tempel für Apoll erbauten, und einige nach Griechenland, wo sie sich in die 50 Hunde des Aktäon verwandelten.

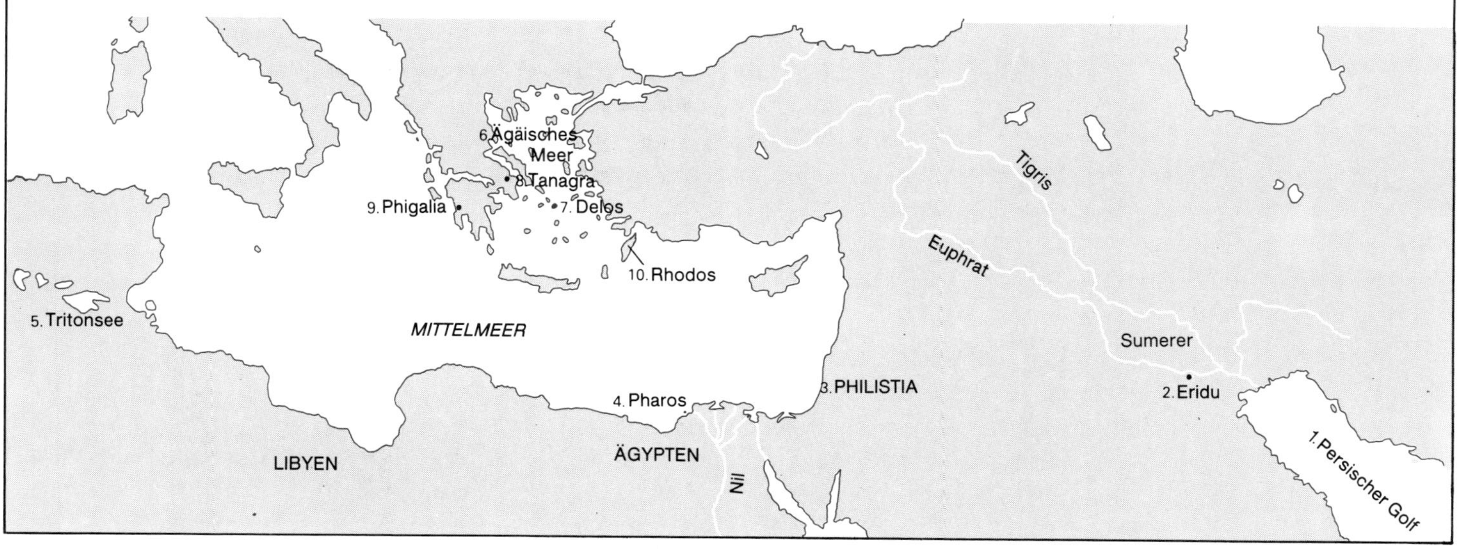

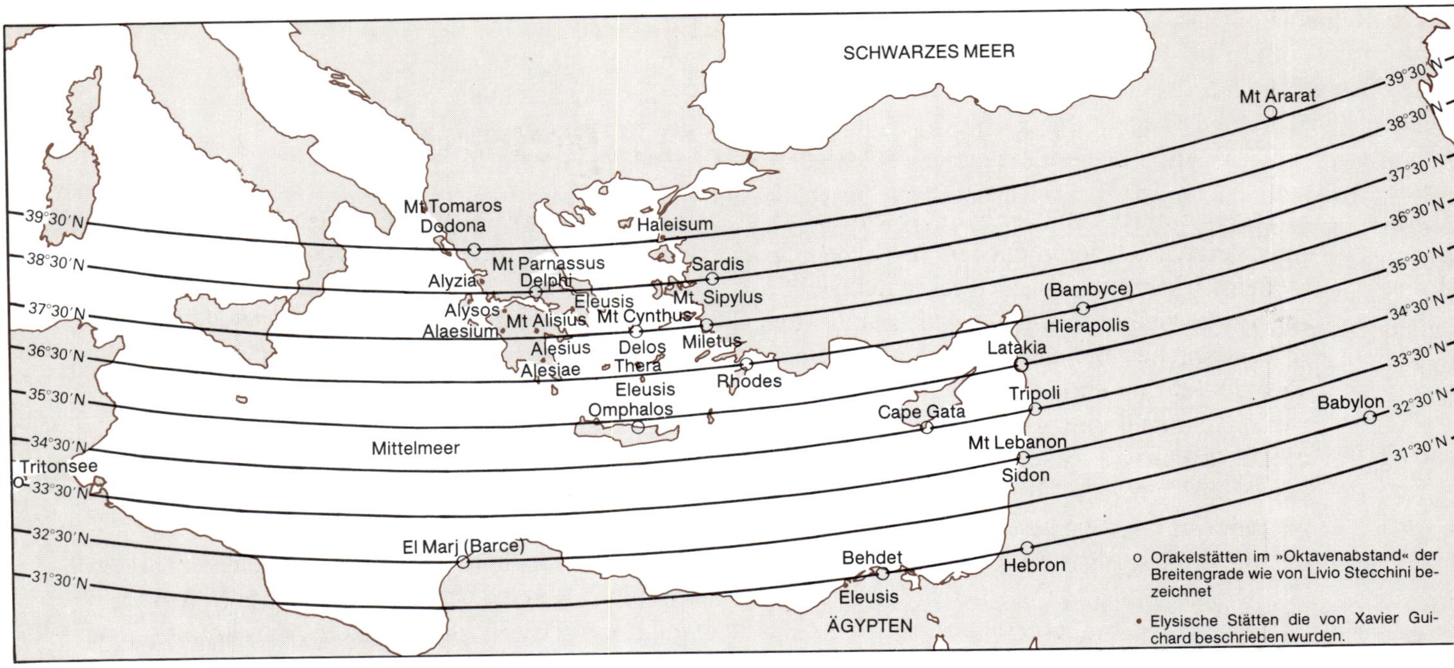

Die Orakelstätten der Klassik scheinen in einer symmetrischen Beziehung zueinander zu liegen; das ist auch die Ansicht Robert Temples (siehe Text). Dazwischen liegen die Stätten, die von dem Namen »Eleusis« abgeleitet sind (vgl. S. 89).
(unten)
Die geodätische Karte des alten Ägypten. Behdet ist der Punkt, von dem alle Maße ausgehen.

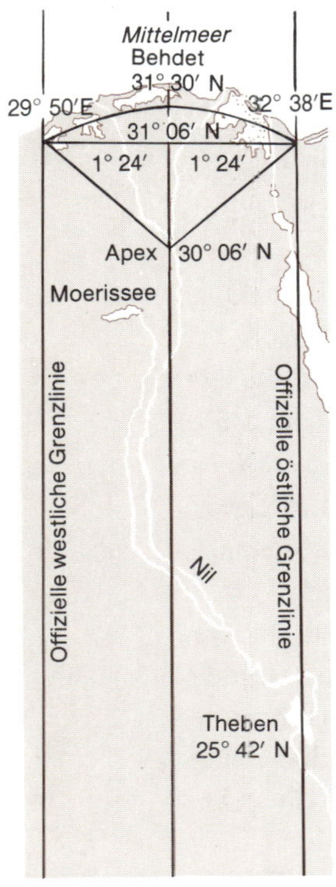

seinem Buch aber keinen Gebrauch davon. Einige dieser Mythen sind auf der vorhergehenden Seite aufgeführt. Eine besonders überzeugende Legende handelt von der Insel Rhodos und ihren ersten Bewohnern, den Telchinen.

Die Dämonen von Rhodos

Der griechische Historiker Diodorus Siculus schrieb über sie, daß sie »die Entdecker von verschiedenen Künsten« waren und daß »sie andere Dinge hervorbrachten, die für das Leben der Menschheit nützlich waren. Sie waren auch die ersten, sagt man, die Götterstatuen anfertigten; einige der alten Götter sind nach ihnen benannt«. Diese Beschreibung der Telchinen als Überbringer der Zivilisation – schon zeigt sich die Parallele zur Oannes und den Fischmenschen aus dem Persischen Golf – wird durch verschiedene andere Beschreibungen noch präzisiert . . . Sie waren Zauberer, die Wolken verschieben konnten und es auf Wunsch regnen ließen. »Unterwassergeister« und »Dämonen aus der Tiefe des Meeres«. Robert Graves schrieb, daß sie Hundeköpfe hatten und an Stelle von Händen Flossen.

Natürlich verbreiteten sich diese Mythen über die Amphibiengötter weit über den Mittelmeerraum hinaus. Es besteht kein Zweifel, daß die Telchinen der Sage nach fliehen mußten, und ihre Überlebenden zu den 50 Hunden des Aktäon wurden. Auch dies ist ein Bindeglied zum Hauptteil des Sirius-Beweises von Robert Temple. Ein weiterer Schluß, den er zieht, hat direkte Beziehung zu verschiedenen Themen, die in diesem Buch bereits angesprochen wurden. Er glaubt, daß die Wissenschaft von der Erdvermessung (Geodäsie) in erster Linie von den Amphibien des Sirius stammt. Die Geodäsie wurde von den alten Ägyptern angewendet (Seite 74), um ihr Land zu vermessen, und zwar nach bestimmten Gesetzmäßigkeiten, die sich aus den Erddimensionen ergeben. Später wurde diese Wissenschaft im gesamten klassischen Altertum benutzt.

Er hat herausgefunden, daß die heiligen Orakelstätten, wo sich jeweils ein großer Steinblock – der Omphalos – befindet, auf gleichmäßig verteilten Linien liegen, die sich über den gesamten Mittelmeerraum und den Nahen Osten erstrekken. Es dürfte nicht abwegig sein, daß sich dieses System noch weiter ausbreitete. Die Geheimnisse des Orakel bildeten auch einen Teil der »Eleusinischen Mysterien«.

Aus Eleusis wurde in Europa Alaise (Seite 89). Die Übereinstimmung liegt auf der Hand. Und obgleich die Beweise für die Geschehnisse der damaligen Zeit durch den Brand der Schriftensammlung in Alexandrien vernichtet wurden, können wir sicher sein, daß die verlorengegangene Wissenschaft der Ursprung unserer Zivilisation war und mehr als 3000 Jahre währte. Sie basierte auf dem brennenden Wunsch, die Erde und ihre Kräfte zu verstehen, die heute leider vielfach ignoriert werden.

Kapitel 7
Mythen und Legenden

Strenggenommen befaßt sich die Geschichte unserer Vergangenheit nur mit den Vorgängen, die niedergeschrieben wurden. Alles andere gehört zur Vorgeschichte, zusammengetragen aus den archäologischen Berichten über Dinge, die sich über die Jahrtausende erhalten haben. Dies ist natürlich unvollständig. Und diejenigen sind unfair, die den Archäologen eine krankhafte Jagd nach Funden in historischen Gräbern vorwerfen. Grabaushebungen mögen keine angenehme Aufgabe sein, aber sie gaben Aufschlüsse über den Lebensstil der Menschen, die in diesen Gräbern liegen. Außerdem würden wir nur einen Bruchteil unseres Wissens über die Vorzeit haben, wenn Experten nicht bereit wären, Stätten zu untersuchen.

Darüber hinaus gibt es aber noch lebendige Zeugnisse über unsere Vergangenheit: Mythen und Legenden. Das Problem liegt jedoch darin, daß die meisten von ihnen zwar nun niedergeschrieben und bis ins einzelne zerlegt sind und gedeutet werden können, die Ergebnisse sind aber meistens ungenau. Wenn jemand äußerst skeptisch ist, kann er sagen, daß eine solchermaßen überlieferte Geschichte keine historische Bedeutung mehr haben kann. Andererseits wäre dem zu erwidern, daß es normalerweise ziemlich einfach ist, den historischen Hintergrund und den mythologischen Inhalt auseinanderzuhalten. So gewinnt man einen Einblick in unsere Vorgeschichte, den man sonst nicht hätte.

Dorothy B. Vitaliano, deren Thesen über Atlantis wir im vorherigen Kapitel erläutert haben, faßt die beiden Einstellungen in ihrem Buch »Legends of the Earth« wie folgt zusammen:

»Wenn wir die heutige Zeit betrachten, in der sich ein Gerücht durch Weitererzählen so verändert haben kann, daß sein Inhalt am Ende völlig entstellt ist, dann ist es schwierig zu glauben, daß in einer mündlichen Überlieferung noch Tatsachen enthalten sein sollen.

Aber es gibt einen anderen Vergleich, der dem entgegensteht. Wie oft haben Eltern ihren Kindern eine Gute-Nacht-Geschichte erzählt und wurden dann berichtigt, wenn sie nur ein Wort anders erzählt haben, als beim letzten Mal? Genauso schwierig wäre es wohl für die Geschichtenerzähler gewesen, wenn sie den Menschen, deren Kulturen sich über Jahrtausende kaum verändert haben, immer neue Variationen derselben Geschichte erzählt hätten ... Veränderungen können also nur unwesentlich gewesen sein.«

Bei allen Mythen und Legenden, die wir in diesem Kapitel untersuchen, halten wir uns an den letztgenannten Gesichtspunkt. Bei den Wahrheiten des Alten Testaments z. B. ist es nicht schwierig, am Ende des 11. Kapitels der Schöpfungsgeschichte (im Buch Genesis) den Punkt zu finden, wo die Bibel von der Mythologie zur Geschichte übergeht. Von da an mag sie befangen, schwer verständlich oder sogar täuschend sein, aber trotzdem basiert sie auf historischen Begebenheiten.

Doch die herkömmlichen Ansichten über die Mythen gehen noch weiter. Die Gelehrten werden meist besonders argwöhnisch, wenn sich in einer Legende Götter in menschliche Angelegenheiten einmischen. Sie nehmen an, daß dadurch automatisch die historische Glaubwürdigkeit verlorengeht.

In seinem Werk »The Idea of History« schreibt R. G. Collingwood, daß Mythen »sich überhaupt nicht mit menschlichen Aktivitäten beschäftigen. Das menschliche Element wird völlig außer acht gelassen, die Charaktere der Geschichte sind einfach Götter ... die göttlichen Taten, über die berichtet wird, sind zeitmäßig in der Vergangenheit nicht festzulegen ... Die Werke Homers beruhen nicht auf Forschungen, sie sind Legenden.«

Wir glauben, daß Homer nicht allzulange nach den Ereignissen lebte, die er beschrieb, und daß man die Einflußnahme seiner Heldengötter von den berichteten Fakten trennen kann. Außerdem hat die Entdeckung Trojas durch den großen Amateurarchäologen Heinrich Schliemann bewiesen, daß Troja genau den Beschreibungen Homers entsprach.

Wir sind der Meinung, daß Legenden eine historische Grundlage haben. Und es ist unmöglich sich vorzustellen, was unsere Vorfahren inspirierte und was zu den entscheidenden Zeiten unserer Vorgeschichte geschah, ohne die geheimen Botschaften zu untersuchen.

Labyrinthe: Schema des Lebens

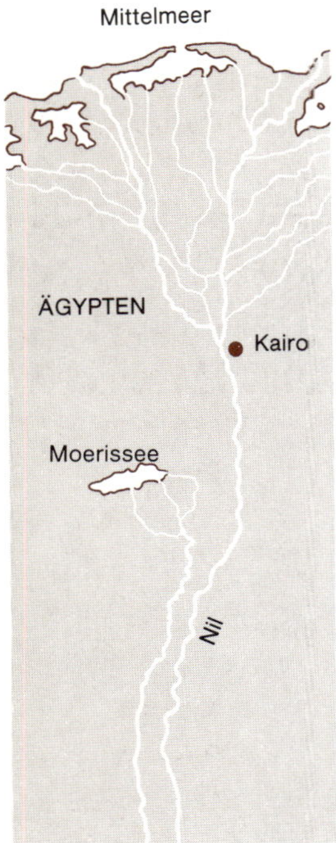

Plan eines Tempellabyrinths, das für Amenemhet III. etwa 2000 v.Chr. angelegt wurde. Die Zeichnung wurde nach klassischen Beschreibungen von dem italienischen Archäologen L. Canina im Jahre 1840 erstellt.

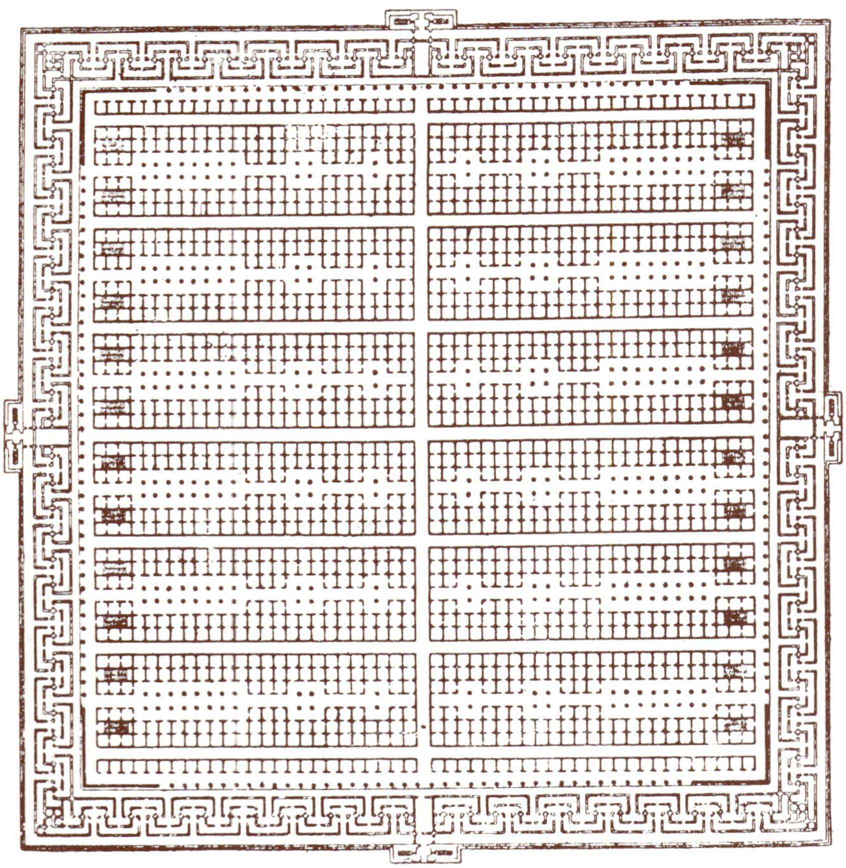

Das größte Labyrinth der Welt besteht nicht mehr. Es wurde von dem ägyptischen König Amenemhet III. ungefähr 2000 v. Chr. neben seiner Pyramide bei Fayum am südlichen Ufer des Moerissees erbaut. Prof. Flinders Petrie, der die genaue Lage im Jahre 1888 entdeckte, errechnete aus den noch vorhandenen Umrissen, daß es mehr als 1000 Meter Umfang gehabt haben muß. Der griechische Historiker Herodot, der es in der Mitte des fünften Jahrhunderts v. Chr. besuchte, beschreibt voll Bewunderung die Anlage und die damit verbundenen Kosten und den Arbeitsaufwand als »größer, als alles was von den Griechen jemals erbaut wurde«. Das Labyrinth hatte, so sagte er, »zwölf verdeckte Höfe, mit gegenüberliegenden Eingängen, sechs davon an der Nordseite und sechs an der Südseite. Alle waren miteinander verbunden und von einer Mauer umgeben«. Seine 300 Räume waren gleichmäßig über und unter dem Erdboden verteilt. Die unteren beherbergten die Leichname der Könige und heiligen Krokodilen und waren streng bewacht.

Vier Jahrhunderte später beschrieb Strabo, ein berühmter Reisender der klassischen Zeit, die Architektur des Labyrinths und die vielen Höfe. Sie konnten nur erreicht werden über »lange Gänge mit gewundenen Verbindungen untereinander, in denen ein Fremder ohne Führung weder hinaus noch hinein finden konnte«. Im ersten Jahrhundert n. Chr. schrieb Plinius, daß die »gewundenen Gänge mit ihren verblüffenden Verzweigungen meist in totaler Finsternis lagen«.

Wozu wurden sie errichtet? Wie bei den meisten Labyrinthen auf der ganzen Welt sind Ursprung und Zweck tief in der menschlichen Psyche verborgen.

Ein starker, unbewußter Antrieb muß dahintergesteckt haben, wenn man bedenkt, daß identische Labyrinthformen entdeckt wurden, die zu verschiedenen Zeiten, an verschiedenen Orten entstanden sind. So z. B. ein Felsen am Tintagel, Cornwall, ein Münzenmuster auf Kreta oder ein Symbol für die Erde bei den Hopi-Indianern in Arizona. Labyrinthe kann man in zwei Arten einteilen: solche, wie die des Königs Amenemhet, die architektonisch verwirrend angelegt sind und solche in Spiralform. Was beide gemeinsam haben, ist ein gewundener Weg zum Inneren des Labyrinths und wieder zurück, nachdem man sein Ziel erreicht hat.

Das Labyrinth auf Kreta

Die folgende Geschichte enthält die Sage von Theseus und dem Minotaurus bei Knossos auf Kreta. In der Mitte des Labyrinths lebte der gefürchtete Minotaurus, halb Mensch, halb Stier, dem die Athener alle neun Jahre sieben junge Männer und sieben Jungfrauen opfern mußten. Dädalus, der Erbauer des Labyrinths, hatte es mit so vielen tückischen Windungen und Scheinausgängen versehen, daß die Menschen, die nacheinander hineingeschickt wurden, sich unweigerlich verirrten und von dem Minotaurus

1. Abteikirche St. Bertin, St. Omer

Grundmuster eines Labyrinths in Steinen, an der finnischen Küste

2. Römischer Mosaikboden, Salzburg

Steinlabyrinth, 18 m Durchmesser, Insel Gotland, Finnland

3. Römisches Mosaik, Cormerod

18

4. Kirchliches Labyrinth, Orléansville

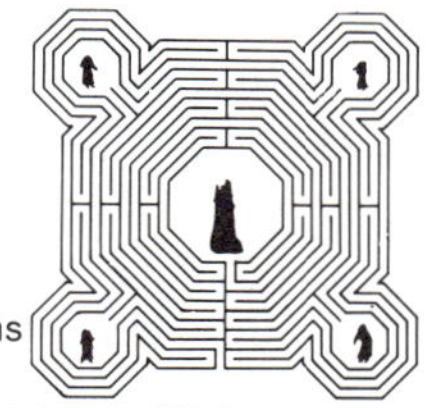

5. Kathedrale in Reims

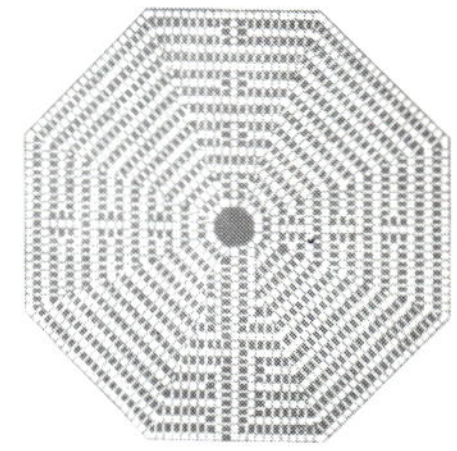

6. St. Quentin

7. Wand der Kathedrale von Lucca

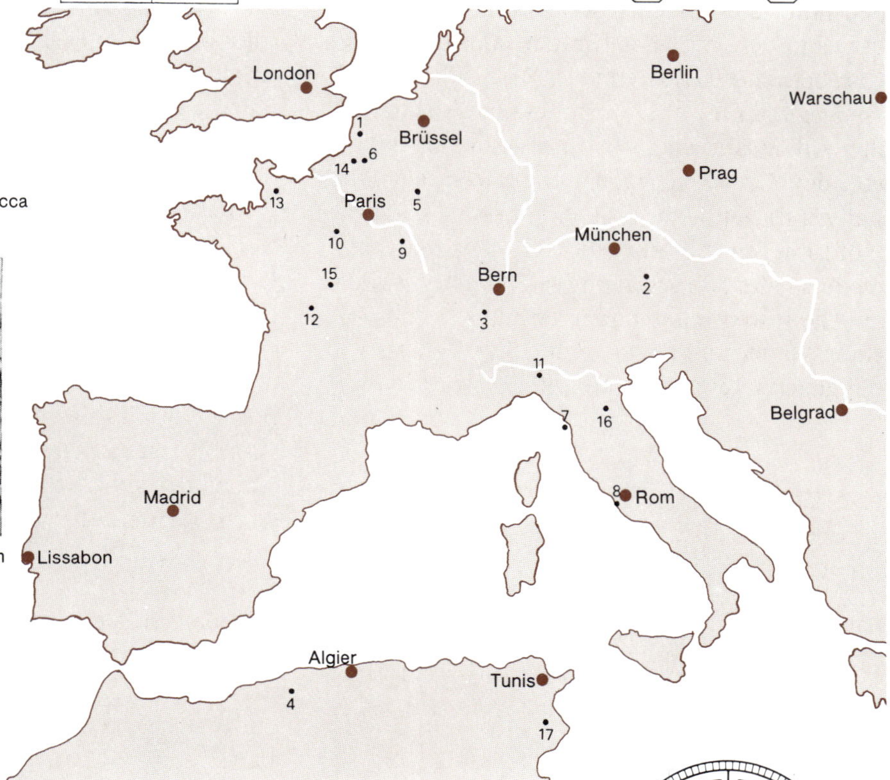

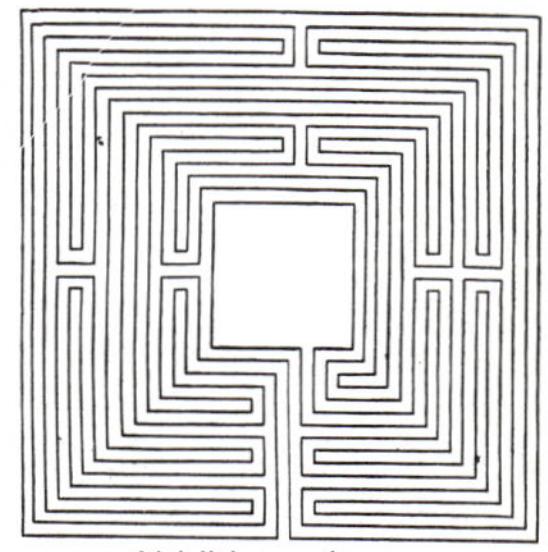

Abbildung eines Reihenlabyrinths von J. Serlio, 1537

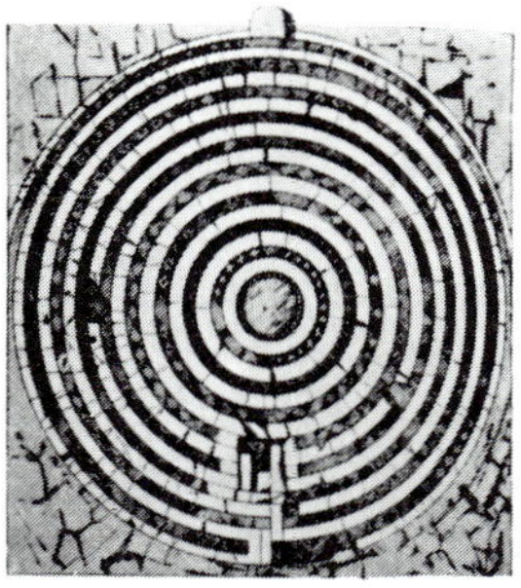

8. St. Maria-di-Trastevere, Rom

10. Kathedrale von Chartres

9. Kathedrale von Sens

12. Kathedrale von Poitiers

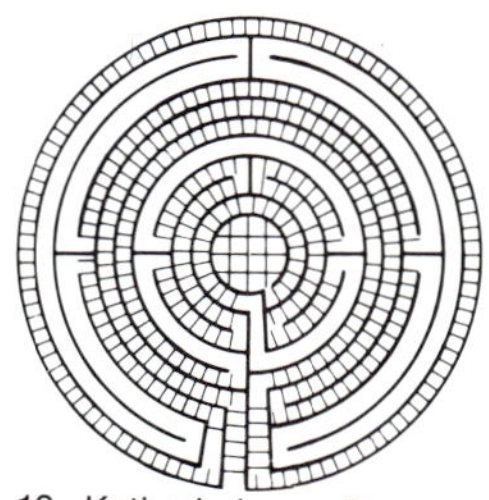

13. Kathedrale von Bayeux

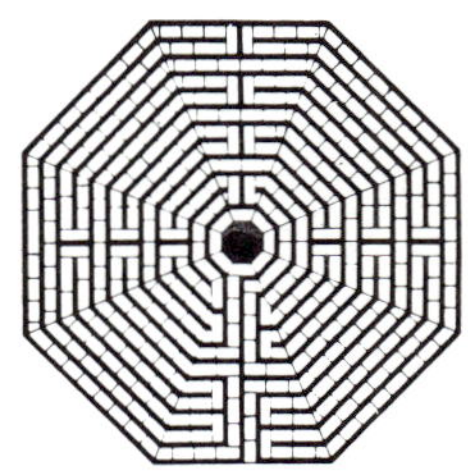

14. Kathedrale von Amiens

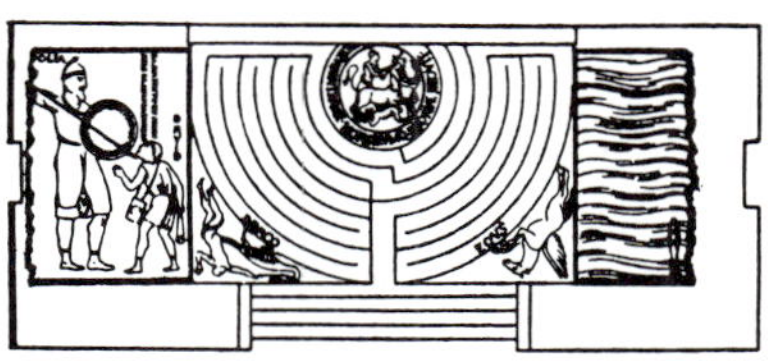

11. San Michel Maggiore, Pavia

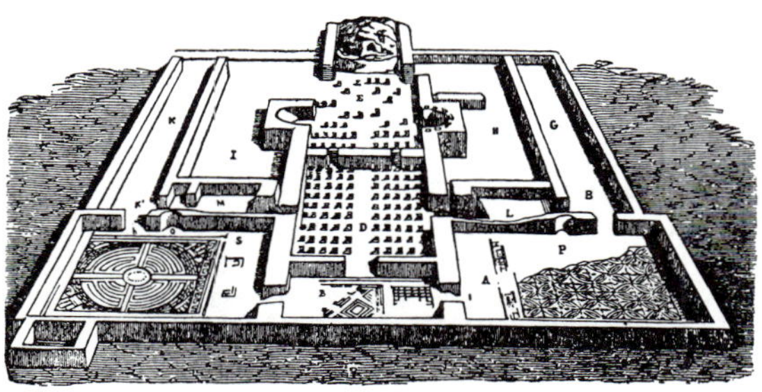

15. Römisches Bodenmosaik, Verdes

16. St. Vitale, Ravenna

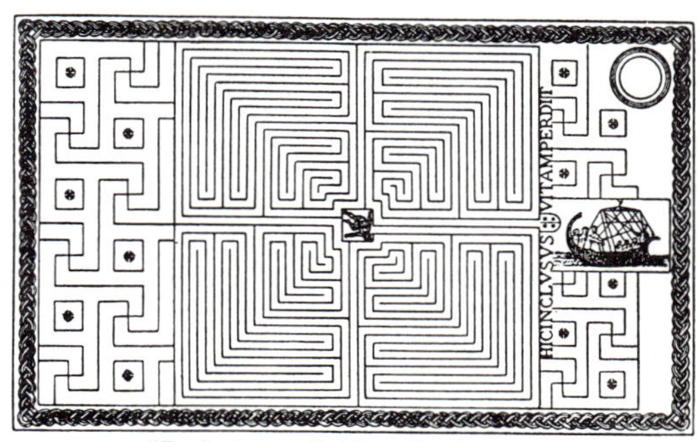

17. Grabmosaik, Susa, Tunis

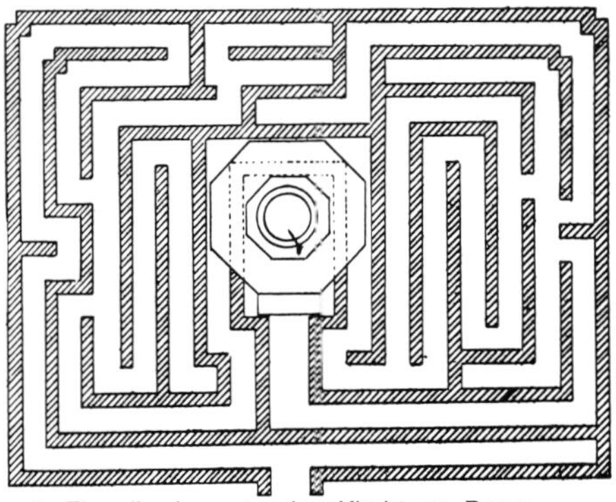

1. Ziegelboden unter dem Kirchturm, Bourn

2. Viktorianisches Labyrinth, Kathedrale von Ely, 1870

3. Nahe St. Anna Brunnen, Sneinton, zerstört 1797, Weg 486 m lang

4. Ripon Common, Ausgrabung 1827

5. Troy farm, Somerton, Heckenlabyrinth

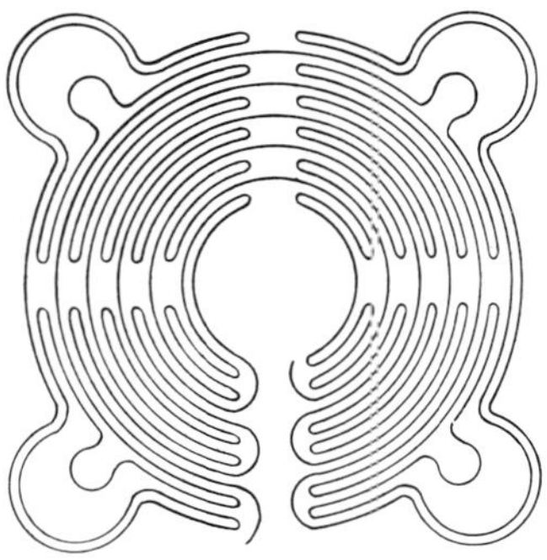

6. Reihenlabyrinth, Saffron Walden

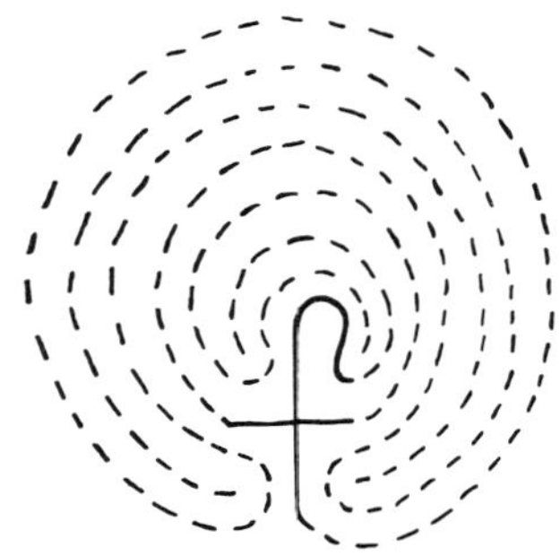

7. Felszeichnung, Tintagel

8. Eingeritzt in »Goldwand«, Rockcliffe Marsh (nicht mehr sichtbar)

9. »Shepherd's Race«, Boughton Green, hier fanden mittelalterliche Markttage statt

10. Julian's Bower, Alkborough

11. Troy-town, Pimperne, zerstört 1730

12. Kreuzlabyrinth, St. Catherine's Hill, Winchester

13. Village Green, Hilton

getötet wurden. Theseus, ein junger Held aus Athen, bot sich selbst als Opfer an. Nach seiner Ankunft auf Kreta verliebte er sich in Ariadne, die Tochter des Königs von Kreta. Auf Anraten des Dädalus gab sie ihm eine Schnur, um seinen Rückweg zu markieren. Er tötete den Minotaurus und führte nach seiner vollbrachten Heldentat die anderen Mitglieder der Gruppe wieder sicher aus dem Labyrinth heraus.

Ob auf Kreta jemals ein solches von Menschenhand erbautes Labyrinth bestand, kann bezweifelt werden. Es wurde bisher nicht entdeckt. Verschiedene klassische Schreiber, einschließlich Plinius, verglichen die Anlage mit der des Königs Amenemhet. Die erste sichtbare Darstellung des Labyrinths auf kretischen Münzen zeigt es jedoch spiralenförmig mit einem Weg zum Zentrum und wieder zurück.

Von der Symbolik her ist dies die Grundform, die auf vielen rituellen Darstellungen an vielen Orten der Welt erscheint. Ein berühmter etruskischer Weinkrug aus der Zeit um 600 v. Chr. (vergleiche Abbildung 18 auf Seite 181) zeigt bewaffnete Reiter, die an einem Kriegerritual teilnehmen, das das »Spiel von Troja« genannt wurde. Das Wort Troja ist in Spiegelschrift geschrieben und die Reiter scheinen aus dem Labyrinth herauszukommen. Dies ist wahrscheinlich ein verborgener Hinweis auf die Verteidigungsmauern der Stadt Troja. In England sind ähnliche Labyrinthe unter dem Namen »Troy« bekannt oder befinden sich an Orten, die »Troy« heißen. Noch heute veranstaltet man in einigen von ihnen besondere Umzüge und Tänze, die an früher regelmäßig stattfindende Feste erinnern. Die frühe christliche Kirche nahm die Grundform des Labyrinths mit Begeisterung auf. Anfangs war es das Symbol der Kirche selbst, wie es z. B. in dem Mauerwerk der Kathedrale von Lucca eingemeißelt ist. Es ist auch in den Talaren von verstorbenen Bischöfen eingewebt, die dadurch als zur Kirche gehörig bezeichnet waren.

Dann, als die Zeit der Kreuzzüge zu Ende ging und eine Pilgerfahrt nach Jerusalem unmöglich wurde, gingen treue Christen zur Buße für die nicht durchgeführte Reise in ein Labyrinth. Der Mittelpunkt des Labyrinths wurde Himmel oder Jerusalem genannt. Eine Verbindung mit der heidnischen Vergangenheit zeigt sich aus der dort häufig vorzufindenden Darstellung eines Zentauren oder Minotaurus. Eine Metallplatte mit solcher Darstellung befand sich bis zu den napoleonischen Zeiten, wo sie zu einer Kanonenkugel geschmolzen wurde, im Herzen des berühmten Labyrinths der Kathedrale von Chartres. In dem Buch »Archaeological Journal« schreibt im Jahr 1858 Edward Trollope, Erzdiakon von Stow, daß die Labyrinthe in den Kirchen von schweren Sündern aufgesucht wurden. Die Büßer mußten auf Knien den Windungen des Labyrinths folgen und an bestimmten Stellen Gebete verrichten.

Labyrinthe der Frühzeit

Obwohl Rituale und Tänze viel später entstanden als die Labyrinthe, glauben viele Autoren an die Möglichkeit, die ursprüngliche Bedeutung herauszufinden, indem man die gemeinsame Basis aller Labyrinthe sucht. Die erste Gemeinsamkeit könnte sein, daß der Weg ins Innere niemals gerade verläuft. Selbst in einem Labyrinth ohne Scheinausgänge findet man den Weg zum Mittelpunkt und zurück nur, indem man alle Bereiche begeht. Man vermutet, daß die ersten Labyrinthe die von der Natur gebildeten Höhlen der Cro-Magnon-Menschen in der jüngeren Altsteinzeit (etwa 30 000 v. Chr.) waren. Tief in diesen Höhlen hat man an den engen, kleinen Plätzen sehr schöne und religiöse Höhlenzeichnungen gefunden (Seite 49). Es ist möglich, daß Höhlen der Ursprung des Labyrinths auf Kreta gewesen sind. Die unterirdischen Felsschollen und Felsbrüche auf der Insel bilden hervorra-

Glastonbury Tor ist eine rätselhafte Kultstätte. Sie hebt sich durch ihre vulkanische Gestalt von der Landschaft ab und ist von einem künstlichen Serpentinenweg umgeben.

gende natürliche Labyrinthe. Viele Reisende des 19. Jahrhunderts waren dieser Ansicht. Einer, der eine Gesellschaft in die Höhlen führte und dabei wie Theseus eine Schnur benutzte, berichtete, daß ihn die »anscheinend endlose Zahl von Gängen mit Schrecken und unbeschreiblicher Faszination zugleich erfüllte. Nach jeweils zehn Schritten war man gefangen und mußte entweder nach rechts oder nach links. Manchmal mußte man einen von drei oder vier verschiedenen Gängen wählen. Eine Schreckensvision, wenn man ohne Hilfsmittel ist«.

Die nächste Gemeinsamkeit ist die Spirale; insbesondere eine Spirale mit sieben Windungen. Heute schon fast vergessen, spielten diese Spiralen eine bedeutende Rolle bei den Versuchen der alten Priester, die Energien der Erde zu nutzen. Die Wünschelrutengänger behaupten, daß die megalithischen Stätten über den Kreuzungsstellen von verzweigten unterirdischen Wasserströmen angelegt sind, um die Kräfte zu verstärken, die aus dem Boden in einer Spirale mit sieben Windungen ausstrahlen (Seite 111). Die meisten der eingeritzten Muster an Megalithen sind entweder Spiralen oder eine Reihe von konzentrischen Ringen, die von einer schlangenähnlichen Linie zur Mitte hin unterbrochen sind; möglicherweise die Form eines primitiven Labyrinths.

Dreidimensionale Spiralen

Eine Zwillingsspirale mit sieben Windungen, dreidimensional gezeichnet, bildet das Vorbild für ein Labyrinth.

Der in Island lebende ehemalige Geschäftsmann Geoffrey Russell glaubt, daß er dies an den wellenförmigen Hügeln, die Glastonbury Tor umgeben, entdeckt hat. Glastonbury Tor ist eine der wichtigsten frühchristlichen Stätten Südenglands. Wahrscheinlich war es bis zu dem Zeitpunkt, als der heilige Joseph von Arimathea den heiligen Gral dorthin brachte, eine heidnische Kultstätte (Seite 268). Fotografien der Royal Airforce bestätigen, daß sich dort ein Pfad mit sieben Windungen schlängelt, von dem G. Russell annimmt, daß er von Pilgern und Eingeweihten benutzt wurde.

Die Grundformen eines Labyrinths

Wie eine Bestätigung, daß die Faszination für Labyrinthe aus einer mystischen Quelle stammt, verursachte auch Geoffrey Russells Interesse an diesen Dingen ein Traum: 1944 erschien ihm ein für ihn bis dahin unbekanntes Zeichen. Am nächsten Tag zeichnete er es und bewahrte es zwischen seinen Papieren auf. 18 Jahre später fand er zufällig in einer Zeitschrift Fotografien der kürzlich entdeckten Felszeichnungen von Tintagel in Cornwall. Dabei stellte er eine Ähnlichkeit mit einer kretischen Münze von Knossos fest und erinnerte sich an seine eigene Zeichnung – die genaue Grundform eines Labyrinths. Von da an fand er dieses Muster in vielen Ländern. Überall, so schreibt auch Jill Purce in dem Buch »The Mystic Spiral«, bildet und schützt das Labyrinth das Innere und gestattet den Eintritt nur auf dem richtigen Weg.

Ursprüngliches

Patricia Villiers-Stuart, eine Mathematikerin, hat nebenstehend aufgezeichnet, wie sich die Grundform eines Labyrinths entwickelt. Sie schrieb: »Die mexikanischen Indianer, die Labyrinthe zeichnen, sehen in ihnen einen Ausdruck für den universellen Grundriß der Schöpfung, und sie könnten recht haben. Die Geometrie, nach der sich diese Form richtet, scheint auf einem Zahlen- und Raumbegriff zu basieren, dessen Hintergrund wir nicht mehr kennen. Um die Funktion dieser Zahlengeometrie zu erklären, müßte man sagen, daß es sich um eine Art Integration der siebten und achten Division eines Kreises handelt. Dies bringt eine rhythmische Annäherung an Zahl und Form, die auf der einen Seite für die Struktur der Atome und auf der anderen Seite auf die Gestirne angewendet werden kann.«

In menschlichen Begriffen ist jedoch das Konzept der Bewegung innerhalb eines Labyrinths die wichtigste Sache. Geoffrey Ashe erläutert in »The Ancient Wisdom«: »Eine mögliche Erklärung ist, daß die Riten, die sich im Inneren der Labyrinthe abspielten, schon früher bei primitiven Völkern als Tänze um ein Bildnis oder ein Grab ausgeführt wurden. Labyrinthe könnten auch die Spuren von vergessenen Gemeinschaften kennzeichnen. In Verbindung mit Bildnissen von Schlangengöttern oder Spiralen, die nach innen und nach außen führen, sind sie ein Hinweis auf einen symbolischen Tod mit einem anschließenden neuen Leben.«

Felszeichnung, Tintagel

Heiliges Symbol, der Hopi-Indianer

Münzeindruck, Knossos

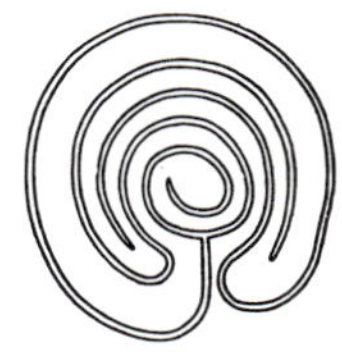
Halebid-Tempel, Mysore, Indien

Manas-Chakra, Rajasthan, Indien

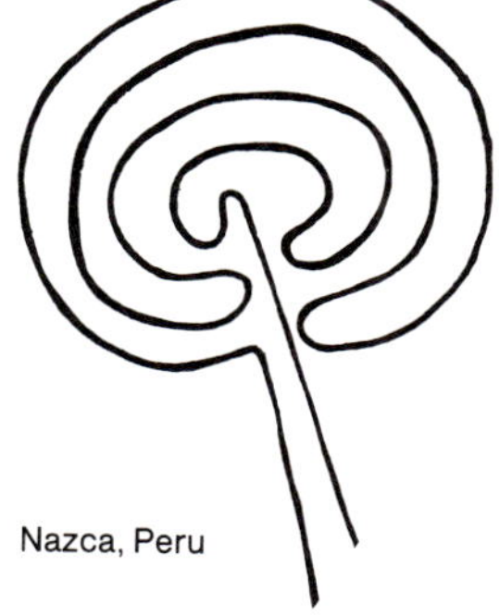
Nazca, Peru

Isle of Weir, Finnland

Wo wohnen die Drachen?

Zu allen Zeiten und an vielen Orten sind in unserer Geschichte Drachen aufgetaucht: in den frühesten Berichten über Assyrien und Babylon, in der jüdischen Geschichte des Alten Testaments, in alten Schriften aus China und Japan, in der Mythologie der Griechen, Römer und frühen Christen, in den Bildern aus der Frühzeit Amerikas und in den Mythen Afrikas und Asiens. Es

Mittelalterliche Darstellung eines Drachen aus christlichen Heiligenbildern.

gibt kaum ein Volk, bei dem in Sagen keine Drachen auftauchen. Es ist deshalb auch bemerkenswert, wie viele Kapitel in diesem Buch ohne eine Verbindung zu Drachen in historischer Hinsicht unvollständig sind. Dinosaurier (Seite 10), Seeungeheuer (Seite 125) und unbekannte Reptilien (Seite 236) werfen die Frage nach vorgeschichtlichem Fortleben auf. Venusgelehrte (Seite 29), Meteorologen (Seite 212) und Ufo-Anhänger (Seite 219) führen Drachen als Beweis ihres Glaubens an.

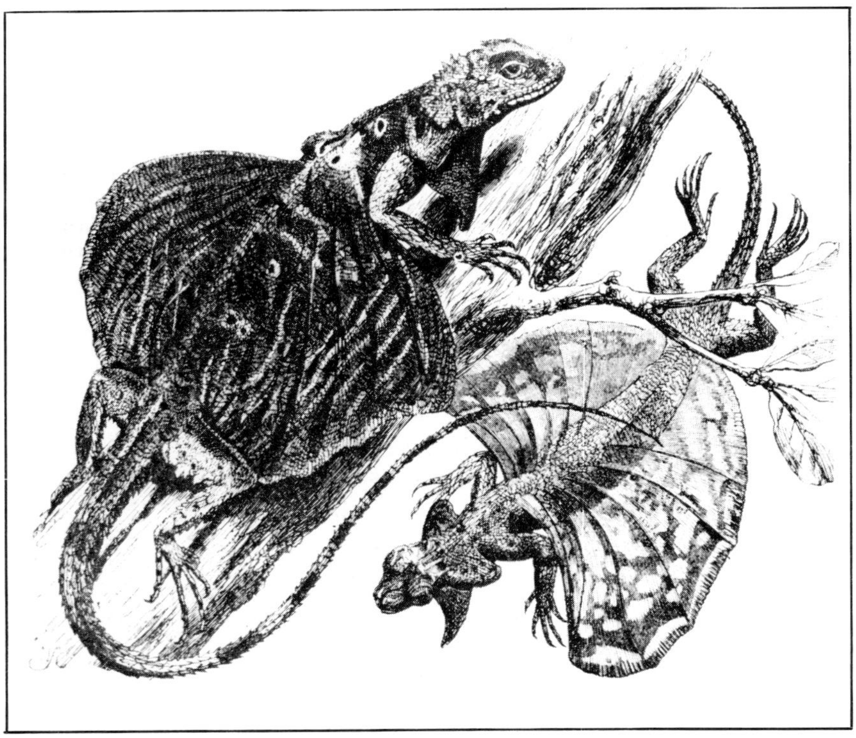

Fliegende Eidechsen, die in Indien und Südostasien vorkommen, sind so drachenähnlich, daß sie den zoologischen Namen »Draco« erhielten.

Warum die Wünschelrutengänger (Seite 94), die chinesischen Wahrsager (Seite 114) und die Büßer in den Labyrinthen (Seite 178) an die Kräfte der Erde glauben, ist ohne das Wissen über die Symbolik der Drachen nicht zu verstehen. Tatsächlich ist der Drachen ein vielseitiges Reptil.

Daher stellt sich als erste Frage, ob er tatsächlich existiert hat. Die meisten Lehrbücher sagen nein – er ist ein Fabelwesen, das etwa 3000 v. Chr. in Kunst und Literatur auftauchte und daher ein Produkt relativ hochentwickelter Zivilisationen ist. J. E. Cirlot sagt z. B. in seinem »Dictionary of Symbols«: »In ihm sind die Eigenschaften verschiedener, besonders aggressiver und gefährlicher Raubtiere, wie z. B. Schlangen, Krokodile, Löwen, und auch vorgeschichtlicher Tiere vereinigt . . . Der Begriff Drache steht für das Geschöpf ›Raubtier‹ schlechthin, und hier zeichnet sich eine erste symbolische Bedeutung ab. Bei den Sumerern wurde er als ›Widersacher‹ bezeichnet – ein Begriff, der später für den Teufel verwendet wurde.«

Echte Drachen?

Dies trifft jedoch nicht für alle Drachen zu, besonders nicht für die chinesischen, die wegen ihrer freundlichen Taten bekannt waren. Ebenso scheint der Gedanke einer »Mischung« aus generell wilden Tieren unsachlich zu sein. Verglichen mit anderen Fabelwesen, wie Zentauren oder dem Vogel Greif, entsprechen viele Drachenarten den Gesetzen der Anatomie, läßt man die Übertreibungen außer acht, daß sie Feuer speien, Elefanten fressen und fliegen können. Es gibt eine überraschende Ähnlichkeit zwischen Dinosaurierarten und bestimmten Drachen. Daher ist es möglich, daß einige dieser Lebewesen, die an sich vor Millionen von Jahren existiert haben, ihre Zeit überlebten und noch ein paar Jahrtausende v. Chr. lebten, als die Erde zu über 90 Prozent unbewohnt war.

Aristoteles, Plinius und andere Dichter des klassischen Altertums bestehen darauf, daß die Existenz der Drachen nicht auf Einbildung beruht. Es könnte sich aber auch um Eidechsen handeln. Einige der indomalayischen Eidechsenarten, die fliegen und schwimmen können, sind tatsächlich sehr drachenähnlich. Ihr Gattungsname lautet Draco.

Die Panzereidechse Moloch horridus hat das Aussehen eines schuppigen Drachens. Die etwa drei Meter lange indonesische Eidechse Varanus komodoenis wird ebenfalls als Drache bezeichnet. Eine ihrer entfernten australischen Artgenossen war mehr als zweimal so lang.

Charles Gould, der die Existenz von Drachen glühend verteidigt und ein umfassendes Buch darüber geschrieben hat, geht so weit, aus den Drachen eine verschwundene Eidechsenart zu machen. Er beschreibt sie als Fleischfresser und Winterschläfer, die ihren schlangenartigen Körper und den Schwanz zusammenziehen können. Sie hätten Flügel wie der Draco (in Gefahrenmomenten), große Sprungkraft in den Hinterbeinen und einen Panzer- und Stachelschutz. »Wahrscheinlich zogen sie offene Sandflächen den Waldgebieten vor; ihre Heimat war das Zentralasiatische Hochland, wo sie etwa zur Zeit der biblischen Sintflut verschwanden.« So unwahrscheinlich es auch ist, daß sich eine einzige Tierart so vielgestaltig darstellt, gibt es doch guten Grund anzunehmen, daß verschiedene Reptilien für den Grundbegriff des Drachens eine Rolle spielten. Im Gegensatz zu den Säugetieren umgibt die Drachen etwas Unbestimmtes, das bei uns entsetzliche Scheu und Angstgefühle hervorruft. Trotzdem ist der Gedanke, daß sie fliegen und Feuer speien, eine eigenartige Ansicht. Warum sollten diese Attribute zu einer an sich erdgebundenen Eidechse passen?

Die Antwort liegt vielleicht in der Verehrung, mit der die Menschen des Altertums die Himmelskörper betrachteten. Man kann heute das Verhältnis dieser Menschen zum Nachthimmel kaum verstehen. Aber damals wurden die Planeten und Sterne als Gottheiten verehrt. Der Mars war nicht nur ein Symbol des Krieges, sondern der lebende Kriegsgott. Alles was die vorherbestimmten Himmelsbewegungen durcheinanderbrachte – ein Komet, eine Finsternis, das Zusammentreffen zweier Planeten –, hatte vermutlich unberechenbare Konsequenzen für das Leben auf der Erde.

Nach dieser Interpretation entstanden die feuerspeienden Drachen, weil sich im menschlichen Unterbewußtsein ein furchterregendes Ereignis am Himmel einprägte. Viele »Uforologen« erklären dieses Ereignis z. B. mit einem interplanetarischen Krieg zwischen Raumschiffen. Sie beziehen sich dabei auf die biblische Apokalypse: »Und es war ein Kampf am Himmel: Michael und seine Engel kämpften gegen den Drachen; der Drache bekämpfte Michael und seine Engel, aber er siegte nicht; von da an war sein Platz nicht mehr im Himmel. Der große Drache wurde hinausgetrieben, die alte Schlange, genannt Teufel und Satan, der die ganze Erde betrog; er wurde hinausgetrieben auf die Erde und mit ihm seine Engel.«

Chinesische Neujahrskarte. Der Drachen und der Lärm der Prozession sollen die bösen Geister vertreiben.

Doch wahrscheinlich haben Naturereignisse am Himmel die Drachenlegende entfacht. Die »History of the Kings of Britain«, die im 12. Jahrhundert n. Chr. von Geoffrey von Monmouth geschrieben wurde, zeigt, wie schnell eine Verbindung zu den Planeten geknüpft war. »Es erschien ein Stern von wunderbarer Größe, der sich wie ein Strahl ausbreitete, gefolgt von einem Feuerball. Er bewegte sich wie ein Drachen, und

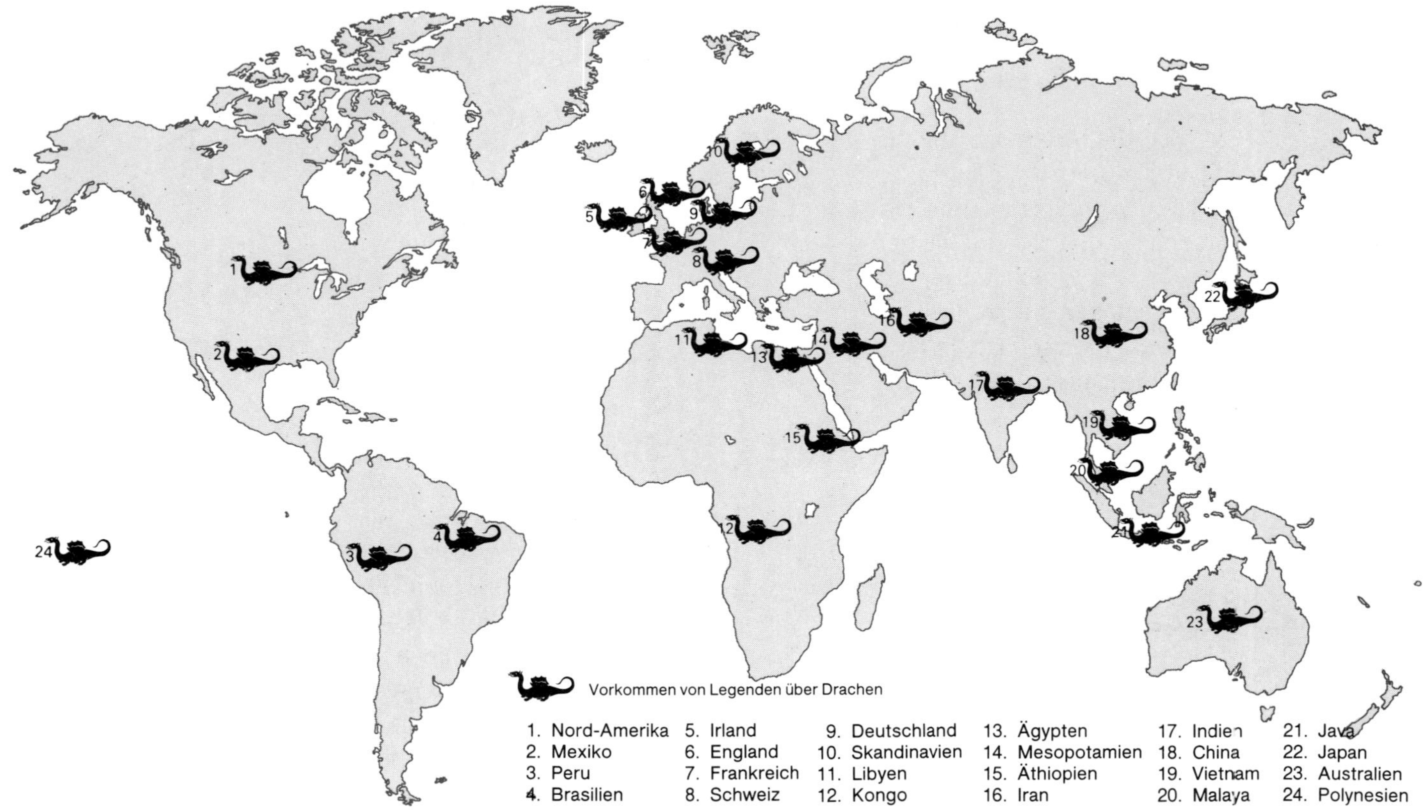

1. Erdhügel in Ohio in der Form einer teilweise zusammengerollten Schlange. Länge 410 m, Durchmesser etwa 10 m.

2. Der Gott Quetzalcoatl wurde als Schlange mit Federkleid dargestellt. Er soll den Menschen die Zivilisation gebracht haben und benutzte zur Fortbewegung ein von Schlangen gezogenes Floß.

3. Ein Reisender beschreibt: »Eine Schlange von beängstigender Größe und Schädlichkeit. Einige behaupten, sie könnte jedes lebende Tier auf einmal verschlingen.«

4. Die größte aller Schlangen, die Anakonda, ist etwa 11 m lang und hat den Umfang eines menschlichen Körpers.

5. Die Schlange ist wahrscheinlich das Zeichen oder Symbol einer früheren Menschenrasse für Weisheit (»Irish Druids and Legends«, James Bonwick).

6. Für die Kelten war er unsterblich: »Während die Römer Cymr's Drachen halten wollten, schwebte er mit leichtem Flügelschlag über Carduels goldene Dächer.«

7. Fünf geflügelte Drachen im William-Museum in Paris wurden im 18. Jahrhundert so beschrieben: »Zweibeinig mit leichten Flügeln.«

8. Im Jahre 1619 sah der Präfekt Scherer einen feurigen Drachen aus einer Höhle des Pilatusberges kommen und über einen See fliegen.

9. In der Nibelungensage tötet Siegfried den Drachen Fafnir, um sich sein Gold zu holen. Siegfried aß das Herz des Drachen, wurde aber verdammt, weil der Schatz verflucht war.

10. Nach der Legende wurde der Held Hromind Greipson in eine Höhle abgeseilt, um mit dem Drachenkönig Thrain zu kämpfen. Während des Kampfes stolperte der Drache über die Beine von Hrominds totem Pferd, und Hromind konnte ihn töten.

11. »In Libyen sind die Schlangen sehr groß. Einige Seefahrer berichten, daß sie an der Küste viele Gebeine von Ochsen gesehen haben. Offensichtlich wurden die Ochsen von den Schlangen gefressen.« (»Tierkunde« von Aristoteles, 4. Jh. v. Chr.).

12. Ein Reisebericht aus dem Jahre 1745 beschreibt schlangenähnliche Reptilien: »Außergewöhnliche Lebewesen, so groß wie Widder, mit Flügeln wie Drachen. Sie haben mehrere Zahnreihen und fressen rohes Fleisch.«

13. »Man erzählt sich, daß im Frühling die Schlangen aus Arabien nach Ägypten fliegen und dort in einer Bergschlucht von dem Ibis erwartet werden.« Eine arabische Legende, die Herodot etwa 450 v. Chr. erzählte.

14. Im 12. Jahrhundert beschreibt Benjamin von Tudela verschiedene Drachen, die er in den Ruinen des Palastes von Nebukadnezar in Babylon gesehen hat.

15. Der römische Dichter Lucan begrüßte den äthiopischen Drachen: »Du, der Drache in goldenem Schein, du bewegst dich hoch in der Luft und zerreißt die großen Stiere in Stücke.«

16. Iranische Mythen erzählen von Drachenkämpfen in alter Zeit. Dort haben sie normalerweise »drei Köpfe, drei Mäuler und sechs Augen«.

17. Der Drache ist »ständig im Kampf mit dem Elefanten und ist von so enormer Größe, daß er den Elefant in seinem Rumpf unterbringen und mit seinen Gliedern erwürgen kann«. (Plinius, »Naturkunde«, 1. Jh. v. Chr.).

18. »Der Drache hat sein Versteck im Himmel. Die Wolken, der Nebel, die Winde und der Regen müssen ihm gehorchen. Alles Leben ist von ihm abhängig.«

19. Bezacier beschreibt 1965 in seinem Buch »Arts Asiatique« den vietnamesischen »longma« mit einem Horn. Die Vietnamesen glauben, daß Drachen und Fisch den gleichen Ursprung, aber verschiedene Schicksale haben.

20. Die »Straits Times« berichtet im Jahre 1880 von dem Angriff einer riesigen Schlange auf eine Frau in Campong Batta. Ihr Ehemann tötete das Reptil nach einem heftigen Kampf und stellte die Haut als Schaustück aus.

21. In seinem Buch »Voyage to the East Indies« (1708) erzählt Francis Leugat von einer mindestens 16 m langen Schlange.

22. Vorhänge im Chi-on-in-Kloster in Kiolo zeigen viele Mischlebewesen, halb Drachen, halb Vogel.

23. »Sie fiel auf durch ihre Größe und besonders durch den riesigen Umfang, die Schnelligkeit und den ekelerregenden Gestank.« Diese Riesenschlange wurde um das Jahr 1860 von dem Reisenden G. R. Moffat gesehen.

24. Nach einer polynesischen Legende war die Schlange der Ursprung aller Weisheit. Der Kokosnußanbau ist auf einen »Aal« zurückzuführen, der Zauberkräfte besaß.

aus dem Maul des Drachen kamen zwei Strahlen. Der eine war so lang, daß er über das Gebiet von Gaul hinausreichte. Der andere endete in sieben kleineren Strahlen über der Irischen See.«

Im Jahre 1892 wurden die beiden von Swift und Holmes entdeckten Kometen als »fliegende Schlangen« beschrieben. Daher ist es nicht verwunderlich, daß Immanuel Velikovsky und seine Anhänger die Entstehung der Drachenlegende auf die Annäherung der Venus an die Erde (Seite 29) zurückführen. Carter Sutherland stellte sich vor, wie der »Venus«-Drache ausgesehen haben könnte: » . . . ein gekrümmtes, helles, langes Gebilde. Es war in seinen Ausmaßen ungewöhnlich und offensichtlich wie Feuer. Dieses Gebilde, der Drachen, schien die schrecklich flammende Kugel zu treiben und dadurch sowohl gütig als auch mächtig zu sein.«

Die Venus-Komet-Interpretation bringt die rätselhaften Charakteristiken eines Drachens nah – nämlich, daß er für viele Menschen verschiedene Dinge symbolisiert, wie z. B. Gut und Böse.

Wir im Westen sind daran gewöhnt, den Drachen als ein Symbol des Bösen anzusehen, tot am Boden liegend, zu Füßen der großen heiligen Drachentöter Georg von Cappadocia, Margaret von Antiochien und Erzengel Michael. Doch in der übrigen Welt, wie in der gesamten vorchristlichen Welt, hatte er eine andere Bedeutung. Die »Encyclopaedia Britannica« aus dem Jahre 1974 drückt es so aus: »Die Christenheit vermischte die ehemals gütige und die böse Schlange in eine allgemeine Verdammung.«

Im Osten werden dem Drachen wesentlich andere Eigenschaften zugeschrieben. In früher Literatur und Kunst ist er bekannt für die Fähigkeit, sein Aussehen und seine Gestalt zu ändern, um dadurch andere Lebewesen anzulocken. Sein Einfluß auf das Wetter war sehr bedeutungsvoll. Er konnte katastrophale Stürme, große Dürreperioden, aber auch nur leichte Regenfälle entstehen lassen. Daher wurde aus ihm der Yang-Yin-Drache, der in der chinesischen Kunst des »Feng-shui« ausgeglichen werden sollte (Seite 114). Er verkörpert positive und negative Kräfte und kann wohltuende und bösartige Dinge tun. Im chinesischen Leben erhielt der Drache eine solche Bedeutung, daß er zum Wahrzeichen der kaiserlichen Macht wurde. Der Kaiser saß auf einem Drachenthron, schlief auf einem Drachenbett, trug Drachenkleider und hatte als einziger das Recht, einen fünfköpfigen Drachen als Emblem zu benutzen (seine Beamten hatten nur vierköpfige Drachen).

Die Legende des Hl. Georg hat über viele Jahrhunderte Zeichner und Maler inspiriert (aus dem Buch »The Dragon« von Charles Gould).

In der chinesischen Philosophie kommt dem Drachen und der Schlange »die tiefste und allumfassendste kosmische Bedeutung« zu. Als Symbole für den Rhythmus des Lebens, werden sie im Gegensatz zu den westlichen Drachen niemals gefangen oder getötet. Denn sie sind gleichzeitig wichtige Vermittler zwischen Himmel und Erde. Männliche und weibliche Drachen lebten in Quellen, Flüssen, Seen, Meeren und in den Regenwolken.

Die Legende erzählt, daß ein verletzter Drache sich für einen Heilschlaf im Wasser versteckte und dadurch eine Dürreperiode verursachte. Nur durch großen Lärm war er aufzuwecken.

Das Gemälde von Uccello in der National Gallery in London.

Daraus entstanden die traditionellen chinesischen Neujahrsfeste, bei denen ein großer, sich nach links und rechts windender Pappdrache durch die Straßen getragen wird.

Der Tod des Drachen

Früher gab es auch bei uns verschiedene Ansichten über die Natur der Drachen. Tatsächlich enthalten fast alle alten Mythologien Sagen, die vom Töten eines Drachen berichten:

Der sumerische Gott Ninurta vernichtete das Monster Asag; der babylonische Gott Marduk kämpfte mit dem weiblichen Drachen Tiamat; Perseus befreite Andromeda von einem Seedrachen usw. Aber in all diesen Sagen geht es nicht nur um den Kampf gegen das Böse, sondern auch um den Versuch, die fehlgeleiteten kosmischen Kräfte des Drachens unter Kontrolle zu bringen.

In den griechischen und römischen Legenden haben die Drachen wegen ihrer Stärke, ihrem guten Sehvermögen, ihrer Weisheit und ihrer Prophetengabe die Aufgabe, Tempel zu bewachen. Diese Verbindung von Drachen mit Weisheit und Schätzen ist auch anderswo im vorchristlichen Europa verbreitet. Bei Siegfrieds Kampf mit dem Drachen Fafnir ging es um das von diesem bewachte Zwergengold. Beowulf, der an einer tödlichen Wunde starb, nachdem er den Drachen getötet hatte, wurde mit den Drachenschätzen zusammen begraben. Über seinem Grab wurde ein riesiger Erdhügel errichtet, ähnlich den megalithischen Stätten in Südengland. Um viele dieser Gräber ranken sich ähnliche Legenden von Schätzen, und häufig werden sie »Drachenhügel« genannt.

Einige Autoren halten sich an den englischen Altertumsforscher John Michell und erwähnen alte Drachenstätten, auf denen die frühchristlichen Missionare Kirchen zu Ehren der heiligen Drachentöter errichtet haben (Seite 86).

Der chinesische Gedanke, daß der Drache Macht über die wesentlichen Kräfte des Lebens hat, ist bestechend. In der mittelalterlichen Alchimie glaubte man, daß als Folge eines Drachenkampfes seelischer Zerfall eintrete. Schließlich ist der Drache viel mehr als ein Symbol des Bösen. Der gütige/böse Drache des Altertums stellt den uralten Kampf der Menschheit um die Erhaltung der kosmischen Harmonie dar.

Die Sintflut

Die nachhaltigste und weitverbreitetste aller Legenden ist sicher die der Sintflut. Den Gedanken, daß eine große Flut nahezu die gesamte Menschheit ausgelöscht hat, findet man in fast allen Ländern.

Bei der Zusammenstellung einer Liste über 83 Sintfluten (Seite 188) wurde deutlich, daß die meisten von ihnen die gleichen, von Ignatius Donnelly in seinem Buch »Atlantis« zusammengefaßten Grundzüge haben:

a) Der Stammvater einer Rasse wird von einer bevorstehenden Katastrophe gewarnt.

b) Andere beachten diese Warnung nicht.

c) Eine kosmische Störung verursacht die Sintflut.

d) Der Stammvater überlebt mit seiner Familie entweder in einem Schiff oder auf einem hohen Berg.

e) Vom Schiff sendet er Vögel oder andere Tiere aus, um festzustellen, ob die Flut zurückgegangen ist.

f) Er erreicht trockenes Land, wahrscheinlich einen Berg, wo er andere Überlebende findet.

g) Der Fortbestand der Rasse erfordert verzweifelte Anstrengungen.

Die Frage ist, ob die Mythen von einem einzigen umwälzenden tatsächlichen Ereignis sprechen oder vielmehr von mehreren örtlich unterschiedlichen Ereignissen. Gab es einmal eine weltweite Katastrophe oder war es einfach so, daß fast überall zu irgendeiner Zeit katastrophale Witterungsverhältnisse geherrscht haben?

Seit dem Sieg der Wissenschaftler des 19. Jahrhunderts über das fundamentalistische Dogma der Kirche, glaubt man an die zweite Möglichkeit. In der Tat verbannen die Geologen die These von der Sintflut genauso wie die Biologen die These von Adam und Eva.

Das Buch von Dorothy B. Vitaliano, »Legends of the Earth – their Geologic Origins«, liefert wahrscheinlich das beste zeitgenössische Argument: »Die in aller Welt verbreiteten Berichte über Überschwemmungen können auch ohne eine weltweite Flut aus kosmischen oder anderen Ursachen leicht erklärt werden, wenn wir uns vor Augen halten, daß Überflutungen ein geologisches Phänomen sind.« Die Autorin gibt einen Überblick über mögliche Ursachen von örtlich begrenzten Überflutungen, wie z. B. Tsunamis (allgemein bekannt als riesige Flutwellen nach einem Erdbeben), und faßt zusammen: »Vom rein geologischen Standpunkt aus müssen wir erwarten, daß die voneinander unabhängigen Erzählungen fast überall auf der Welt zu verschiedenen Zeitpunkten entstanden sind. Wahrscheinlich haben nur die Tsunamis den Anlaß zu Legenden über Fluten an weit auseinanderliegenden Orten zur gleichen Zeit gegeben.«

Kosmische Störungen

Nach Dorothy Vitaliano ist es natürlich und logisch, daß in den Sintflutberichten bestimmte Grundzüge auftauchen, z. B. Punkt d) bei Donnellys Zusammenfassung: »Wenn man es richtig betrachtet, gibt es nur zwei Möglichkeiten, eine Flut zu überleben: Entweder man befindet sich über ihr oder in einem schwimmenden Gegenstand auf ihr.«

Diese logische Analyse läßt vielleicht das wichtigste Element der Mythen außer acht: die unter Punkt c) aufgeführten kosmischen Störungen. Fast alle Legenden erzählen, daß ein völlig außergewöhnliches Ereignis eine Sintflutkatastrophe ausgelöst hat. Es könnte eine gewaltige Klimaveränderung gewesen sein, verbunden mit einer Änderung des Sonnenstandes oder auch der Zerstörung eines Sterns. Die buddhistische Mythologie sagt: »Als nun eine lange Zeit seit dem Ende des Regens vergangen war, erschien eine zweite Sonne.« Zur gleichen Zeit veränderte sich die Weltordnung. All das, was vorher bestanden hatte, war zerstört, und neues Leben begann.

Aber falls eine solche kosmische Katastrophe tatsächlich stattgefunden hat, wo konnte sie entstehen? Für christliche Fundamentalisten, die niemals den Kampf gegen den wissenschaftlichen Rationalismus aufgegeben haben, gibt es nur eine Antwort: es war die von Gott gesandte Sintflut, wie sie in der Bibel beschrieben ist. Ihre Ansichten unterscheiden sich nicht von denen der Missionare des 19. Jahrhunderts, die hocherfreut waren, bei den primitiven Völkern ähnliche Legenden zu hören. »Als Beweis, daß die Sintflut einst die gesamte Erde überflutete, fand man tief im Landesinneren, wo niemals Menschen gelebt haben können, viele Muscheln und Überreste von Fischen und auf Bergen sogar Walfischknochen.« Vor der Sintflut, dagegen die Fundamentalisten, waren die Dinosaurier, Mammuts und Menschen Zeitgenossen. Die verschiedenen Schichten von Fossilien, die nach den geologischen Lehren -zig Millionen Jahre auseinander liegen, wurden geschaffen, als die Flut zurückging. Die schwereren Tiere (Dinosaurier) sanken zuerst in den Morast und bildeten die »früheren« Schichten, gefolgt von den Mammuts und den menschlichen Wesen, die die »letzte« Schicht bildeten.

Viktorianische Darstellung der Sintflut in einer bebilderten Bibel aus dem Jahre 1860.

Diese Art der Argumentation ist gegenüber den wissenschaftlichen Analysen völlig abwegig. Wenn man darauf hinweist, es wäre allein aus meteorologischen Gründen unmöglich, daß sich solche Regenmengen auf die Erde ergießen können, lautet die Antwort, »durch göttliche Fügung ist alles möglich«. Daher muß ein Rationalist die Gründe für die katastophale Flut woanders suchen. Möglicherweise ist die einfachste Lösung das Ende der jüngsten Eiszeit von 10 000 v. Chr.

Die Eiszeit

Niemand weiß, warum das Eis zu schmelzen begann. Der bedeutende Ozeanograph und Geolo-

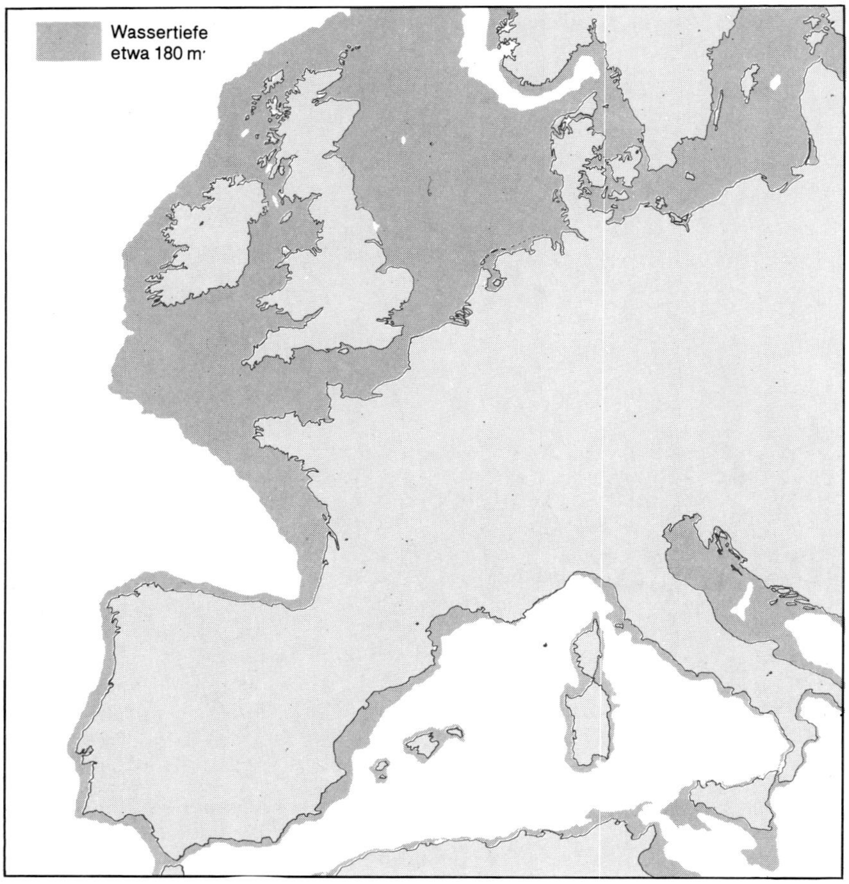

Einige Thesen schreiben die Entstehung der Sintflutlegenden dem schnellen Ansteigen des Meeresspiegels um 10 000 v.Chr. zu. Dadurch wurden die äußeren Grenzen der Kontinente stark verändert.

ge Cesare Emiliani drückt es so aus: »Die Frage ist, schmolz das Eis durch die Eigenbewegung (mechanischer Auslöser) und stieg die Temperatur dadurch, oder stieg die Temperatur und das Eis schmolz dadurch? Falls letzteres stimmt, was hat diesen enormen Temperaturanstieg ausgelöst?«

Anhänger von Velikovsky (Seite 29) sind der Ansicht, daß es eine Katastrophe, verbunden mit unvorstellbaren interplanetarischen Veränderungen gegeben haben muß. Als Beweis führen sie eine Mischung von Mythologie und Astrophysik an: Auf Saturn soll eine kosmische Explosion stattgefunden haben, die drastische Veränderungen des Wetters und eine Änderung der Erdumlaufbahn hervorrief. Vom Saturn könnten die riesigen Wassermassen stammen, denn er besteht hauptsächlich aus Wasser.

Tatsächlich geschah etwas völlig Ungewöhnliches (Seite 60). Die Säugetiere auf mehr als $^3/_5$ der Erdoberfläche wurden dezimiert. Mehr als 40 Millionen starben allein in Nordamerika, wie es Prof. Frank C. Hibben in seinem Buch »The Lost Americans« schreibt: »Dies ist nicht das gewöhnliche Aussterben aus einer unbestimmten geologischen Periode, die irgendwann einmal zu Ende ging. Hierbei handelt es sich vielmehr um ein Massensterben von katastrophalen Ausmaßen.« In Alaska sieht es so aus, als ob »die gesamte Tier- und Pflanzenwelt von einem Moment zum anderen plötzlich wie in Grimms Märchen zu Eis erstarrte. Im Yukon-Tal z. B. sind die Beweise für eine gewaltsame Einwirkung offensichtlich. Solche Mengen von Tierleichen kann es durch normale Naturereignisse nicht geben.«

Indianische Legenden

Über fürchterliche Fluten, die der Eisschmelze vorangingen, berichten viele Legenden. Dazu gehört auch die der Chippewa-Indianer: »Am Anfang der Zeit, im Monat September, gab es sehr viel Schnee. Eine kleine Maus nagte ein Loch in den Lederbeutel, in dem sich die Sonnenwärme befand. Die Wärme breitete sich über die ganze Erde aus und schmolz den gesamten Schnee auf einen Schlag. Das Schmelzwasser stieg bis zu den Wipfeln der höchsten Kiefern und stieg weiter, bis auch die höchsten Bergspitzen unter Wasser waren.«

Eine Beziehung zwischen dem Ende der Eiszeit und dem Beginn der Sintflut wurde von den Wissenschaftlern in der Vergangenheit immer wieder verneint. Dorothy Vitaliano schrieb: »Solche Veränderungen gehen viel zu langsam vonstatten, um diese Katastrophe ausgelöst zu haben. In jedem Fall liegen die verschiedenen Erzählungen über die Sintflut viel weiter zurück.« Jedoch ergaben Forschungen im Jahre 1975, daß sie anscheinend doch nicht recht hat, und daß die Katastrophe, die möglicherweise durch die »sterbende Sonne« (Saturn) verursacht wurde, größere Auswirkungen auf den Meeresspiegel hatte, als man bis dahin annahm.

Cesare Emiliani beschrieb die Ergebnisse von Tiefseeuntersuchungen im Golf von Mexiko, nach denen der Meeresspiegel um 9600 v. Chr. rapide gestiegen ist, und zwar jährlich um mindestens 10 Meter. »Dies muß«, so sagt er, »weiträumige Überflutungen tiefliegender Gebiete verursacht haben ... Es handelt sich vermutlich um Schwingungen, die das Eis in südlichere Bereiche und dort zum Schmelzen brachten ... Wir nehmen an, daß dieses Ereignis die Erklärung für die Geschichten über die Sintflut sein könnte, die man in vielen eurasischen, australischen und amerikanischen Überlieferungen findet.«

Sagen über die Sintflut

1. Gott war böse auf die Riesen. Daher beschloß er, die Welt durch eine große Flut zu vernichten. Aber einem Mann befahl er, ein großes Boot zu bauen. Der Mann überlebte, da er auf den Fluten schwamm. Von dem Boot schickte er einen Fischotter aus. Dieser kam mit einem Erdklumpen zurück, aus dem der Mann eine neue Erde schuf.

2. Am Anfang war die Sonne viel größer als heute. Dadurch hatten wir auf der Erde ein angenehmeres und besseres Klima. Dieses »goldene Zeitalter« wurde durch die schreckliche Flut beendet, die alles Leben zerstörte. Nur der Held Montezuma und der Kojote, der ihn vor der kommenden Flut gewarnt hatte, überlebten in einem selbstgebauten Boot. Danach half der Große Geist, die Erde wieder mit Menschen und Tieren zu bevölkern.

3. Nachdem die Erde seit 1716 Jahren bestanden hatte, kam die Flut: »Alle Menschen waren verloren, ertranken und wurden in Fische verwandelt. Das geschah alles an einem einzigen Tag.« Nur Nata und seine Frau Nana wurden gerettet, weil der Gott Titlacahuan sie gewarnt und ihnen befohlen hatte, ein Boot aus einem Zypressenbaum zu bauen.

4. Es geschah, daß Sonne und Mond sich rot, gelb und blau färbten. Man hörte Donner über und unter der Erde. Die wilden Tiere kamen zu den Menschen. Einen Monat später war ein Getöse zu hören, die Erde wurde in Dunkelheit getaucht, und starke Regenfälle gingen darnieder. Das Wasser stieg und zerstörte alles Leben. Nur Uassu und seine Frau überlebten. Ihre Nachkömmlinge bevölkerten dann wieder die Erde.

5. Ein Mann namens Yaya tötete seinen Sohn Yayael (Erde) und versteckte den Körper unter der Schale eines Kürbis. Eines Tages wollte Yaya nach den Knochen seines Sohnes sehen, entdeckte aber, daß diese sich in Fische verwandelt hatten. Die vier Söhne von Itaba-Yanuba versuchten die Fische zu stehlen, um sie zu essen. Aber sie wurden von Yaya gestört und ließen den Kürbis fallen. Dieser zerbrach, der Inhalt überflutete die Erde und bildete Meere und Fische.

6. Die »Jüngere Edda« erzählt, wie Bors Söhne, Odin, Wili und We, den Riesen Ymir, den Vater der Eisriesen, töteten. Aus Ymirs Wunden floß soviel Blut, daß alle Riesen außer Bergelmir ertranken. Er rettete sich und seine Frau in einem Boot und wurde der Stammvater einer neuen Riesenrasse.

7. Vor langer Zeit gab es einen schrecklichen Krieg unter den Menschen. Efé (ein Held der Pygmäen) entkam, indem er auf einen Baum kletterte, der eine große Höhle in seinem Stamm hatte. Er versteckte sich darin, solange der Krieg auf der Erde und im Himmel dauerte. Dann kam unser Chamäleon-Mann, unser Engel und Retter, mit seiner Axt und fällte den Baum. Die Flut entsprang aus dem Baum, wurde zu einem mächtigen Strom und überflutete die ganze Erde. Efé kam mit der Flut aus dem Baum, aber das Wasser näßte ihn nicht. Efé dachte, er sei allein, da er der letzte Mensch auf der Erde war. Aber dann traf er eine wunderschöne Frau . . . Alle Menschen sind ihre Kinder.

8. Der Held Yima wurde von dem Gott Ahuramazda gewarnt, daß die Welt durch Wasserfluten zerstört werden sollte. Ahuramazda befahl ihm, mit den Samen aller Tiere, Pflanzen und Menschen einen Garten anzulegen. Die Flut zerstörte alles, außer Yimas Garten. Aus diesem entstand eine neue Erde.

9. Der Held Manu fand in seinem Waschwasser einen kleinen Fisch, der ihm ankündigte, daß er ihn vor der bevorstehenden »Läuterung der Welten« retten würde. Manu zog den Fisch auf. Zuerst in einem Gefäß, dann in einem Teich, bis er ausgewachsen war. Dann setzte er ihn in den Ganges. Für seine Hilfe belohnte ihn der Fisch und gab ihm die Anweisung, ein Schiff zu bauen. Als die Flut kam, wurde alles zerstört, außer Manu und den sieben Rishis, die er mitgenommen hatte. Viele Jahre begleitete der Fisch ihr Boot. Als sie einen Bergipfel erreichten, gab er sich als Prajapati Brahman, der oberste Gott, zu erkennen. Mit seiner Hilfe erschuf Manu alle Lebewesen wieder.

10. Es war einmal eine große Flut, die nur zwei Menschen überlebten – Pawpaw Nan-choung und seine Schwester Chang-hko. Sie entkamen in einem großen Boot mit neun Hähnen und neun Nadeln, die sie täglich ins Wasser warfen, um festzustellen, ob die Flut zurückging. Am neunten Tag krähte der letzte Hahn, und sie hörten, wie die letzte Nadel auf einen Fels stieß. Bei zwei Elfen suchten sie Zuflucht in einer Höhle, und Chang-hko gebar ein Kind. Die weibliche Elfe, eine Hexe, tötete es und würzte das Fleisch mit Curry. Die unglückliche Chang-hko aß die Speise, entdeckte dann das Verbrechen und bat den Großen Geist, sie zu rächen – er benannte sie zur Stammutter aller Menschen.

11. Einmal trank ein Riesenfrosch alles Wasser der Erde, und die anderen Tiere mußten dürsten. Sie beschlossen, den Frosch zum Lachen zu bringen, um so wieder an das Wasser zu gelangen. Die Verrenkungen eines Aals brachten den Frosch so sehr zum Lachen, daß die ganze Welt überflutet wurde. Viele Menschen ertranken. Und die Menschheit wäre völlig ausgerottet worden, wenn nicht der Pelikan in seinem Kanu die Überlebenden aufgesammelt hätte.

12. Die Menschheit war einmal ungehorsam gegen den großen Gott Tane, der die Welt geschaffen hatte. Es gab nur noch zwei Propheten, die die Wahrheit lehrten. Weil sie von den Menschen beleidigt wurden, bauten sie auf einem großen Floß ein Haus, sammelten Lebensmittel und Hunde und stimmten Lieder zu Ehren des großen Gottes Tane an. Um seine Macht zu zeigen, ließ es der Gott regnen. Das Wasser stieg immer mehr, und die Propheten bestiegen mit wenigen anderen das Floß. Nach sechs Monaten zog sich die Flut zurück, und sie kamen auf trockenes Land. Da entdeckten sie, daß die ganze Welt und ihre Einwohner vernichtet waren.

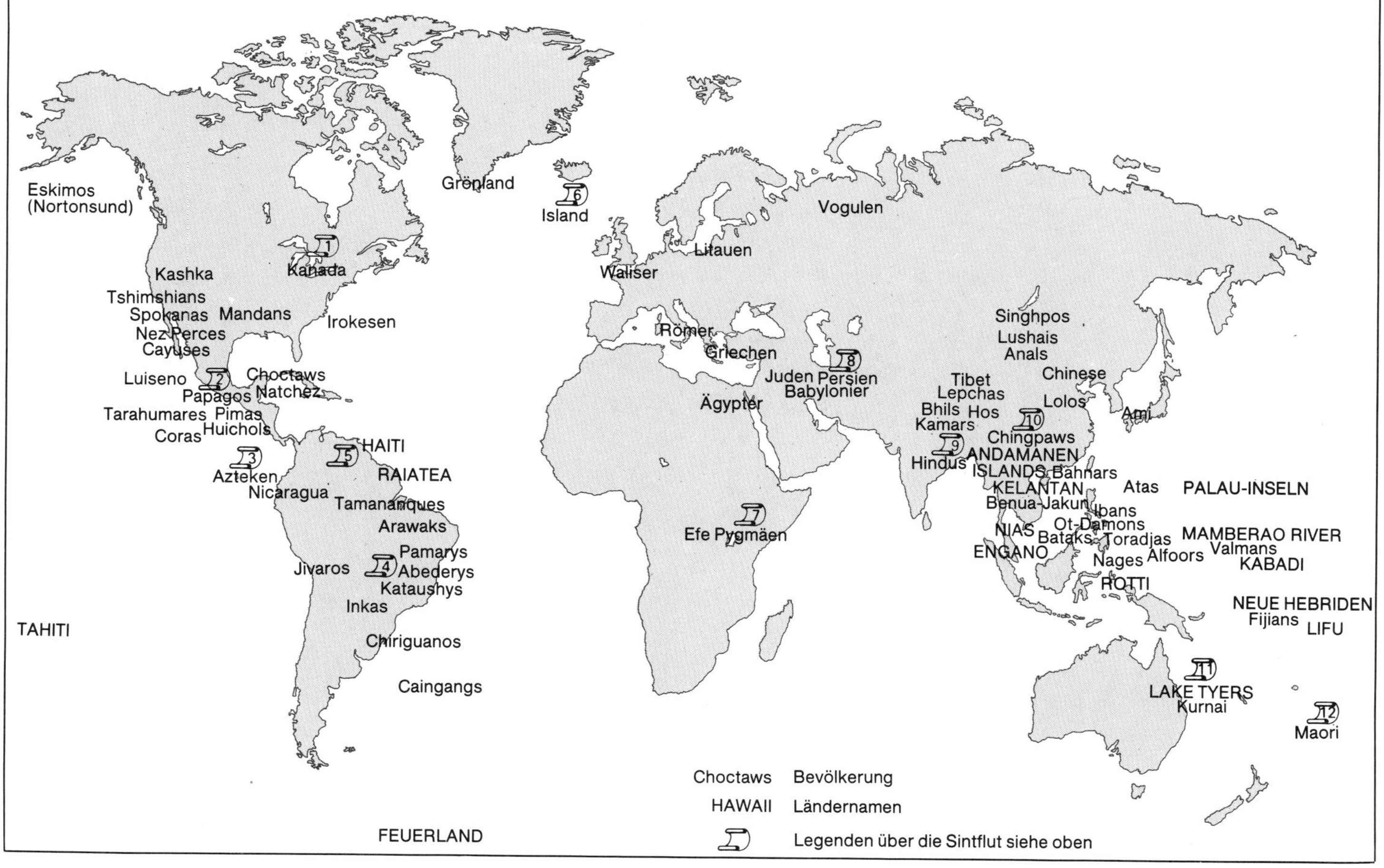

Die Arche Noah

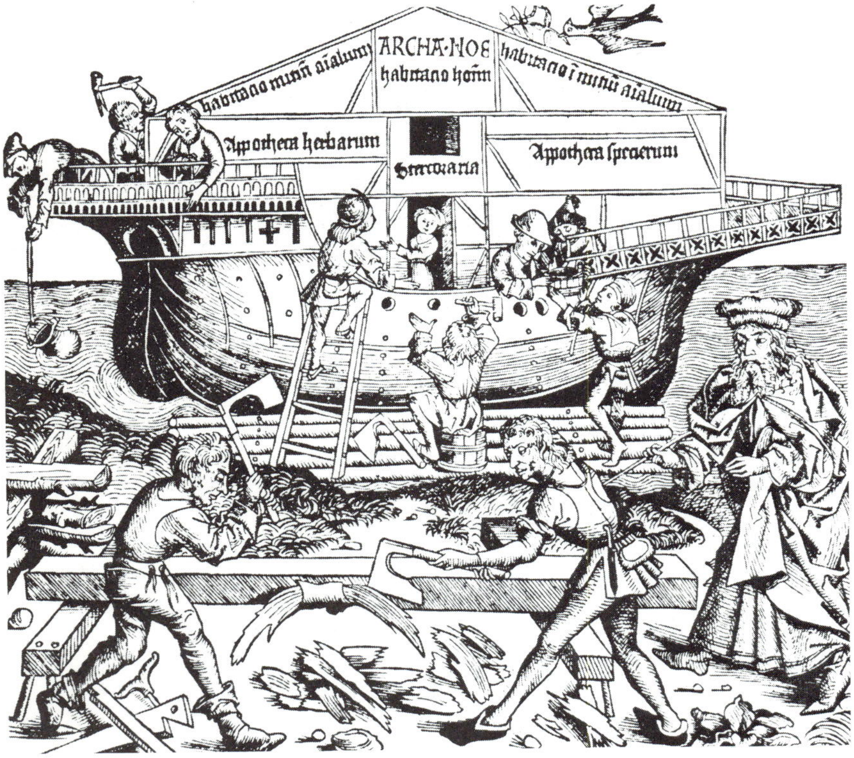

Der Schiffsbauer Noah auf einer Darstellung des Nürnberger Jahrbuches von 1493.

Noah auf einer Glasmalerei aus dem 15. Jahrhundert von Hans Acker, Ulmer Münster.

Wie überall in der Welt findet man auch in der nahöstlichen Literatur die Legende über eine katastrophale Flut. Im »Epos von Gilgamesch«, einem Keilschrifttext aus dem siebten Jahrhundert v. Chr., findet man identische Details mit der hebräischen Legende über die Sintflut und Noah. (In der sumerischen Fassung dauert der Regen nur sieben Tage und Nächte, während in der Bibel von 40 Tagen und Nächten gesprochen wird.) Fraglich ist, ob es in diesem Gebiet jemals eine Flut von solchen Ausmaßen gab, ob Noah (oder Utnapischtim) eine Arche baute und ob dies der Anlaß für die auf der ganzen Welt verbreiteten Legende über eine Flut war.

Die mögliche Antwort muß wohl nein lauten. Dies ist zwar enttäuschend für die Fundamentalisten, die wünschen, daß jedes Wort des Alten Testaments mit der Wahrheit übereinstimmt, aber auch enttäuschend für die Archäologen, die zeigen möchten, daß alle Legenden aus einer örtlich begrenzten Katastrophe entstanden sind.

Bezüglich der ersten Frage haben seit dem 19. Jahrhundert Archäologen vergeblich versucht, an bestimmten Orten Bodenschichten auszugraben, die Aufschluß über eine solche Flut geben könnten. Ihre Arbeiten wurden teilweise von unechten Erfolgen unterbrochen. Sir Leonhard Woolleys Entdeckung einer Tonschicht bei der Stadt Ur löste im Jahre 1928/29 große Aufregung aus. Teilweise war diese Schicht 3,7 Meter dick, und er schloß daraus: »Eine so riesige Schlickmasse, die sich zu gleicher Zeit abgesetzt hat, kann nur von einer sehr großen Flut stammen.« Ihr Alter wurde auf etwa 3500 v. Chr. geschätzt. In der näheren Umgebung wurden keine weiteren Hinweise auf eine ähnliche Flut gefunden. Wooley selbst gab zu, daß diese Überraschung viele erlebt hätten, und Ur zwar beschädigt wurde, aber danach fortbestand. Dies stimmt keineswegs mit der Geschichte von Noah überein, bei der alles zerstört wurde.

Spätere Gelehrte, wie z. B. der frühere Direktor der Britischen Schule für Archäologie im Irak, Sir Max Mallowan, glaubten ähnliche Flutablagerungen bei Kisch gefunden zu haben. Aber auch hier gelten die gleichen Einwände. Bei Kisch beschädigte die Flut einige Mauern, ließ aber andere intakt. Auch die Zivilisation

entwickelte sich ohne Unterbrechung weiter. »Die Mauern«, sagte er, »waren ausreichend stark genug, um die Häuser zu schützen. Die Einwohner konnten mit der Flut selbst fertig werden, denn sie hatte keineswegs biblische Dimensionen.«

Örtliche Überflutungen

Archäologische Untersuchungen in mesopotamischen Städten haben bisher keinen Hinweis auf den Ursprung der babylonischen und hebräischen Sintflutlegenden geben können. Überflutungen gab (und gibt) es dort häufig. Ein Gebet aus dem 22. Jahrhundert v. Chr. des Gudea von Lagash spricht von »gewaltigen Wassermassen, die die Städte mit einer Flutwelle zerstören«. 200 Jahre später berichtet eine Steintafel von einer Flut in Ur, die die Grenzen zwischen Erde und Himmel auslöschte.

Die klimatischen Verhältnisse sind heute etwas anders, und Mallowan schreibt über Babylon, daß »man sich leicht vorstellen kann, wie die Straßen der Stadt von den Wassern des Euphrat während der Frühjahrszeit überspült wurden«. Das Land wurde sooft überschwemmt, daß die Menschen darin nichts Außergewöhnliches mehr sahen. Es ist daher wahrscheinlich, daß sie den Eindruck hatten, sie seien die letzten Lebewesen auf der Erde.

Der Berg Ararat

Die fehlenden archäologischen Beweise lassen uns glauben, daß Noahs Arche a) überhaupt nicht existierte oder b) Überreste nicht aufgefunden werden können. Trotzdem hat es viele Expeditionen gegeben, von denen einige angeblich auch Erfolg gehabt haben. Das Ziel war der biblische Berg Ararat, der in der babylonischen Legende Berg Nisir genannt wird.

Der Berg Ararat ist 5165 Meter hoch; auf dem Gipfel herrscht Sauerstoffmangel. Außerdem sind die Geröllhänge und der schneebedeckte Gipfel schwer zu besteigen. Im fünften Jahrhundert v. Chr. sollen jedoch chaldäische Priester den Berg bestiegen haben und Hölzer mit Teer-

Der Berg Ararat. Nach der Überlieferung der Landeplatz der Arche. Nach verschiedenen Theorien könnten es auch weiter nördlich gelegene Berge gewesen sein.

Während die meisten Menschen die biblische Geschichte der Arche Noah ablehnen, weil »die aufgezählten Tiere niemals in der Arche Platz gefunden hätten«, behaupten einige Fundamentalisten, aufgrund von Berechnungen, daß die in der Bibel angegebenen Zahlen durchaus stimmen können.

Nach der fundamentalistischen Zeitschrift »Plain Truth« hat die »Kritik an der Bibel ihren Nährboden normalerweise in Mißverständnissen. So wird die Arche in der Literatur kaum größer als ein Fischerboot gesehen, das jeden Augenblick zum Kentern gebracht werden kann.« Sie haben sicherlich recht, wenn sie sagen, daß die Arche in der Bibel als ein massiv gebautes großes Schiff bezeichnet wird. Es ist anzunehmen, daß sie 150 m lang, 25 m breit und 15 m hoch war und eine geschätzte Tragkraft von etwa 66 000 Tonnen hatte. Die von den Babyloniern beschriebene Arche ist sogar noch größer. Im Gegensatz zu den drei Stockweren der Arche Noah soll sie sieben Stockwerke und eine Tragkraft von 228 000 Tonnen gehabt haben.

Selbst wenn man annimmt, daß die Schiffahrt in prähistorischer Zeit weiter entwickelt war, als bisher angenommen (Seite 131), scheint es unwahrscheinlich, daß ein Schiff mit solchen Ausmaßen damals gebaut werden konnte.

Abgesehen von dem Problem, *wie* Noah die Arche gebaut haben könnte, erklären die Fundamentalisten, daß Noah ein Paar von jeder Art (Gattung) der »unreinen« und sieben Paare der »reinen« Tiere mit an Bord nahm. 70 Prozent aller Landtiere sind Insekten, die nur einen geringen Raumbedarf von 2000 Kubikmetern gehabt hätten. Übrig bleiben die Landtiere – Säugetiere, Vögel und Reptilien, die die Durchschnittsgröße eines Rhesusaffen haben. Schätzungen der bekannten Tierarten ergaben etwa 18 000 verschiedene Gattungen.

Geht man davon aus, daß von den »reinen« Tieren (nur wenige Gattungen) jeweils sieben Paare untergebracht wurden, wären es mit Ausnahme der Insekten etwa 40 000 Tiere, die einen Raumbedarf von 22 000 Kubikmetern beanspruchten. Wenn also jemand an die biblischen Zahlen glaubt, wären nur 24 000 Kubikmeter – also etwa 40 Prozent des Rauminhaltes der Arche – erforderlich gewesen.

Wie sagen die Fundamentalisten: » . . . die letzte Frage. Was machte Noah mit all dem übrigen Raum?«

überzug von der Arche gefunden haben. Erst im Jahre 1829 n. Chr. wurde der Berg wieder bestiegen, und zwar von dem Russen Frederic Parrot. Er glaubte, daß die große ebene Fläche des Gipfels ein idealer Landeplatz für die Arche gewesen wäre.

Die Jagd nach Souvenirs begann im Jahre 1876, als Lord Bryce ein in 3900 m Höhe gefundenes bearbeitetes Holzstück mit zurückbrachte. Im Jahre 1893 wurde »die Arche aus dunkelroten Balken von sehr dickem Holz« von dem nestorianischen Erzbischof Nourri gesehen. 19 Jahre später sah sie ein russischer Flieger am Rande eines zugefrorenen Sees. 1953 sagte ein amerikanischer Ölarbeiter, daß er sechs große deutliche Fotos besäße (sie verschwanden nach seinem Tod im Jahr 1962). Der französische Industrielle Fernand Navarra fand im Jahr 1955 ein Stück Holz. 1969 führte er eine Expedition zu der Fundstelle, wo man weitere Holzstücke entdeckte, deren Ursprung auf 3000 v. Chr. datiert wurde.

Aber stammten diese tatsächlich von der Arche? Gab es überhaupt eine Arche? Oder waren die am Berg Ararat gefundenen Holzstücke Überreste einer Gedenkstätte an dem vermuteten Landeplatz der Arche? Die archäologischen Ausgrabungen änderten nichts an der Ansicht, daß eine weltumfassende Sintflut lange vor der Zeit stattfand, aus der niedergeschriebene Berichte existieren. John Bright, einer der führenden Bibelgelehrten der USA, schreibt in dem »Bulletin« der Amerikanischen Schule für Archäologie: »Man muß in Betracht ziehen, daß diese Flut sogar in der Steinzeit stattgefunden hat.«

Das Alte Testament hat recht

Das Alte Testament ist der beste historische Bericht, die verständlichste und sicherste Beschreibung von lang vergangenen Ereignissen.

Der mythologische Anfang – die Schöpfung, die Sintflut, die Langlebigkeit von Noahs Nachkommen – umfaßt nur die ersten elf Kapitel der Genesis. Beginnend mit Abraham um 1900 v. Chr., besteht es aus einem hervorragenden detaillierten Bericht der nahöstlichen Geschichte und den wandelnden Geschicken der Hebräer.

Der Auszug der Israeliten aus Ägypten. Dies war das bedeutendste Ereignis in ihrer Geschichte was auch von den Bibelgelehrten des 19. Jahrhunderts anerkannt wurde.

Immer wieder gab es abweichende Vermutungen, wann die uns heute vorliegende Fassung aufgeschrieben wurde. Nach neuesten Schätzungen war es um 500 v. Chr. Wenn auch in der hebräischen Darstellung Zugeständnisse an Fehler und Übertreibungen gemacht werden müssen, bleibt es doch ein lebendiger Bericht über die Geschichte der Vergangenheit.

Im Vergleich dazu sind die Berichte aus Ägypten und Babylonien bruchstückhaft und wenig aussagefähig. Die hauptsächliche Informationsquelle aus Ägypten ist ein nicht mehr vorhandenes Werk des Historikers Manetho aus dem dritten Jahrhundert v. Chr. Alles, was davon noch vorhanden ist, sind spätere Zusammenfassungen. Die »Tafeln der Könige« sind anzuzweifeln (wir berichten darüber auf den Seiten 51 und 155), weil Manetho wahrscheinlich – genauso wie der gleichzeitig lebende babylonische Historiker Berossus – bestrebt war, das Alter der jeweiligen Nation zu übertreiben.

Es gibt Hieroglyphen-Texte über die berühmten Siege und hervorragenden Ereignissen während der Regierungszeit jedes Königs. Das Problem ist, die verwirrende Anzahl von Pharaonen in die richtige Zeitordnung zu bringen. Zugegebenermaßen bestehen bei den Beweisen Qualitätsunterschiede. Trotzdem ist es unverständlich, daß Archäologen generell das Quellenmaterial ablehnen, welches die Bibel anbietet.

In einer BBC-Fernsehserie mit dem Titel: »Die Zeit vor Christ – Eine Geschichte des biblischen Landes« hat der Autor, Magnus Magnusson, – zwar althergebrachte archäologische Ansichten vertreten, aber einige der bekanntesten biblischen Ereignisse heruntergespielt. Einfach aus dem Grund, weil die anerkannte zeitliche Reihenfolge der Pharaonen in den ägyptischen Aufzeichnungen nicht erwähnt wird. Wenn diese Zeitfolge nicht stimmt – und eine zunehmende Zahl von Menschen glaubt dies –, müssen nicht nur sehr viele Lehrbücher neu geschrieben werden, sondern man wird auch die Bibel in völlig anderem Licht sehen müssen.

In einigen Büchern wird die Bibel als Geschichtsbuch dargestellt. Was sie nicht leugnen können, ist die Existenz der in der Bibel erwähnten Orte. Es gab tatsächlich einen Brunnen bei Gideon, Mauern rund um Jericho und so weiter. Aber evtl. haben die beschriebenen Ereignisse gar nicht dort stattgefunden. All dies würde sich ändern, wenn die überarbeitete Zeitfolge auf der nächsten Seite sich auch nur annähernd als richtig erweisen würde. Die Bibel würde dann in neuem Licht erscheinen und wäre das grundlegende Geschichtsmaterial überhaupt.

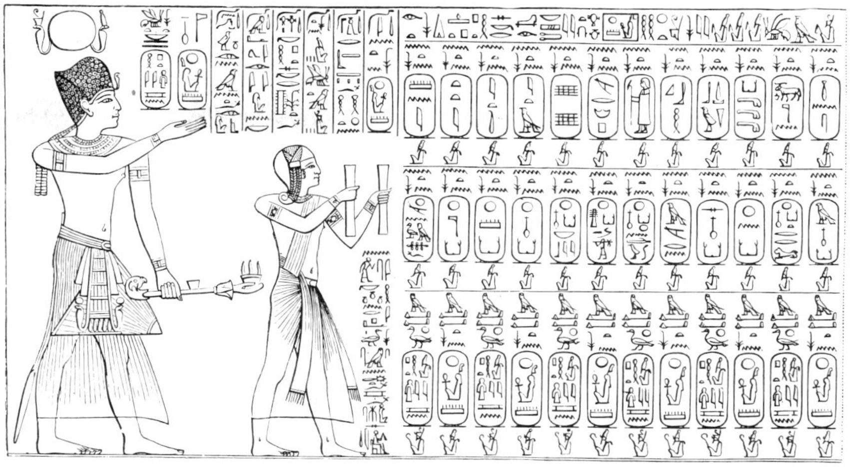

Eine der drei ägyptischen Quellen für die Zeitfolge, die den heutigen Lehrbüchern zugrunde gelegt ist. Die Tafel von Abydos zeigt, wie König Seti I. seinen Vorfahren Ehre erweist. Leider ist die Liste unvollständig (so wurden z.B. Tut-ench-Amun und seine unmittelbaren Vorgänger aus politischen/religiösen Gründen nicht erwähnt).

Dogma der Zeit

Bevor wir zu einigen konkreten Beweisen kommen, muß man untersuchen, warum es so schwierig ist, den Archäologen das Gegenteil zu beweisen. Wie bei so vielen anderen wissenschaftlichen Lehren stammen die herkömmlichen Ansichten vielfach aus dem 19. Jahrhundert. In dieser Zeit kämpfte die Kirche gegen den Rationalismus. Aber dieser gewann zweifellos mit der Veröffentlichung von Darwins »Über den Ursprung der Arten« an Bedeutung. Die Argumente der Evolution gegenüber der Schöpfungsgeschichte und der Geologie gegenüber der Sintflut schienen die Angelegenheit für immer geklärt zu haben. Und da die ersten elf Kapitel der Genesis historisch nicht belegbar waren, erhoben sich auch Zweifel über den übrigen Inhalt des Alten Testaments.

In der Zwischenzeit waren die ägyptischen Hieroglyphen endlich entschlüsselt, und die Gelehrten untersuchten freudig die verworrenen Daten der Könige. Um die Jahrhundertwende wurde von Eduard Mayer und James Henry Breasted eine »wissenschaftliche« Methode der Zeitbestimmung erfunden. Sie basierte auf einer komplizierten Ableitung von angenommenen Beziehungen des Sirius-Aufganges zu verschiedenen entscheidenden Punkten in der ägyptischen Geschichte. Die Grundlage ihres Systems wurde niemals anerkannt, und ihre Beweise von den Papyrusschriften wurden kürzlich total als ad absurdum geführt. Zur damaligen Zeit kam ihrer Methode jedoch ungeheuere wissenschaft-

Vergleichende Übersicht der bisher bekannten Zeitenfolge, der von Velikovsky überarbeiteten Fassung und der biblischen Geschichte.

Jahreszahlen v. Chr. | bisher bekannte Zeitenfolge

1750 MITTLERES KÖNIGREICH
XIII. Dynastie

1650 ZEIT DER HYKSOS
XIV. bis XVII. Dynastie
Joseph in Ägypten?
AMOSIS I.

1550 HATSCHEPSUT
THUTMOSIS III.
Der Auszug?

1450 XVIII. DYNASTIE

1350 ECHNATON
TUTENCHAMUN
EJE
HAREMHEB
RAMSES I.
SETI DER GROSSE
RAMSES II. – langer Krieg mit den Hethitern
DER AUSZUG?

1250 MERENPTAH
SETI II. XIX. Dynastie
RAMSES III.
Invasion vom Meer aus.

1150 Die Philister dringen in Palästina ein.
XX. Dynastie
Ramses XI.
Verfall Ägyptens, Herrschaft verschiedener Könige von Tanis und der Hohenpriester von Amun,

1050 u. a.:
PEINUZEM I.
MENCHEPERRE
PEINUZEM II.
SI-AMUN
XXI. Dynastie
Die Dynastie der Priesterkönige begann mit DARIUS II. in der Oase. Sie entstand aus militärischen und religiösen Gründen. Ähnlich wie in dem theokratischen Staat Juda.
PEINUZEM I.
MENCHEPERRE
XXI. Dynastie
PEINUZEM II.
SI-AMUN

950 SCHOSCHENK I. = SCHISCHAK
OSORKON = ZERAH?

LIBYSCHE Zeit
850 XXII., XXIII. und XXIV. Dynastie

750 Eine Zeit ägyptischer Schwäche – nur Schoschenk I. hatte Einfluß in Palästina

SCHOSCHENK IV.
ÄTHIOPISCHE (XXV.) DYNASTIE
Assyrische Invasionen TIRHAKAH

650 PSAMMETICH I.
NECHO II. = Pharao NECHO
PSAMMETICH II.
APRIES = Pharao HOFRA

550 AMASIS
XXVI Dynastie
PSAMMETICH III.

525 v. Chr. – CAMBYSES
521 v. Chr. – DARIUS I.
PERSISCHE (XXVII.) DYNASTIE
450 424–404 v. Chr. – DARIUS II.

NEKTANEBOS I.
XXVIII., XXIX.
350 XXX. Dynastie

Persische Wiederbesetzung

ALEXANDER erobert Ägypten – 332 v. Chr.
PTOLEMÄUS I. (308–285 v. Chr.)
PTOLEMÄUS II. (285–246 v. Chr.)

250

Joseph und seine Familie kommen in Ägypten zu Wohlstand und Ansehen. Später wurden die Israeliten von den mächtigen Pharaonen der XII. Dynastie versklavt. Während der XIII. Dynastie blieben sie in der Knechtschaft – bis zum Ende des ägyptischen Mittleren Königreichs. Ihre Anwesenheit in Ägypten zeigt sich in zahlreichen semitischen Namen von Sklaven, die aus der XIII. Dynastie bekannt sind. Sie entkamen aus Ägypten, als das Land von den »Zehn Plagen« heimgesucht wurde. Diese Plagen waren Teil einer Reihe von weitverbreiteten und gleichzeitig stattfindenden Naturkatastrophen, die die Zivilisationen der Mittleren Bronzezeit im Nahen Osten zerstörten, und die die Amalekiten aus ihrer arabischen Heimat vertrieben.

MOSES führt die Israeliten aus Ägypten

Die Hyksos = die Amalekiten der Bibel waren arabische Stämme, auf welche die Israeliten bei ihrem Auszug aus Ägypten trafen. Die Amalekiten besetzten Ägypten, das durch die Katastrophen geschwächt. Über die folgenden 400 Jahre der »Hyksos-Dynastien« ist nichts bekannt. (Arabische Historiker berichten von amalekitischen Pharaonen.) Sie regierten in einer befestigten Stadt auf der Sinai-Halbinsel bei Avaris, heute el-Arisch, und beherrschten große Teile des Nahen Ostens. Der letzte »Hyksos«-Pharao, Apophis II., war der König Agag der Amalekiter, der von Saul geschlagen wurde. Zusammen mt Kamose und Amosis aus Ägypten belagerte und besiegte Saul Avaris und zerstörte das Reich der »Hyksos«. So entstand das Neue Königreich von Ägypten, beginnend mit der berühmten XVIII. Dynastie, und das israelitische Königreich unter Saul, David und Salomo. Spätere römische Historiker verwechseln häufig die Vertreibung der Hyksos aus Ägypten mit dem Auszug der Israeliten unter Moses.

AMOSIS I.	– Verbündeter von Saul und David
THUTMOSIS I.	– Verbündeter Israels – gibt seine Tochter König Salomo zur Frau
HATSCHEPSUT	= DIE KÖNIGIN VON SABA; Besuch im »Land Punt« = Palästina
THUTMOSIS III.	= SCHISCHAK; erobert Palästina und zerstört den Tempel Salomos. Besetzt Palästina.
AMENHOTEP II.	= ZERAH; erobert Palästina und wird von ASA geschlagen
THUTMOSIS IV.	– beherrscht wieder Palästina
AMENHOTEP III.	Schwächung des Reiches
AMENHOTEP IV.	(ECHNATON) in der XVIII. Dynastie
TUTENCHAMUN, Eje	– Ende der XVIII. Dynastie

Ägypten wird von den Libyern erobert und besetzt. Es kommt zur Gründung der XXII. oder libyschen Dynastie.

Zeit ägyptischer Schwäche
Schoschenk IV. (= I. aus der bisher bekannten Zeitenfolge)

Ägypten wird von den Äthiopiern regiert. Nur kurze Unterbrechungen unter Haremheb, der von dem Assyrer SANHERIB zum König gekörnt wird, und NECHO I = Ramses I., Untergebener von Aschurbanipal, dem Assyrer, der Ägypten eroberte.

PSAMMETICH I. = SETI DER GROSSE, der in Syrien gegen das hethitische (chaldäische) Reich als ein Verbündeter der Assyrer kämpft, das nun dem Ende zu geht.
NECHO II. = RAMSES II., setzt den Krieg gegen die Hethiter (Chaldäer) fort. Er verliert die Schlacht bei Kadesch-Karkemisch im Jahre 605 v. Chr. Er schließt einen Vertrag mit Hattusilis = NEBUKADNEZAR, dem König der Chaldäer.
HOFRA = MERENPTAH, versucht Palästina wieder zu erobern und wird wahrscheinlich von seinem Feldherrn AMASIS verraten und ermordet.

525 v. Chr. – CAMBYSES von Persien besetzt Ägypten und gründet die XXVII. Dynastie. DARIUS baut den Suez-Kanal. Während der persischen Herrschaft wurde Ägypten von den Satrapen und anderen Statthaltern regiert. Einige von ihnen erhielten Königstitel und wurden von späteren Historikern mit den Königen der XXX. Dynastie verwechselt.
460 v. Chr. – mißglückter Aufstand in Ägypten; Berufung von Arsames (Arza von Inschriften Ramses III.) zum Satrap.

419 v. Chr. Reise von Wenamon nach Byblos.

NEKTANEBO = RAMSES III.; er schlug die Invasionen vom Meer her zurück = dies waren die mißglückten Versuche der Perser und griechischer Legionäre, unter Artaxerxes II. Ägypten wieder zu erobern.

473–3 v. Chr. TACHOS = Ramses IV., NEKTANEBO II. = RAMSES VI.

Wiedereroberung durch Persien (XXXI. Dynastie), 342–332 v. Chr.

Die XXI. Dynastie überlebt das Persische Reich, und Alexander besucht Mencheperre beim Orakel der Siwa Oase. Nach dem Tod Alexanders wird Ägypten von seinem Feldherrn Ptolemäus, dem Gründer der Ptolemäischen Dynastie, regiert. Die Priesterkönige regieren weiterhin bis zur Herrschaft Ptolemäus II. von der Oase aus.

BIBLISCHE GESCHICHTE | JAHRESZAHLEN v. Chr.

1750
JOSEPH wandert nach Ägypten

1650
Die Israeliten werden in Ägypten zu Sklaven

1550

Ankunft der Philister
DER AUSZUG ca. 1450 v. Chr.

1450
40jährige Wanderung durch die Wüste

Josua leitet den Angriff auf Jericho und die israelische Eroberung von Kanaan

1350

1250

Israel wird von den Amalekitern, Philistern und anderen unterdrückt

1150
SAMSON

SAMUEL

1050
SAUL – erster König von Israel
Krieg mit den Amalekitern

DAVID

SALOMON – Besuch der KÖNIGIN VON SABA

950

Geteiltes Königreich

JUDA	ISRAEL
REHABEAM	JEROBEAM
ASA	OMRI
JOSCHAFAT	AHAB
JORAM	JORAM
	JEHU
	MENAHEM
USIJAS	HOSCHEA
HISKIJA	

850

750

SANHERIB kämpft in Palästina gegen TIRHAKA
MANASSE
JOSCHIJA – Kampf gegen Pharao Necho auf seinem Weg nach KARKEMISCH

650
597 v. Chr. – Einnahme Jerusalems durch NEBUKADNEZAR

Jüdischer Aufstand. Die Juden erwarten Hilfe von HOFRA.

587 v. Chr. – NEBUKADNEZAR nimmt Jerusalem ein.
Die Juden kommen in die babylonische Gefangenschaft.

550
535 v. Chr. – Kyrus von Persien erobert das Chaldäische Reich und erlaubt den Juden die Rückkehr nach Palästina. Während die Herrschaft Darius I. Wiederaufbau des Tempels. Juda erhält den Status eines teilweise unabhängigen theokratischen Landes im Perserreich.

450

445 v. Chr. – Nehemia in Jerusalem

417 v. Chr. Esra in Jerusalem

PERSISCHES REICH

350
Darius III. (335–331 v. Chr.) der letzte Herrscher.

Alexander gewährt den Juden gewisse Rechte.

Kriege der Ptolemäer in Syrien und Palästina

250

liche Bedeutung zu, da sie sich auf astronomische Daten bezog.

Unorthodoxe Herausforderung

Wenn eine wissenschaftliche Ansicht einmal in die Lehrbücher aufgenommen wird, setzt die akademische Immobilität ein. Bis vor kurzem war es völlig undenkbar, die ägyptischen Daten in Frage zu stellen. Das Lebenswerk vieler großer Gelehrter wäre zerstört worden, wenn man die altbewährte Chronologie erfolgreich angegriffen hätte. Ein schwieriges Unterfangen, wenn solche Versuche aus den eigenen Reihen der Archäologen kommen; fast unmöglich, wenn ein Außenstehender wie Immanuel Velikovsky die Herausforderung ausspricht (1952). Zwei Jahre zuvor war sein Buch »Welten im Zusammenstoß« mit beispiellosem Aufsehen veröffentlicht worden (Seite 29).

Als sein Buch »Vom Exodus zu König Echnaton« der Reihe »Zeitalter im Chaos« – ein typisch provozierender Titel – erschien, gefährdete er die gesamten Grundlagen der nahöstlichen Zeitabläufe. Reaktionen aus archäologischen Kreisen war zu entnehmen, daß er wahrscheinlich

a) von den Astronomen als Versuchsballon mit unmöglichen Thesen vorausgeschickt worden war und

Die Lehrbücher der ägyptischen Geschichte basieren auf der »Sothis-Periode«, d. h. die Ägypter richteten ihre Zeitrechnung nach dem Aufgang des Sterns Sothis (Sirius). Alle 1460 Jahre geht dieser Stern zusammen mit der Sonne am Neujahrstag des normalen Sonnenkalenders auf, das letzte Mal aber im Jahre 137 n. Chr.

Eine Randnotiz auf einem späteren griechischen Manuskript sagt aus, daß von »Menophres« bis zum Jahre 283 n. Chr. 1605 Jahre vergangen waren. Da uns beide Berechnungen auf die Zeit 1321–22 v. Chr. zurückführen, haben Ägyptologen angenommen, daß eine Sothis-Periode zu der Regierungszeit des Königs »Menophres« begann. Geht man davon aus, es handelte sich um Ramses I. (der auch Menpethire genannt wurde), ist der Beginn der 19. Dynastie auf das Jahr 1321 v. Chr. festzusetzen. So hat man eine »bestimmte astronomische Basis«, um die übrige Zeit des Neuen Königreichs festzulegen. Wie sicher ist nun dieses »Sothis-Periodensystem«?

Angenommen, der Siriuskalender ist seine Grundlage, erscheint es seltsam – wie der Ägyptologe H. E. Winlock im Jahre 1940 feststellte, – daß »die alten Ägypter seit dem Alten Königreich bis zur römischen Zeit keine Spuren eines solchen Kalenders hinterlassen haben . . .« Sir Alan Gardiner, wahrscheinlich der größte Ägyptologe dieses Jahrhunderts, glaubte, daß »Menophes« nicht Ramses I., sondern Seti I. (Merenptah) war. Er betrachtete die Verbindung mit der Sothis-Periode als »einfache Vermutung«, die »richtig sein kann, aber auch falsch«. Er erklärte 1961, »was stolz als ägyptische Geschichte dargestellt wird, ist nichts als ein Haufen Unsinn«.

Trotzdem bleibt die »Sothis-Periode« immer noch Grundlage der anerkannten ägyptischen Geschichte. Im Gegensatz dazu basiert Velikovskys Zeitberechnungssystem auf »Synchronismen«, d. h. auf gleichzeitig aufgezeichneten Ereignissen und anderen Verbindungen zwischen den Zeitrechnungen. Viele Gemeinsamkeiten fand er in den Geschichten Ägyptens und Israels. Es fällt auf, daß diese in dem konventionellen Schema fehlen.

Für den Zeitraum vom Mittleren Königreich bis zum Ende der 18. Dynastie (etwa 820 v. Chr.) ist sein Schema gut begründet und wurde durch die Arbeiten zahlreicher Gelehrter der Alten Nahöstlichen Geschichte untermauert. Obwohl die Daten der späteren Dynastien wahrscheinlich ebenfalls beträchtlich geändert werden müssen, ist Velikovskys Modell umstritten. Verschiedene andere Berechnungsschemata ab der 19. Dynastie wurden vorgeschlagen. So wird z. B. angezweifelt, ob Velikovskys Identifizierung der 19. Dynastie mit der 26. richtig ist. Es gibt Hinweise, daß sie eher in das achte als in das siebte Jahrhundert v. Chr. eingeordnet werden müßte.

1978 resümierte ein Sprecher eines Kongresses über dieses Thema in Glasgow, Schottland: »Die Frage nach einer überarbeiteten Zeitfolge ist notwendig; ob es in allen Einzelheiten die Velikovskys ist, ist allerdings fraglich.«

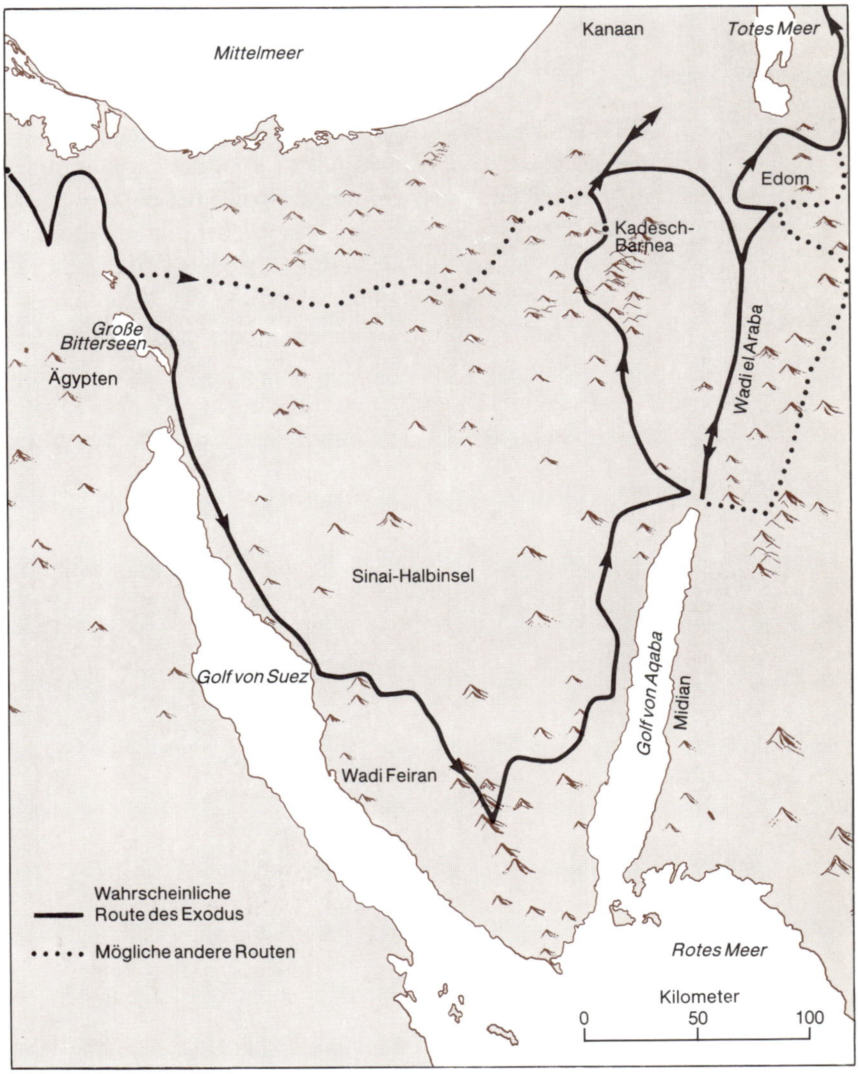

Der Weg der Israeliten durch die Wüste ist nicht genau bekannt. Es gibt jedoch keinen Zweifel, daß sie nach 40 Jahren in Kanaan ankamen, wie es die Bibel berichtet.

b) daß seine Theorien über das Altertum daher sicherheitshalber einfach ignoriert werden sollten.

In Wirklichkeit ist es ein Buch mit den besten Argumenten. Die schon immer große Zahl seiner Anhänger nimmt heute wieder zu. Dieses Buch gibt es seit nunmehr einem Vierteljahrhundert; Zeit genug für eine Neubewertung, denn seine Hauptargumente scheinen sich durch neuere Beweise zu bestätigen.

Besonders zwei Episoden sind im Vergleich zu den angestrengten Kompromissen und Widersprüchen der orthodoxen Berichte sehr umfangreich dargestellt: Der Auszug der Juden aus Ägypten und die Nachwirkungen in Jericho und das Treffen zwischen König Salomon und der Königin von Saba.

Der Auszug in das Gelobte Land

Der Auszug der hebräischen Sklaven aus der Knechtschaft des Pharao ist zweifellos der Beginn der Geschichte des jüdischen Volkes. »Laß mein Volk ziehen« verlangte Moses – und der Pharao erlaubte den zwölf Stämmen Israels, sich Kleider und Schmuck zu »borgen« und in großer Zahl auszuwandern (so die Bibel). Die Zahl von 603 550 Männern im wehrfähigen Alter ist so genau, daß sie verdächtig nach Übertreibung klingt, würde nicht der folgende Text keinen Zweifel daran lassen, daß eine große Zahl von Nomaden durch die Wüste wanderte, um das Gelobte Land zu erreichen. Vier Bücher der Bibel befassen sich mit diesem Ereignis: Exodus, Levitikus, Numeri, Deuteronomium. Während dieser Zeit erhielt Moses die zehn Gebote und der gesamte Aufbau der jüdischen Kultur wurde niedergeschrieben. Nach vierzig Jahren erreichten die Israeliten Kanaan und besetzten die wichtigsten Städte, einschließlich Jericho. Die Bibel ist bis in die Einzelheiten genau: Einige Städte wurden niedergebrannt, einige verschont, einige besetzt und ihre Einwohner getötet, andere jedoch wurden in Frieden gelassen. Im Kampf um Jericho half den Israeliten ein Erdbeben.

In den konventionellen Chronologien sucht man jedoch vergeblich nach einer Bestätigung für diesen dramatischen Menschentreck. Der Auszug soll in der Regierungszeit des Pharao Ramses II. (1290 bis 1224 v. Chr.) stattgefunden haben. Dieser war so mächtig und reich, daß man sich kaum vorstellen kann, er habe einen rebellierenden Sklavenführer ziehen lassen.

In den Hieroglyphen, die seine Regierungszeit beschreiben, findet man keinen Hinweis auf Moses, die sieben Plagen, die auswandernden Israeliten oder den Versuch, sie nach Ägypten zurückzuholen, auch nicht von dem unvermeidlichen gesellschaftlichen Aufruhr, der mit ihrem Auszug verbunden sein mußte. Als andere Möglichkeit wird angenommen, daß der Auszug während der Regierungszeit eines Nachfolgers Merneptah stattfand. Diese Möglichkeit ist aber wesentlich wahrscheinlicher, weil eine Gedenksäule, die seine Heldentaten aufzählt, von wichtigen Siegen über die Israeliten in ihrem Land berichtet. Dies kann wohl kaum der Pharao sein, der zurückgeschlagen wurde, als sich das Rote Meer zum Schutz der fliehenden Sklaven teilte.

Die Belagerung von Jericho. Dies war eines der dramatischsten und genauesten beschriebenen Ereignisse der israelischen Eroberung Kanaans.

Falsch informierte Führer

Genauso unwahrscheinlich ist die herkömmliche Deutung der Ruinen von Jericho. Den Besuchern werden dort die großen Erdwälle gezeigt, die gepflastert sind, um das Erklettern zu erschweren. Auf den Wällen befinden sich Mauerreste. Archäologische Funde beweisen, daß vor der Zerstörung der Mauern viele Einwohner von Jericho an einer Epidemie starben. Anschließend folgte ein Erdbeben. Aschenreste und Verbrennungsrückstände in der ganzen Stadt zeigen nach den Worten der Baronin Kathleen Kenyon, die in den 50er Jahren die Stadt ausgrub, daß die Zerstörung der Mauern auch das Werk von Feinden war.

Genauso beschreibt die Bibel den Feldzug Josuas – eine Seuche und ein Erdbeben, das die Stadtmauern zerstörte; die Einwohner wurden getötet und die ganze Stadt niedergebrannt.

Dennoch wird den Besuchern erzählt, daß Josua nichts mit der Zerstörung zu tun gehabt hätte. Die Zerstörung Jerichos – so sagt man – geschah am Ende des mittleren Bronzezeitalters, um 1550 v. Chr. Josua sei aber erst im späten Bronzezeitalter angekommen, etwa 300 Jahre später, als die Stadt bereits zerstört war.

Dichtung und Wahrheit

Aus herkömmlicher Sicht wird der Auszug aus Ägypten und die Inbesitznahme von Kanaan auf die Aktivitäten einiger umherziehender Sklavengruppen heruntergespielt. Magnus Magnusson erklärte das überraschende Fehlen ägyptischer Berichte so: »Die ägyptischen Geschichtsschreiber waren an den königlichen Berichten mehr interessiert, als an gesellschaftlichen Fragen. Die Aktivitäten einer kleinen Gruppe semitischer Einwanderer und ihre Flucht aus den Arbeitskolonnen werden kaum ihre Aufmerksamkeit erregt haben.«

Jericho und die anderen Eroberungen, die in der Bibel so großartig beschrieben sind, »waren entweder das Ergebnis einer Reihe feindlicher Angriffe von verschiedenen Gruppen zu verschiedenen Zeiten« oder vielleicht »war die Besetzung überhaupt nicht das Werk militärischen Vorgehens, sondern eine friedliche Infiltration«.

Velikovsky will davon nichts hören. Bei seinem Studium der altägyptischen Literatur fand er ein Dokument »Die Ermahnungen eines ägyptischen Weisen«, auch als Papyrus Ipuwer bekannt. Diese Schrift erzählt von einer Reihe von Plagen, wie sie auch im Buch Exodus (siehe

Die ägyptischen Plagen vor dem Auszug der Israeliten werden in bewundernswerter Übereinstimmung in der Bibel und in einer ägyptischen Schrift aus dem mittleren Königreich beschrieben. Diese Übereinstimmung war der Anstoß für Velikovsky, die ägyptischen Geschichtsdaten neu festzulegen.

Warum ist der Fluß voll Blut.
Wenn einer davon trinkt, widersteht es ihm, und er dürstet nach Wasser (Papyrus [P] 2 : 10).
Plagen sind im ganzen Land. Blut ist überall (P 2 : 6).
Alle Tiere leiden. Die Rinder wehklagen über den Zustand des Landes (P 5 : 5).
Warum werden die Tore, Säulen und Wände vom Feuer zerstört? (P 2 : 10)

Warum werden die Bäume zerstört? (P 4 : 14). Warum ist all das verschwunden, was man gestern noch sah, und das Land liegt darnieder wie geschnittener Flachs (P 5 : 12–13).
Es gibt keine Früchte oder Beeren mehr für die Vögel. (P 6 : 1). Warum gibt es kein Getreide mehr? Jeder sagt: »Es gibt keins!« Die Lagerhäuser sind leer (P 6 : 3).

. . . Furcht . . . Arme Menschen . . . Das ganze Land liegt in Finsternis (Fragmente von P 9 : 11).
Warum wurden die Kinder der Fürsten getötet? Die einst geliebten Kinder wurden nun begraben (P 4 : 3).

Es ging ein Aufschrei durch das Land, verbunden mit Wehklagen (P 3 : 14).
Jeder im Land hat einen Toten zu begraben (P 2 : 13).
Siehe, das Feuer hat sich erhoben. Seine Flamme richtet sich gegen die Feinde des Landes (P 7 : 1).

. . . alles Wasser im Strom verwandelte sich in Blut (Exodus [E] 7 : 20)
Die Fische starben, und das Wasser begann so sehr zu stinken, daß die Ägypter nichts mehr davon trinken konnten.
In ganz Ägypten war das Wasser zu Blut geworden (E 7 : 21).
. . . siehe, die Hand des Herrn ist über deinen Tieren, über den Pferden, den Eseln, den Kamelen, den Rindern und Schafen: Es wird eine schwere Seuche kommen (E 9 : 3).
. . . Und der Herr schickte Donner und Hagel, und das Feuer breitete sich aus; und der Herr ließ Hagel niedergehen auf das Land Ägypten. Es hagelte, und das Feuer verband sich mit dem Hagel, es entstand schwerer Schaden . . . (E 9 : 23–24).
. . . Und der Hagel zerschlug alle Pflanzen auf den Feldern und riß die Äste von den Bäumen (E 9 : 25).
Die Heuschrecken fielen in ganz Ägypten ein . . . Es war der größte Schwarm Heuschrekken, der je gesehen worden ist und je wieder zu sehen sein wird. Der ganze Boden war bedeckt, das Land war schwarz von Heuschrecken. Sie fraßen alle Pflanzen und alle Früchte von den Bäumen, die der Hagel verschont hatte. Nirgends blieb etwas Grünes übrig, weder an den Bäumen, noch an den Pflanzen auf dem Feld, im ganzen Land Ägypten (E 10 : 14–15).
Und Moses streckte seine Hand zum Himmel auf, und drei Tage lang wurde es in Ägypten stockfinster (E 10 : 22).
Um Mitternacht tötete der Herr alle Erstgeborenen in Ägypten, angefangen vom ältesten Sohn des Pharao, der zum Thronerben bestimmt war, bis hin zum ältesten Sohn des Gefangenen im Kerker (E 12 : 29).
. . . Und lautes Wehgeschrei erhob sich in Ägypten (E 12 : 30).

. . . Denn es gab nicht ein Haus in Ägypten, in dem kein Toter war (E 12 : 30).
Als der Pharao das Volk endlich gehen ließ, . . . ging der Herr tagsüber in einer Wolkensäule vor ihnen her, um ihnen den Weg zu zeigen; nachts in einer Feuersäule, um ihnen zu leuchten (E 13 : 17,21).

sind genau die gleichen, die heute von Touristen besichtigt werden können.

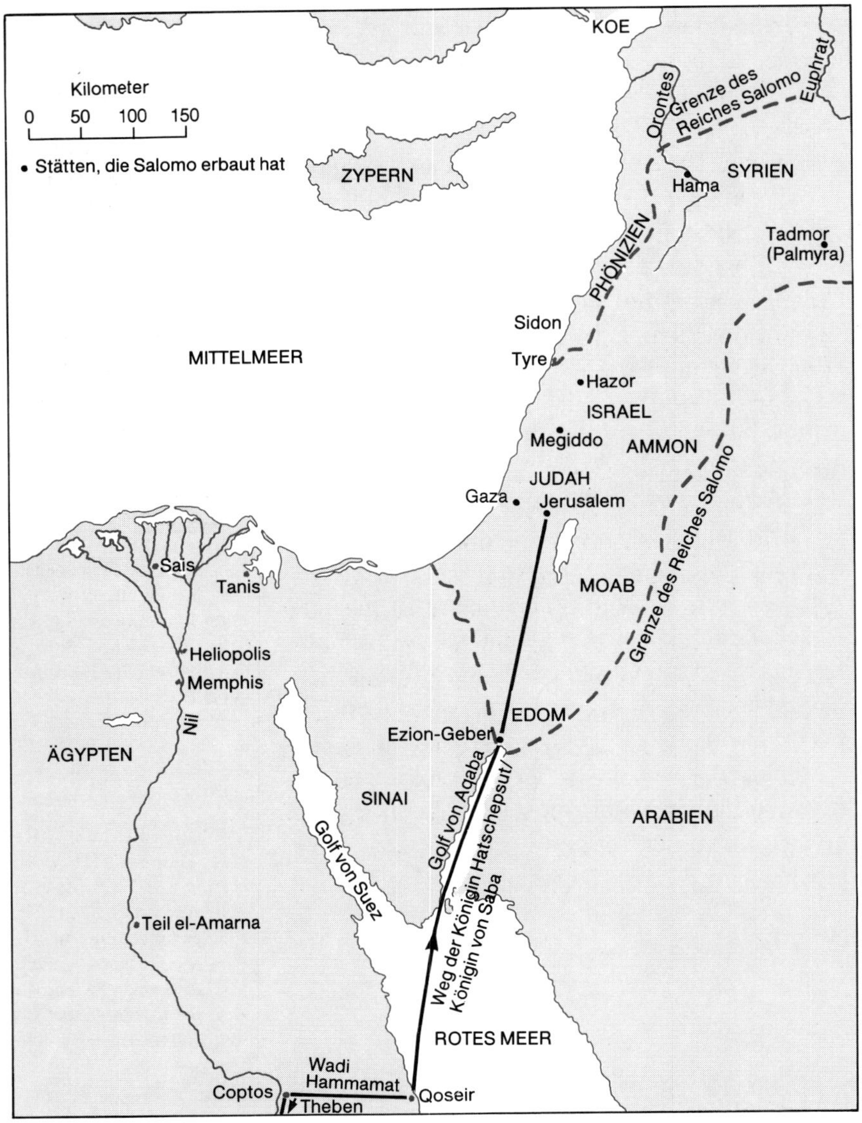

War die Königin von Saba wirklich eine ägyptische Königin? Der kürzeste Weg für einen Staatsbesuch von Theben nach Jerusalem, der Hauptstadt von König Salomos Reich, stimmt mit dem der israelischen Überlieferungen überein, nach denen sie auf dem See- und Landweg kam.

Tabelle) beschrieben sind, so daß sie sich sicher auf die seltenen Ereignisse beziehen.

Dieser Papyrus stammt jedoch nicht aus der Zeit Ramses II., sondern aus einer früheren Epoche am Ende des Mittleren Königreichs, als sich Ägypten am Rande des Zusammenbruchs befand. Gesetz und Ordnung zerbrachen, und der König hatte kaum noch Macht. Als Grundlage für ein Wiederaufleben der jüdischen Geschichte ist dies eine plausiblere Erklärung.

Statt Sklaven, die gegen einen mächtigen Pharao revoltieren, zeigt sich ein zerfallenes Reich, in dem eine Sklavenrevolte tatsächlich stattfand.

Nach Velikovskys Einschätzung sind die Hyksos, die von Asien kamen und am Ende der mittleren Bronzezeit Ägypten besetzt haben, die in der Bibel erwähnten Amalekiter, mit denen die Israeliten auf ihrem Weg zum Gelobten Land kämpften. Die Mauern von Jericho, die vor den Augen der Armee Josuas einstürzten,

Salomon und Saba

Diese an sich schon befriedigende Ausführung, wird noch vervollständigt durch die Interpretation der Begegnung zwischen Salomon und der Königin von Saba. Wieder einmal läßt die Bibel keinen Zweifel über Größe und Ausmaß des salomonischen Reiches. Salomon »übertraf alle Könige der Erde an Reichtum und Weisheit«. Er trieb Handel mit den Gewürzkaufleuten und Königen von Arabien und führte Gold, Elfenbein, Silber, wertvolle Steine, exotische Flora und Fauna ein. Sein Tempel war ein Wunderwerk aus Gold und Messing, mit riesigen geschnitzten Standbildern auf den reich verzierten Säulen. Er unterhielt eine große Schiffsflotte und eine Armee mit 1400 Streitwagen und 12 000 Reitern – wirklich das goldene Zeitalter der hebräischen Macht und ihres Reichtums. Aber wieder einmal gibt es in den herkömmlichen Aufzeichnungen keinen Hinweis auf dieses herrliche Königreich. Nach der Bibel heiratete Salomon die Tochter eines Pharao, der mächtig genug war, die Philisterstadt Gaza zu plündern und deren Schätze Salomon zum Hochzeitsgeschenk zu machen.

Aber in den herkömmlichen Zeitrechnungen fehlt jeder Hinweis auf einen Pharao, der zur Zeit Salomons Verbindungen zu Palästina gehabt hätte.

Nach Salomons Tod wurde ein Tempel von einem Pharao namens Schischak geplündert und die in der Bibel genau beschriebenen Schätze nach Ägypten gebracht. Nach herkömmlicher Meinung ist Schischak der Pharao Schoschenk I., ein wenig bedeutender König, der kaum mehr als ein Verzeichnis von palästinensischen Städten hinterließ, in dem weder Jerusalem noch eine Eroberung, noch der Tempel oder irgendwelche Schätze erwähnt wurden.

Daher müssen die Archäologen die Bibel wieder berichtigen, um sie ihren Zeitberechnungen anzupassen. Magnusson sagt: »Der Tempel war verhältnismäßig klein«, obgleich er absolut keine Bestätigung dafür hat, da keine Überreste gefunden wurden. Das Fehlen zeitgenössischer Angaben über David oder Salomon findet er verständlich, weil »alles, was die Bibel über Salomon sagt, ziemlich übertrieben klingt – seine Weisheit, sein Reichtum, seine Frauen, seine

Nebenfrauen . . . für die Archäologie war es nur ein Königreich auf dem Papier (oder Papyrus)« von dessen Glorie spätere Schriften nur träumten. Velikovsky packt das Problem viel radikaler und zufriedenstellender an: Er setzt die Zeit der mächtigen 18. Dynastie in Ägypten etwa 500 Jahre später an, und damit paßt es genau zu Salomons Reich. Einen der späteren Herrscher, Thutmosis III., identifizierte er als den Pharao Schischak, der den Tempel Salomons plünderte. Der Heerzug von Thutmosis III. nach Palästina wird in Hieroglyphen-Schriften stolz beschrieben und die gestohlenen Schätze werden dargestellt (vgl. Abb. auf dieser Seite).

Königin von Saba

Noch treffender konnte Velikovsky durch dieses Zahlenspiel zur Identifizierung der geheimnisvollen Königin von Saba beitragen. Über dieses Thema streiten sich Ägyptologen und Bibelgelehrte seit Jahrhunderten.

Die Bibel gibt eine Reihe von Informationen – die Königin ist Salomon in Reichtum und Ansehen zumindest gleichwertig: »Sie kam mit einem großen Gefolge nach Jerusalem; mit Kamelen, beladen mit Gewürzen, sehr viel Gold und kostbaren Steinen.« Die Reise war für sie sehr wichtig, und sie kehrte tief beeindruckt wieder zurück – »Deine Weisheit und Dein Reichtum übertrafen die Gerüchte, die ich gehört habe«.

Aber wo war das Land Saba, in das sie zurückkehrte? Die authorisierte Fassung der Bibel legt es sowohl nach Arabien, wo die meisten heutigen Archäologen es vermuten, als auch nach Äthiopien, dessen Hauptstadt Saba war. Aber Josephus, der die Bibel für die griechisch-römische Bevölkerung im ersten Jahrhundert n. Chr. übersetzte, nannte sie »Königin von Ägypten und Äthiopien«. Velikovskys überarbeitete Zeitrechnung unterstützt dies, weil die 18. Dynastie gleichsam über Äthiopien und über Ägypten herrschte. Es gab wahrscheinlich eine nubische, schwarze Linie in der königlichen Familie. Und um dieses Argument zu bestätigen, machte eine Herrscherin eine Aufsehen erregende Reise, die detailliert mit den biblischen Aussagen übereinstimmt – Königin Hatschepsut und ihre Reise in das sagenhafte Land Punt – (Seite 134).

Die Königin Hatschepsut war die mächtigste weibliche Pharaonin der ägyptischen Geschichte. War sie die biblische Königin von Saba?

Dieses ägyptische Basrelief zeigt Thutmosis III., den Neffen und Nachfolger der Königin Hatschepsut. Man sieht Schätze, die von seinem ersten Raubzug nach Palästina und offensichtlich aus einem Tempel und Palast stammen.

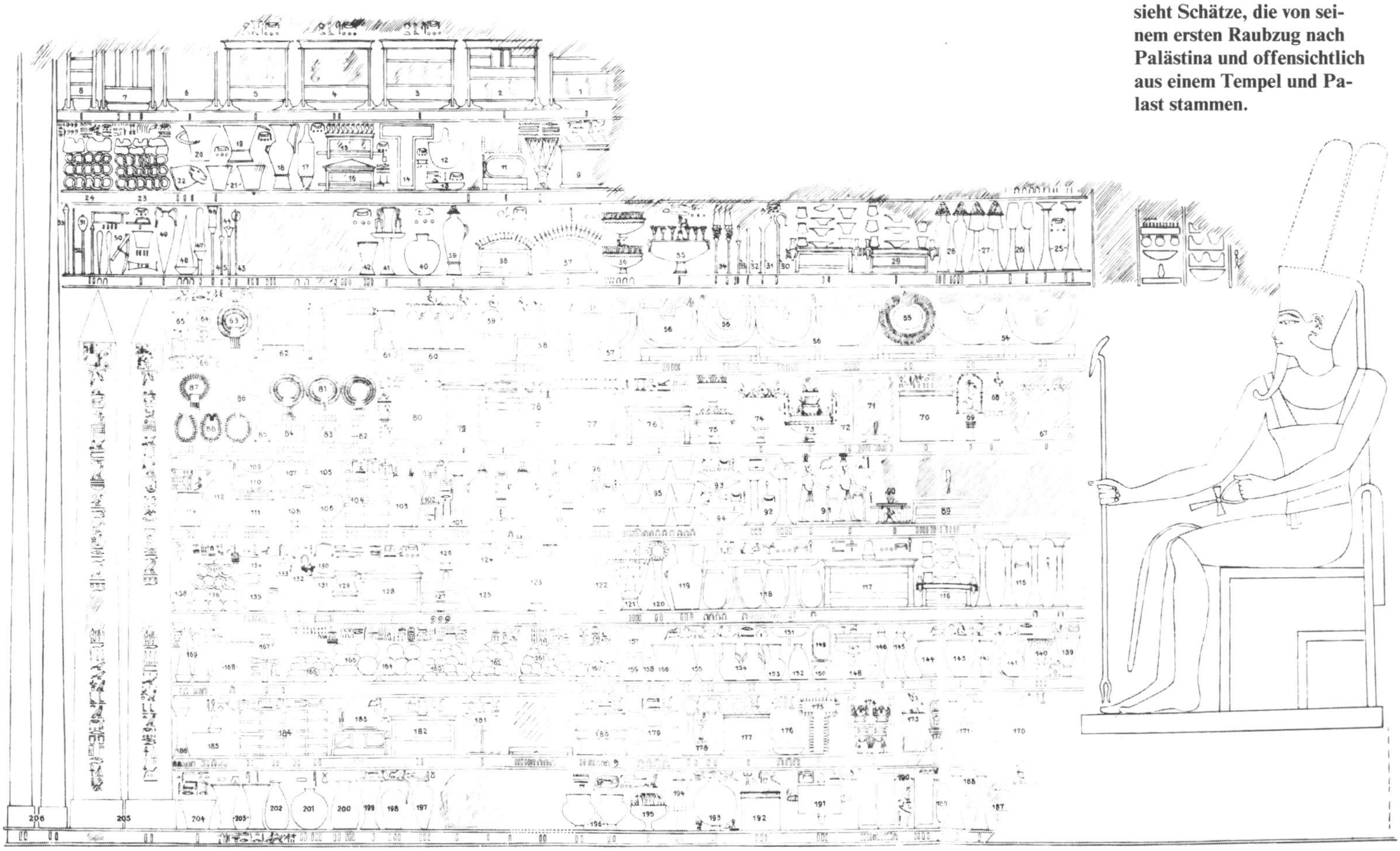

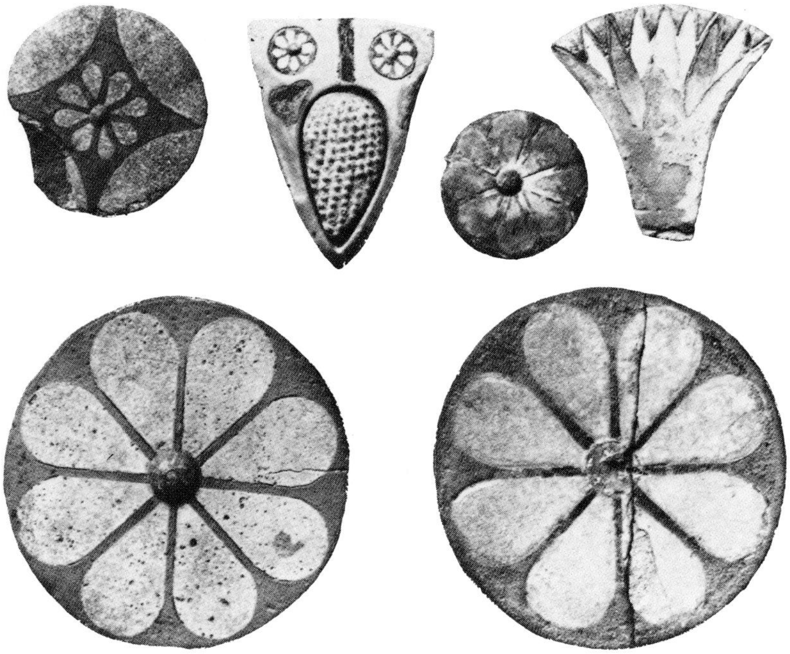

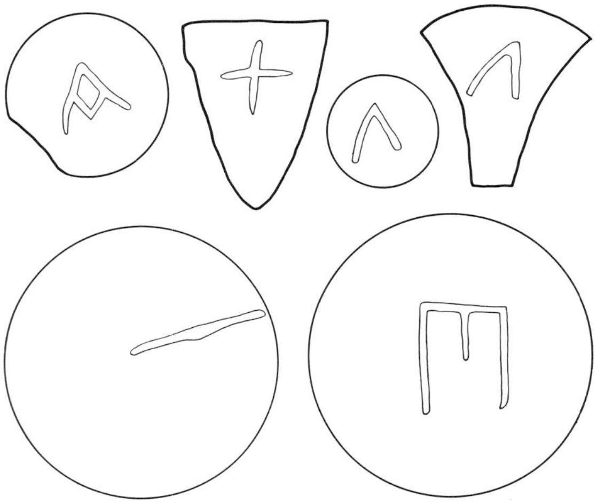

Diese Kacheln aus dem Palast Ramses III. zeigen auf der Rückseite griechische Buchstaben, die während der Herstellung eingeritzt wurden. Daraus ergibt sich einer der besten Beweise, daß die bisherige Zeitfolge nicht stimmt; denn danach lebte Ramses vier Jahrhunderte vor der Einführung des griechischen Alphabets.

Das Land Punt

Genau wie über Saba, haben die Gelehrten lange über die Lage des Landes Punt diskutiert. Nach den Inschriften lag es östlich, in der Nähe Ägyptens. Es wurde manchmal als »Gottesland« bezeichnet und als solches verehrt. Ohne Zweifel betrachtete Königin Hatschepsut ihre Reise nach Punt als die größte Leistung während ihrer Herrschaft. Nach ihrer Rückkehr baute sie einen großen Tempel, den sie aufgrund ihrer Eindrücke gestaltete. Die Reliefs beschreiben und zeichnen im einzelnen ein Land des Friedens und Überflusses, mit Myrrhenhainen, Gärten und einer Vielfalt von exotischen Tieren und Pflanzen. Unter Verwendung dieser Hinweise beauftragten Ägyptologen Botaniker und Zoologen, dieses sagenhafte Land zu suchen. Man kam wegen der unnatürlichen Fülle der genannten Fauna und Flora – einiges davon stammte aus Afrika, anderes aus Arabien, manches war nicht zu identifizieren, zu keiner Übereinstimmung. Die Meinungen sind geteilt, ob Punt in Arabien oder in Somaliland war oder ob es beide Gebiete umfaßt. Die Beschreibung paßt aber auf das Palästina aus Salomons Zeit. Die Bibel berichtet wiederholt von Salomons Interesse an exotischen Pflanzen und Tieren. Es gibt auch häufige Hinweise auf Myrrhe und Weihrauch. Der Name Punt könnte die ägyptische Form für Phönizien sein. Die Einwohner von Punt, die in den Reliefs der Königin dargestellt sind, zeigen Semiten mit Spitzbärten, Adlernasen und einer etwas helleren Hautfarbe als die Ägypter.

Die Herrscherin machte ihre Reise nach Punt zuerst zur See und dann auf dem Land – möglicherweise von Theben über das Rote Meer zum Golf von Akaba. An den Ufern einer Meerenge schlug sie ihre Zelte auf. An der Küste wuchsen Dattelpalmen – die Beschreibung entspricht genau der Wirklichkeit. Nach ihrer Rückkehr verfaßte sie ein Gedicht über die ungeheueren Mengen von Luxusgütern, die sie gesehen und erhalten hatte – »Die Wunderwerke von Punt«.

Die Parallele zu der Königin von Saba ist so verblüffend, daß man schon lange hätte darauf kommen müssen, wäre nicht die Zwangsjacke der herkömmlichen Zeitfolge gewesen. Heute sind die Archäologen mehr und mehr davon überzeugt, daß sich das Land Punt nördlich des Sinai befand. Dr. Eva Danielus, eine anerkannte Ägyptologin, hat in dem »Journal of Egyptian Archaeology« ausgeführt, daß die Darstellungen auf den Reliefs der Königin Hatschepsut typisch für die Fauna des Roten Meeres waren. Dr. Alessandra Nibbi wies in derselben Zeitschrift nach, daß es während der in Frage stehenden Zeit in Palästina Weihrauch und Myrrhe im Überfluß gab. Sie siedelte deshalb Punt im nördlichen Sinai an.

Aber trotzdem bleibt eine Frage: Wenn Königin Hatschepsut nur nach Sinai reiste, warum pries sie dann diese Expedition als die größte Leistung ihrer Regierungszeit? Velikovskys Theorie gibt eine befriedigende Antwort – sie besuchte Salomon und wirkte so auf ihn, wie es die Bibel beschreibt. Desgleichen handelte es sich um den Staatsbesuch einer regierenden Herrscherin von Ägypten und nicht um den eines Königs des kleinen Landes Saba im südlichen Arabien.

Absolute Wahrheit

Wie lange wird es wohl dauern, bis Velikovskys überarbeitete Zeitenfolge von den Archäologen überhaupt beachtet, wenn schon nicht anerkannt wird? Überall auf der Welt ist es so, daß man die alten Dinge lieber unangetastet läßt, als sich der Mühe einer Neueinschätzung zu unterziehen.

Velikovskys Ruf wird oft dadurch geschädigt, daß es einige übereifrige Verfechter seiner Lehren gibt, die jedes Wort, das er geschrieben hat, als die absolute Wahrheit ansehen. Einige Thesen des Widerstandes können aus den Reaktionen auf die Beweise in einer Studie von Dr. John Bimson von der Cambridge-Universität nachgelesen werden. Darin zeigt er auf, daß die biblische Beschreibung der Art und Weise, wie die verschiedenen Städte in Kanaan erobert wurden – d.h. durch Niederbrennen, Entvölkerung, oder durch Belagerung – ausreichend mit den archäologischen Beweisen übereinstimmt.

Die Ähnlichkeiten sind so überzeugend, daß der verstorbene israelische Archäologe Y. Aharoni entschied, daß die geläufigen Lehrbücher über diese Zeit umfassend überarbeitet werden müßten. Trotzdem konnte Aharoni nicht zu der Überzeugung kommen, daß es Josua und die wandernden israelischen Stämme waren, die den Eroberungszug führten. Aufgrund der Zeitenfolge müssen es »andere Stämme« Hunderte von Jahren vorher gewesen sein. Die Hebräer haben deren Überlieferung »ausgeliehen« und sie in jüdische Geschichte umgemünzt.

Man muß Velikovskys Ansichten oder die Aussagen der Bibel nicht in jedem Detail akzeptieren, um zu sehen, daß er in verschiedenen Hauptbereichen höchst plausible Erklärungen zu bieten hat. Wieviel Glauben würde manchem Scharlatan geschenkt, der behauptete, daß es niemals einen Auszug aus Ägypten gab, die Hebräer niemals Kanaan eroberten, Salomons Tempel nur sehr unbedeutend und die Königin von Saba nur die Herrscherin eines kleinen unbedeutenden Landes war? Nicht viel sollte man meinen. Andererseits entwickelte z.B. Isaac Newton eine getrennte Zeitfolge für die ägyptische und jüdische Geschichte. Sie bezog sich auf die Bibel und wurde als einleuchtend angenommen, bis das Sothis-Periodensystem Unordnung in das Bild brachte. Es beinhaltet im weitesten Sinne Velikovskys bis heute erfolglose Vorschläge.

Wer war Homer?

Eine der spektakulärsten Konsequenzen aus der Vorverlegung der ägyptischen Geschichte um 500 bis 700 Jahre ergibt sich in Bezug auf die geheimnisumwitterte Zeit der griechischen Geschichte, die als »dunkles Zeitalter« bekannt ist. Wenn Velikovsky recht hat, hat diese Zeit niemals existiert. Sie ist einfach die Erfindung von Archäologen, die versuchen, die Probleme zu umgehen, die sich aus einer falschen Zeitberechnung ergeben.

Obgleich schulische Lehrbücher über diese angenommene Zeitepoche fast jedes Jahr neu erscheinen, gibt es kaum Beweise dafür. Die Theorie besagt, daß die blühende heroische Zivilisation von Mykene durch eine Invasion aus Asien für ein halbes Jahrtausend vom Erdboden verschwand und am Ende dieser Zeit wieder neu begann, als sei nichts geschehen.

V. R. d'A. Desborough schrieb in dem Buch »The Greek Dark Ages«: »Die Änderungen, die

Einige Zeitanomalien während des griechischen »dunklen Zeitalters«

1. Im späten 19. Jahrhundert gruben zwei Archäologen (Dörpfeld und Fürtwängler) den Tempel der Hera aus. Sie datierten ihn auf der Basis des Alters der mykenischen Töpferarbeiten auf die Zeit des 13. oder 12. Jahrhunderts v. Chr. Ein heftiger Disput entstand über die Bedeutung der gefundenen geometrischen Malereien. Dörpfeld schlug vor, das geometrische Zeitalter in das 2. Jahrtausend zurückzuverlegen, um es in Übereinstimmung mit den mykenischen zu bringen. Fürtwängler zeigte auch, daß das geometrische ins 8. und 7. Jahrhundert gehört. Die Unstimmigkeit wäre nicht entstanden, wenn sie sich weniger auf die ägyptische Zeitfolge verlassen hätten – nach Velikovsky gehören beide Arten der Töpferarbeiten in das 8. Jahrhundert.

2. Nestor, einer der Könige, die bei Troja kämpften, hatte seine Residenz bei Pilos (so Homer). Ein großer mykenischer Palast wurde dort entdeckt. Anhand der mykenischen Töpferarbeiten muß der Zeitpunkt der Zerstörung um 1200 v. Chr. gelegt werden. Gleichzeitig wurden aber auch an verschiedenen Stellen Töpferarbeiten aus dem 7. Jahrhundert gefunden. Der ausgrabende Archäologe (C. Blegen) nahm an, daß diese »irgendwie von oben dorthin gekommen sind«, in Form von Bruchstücken und anderen Ablagerungen, die sich dort während der 500 Jahre angesammelt haben.

3. Das berühmte Löwentor wird anhand der mykenischen Töpferarbeiten auf die Zeit des 13. Jahrhunderts geschätzt. Sein Stil zeigt aber deutlich östlichen Einfluß. Eine enge Beziehung besteht zu den phrygischen Vorbildern aus dem 8. Jahrhundert. Dieses Alter haben auch frühere Archäologen schon angenommen. Ein Graben in der Nähe des Tores enthielt keine Tonscherben aus der Zeit 1100 bis 700 v. Chr., sondern solche aus dem 12. und 7. Jahrhundert.

4. Der mykenische Palast von Tiryns wurde vermutlich um 1200 v. Chr. durch Feuer zerstört. Aber der Tempel aus dem 8./7. Jahrhundert stand genau auf den gleichen Grundmauern und wurde nach Angaben der Archäologen unmittelbar nach der Zerstörung des Palastes erbaut. Dies ist ziemlich unwahrscheinlich, wenn Tiryns während des »dunklen Zeitalters« für 500 Jahre verlassen gewesen wäre.

5. Die heutigen Archäologen verbinden den Trojanischen Krieg mit der Zerstörung von Troja VI oder VIIa, in der Zeit von 1300 und 1260 v. Chr. Troja VIIb soll angeblich im 12. Jahrhundert v. Chr. verlassen worden sein, obwohl eine Scherbe aus dem 9. Jahrhundert unter einem der Gebäude gefunden wurde.
Darüber hinaus benutzten die Einwohner von Troja VIII (von den Griechen um 700 v. Chr. gegründet) Töpferarbeiten, die von denen Trojas VIIa hergeleitet waren, d. h. von einer Zeit vor 400 Jahren, wobei es allerdings für die Zwischenzeit keinerlei Nachweise gibt.

6. Nach den Berichten von Homer halfen die Phrygier Troja gegen die Griechen zu verteidigen. Obwohl die frühesten phrygischen Funde aus der Zeit um 800 v. Chr. stammen, datieren die Archäologen den Krieg in das 13. Jahrhundert v. Chr. Darüber hinaus hat das Tor von Gordion, der Hauptstadt des phrygischen Königs Midas, nach den Worten des Archäologen R. Young »enge Beziehungen zu den Mauern der 6. Stadt von Troja . . . Dazwischen liegen 500 Jahre.« Die Mauern von Troja VI wurden vermutlich bei der Gründung von VIIa etwa 1300 v. Chr. geschliffen. Wenn dieses Datum richtig wäre, wie könnten sie dann im 8. Jahrhundert als Vorbild für die Mauern von Gordion gedient haben?

7. »In Mittelanatolien wurden bis jetzt keine Überreste von Phrygiern oder anderen Kulturen gefunden, die in der Zeit zwischen 1200 und 800 v. Chr. liegen könnten.«
(Ekrem Akurgal, führender türkischer Archäologe)

8. Die Hauptstadt der Hethiter, die vermutlich um 1200 v. Chr. zerstört wurde, haben die Phrygier im späten 8. Jahrhundert v. Chr. wieder besetzt. »Trotz dieses großen Zwischenraums wurden die frühesten Bauwerke zu einer Zeit erstellt, als die hethitischen Ruinen noch sichtbar an der Oberfläche waren. Auf ihnen gibt es keine Spuren einer Schicht, die durch natürliche Sedimentsbildung entstanden wäre.« (K. Bittel, Archäologe)

9. Die wichtigste Stadt der Hethiter in Syrien – wahrscheinlich im 14. und 13. Jahrhundert v. Chr.
Bis jetzt gibt es keine Ausgrabungen aus dieser Zeit. Alle Funde, einschließlich der Schmuckstücke und Skulpturen, stammen aus der »neuhethitischen« Zeit (ab dem 10. Jahrhundert). Die einzige mykenische Töpferarbeit wurde in einer Schicht aus dem 9. Jahrhundert entdeckt, zusammen mit Monumenten aus dem Weltreich.

10. Ein imposantes Tor mit Löwen und einer Reihe von Reliefs wurden gefunden, die Kunstexperten auf die Zeit des Hethiter-Weltreichs (13. Jahrhundert v. Chr.) datierten. Aber die Ausgrabungen zeigten, daß die Fundstücke Teil eines Gebäudekomplexes aus dem 8. Jahrhundert v. Chr. waren.

11. Eine reiche syrische Stadt, die aus dem 14. Jahrhundert v. Chr. stammen soll. Aber ihre Keilschriftaufzeichnungen zeigen, daß das hebräische Alphabet bekannt war, und die hebräische Schrift »überraschend ähnlich« der in der Bibel verwendeten Schrift war. Die Gedichtsformen »ähneln genau der hebräischen Dichtkunst. Auch die Sprache unserer Ras-Schamra-Texte entspricht genau der Bibel.« Nach den herkömmlichen Zeittafeln waren die Hebräer im 13. Jahrhundert noch in Ägypten. Außerdem beinhalten die Tafeln griechische Denkweisen, eine Religion und epische Formen, die viele Übereinstimmungen mit Homer haben. In der überarbeiteten Zeitfolge liegt Ugarit im 9. Jahrhundert, und damit sind all diese Fragen gelöst.

sich ereigneten, grenzen schon ans Phantastische. Die Handwerker und Künstler scheinen verschwunden zu sein, ohne eine Spur zu hinterlassen. Es gibt nur sehr wenige steinerne Bauwerke; die Metallbearbeitung entwickelt sich zum Primitiven zurück, und die Kunst des Schreibens ist vergessen.«

Der gesunde Menschenverstand sagt, daß hier etwas nicht stimmen kann. Wie die Aufstellung links zeigt, können die Beweisstücke von allen ägäischen archäologischen Fundstätten ohne Vorhandensein dieses »dunklen Zeitalters« besser erklärt werden. Und für jeden, der sich an den aufregenden Geschichten Homers »Ilias und Odyssee« erfreut, ergibt sich ein weiterer Nutzen: Der Dichter Homer wird durch die überarbeitete Zeitfolge wieder ins rechte Licht gerückt. Er ist der Autor, der kurz nach den Trojanischen Kriegen lebte, also zu einer Zeit, als die Erinnerungen noch frisch waren.

Die Griechen selbst glaubten, daß er die Epen kurz nach dem Geschehen niederschrieb. Auch Isaac Newton errechnete aus den Stammbäumen der griechischen Könige, besonders aus den zwei Seitenlinien der spartanischen Könige, daß der Trojanische Krieg nicht vor 900 v. Chr. stattgefunden hat.

Stilvergleiche zwischen Tongefäßen haben in der neuen konventionellen Archäologie gezeigt, daß er sich zeitgleich mit der 17. und 19. Dynastie in Ägypten ereignete – etwa 1250 bis 1200 v. Chr.

Nach Velikovskys System liegt das gesuchte Datum etwa bei 800 v. Chr. Damit lösen sich eine Reihe von Problemen: Homer z. B. erwähnt häufig die Phönizier, die erst im neunten Jahrhundert v. Chr. eine mächtige Handelsnation waren. Sieht man aber über das »dunkle Zeitalter« hinweg, ist Homer der Welt größter Geschichtsschreiber. Außerdem würde dies die gegenwärtige Ansicht auflösen, daß Homer alte Sagen sammelte oder nur der Sammelname für eine Dichtergruppe war.

Heilige Reliquien

Auf der Erde gibt es zu viele heilige Reliquien, als daß sie alle echt sein können: In verschiedenen französischen Kirchen liegen drei Leichname der heiligen Maria Magdalena. Dornen aus der »originalen« Dornenkrone und Gewänder Jesu sind in vielen europäischen Kirchen ausgestellt. Mark Twain scherzte einmal, daß die vielen Splitter des »echten« Kreuzes ausreichten, ein Schlachtschiff zu bauen. (Das stimmt nicht, da ein von den Römern verwendetes Kreuz einen Rauminhalt von 178 Millionen Kubikmillimeter hatte; die ausgestellten Teile des Kreuzes ergaben am Ende des letzten Jahrhunderts aber insgesamt weniger als 4 Millionen Kubikmillimeter). Außerdem gibt es 32 Kreuznägel, die als solche verehrt werden, während für die Kreuzigung nur 3 oder 4 Nägel gebraucht wurden.

Für einen Zyniker bedeutet dies, daß alle Fundstücke wertlos sind. Jedoch ist es auch ohne überspannte Gläubigkeit möglich, die Dinge mit etwas mehr Sympathie zu betrachten. Auch im Buddhismus werden beispielsweise Reliquien verehrt: Nach der Überlieferung wurden die sterblichen Reste von Buddha in seinem Todesjahr 483 v. Chr. gleichmäßig unter den acht indischen Stämmen aufgeteilt. Trotz offizieller Mißbilligung verehren auch die Mohammedaner Reliquien des Propheten und der früheren Heiligen fast in der gleichen Weise wie die katholischen Christen. Die Verehrung von sterblichen Resten der Toten ist wahrscheinlich so alt wie die Religion selbst. Die Neandertaler (S. 46) und wahrscheinlich auch schon die früheren Menschen praktizierten rituellen Kannibalismus. Dadurch sollten die Kräfte und Fähigkeiten des Verstorbenen in ihnen weiterbestehen. Außerdem nahm man an, daß auf denjenigen die Kräfte übergehen würden, der eine Reliquie trug, anfaßte oder verehrte.

Golgatha

Dieser Glaube war so stark, daß man annehmen kann, daß die Gegenstände, die mit der Kreuzigung Christi in Verbindung zu bringen sind, auf-

Abdruck auf dem Turiner Leichentuch. Es ist bis jetzt wissenschaftlich nicht festgestellt, auf welche Art und Weise der Abdruck auf das Tuch kam.

bewahrt und auch verehrt wurden. Im Jahre 70 n. Chr. wurde Jerusalem von Titus und den Römern dem Erdboden gleichgemacht. Nach Ansicht des Historikers Eusebius erstand innerhalb von 100 Jahren die Kirche wieder neu und Gläubige pilgerten zum Ölberg. Konstantin, der erste römische Kaiser, der die christliche Kirche anerkannte, ordnete im Jahre 326 n. Chr. die Suche nach Golgatha, der Kreuzigungs- und Begräbnisstätte an. Er schrieb: »Ich wünsche nichts mehr, als an dieser heiligen Stätte zu beten.«

Daraufhin wählte Bischof Macarius von Jerusalem einen bestimmten Ort aus, an dem man bei Ausgrabungen eine Reihe von Felsgräbern fand. Eines dieser Gräber wurde als Begräbnisstätte Jesu identifiziert. Über das Auffinden des Kreuzes und der Nägel gibt es widersprüchliche Berichte. Nach der Version von Konstantin wurden sie 85 Meter östlich der Grabstelle in einer Zisterne gefunden. Die katholische Kirche hält sich heute an die Version, daß Konstantins Mutter, Kaiserin Helena, von der Echtheit überzeugt war, als durch dieses Kreuz die schwerkranke Libania auf wunderbare Weise geheilt wurde. Über der Grabstätte, die heute Golgatha genannt wird, wurde eine Kirche errichtet. Eusebius berichtet in seiner »History of Constantine«, daß unmittelbar nach der Entdeckung der Grabstätte die Verteilung der Reliquien begann.

Ob die Reliquien echt waren und wieviel tatsächlich die fast zwei Jahrtausende überstanden haben, ist eine Frage des Glaubens. Es besteht natürlich die Möglichkeit, daß in Jerusalem damals Reliquien existierten. Ob sie dann allerdings nach drei Jahrhunderten der Kaiserin Helena freiwillig übereignet wurden und ob Bischof Macarius nicht nur eine willkürliche Grabstätte auswählte, ist mehr als zweifelhaft.

Die katholische Enzyklopädie beschreibt eine Reliquie wie folgt: » . . . der Körper oder was auch immer nach dem Tod eines Heiligen übrigbleibt, aber auch Gegenstände, die der Selige zu Lebzeiten bei sich trug. Echte Reliquien (an erster Stelle) sind der Körper, Bekleidung, Bußgegenstände und die Folterinstrumente bei Märtyrern.« Dies sind die wichtigsten Reliquien von Jesu:

Das Kreuz

Nachdem Helena Jerusalem mit dem Querbalken des Kreuzes und anderen Reliquien verlassen hatte, wurde der Längsbalken trotz der Einwände vieler Christen in verschiedene Stücke zerlegt. Die größten Teile erhielten Jerusalem, Rom und Konstantinopel. Heute nehmen viele der großen katholischen Kirchen für sich in Anspruch, ein Fragment des echten Kreuzes zu besitzen.

Bezüglich der Kreuzinschrift (die Anklagen gegen Jesus waren auf einem Stück Holz niedergeschrieben) sagen die Berichte, daß auch dieses geteilt wurde. Helena soll das griechisch und lateinisch beschriftete Holz erhalten haben (es ist nicht mehr auffindbar). Der in hebräisch geschriebene Teil, der sich in der Kreuzigungskirche in Jerusalem befindet, wurde im Jahre 1839 als echt beglaubigt, da die Inschrift sprachlich keine Fälschung sein könne.

Die Nägel

Über die drei oder vier Nägel, die für die Kreuzigung verwendet wurden, wird berichtet, daß

Konstantin zwei oder drei in Rom zur Abwehr von Feinden benutzte. Der vierte wurde angeblich von Helena der Stadt Trier zusammen mit dem heiligen Gewand vermacht (Seite 210). Heute sollen sich Nägel angeblich an 32 verschiedenen Orten befinden. Bei der Zählung im Jahre 1935 hatte Venedig drei, Rom zwei und Notre Dame in Paris einen. Eine mögliche Erklärung könnte sein, daß Teile der echten Nägel in Nachbildungen eingeschmiedet wurden.

Die Dornenkrone

Wenn das Grabtuch von Turin echt ist (Seite 210), scheint die Dornenkrone kein Kranz gewesen zu sein, sondern vielmehr eine Art Kappe aus Dornen. Die »echte« Krone wird in der Kathedrale von Notre Dame in Paris zusammen mit einem Stück des Kreuzes aufbewahrt. Sie gehört zu einer Reihe von Reliquien, die unmittelbar nach der Kreuzigung vom Kalvarienberg verschwanden. Die ersten Christen hüteten sie sorgfältig. Während des 4. und 5. Jahrhunderts wurde sie in der Basilika von Sion verehrt. Von dort kam sie im Jahre 1063 zusammen mit der heiligen Lanze nach Konstantinopel. Ein Herrscher des rumänischen Reiches, Baldwin II., bot den Venezianern die Krone an, um seine Schulden zu bezahlen, Ludwig IX., von Frankreich intervenierte und brachte sie im Jahre 1239 persönlich nach Paris, wo sie sich seitdem befindet.

Die zwei Gewänder Christi

Der lang andauernde theologische Streit, ob sich das echte Gewand in der Kathedrale von Trier

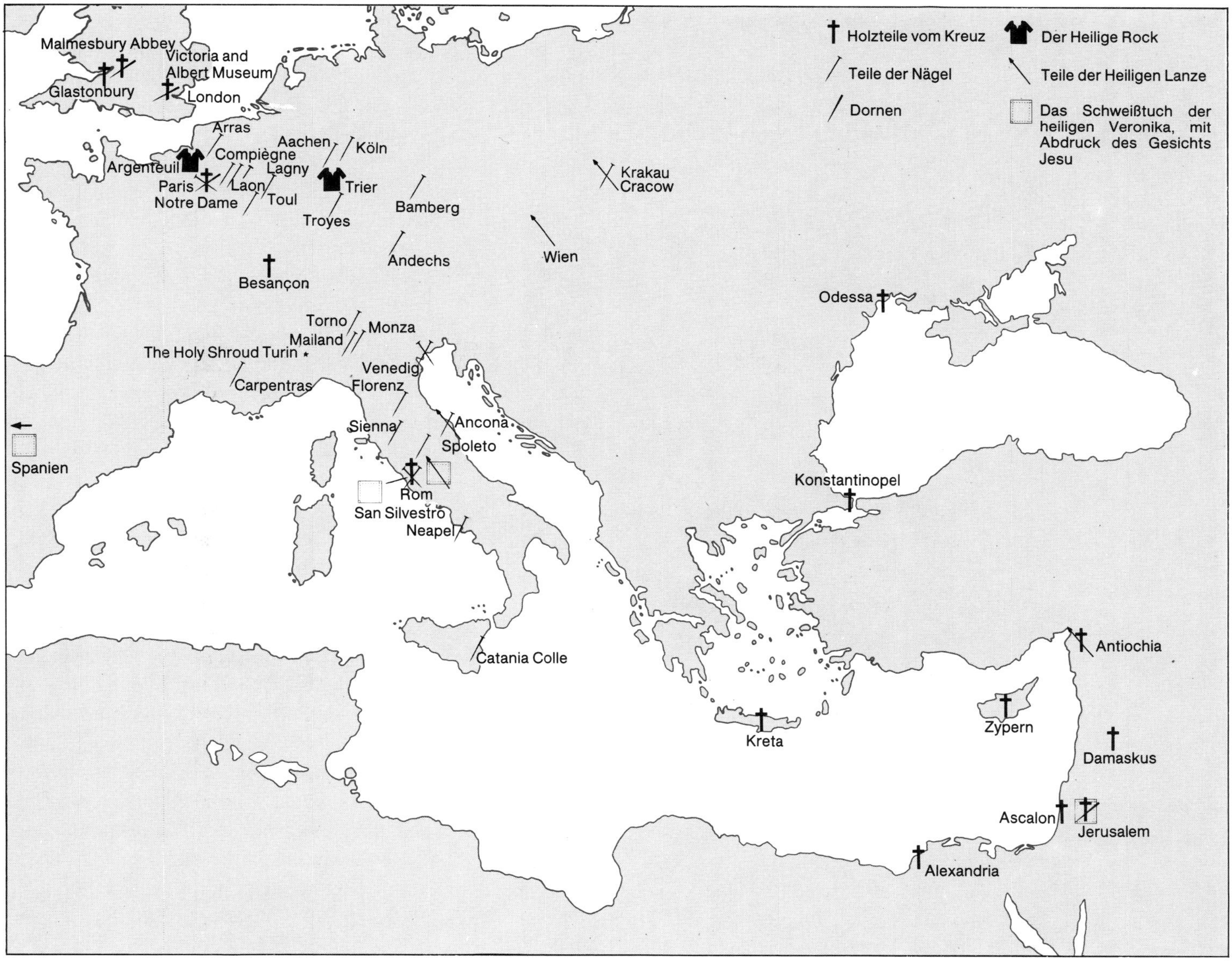

An diesen Orten in Europa befinden sich christliche Reliquien. Mathematisch ist es zwar möglich, aber doch sehr unwahrscheinlich, daß alle wirklich echt sind.

oder in dem Kloster von Argenteuil befindet, wurde nun dahingehend geschlichtet, daß sich in der einen der heilige Rock und im anderen die heilige Tunika befinden. Das Gewand in Trier ist das wertvollste; nicht zuletzt, weil dort im Jahre 1844 zwei Wunderheilungen stattfanden, nachdem die Kranken den Rock berührt hatten. Nach der Überlieferung brachte Helena ihn nach Trier – ihrer Heimatstadt. Wenn sie nicht in Jerusalem eine unechte Reliquie erhalten hat, kann man davon ausgehen, daß der Rock echt ist. Er wurde vom vierten bis elften Jahrhundert nicht zur Besichtigung freigegeben und auch heute nur von Zeit zu Zeit. Er ist mit Sicherheit sehr alt, obgleich bisher keine Prüfungen mit modernen wissenschaftlichen Methoden vorgenommen wurden.

Das Turiner Grabtuch

Dies ist die am häufigsten untersuchte Reliquie. Auch Skeptiker müssen zugeben, daß in der Struktur des Tuches ein Mensch abgebildet ist. Darüber hinaus wird bei jeder neuen Untersuchung wahrscheinlicher, daß der Abdruck tatsächlich von Jesu stammt.

Dieses Bild stammt aus dem Film »Der stumme Zeuge« von David Rolfe. Der Film ist bisher der beste Beweis für die Echtheit des Leichentuches.

Verständlicherweise hat das Tuch eine kontroverse Geschichte. Die Bibel sagt, daß das Tuch, in das der Körper Christi gelegt wurde, aus Leinen bestand. Abgesehen von geheimnisvollen Berichten aus dem vierten Jahrhundert ist dann bis zum Jahre 1157 nicht mehr darüber bekannt geworden. Von da an überstand es die Plünderung Konstantinopels durch die Kreuzfahrer, ein Feuer in der Kathedrale von Besançon in Frankreich, einen Angriff auf die Echtheit durch Peter d'Arcis, Bischof von Troyes im Jahre 1389, ein Feuer in der Kapelle in Chambery im Jahre 1532 und die Verlegung nach Turin im Jahre 1572. Dort blieb es bis zum heutigen Tage.

Im Jahre 1868 fotografierte Secondo Pia das Grabtuch. Er entdeckte Abdrücke, die deutlich ein Gesicht und die Umrisse eines Körpers zeigen. Dieser mußte in der gleichen Weise mißhandelt worden sein, bevor er in das Tuch gelegt wurde, wie die Bibel und jüngere medizinische Berichte die Todesumstände Jesus beschreiben.

Das Argument, es handele sich um eine mittelalterliche Fälschung, kann wohl durch verschiedene kürzlich festgestellte Tatsachen widerlegt werden: Man sieht, daß die Nägel durch die Handgelenke gegangen sind und nicht durch die Handflächen, wie es in mittelalterlichen Bildern dargestellt wird. Das Abbild zeigt einen nackten Körper, – es wäre gotteslästerlich gewesen, Jesus so zu zeichnen. Die Blutflecken sonderten eine chemische Substanz ab, die medizinisch korrekt ist, aber bis vor kurzem unbekannt war. Der Blütenstaub auf dem Tuch stammt von acht verschiedenen Arten, die nur in Palästina vorkommen. Die Wunden verursachte ein Dornenbüschel, der auf den Kopf gepreßt wurde und nicht – wie bisher angenommen – eine »Dornenkrone«. Auf dem Rücken sind 125 Streiche mit der dreizackigen Rute festzustellen, die von den römischen Soldaten im 1. Jahrhundert n. Chr. verwendet wurden.

Einige Geheimnisse bleiben noch ungeklärt, vor allem, warum Jesus nach der Abnahme vom Kreuz anscheinend immer noch so geblutet hat, als sei er lebendig. Noch rätselhafter ist die Herkunft des Abdrucks überhaupt. Warum wurde er von früheren Gelehrten nicht festgestellt? Warum ist es ein Oberflächenbild, das nicht in den Stoff eingedrungen ist, wie es normalerweise bei Blut und Schweiß geschieht? Warum kann dieser Abdruck, wenn er computervergrößert wird, eine dreidimensionale Gestalt annehmen? Es könnte das Abbild Christi sein, aber es bedarf noch weiterer Überprüfungen.

Kapitel 8
Atmosphärische Phänomene

Der bekannte britische Mathematiker und Raumforscher Desmond King-Hele hielt 1974 in Oxford eine Vorlesung über: »Wahrheit und Irrlehren über Himmel und Erde«. Dabei bemerkte er u. a., daß nichts irreführender sei, als eine unbestrittene falsche Annahme.

Im vorangegangenen Kapitel stellten wir fest, daß sich aus fadenscheinigen Gründen die Zeitenfolge des altertümlichen Nahen Ostens unter falschen Voraussetzungen fehlerhaft entwickelt hat und dennoch in der Archäologie fest verankert ist. Dieses Kapitel befaßt sich mit anderen kontroversen Themen, die Vorgänge am Himmel betreffen. Einige davon, wie z. B. Frösche oder andere Tiere, die vom Himmel fallen, sind so unwahrscheinlich, daß es einem schwerfällt, hieraus falsche Schlüsse zu ziehen.

Zu allen Zeiten vertrat die Wissenschaft, die sich mit Phänomenen des Himmels befaßte, Lehrmeinungen, die wieder verworfen und durch neue ersetzt wurden. Desmond King-Hele drückt es so aus: »Anerkannte Thesen werden völlig über Bord geworfen und frühere Irrlehren werden nun zur anerkannten ›Wahrheit‹.« In diesem Buch gibt es dafür einige Beispiele – die Wanderung der Kontinente (Seite 15), Kugelblitze (Seite 27) und andere. Die Meteore stellen einen weiteren klassischen Fall dar. Im Altertum sah man ihren Ursprung im außerirdischen Raum, als nicht-stoffliche atmosphärische Auswirkungen in der Zeit von Aristoteles bis zum 19. Jahrhundert und heute glaubt man wieder an außerirdische Erscheinungen, die uns aus dem Raum bombardieren.

Die Frage ist, welches andere atmosphärische Phänomen in Zukunft als richtig angenommen werden wird? Die Raumfahrt selbst hat diesen Kreislauf des Glaubens, Unglaubens und wieder Glaubens durchgemacht. 1935 sagte der damals führende Gelehrte für Raumfahrtkunde Dr. F. R. Moulton mit Überzeugung: »Bei aller Fairneß gegenüber denen, die die grundlegenden Schwierigkeiten einer Reise zwischen den Planeten oder auch nur einer Reise von der Erde zum Mond nicht kennen, muß festgestellt werden, daß nicht die geringste Möglichkeit für solche Unternehmen besteht.« Chinesische Legenden über Raumflüge gehen bis ins Jahr 2200 v. Chr. zurück. Die griechischen und römischen Götter bewegten sich ohne Schwierigkeiten im Raum, und die Dogons (Seite 175) sind überzeugt, daß sie in der Vergangenheit Besucher vom Sirius hatten.

Desmond King-Hele faßte zusammen: »Es ist für uns leicht, über all die Fehler der Vergangenheit zu lachen. Aber bleibt uns dadurch nicht ein unsicheres Gefühl für die Gegenwart? Wie viele der heutigen Irrlehren werden Wahrheiten von morgen sein? Wieviele der heutigen Wahrheiten werden sich als falsch herausstellen? Akademisches Lernen ist ein wundersames Gefüge aus dauerhaften und befriedigenden Verbindungen. Außerdem könnte es legitim sein, die Wissenschaft als ein Denksystem zu bezeichnen, das die Gelehrten einer bestimmten Zeitepoche anspricht. Denn es erlaubt ihnen, sich selbst davon zu überzeugen, daß sie einige Fortschritte in Richtung besseren Verständnisses der Naturphänomene machen. Sie programmieren ihre Gehirne auf eine bestimmte Denkweise und versuchen dann die Nichtkundigen in die gleiche Denkschablone zu pressen, – und so etwas nennt man dann Erziehung.

Lehren, die der herkömmlichen Wissenschaft widersprechen, werden heute in Form der Zensur abgeblockt. Sie werden von gestandenen Wissenschaftlern begutachtet, die nichts absegnen, was revolutionär erscheint.«

Einige seltsame Geschehnisse werden in diesem und dem nächsten Kapitel beschrieben. Manche davon sind eine Herausforderung an das herkömmliche Weltverständnis. In bezug auf Ufos ist es wohl etwas anmaßend, davon auszugehen, daß die von uns festgelegten Lehrsätze auch für Zeit und Raum gelten, die noch andere Dimensionen umfassen. Tibetanische Lamas (Seite 280) sollen z. B. reale Gegenstände durch eine Art von Gedankenprojektion schaffen können.

Nach unserer Auffassung müssen einige Himmelswunder doch einen realen Hintergrund haben, wenn sie von vielen Menschen gesehen wurden. Und dies dürfte Grund genug sein, eine Beschreibung davon zu veröffentlichen.

Bombardierung mit Meteoriten

Dieser Meteoritenkrater in Arizona ist das auffälligste Beispiel für Meteoriteneinschläge. Astronauten trainieren dort.

Es gibt heute einige Millionen Menschen, die ein Ufo gesehen haben oder eine psychische Erfahrung gemacht haben, die sie keinen Moment anzweifeln. Für diejenigen von ihnen, die sich ärgern, weil kein Wissenschaftler ihre Erzählung ernst nimmt, möge die nachfolgende Geschichte über die wissenschaftliche Einstellung gegenüber Meteoriten eine Beruhigung sein.

Meteoriten sind Lichtstreifen am nächtlichen Himmel, auch als Sternschnuppen bekannt, die manchmal groß genug sind, die Erdatmosphäre zu durchdringen und auf die Erde zu stürzen. Etwa 200 Millionen treffen täglich auf die Erdatmosphäre. Davon haben etwa eine Million die Helligkeit eines Sterns der ersten Ordnung. Wenn sie auf den Erdboden aufschlagen, können sie Verletzungen verursachen (1954 mußte z. B. Mrs. E. Hulitt Hodges aus Alabama ins Krankenhaus gebracht werden, nachdem sie von einem Meteoriten getroffen worden war).

Vor 200 Jahren wäre sie wegen ihrer Geschichte ausgelacht worden. Der Gedanke, daß Meteoriten – oder irgend etwas anderes – aus dem Weltall zur Erde gelangen könnten, wurde als völlig absurd und unwissenschaftlich abgelehnt. »Es ist leichter zu glauben, daß zwei Yankee-Professoren lügen, als daß Steine vom Himmel fallen«, verkündete Thomas Jefferson, US-Präsident und Wissenschaftler, als er im Jahre 1807 von zwei Professoren der Yale-Universität hörte, die etwa 300 Pfund Meteoritensteine bei Weston, Connecticut, gefunden hatten.

In der Zeit vor Aristoteles wurden Meteoriten als Geschenk des Himmels verehrt. Der Hethiterkönig Mursilis II. war glücklich darüber, daß ein Blitz seinen Feind, den König von Ephesus, niedergestreckt hatte. Er glaubte an eine göttliche Fügung Jupiters! Ein Meteorit, »so groß wie ein Wagen«, ging im Jahre 467 v. Chr. bei Ägospotamos in Thrakien nieder und wurde von den dortigen Einwohnern verehrt. Aus diesem Stein wurde später eine Statue der Göttin Diana gemeißelt. Die Azteken bauten Heiligtümer um Meteoriten. Der heilige Stein in Mekka, zu dem sich die Mohammedaner während des Gebets wenden, ist höchstwahrscheinlich ein Meteorit.

Der Fehler des Aristoteles

Aristoteles (etwa 322 v. Chr.) besaß eine andere Einstellung. Er bekannte sich zu der Realität von Sternschnuppen/Meteoriten und sah das Phänomen – richtigerweise – als atmosphärisch an. Aber er akzeptierte nicht die Möglichkeit, daß feste Gegenstände die Ursache sein könnten. Statt dessen klassifizierte er Meteoriten wie Regenbogen, Strahlenkränze und Nordlichter, als »in der Luft hängend«. Wenn Steine – auch wenn sie so groß waren wie ein Wagen – vom Himmel gefallen sein sollten, dann mußten sie von starken Winden vom Boden aufgehoben worden und später wieder heruntergefallen sein.

Die Berichte von Meteoriteneinschlägen hörten nach dieser Beurteilung natürlich nicht auf. Es gab deshalb eine Reihe von Andersdenkenden (z. B. den römischen Historiker Plutarch). Der bedeutende britische Mathematiker Desmond King-Hele hat die etablierte wissenschaftliche Haltung der 2000 Jahre nach Aristoteles ausdrucksvoll zusammengefaßt:

»Nach der allgemein verbreiteten Einstellung der Gelehrten des Westens waren Meteoriten atmosphärisch, weil Aristoteles es so erklärt hatte. Wenn nun Meteoriten scheinbar vom Himmel fielen, war das eine Illusion, da irdische Dinge nicht vom Himmel fallen konnten. Und vom Himmel konnten nur himmlische Dinge kommen. Die Heiden, die Meteoriten sehen und hören konnten, dachten mit Sicherheit anders darüber. Aber diese Einstellung wurde als die Ansicht von Dorftrotteln abgetan und starb mit ihnen, da sie ihre Gedanken nicht in schriftlicher Form niederlegen konnten.«

Galaktische Trümmer

Die etablierte Meinung hatte ihren Höhepunkt im 18. Jahrhundert. Die »Académie Française«, damals die führende wissenschaftliche Einrichtung der Welt, war so überzeugt von der Absurdität, daß Steine vom Himmel fallen könnten, daß sie verschiedene Museen und Sammler veranlaßte, die lange aufbewahrten Meteoriten wegzuwerfen. Aus diesem Grund existieren heute nur wenige Stücke aus der Zeit vor 1790.

Man erklärte Meteore als Blitze oder als »Gas, das sich in der oberen Atmosphäre ent-

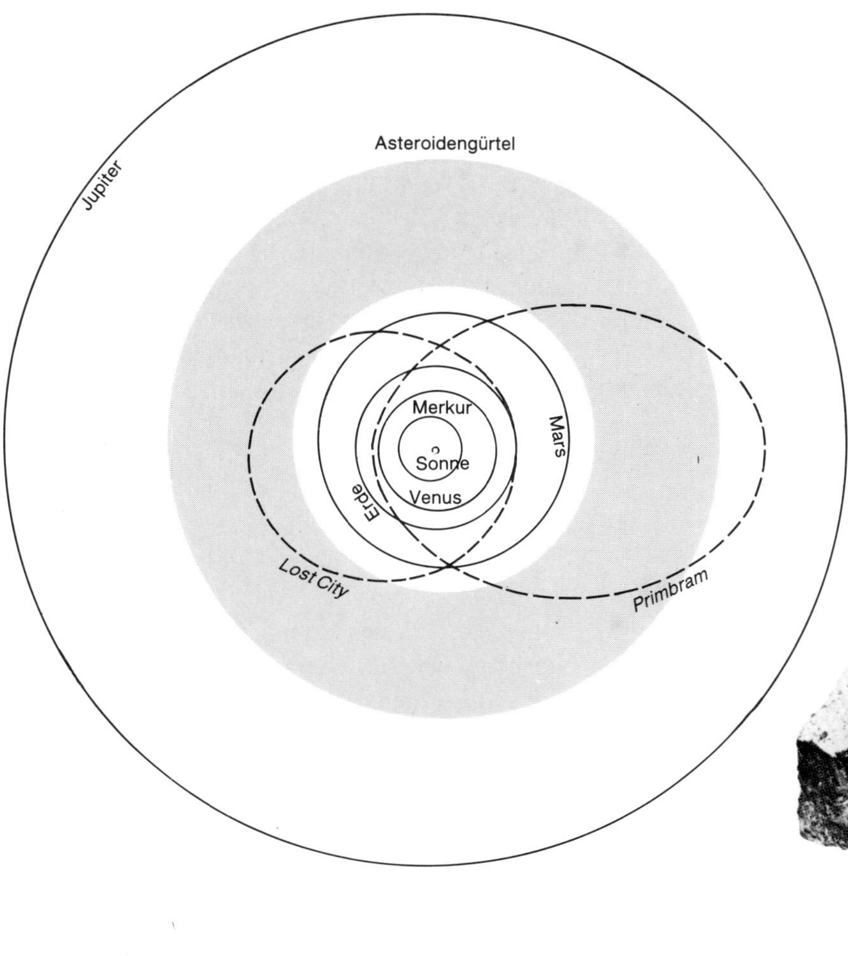

Die Umlaufbahnen von zwei Meteoriten wurden anhand fotografischer Aufnahmen nachvollzogen. Man sieht, daß sie den Asteroidengürtel schneiden, aus dem sie wahrscheinlich stammen.

zündet hatte«. Die Berechnungen des nach Ed. Halley benannten Kometen haben sich heute als richtig erwiesen, damals wurden sie als Irrlehre abgetan. Mit den Worten King-Heles: »Eine Wolke von Staubtrümmern im Raum war eine unsaubere, unbefriedigende Hypothese.«

Am 24. Juli 1790 ging in Südwestfrankreich ein Meteoritenschwarm nieder. Mehr als 300 Berichte und Muster wurden an die »Académie« geschickt. Die Akademiker fanden alles lächerlich und nannten den Meteoritenregen »ein physikalisch unmögliches Ereignis«. Diese Einstellung änderte sich dann ziemlich schnell während der nächsten zwei Jahrzehnte. Die geologischen Beweise – z. B. der große Anteil Eisen, den man in den Meteoriten fand – waren schließlich überwältigend. Um 1820 (ungeachtet der Einstellung von Thomas Jefferson) wurde die These, nach der fremde Gegenstände aus dem Weltraum kommen könnten, allgemein akzeptiert. Heute ist man völlig davon überzeugt. Eine Unsicherheit besteht nur in der technischen Frage, ab welcher Größe ein solches Teil als Meteor oder Meteorit zu bezeichnen ist. Der erste ist wahrscheinlich das Trümmerstückchen eines Kometen und der zweite ein Mini-Asteorid oder ein Teil eines Asteoriden.

Charles P. Olivier, einer der heute führenden Autoritäten auf dem Gebiet der Meteoritenforschung, kommentiert die Haltung der »Académie Française« wie folgt: »Angesichts all dieser Beweise haben wir hier ein Beispiel für Dummheit und Blindgläubigkeit, die damals von den führenden Wissenschaftlern an den Tag gelegt wurde. Diese Männer haben sich zweifellos selbst als die größten und modernsten ihrer Zeit angesehen und wurden auch von Außenstehenden als solche betrachtet. Dies sollte eine Warnung für jedermann sein, der glaubt, ein endgültiges Urteil über Dinge abgeben zu können, die außerhalb seines Erfahrungsbereichs liegen.«

Fehler der heutigen Zeit?

Heute kann es passieren, daß Wissenschaftler eine andere Art Fehler machen. Es ist inzwischen klar, daß die Erdoberfläche von Meteoriten übersät ist. Tatsächlich erreichen täglich Tausende von Tonnen Staub und Mikrometeoren die Erde, weshalb ein Wissenschaftler unseren Planet einmal als »kosmischen Abfalleimer« bezeichnete. Gleichzeitig trat in den 70er Jahren eine Änderung in der Betrachtung von Meteoriten

Astronen sind riesige runde Formationen, die vom Weltraum aus fotografiert werden können und durch den Einschlag von sehr großen Meteoriten entstanden sind.

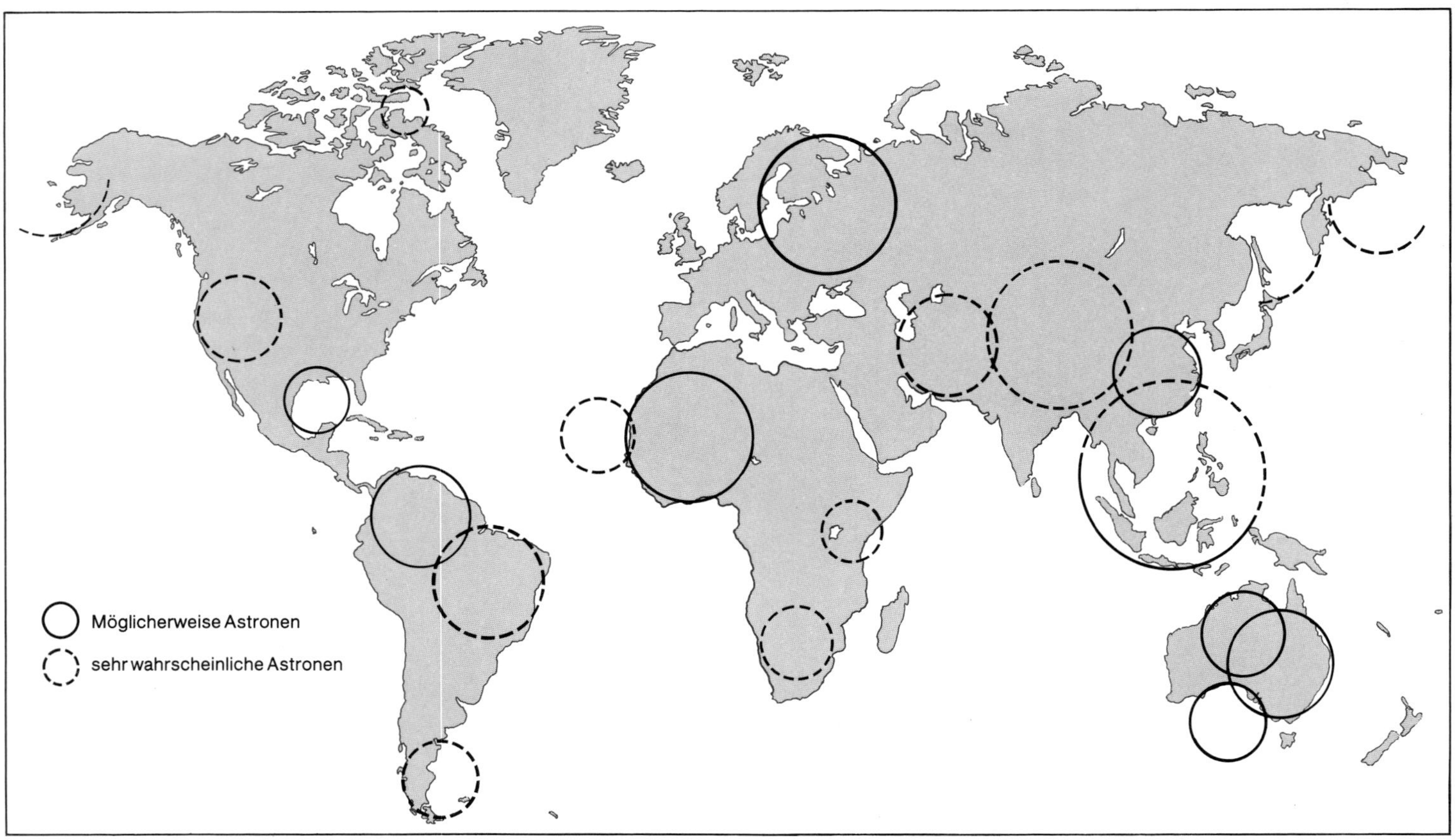

ein. Die Wissenschaftler glauben, daß auch größere außerirdische Körper zu verschiedenen Zeiten mit der Erde kollidiert sind. Der Fehler könnte sein, daß die Tragweite dieser Tatsache noch nicht in die wissenschaftlichen Lehren einbezogen wurde.

Auch bei den kleinen Meteoriten hat dies lange gedauert. René Gallant schrieb 1964 in seinem Buch »Bombarded Earth«: »Man glaubte, daß die Größe der Meteoriten relativ klein sei und ihr Gewicht nicht über einige 100 Pfund hinausging. Niemand hätte gedacht, daß Meteoriten auf die Erde niedergehen könnten, die große Krater verursachen. Folglich war die Untersuchung von Meteoriten nur für die Astronomen von Interesse. Man ging nicht davon aus, daß sie irgendwelche Auswirkungen auf die geologische Entwicklung unseres Planeten haben könnten.«

Um das Jahr 1939 wurde durch eine Bohrprobe, die eine halbe Million Dollar kostete, endgültig festgestellt, daß der Krater in Arizona tatsächlich von einem Meteoriteneinschlag herrührt. So groß er auch ist (2,5 Kilometer im

Tektiten – Der Streit um die außerirdische Herkunft

Tektiten sind eigentümliche, normalerweise birnenförmige, walnußgroße Glaskörper, die auf der ganzen Erde in genau bestimmbaren Arten gefunden werden. Bis zum Jahre 1897 galt die Meinung eines deutschen Wissenschaftlers, daß sie aus Vulkanen des Mondes stammen. Seit dieser Zeit debattiert man, ob sie irdischer oder außerirdischer Herkunft sind. Diese Diskussion zeigt a) die wachsende Bereitschaft der Geologen zu akzeptieren, daß die Erde von Gegenständen extraterrestrischer Herkunft bombardiert wird, und b), daß frühgeschichtliche Mythen möglicherweise besser Auskunft über die Vergangenheit geben können, als die meisten Geologen zugeben.

Die Gruppe, nach deren Argumentation die Tektiten irdischen Ursprungs sind, geht davon aus, daß sie durch den Aufschlag eines Meteoriten in den Weltraum geschleudert wurden und beim Zurückfallen durch die Erhitzung beim Eintritt in die Erdatmosphäre ihre Form und Charakteristik erhalten haben. Aber während diese These für die Tektitenvorkommen in Afrika, der Tschechoslowakei und den USA zutreffen könnte, wo in unmittelbarer Nähe Meteoritenkrater zu finden sind, kann sie nicht für die ausgedehnten Vorkommen in Australien und Südwestasien gelten, da es dort keine Krater gibt.

Auf der anderen Seite besagen die Legenden aus diesen Gebieten, daß Tektiten vom Himmel gefallen sind. Indianer und Javanesen nennen sie »Tränen« des Mondes. Und von Apollo 12 mitgebrachte Steine könnten diesen Ausdruck sogar untermauern. Allerdings gibt es einige Unterschiede in den Spurenelementen. Nach Berichten hat ein Stein »eine bemerkenswerte Ähnlichkeit mit den Tektiten von Java«. Für diejenigen, die Velikovskys These von einer früheren Beinahekollision des Mondes und der Venus glauben, ist dieser Fund von besonderer Bedeutung. Die angesprochenen Tektiten sind nicht älter als 5000 Jahre und stammen somit aus dem Zeitabschnitt, in dem sich dieses Ereignis zugetragen haben soll.

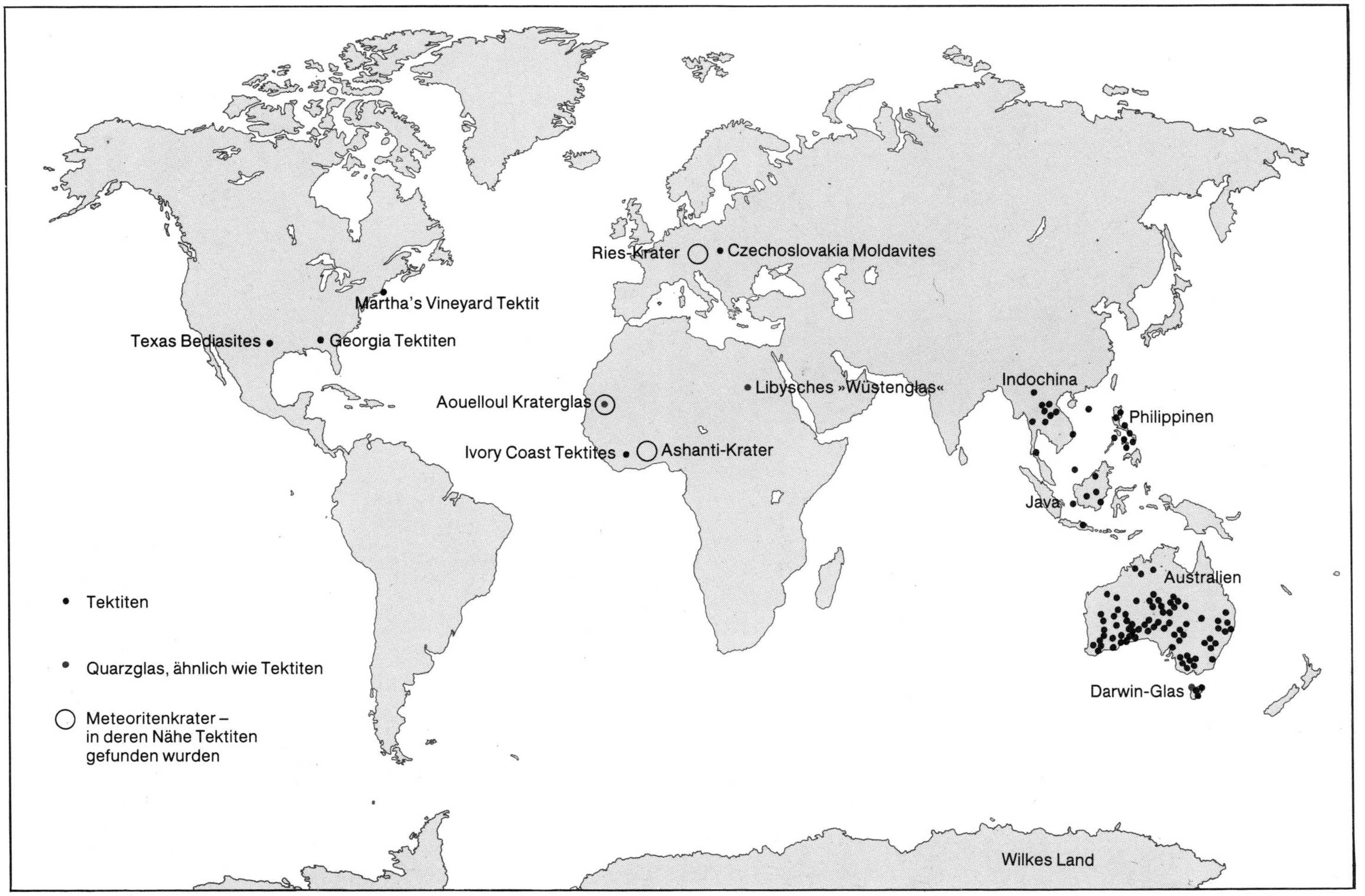

Durchmesser und 175 Meter tief), so verhältnismäßig klein ist er gegenüber »Sternwunden« oder fossilen Kratern, die zwar keine typischen Kraterränder, aber, aus der Luft betrachtet, eine kreisrunde Form haben. Es gibt verschiedene Beispiele in Kanada, wie z. B. den Deep-Bay-Krater (10 Kilometer), die Clearwater Seen (16 und 32 Kilometer), aber auch den Bogen des St.-Lawrence-Stromes (380 Kilometer) und den der Nastapoka-Inseln der Hudson Bay (450 Kilometer). Alle sollen durch Meteoriteneinschläge verursacht worden sein.

Erst kürzlich haben drei Geologen des »Imperial College« in London das Wort »Astrons« (von astronomischer Größe) eingeführt, um Meteoriteneinschläge zu beschreiben, die möglicherweise einen Einfluß auf die Wanderung der Kontinente (Seite 15) hatten. Durch solche Einschläge sollen die Formen der westafrikanischen Küste, der peruanische Teil der Anden und der Golf von Mexiko entstanden sein. Ob sie nun recht haben oder nicht, diese ständige wissenschaftliche Aufwertung der Größe der Meteoriteneinschläge auf der Erde hat Auswirkungen auf die gesamte Frage der Erdkatastrophen. Die entsprechende Theorie (Katastrophismus) wurde in Kapitel 1 dieses Buches beschrieben und ging von der Annahme aus, daß die Entwicklung der Erde durch katastrophale Ereignisse zeitweise unterbrochen war. Nach einer Berechnung hatte der Meteorit, der den Krater in Arizona hinterließ, eine Stundengeschwindigkeit von etwa 50 000 Kilometer und zerstörte wahrscheinlich alles pflanzliche und tierische Leben im Umkreis von 100 Kilometer.

Die Wucht eines Einschlags würde sich im Verhältnis zu der Größe der Meteoriten erhöhen. Sie wäre sicher stark genug, um eine Katastrophe auszulösen, bei der sich die Erdachse verlagern würde. Dies wird jedoch von den Geologen immer verneint. In seinem Buch »Advances in Geophysics« berechnete L. La Paz im Jahre 1958, daß die Chancen aller im 20. Jahrhundert lebenden Menschen von einem Meteoriten getroffen zu werden (Mrs. Hodges aus Alabama war die erste) »nur« 3 : 10 wären. Aber was würde geschehen, wenn der Meteorit die Größe eines kleinen Mondes hätte?

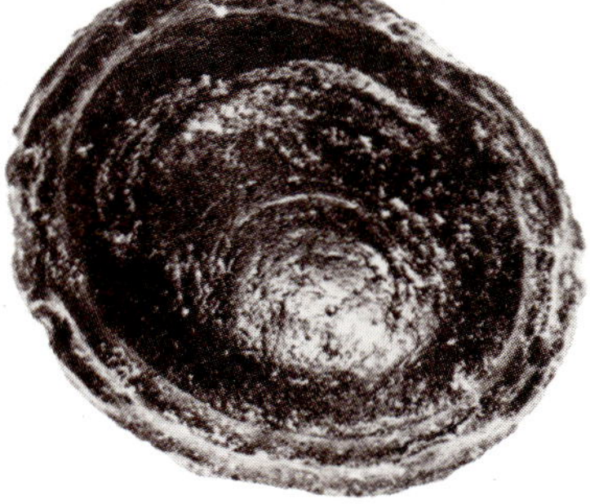

Die Katastrophe in Sibirien

Am 30. Juni 1908 um 7.17 Uhr vormittags, traf ein Feuerball von ungeheueren Ausmaßen die Erde im Tal des Tunguska, einem abgelegenen Teil des nördlichen Sibirien. Die Gluthitze verwüstete ein Gebiet von der Größe Leningrad; es schmolzen alle Metallgegenstände. Rentierherden verbrannten. Bäume wurden entlaubt, und die Druckwelle knickte sie wie Streichhölzer. In der Nähe hausende Nomaden wurden durch die Druckwelle mit ihren Zelten in die Luft geschleudert. Ein Landarbeiter, der 60 Kilometer entfernt auf der Veranda seines Hauses saß, gab folgende Beschreibung: »Ein gewaltiger Lichtschein blitzte auf. Er entwickelte eine so große Hitze, daß ich es kaum aushalten konnte – mein Hemd wurde fast verbrannt. Ich sah einen riesigen Feuerball, der einen großen Teil des Himmels bedeckte. Ich hatte nur einen kurzen Augenblick Zeit, die Größe festzustellen. Danach wurde es finster, und ich spürte gleichzeitig eine Explosion, die mich mehrere Meter von der Veranda schleuderte. Ich verlor für kurze Zeit das Bewußtsein. Als ich wieder zu mir kam, hörte ich einen Knall, der das ganze Haus bis in die Grundmauern erschütterte.«

In der vorrevolutionären Zeit, in der sich Rußland damals befand, wurde diese außergewöhnliche kosmische Katastrophe nicht weiter untersucht. Erst im Jahre 1921 hörte der sowjetische Mineraloge Leonid Kulik, der sich mit Meteoritenabstürzen befaßte, zufällig davon. Sechs Jahre später richtete er eine Expedition aus. Als er das Gebiet erreichte, stellte er fest: »Schon die Ergebnisse einer nur oberflächlichen Untersuchung übertrafen die Berichte der Augenzeugen und meine eigenen kühnsten Erwartungen.« Während dieser und weiterer Expeditionen in den nächsten zwei Jahren suchte er nach Beweisen für seine Annahme, daß die Verwüstungen durch einen Meteoriten von ähnlichen Ausmaßen entstanden waren, wie der Meteoritenkrater in Arizona (Seite 212).

Er konnte den schlüssigen Beweis nicht antreten. Zwar wurde etwas Meteoritenstaub und einige kleine Krater gefunden, aber nichts, um seine These zu untermauern. Man entdeckte keinen großen Krater. Zur Überraschung aller Berichterstatter gab es im Zentrum der Explosion weniger Zerstörungen als in dem ovalförmigen Umkreis.

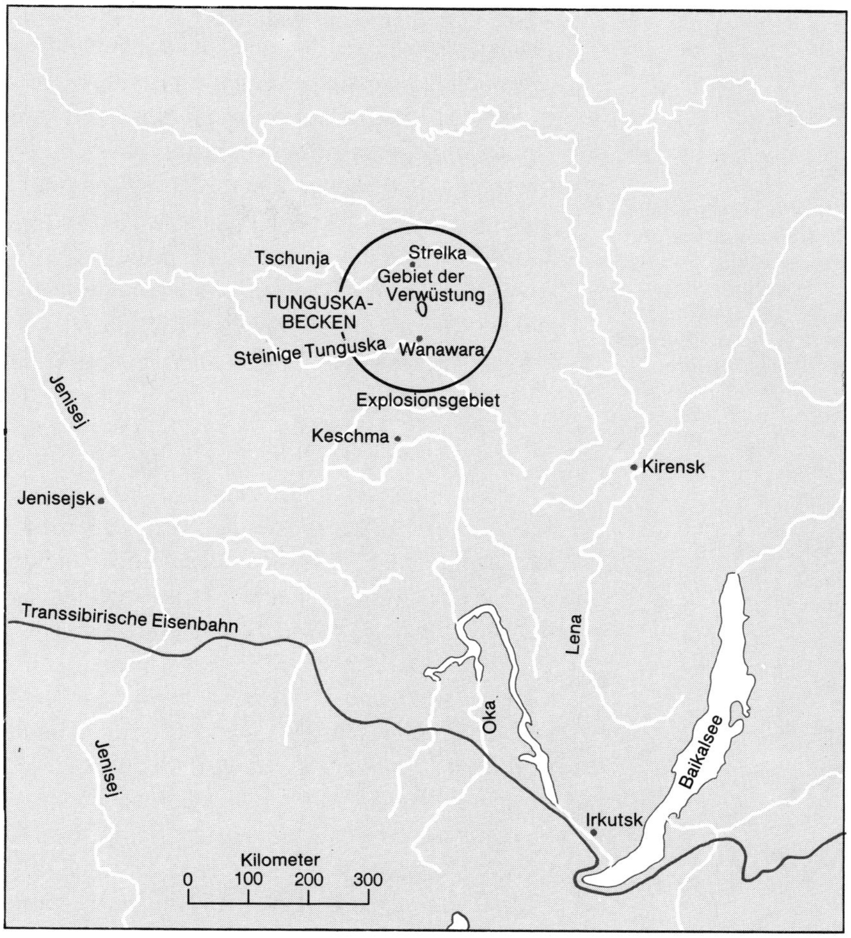

Diese Karte wurde von russischen Wissenschaftlern im Jahre 1958 erstellt und zeigt das Tunguska-Gebiet.

Verschiedene Thesen

Es scheint, daß die Ursache der Explosion kein Meteorit war. Seit Kuliks Ermittlungen gibt es zwei kontroverse Meinungen über die Ursache. Die eine Gruppe glaubt, daß es ein Komet war (eine Art schmutziger kosmischer Schneeball, der aus einer Mischung von gefrorenem Gas und meteoritischem Material und Staub besteht). Die andere hatte eine etwas phantastische Erklärung (siehe unten). Der Hauptstreitpunkt liegt in der Frage, ob es nach der Explosion von Tunguska ein Ansteigen der Strahlungsintensität gegeben hat, wie es nach Nuklearexplosionen der Fall ist. Prüfungen an zwei Baumjahresringen der kritischen Zeit haben in den USA eine Steigerung um ein Prozent ergeben, die aber in anderen Ländern nicht festgestellt wurde. Es sind auch Berichte über schnelleres Baumwachstum in diesem Gebiet vorhanden, das von einer genetischen Umwandlung ausging. Es könnte aber auch von fruchtbareren Bodenverhältnissen herrühren, die sich nach einem Brand einstellen. Viele Untersuchungen geben heute der Kometentheorie den Vorzug, aber darüber ist noch nicht das letzte Wort gesprochen. Die unterschiedlichen Thesen sind in jedem Fall herausfordernd und gefällig genug, um sich darüber Gedanken zu machen.

Schwarze Löcher

Der Gedanke, daß nach dem Urknall, durch den unser Universum entstanden sein soll, eine Anzahl von »Schwarzen Löchern« zurückgeblieben ist, wird heute stark verfochten, obgleich bisher keine entsprechenden Beweise vorliegen. Ein Schwarzes Loch ist nach den Ausführungen des US-Physikers John B. Carlson »ein geometrischer Witz in unserem vierdimensionalen Raumzeitalter. Wenn ein großes und schweres Objekt auf einen genügend kleinen Durchmesser zusammengepreßt würde, wäre sein Gravitationsfeld so stark, daß es kein Licht mehr durchlassen könnte ... Es würde einen Raum-Zeit-Bereich zurücklassen, der es in gewisser

Weise von dem umgebenden Universum trennen würde«.

Würde die Sonne zu einem Schwarzen Loch werden, hätte sie noch einen Durchmesser von drei Kilometer. Ein normal großer Asteroid von 100 Kilometer Durchmesser hätte etwa die Größe eines Atoms. Nach der in der Zeitschrift »Nature« veröffentlichten Ansicht der britischen Physiker A. A. Jackson und M. P. Ryan wären die Auswirkungen die gleichen wie in Sibirien. Carlson beschreibt es so: »Ein großes und schweres Schwarzes Loch von der Größe eines Atoms, das mit der typischen Kollisionsgeschwindigkeit eines interplanetarischen Körpers in die Erdatmosphäre eindringen würde, hätte genügend Kraft, um mit einer atmosphärischen Druckwelle Hunderte von Quadratkilometern sibirischer Wälder niederzumähen, die Luft zu ionisieren und Brände und Erdbeben auszulösen. Es würde kein Krater mit meteoritischen Rückständen entstehen. Dieses kleine Schwarze Loch würde sich dann ohne Aufenthalt durch die Erde bohren und einige Minuten später auf der entgegengesetzten Seite wieder austreten.«

Dagegen wurde der Einwand erhoben, daß es keinen Bericht über eine gleichwertige ungewöhnliche Explosion im Nordatlantik gegeben hat, wo es die Erde hätte durchstoßen müssen. Ein Schwarzes Loch hätte dann schwere unterirdische Druckwellen ausgelöst, während die einzigen bekannten Erdbebenauswirkungen nur Druckwellen an der Oberfläche waren.

Die Wälder, die durch die Explosion verwüstet wurden, zeigen im Zentrum verhältnismäßig geringe Zerstörungen. Ungeklärt ist nach wie vor die Zunahme der Radioaktivität.

Anti-Materie

Eine ähnliche Lösung, die nur in der Theorie besteht, und für Tunguska nicht wahrscheinlich erscheint, bieten Meteoriten aus Anti-Materie. Diese sollen aus einem Gebiet weit außerhalb der Milchstraße stammen und würden ihre Explosivkraft beim Eintreten in unsere Galaxis verlieren. Bis jetzt steckt die Forschung über die Anti-Materie noch in den Kinderschuhen. Sie könnte aber die Erklärung für Kugelblitze sein (Seite 27). Viele bekannte Wissenschaftler, unter ihnen der Nobelpreisträger Willard Libby, beschäftigen sich damit.

Außerirdische Nuklearexplosion

Diese Erklärung wird oft gebraucht, um die Tatsache zu erklären, daß die Explosion ohne Vorwarnung geschah. Denn die Annäherung eines Kometen könnte vorher beobachtet werden (siehe unten). Die Idee wurde erstmals im Jahre 1946 von dem russischen Autor Alexander Kazantsev in einem Science-fiction-Buch erläutert. Er war überzeugt, daß die Explosion von Tunguska von der Nuklearexplosion eines Raumschiffes herrührt. Dies würde die strahlenförmige Ausbreitung der Brände und die unzerstörten Bäume im Mittelpunkt, die Feuersäule und die aufsteigende Staubwolke – vergleichbar mit der heute bekannten pilzförmigen Wolke nach einer Atomexplosion – erklären. Es wäre auch eine Erklärung, warum es keinen Krater gibt, und warum sich das Objekt – was immer es war – scheinbar mit abnehmender Geschwindigkeit der Erde näherte. Andere Autoren vermuteten (ohne endgültige Beweise für verstärkte Strahlungen), daß es ein mit Anti-Materie angetriebenes Raumschiff war, das nach technischen Schwierigkeiten explodierte.

Die Kometenhypothese

Dies könnte die beste Erklärung sein. Kometen sind dafür bekannt gewesen, daß sie die Richtung und Geschwindigkeit ändern können. Die 1977 mit diesem Thema befaßte Zeitschrift »Nature« enthielt einen Bericht von John Brown von der Glasgow-Universität und David Hughes von der Sheffield-Universität. Danach wäre die von einem Komet in der Atmosphäre verursachte Temperatur von ein paar Millionen Grad zu niedrig für eine Nuklearexplosion. »Aber es ist völlig falsch anzunehmen, daß subnukleare Temperaturen nicht auch nukleare Auswirkungen haben könnten.« Zu dem Thema, warum der Komet nicht vorher beobachtet wurde: »Als der Komet in den Bereich der Erde eintauchte, kam er wahrscheinlich von einem der Sonne relativ nahen Punkt am dämmrigen Himmel und war daher sehr schwierig zu entdecken und zu beobachten. Die orbitale Gestalt ist der des Kometen Mrkos ähnlich, der erst entdeckt wurde, nachdem er die Sonne umrundet hatte und sich jenseits der Erdumlaufbahn bewegte.«

Über Ufos am Firmament

Das Problem der Ufos ist, daß es zu viele von ihnen gibt. Der gefeierte Astronom J. Allen Hynek, ehemaliger Berater der US-Air Force, prägte den Begriff »Begegnungen der dritten Art«. Während seiner Vorlesungen bittet er die Teilnehmer, die schon Ufos gesehen haben, die Hand zu heben. Die Zahl der Meldungen liegt immer bei rund 20 Prozent, gleichgültig aus welchen Bevölkerungsschichten die Hörer kommen, oder ob sie besonders interessiert sind. Bei bestimmten Menschen, die Gelegenheit haben, den Nachthimmel zu beobachten – wie z. B. Flugzeugpiloten, Sicherheitsbeamte – ist der Anteil normalerweise wesentlich höher. In einer Gallup-Untersuchung wurde 1974 festgestellt, daß 11 Prozent der Amerikaner (etwa 32 Millionen Menschen) an die Existenz von Ufos glauben.

Wenn man alle gesehenen Objekte addiert, ergibt sich eine unglaubliche Zahl. Hyneks Büro für Ufo-Forschung in Evanston, Illinois, erhält im Durchschnitt 100 Berichte pro Nacht. Der amerikanische Autor John Keel sammelte seit 1966 Zeitungsausschnitte und kam dabei auf 150 Berichte pro Tag. Im ersten Jahr sammelte er mehr als 10 000 Ausschnitte (1060 Berichte ergaben die US-Air-Force-Untersuchungen in dem gleichen Zeitraum). Der französische Astrophysiker und Computerwissenschaftler Jacques Vallée hat unter Berücksichtigung der nicht berichteten Vorfälle und der Tatsache, daß nachts sowieso weniger Menschen Beobachtungen machen, geschätzt, daß mindestens drei Millionen »Landungen« in den letzten 25 Jahren stattgefunden haben müßten.

Erschreckende statistische Zahlen

Für diejenigen, die eine physikalische Erklärung für die Ufos suchen, sind diese Zahlen widersinnig. Während heute allgemein anerkannt ist, daß es viele andere Welten im Universum gibt, auf denen es Leben geben kann, und von denen die Hälfte eine Zivilisation besitzen könnte, die uns

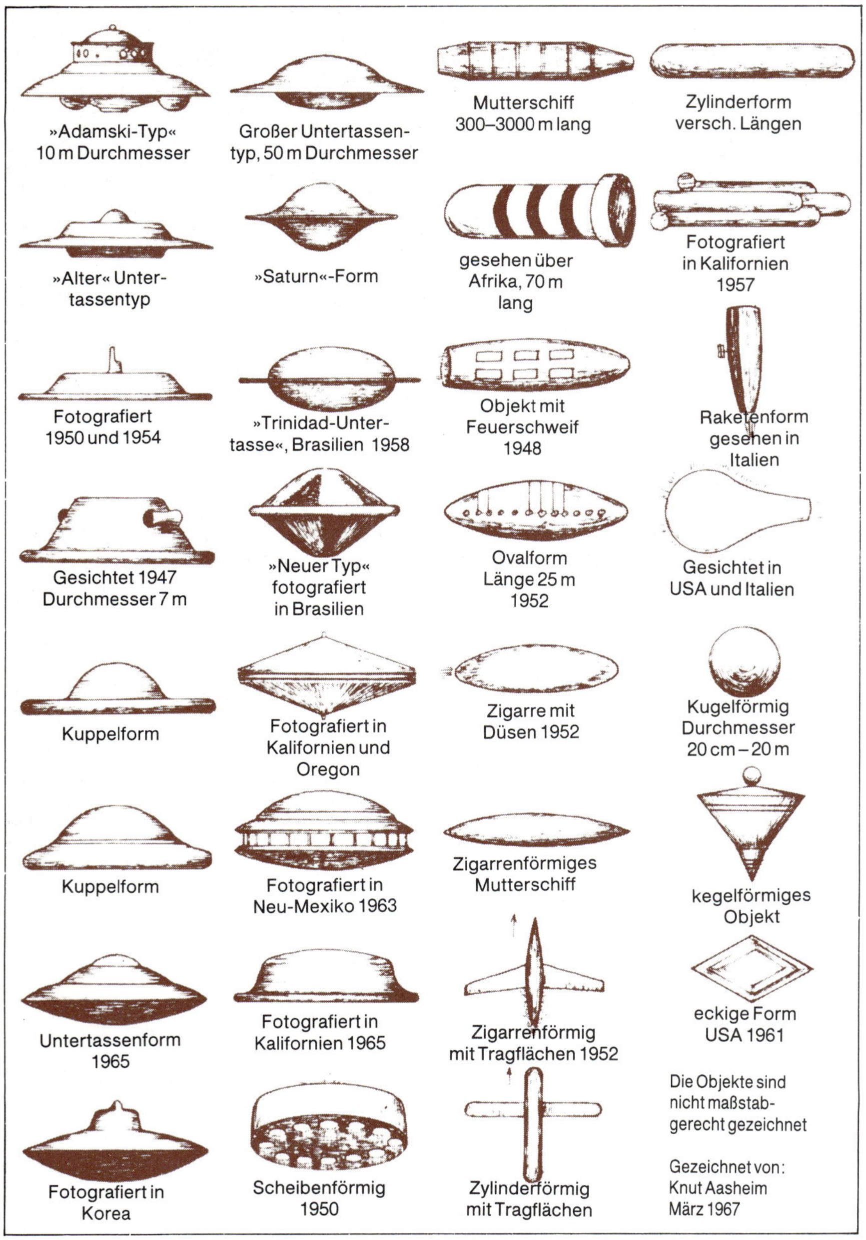

Die Verschiedenheit der einzelnen UFO-Formen ist nach dem »New Scientist« ein Beweis für die menschliche Vorstellungskraft. Die Zeichnungen sind von Knut Asheim aus dem Jahre 1967. Alle Formen wurden mehr als einmal in allen Einzelheiten beschrieben.

weit voraus ist – einige vielleicht viele Millionen Jahre –, sind die Folgerungen, die sich aus den Entfernungen ergeben, erschreckend.

Der Mitherausgeber der »Aviation Week and Space Technology« und Autor von zwei kritischen Büchern über Ufo-Berichte, Philip J. Klass, sagte in einem »Playboy«-Interview: »Selbst für Bewohner des uns nächsten Sternsystems Alpha Centauri, auf dem es Leben geben könnte, würde ein Flug zur Erde ungefähr 100 Jahre dauern – vorausgesetzt, ihr Raumschiff würde mit einer Geschwindigkeit von 110 Millionen Stundenkilometer fliegen. Und dies basiert außerdem auf der optimistischen Annahme, daß dort auf einem Planeten intelligente Wesen leben, die in der Lage sind, technisch hochentwickelte Raumschiffe zu bauen. Selbst wenn es dort intelligente Wesen in unserem Sinne gibt und diese 200 oder sogar 400 Jahre alt werden könnten, wäre ein 100 Jahre dauernder Flug doch nicht unbedingt im Bereich des Möglichen.«

Der Autor des Buches »Messages from the Stars«, Ian Ridpath, stellt das Problem in der Zeitschrift »New Scientist« etwas anders dar: »Man stelle sich nur vor, daß es in der Galaxis eine Million andere Zivilisationen gibt, die alle Raumschiffe entsenden. Für diese müßte es etwa 10 Milliarden interessante Orte (ein Zehntel aller Sterne in der Galaxe) geben. Dann aber hätte jede Zivilisation 10 000 Raumschiffe zu entsenden, damit uns eines jährlich erreichen würde. Würde jedoch die einleuchtendere Zahl von nur einem Raumschiff jährlich entsandt, könnten wir erwarten, einmal alle 10 000 Jahre besucht zu werden.«

Mehr als alles andere ist es diese statistische Unmöglichkeit, die Forscher wie Philip J. Klass von Ufo-Anhängern unterscheidet (obgleich dazu heute mehr als die Hälfte aller US-Bürger zählen). Philip J. Klass weist auf das völlige Fehlen physikalischer Beweise für die Existenz von Ufos hin. 1977 bot der »National Enquirer« für jeden, der irgendwann einmal den Beweis dafür erbringen kann, daß Ufos von außerirdischen Welten kommen und keine Naturphänomene sind, eine Belohnung von einer Million Dollar.

Klass selbst hat verschiedene 10 000-Dollar-Wetten abgeschlossen und angeboten, daß jeder, der seine beiden Bücher gekauft hat, den Kaufpreis zurückerhalten würde, der auch nur »einen Gegenstand, nur einen einzigen, vorzeigen könne, der von der National Academy of Sciences als ›nicht auf der Erde hergestellt‹ eingestuft wird ... Menschen im allgemeinen und Amerikaner im besonderen sind große Souvenirjäger. Aber von den Dutzenden von Menschen, die behaupten, an Bord einer fliegenden Untertasse gewesen zu sein, hat sich noch keiner bemüht, irgend etwas mitzubringen, und wäre es nur etwas ähnliches wie eine Büroklammer, ein Aschenbecher oder eine Streichholzschachtel«.

Der Streit

Die Ufo-Anhänger selbst sind in zwei Lager gespalten. Die einen haben eine wissenschaftlich basierte Einstellung und glauben an die physikalische Wirklichkeit von Ufos. Die anderen schwören auf metaphysische oder psychische Erklärungen. 1977 fand in Acapulco, Mexiko, eine Konferenz mit den bekanntesten Persönlichkeiten beider Lager statt.

Zur ersten Gruppe gehörte J. Allen Hynek, einer der sechs Referenten, die sich von der extremen zweiten Gruppe distanzierten. Er argumentierte ausführlich, daß man die Angelegenheit nicht zu engstirnig sehen dürfte: »Jeder scheint sich auf einen bestimmten Standpunkt festgelegt zu haben. Ich weiß zuviel über die Geschichte der Wissenschaft, um nicht zu erkennen, wie gefährlich das ist. Ich gehe soweit zu sagen, daß es mit Sicherheit ein Ufo-Phänomen gibt. Es ist nicht alles Unsinn und Fehleinschätzung. Ich muß feststellen, daß es heute zahlreiche Hypothesen gibt, die ein Problem der Forschung sind.«

Ein weiterer Vertreter dieser Gruppe war Ray Stanford. Das von ihm geleitete Forschungsprojekt »Starlight International« hat die beste technische Ausstattung – Magnetometer, Schwerkraftmeßgeräte, ein Lasergerät, Computer zur

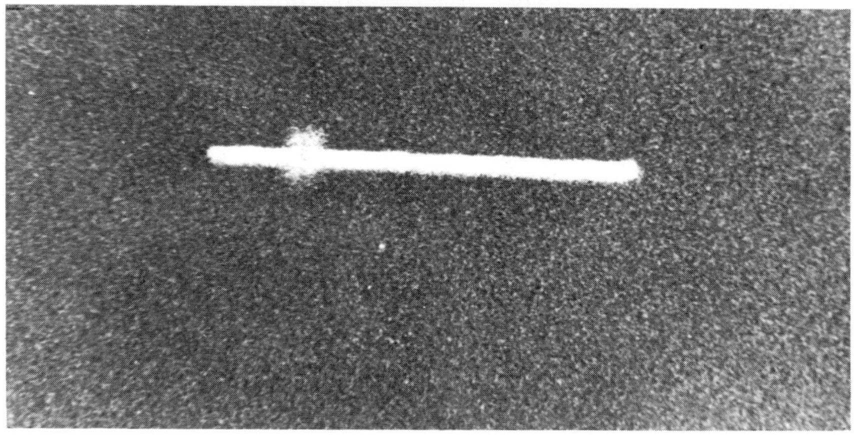

Project Starlight International ist ein Forschungszentrum für die Untersuchung von Ufos. Es liegt 30 km nordwestlich von Austin, Texas, und ist mit einer Reihe von wissenschaftlichen Überwachungsinstrumenten ausgerüstet. Man versucht dort, möglichst viele Daten über Ufos zu sammeln und diese dann interessierten Leuten, wie z. B. Wissenschaftlern, aber auch Laien zugänglich zu machen. Nach den Aussagen des Forschungspersonals ist der z. Z. wichtigste Hinweis »ein Foto eines möglichen Ufos auf dem 5-Sekunden-Ausschnitt eines Films« (Bild oben). Es wurde am 10. Dezember 1975 aufgenommen, als sich um 20.58 Uhr ein Objekt dem Laboratorium näherte. Der Lichtstreifen auf dem unteren Bild ist das Objekt. »Es bewegt sich auf diesem Ausschnitt in acht Sekunden nach links. Der eigentümliche explosionsartige Effekt wurde von den Beobachtern selbst nicht registriert. Es war etwa 21.09 Uhr.« Unten links sieht man das Lasergerät, mit dem der Abstand zum Ufo gemessen werden kann. Außerdem ein Simulator auf dem Computer-Terminal, mit dem der Kurs des Ufos auf einer farbigen topographischen Karte verfolgt werden kann.

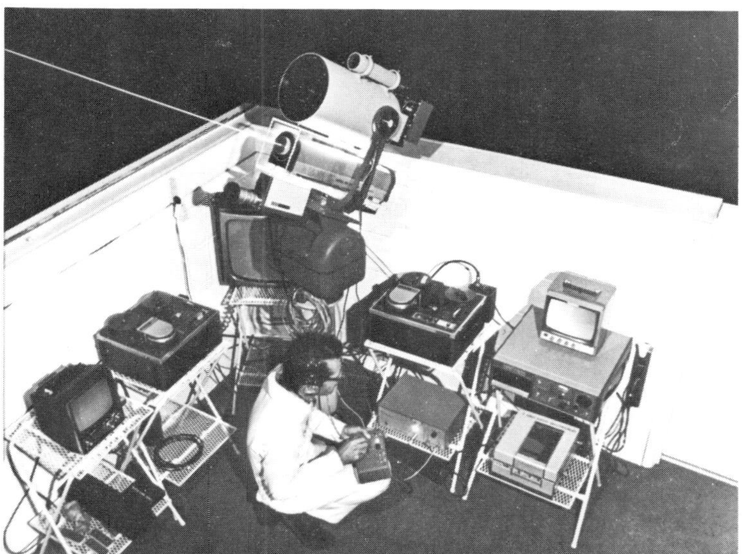

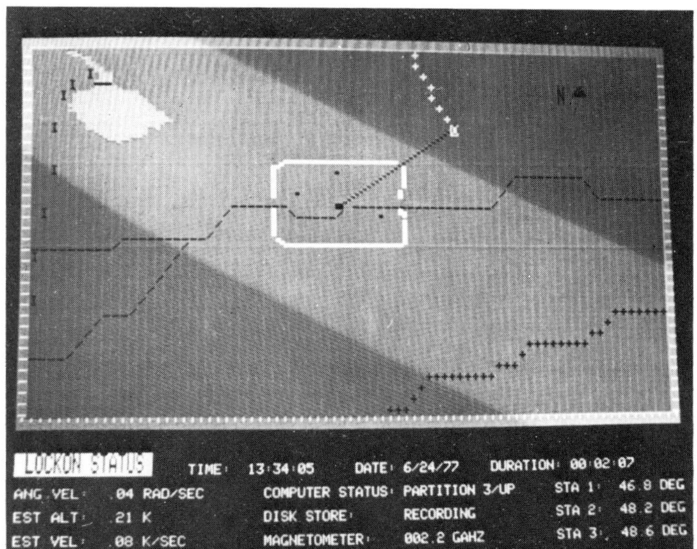

Bildvergrößerung – um nachzuweisen, daß Ufos Hirngespinste sind.

»Wenn wir das Vorhandensein eines Gravitationsfeldes nachweisen können, liefern wir damit einen fundamentalen Beitrag zum Verständnis des Universums. Verschiedene Berichte haben darauf hingewiesen, daß Ufos sich während der Landung in irgendeiner Form mit größerer Schwerkraft umgeben, als die sie umgebende Atmosphäre.«

Unbefriedigende Erklärungen

Forschungsgruppen, wie die von Ray Stanford, stimmen darin überein, daß die meisten Ufos tatsächlich Ufos sind (unidentifizierbare fliegende Objekte). Denn in den meisten Berichten widersprechen sich nur die Angaben über die Größe. Wahrscheinlich sind nur ein oder zwei Prozent tatsächlich unerklärlich im Sinne der bekannten Technologie. Von einer Forschungsgruppe wurden in Phoenix, Arizona, 109 Objekte aufgeführt, die sich nachts am Himmel bewegen und als Ufos angesehen werden könnten; z.B. Leuchtkäfer, Satelliten und der Planet Venus der (nach Professor Frank Salisbury von der Utah-State-Universität und Autor des Buches »The Utah Ufo Display«) schon immer als Prototyp eines Ufos gilt.

Aber eine ganze Anzahl von Ufo-Erscheinungen kann auch durch Klass nicht erklärt werden. So behauptete er sehr oft, einen Fall aus dem Jahre 1973 gelöst zu haben. Die vierköpfige Besatzung eines Hubschraubers traf 750 Meter über Mansfield/Ohio ein leuchtendes Objekt von anscheinend grauer metallischer Struktur. Es näherte sich mit hoher Geschwindigkeit, verweilte dann für einige Sekunden und verschwand wieder. Während des Zwischenfalls wurde der Hubschrauber, der abwärts gelenkt wurde, um einen Zusammenstoß zu vermeiden, ohne Zutun der Besatzung plötzlich auf eine Höhe von 1000 Meter hochgezogen. Klass behauptet, daß die Besatzung wahrscheinlich einen der Meteore des Orion gesehen hat, die regelmäßig

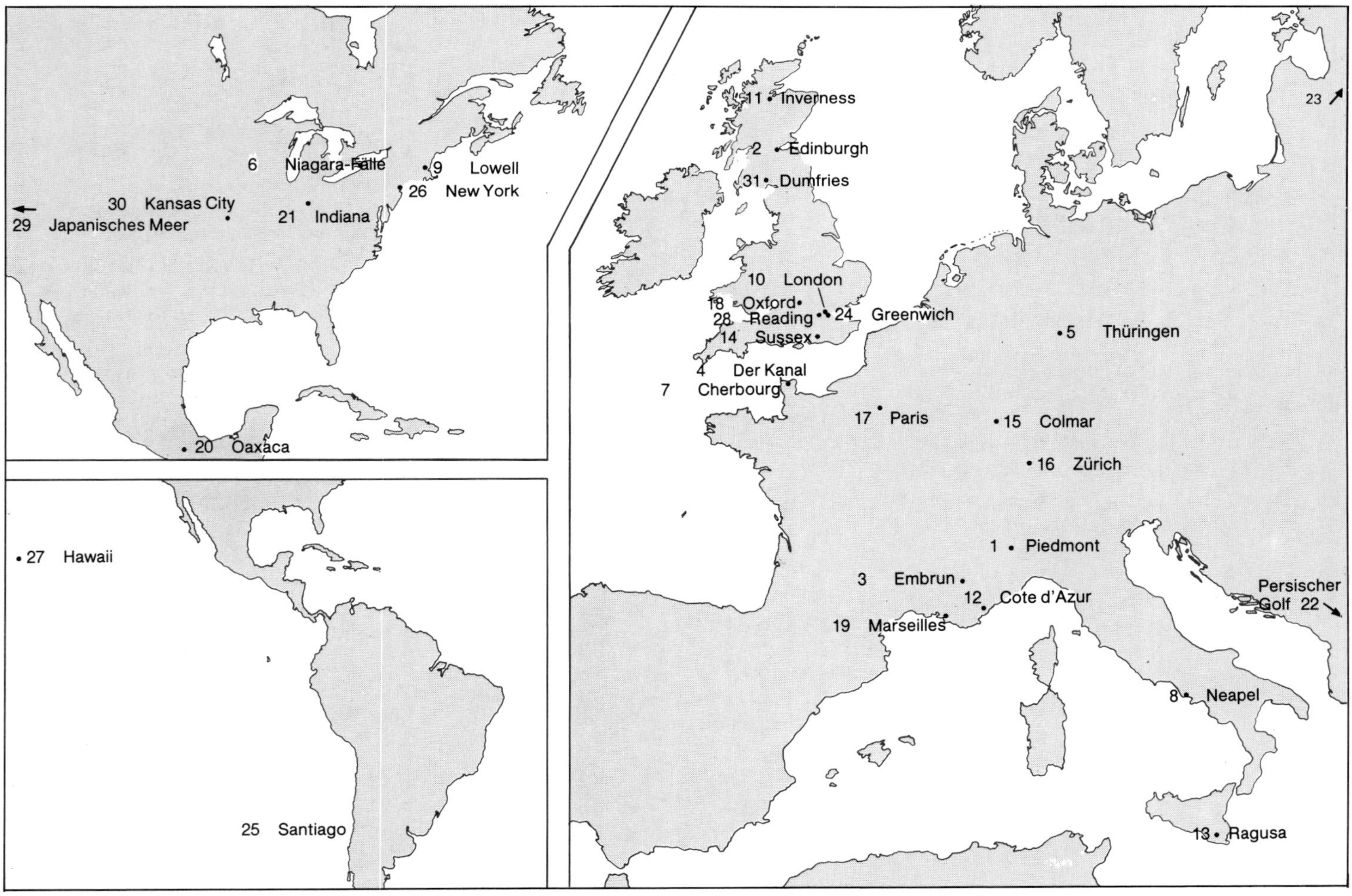

im Oktober niedergehen. Hynek und andere sind dagegen der Meinung, daß diese »Lösung« nur teilweise zutreffen kann und den Aussagen der Zeugen widerspricht. Insbesondere deshalb, weil das Objekt im Gegensatz zu einem Meteor stillstand.

Ufos bringen Unheil

Für alle, die die Umstände genau geprüft haben, die sich um die Phänomene Charles Forts (sie werden auf den folgenden Seiten beschrieben) ranken, ist die bisher wohl interessanteste und plausibelste Erklärung, warum echte Beweise für Ufos fehlen, darin zu suchen, daß ihre Besatzungen sie von der Erde fernhalten wollten.

Die Gruppe, die diese Meinung unterstützt, sieht in Ufos die heutigen Manifestationen des Bösen, der Elemente und Kreaturen der Hölle, die uns seit Beginn der Menschheitsgeschichte plagen. Nach ihrer Auffassung sind die Zweifel und Verwirrungen, die es um Ufo-Berichte gibt, Teil eines vorgefaßten Planes von Jemandem/Etwas/Ihm, um Unsicherheit über die wahren Absichten entstehen zu lassen.

Der brillanteste Verfechter dieser Thesen ist John Keel. Nach umfassenden Forschungen und persönlichen Erfahrungen ist er überzeugt, daß Ufos hinterlistig und gefährlich sind. Sie nehmen Kontakt auf mit ausgewählten Men-

Ufo-Erscheinungen im 19. Jahrhundert

1. 12. Oktober 1808. Ein Verband von »leuchtenden Scheiben« wird beobachtet.

2. Oktober (?) 1816. Große, leuchtende, halbmondförmige Objekte werden von vielen Bewohnern der Stadt gesehen.

3. 7. September 1820. Ein Verband von fliegenden Objekten überquert die Stadt.

22. November 1821. Leuchtende Scheiben werden von verschiedenen Schiffen aus beobachtet.

4. 1. April 1826. Graue, torpedoförmige Objekte werden am Himmel gesichtet.

5. 29. November 1831. Helleuchtende Scheiben werden am Himmel entdeckt.

6. 13. November 1833. Leuchtende fliegende Objekte überqueren die Stadt.

7. 12. Januar 1836. Glänzende Luftschiffe werden über der Stadt gesichtet.

8. 11. Mai 1845. Ein Astronom des örtlichen Observatoriums berichtet über etliche leuchtende Scheiben.

9. 26. Oktober 1846. »Leuchtende, fliegende Scheiben« über dem Gebiet werden erwähnt.

18. 19. März 1874. »Kugelförmige Schiffe« werden gesichtet, die senkrecht durch die Wolken nach oben steigen.

11. 19. September 1848. Zwei große, helle Objekte werden über der Stadt gesehen.

12. 6. Juni 1850. In den frühen Morgenstunden werden helle Scheiben beobachtet, die sich von Ost nach West bewegen.

13. 26. Oktober 1853. In den frühen Morgenstunden werden helle Scheiben beobachtet, die sich von Ost nach West bewegen.

14. 11. August 1855. Glänzend runde Objekte »mit Speichen wie ein Rad« überqueren den Himmel und sind eine Stunde lang sichtbar.

15. 6. April 1856. Dunkle »Torpedos« werden am Himmel entdeckt. Ein Ende ist rund, das andere hat eine Spitze. Sie sollen leise, tiefe Töne von sich gegeben haben.

16. 27. April 1863. Das Züricher Observatorium berichtet von »fliegenden Scheiben«, die »weinerliche Töne« aussandten.

17. 10. Oktober 1864. Der bekannte französische Astronom Leverrier erzählt von dem Erscheinen eines leuchtenden, röhrenförmigen Objektes über der Stadt.

18. 8. Juni 1868. Das Radcliffe-Observatorium berichtet von einem vier Minuten langen Erscheinen von leuchtenden fliegenden Objekten.

19. 1. August 1871. Große rote Scheiben kreisen für etwa zehn Minuten über der Stadt.

20. 6. Juli 1874. Große Objekte in konischer Form werden über dem Gebiet beobachtet.

21. 7. September 1877. Dunkle Objekte werden gesichtet, die den Himmel überqueren und alle vier Sekunden Blitze ausstrahlen.

22. 15. Mai 1879. Britische Kriegsschiffe berichten von zwei großen »sich drehenden Rädern« knapp über der Meeresoberfläche.

23. 30. Juli 1880. Große fliegende, rund Objekte, denen zwei kleinere runde Objekte folgen.

24. 17. November 1882. Riesige grünscheckige Scheiben werden vom Greenwich-Observatorium aus beobachtet. Wurden auch auf dem Westland gesehen.

25. 5. November 1883. Schwingende, runde Objekte überqueren die Stadt.

26. 3. Juli 1884. Helle runde Flugkörper mit schwarzen Zeichen werden in vielen Teilen des Staates beobachtet.

27. 24. Februar 1885. Der Kapitän eines Frachtschiffes beobachtet in diesem Gebiet, wie »eine große feurige Masse« in der Nähe seines Schiffes ins Meer stürzt.

28. 3. November 1888. Luftschiffe überqueren die Grafschaft Berkshire. Tiere sollen durch ihre Geräusche verstört worden sein.

29. 25. Mai 1893. Zwei britische Kriegsschiffe berichten von einem Verband von Scheiben, der nach Norden fliegt und Rauch hinter sich läßt.

30. 14. April 1897. Torpedoförmige Objekte werden beobachtet, die einen Suchstrahl zur Erde gerichtet haben.

31. 1. November 1899. Zwei runde schwarze Objekte fliegen tagsüber am Himmel. Eines soll das andere umkreist haben.

»Sterne« des holländischen Surrealisten M.C. Escher. Seine Arbeit ist durch eine ausgewogene Mischung bildlicher Darstellung und Dimensionen gekennzeichnet.
Die von ihm gezeichneten Wesen sind gleichsam in einer Zeit-/Raum-Geometrie gefangen. Sie entsprechen manchen bedrückenden Ufo-Visionen einiger Sciene-fiction-Autoren.

schen, verändern deren Denkweisen und löschen deren Bewußtsein, so daß sie später nur unter Hypnose über die Geschehnisse aussagen können.

Er erläutert dann in der Zeitschrift »Ufos: Operation Trojan Horse«, daß nur wenige Berichte sich wirklich auf außerirdische Raumschiffe beziehen. Der überwiegende Teil der Beobachtungen muß anders erklärt werden. »Irgend jemand oder irgend etwas hat die Macht, die menschlichen Gehirne völlig zu kontrollieren. Die Menschen können durch diese Macht manipuliert und sowohl für gute als auch für böse Zwecke verwendet werden. Angenommen der Plan sähe vor, Millionen von Menschen zu beeinflussen und eines Tages bei allen die gleiche Denkweise auszulösen, hätten wir dann plötzlich eine Welt von Heiligen? Oder hätten wir dann eine Welt, in der sich bewaffnete Verrückte gegenseitig erschießen würden?«

Eisbrocken, die vom Himmel fallen

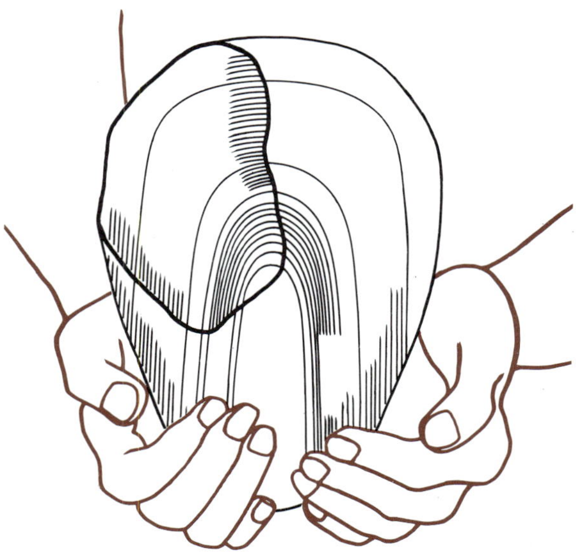

Die Originalgröße des Eisbrockens, der auf der Straße in Manchester gefunden wurde, 2. April 1973. (Die kräftige Linie zeigt den Teil, der in einem Kühlschrank aufbewahrt wurde.)

Am 2. April 1973 ging Dr. R.S. Griffiths, ein Physiker der Manchester-Universität, von der Arbeit nach Hause. Plötzlich sah er einen starken Blitzschlag über sich. Da er ein offizieller Blitzbeobachter der Elektrischen Forschungsgesellschaft in England war, notierte er die wichtigen Einzelheiten: Zeitpunkt, ungefähren Standort, Höhe, Wetterbedingungen usw. Daraufhin ging er weiter, bis nach etwa neun Minuten etwa drei Meter vor ihm ein Eisbrocken auf der Erde aufschlug und in mehrere Stücke zerbrach. Als Wissenschaftler erkannte Dr. Griffiths schnell dessen Bedeutung. Er nahm das größte Stück und eilte nach Hause, wo er es in den Gefrierschrank legte. Dadurch erhielt man ein Untersuchungsobjekt für ein bis dahin unerklärliches wissenschaftliches Phänomen. Wie kann es passieren, daß große schwere Objekte, lebendige, aber auch leblose, plötzlich aus heiterem Himmel fallen können?

Bei der Überprüfung stellte sich heraus, daß der Eisbrocken nicht besonders groß war. Das übriggebliebene Teil wog 612 Gramm und besaß wahrscheinlich nur noch ein Drittel seiner ursprünglichen Größe.

Aber es gibt zahllose Berichte über größere Brocken dieser Art. (Die auf der übernächsten Seite aufgeführten Beispiele sind nur einige ausgesuchte Muster.) Die meisten von ihnen sind größer als die schwersten bisher gefundenen Hagelkörner, die etwa 200 Gramm wiegen. Diese Eisbrocken oder »Eismeteoriten« haben Haus- und Autodächer durchschlagen. Am 9. Nov. 1950 berichtete die Londoner »Evening News« über ein Bombardement von Eisbrocken »in der Größe von Tellern«, die auf einem Bauernhof in Devonshire niedergingen. Einer dieser Brocken wog sieben Kilogramm und wurde neben dem Körper eines getöteten Tieres gefunden.

Der von Griffiths gefundene Eisbrocken war jedoch aus verschiedenen Gründen wichtig. Da Dr. Griffiths ein anerkannter Physiker und Meteorologe war, hatten seine Aussagen entsprechende Glaubwürdigkeit. Bis dahin waren solche Phänomene von Wissenschaftlern grundsätzlich mit Unglauben betrachtet worden – wie auch die Meteoriten des 19. Jahrhunderts (Seite 212) oder bis vor einigen Jahren die Kugelblitze (Seite 27).

Griffiths konnte aufzeigen, daß die Struktur des Eisbrockens in wichtigen Punkten von anderen Hagelkörnern abwich. Auch die übliche Erklärung, daß große Eisbrocken von Flugzeugen stammen müssen, traf in diesem Fall nicht zu. In seinem Bericht konnte er diese Annahme durch die Flugberichte der in diesem Gebiet befindlichen Flugzeuge ausräumen. Er kam dann zu dem Schluß, daß »der Brocken sich aus dem Wasser von Wolken zusammensetzte«.

Ob der Blitzschlag Minuten vorher damit in Zusammenhang stand oder nicht, bleibt weiterhin offen. Der britische Physiker Eric Crew hat eine bedeutende These darüber entwickelt, wie ein Blitz heiße Luftströme verursachen kann, die dann Ausgangsbasis für Eismeteoriten und Kugelblitze sind. Wenn man sich die Aufstellung ansieht, scheint es auf den ersten Blick richtig zu sein. Einige der Fälle können elektrische, meteorologische oder aeronautische Gründe haben, andere wiederum können derzeit wissenschaftlich nicht erklärt werden.

Ronald J. Willis sammelte eine Anzahl qualifizierter Auffassungen verschiedener amerikanischer Universitäten. Aus dem Drexel-Institut: »Die großen Eisbrocken können keinen meteo-

Das Leben von Charles Fort

Robert J. M. Rickard (Mitautor des Buches »Phenomena«) hat auch für eine Reihe von Kapiteln dieses Buches Nachforschungen durchgeführt, glaubte lange Zeit an die Philosophie von Charles Fort. Er ist auch Herausgeber der Zeitschrift »Fortean Times«, in der die Arbeiten Forts heute weitergeführt werden.

Hier ist ein Überblick über das Leben von Charles Fort. Er wurde 1874 als Sohn einer wohlhabenden Familie in New York geboren. Er genoß durch seinen Vater eine sehr strenge Erziehung und wurde von ihm auch gelegentlich mit der Pferdepeitsche geschlagen. In seinem späteren Leben verachtete er jegliche Form von Autorität.

Mit 18 Jahren lief er von zu Hause weg und reiste drei Jahre in der Welt umher. Während dieser Zeit hatte er nur das Nötigste zum Leben. Auf dem Rückweg nach New York erkrankte er an Malaria. Er heiratete das Mädchen, das ihn gepflegt hatte, und lebte dann in ziemlicher Armut in Bronx. Geringe Einkünfte bezog er aus dem Schreiben von Zeitungsartikeln.

Erstaunliche Forschungen

Im Jahre 1916 machte der 42jährige eine kleine Erbschaft. Er arbeitete jetzt nur noch gelegentlich in der öffentlichen Bibliothek in New York und sammelte Ausschnitte von Zeitungen, Büchern und Zeitschriften (diese Sammlung befindet sich heute in der Bibliothek). Er selbst schätzte, daß er »das gesamte Material mindestens dreimal überprüft habe«. Beim ersten Mal sammelte er etwa 25 000 und beim zweiten Mal etwa 40 000 Ausschnitte. Er vernichtete sie jedesmal und begann wieder aufs neue, weil es »nicht das war, was ich suchte«.

Das Resultat waren vier Buchveröffentlichungen: »Book of the Damned« (1919), »New Lands« (1923), »Lo!« (1931) und »Wild Talents« (1931). Alle diese Bücher sind in spitzfindigem und unverkennbarem Stil geschrieben.

Nach diesem umfangreichen Durchforsten der Wissenschaftsgeschichte, der Zeitschriften, Zeitungen und anderen Aufzeichnungen, hatte er eine große Sammlung von Geschehnissen und Phänomenen, für die es entweder keine oder nur voreilige und ungenügende, von der zeitgenössischen Wissenschaft anerkannte Erklärungen gab.

Abnormitäten und seltsame Ereignisse

Eine kurze Aufzählung seiner verschiedenen geheimnisvollen Punkte schließt ein: Blutregen, Manna, vom Himmel gefallene Steine oder Tiere, Menschen, die plötzlich von irgendwoher auftauchen und geheimnisvoll wieder verschwinden; Wolfskinder und Wolfsmenschen; unsichtbare Mörder und stigmatische Wunden; Menschen, Gegenstände und Tiere, die an entfernte Orte versetzt werden; Gegenstände und Fußabdrücke, die in Erdschichten aus einer Zeit gefunden werden, als es noch keine Menschen gab; Zusammentreffen von geophysikalischen, astronomischen und meteorologischen Ereignissen; abnorme Blitze, Feuerausbrüche; Beweise für »Zwerge«; Geistererscheinungen.

Fort glaubte selbst allerdings nur halbherzig an andere Lebensformen und andere Welten. Er war überzeugt, daß unsere Erde von anderen Lebewesen besucht wurde und lieferte Hunderte von Berichten über Lichterscheinungen und Kräfte des Himmels: Schon vor 1920 sprach er von dem Versetzen von Menschen und Gegenständen durch Raum und Zeit.

Individuelle Lösungen

Fort war ein Individualist. Und dies sowohl in seinem eigenen häuslichen Leben als auch in der Befürwortung der Rechte des einzelnen, sich eine Meinung zu bilden und das Monopol der Wissenschaft auf die einzige Wahrheit in Frage zu stellen. Er wollte, daß jeder Mensch seine eigenen Denkweisen entwickelt. Deshalb weigerte er sich, die von ihm aufgezeigten geheimnisvollen Vorgänge zu erklären.

Er glaubte, daß seine eigenen Erklärungen für andere nur von unwesentlicher Bedeutung wären. Er wollte nur »Vorschläge, Denkanstöße und Anhaltspunkte« geben.

»Aber jeder soll sich seine eigene Meinung bilden . . . Ich werde meine eigenen Lösungen finden, und jeder, der es will, kann mit mir zusammenarbeiten.«

rologischen Ursprung haben. Durch atmosphärische Vorgänge können die Eismassen nicht entstehen oder erhalten bleiben, welche bei solchen Fällen beobachtet wurden.«

Von der Universität von Colorado: »Obgleich einige Astronomen glauben, daß es Eisbrocken aus meteoritischem Material gibt, muß doch bezweifelt werden, ob solche Brocken die enorme Hitze bei Eintritt in die Erdatmosphäre überstehen würden.«

Von der Universität von Virginia: »Dies ist eine sehr geheimnisvolle Angelegenheit ... Sie muß in die Kategorie der wenigen Ufo-Erscheinungen eingeordnet werden, die auch nicht zu erklären sind.«

Die Ansichten von Charles Fort

Sicherlich trifft die allgemeine Erklärung, daß sich Eis am Rumpf eines Flugzeuges gebildet hat, in einigen wenigen Fällen zu. Aber eine Eisschicht von einigen Zentimeter Dicke hätte an einem Flugzeug katastrophale Folgen für die Flugstabilität. Außerdem sind alle modernen Maschinen mit automatischen elektrischen Enteisungsmechanismen ausgerüstet. Darüber hinaus gibt es viele Berichte über Eisbrocken aus einer Epoche, als es noch keine Luftfahrt gab. Schon z. Z. Karls des Großen soll ein Eisblock in der Größe von 5 × 2 × 3,5 Meter vom Himmel gefallen sein. Im Jahre 1849 wird ein Eisblock beschrieben, der bei Ord in Schottland niedergegangen ist und einen Umfang von mehr als sieben Metern hatte.

Diese Eisblöcke bilden eine gute Überleitung zu anderen unerklärlichen Gegenständen, die vom Himmel fallen. Über einen Zeitraum von 30 Jahren sammelte der amerikanische Journalist Charles Fort (Seite 225) Berichte über solche Ereignisse. Solche Phänomene werden heute als »Forteana« bezeichnet. Sie enthalten einen umfangreichen Katalog von Kuriositäten, Abnormitäten und Eigentümlichkeiten, die auf der ganzen Welt geschehen sind, aber von der Wissenschaft nicht anerkannt werden.

Fort wäre über den Zufall erfreut gewesen, daß in Manchester der Eisbrocken genau vor die Füße des Mannes fiel, der am besten dazu geeignet war, wahrheitsgemäß darüber zu berichten. Für Fort war das Universum bestimmt wunderbarer und komplexer, als es durch die mathematischen Gesetze der modernen Physik beschrieben werden kann.

Abweichungen von Raum und Zeit

Ein gutes Beispiel, daß Raum und Zeit zufällig verschmelzen können, geschah beim Absturz eines Eisbrockens in Timberville/Virginia am 7. März 1976. Etwa um 20.45 Uhr saßen drei Menschen vor dem Fernsehschirm, als ein lauter Knall das Haus erschütterte, und ein Eisbrocken von der Größe eines Basketballs das Dach des Hauses und die Decke des Wohnzimmers durchschlug. Zwei Nachbarn, die den Knall gehört hatten, eilten aus ihrem Haus, um nachzusehen, was passiert war. Als wollte jemand eine Wiederholungsvorstellung geben, schlug 20 Sekunden später ein fast genauso großer Eisbrokken etwa 50 Meter entfernt auf dem Erdboden auf.

Wissenschaftliche Analysen stellten fest, daß das Eis aus trübem Wasser bestand. Die »Erklärung« lautete, daß es sich um Trinkwasser aus einem undichten Flugzeugtank gehandelt habe, das am Rumpf vereist war und in fünf bis sechs Kilo-Stücken heruntergestürzt ist. Tatsächlich aber war es klare Nacht, kein Flugzeug befand sich am Himmel, und das Flugzeug, von dem diese Eisbrocken stammen sollten, müßte neun Sekunden lang an der gleichen Stelle geblieben sein. Aber, wie auch immer, die offizielle Erklärung steht fest!!

Fort hätte eine solche Erklärung als lächerlich bezeichnet. Die Phänomene, die er beschrieben hat, scheinen sich mit gewissem Eigensinn den Gesetzen der Schwerkraft und dem normalen Denkvermögen zu widersetzen. Er berichtet von Eisbrocken, die mehr schwebten, als direkt vom Himmel herunterzufallen. Aus welchem anderen Grund würden sonst die großen Brocken nicht in 1000 Stücke zerbrechen? Auch viele Steine, die als Meteoriten vom Himmel fielen, zeigten diese Charakteristik.

Außerdem müßten sie nach dem Fall durch die Erdatmosphäre erhitzt sein. Bei vielen war dies nicht der Fall, wie z. B. bei dem Steinschauer in Indien, in der Nähe von Dhurmsalla, am 28. Juli 1860. Die Steine waren vereist und werden beschrieben »als so kalt, daß Finger und Hände erstarrten«.

In anderen Berichten ist die Rede von Steinen, die langsam und weich herabfielen, oder von solchen, die um eine einzige Person herum zu Boden fielen, jedoch ohne Schaden anzurichten, oder auch von »Steinschlägen« im Inneren von Gebäuden, ohne daß an dem Gebäudeäußeren Beschädigungen zu entdecken waren.

Bekannte Abstürze von Eisbrocken (1801 bis 1977) in Nordamerika, England, Frankreich und Indien

1. August 1801: Eisbrocken in der Form von Bleistiften.
2. Mai 1802: Eisbrocken 1 × 1 × 0,7 m.
3. Mai 1811: Eisbrocken mit 30 cm Umfang.
4. Juni 1818: Würfelförmige Eisbrocken mit 15 cm Durchmesser.
5. Juli 1818: Schwefelhaltige Eisbrocken.
6. August 1828: Eisbrocken »in der Größe von einem Kubikmeter«.
7. Juni 1829: 2 kg schwere Eisbrocken.
8. Juni 1839: Außergewöhnlicher dunkler Himmel, gefolgt von Eisregen.
9. Juli 1841: Halbgeschmolzene Eisstücke, in denen sich Frösche befanden.
10. Oktober 1844: Eisbrocken mit einem Gewicht von 5 kg.
11. August 1849: Eisbrocken mit 7 cm Durchmesser.
12. Mai 1851: Eisbrocken »in der Größe von Kürbissen«.
13. August 1851: Eisbrocken über 1 kg schwer.
14. Juli 1853: Handgroße Eisbrocken.
15. Dezember 1854: Flache Eisstücke, die mehrere Kilo wogen.
16. August 1857: 11 kg schwere Eisbrocken.
17. März 1860: Eisbrocken, »so groß wie Schafe«.
18. Juli 1864: Eisbrocken, etwa 50 cm Durchmesser.
19. Juni 1873: Heftige Gewitter, gefolgt von Regen mit »Fischschuppen und ungewöhnlichen Hagelkörnern«.
20. Juli 1874: Gemüsebrocken in großen Hagelkörnern.
21. Mai 1877: Eisbrocken, 50 cm im Durchmesser.
22. Juni 1877: dito.
23. August 1879: 15 cm lange Eisbrocken.
24. Juni 1881: Eisbrocken mit 50 cm Umfang.
25. Juni 1882: Eisbrocken, in denen sich Frösche befanden.
26. August 1882: Eisstücke, 20 cm lang.
27. August 1882: Eisbrocken, 40 kg schwer. Wurde zeitweilig in Sägemehl aufbewahrt.
28. Juli 1883: Eisbrocken mit einem Gewicht von 1 kg.
29. März 1887: Eisbrocken, vorher fremdartige Lichterscheinungen.
30. Mai 1888: Eisbrocken im Gewicht von 750 g.
31. Juni 1894: 10 cm große Eisstücke nach einem Tornado.
32. Nov. 1911: Zerspringende Hagelkörner.
33. März 1968: »Riesige Hagelkörner« von mindestens 1 kg Gewicht.
34. August 1968: Eisbrocken, 15 bis 30 cm dick.
35. Febr. 1969: Dach von einer »Eisbombe« durchschlagen.
36. August 1970: Eisbrocken, »groß genug, um jemanden zu töten«.
37. Juni 1971: 1 kg schwerer Eisbrocken.
38. August 1971: Hagelkörner von über 1 kg, darunter eines »so groß wie eine Grapefruit«.
39. Juni 1972: Eisblock in den Ausmaßen 1 × 1 m.
40. April 1973: Eisstücke im Gewicht von fast 2 kg.
41. Juni 1973: Eisbrocken im Gewicht von 5 kg.
42. Sept. 1973: »Eiskugel« im Gewicht von 3 kg.
43. März 1974: 50 cm großer Eiswürfel.
44. Juni 1974: Eisbrocken, in denen Enten eingefroren waren.
45. Juni 1974: 1 kg schwerer Eisblock.
46. August 1974: »Eisbrocken in der Größe eines Rugby-Balles«.
47. Januar 1975: 22 kg schwere »Eisbombe«.
48. April 1975: »Große Eisbrocken«.
49. Dezember 1975: Runde Eisbrocken mit zwei Meter Durchmesser.
50. März 1976: Eisbrocken »in der Größe eines Basketballs«.
51. Mai 1976: dunkelfarbige Eisstücke.
52. Januar 1977: Eisbrocken im Gewicht von etwa 50 kg.

Quellen: »The Collected Books of Charles Fort« und Fortsche Zeitschriften in den USA und England. Der Mangel an Informationen über den Beginn dieses Jahrhunderts liegt an der Lücke zwischen Forts Arbeiten und den späteren Berichterstattern.

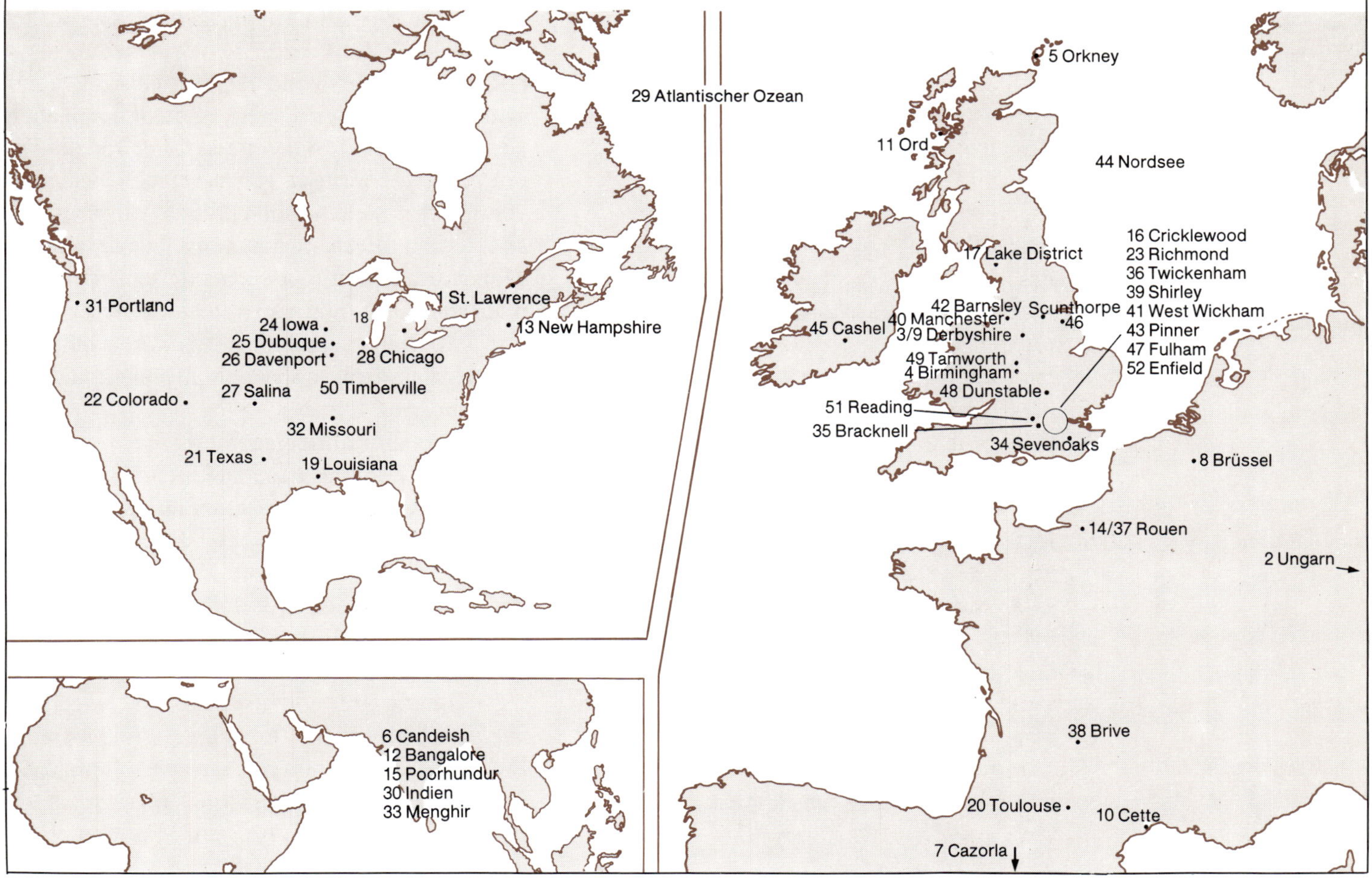

Es regnet Fische, Kröten und Enten

Buchhülle des Buches »Lo«. Dieses war das dritte von vier Büchern, die Charles Fort geschrieben hat. Darin sind unerklärliche Phänomene chronologisch aufgezählt, die einmal in Zeitungen und wissenschaftlichen Zeitschriften beschrieben wurden.

Holzschnitt; Fische, die vom Himmel fallen. Veröffentlicht in »Historia de Gentibus« von O. Magnus im Jahre 1555.

Natürliche Erklärungen versagen bei den meisten Fällen von herabfallenden Lebewesen. Mäuse, Ratten, Kröten, Frösche, Raupen, Manna, Getreide und sogar Fleischstücke sollen den Berichten zufolge aus dem Nichts auf die Erde gefallen sein. Nach der allgemeinen Meinung hat sie ein Wirbelwind irgendwo aufgenommen und an anderer Stelle wieder herunterfallen lassen.

Aber viele Berichte aus dem Altertum stimmen damit nicht überein. Die griechische Schrift »Deipnosophistai« aus dem zweiten Jahrhundert n. Chr. berichtet, daß es »auf der Chersonesus-Halbinsel einmal ununterbrochen drei Tage lang Fische regnete«; so lange dauert kein Wirbelsturm.

An anderer Stelle dieser Schrift wird von einem Froschregen in Paeonia und Dardinia berichtet: »Die Zahl der Frösche war so gewaltig, daß die Straßen und Häuser davon überschwemmt wurden.« Die Einwohner haben zuerst versucht, die Frösche zu töten und die Türen vor den Eindringlingen zu verschließen, aber vergeblich: »Alle Gefäße waren voll und man kochte und briet die Frösche zu jeder Mahlzeit. Man konnte kein Wasser mehr schöpfen und nicht mehr auf die Erde treten, da die Frösche überall herumlagen. Schließlich waren viele Bewohner von dem Gestank so angeekelt, daß sie aus dem Land flohen.«

Andere Einwände gegen die These, daß die Kreaturen durch Stürme an einen anderen Ort getragen werden, basieren darauf, daß bei solchen Schauern höchst selten Rückstände aus Teichen oder Pflanzen gefunden werden. Kaulquappen und junge Frösche regnet es nur sehr selten. Diese sind nur daumennagelgroß. 1977 schrieb eine Frau aus London an die Zeitschrift »TV Times«: »Zuerst glaubten wir, Hagelkörner zu sehen, bis wir feststellten, daß es kleine Frösche waren, die überall herumhüpften. Mein Sohn füllte sie in eine Schachtel, um sie mit nach Hause zu nehmen. Bei meinem Mann saßen sie auf der Hutkrempe. Sie waren überall.«

Ausgewählte Berichte aus der ganzen Welt in der Zeit von 200 n. Chr. bis 1973

1. 200 n. Chr.: Athenäus berichtet in seinem »Deipnosophistai« von einem Regen, bei dem Sardinien mit vom Himmel fallenden Fröschen überschwemmt wurde.

2. 1578: Zeitgenössische Berichte beschreiben einen Regenschauer, bei dem gelbe Mäuse ins Meer stürzten und an Land schwammen.

3. Ostern 1666: Sprotten, Stinte und Weißfische fielen vom Himmel; ein Teil der Fische wurde in Maidstone und Dartford öffentlich verkauft.

4. Mai 1786: Beobachter berichteten von einem Regen von schwarzen Eiern; daraus entschlüpften teilweise Kaulquappen.

5. August 1804: An einem klaren Tag zog plötzlich eine große Wolke auf, aus der einige kleine Kröten fielen.

6. Januar 1806: Während eines Schneesturms fielen Raupen vom Himmel.

7. Dezember 1827: Große schwarze Insekten fielen während eines Schneesturms vom Himmel.

8. Februar 1830: Nach einem heftigen Regenschauer fand man in den Straßen verschiedene Fischarten.

9. Dezember 1830: Während eines heftigen Schneesturms fielen Mücken und Fliegen vom Himmel.

10. Mai 1833: Nach einem heftigen Regenschauer wurden tote und getrocknete Fische auf den Straßen gefunden.

11. Juni 1833: M. Mauday, Direktor des Naturhistorischen Museums, sah während eines starken Regenschauers einige kleine Kröten vom Himmel fallen.

12. Februar 1841: John Lewis berichtete von einem Fischregen. Einige Fische wurden später im Regents Park Zoo ausgestellt.

13. Dezember 1857: Nach einem Gewitter wurden einige graue Eidechsen auf den Straßen gefunden.

14. Februar 1861: Nach einem Erdbeben fielen riesige Mengen von Fischen auf die Straßen. Die Dorfbewohner sammelten sie in Eimern.

15. Juli 1864: Nach einem Gewitter wurden in Hagelkörnern Frösche gefunden.

16. Februar 1871: Nach einem Meteoritenregen fand man in der Nähe der Einschlagstelle verschiedene tote Fische.

17. Mai 1879: Tausende von Elritzen fielen vom Himmel. Der Vorfall wurde dem Australischen Museum mitgeteilt.

18. Januar 1877: Während eines heftigen Regenschauers fielen in einem begrenzten Gebiet Tausende von 30 bis 50 cm langen Schlangen vom Himmel.

19. August 1880: Lange schwarze Fliegen fielen vom Himmel. Eine solche Art hatte man in diesem Gebiet noch nie gesehen.

20. Mai 1881: Nach einem heftigen Gewitter wurden im gesamten Gebiet verschiedene Uferschnecken gefunden. Einige waren noch am Leben.

21. Juni 1882: Während eines Schneesturms fielen kleine Eisbrocken vom Himmel; einige von ihnen enthielten kleine Frösche.

22. Januar 1890: Beobachter berichteten von einem Regen von gelben und schwarzen Raupen. Diese Art war in dem Bezirk unbekannt.

23. Juni 1892: Kleine, fast weiße Frösche fielen vom Himmel.

24. August 1892: Nach einem heftigen Regenguß wurden Tausende von Muscheln in den Straßen gefunden.

25. Juli 1896: Hunderte von toten Vögeln fielen vom Himmel.

26. Januar 1911: Nach einem Sturm wurden Schlangen – deren Art in diesem Gebiet unbekannt war – überall verstreut aufgefunden.

27. März 1922: Während eines Regenschauers fand man an den Berghängen zahlreiche Spinnen, Raupen und große Ameisen.

28. Oktober 1932: Während eines Sturms sah man »Hunderte von kleinen Karpfen« herunterfallen.

29. November 1947: Nach heftigen Regenfällen wurden auf den Straßen Barsche gefunden; nicht jedoch auf den Dächern oder in Wasserbehältern.

30. Juni 1954: Beobachter bezeugten, daß Hunderte von kleinen Fröschen Menschen auf den Kopf fielen und dann in den Straßen umherhüpften.

31. Juli 1959: Nach einem Sturm wurden 10 cm lange Fische in der Nähe des Flughafens von Townsville gefunden. Dies wurde dem Australischen Museum gemeldet.

32. Januar 1969: Hunderte von toten Enten fielen vom Himmel auf die Straßen. Berichte besagten, daß die Tiere bereits verletzt waren, bevor sie auf die Erde fielen.

33. April 1971: Nach einem heftigen Regenschauer wurden mehrere, etwa 8 cm lange Fische gefunden.

34. September 1973: Zehntausende von kleinen Kröten fielen während eines heftigen Sturms vom Himmel.

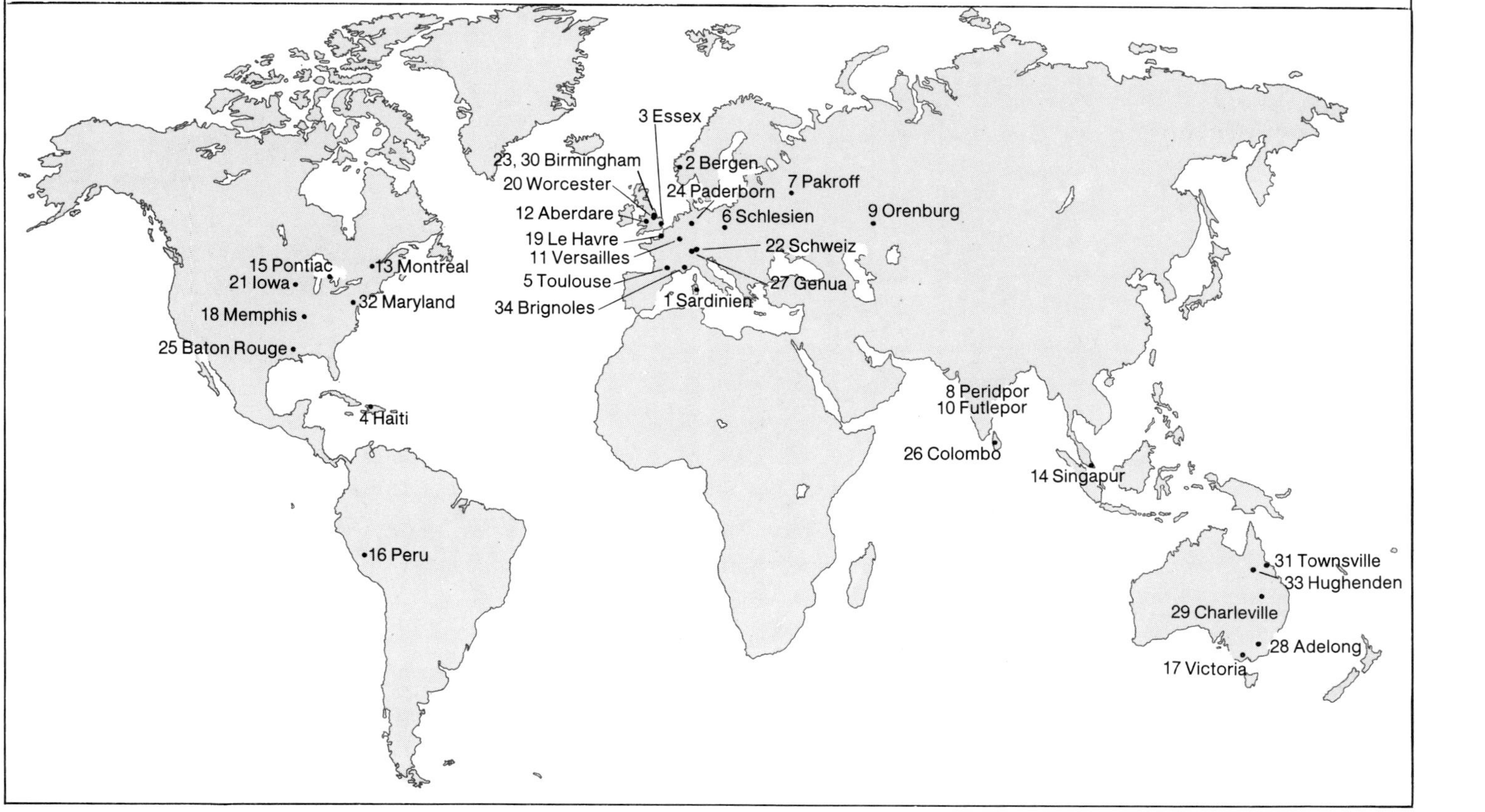

Die Froschinvasion war eine der Plagen, von denen Ägypten vor dem Auszug der Israeliten betroffen wurde. Wie auch die anderen biblischen Plagen scheint sie eine vom Himmel gekommene Katastrophe gewesen zu sein.

Die Frage ist völlig ungeklärt, woher eine solche Menge von Lebewesen kommt. Auch Charles Fort hat keine Antwort darauf. In einem Fall, der von der Zeitschrift »Scientific American« als »unbegreiflich« bezeichnet wird, fielen bei Sangerfield/New York Würmer auf eine zehn Zentimeter hohe Schneedecke. Bei anderen Gelegenheiten waren es Stichlinge, Muscheln, Sprotten, Mücken oder Eidechsen.

Jedesmal war es jedoch nur eine Gattung, und jedesmal ließ sich nicht feststellen, woher sie kamen. Dies veranlaßte Fort zu der wohl halb scherzhaften Aussage, daß sie »von irgendwo da oben kamen. Entweder von einem im Entstehen begriffenen Planeten oder vom Mond oder einer (gestaltlos) amorphen Welt über unserer Erde oder von einer von Geographen bisher nicht entdeckten Insel in der fernen Sargassosee«.

Fort starb, bevor Raumkapseln die Erde umkreisten, ohne diese Insel zu entdecken; Menschen flogen auf den Mond und fanden dort kein organisches Leben. So kann man nur vermuten, welche veränderten Ansichten Fort heute vertreten würde. Wahrscheinlich beharrte er auf seinem Standpunkt und würde sagen, daß die Raumfahrer nicht in der richtigen Zeitdimension geforscht hätten, und daß früher oder später etwas vor ihren Füßen landen würde, was seine Thesen bestätigt.

Auf jeden Fall sind auch nach seinem Tod unverändert geheimnisvolle Eisbrocken vom Himmel gefallen.

Kapitel 9
Dinge und Wesen, die kommen und gehen

Der vielleicht provokativste und verwirrendste Gedanke über die im vorigen Kapitel behandelten Luftphänomene führt zu der Überlegung, daß solche Phänomene eine große Doppelsinnigkeit in sich bergen. Dies gilt insbesondere für die Ufos und für die vom Himmel fallenden Kreaturen.

Konnten nur deshalb bisher keine zufriedenstellenden Fotografien von Ufos gemacht werden, weil sie aus einem fotografisch nicht erfaßbaren Material bestehen? Resultieren die wiederholten Fehlschläge eines wissenschaftlichen Nachweises vielleicht daher, daß sie von Natur aus oder absichtlich nicht faßbar sind? Das Wort absichtlich soll in diesem Zusammenhang nicht unbedingt bedeuten, daß irgend jemand oder irgend etwas absichtlich die Feststellungen verhindern will (obgleich dies eine weitverbreitete Hypothese ist). Es soll damit vielmehr gesagt werden, daß sich diese Phänomene naturgemäß am Rande der wahrnehmbaren Wirklichkeit befinden. Mit den Worten eines Bühnenzauberers: Hier ist es und jetzt ist es verschwunden.

Auf jeden Fall ist dies ein Gedanke, den man beim Lesen der seltsamen Geschichten über Seeungeheuer und unbekannte Tiere, über Menschen, die sich in der Luft auflösen und solche, die niemals zu altern scheinen, über verschwundene Schiffe und Findlingskinder, über untergegangene Zivilisationen und sich materialisierende gedankliche Vorstellungen, nicht vergessen sollte. Alle diese Dinge werden in den letzten beiden Kapiteln behandelt. Wie überall in diesem Buch war es unser Bestreben, jedes Rätsel und Geheimnis in den anerkannten Grenzen der wissenschaftlichen Wahrscheinlichkeit zu erklären, bevor wir zu den davon abweichenden Vorstellungen übergingen. Je mehr man jedoch in diesem Bereich Forschungen betreibt, um so sicherer glaubt man, daß es in unserem Universum Dinge gibt, die sich unserem Verständnis (noch) entziehen.

Somit kann auch vom wissenschaftlichen Standpunkt aus die Möglichkeit in Betracht gezogen werden, daß auf der Erde einige unbekannte große Säugetiere oder Unterwasserlebewesen existieren. Aber welche von all denen, die man angeblich irgendwo entdeckt hat, leben wirklich? Wahrscheinlich gibt es noch eine ganze Anzahl von Seeungeheuern; aber vielleicht ist Nessie, das Ungeheuer von Loch Ness, eine dieser unwirklichen Erscheinungen. Hier könnte »etwas anderes« im Spiel sein.

Als wir einen Film über Loch Ness drehten, befragten wir etwa 20 bis 30 Menschen, die das Ungeheuer kürzlich gesehen hatten. Jeder, der sich an Ort und Stelle umsieht, ist beeindruckt von der Aussagekraft der Zeugen. Sicher können eine ganze Reihe dieser Geschichten als versponnen und übertrieben außer acht gelassen werden. Aber die restlichen Geschichten sind unbestritten. Warum gibt es dann keine zweifelsfreie Fotografie und keinen Film?

Zwei Ordensschwestern beobachteten drei Ungeheuer, die sich nur etwa 50 Meter vom Ufer des Sees entfernt für etwa zehn Minuten wie Delphine im Wasser tummelten. Die eine Schwester verknipst, wie sie glaubte, einen ganzen Film. Der Fotoapparat klemmte. Warum?

Dann gibt es noch den Fall des Puma von Surrey. Er wird wegen der biologischen und ökologischen Unmöglichkeit in diesem Kapitel nicht weiter erwähnt. Trotzdem ist er für die Bewohner des Londoner Arbeiterviertels und für andere Zeugen, die ihn gesehen haben, eine Realität; ebenso für die Polizei, die ihn gejagt hat, und für den königlich britischen Tierschutzbund, der einen Abdruck seiner Tatzen fertigen konnte. Diese wurden vom Londoner Zoo einwandfrei einem Puma zugeordnet. Doch bleibt diese Ungewißheit und Unglaublichkeit, die fast auf Unsinn hindeutet. Über die Tatzenabdrücke läßt sich streiten. Die Fotografien sind undeutlich. Und wovon lebt dieses Pumarudel? Ein- oder zweimal hat man einen Hirsch oder eine Kuh mit tiefen Kratzwunden gefunden, die von einem starken Raubtier stammen könnten. Aber es gibt keine Hinweise über das Verschwinden von Haus- oder Hoftieren, die nötig wären, um einen einzigen Puma mit der wöchentlich benötigten Fleischmenge von 140 Kilogramm zu versorgen.

Genauso wie die von Eric Shipton entdeckten unerklärlichen Fußabdrücke eines unbekannten Raubtieres im Himalaya, verwirren und verblüffen uns die Spuren des Pumas. Es sieht so aus, als wollten sie uns überzeugen, daß es noch eine andere Realität gibt, als die, in der wir leben und uns wohlfühlen.

Unterwasserungeheuer

Bei den meisten Biologen ist die Auffassung verbreitet, daß das, was sie im Laboratorium nicht analysieren können, auch nicht existiert. Diese Ansicht wurde überdeutlich am Ende einer BBC-Radio-Diskussion über Seeschlangen im Februar 1961. Ein hartnäckiger Gegner der Möglichkeit, daß ein unbekanntes, Sauerstoff atmendes Lebewesen wie ein Plesiosaurier auch noch Millionen Jahre nach seinem angenommenen Aussterben existieren könnte, hielt dabei fest, daß kein entsprechender Kadaver vorhanden sei. »Man sollte sich mit einem Kriminalfall erst dann beschäftigen, wenn man auch einen Leichnam hat.«

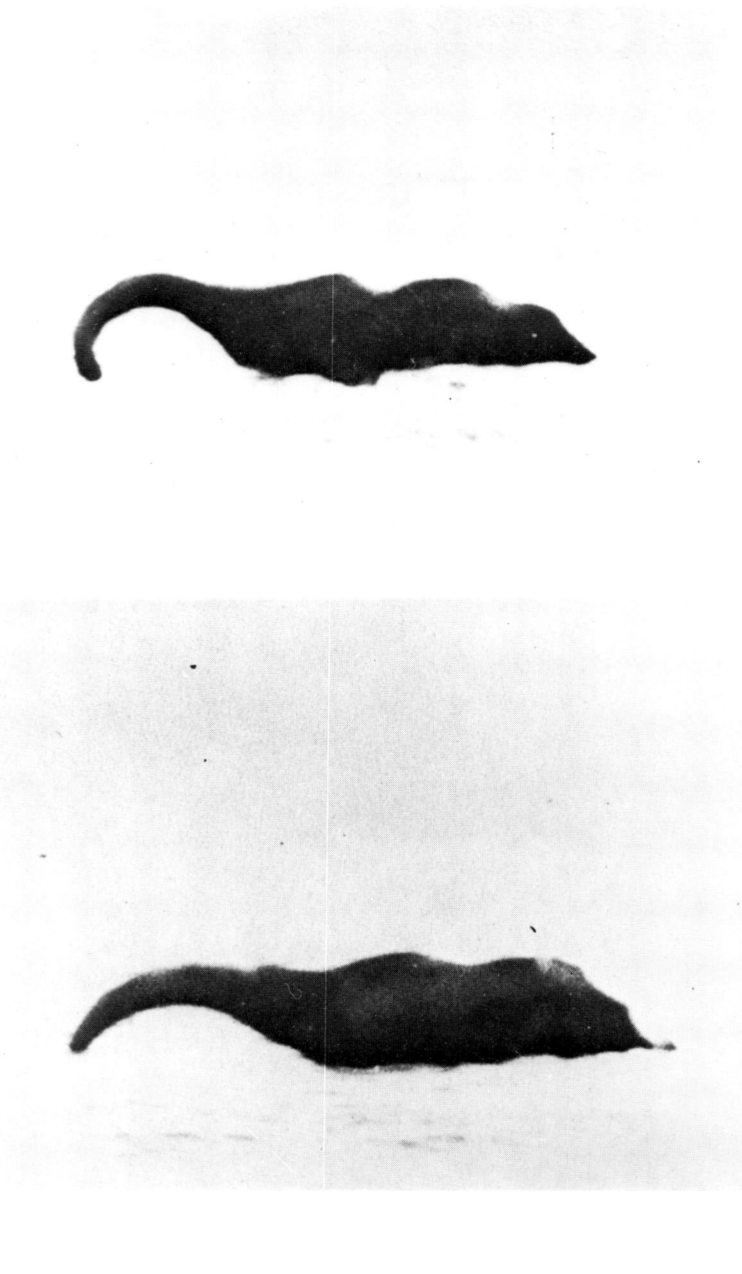

Die Fotografie eines Objekts in Loch Ness aus dem Jahre 1977. Es passierten viele Pannen, bevor die Aufnahme in Zeitungen veröffentlicht werden konnte (näheres im Text).

Genau das Gleiche gilt auch für das Monster von Loch Ness. Trotz intensiver und kostspieliger Versuche ist es bisher niemandem gelungen, ein beweiskräftiges Bild zu schießen oder das Monster zu fangen. Dr. Robert H. Rines von der Akademie für angewandte Wissenschaften in Boston/Massachusetts hatte 1975 verschwommene Unterwasseraufnahmen gemacht. Diese wurden computervergrößert, so daß der englische Naturforscher Sir Peter Scott daraus eine annehmbare Rekonstruktion des Monsters zeichnen konnte. Daraufhin rüstete die National Geographic Society im nächsten Jahr eine Expedition aus, um die Existenz des Monsters zu beweisen. Man verwendete einen speziellen Unterwasserköder. Dieser strahlte simulierte Töne aus, wie sie durch Bewegungen eines verwundeten Fisches entstehen würden. Das Gerät war vorher an der Küste Floridas getestet worden. Dort schwammen innerhalb weniger Minuten Haie auch aus größeren Entfernungen herbei und griffen das Gerät an. Nessie jedoch ließ sich während des ganzen Sommers nicht sehen.

Hartnäckige Widersprüche

Es kann nicht bezweifelt werden, daß verschiedentlich »etwas« gesehen und mit einigem Erfolg fotografiert wurde. Jede Beobachtung kann unmöglich ein Scherz oder Einbildung gewesen sein. Dem widersprechen die verschiedenen Überprüfungen.

Forscher, die an einem Film für die amerikanische TV-Serie »Auf der Suche nach . . .« arbeiteten, befragten mehr als 20 Zeugen. Es handelte sich um Ärzte, Polizisten, pensionierte Geschäftsleute, die etwas gegen den Rummel hatten, der um Nessie gemacht wird. Sie konnten nicht nur treffende lebendige und übereinstimmende Geschichten erzählen, sondern hatten auch keinen Grund, diese zu erfinden. Diese Menschen repräsentierten nur einen kleinen Bruchteil von Hunderten, vielleicht Tausenden, die seit dem Bau der Seeuferstraße im Jahre 1933 ein ungewöhnliches Objekt im See gesehen hatten.

Verlorene Fotografien

Es bestehen viele Gemeinsamkeiten mit Ufos (Seite 219). Würde man das Monster (aus dem Lateinischen monstrum, d. h. Wahrzeichen oder

Ungeheuer) als Ubo (unidentifiziertes bewegliches Objekt) bezeichnen, wäre dies wahrscheinlich zutreffender. Es wurde niemals ein Kadaver gefunden (vielleicht weil die Beschaffenheit des kalten, tiefen Sees ihn auf den Grund sinken läßt). Es sind auch keine offensichtlichen Futterquellen bekannt. Filmkameras und Fotoapparate haben die seltsame Angewohnheit, im entscheidenden Augenblick zu klemmen oder zu beschlagen.

Tim Dinsdale, der den bisher besten Film machte, erklärte, er habe eine gute Gelegenheit verpaßt, als im Jahre 1971 in weniger als 200 Meter Entfernung Kopf und Hals des Monsters über der Oberfläche auftauchten. Nachdem er monatelang vergeblich gewartet hatte, war er vorübergehend wie gelähmt und nicht in der Lage, einen der fünf verschiedenen Fotoapparate zu betätigen.

Doc Shiels, aus Ponsanooth in Cornwall, der die Bilder für diese Seite gemacht hat, berichtet von dem »riesigen Gaunerspiel«, das sich ereignete: »Mein erstes Originalfoto war im Büro des ›Daily Record‹ in Glasgow für mehrere Tage verschwunden. Andere Fotos desselben Films verschwanden völlig, nachdem der zuständige Bildredakteur sie gesehen hatte. Mein zweites Originalfoto verschwand aus einem sorgfältig versiegelten Umschlag irgendwo auf dem Weg zwischen Cornwall und Boston/Massachusetts.

Den einzigen Schwarz-Weiß-Abzug hatte ich auf einer Glasplatte gemacht, die ich versehent-

Der britische Naturwissenschaftler Peter Scott schuf diese Darstellung des Monsters aufgrund von Aufnahmen einer Expedition des Massachusetts Institute of Technology.

lich fallen ließ, so daß sie zerbrach.« Es ist eine seltsame Tatsache, daß es seit dem Jahre 1933 kaum noch Originalnegative von Fotografien des bekannten Loch-Ness-Monsters gibt, die nicht auf irgendeine Weise zerstört wurden. Bilder von Nessie haben einen übernatürlichen Hang zu Unfällen.

Statistische Beweise

Da es keine »konkreten« Beweise gibt, wollen viele Wissenschaftler verständlicherweise keinen Gedanken an das Monster verschwenden. Es gibt jedoch einen anderen – auch wissenschaftlichen – Weg, die große Zahl der Beobachtungen von Unterwassermonstern zu deuten. Er wird von dem bekannten belgischen Zoologen Bernard Heuvelmans eingeschlagen. Und dieser Weg basiert auf den vielen zusammengefaßten Details der Berichte, die zahlenmäßig analysiert werden. Seine Arbeit über Seeungeheuer ist bis jetzt noch nicht veröffentlicht worden. Sie wird jedoch zweifellos zeigen, daß es in zahlreichen Gewässern dieser Welt eine Vielzahl von »unwahrscheinlichen« Lebewesen gibt. Einige davon sind sicher wegen der relativ kleinen Gewässer, in denen sie leben, biologisch noch zweifelhafter als Nessie.

Aber schon in seinem klassischen Werk »In the Wake of the Sea Serpents« hat Heuvelmans gezeigt, daß es völlig unwissenschaftlich ist, Berichte deswegen abzuweisen, weil sie nicht mit dem bekannten Verzeichnis der Wassertiere übereinstimmen. Er konnte ziemlich leicht die absichtlichen Schwindeleien und Fehler der 587 Berichte über Monster aus der Zeit von 1639 bis 1964 aussortieren. Aber er fand 358, bei denen es keinen Zweifel an ihrer Richtigkeit gab.

Begegnungen mit Seeschlangen

Nehmen wir das Beispiel zweier englischer Soldaten, Captain John Ridgway und Sergeant Chay Blyth, die im Jahre 1966 den Atlantik in einem Ruderboot überquerten. Darüber schrieben sie einen ausführlichen und exakten Bericht in dem Buch »A Fighting Chance«. Ridgway ruderte in einer ruhigen Nacht, »eingeschläfert von der unendlichen Eintönigkeit«: »Ich wurde durch ein pfeifendes Geräusch von Steuerbord her plötzlich hellwach. Als ich auf das Wasser

Langhals (48mal beobachtet)
Größe: 5 bis 15 m oder mehr
Vorkommen: In vielen Teilen der Erde, auch in sehr tiefen Seen.
Verhalten: Nur im Wasser lebende Seeschlange, auf dem Land unbeholfen wie ein Seelöwe. Außergewöhnliche Geschwindigkeit im Wasser, 15 bis 35 Knoten/Stunde und mehr.

Meerpferd (37mal beobachtet)
Größe: 10 bis 30 m oder mehr
Vorkommen: Fast überall, außer in Polarmeeren und im Indischen Ozean.
Verhalten: Säugetier, das in etwa 30 m Tiefe lebt, schnell genug, um Tintenfische zu fangen und zu verspeisen.

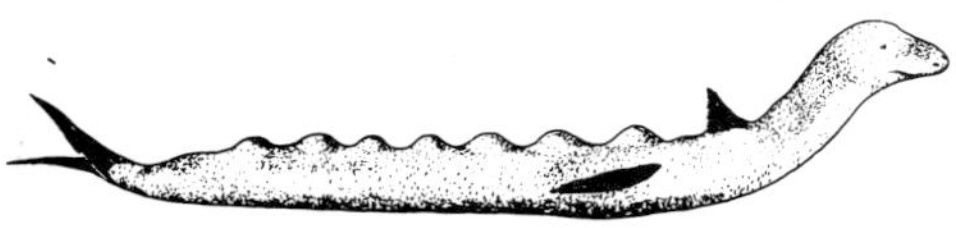

Vielhöcker (33mal beobachtet)
Größe: 20 bis 35 m
Vorkommen: Fast ausschließlich in den warmen Gewässern des Nordatlantischen Golfstroms.
Verhalten: Bewegt sich wie eine Raupe – sehr schnell, 20 bis 40 Knoten/Stunde. Die Höcker sind vielleicht luftgefüllte Säcke, die ein längeres Tauchen zulassen.

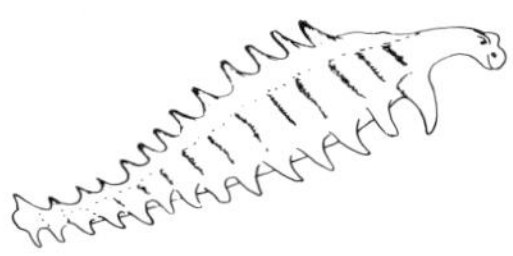

Vielflosser (20mal beobachtet)
Größe: 10 bis 20 m, manchmal länger
Verhalten: Bewegt sich in senkrechten Wellenbewegungen mit einer Geschwindigkeit bis zu 10 Knoten/Stunde, wenn er gejagt wird. Besonders charakteristisch ist der Atem, der aus den Nüstern sichtbar ausgestoßen wird.

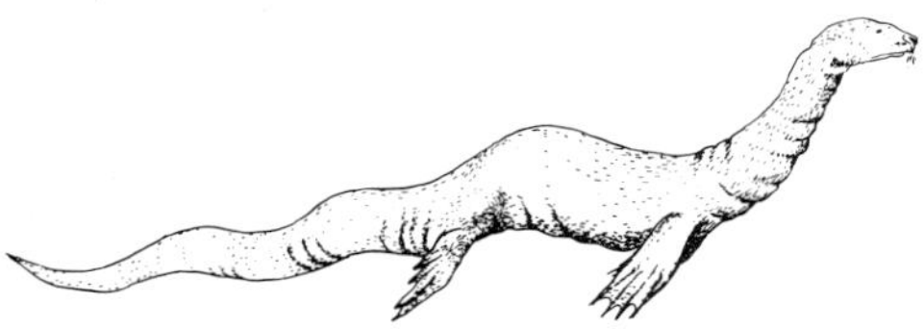

Superotter (13mal beobachtet)
Größe: 20 bis 30 m (ungefähr, weil sein Kielwasser die Beobachter täuscht)
Vorkommen: Nahe der Oberfläche in nördlichen Meeren.
Verhalten: Bewegt sich in Wellenbewegungen, angetrieben von Schwimmflossen mit Zehen. Ist wahrscheinlich ausgestorben.

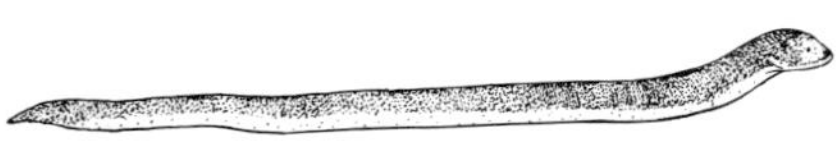

Superaal (12mal beobachtet)
Größe: Normalerweise 10 m oder 30 m, was auf zwei Arten oder mehr hinweist.
Vorkommen: Weitverbreitet in tiefen, kalten Gewässern.
Verhalten: Es wurde beobachtet, daß er Pottwale angriff.

Meeressaurier (4mal beobachtet)
Größe: Bis zu 20 m, viel größer als jedes normale Krokodil.
Vorkommen: Lebt ausschließlich in tropischen Meeren.
Verhalten: Bewegt sich waagrecht mit beträchtlichen Geschwindigkeiten.

Der belgische Zoologe Bernard Heuvelmans schuf diese Übersicht vom Auftauchen von Seeungeheuern während der letzten 400 Jahre. Dadurch konnte er verschiedene Arten ausmachen, die in genau umrissenen Gebieten zu finden sind.

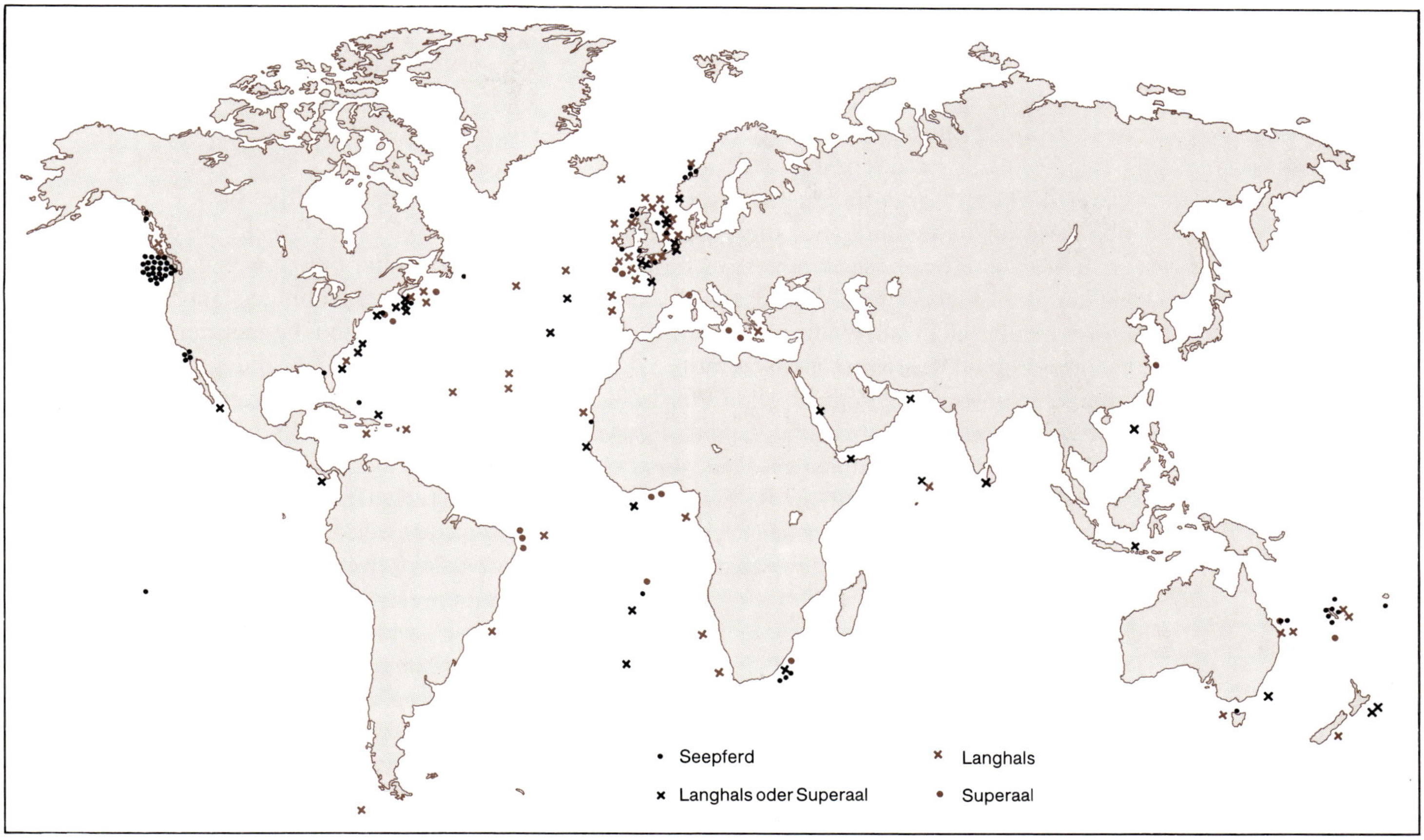

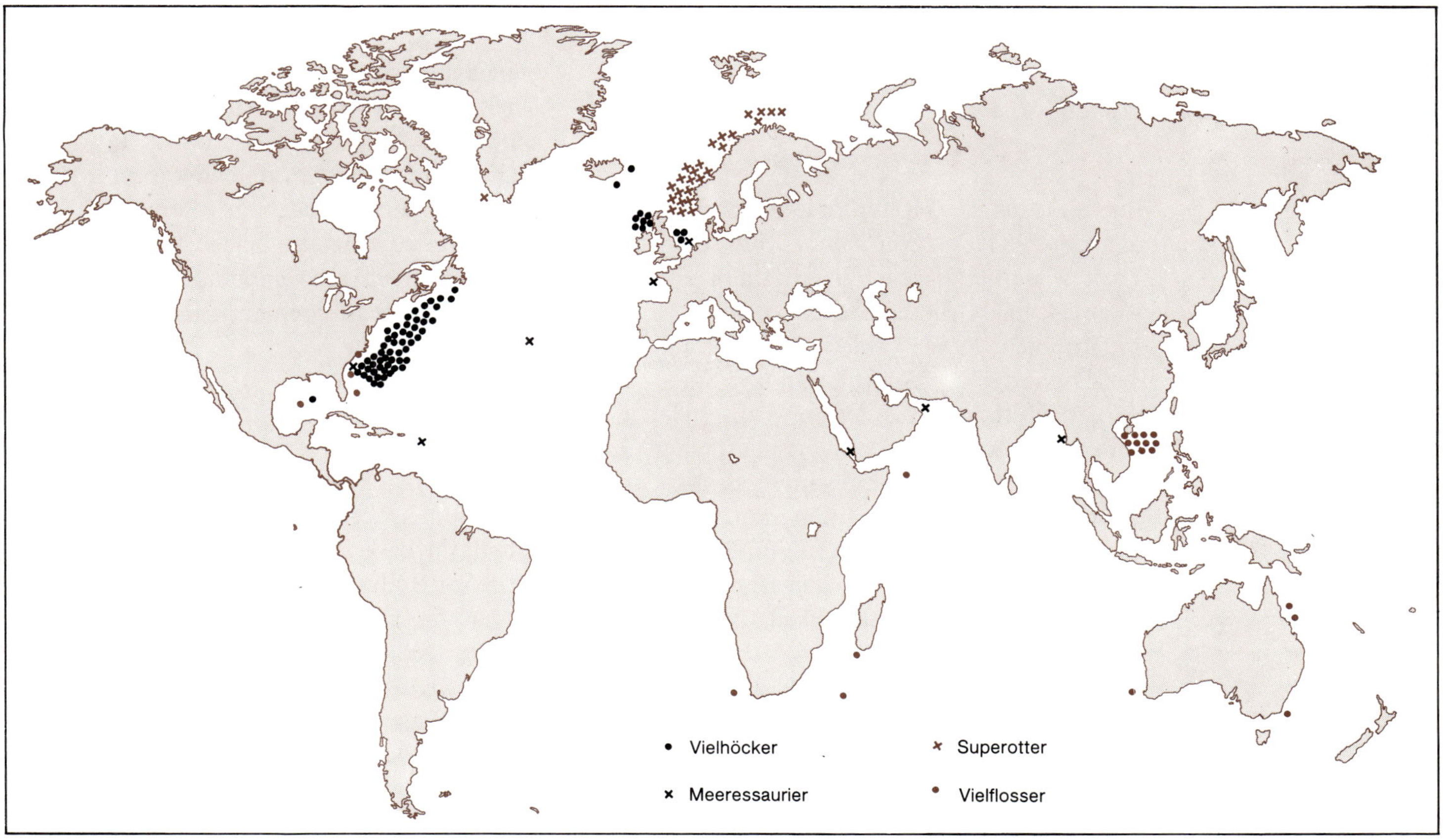

blickte, sah ich die Gestalt eines sich windenden und drehenden großen Lebewesens. Es war durch das Leuchten des Meeres so gut auszumachen, als würde eine Neonröhre dranhängen. Es war ungeheuer groß, etwa 10 Meter oder noch länger und bewegte sich sehr schnell auf mich zu. Ich habe es etwa zehn Sekunden lang gesehen; dann verschwand es rechts unter mir.

Ich hörte auf zu rudern und war vor Schreck wie erstarrt. Ich mußte mich selbst zwingen, meinen Kopf zu drehen und nach hinten zu schauen. Ich sah nichts, aber nach kurzer Zeit hörte ich ein lautes, plätscherndes Geräusch ...

Ich glaube nicht an Phantasiegespinste und suchte deshalb nach einer logischen Erklärung ... Chay und ich hatten schon Walfische, Haie, Delphine und Tümmler, fliegende Fische – alle Arten von Wassertieren gesehen, aber dieses Ungeheuer ähnelte keinem dieser Tiere. Widerwillig mußte ich zu der Ansicht kommen, daß es nur eine Seeschlange gewesen sein konnte.«

Lochkartenanalysen

Wie Heuvelmans sagt, haben solche Berichte einen unbestreitbaren Wahrheitsgehalt. Er fertigte Lochkarten darüber mit allen wichtigen Details an: Ort der Beobachtung, allgemeines Erscheinungsbild, vermutliche Größe des Kopfes, des Halses, der Gliedmaßen, das Hautbild, die Art der Fortbewegung, Geschwindigkeit, Verhalten und viele andere Charakteristika. Das Computerergebnis ergab neun spezifische Typen von Unterwassermonstern, von denen die wichtigsten sieben auf der Seite 234 mit einigen dazugehörigen Daten abgebildet sind.

Er war selbst überrascht, als sich einige, die bei oberflächlicher Betrachtung als ähnlich angesehen werden könnten, bei der Analyse als verschiedene Arten herausstellten. So war es z. B. unmöglich, daß die »vielhöckrige Seeschlange«, die hauptsächlich in New England gesehen wurde, dieselbe wie der norwegische Super-Otter sein könnte. Alle Seeungeheuer paßten zufriedenstellend in »ganz bestimmte ökologische Lücken«. Sie leben in verschiedenen Wassertiefen und bei verschiedenen Temperaturen, so daß sie »nicht gegeneinander kämpfen können«.

Seeschlangen, die in einigen Märchen der Vergangenheit oft übertrieben dargestellt wurden, sind vielleicht eine Realität, – und vielleicht wird sich auch Nessie als eine solche erweisen.

Unbekannte Bestien

Im Gegensatz zu der herkömmlichen Meinung ist unsere Welt noch keineswegs völlig erforscht. Trotz wissenschaftlicher Skepsis gibt es keine zoologischen Gründe, warum nicht aus den äquatorialen Regenwäldern in Zentralafrika, den Dschungeln in Südostasien und Südamerika, den sibirischen Wäldern und aus vielen anderen weitflächigen und unwirtschaftlichen Gebieten überraschend unbekannte Bestien auftauchen könnten. Denn immerhin sind noch zehn Prozent der Erdoberfläche unerforscht.

Der bekannte Naturforscher Baron Georges Cuvier stellte im Jahre 1812 die kühne Behauptung auf, »es besteht nur wenig Hoffnung, daß noch neue Arten großer Vierfüßler gefunden werden«. Seine Behauptung wurde schnell widerlegt, als z. B. der Tapir und viele andere vorher nicht bekannte Tiere entdeckt wurden. Die heute vertretene Meinung über die weitverbreiteten Berichte von haarigen Affenmenschen in vielen Teilen der Erde kommt seiner Auffassung sehr nahe.

Die Berichte werden als Phantastereien abgetan und mit den Vokabeln »unmöglich« und »ausgestorbene Arten« belegt. In vielen Fällen trifft dies zu, aber zumindest bei einigen Lebewesen gibt es nun doch annähernd genaue Beweise.

Scheußlicher Schneemensch

Leider wird die beeindruckendste dieser Bestien auch am meisten angezweifelt. Ein Problem besteht darin, daß sich aus den Berichten kein einheitliches Bild ableiten läßt. Es gibt Beschreibungen des Yeti, nach denen es sich um einen kleinen, behaarten Menschen oder um einen schweren Koloß von fünf Metern oder mehr handelt. Wahrscheinlich kommen verschiedene Arten vor. Das menschengroße Wesen könnte im Zusammenhang mit dem überlebenden Neandertaler aus Zentralrußland (Seite 56) stehen.

In seiner Übersicht »On the Track of Unknown Animals« schreibt Bernard Heuvelmans, daß es nach den Beschreibungen zwei verschiedene Arten geben muß. Einmal den Rimi, der eine Größe von drei Metern erreichen kann und in etwa 3 bis 4000 Meter Höhe lebt. Zum anderen den Nyalmo, vier bis fünf Meter hoch, der im ewigen Schnee in über 4000 Meter Höhe lebt. Er ist ein Fleisch- und eventuell sogar ein Menschenfresser. Heuvelmans Beschreibung des Nyalmo ist sicher das Abbild der westlichen Vorstellung: »Ein großes Wesen, halb Mensch, halb Bestie; er lebt in den Höhlen, die hoch und unzugänglich in den Bergen liegen. Die Gesichtshaut ist weiß, sein Körper von einem dicken Haarpelz besetzt. Die Arme reichen wie bei einem Menschenaffen bis an die Knie; sein Gesicht ist ziemlich menschenähnlich. Seine dicken Beine sind gebeugt. Die Zehen sind nach innen gerichtet – manche sagen sogar, sie sind nach hinten gerichtet. Er ist sehr muskulös, kann Bäume entwurzeln und Felsbrocken von beachtlicher Größe aufheben.«

Aber es ist hier noch viel schwieriger, handfeste Beweise zu liefern, als bei den Seeungeheuern und den Seeschlangen (Seite 232). Weder durch Beobachtungen noch (mit einer einzigen spektakulären Ausnahme) durch Fußabdrücke.

Colonel C. K. Howard-Bury, Leiter der ersten Everest-Expedition im Jahre 1921, gab der Legende als erster Auftrieb. Ihm wurden in 7000 Meter Höhe menschenähnliche Fußspuren gezeigt. Er glaubte aber, daß sie von einem streunenden Wolf stammten. Im Jahre 1925 sah ein Wissenschaftler und Fotograf in 5000 Meter Höhe eine Gestalt, »genau wie ein Mensch, die aufrecht ging und manchmal stehenblieb, um Rhododendronsträucher auszureißen oder daran zu ziehen«. Nach seiner Beschreibung der Fußabdrücke geht man davon aus, daß es sich um einen Bären gehandelt hat. Die vom Londoner »Daily Mail« in den Jahren 1954 und 1957 ausgerichteten Expeditionen fotografierten viele Fußabdrücke, die jedoch nicht erklärt werden konnten.

Die Beobachtungen

Die verschiedenen Berichte über Beobachtungen durch Europäer oder Sherpas werden gleichermaßen angezweifelt. »The Times« vom 2. November 1921 schreibt von einem Schneemenschen, den der Engländer William Knight gese-

Die berühmt gewordenen Fußabdrücke stammen vermutlich von einem Tier von der Größe einer Bergziege. Durch Sonneneinstrahlung wurden die Abdrücke allmählich größer.

Dieser menschliche Fußabdruck konnte jedoch bisher nicht erklärt werden. Die Aufnahme stammt von Eric Shipton aus dem Jahre 1951. Ist das der Beweis, daß es den Yeti wirklich gibt.

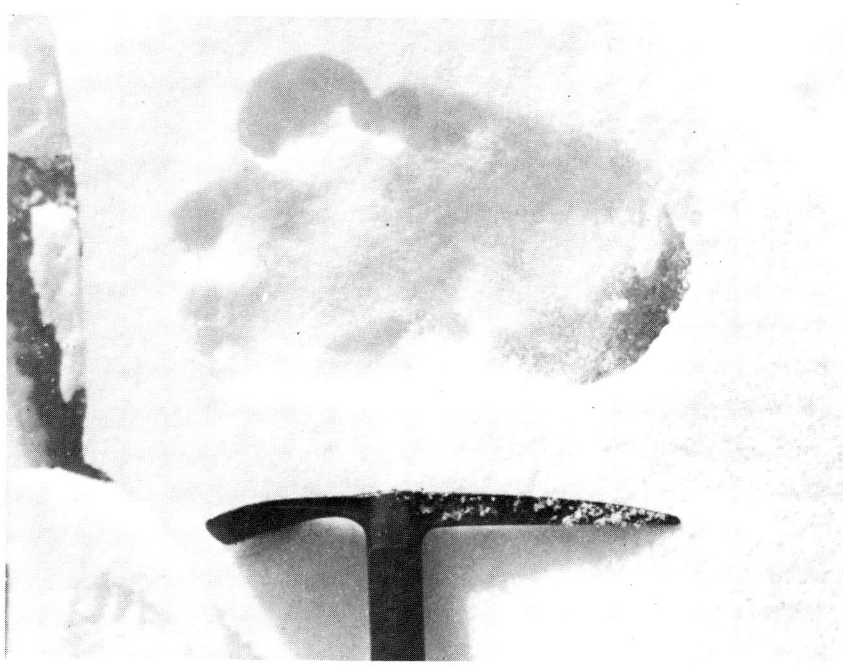

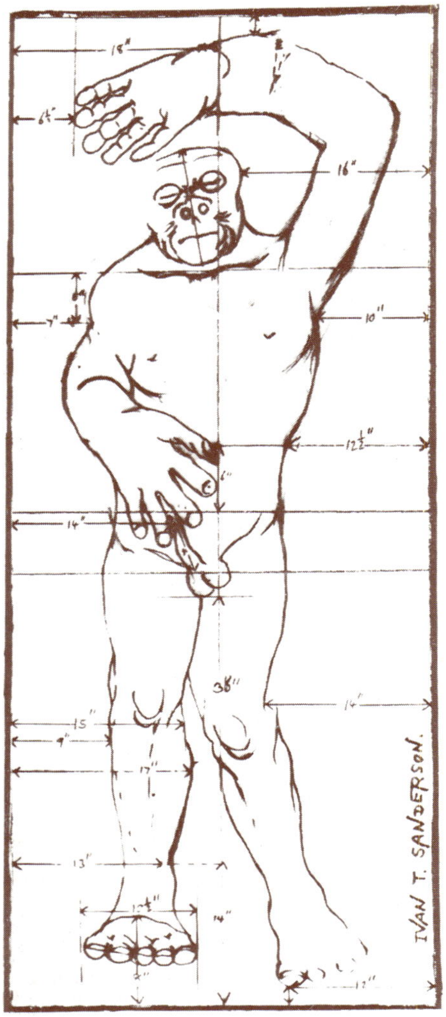

Der Eismensch aus Minnesota

Die wahrscheinlich absurdeste Geschichte über Monster erschien am 30. Juni 1969 in der Zeitung »National Bulletin« und hatte den Titel: »Ich wurde von dem scheußlichen Schneemenschen vergewaltigt.« Darin berichtet ein amerikanisches Mädchen, daß sie von dem Monster (fast) vergewaltigt worden sei und ihm nur entkommen konnte, nachdem sie ihm ins rechte Auge schoß. Das in Frage kommende Wesen wurde zu diesem Zeitpunkt, sicher aufbewahrt in einem Eisblock, auf verschiedenen Volksfesten der USA gezeigt. Ihre Erzählung war nur eine von vielen, wahrscheinlich absichtlich in die Welt gesetzte Horrorgeschichten.

Der »Eigentümer« des Monsters war der Schausteller Frank D. Hansen. Bei verschiedenen Gelegenheiten erzählte Hansen unterschiedliche Geschichten: 1. Er habe die Bestie selbst geschossen. 2. Er habe sie in einem schwimmenden 3000 kg schweren natürlichen Eisblock im Ochotskischen Meer bei Sibirien gefunden. 3. Er habe das Original durch ein künstlich hergestelltes Modell ersetzt.

Es wird wohl immer ein Geheimnis bleiben, warum zwei angesehene Zoologen, Ivan Sanderson und Bernard Heuvelmans, von dem »Monster« so beeindruckt waren, daß sie ihm sogar wissenschaftliche Anerkennung zollten. Heuvelmans ging in dem Bulletin des »Königlich-Belgischen Instituts für Naturwissenschaften« sogar soweit, ihn als »eine unbekannte Art von lebenden menschenähnlichen Wesen, ›Homo pongoides‹«, zu bezeichnen.

John Napier vom Birkbeck College fotografierte und vermaß, was die beiden gesehen hatten. Er kam zu dem Ergebnis, daß das Monster aus Schaumgummi und Kunststoffmaterial hergestellt war. Er glaubt, daß die beiden Wissenschaftler auf einen gewaltigen, kunstvollen Schaustellertrick hereingefallen sind.

Psychologisch betrachtet, mußte jeder von dem Gesehenen beeindruckt sein. der wie diese beiden ein ganzes Leben mit der Forschung nach unbekannten Tieren verbracht hatte.

hen hat. »Er war trotz der großen Kälte völlig nackt . . . er hatte über und über eine fahlgelbe Farbe . . . zottiges, glanzloses Haar auf dem Kopf.« Dies war offensichtlich einer der asketischen Hindu-Einsiedler, genannt Sadhu, die in Höhen bis zu 5000 Meter leben.

Auch die Existenz des Languraffen in diesem Gebiet dürfte wohl viele dieser Berichte erklären. Sie sind groß, wurden schon in Höhen über 4000 Meter gesehen, können auf zwei Beinen stehen und kurzzeitig auch hüpfen. In dem Bericht der Wood/Kirkland/Maggs-Expedition aus dem Jahre 1944 über den »scheußlichen Schneemenschen« an die Zeitschrift »Country Life« findet man die genaue Beschreibung eines Languraffen. Nur die Größe stimmte nicht überein, da er ihrer Auffassung nach mannshoch war. 1970 fotografierte in Nepal der bekannte Bergsteiger Don Whillans eine Reihe von geheimnisvollen Fußabdrücken in 4000 Meter Höhe. Er entdeckte bei Mondlicht eine »affenartige Kreatur«, die auf allen Vieren auf dem Gipfel eines Hügels herumsprang. Obgleich Affen nicht hüpfen, tun dies doch die Languren. Wahrscheinlich hat Whillans einen solchen gesehen . . .

Erfindungen der Sherpas

Die Berichte der Sherpas sind aus vielen Gründen unzuverlässig. Der frühere Leiter der Primatenabteilung des Smithsonian-Instituts, Professor John Napier, hat in der Zeitschrift »Bigfoot« beschrieben, warum ihre Berichte anzuzweifeln sind. »Die Sherpas können nicht unterscheiden zwischen der ›Realität‹ der wirklichen Welt und der ›Realität‹ ihres mythologischen religiösen Glaubens.« Mehrmals haben sie Fußabdrücke dem Yeti zugeschrieben, die nach Feststellung der europäischen Forscher einwandfrei Abdrükke normaler Tiere waren. Napier erläuterte auch den landläufigen Irrtum, daß die Einheimischen unbedingte Kenner der heimischen Tierwelt sein müssen. Sherpas, für die das Töten von Tieren tabu ist, »jagen niemals Leoparden, Bären, Ziegen oder Antilopen . . . Die weitverbreitete Annahme, daß Sherpas einen Bär oder einen Affen nicht von einem Yeti unterscheiden können, mag durchaus richtig sein«.

Ihre Verwirrung über das, was sie wirklich gesehen haben und was sie annehmen, die Besucher möchten es gerne finden, spiegelt sich auch in den Yeti-Souvenirs nieder. Die von ihnen gezeigten Pelz- oder Hautstücke wurden in wissenschaftlichen Untersuchungen als Teile von heimischen Tieren, wie Bären oder Bergziegen, identifiziert. Tatsächlich ist es merkwürdig, daß man trotz anhaltender Suche während der letzten 50 Jahre nur einen handfesten Beweis gefunden hat. Es sind Fußabdrücke, die am Mount Everest in 6500 Meter Höhe von Eric Shipton und Michael Ward fotografiert wurden, und zwar am 8. November 1951 in Begleitung des Sherpas Sen Tensing. Nach intensivem Studium folgerte Napier, »daß der Fußabdruck nicht von einem Menschen, aber auch nicht von einem Affen oder einem der Wissenschaft bekannten affenähnlichen Tier stammt. Welche anderen Möglichkeiten gibt es? Kein anderes Lebewesen auf der ganzen Welt könnte so eine Spur hinterlassen . . . wenn sie nicht existierte, würde ich nicht zögern, den Yeti als Phantasiegebilde abzutun. Aber so wie es aussieht, muß der Fall ungelöst bleiben«.

Riesenaffen

Im Fall der südamerikanischen Riesenaffen ist das Bild aus der herkömmlichen Sicht noch verwirrender. Offiziell gibt es auf diesem Erdteil keine großen Affen – nur viele Arten breitnasiger Affen, die aber nicht größer als ein Meter werden. Gleich zu Beginn der ersten Forschungsreisen tauchten Gerüchte über riesige Lebewesen auf. Sir Walter Raleigh berichtete Ende des 16. Jahrhunderts, daß dort behaarte Menschen leben sollten: »Ich selbst habe noch keine gesehen, aber ich bin überzeugt, daß sich dies so viele Leute nicht ausgedacht haben können.«

Wie auch im Himalaya existieren über diese behaarten Menschen unwahrscheinliche Geschichten. Bernard Heuvelmans erzählt das Erlebnis eines Freundes aus den 50er Jahren: »Auf einer Estancia wurden etwa 100 tote Rinder gefunden. Sie hatten keine Verletzungen, nur die Zunge war herausgerissen und verschwunden. Dies setzte sich etwa acht Monate fort. Dann geschah zwei oder drei Jahre lang nichts, bis das

Dieser »Riesenaffe«, tatsächlich aber kleiner als 2 Meter, wurde von dem Schweizer Geologen François de Loys im Jahre 1920 geschossen.
Die Karte zeigt, wo überall diese und andere Lebewesen in Südamerika gesehen wurden, die in der Zoologie unbekannt sind.

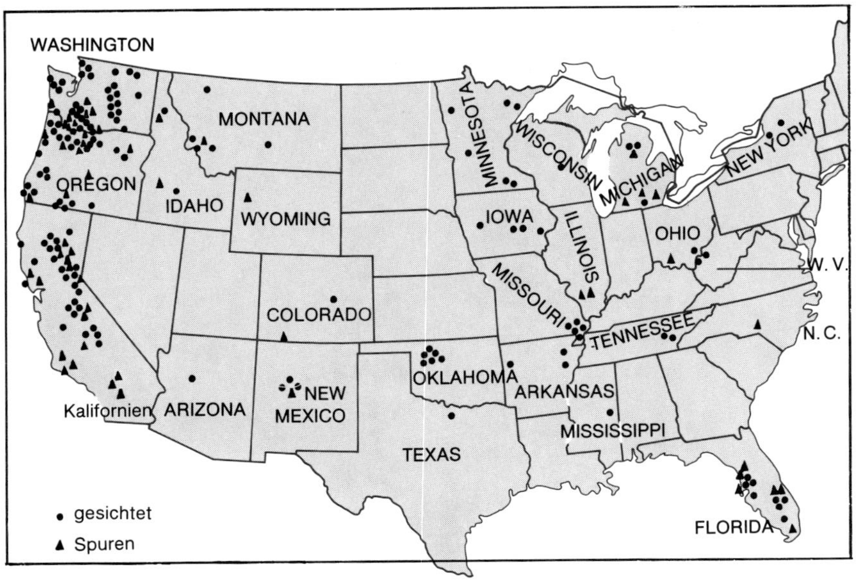

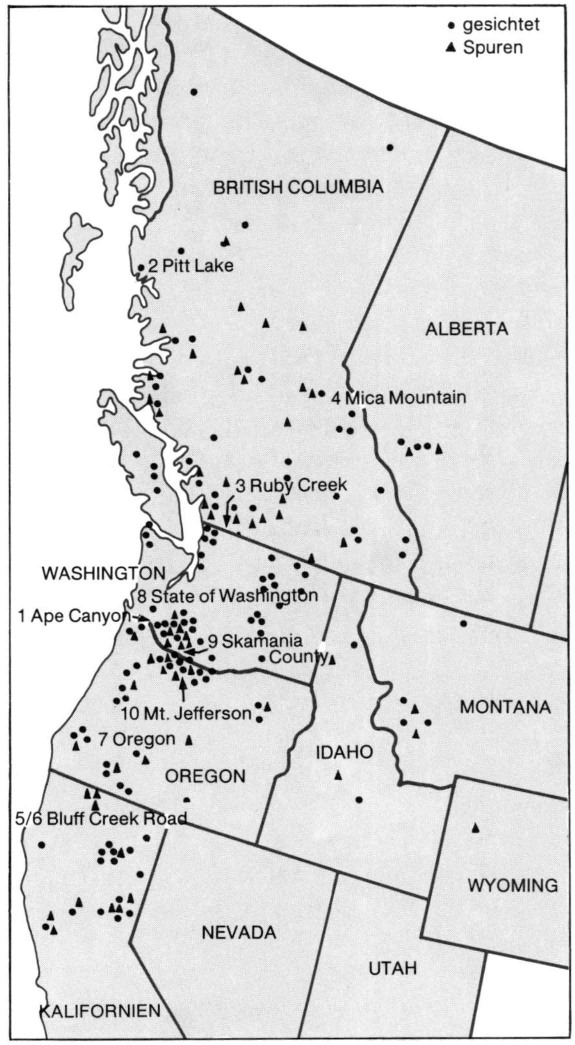

Die besten Beobachtungen des »Bigfoot«

1. 1924. Kampf zwischen Goldsuchern und großen affenartigen Wesen, von denen eines erschossen wurde. Rechtsanwälte und Reporter sahen Hunderte von riesigen Fußabdrücken und Beschädigungen an der Hütte.
2. 1933. Zwei Männer, die auf 4500 m Höhe kampierten, sahen 400 m unter sich ein Tier mit einem »menschenähnlichen Gesicht und pelzbedecktem Körper«, das dort Beeren fraß. Die Fußstapfen konnten nicht von einem Bären gewesen sein.
3. 1940. Mutter und Tochter der Chapman-Familie sahen, wie sich ein 2,40 m großes, haariges, männliches Monster ihrer Farm näherte. Es folgte ihnen zu einem Fluß, um dort zu trinken, nachdem es vorher ein Faß mit gesalzenen Fischen umgeworfen hatte.
4. 1955. Ein Mann beobachtete einen weiblichen »Bigfoot«, der in 20 m Entfernung fraß. Sie steckte Zweige von Büschen in den Mund und fraß die Blätter. Anschließend entleerte sie ihren Darm und untersuchte den Kot.
5. 1958. Ein Bauarbeiter wurde in einem Geräteschuppen von einem Geräusch geweckt. Er öffnete die Tür und sah ein großes behaartes Wesen. Es nahm ein angebotenes Stück Schokolade und rannte weg.
6. 1963. Ein unbekanntes, besonders kräftiges Wesen wütete auf einer Baustelle. Es warf Zementblöcke und einen Lastwagen um. Frische Fußabdrücke wurden gefunden.
7. 1967. Zwei ausgewachsene und ein junges Wesen mit gebeugtem Rücken und zottigem Körper wurden gesehen. Methodisch bauten sie Steinhaufen ab, um Nester von überwinternden oder schlafenden Ratten zu finden, die sie dann »wie Bananen fraßen«.
8. 1969. Zahlreiche Beobachtungen und Fußabdrücke. Zwei Abfalleimer wurden geplündert. Insgesamt zählte man 1089 Fußabdrücke auf einer Müllkippe bei Bossburg.
9. 1970. Professionelle Bigfootjäger sahen das Leuchten der Augen in der Dunkelheit. Sie fanden Fußabdrücke und das Gerippe eines toten Elchs, der kurz vorher gefressen worden war.
10. 1972. Zwei Angler auf einem Gummifloß sahen am Strand etwa 1,80 m und 1,20 m große Affen. Sie verschwanden, als sie entdeckt worden waren. Ihr Aussehen wurde als »graziös und überhaupt nicht wild« beschrieben.

Töten im gleichen Gebiet, nur auf einer anderen Estancia wieder anfing. Nochmals erlitten etwa 100 Tiere das gleiche Schicksal.«

Ein weiteres Erlebnis, bei dem auch tote Rinder mit herausgerissenen Zungen gefunden wurden, bringt das Geschehen in Verbindung mit »einem Dröhnen, das aus den Tiefen des unberührten Waldes kam«, und »menschenähnlichen Fußabdrücken im weichen Sand, die allerdings etwa 60 Zentimeter lang waren«.

Menschenähnliche Gesichter

Die vielen Berichte wären durchaus vernünftig, wenn sie nicht im Widerspruch zum Verzeichnis der bekannten Säugetiere Südamerikas stehen würden. Aber sie sind doch mit den Berichten über etwa 1,65 Meter große menschenähnliche Affen in Einklang zu bringen. Diese werden meist paarweise angetroffen und reagieren sehr gereizt, wenn sie Menschen gegenüberstehen. Sie wurden schon häufig gesehen. Ihr Schrei soll eigenartigerweise wie menschliches Rufen klingen. Wahrscheinlich ist es einer dieser Affen, die das Bild auf der vorigen Seite zeigt.

Es wurde 1920 aufgenommen, als François de Loys, ein Schweizer Geologe, mit seiner Expedition nach drei Jahren an die Grenzen von Kolumbien und Venezuela zurückkehrte. Nicht weit vom Fluß, sagt Heuvelmans, trafen sie plötzlich »zwei große Affen, die aufrecht gehend auf sie zukamen und an einem Gebüsch stehenblieben. Sie schienen außer sich zu sein vor Zorn, schrien, drohten und rissen Zweige ab, die sie wie Waffen schwenkten. Schließlich hatten sie sich in solche Rage versetzt, daß sie den Inhalt des Darms in ihre Hände entleerten und den Kot gegen die Eindringlinge schleuderten«.

Die Expeditionsteilnehmer erschossen das weibliche Wesen und stellten es an einer Kiste auf, um es zu fotografieren. Das Gesicht ist zweifellos menschenähnlich und ein Schwanz ist nicht sichtbar. Die Größe von 1,57 Meter stimmt mit der Höhe der Kiste überein. Es gibt heute kaum Gründe, die Echtheit des Bildes zu bezweifeln, – ein Originalbild eines unbekannten Tieres.

Bigfoot existiert

Bei Bigfoot, dem amerikanischen Verwandten des Yeti, sind die Beweise überwältigend. Man muß annehmen, daß irgendein seltsames Wesen in den unwirtlichen Wäldern im Norden des Kontinents lebt. Natürlich sind Abstriche zu machen bei den vielen Reiseerzählungen und voneinander abweichenden Berichten über die Größe der einzelnen Kreaturen. Sicher kann man auch über die Fotografien streiten. Aber es gab schon entsprechende Beobachtungen, lange bevor die USA kolonisiert waren.

Die Algonquin-Indianer nannten den Bigfoot »Windigo«. Ein französisch-kanadischer Priester charakterisierte ihn in den 30er Jahren so: »Er trug keine Kleider. Sommer wie Winter war er nackt und fror nicht bei Kälte. Seine Haut war schwarz, wie die eines Negers. Er scheuerte sich wie die Tiere an Fichten, Rottannen und anderen harzigen Bäumen. Wenn er dann mit Harz bedeckt war, rollte er sich im Sand. Danach konnte man meinen, er wäre aus Stein.«

Mehrere 100 Augenzeugenberichte aus jüngerer Zeit sind heute bekannt. John Napier wählte 72 davon aus, um ein umfassendes Bild zu erstellen. Er »geht wie ein Mensch« und ist bedeckt mit rötlich-braunem oder kastanienbraunem Haar, die am Kopf etwa 15 Zentimeter lang sind. Viele Berichte sprechen von breiten Schultern und gewölbter Brust sowie einer buckligen Erscheinung, weil offensichtlich der Hals fehlt. Das Gesicht hat eine fliehende Stirn. Die geschätzten Größen reichen von zwei bis zu mehr als drei Metern. Meist liegen sie bei 2,30 Meter. Die Angaben über die Fußabdrücke weichen auch beträchtlich voneinander ab; die meisten liegen etwa bei 40 Zentimeter.

Vergrößerter Bildausschnitt aus Roger Pattersons Film über den Bigfoot. Die Aufnahme wurde bei Bluff Creek in Kalifornien gemacht. Die Skeptiker, die aber unter den Experten in der Minderheit sind, behaupten, daß das Wesen ein Schauspieler in Tierfellen ist.

Unlösbares Rätsel

So seltsam es anmuten mag, die Nadelwälder des nordamerikanischen Kontinents sind weitgehend unerforscht. Es gibt daher keinen zwingenden Grund, warum dort nicht mehrere unbekannte Lebewesen existieren sollen, die sich von einer spärlichen und vorwiegend pflanzlichen Kost ernähren. Jagen ist dort im allgemeinen nicht möglich, und die Straßenbauer und Waldarbeiter haben kaum Gründe, sich von den geschlagenen Schneisen zu entfernen.

Aber warum werden immer nur Fußabdrücke und niemals ein Leichnam oder ein Skelett oder auch nur ein einzelner Knochen gefunden? Und warum ist auch im Bigfoot-Gebiet der Kamerakobold am Werk, genau wie bei Loch Ness? Der bisher beste Film, er stammt von Roger Patterson, konnte eine Reihe von Experten von seiner Authentizität überzeugen. Doch nicht John Napier, da Patterson sich nicht erinnern kann, ob die Filmgeschwindigkeit auf 16 oder 24 Aufnahmen pro Sekunde eingestellt war. Denn es könnte sich ja auch um einen entsprechend herausgeputzten Schauspieler handeln. Die Skeptiker wird man erst überzeugen, wenn der Bigfoot näher untersucht werden kann.

Kinder der Wildnis

Der wilde Junge von Aveyron in Mittelfrankreich wurde im Jahre 1799 nackt gefunden. Er lief auf allen Vieren und fühlte sich in seiner Umgebung wohl. Nach seiner Gefangennahme wurde er ein Lehrbeispiel für die Erziehung von Spätentwicklern.

Aus dem unbewußten Wunsch heraus, unsere Abstammung wiederzuentdecken, haben wir schon immer ein großes Interesse an Menschen, die in der Lage sind, die scheinbar unüberwindliche Grenze zwischen Mensch und Tier zu überbrücken.

Es ist sicher nur Legende, daß Romulus und Remus von einer Wölfin gesäugt wurden. Seit dieser Zeit aber gibt es viele bekannte Geschehnisse, die nicht in den Bereich der Sagen gehören. Lucien Malson führt in seinem Buch »Les Enfants Sauvages« 53 Beispiele von wilden Kindern auf, die seit 1344 v. Chr. in vielen Ländern gefunden wurden. Seit damals sind noch verschiedene andere authentische Fälle bekanntgeworden: zwei Gazellen-Jungen in Nordafrika, ein sieben Jahre alter Affen-Junge in Burundi und ein weiterer Affen-Junge aus Sri-Lanka.

Fast ohne Ausnahme verlaufen ihre Lebensgeschichten sehr unglücklich. Kinder, die aus ihrer natürlichen Umgebung in die Zivilisation zurückgebracht werden, reagieren meist nicht gut auf dieses Experiment. Sie sterben nach relativ kurzer Zeit und nur wenige sind fähig, ein paar Worte zu lernen. Die schmähliche Behandlung, die die meisten während ihrer Erziehung erfahren haben, war fast immer unerträglich schmerzhaft. Das im Jahre 1344 in Hessen entdeckte Wolfskind hatte vier Jahre lang nackt in den Wäldern gelebt. Es aß nur rohe Nahrungsmittel und wurde von Wölfen beschützt, die ihm auch eine Höhle gegraben hatten. Wie diese bewegte es sich nur auf allen Vieren. Damit es aufrecht gehen lernte, wurden ihm Bretter an den Beinen befestigt.

In der Champagne in Frankreich fand man ein etwa neun oder zehn Jahre altes Mädchen. Sie war dem Waldleben bereits so angepaßt, daß ihre Daumen besonders groß entwickelt waren, damit sie sich von Baum zu Baum schwingen konnte. Sie wurde Ordensschwester, und man lehrte sie folgende Sätze: »Warum hat Gott mich gesucht, mich vor den wilden Tieren bewahrt und mich zu einer Christin gemacht? Doch sicher nicht, um mich allein und verhungern zu lassen? Das ist nicht möglich. Ich kenne nur ihn; er ist mein Vater, und die Jungfrau Maria ist meine Mutter; sie werden mich beschützen.«

Dieser Junge, der im Jahre 1973 im Dschungel von Sri Lanka gefunden wurde, lebte wahrscheinlich bei Affen.

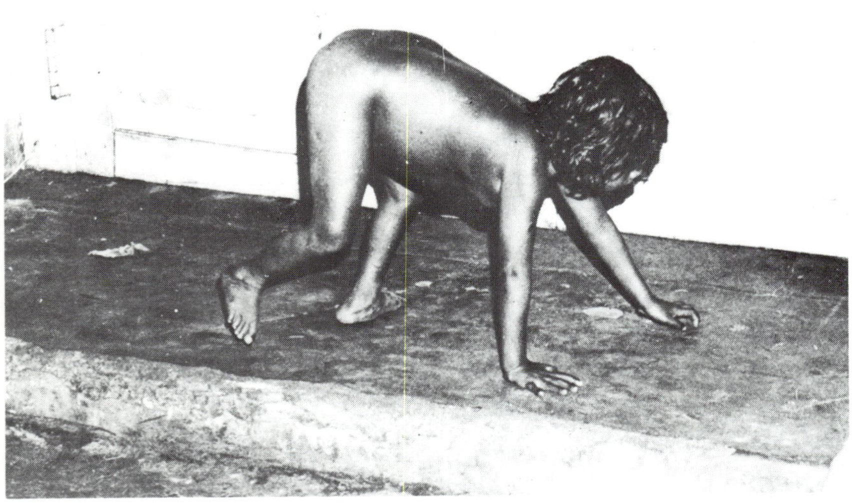

Experimente mit Menschen

Der Wunsch, mit solchen Kindern zu experimentieren, um sie zu »normalen« Menschen zu machen, ist auf der ganzen Welt verbreitet. Der französische Anthropologe Jean Claude Armen berichtete 1970, daß ihm ein amerikanischer Professor Räumlichkeiten angeboten hatte, um ein von seiner Mutter verlassenes Kind zu studieren, das bei Wölfen in der sibirischen Steppe aufgewachsen war.

Eines der erfolgreichen Beispiele für eine Sozialisierung war der Fall des Jungen von Aveyron. Im Jahre 1799 holten ihn Jäger vom Baum. Er war etwa 12 Jahre alt und man nahm an, daß er sich als kleines Kind im Wald verirrt hatte. Er lebte von Nüssen und Beeren. Er entfloh bei der erstbesten Gelegenheit, wurde aber erneut eingefangen. Die führenden französischen Psychologen bezeichneten ihn als einen unheilbaren Irren. Dann kam er glücklicherweise in die Obhut von Jean-Marc Itard. Dieser war Lehrer an einer Taubstummenschule und arbeitete mit viel Geduld und Einfühlungsvermögen. Victor, wie man den Jungen nannte, machte Fortschritte und wurde ein Lehrbuchbeispiel, wie mit Geduld geistig Unterentwickelten geholfen werden

Diesen Weg nahm der französische Anthropologe Jean Claude Armen, um den Gazellen-Jungen zu finden. Um andere von der Jagd abzuhalten, gab er keine genauen Einzelheiten über das tatsächliche Fanggebiet bekannt.

Genaue Route ——
Ungenaue Route ········

R.M. Zingg von der Denver-Universität untersuchte alle bekannten Fälle bis zum Jahre 1940 und stellte ihre wichtigsten Charakteristiken für die amerikanische Zeitschrift »Journal of Psychology« zusammen.

	Geschlecht	Alter bei Entdeckung	Fortbewegung auf 4 Beinen	Lernte Gehen	ohne Sprache	Gab Tierlaute von sich	Umgang mit	Nahrung	fraß oder trank wie ein Tier	Liebte den Umgang mit Tieren	Unempfindlich gegen Wärme und Kälte	Erlernte Fähigkeiten
Litauischer Bärenjunge 1661	männlich	12	●	●	●	●	Bär	Kohl, Gras, Fleisch				gering
Hessischer Wolfjunge 1344	männlich	7–12	●	●	?		Wolf	keine Angaben				gering
Trisher Schafjunge 1672	männlich	16			●	Blöken	Schafen	Gras, Heu		●	keine Angaben	
Bamberger Kuhjunge	männlich		●			Kühen		keine Angaben			erheblich	
Wilder Peter von Hannover 1724	männlich	12			●			Rinde, Gras			gering	
Die Pyrenäenjungen 1719	männlich		●					Kräuter, Blätter				
Das Mädchen von Cranenburg 1717	weiblich	18			●			Frösche, Fische			erheblich	
Mädchen in Songi 1731	weiblich				●			Grünzeug, Wurzeln			erheblich	
Jean von Liége	männlich	21										keine Angaben
Der 2. Wolfjunge, Wetterau	männlich						Wolf	keine Angaben				beträchtlich
Der 2. Litauische Bärenjunge 1694	männlich	10	●	●	●	●	Bär	Brot				wenig
Der 3. Litauische Bärenjunge	männlich	12	●		●	●	Bär	rohes Fleisch				keine Angaben
Sleeman Wolfkind 1.	männlich		●	keine Angaben	●	●	Wolf	rohes Fleisch	?		●	
Sleeman Wolfkind 2.	männlich		●	keine Angaben	●	keine Angaben	Wolf		leckte wie ein Hund	Hunden		
Sleeman Wolfkind 3.	männlich				●	●	Wolf	rohes Fleisch				
Sleeman Wolfkind 4.	männlich		●	●	●		Wolf	keine Angaben				
Sleeman Wolfkind 5.	männlich		●	Keine Angaben	●		Wolf	Brot, Fleisch				
Sleeman Wolfkind 6.	männlich		●		●		Wolf	rohes Fleisch		Wolf		
Wolfkind in Sultanpur	männlich	4	●			●	Wolf	rohes Fleisch				wurde Polizist
Wolfkind in Shahjehanjur	männlich	6	●		●	●	Wolf	rohes Fleisch			●	keine
Dina Sanichar	männlich	6	●		●		Wolf	rohes Fleisch	schärfte die Zähne an Knochen		●	keine
2. Wolfkind in Sikandra	männlich	10	●		●	●	Wolf	rohes Fleisch				gering
2. Wolfkind in Overdyke	männlich							Vogeleier				
Clemens in Overdyke	männlich		●		unklar		Schwein	Grünzeug		Schweine		
Schweinemädchen von Salzburg	weiblich		verkrüppelt		●	grunzen	Schwein				●	keine
Junge in Kronstadt	männlich	23			?			Gras, Wurzeln, Fleisch				gering
Junge in Aveyron	männlich				●			Nüsse, Wurzeln			●	gering
Junge in Zips, Ungarn	männlich			●				Wurzeln, rohes Fleisch			Pferde	erheblich
Kaspar Hauser	männlich	17		●	●			Brot u. Wasser		Tiere		ganz erheblich
Amala, Midnapore	weiblich	2	●	●	●	●	Wolf	rohes Fleisch	echte Milch		●	einige
Kamala Midnapora	weiblich	8	●	●	●	●	Wolf	rohes Fleisch	nagte Knochen		●	einige
Leopardjunge, Indien	männlich	5	●				Leopard	rohes Fleisch				

kann. Er lebte ungefähr vierzig Jahre und lernte einige Worte sprechen. Sein Verhalten gegenüber der Umwelt war freundlich und ausgeglichen.

Akademische Ablehnung

Psychologen bestreiten normalerweise die Möglichkeit, daß Kinder bei Tieren aufwachsen und überleben können. Der Amerikaner Bruno Bettelheim schreibt in seinem klassischen Werk über Autismus, »Empty Fortress«, folgendes: »Der Glaube an die Wahrheit von gelegentlichen Berichten über Kinder, die bei Wölfen aufgewachsen sind und sich wie Tiere benehmen, kann teilweise wohl durch die krankhafte Abneigung, die menschliche Natur dieser sogenannten unkultivierten Kinder anzuerkennen, erklärt werden.«

Er ist der Meinung, daß die Wolfskinder typische Symptome von autistischen Kindern zeigen, z. B. unbewußt zu urinieren und den Darm zu entleeren, der Wunsch nackt herumzulaufen, die Unmöglichkeit zu sprechen und schreiende, klagende Laute von sich zu geben, nur ungekochte Nahrungsmittel zu essen, Menschen zu beißen.

Einmalige Eigenschaften

Diese etwas wirklichkeitsfremde, akademische Analyse läßt die große Zahl von physischen Eigenschaften außer acht, die bei den Wolfskindern einmalig zu sein scheinen. Autistische Kinder, obwohl sie oft immun sind gegen Kälte und Hitze, haben nicht die samtweiche und feine Haut, die bei den beiden Wolfskindern von Midnapore (Bild auf der gegenüberliegenden Seite) festgestellt wurde. So auch bei Victor, der bei kaltem, starken Regen im Freien kauerte und keine Zeichen von Unbehagen zeigte. Er konnte glühende Kohlen anfassen und heiße Kartoffeln aus kochendem Wasser herausnehmen. Mit Autismus kann auch nicht erklärt werden, warum die Kinder sich wie die Tiere fortbewegen, bei denen sie lebten.

Jean Claude Armen beschreibt den von ihm in der Sahara entdeckten Gazellen-Jungen als »lebendig, dunkel, mit mandelförmigen Augen und einem netten, offenen Ausdruck (nicht verdrossen, wie bei den Kindern, die bei fleischfressenden Tieren aufgewachsen sind). Er schien etwa zehn Jahre alt zu sein. Seine Gelenke waren übermäßig dick und offensichtlich kräftig«.

Er untersuchte die Spuren einer flüchtenden Gazellenherde und fand dabei Abdrücke von »kleinen, offensichtlich menschlichen Füßen. Das Gewicht lagerte auf dem Vorderteil des Fußes und hinterließ kaum einen Eindruck im Sand, was eine seltsame Geschmeidigkeit offenbarte. Die menschlichen Fußabdrücke stimmten mit dem Rhythmus der sprunghaften Spuren der Gazellen überein«.

Nach einigen Tagen geduldiger Beobachtung, versuchte er die Aufmerksamkeit des Jungen auf sich zu ziehen. Eines Tages kam die Leitgazelle zu Armen und beschnupperte ihn mit ihrer feuchten, schwarzen Nase. »Daraufhin kam auch der Junge zu mir und schnüffelte an meinen Zehen. Er zeigte immer noch einige Anzeichen von Furcht.« Der Junge leckte ihn nach Gazellenart ab und verhielt sich genauso wie die Gazellen. Er hüpfte und sprang herum, schnupperte an verschiedenen Dornbüschen, Blumen, Beeren, Dungballen und so weiter. Armen beobachtete auch, daß das Kind die Ohren spitzte, sobald ein ungewöhnliches oder verdächtiges Geräusch zu hören war. Seine eingehenden Beobachtungen brachten ihn zu der Überzeugung, daß der Anthropologe Claude Lévi-Strauss mit der herkömmlichen Ansicht völlig unrecht hat. Sie besagt: »Die Mehrzahl der wilden Kinder waren von Geburt an abnormal und wurden deshalb ausgesetzt.«

Im Gegenteil, sagt Armen, die Überlebenschancen für abnormale oder beschränkt normale Kinder in der Wildnis wäre gleich Null. Der Gazellen-Junge aus der Sahara war fast völlig in die Herde integriert. Er gebrauchte ihre Zeichensprache und nahm an ihren Spielen teil.

Bezüglich des Ernährungsproblems vermuten Anthropologen wie Armen, daß der menschliche Körper weitaus anpassungsfähiger ist, als wir gemeinhin glauben. Man beobachtete, wie der Gazellen-Junge mit Behagen Dhanoun-Wurzeln verspeiste, die die anderen Tiere ausgegraben hatten: »Er packte die Wurzel mit den Zähnen und entfernte mit der Zunge die kleinen Teile, um sie dann mit den Schneidezähnen zu zerbeißen.« Als Armen den Jungen später näher untersuchen konnte, stellte er fest, daß die Zähne so gleichmäßig waren, wie bei pflanzenfressenden Tieren.

Entgangene Gelegenheit

Leider wurde in jüngerer Zeit auf Grund einer Panne und missionarischem Übereifer eine Gelegenheit verpaßt, die Eßgewohnheiten von Kindern zu beobachten, die bei fleischfressenden Tieren aufgewachsen sind. Im Jahre 1920 hörte der Reverend J. A. L. Singh während einer Missionsreise in Midnapore von zwei bösen »manush-baghas« – kleinen geisterhaften Lebewesen mit glühenden Augen, weder Mensch noch Tier. Sie kamen in Begleitung einer Wölfin aus den nahegelegenen Wäldern und belästigten häufig die Dorfbewohner. Ihr Lager war ein verlassener Ameisenhaufen. Nach zweimaligem flüchtigem Ansehen entschied Singh, daß die Geister Menschenkinder waren, die auf allen Vieren liefen und »gräßlich anzuschauen waren«.

Er veranstaltete ein Treffen des örtlichen Stammes, um das Lager aufzuheben. Am 17. Oktober standen die Leute bereit. Zwei Wölfe brachen aus, sobald mit dem Graben angefangen worden war. Nach Charles Macleans Rekonstruktion in dem Buch »The Wolf Children« aus dem Jahre 1977 erschien anschließend eine Wölfin. »Aber sie floh nicht wie die anderen, sondern griff die Leute an, die nach allen Seiten auseinanderstoben. Dann zog sie sich wieder in die Höhle zurück. Dann kam sie erneut heraus, jagte umher, knurrte heftig und stampfte auf den Boden. Sie senkte den Kopf und fletschte die Zähne. Ihr Schwanz bewegte sich heftig hin und her, aber sie rannte nicht weg. Als sie die Leute zum zweiten Mal angreifen wollte, waren die Bogenschützen zur Stelle. Bevor Reverend Singh sie davon abhalten konnte, töteten sie die Wölfin mit ihren Pfeilen.«

Als man den Ameisenhügel öffnete, fand man die Kinder und zwei junge Wölfe eng aneinandergeschmiegt. Nach einem heftigen Kampf konnte man sie trennen. Die jungen Wölfe wurden später verkauft und die beiden Kinder in das Waisenhaus von Midnapore gebracht. Das jüngere, etwa 18 Monate alt, starb innerhalb eines Jahres. Das ältere, etwa acht Jahre alt, lebte noch neun Jahre. In dieser Zeit lernte es auch, zeitweilig aufrecht zu stehen, mit den Händen zu essen und etwa 30 Worte Englisch zu sprechen. Singhs Bericht über die Art, wie die Jungen gefangengenommen wurden, wird seitdem heftig diskutiert. Später leugnete er, bei dem Unternehmen überhaupt anwesend gewesen zu sein. Hätte die Wölfin lebend gefangen werden können, wäre der Anthropologie vielleicht eine neue Dimension gegeben worden.

Kamala, das älteste von zwei Kindern, die von Reverend J.A.L. Singh im Jahre 1920 in einer Wolfshöhle gefunden wurden, brauchte drei Jahre, um aufrecht stehen zu können. Anfänglich aß das Mädchen auf allen Vieren. Später nahm sie jedoch Nahrung von ihrem Betreuer an. Sie lernte bis zu 30 englische Wörter und starb nach etwa neun Jahren.
(unten)
Hier liegt Midnapore, wo sie in dem von Singh geleiteten Waisenhaus lebte.

Kaspar Hauser

Bis zu seinem gewaltsamen und geheimnisvollen Tod im Jahre 1833 beherrschte ganz Europa die außergewöhnliche Geschichte von Kaspar Hauser, dem Jungen aus dem Nichts. Er war Analphabet und tauchte am 26. Mai 1828 im Alter von 16 oder 17 Jahren in der hübschen mittelalterlichen Stadt Nürnberg auf. Er hatte blutende Füße und behauptete, den größten Teil seines Lebens in einer kleinen, dunklen Zelle eingeschlossen gewesen zu sein. Schnell entwickelte er bemerkenswerte intellektuelle und artistische Fähigkeiten und fand Einlaß in die höchsten gesellschaftlichen Kreise. Einige seiner Zeitgenossen glaubten, daß er adliger Abstammung und das Opfer eines Komplotts sei. Andere meinten, er sei einfach ein Lügner, der sich mit seiner geheimnisvollen Geschichte interessant machen wolle. Die Angelegenheit wurde heftig diskutiert, aber niemals gelöst.

Heute, nach 150 Jahren, kann man Hunderte von zeitgenössischen Berichten heranziehen, um sich ein Urteil zu bilden. Sie tendieren sowohl zu der einen, als auch zu der anderen Version, aber die grundlegenden Tatsachen des »Skandals« stimmen mehr oder weniger überein.

An einem Pfingstmontag tauchte er in Nürnberg auf. An diesem Feiertag waren viele Menschen auf den Straßen der Stadt. Die Beschreibungen seines Aussehens sind ziemlich einheitlich: Seine Kleidung, zum Teil aus Seide, war früher von guter Qualität. Nun aber sah er wie eine Vogelscheuche aus. Er hatte einen taumelnden Gang und hinkte, da seine Schuhe zu klein und mit Hufeisen und Nägeln verstärkt waren. Die Zehen schauten heraus und bluteten. Ein Schuster war der erste, der ihn am Unschlittplatz entdeckte. Hauser konnte sich kaum auf den Beinen halten. Seine Knie zitterten; seine Augen waren starr und verwirrt. Zusammen mit seinen hervortretenden Backenknochen gab ihm dies einen leicht tierischen Ausdruck.

Er konnte anscheinend kaum sprechen. Dem Schuster zeigte er einen Brief, der »An den Hauptmann der 4. Schwadron, 6. Reiterregiment« adressiert war. Dorthin wurde er dann auch gebracht. Während er auf den Hauptmann wartete, zeigte er die ersten widersprüchlichen Reaktionen. Die ihn Umgebenden waren danach überzeugt, daß er die meiste Zeit seines Lebens in Abgeschiedenheit verbracht haben mußte. Er versuchte die Flamme einer Kerze anzu-

Ein Bild der Stadt Nürnberg im frühen 19. Jahrhundert. Durch den Fall Kaspar Hauser erhielt sie damals einen großen Bekanntheitsgrad.

fassen und weinte, als er sich daran verbrannte. Von den Küchengerüchen wurde ihm übel. Als ihm Schinken und Bier angeboten wurden, fiel er fast in Ohnmacht. Gierig verspeiste er jedoch Brot und Wasser. Auf Fragen antwortete er nur: »Weiß nicht«. Eine große Standuhr schien er als Lebewesen zu betrachten und weigerte sich, in ihre Nähe zu gehen.

Fixierung auf Pferde

Er stand stramm, als er den Hauptmann sah. Er bewunderte und streichelte die Uniform und den Degen. Nun stammelte er weitere Worte: »Möchte Soldat werden, wie mein Vater« und »Pferd, Pferd«. Der Hauptmann konnte sich keinen Reim daraus machen. Die beiden Briefe, die sich als offenkundige Fälschungen herausstellten, enthielten die etwas wirren Bitten, den Jungen als Reitersoldat auszubilden und »wenn sie ihn nicht behalten wollen, müssen sie ihn totschlagen oder aufhängen«. Der Hauptmann entschied, daß er »entweder ein primitiver Wilder oder ein Schwachsinniger« war und überstellte ihn der örtlichen Polizei als Findelkind.

Auf der Wache passierten die nächsten wichtigen Ereignisse dieser Geschichte. Man gab ihm einen Bleistift und forderte ihn auf, Name und Adresse niederzuschreiben. Darauf schrieb er ohne zu zögern »KASPAR HAUSER«. Ansonsten antwortete er auf alle Fragen nur »Weiß nicht«. Man entkleidete und untersuchte ihn. Er war kräftig und gesund und hatte eine gute Gesichtsfarbe. Seine Fußsohlen waren weich, wie die Innenseiten seiner Hände, aber mit Schnittwunden und Blasen bedeckt. Er schrie vor Schmerzen. Als man ihn in eine Zelle sperrte, schien er erleichtert zu sein. Bezeichnenderweise berichtete der Gefängniswärter: »Er kann stundenlang sitzen, ohne sich zu bewegen. Er läuft nicht herum und schläft auch nicht. Anscheinend fühlt er sich wohl dabei. Außerdem bevorzugt er die Dunkelheit und kann sich wie eine Katze bewegen.«

Die Betrugshypothese

Die Geschichte von Kaspar Hauser ist so ungewöhnlich, daß die meisten heutigen Wissenschaftler sie mit der Einstellung untersuchen würden, wie man sie psychischen Forschungen angedeihen läßt (S. 99): Bis alle Betrugsmöglichkeiten ausgeschaltet sind, wird den Geschehnissen nicht geglaubt; oder andersherum gesagt, je unwahrscheinlicher die Geschichte ist, um so besser müssen die Beweise sein.

Wenn man es von dieser Warte aus betrachtet, würde Kaspar Hauser den unbarmherzigen Untersuchungen nicht standhalten können. Nahezu alle Ereignisse in seinem Leben zeigen uns einen Menschen, der versessen war auf ständigen Ruhm, Erfolg und Amüsement.

1. Medizinische Unterstützung
Sein Gesundheitszustand wäre bei einer Kost von Brot und Wasser in einem dunklen Raum kaum so gut gewesen. Hätte er wirklich seit dreizehn Jahren niemals aufrecht gestanden, wäre er verkrüppelt gewesen und hätte nicht mehr gehen können. Seine einzigen Abnormitäten waren die mit Schnitten und Blasen bedeckten Füße; und auch die Fähigkeiten, bewegungslos in einer ungewöhnlichen Stellung zu sitzen, könnte absichtlich herbeigeführt worden sein.

2. Erziehung
Die Schnelligkeit, mit der er sprechen, schreiben und lesen lernte, ist unglaublich für jemanden mit dieser (von ihm beschriebenen) Vergangenheit. Aber sie wäre durchaus verständlich, wenn jemand nur vorgibt, Analphabet zu sein.

3. Biographie
Sein Bericht über die Gefangenschaft klingt nach Phantasie, ist aber gleichzeitig nicht zu widerlegen. Er war nicht detailliert genug, um seine Gefängniswärter zu identifizieren. Das angebliche Gefängnis wurde niemals gefunden.

4. Nachforschungen
Die Stadtväter von Nürnberg waren hoch erfreut über den Zuwachs an Ruhm und Handel den Kaspar Hauser der Stadt brachte. Mehr als leichtgläubig akzeptierten sie seine Geschichte.

5. Attentate
Das erste Attentat war zu schlecht ausgeführt, um von einem bestellten Killer begangen worden zu sein.

Nach dem Zwischenfall, der zu seinem Tod führte, sagten zwei von drei Ärzten, die die Wunden untersuchten, daß diese auch selbst beigebracht worden sein könnten. Es gab auch nur eine Art von Fußabdrücken am Tatort. Dr. Meyer war überzeugt, daß Hauser ein Betrüger war und erklärte dies auch öffentlich.

Zwei Tage später wurde er vom Gefängnisarzt auf versteckte Krankheiten untersucht. Dieser befand ihn als gesund: »Der Mann ist weder schwachsinnig noch dumm. Aber anscheinend wurde er auf eine ziemlich schreckliche Art mit Gewalt daran gehindert, sich persönlich und gesellschaftlich normal zu entwickeln.«

Er wies besonders auf die einmalige Mißbildung an beiden Knien hin. Wenn der Junge auf ebenem Boden saß, konnte er seine Beine genau gerade ausstrecken. Diese Eigentümlichkeit wurde wohl in seiner Kindheit durch Sitzen in dieser Stellung verursacht, als seine Knochen noch nachgiebiger waren. Der Junge erlangte bald öffentliche Berühmtheit. Hunderte von Besuchern kamen, um in seine Zelle zu sehen, wie er sein Brot verschlang und ohne Verlegenheit den Darm entleerte. Der Tumult der vielen Leute störte ihn überhaupt nicht, auch wenn er tief versunken mit einem Spielzeugpferd spielte, das ihm ein Polizist geschenkt hatte.

Bei dem Geruch von Fleisch oder Wein wurde ihm immer noch übel. Auch hatte er weiterhin Schwierigkeiten, zwischen lebendigen und leblosen Gegenständen zu unterscheiden. An einer tickenden Uhr konnte er sich stundenlang erfreuen. Wenn er aß, fütterte er auch sein Spielzeugpferd. Mit seinem begrenzten Wortschatz bezeichnete er Männer und Frauen als »Kinder« und Tiere als »Pferde«.

Dauerndes Lernen

Dann begann ein erstaunlich schneller Lernprozeß, als wollte er die Ansicht des Gefängnisarztes bestätigen, daß er in seiner geistigen Entwicklung bewußt zurückgehalten worden war. Innerhalb von sechs Wochen konnte er fließend sprechen und fast genausogut lesen und schreiben, wie andere Jungen in seinem Alter. Er hatte auch keine Schwierigkeiten mehr, sich der Gegenstände des täglichen Lebens zu bedienen – Messer, Gabeln, Streichhölzer, Laternen usw.

Am 7. Juli 1828 erstellte er eine erste Zusammenfassung seines früheren Lebens. Sie wurde

Das späte Porträt Kaspar Hausers zeigt ihn wohlgenährt und mit lockigem Haar.

Die Verschwörungsthese

In der Anthroposophie, einer Lehre, wonach die Entwicklung der menschlichen Erkenntnisfähigkeit zu einer fortschreitenden Wesensschau des Geistigen in Welt und Mensch führt, gehört der Glaube an Kaspar Hauser zu den Grundlagen. Die Geschichte seiner Gefangenschaft wird in allen Einzelheiten für wahr erachtet. Sie soll das Ergebnis eines Komplotts gewesen sein, um ihm die Thronfolge in Baden vorzuenthalten. Es war nicht nur Gutherzigkeit, warum er gefangengehalten und nicht getötet worden war. Die Verschwörer hatten eine genaue Kenntnis des Okkulten. Sie glaubten, nach seiner Tötung würde er ihnen in seinem nächsten Leben schaden können. Deshalb unterdrückten sie seine Entwicklung in den entscheidenden Jahren, damit er vor Außenstehenden als Betrüger dastehen würde. Trotz der fast übernatürlichen Talente des Jungen waren die Verschwörer ziemlich erfolgreich. Heute stellt sich dieses Komplott gleichwohl wie folgt dar:

1. Medizinische Untersuchung
Die Berichte des Arztes und des Gefängniswärters bestätigen Hausers Geschichte, daß er nur von Brot und Wasser lebte. Es ist erwiesen, daß sich der menschliche Körper erstaunlich gut an diese Nahrung gewöhnen kann.

2. Erziehung
Hauser war in der Obhut eines bemerkenswerten Lehrers. Daumer war Homöopath und einer der letzten Mitglieder der Rosenkreuzer. Er wäre sicher nicht erfolgreich gewesen, wenn der Junge keine Aufnahmebereitschaft gezeigt hätte. Denn er war mit einer erstaunlichen Empfindungsfähigkeit und einem fast fotografischen Gedächtnis ausgestattet. Dazu hatte er eine nahezu übersinnliche Gabe, wie sie Wünschelrutengänger (S.94) besitzen.

3. Biographie
Was er beschrieb, ist ein klassischer, fast symbolischer Fall von Gehirnwäsche.

4. Nachforschungen
Daumer war nur einer von vielen, die zuerst skeptisch waren, aber dann überzeugt wurden. Ein anderer war Hausers Vormund Anselm von Feuerbach, der unter eigenartigen Umständen starb, als er über die Herkunft Hausers Nachforschungen anstellte.

5. Attentate
Das erste Attentat sollte Hauser nicht töten, sondern Verdacht und Zweifel gegen ihn schüren. Es war Stanhope, der Hauser veranlaßte, Nürnberg zu verlassen. Er war es auch, der ihn zwei anderen Verschwörern zuführte, Meyer und dem Polizeichef, der seinen Tod untersuchte. Die These, daß nur ein Fußabdruck vorhanden war, ist nicht belegt.

in Form einer öffentlichen Bekanntmachung herausgegeben und von Bürgermeister Binder (der ihm bei der Zusammenfassung geholfen hatte) und anderen Ratsmitgliedern unterzeichnet. Auch später wich er nicht von diesem ersten Bericht ab, genausowenig wie in seiner Autobiographie, die ein Jahr danach erschien.

Der Inhalt der Geschichte war einfach. Seitdem er zurückdenken konnte, war er in einem verdunkelten Kerker gefangen gehalten worden. Dieser war so klein, daß er nicht aufrecht stehen konnte. Sein ganzes Leben verbrachte er entweder lang ausgestreckt schlafend auf einer Strohmatte oder aufrecht sitzend an einer Wand. Es gab absolut keine Veränderung in seiner Umgebung – keine Geräusche, keine unterschiedlichen Temperatur- oder Lichtverhältnisse. Wenn er erwachte, fand er jedesmal einen Krug mit Wasser und einen Laib Brot vor, das Fenchel, Kümmel oder Koriander enthielt.

Gelegentlich hätte das Wasser einen bitteren Geschmack gehabt und hätte ihn dann in einen tiefen Schlaf versetzt. Nach solchen Gelegenheiten war er immer gewaschen und hergerichtet worden, seine Haare waren geschnitten, seine Kleider und Bettwäsche gewechselt worden. Trotz dieser ständigen Prozeduren hatte er viele Jahre lang kein menschliches Wesen zu Gesicht bekommen. Alles, was er bei sich hatte, waren zwei Spielzeugpferde mit Bändern. Gefühle wie Glück, Unglück oder Einsamkeit kannte er nicht, da er nie etwas anderes erlebt hatte.

Gegen Ende seiner Gefangenschaft (da er kein Zeitgefühl hatte, konnte er nicht angeben wann) kam ein Mann in seine Zelle, der ihm mit viel Geduld beibrachte, einen Bleistift zu halten und die Worte KASPAR HAUSER zu schreiben. Er lehrte ihn auch, die wenigen Worte zu sprechen, die er in den ersten Tagen in Nürnberg ausgedrückt hatte: »Weiß nicht«; »Will Soldat werden, wie mein Vater«; »Pferd«.

Vergessener Weg

Einmal, als er wieder aus tiefem Schlaf erwachte, war er mit Schuhen und Kleidern ausgestattet. Er wurde ins Freie geführt, wo ihn die vielen neuen Eindrücke überwältigten. Seinen Weg nach Nürnberg konnte er nicht beschreiben. Auch von dem Mann konnte er nur sagen, daß er »groß und stark« gewesen sei und daß er ihm »ein großes lebendes Pferd, nachdem du Soldat geworden bist«, versprochen habe.

Die Aufzeichnungen von Kaspar Hauser wurden fälschlich als Beweis für Betrugsabsichten ausgelegt, da sie zu professionell für jemanden waren, der vorher keine Übung im Schreiben hatte.
Aber es gibt in der Kunstgeschichte genügend Beispiele, daß so etwas möglich ist.

Nach der Veröffentlichung seiner Bekanntmachung wurde Kaspar Hauser schnell zu einer nationalen Sensation. Die Polizei suchte den Ort seiner Gefangenschaft (aber vergeblich). Besucher aus ganz Europa reisten nach Nürnberg, um einen Blick von ihm zu erhaschen. Diejenigen, die nicht reisen konnten, spekulierten zu Hause, wer er sein könnte und zu welcher bedeutenden Familie er gehören würde. (Mit Sicherheit, so argumentierte man, muß die Familie bedeutend gewesen sein, da sie den Jungen für so lange Zeit eingesperrt halten konnte, um ihn erst dann freizulassen, als die ursprüngliche Schande, der Skandal oder die Intrige lange genug zurücklag.)

Die Nürnberger Stadtväter entließen Hauser aus dem Gefängnis. Er kam dann in die Obhut des örtlichen Lehrers und Philosophen Georg Friedrich Daumer, der ihn unterrichtete. Unter seiner Anleitung machte er bemerkenswerte Fortschritte.

Ungefähr ein Jahr lang gingen die Gerüchte und der Klatsch unverändert weiter. Hauser schien über die Aufmerksamkeit erfreut zu sein, die ihm entgegengebracht wurde. Seine Autobiographie, bei der ihm Daumer viel geholfen hatte, wurde im August 1829 nicht so enthusiastisch aufgenommen, wie man erwartet hatte. Wahrscheinlich war die Geschichte schon zu oft erzählt und breitgetreten worden, als daß dieses etwas schwülstige Schreibwerk die Spekulationen befriedigen konnte.

Bald darauf ereignete sich eine weitere Sensation: Am 7. Oktober 1829 fand man Hauser bewußtlos auf dem Boden von Daumers Keller. Er blutete aus einer Wunde an der Stirn. Die Verletzung war zwar geringfügig, aber Hauser glaubte an ein Attentat. Er sagte aus, daß der Angreifer schwarze Kleider, Lederhandschuhe und eine Seidenmaske getragen habe. Von nun an regten sich die Zweifel über Hauser. Während es immer noch viele gab, die den Zwischenfall als den stümperhaften Mordversuch der gleichen hochgestellten Persönlichkeit bezeichneten, die ihn ursprünglich gefangengehalten hatten, waren die anderen wesentlich skeptischer. Die Wunden, sagten sie, hätte er sich selbst beigebracht. Auf jeden Fall wurde Hauser von Menschen, die keinen Zweifel an seiner Ehrenhaftigkeit hatten, unter besonderen Schutz gestellt.

In den folgenden vier Jahren wurden die Nürnberger Stadtväter zunehmend kritisiert, daß sie öffentliche Gelder für die Unterstützung Hausers ausgeben würden. Im Jahre 1831 wurde der exzentrische englische Lord Stanhope mit einer Geldzuwendung unterstützt, als er sein Interesse an der Erziehung des Jungen bekundete. Er reiste in den folgenden zwei Jahren mit ihm durch verschiedene europäische Fürstentümer und an verschiedene Höfe. Es war offensichtlich eine stürmische Beziehung mit zunehmenden Streitereien, Gerichtsklagen von verschiedenen bayrischen Familien, die eine Blutsverwandtschaft mit Hauser in Abrede stellten und sogar einem Duell.

Im Jahre 1833 schlug der Lord vor, die weitere Erziehung des Jungen zu übernehmen und mit ihm in die nahegelegene, kleinere Stadt Ansbach zu ziehen. Dem stimmte der Magistrat von Nürnberg schließlich zu. Dort wurde er unter der Aufsicht des Lehrers Dr. Meyer erzogen. Hauser soll die Art und Weise dieser Erziehung und vor allem die Fächer Latein und Geschichte abgelehnt haben. Er wurde dann in der evangelischen Kirche konfirmiert.

Stanhope schien bald das Interesse an ihm verloren zu haben. Und nach allen vorliegenden Berichten wurde Hauser unglücklich und in sich gekehrt, besonders nach dem unerwarteten Tod seines Vormundes, des hochgeschätzten bayrischen Rechtsgelehrten Anselm von Feuerbach. Genauso geheimnisvoll und plötzlich wie Hauser in Nürnberg auftauchte, fand er sein Ende in Ansbach.

Am 14. Dezember 1833 taumelte er blutüberströmt und mit tödlichen Stichverletzungen in Lunge und Leber in das Haus von Meyer. Er soll noch zu Meyer gesagt haben: »Mann hat gestochen! Messer! Park! Gab Brieftasche! Geh schnell!« Hauser erklärte, daß ihn ein Fremder in den Stadtpark gelockt habe, unter dem Vorwand, Nachrichten von seiner Mutter zu bringen. Der Fremde, »groß, mit schwarzem Backenbart und einem schwarzen Mantel«, fragte ihn: »Bist du Kaspar Hauser?«. Hauser nickte und erhielt eine Brieftasche. Als er sie ansehen wollte, wurde auf ihn eingestochen.

Die Polizei suchte und fand tatsächlich die Brieftasche. Aber die Notiz im Inneren war genauso seltsam, wie alles andere im Leben Kaspar Hausers. Sie war in Spiegelschrift und mußte rückwärts von rechts nach links gelesen werden: »Hauser kann erzählen, wie ich aussehe, woher ich kam und wer ich bin. Um es ihm zu ersparen, sage ich es selbst. Ich komme aus . . . an der bayrischen Grenze . . . am Fluß . . . mein Name ist MLO.« Die Polizei fand nur ein paar Fußabdrücke – angeblich Hausers eigene – die im Schnee zu dem angeblichen Tatort führten.

Sowohl Meyer, als auch der zuständige Polizeichef, Hauptmann Hickel, der für Hausers Sicherheit verantwortlich war, bekundeten von Anfang an, daß das Attentat eine Erfindung Hausers war. Meyer gab an, daß der Junge versucht habe, sich selbst »ein bißchen zu verletzen«, aber der Dolch wäre unbeabsichtigt etwas zu tief eingedrungen. An Hausers Sterbebett versuchten Hickel und eine wachsende Zahl von Menschen, ihn zu einem Schuldbekenntnis zu bewegen. Aber vergeblich. Drei Tage später, am 17. Dezember, starb Kaspar Hauser. Seine letzten Worte sollen gewesen sein: »Ich habe es nicht selbst getan.«

Heutzutage kann man nicht sagen, welche Version die richtige ist. Dies ist der Einschätzung jedes einzelnen überlassen. Die Argumente für und wider sind in den Tabellen zusammengefaßt. Auch wenn Kaspar Hauser seine Kindheitsgeschichte übertrieben haben sollte und die kurze Berühmtheit genoß, so war an seinem Leben doch etwas Besonderes und Außergewöhnliches.

Vielleicht hat er wie Psychopathen und übersensible Menschen manchmal geschwindelt, um die Aufmerksamkeit auf sich zu lenken (in seinem Fall, vielleicht tödlich). Zweifellos besaß er außergewöhnliche Begabungen. Und niemand kann gleichzeitig zu einer legendären Figur und einem Symbol für unverdorbene Jugend werden, ohne seinem Leben selbst etwas hinzuzufügen.

Der Graf von St. Germain

Der Graf von St. Germain – zumindest wurde er von seinen Freunden und Feinden während des 18. Jahrhunderts in ganz Europa so genannt – besaß besondere Fähigkeiten und erregte vielerorts Verdacht, Feindschaft und Unglauben. Der englische Autor Horace Walpole bezeichnete ihn als einen Exzentriker (Zusammenfassung auf der nächstfolgenden Seite). Der berühmte französische Autor Voltaire beschrieb ihn als einen Menschen, der »ewig lebt und alles weiß«.

Ebenso wie Kaspar Hauser (Seite 246) tauchte er plötzlich aus dem Nichts auf. Sein ganzes Leben lang war er von Intrigen und Gerüchten über magische Kräfte umgeben. In einem Gespräch mit Madame de Pompadour, der Mätresse des Königs Ludwig XV. von Frankreich, faßte er die Lebensart der damaligen Zeit wie folgt zusammen: »Oh, Madame, alle Frauen suchen die ewige Jugend und alle Männer den Stein des Weisen. Die einen wollen die ewige Schönheit, die anderen ewigen Wohlstand.«

Viele nahmen an, daß er beides entdeckt habe – und dies war das Geheimnis seines Erfolges. Heutzutage hat sich ein wirklicher Kult um ihn entwickelt. Man sieht in ihm den überragenden Okkultisten des achtzehnten Jahrhunderts, der ungewöhnliche Kräfte besaß. Seine Gegner, damals wie heute, sehen ihn nur als einen aufgeweckten und gewandten Abenteurer, der die leichtgläubigen Adeligen hinters Licht führen konnte, da sie nicht in der Lage waren, zwischen Betrug und tatsächlichen Leistungen zu unterscheiden.

Nach einer sorgfältigen Analyse seines Lebens ist man geneigt, der erstgenannten Ansicht zu glauben. Denn er war wirklich ein außergewöhnlicher Mensch.

Da ist zunächst die Frage nach seiner Langlebigkeit: Nach Berichten war er im Jahre 1710 etwa 45 bis 50 Jahre alt. Seine Freundin Madame d'Adhémar berichtet in ihrem Tagebuch von einem Treffen im Jahre 1820. Nach dieser Berechnung hätte er mindestens 150 Jahre gelebt. Selbst wenn man die ersten und letzten Daten wegläßt, da es dafür keine Bestätigung gibt, und weil sie vielleicht auf der falschen Erinnerung alter Damen beruhen, existieren doch unwiderlegbare Beweise, daß er im Jahre 1723 schon ein erwachsener Mann war. Auch während der Französischen Revolution von 1789 lebte er noch, also im Alter von mindestens 90 Jahren. Nach fast allen Schriften aus dieser Zeit hatte er das Aussehen eines Mannes in den Vierzigern.

Es stellt sich auch die Frage nach seinen nie bezweifelten Leistungen. Er wurde nicht nur immer wieder als sehr reich beschrieben, sondern auch als sehr sprachbegabt (er sprach europäische, arabische, orientalische und klassische Sprachen). Er war ein ausgezeichneter Pianist und Violinist. Außerdem war er Entdecker neuer chemischer Techniken, die z. B. das Färben von Stoffen und die Bearbeitung von Lederwaren ermöglichten. Schließlich war er ein ausgezeichneter Redner – »Der außergewöhnlichste Mensch, den ich jemals gesehen habe«, sagte Graf Karl Cobenzl.

Dieses Bild rückt auch die anderen, vielleicht wichtigen Aspekte seiner Karriere ins rechte Licht: Seine ständigen Reisen auf der Suche nach verlorenen Weisheiten und sein Ansehen in okkulten Gesellschaften, wo er anscheinend immer gern gesehen wurde. Er lebte sehr einfach, war Vegetarier und Abstinenzler. Sein Reichtum stammte von seiner Diamantensamm-

Hof Ludwig XVI., der von Graf St. Germain rechtzeitig vor der Gefahr der französischen Revolution gewarnt wurde.

Erscheinen und Verschwinden des Grafen von St. Germain

1710: Wurde von dem Komponist Jean-Philippe Rameau und der jungen Gräfin von Georgy gesehen und soll das Aussehen eines 45- bis 50jährigen Mannes gehabt haben. Über die nächsten zwei Jahrzehnte ist nicht viel bekannt, außer daß er ein Vertrauter der Madame de Pompadour war und großen Einfluß bei den Freimaurern und anderen Geheimbünden hatte.

1737–1742: Am Hof des Schahs von Persien, wo er sich wahrscheinlich seine umfangreichen Kenntnisse über Diamanten und andere wertvolle Steine aneignete.

1743: Am Hof Ludwig XV. war er berühmt für seinen großen Reichtum und seine alchimistischen Fähigkeiten. In einem Tagebuch steht: »Es geht das Gerücht, daß ein fremder, nach seinen Juwelen zu urteilen, außergewöhnlich reicher Mann am Hof von Versailles angekommen ist. Wo er herkam, hat bisher niemand in Erfahrung gebracht.« Auch zu dieser Zeit hatte er das Aussehen eines 40- bis 45jährigen.

1744–1745: Kam in England wegen Spionage ins Gefängnis. Der Autor Horace Walpole beschreibt ihn so: »Er singt und spielt wunderschön Violine. Er komponiert, ist sehr ausgelassen und nicht sehr vernünftig.« Nach einem Verhör wurde er wieder freigelassen.

1745–1746: Lebte wie ein Prinz am Wiener Hof und war »witzig und hochbegabt«.

1747–1756: War mindestens zweimal in Indien. Er schrieb einen geheimnisvollen Brief, nachdem er während seines dortigen Aufenthaltes das Wissen um das Schmelzen von Juwelen erlangt habe. Ein »wunderbares Geheimnis«, das alle vorhergehenden Versuche in Wien, Paris und London »als Experimente in den Schatten stellt. Die große Arbeit wurde zu der von mir erwähnten Zeit unterbrochen.«

1757–1760: Höhepunkt seines Ruhms am Hof Ludwigs XV. Dieser war völlig überwältigt von seinem Auftreten und seinem vermeintlichen Fähigkeiten Diamanten zu vermehren oder zu vergrößern. Man stellte ihm ein Laboratorium für seine physikalischen und chemischen Experimente zur Verfügung. Die Gräfin von Georgy, damals 70 Jahre alt, war überrascht, daß er immer noch so aussah wie bei ihrem ersten Treffen vor 50 Jahren.

1760–1762: Nach einer geheimnisvollen Mission in England als Gesandter (Spion) für Ludwig XV., scheint er in Ungnade gefallen zu sein. Er zog sich vorübergehend nach Holland zurück, um seine Arbeiten fortzusetzen.

1762–1773: Berichte über wissenschaftliche und politische Betätigung aus ganz Europa. »Ein außergewöhnlicher Mensch«, der »Eisen in ein Metall umwandeln konnte, das für die Arbeit der Goldschmiede mindestens so gut und schön ist wie Gold«. Er hatte eine Fabrik in Venedig, wo er 100 Arbeiter mit der Herstellung von Leinen beschäftigte, das aussah wie Seide. Er wurde gefeiert wegen »der ungeheueren Größe seiner politischen und philosophischen Kenntnisse«.

1774–1784: Nach dem Tod Ludwig XV. warnte er vergeblich Ludwig XVI. und Marie Antoinette vor einer »riesigen Verschwörung«, die die gesamte Ordnung über den Haufen werfen würde. Danach lebte er größtenteils in Deutschland. Ein Zeuge berichtete, daß er im Jahre 1777 zwischen 60 und 70 Jahre alt gewesen sein soll. Zusammen mit seinem Schüler und Gönner, Prinz Karl von Hessen-Kassel, engagierte er sich stark bei den Freimaurern, Rosenkreuzern und Templern. Beide arbeiteten auch zusammen an Versuchen »die von Nutzen für die gesamte Menschheit sein sollten«.

1784–1820: Sein angeblicher Tod am 27. Febr. 1784 und sein Begräbnis am 2. März 1784 ist im Kirchenregister von Eckernförde eingetragen. Doch danach folgte sein von vielen bezeugtes Auftreten auf einem Treffen von Okkultisten (Rosenkreuzer, Illuminaten, Nekromanten und Humanisten), wo die verschiedenen Ansichten geklärt werden sollten. Er war in Begleitung von Cagliostro, Mesmer und St. Martin. 1788 hielt er sich wieder in Frankreich auf und warnte die Adligen vor der bevorstehenden Revolution. Marie Antoinette bedauerte in ihren Tagebüchern, seine früheren Warnungen nicht ernstgenommen zu haben. Im Jahre 1789 reiste er nach Schweden, um König Gustav III. vor einer möglichen Krankheit zu schützen. Er erzählte seiner Freundin und Chronistin Madama d'Adhémar (die immer noch glaubte, daß er wie 45 aussah), daß er sie noch fünfmal sehen würde. Als Beweis gibt es nur ihre Aussage, daß dies auch zutraf, »jedesmal zu meiner unaussprechlichen Überraschung«. Das letzte Mal im Jahre 1820 am Abend der Ermordung des Duc de Berri.

1821 bis heute: Einige Okkultisten glauben, daß der Graf von St. Germain niemals gestorben ist. Im Januar 1972 behauptete der Pariser Richard Chanfray im französischen Fernsehen, er sei der Graf. Als »Beweis« wandelte er offensichtlich erfolgreich vor den Fernsehkameras mit Hilfe eines Campingkochers Blei in Gold um.

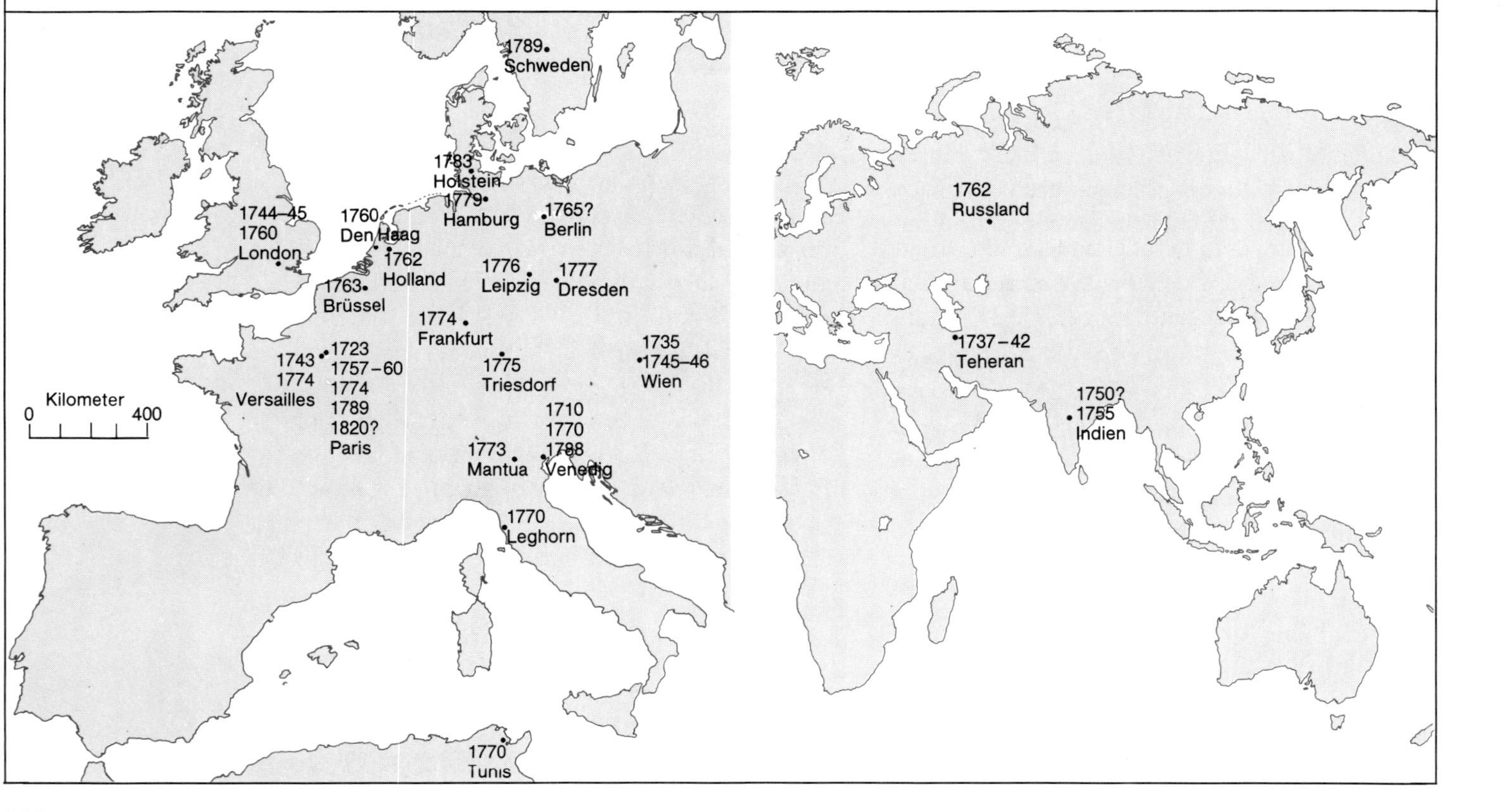

lung. Er behauptete von sich, den Stein des Weisen gefunden zu haben und Diamanten herstellen zu können. Er hat den Himalaya bereist und die Menschen gefunden, »die alles wissen« und ergänzte, daß »man die Pyramiden studiert haben muß, wie ich es getan habe«. Drei der größten Okkultisten des 18. Jahrhunderts, St. Martin, Mesmer und Cagliostro, waren eher seine Schüler als seine Lehrer.

Er behauptete, daß er durch den Weltraum gereist sei (was wir heute außerkörperliche Erfahrung oder Telepathie nennen, Seite 94) – »sehr lange flog ich durch den Weltraum. Ich sah Erdkugeln, die sich um mich drehten und Welten zu meinen Füßen«. Bei anderer Gelegenheit sagte er: »Ich reiste durch die Zeit und befand mich unbewußt in weit entfernten Ländern.« Wenn es wirklich eine Weisheit des Altertums gibt, die teilweise in diesem Buch angesprochen wird, so muß der Graf von St. Germain einer der wenigen gewesen sein, die sie kannten oder wiederentdeckten. Leider ist das einzige von ihm vorhandene Manuskript »La Très Sainte Trinosophie«, das sich in der Bibliothek von Troyes in Frankreich befindet, in seinen Aussagen so geheimnisvoll, daß es nicht gedeutet werden kann. So bleibt seine Lebensgeschichte weiterhin ohne ausreichende Erklärung.

»Mary Celeste«

Das bekannteste, rätselhafte Geschehen auf dem Meer gründet auf folgenden Tatsachen: Zwei Zweimastschoner verließen im November 1872 New York. Das eine Schiff, die »Mary Celeste«, lief unter dem Befehl von Kapitän Briggs und hatte Genua als Zielhafen. Sein Freund, Kapitän Moorhouse, segelte mit der »Dei Gratia« eine Woche später nach Gibraltar. Briggs war ein tiefreligiöser Mensch, der täglich in der Bibel las und auf einem Harmonium Kirchenlieder spielte. Seine Frau und die zweijährige Tochter begleiteten ihn auf der Reise. Er hatte eine Mannschaft von acht Seeleuten, die er in einem Brief als zuverlässig bezeichnete.

Einen Monat später, am 7. Dezember, sichtete Kapitän Moorhouse die »Mary Celeste« etwa 950 Kilometer westlich von Gibraltar. Die Segel waren gesetzt, aber sie segelte offensichtlich steuerlos, so daß er einige Männer hinüberschickte, um nach dem Rechten zu sehen. Das Schiff war verlassen. Das einzige Rettungsboot fehlte. Es war offensichtlich ausgesetzt worden und nicht von einem der Stürme über Bord gespült worden. Das Kompaßhäuschen war beschädigt und das Glas des Kompasses zerbrochen. Die Deckkabinen waren mit Brettern zugenagelt. Trotzdem hatte Regenwasser die Bettwäsche und den Boden aufgeweicht. Trotz allem war das Schiff noch seetüchtig.

Im Laderaum stand ungefähr ein Meter hoch Wasser – nicht genug um gefährlich zu sein – und Beweis dafür, daß die Pumpen kürzlich überprüft worden waren. Die Ladung, etwa 1700 Fässer Alkohol, war nicht beschädigt. Es war Proviant für sechs Monate an Bord und ebenfalls genügend Frischwasser. Außerdem fand man wohlgeordnet die Stiefel, das Ölzeug und die Mäntel der Mannschaft. Sogar die Pfeifen und der Tabak waren noch vorhanden. Auf dem Bett des Kapitäns lag Kinderspielzeug, als ob das Kind dort gespielt hätte, bevor es unterbrochen wurde. Der Anführer der von der »Dei Gratia« gesandten Mannschaft, Oliver Deveau, erzählt den Ermittlungsbehörden später: »Sie schienen alles zurückgelassen zu haben, als hätten sie die Kabinen in großer Eile verlassen. Aber alles war an seinem richtigen Platz.«

Bis heute ist es ein Rätsel, warum die »Mary Celeste«, wahrscheinlich mit dem Rettungsboot verlassen wurde, ohne daß die Mannschaft die wichtigste Ausstattung zum Überleben mitnahm. Nur die Navigationsinstrumente und die Schiffspapiere fehlten. Das Logbuch des Schiffes war noch vorhanden. Der letzte Eintrag war elf Tage zuvor, 950 Kilometer westlich, gemacht worden.

Die einzigen Hinweise auf eigenartige Vorkommnisse: die vordere Luke stand offen; auf beiden Seiten des Vorschiffes entdeckte man zwei seltsame Furchen, jede etwa zwei Meter lang, genau oberhalb der Wasserlinie; an der Schiffsreling befand sich ein Einschlag, wie von einer Axt; auf dem Deck und auf dem Schwert des Kapitäns fand man braune Flecken, von denen man zuerst annahm, daß es sich um Blut handelte.

Erfundene Geschichten

So viel zu den Fakten. Es gibt aber auch einige Geschichten, die um die Katastrophe entstanden sind:

- »Auf dem Tisch stand noch ein frisch zubereitetes Frühstück – 3 Tassen Tee, noch lauwarm – Haferbrei, Kaffee, Speck und Eier«.
  Deveaus Aussage widerlegt dies: »Auf dem Tisch war nichts zu essen und zu trinken.«
- »Ein furchtbarer Kampf fand in der Kabine des Kapitäns statt; sie war zum Schutz gegen die meuternde Besatzung mit Brettern zugenagelt«.
  Chemische Analysen zeigten keine Spuren von Blut. Die Bretter waren zum Schutz gegen Wind und Wetter angebracht worden.

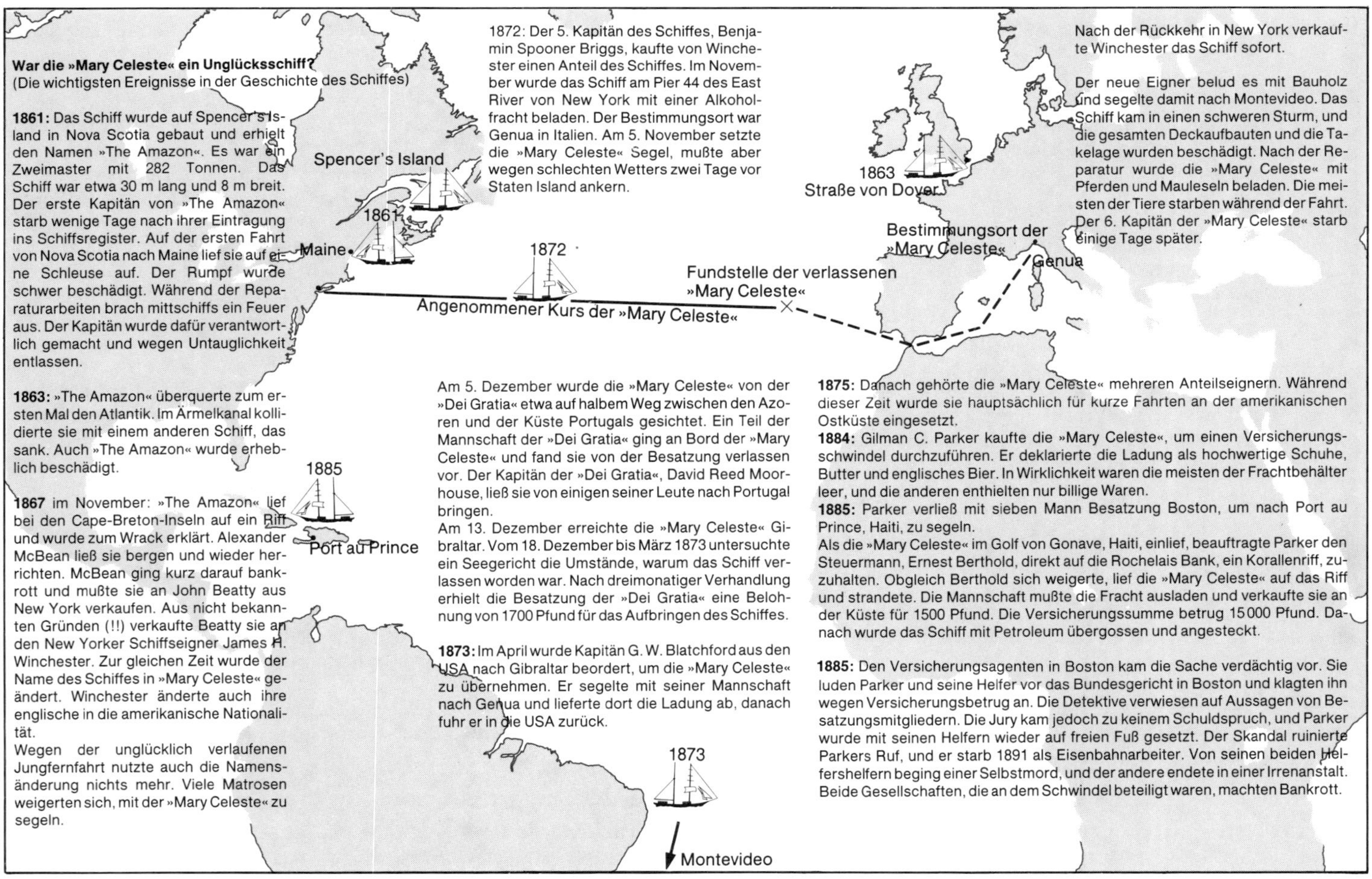

- »Das Schiff trug am Heck den Namen ›Mary Celeste‹ und am Bug ›Mary Sellars‹, weil ein fauler und halbtauber Maler nicht richtig gearbeitet hatte«.
  Reine Erfindung; Conan Doyle buchstabierte den Namen »Marie-Celeste«.
- »Weder das Schiff noch die Fracht waren versichert«.
  Dies trifft keineswegs zu, denn bei den Nachforschungen waren Schiffspapiere vorhanden, die bewiesen, daß eine Frachtversicherung über 7000 Pfund und eine eigene Schiffsversicherung bestand.
- »Noch 24 Stunden vor dem Wiederfinden des vom Kurs abgewichenen Schiffes signalisierte jemand an das vorüberfahrende Dampfschiff ›Highlander‹: ›Alles in Ordnung!‹ «.
  Wahrscheinlich eine Erfindung. Es wurde zwar in Zeitungsberichten erwähnt, kam aber bei den offiziellen Nachforschungen niemals zur Sprache.

Gewalt und Piraterie

1. Die Mannschaft trank den Alkohol
Dies war die erste »offizielle« Auslegung des amerikanischen Finanzministers William A. Richard in einem offenen Brief an die »New York Times« vom 25. März 1873: »Die Umstände des Falls lassen den schweren Verdacht zu, daß der Kapitän, seine Frau, sein Kind und evtl. der 1. Steuermann von der betrunkenen Mannschaft ermordet wurden. Die Mannschaft hatte sich wahrscheinlich Zugang zu dem an Bord transportierten Alkohol verschafft.«
Kommentar: Es handelte sich um reinen Alkohol, der völlig ungenießbar war. Jeder der davon getrunken hätte, wäre davon schwer erkrankt.

2. Mr. Triggs Auslegung
Ein angeblich »einziger Überlebender« erzählt von der Schlechtigkeit aller anderen Besatzungsmitglieder. Nach dieser Version begegnete die Mannschaft einem verlassenen Schiff, das mit Wertgegenständen beladen war. Sie blieben an Bord dieses Schiffes, veränderten den Namen und segelten davon. Die »Mary Celeste« wurde zurückgelassen. Angewidert von diesem Verbrechen floh Trigg mit dem Rettungsboot und brachte sich in Sicherheit.
Kommentar: Durch dieses persönliche Erlebnis wäre das Verschwinden der vermißten Papiere und der Grund für das Verlassen des Schiffs geklärt. Aber was geschah mit dem Rettungsboot und dem übernommenen Schiff?

3. Meuterei durch die Brüder Lorenzen
Zwei deutsche Matrosen, die den anderen Besatzungsmitgliedern nicht bekannt waren, waren Schwerverbrecher, die nur deshalb auf der »Mary Celeste« angeheuert hatten, um mit ihrer Beute nach Europa zu fliehen. Dieser Plan wurde von den anderen Besatzungsmitgliedern irgendwie entdeckt, wobei die Brüder Lorenzen bei einer Rauferei über Bord geworfen wurden. Die verbleibenden Matrosen kämpften weiter um den Besitz der Beute. Wahrscheinlich überlebte nur ein Matrose. Als dieser dann festgestellt, was geschehen war und die Strafe für mehrfachen Mord fürchtete, sprang auch er über Bord.
Kommentar: Wo ist die Beute geblieben?

4. Die Mannschaft bei »Dei Gratia« kaperte die »Mary Celeste« und tötete deren Mannschaft
Der Chefdetektiv für das Seegericht, Solly Flood, war von dieser Idee wie besessen. Er glaubte das Motiv sei die irrige Annahme der Besatzung der »Dei Gratia« gewesen, daß die »Mary Celeste« wertvolle Ladung transportierte. Der Beweis dafür seien die Axtkerben an der Reeling und die braunen Flecken auf dem Boden. Auch das Schwert in der Kapitänskajüte erschien ihm verdächtig. Er nahm an, daß die Mannschaft das Schiff nach Gibraltar schleppte, um die Belohnung zu kassieren, nachdem sie nichts Wertvolles an Bord gefunden hatten.
Kommentar: Das Gericht verwarf diesen Gedanken, nachdem die Mannschaft mehrfach in schweres Kreuzverhör genommen worden war. Der amerikanische Konsul Sprague sagte, daß es überhaupt keine Beweise für einen Kampf gäbe und faßte zusammen: »Ich habe das Schwert untersucht. Es wurde vom Gerichtsbeauftragten auf dem Boden der Kapitänskajüte gefunden. Auf Anweisung des Gerichts wurden die Flekken, sowohl auf dem Schwert als auch an den Holzwänden eingehend untersucht. Es fanden sich keine Anzeichen für Blut.« Die Freundschaft zwischen Moorhouse und Briggs sollte auch in Betracht gezogen werden. Es ist unwahrscheinlich, daß Moorhouse wegen 17 Fässern Alkohol diese Mordtat begangen haben sollte.

5. Die beiden Kapitäne schmiedeten ein Komplott
Ein weiterer »einziger Überlebender«, Mr. Pemberton, erzählte die lebendigste und für manche Leute, überzeugendste Geschichte. Als Schiffskoch erlebte er auf der Reise schreckliche Tötungen, schwere Stürme, Wahnsinnsanfälle der Frau des Kapitäns und andere furchtbare Ereignisse, die alle von dem Abkommen zwischen Moorhouse und Briggs in einer New Yorker Bar herrührten. Wie Pemberton in dem Londoner »Evening Standard« vom 6. Mai 1929 erzählte, waren die beiden Männer immer betrunkener und sie beschlossen die »Mary Celeste« im Atlantik zu verlassen und die Belohnung zwischen sich aufzuteilen. Die Reise begann und die Ereignisse wurden immer mehr zum Alptraum. Pemberton beschrieb was geschah:
- Was Mrs. Briggs auf der Passagierliste als »Baby« eingetragen hatte, war tatsächlich ein Piano. Sie schrie wie ein Baby, wenn sie darauf spielte.
- Der erste Steuermann Holding wurde über diesen ständigen Krach wütend und drohte, das Piano entzweizuschlagen.
- Während eines schweren Sturms löste sich das Piano und zerquetschte Mrs. Briggs, die den Verletzungen erlag.
- Danach war Kapitän Briggs wie von Sinnen und weigerte sich, seine Frau im Meer zu versenken.
- Holding und die Mannschaft verweigerten die Arbeit, solange sich der Leichnam an Bord befand.
- Nach einem Kampf zwischen Briggs und Holding wurde Briggs bewußtlos.
- Die Mannschaft warf den Leichnam von Mrs. Briggs über Bord.
- Briggs kam wieder zu Bewußtsein und sprang hinterher.
- Es fanden weitere Kämpfe an Bord statt, bis die Mannschaft auf fünf Matrosen zusammengeschmolzen war. Einer der Überlebenden war Pemberton und ein anderer Holding.

Die »Mary Celeste« war nun etwa 200 km vom Kurs abgekommen und Holding schlug Pemberton vor, mit ihm im Rettungsboot nach Afrika zu rudern. Pemberton wollte dies nicht und blieb allein zurück. Er wurde kurz danach von Moorhouse und der Mannschaft der »Dei Gratia« gefunden, die zufälligerweise auch in der gleichen Richtung vom Kurs abgekommen war. Moorhouse nahm wie geplant die »Mary Celeste« ins Schlepptau, und Pemberton wartete mit seiner Geschichte, bis Gras über die Sache gewachsen war.
Kommentar: eine sehr farbige Legende.

Die Erklärungen

Das Problem der vielen Lösungsvorschläge liegt darin, daß sie nicht widerlegt werden können. Man kann nicht »endgültig« ausschließen, daß die Mannschaft von Raumfahrern aus anderen Welten gefangen genommen wurde. Dies nehmen jene an, die an das Rätsel des Bermuda-Dreiecks glauben. Es ist aber auch nicht auszuschließen, daß Kapitän Briggs aus religiösen Motiven wahnsinnig wurde und die Mannschaft tötete, bevor er selbst ins Meer sprang. Ebenso hätte ein Wirbelsturm oder ein riesiges Ungeheuer die Mannschaft vom Deck fegen können.

Im allgemeinen lassen sich die Vermutungen in drei Kategorien zusammenfassen: Katastrophe auf dem Meer; Gewalteinwirkung oder Piraterie; Krankheit oder Wahnsinn. In der Zusammenfassung ist jede Kategorie nach der größten Wahrscheinlichkeit aufgezählt. Wobei die Annahme einer Katastrophe auf See die wahrscheinlichste ist.

Krankheit und Wahnsinn

1. Ergotamin (Mutterkorn) im Brot trieb die Mannschaft zum Wahnsinn. Dieser Pilz bildet sich besonders in Roggen (wie im Brot) und ist höchst giftig. Nach der »Encyclopaedia Britannica« erzeugt es furchtbare Wahnvorstellungen, Selbstmordabsichten und führt zum Tod. Die Wirkung soll ähnlich sein, wie bei LSD 25 und stark genug, um Menschen zu veranlassen, über Bord zu springen oder sinnlose Versuche zu unternehmen, mit dem Rettungsboot zu fliehen.
Kommentar: Hätte es auf der »Mary Celeste« 8 wahnsinnige Matrosen gegeben, wäre kaum alles »am richtigen Platz« gewesen.

2. Der Koch vergiftete die gesamte Mannschaft und sprang aus Angst vor der Bestrafung über Bord.
Kommentar: Eine Abwandlung der 1. These und genauso phantastisch.

3. Durch eine Unterwasserexplosion wurde das Schiff von Giftgas umgeben. Das Gas hatte eine selten vorkommende Zusammensetzung und trieb die Mannschaft zum Wahnsinn, so daß sie alle über Bord sprangen.
Kommentar: Eine ziemlich fadenscheinige Erklärung für ein abnormales Verhalten der Mannschaft.

4. Ein seltener Pilz hatte sich im Holz des Schiffes gebildet und vergiftete die Mannschaft und die Passagiere. Aus der Geschichte ist bekannt, daß dies bei anderen Schiffen geschehen ist.
Kommentar: Warum wurde die Rettungsmannschaft davon nicht betroffen?

5. Der Kapitän beging eine spirituelle Wahnsinnstat. Es entwickelte sich bei ihm ein sogenannter »Isaak-Komplex«, und er tötete die gesamte Mannschaft, um sie zu opfern. Nachdem er die Tat begangen hatte, gab er sich Gottes Hand und sprang selbst ins Meer.
Kommentar: unglaubwürdig.

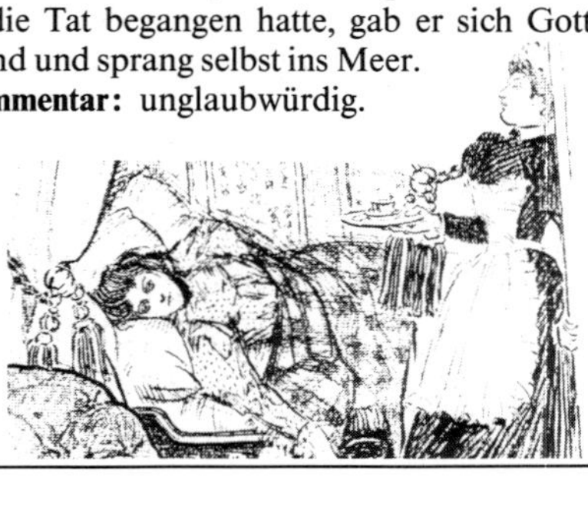

Katastrophe auf dem Meer

1. Das Schiff wurde in der irrtümlichen Panik verlassen, daß das Schiff sinken würde. Es gibt eine ganze Anzahl von Beispielen, die zu unnötigem Verlassen geführt haben, weil die Instrumente falsch abgelesen wurden – z.B. auf der »Marion G. Douglas« im Jahre 1919.
Oliver Deveau führte vor dem Seegericht aus: »Mein Gedanke ist, daß die Mannschaft alarmiert wurde und entdeckte, daß sich eine Menge Wasser im Schiff befand. Alle glaubten, das Schiff würde untergehen und verließen das Schiff.« Außerdem dachte vielleicht ein Seemann, das Schiff habe ein Leck, da Wasser in den Laderaum eingedrungen war und löste den Alarm aus.
Kommentar: Briggs hatte zu große Erfahrung, als daß so etwas hätte vorkommen können. Es sei denn, er war krank oder tot.
Den Berichten zufolge war die »Mary Celeste« in besserem Zustand als viele andere Schiffe, die damals den Atlantik überquerten.

2. Beim drohenden Auflaufen auf die Insel Santa Maria verließ die Mannschaft fluchtartig das Schiff. Eine plötzliche Woge trieb sie vom Schiff ab und ließ das Rettungsboot kentern.
Der Gedanke, daß das Rettungsboot hilflos vom Mutterschiff abtrieb, ist eine allgemeine Annahme. Das Problem ist, daß niemand weiß, wann das Schiff verlassen wurde. Das Logbuch war vielleicht nicht auf dem neuesten Stand.
Kommentar: Nach dieser Erklärung muß die »Mary Celeste« ungefähr zehn Tage steuerlos ihren Kurs gehalten haben – das erscheint unwahrscheinlich.

3. Kapitän Briggs war um die Sicherheit der Schiffsladung besorgt, da es eine kleine Explosion an Bord gegeben hatte. Es ist eine Tatsache, daß eines der Fässer beschädigt war. Der Temperaturunterschied zwischen New York und den Azoren konnte leicht ein Auslaufen der Fässer verursachen und zu Alkoholdämpfen führen. Die vordere Ladeluke fehlte. Entweder war dies durch eine Faßexplosion verursacht worden oder Briggs hatte sie öffnen lassen, damit die Dämpfe abziehen konnten.
Kommentar: Diese Lösung wurde von den meisten Detektiven als richtig betrachtet. Sie wurde jedoch vom Gericht verworfen, da es keine Spuren einer Explosion gab.

4. Die Geschichte des Abel Fosdyk: In den Jahren nach der »Mary Celeste-Affäre« tauchten verschiedene, längere Zeit verschwundene Seeleute wieder auf, die aber niemals auf der Mannschaftsliste gestanden hatten. Abel Fosdyk war einer davon.
Er berichtete, daß sich die ganze Besatzung auf eigens dafür errichteten Plattformen an der Vorderseite des Schiffs (daher die eigenartigen Kerben im Holz) zusammengefunden hätte. Sie wollten dort ein Wettrennen zwischen dem Kapitän und einem Mannschaftsmitglied anschauen. Die Plattform brach zusammen und die ganze Mannschaft stürzte ins Meer. Der Kapitän und der andere Wettkämpfer wurden von Haien gefressen.
Kommentar: Und was geschah mit dem Rettungsboot?

5. Die Mannschaft entdeckte eine unbekannte Insel und wollte sie erforschen.
Französische Wissenschaftler glauben, daß es im Bereich der Azoren viele Inseln gibt, die auftauchen und wieder verschwinden. Dies soll von einem großen Wasserstrom herrühren, der unter der Wüste Sahara fließt und sich in den Atlantik ergießt. Manchmal soll der mitgeführte Sand zu einer vorübergehenden Inselbildung führen.
Kommentar: Nicht von der Hand zu weisen, obwohl geologisch nicht bewiesen. Aber warum hätten alle Besatzungsmitglieder, einschließlich der Frau und des Kindes, die »Mary Celeste« verlassen sollen?

Das Geheimnis des Bermuda-Dreiecks

Für die meisten Menschen fingen die Legenden um das Bermuda-Dreieck 1964 mit einem Artikel von Vincent Gaddis in dem Abenteuermagazin »Argosy« an.

Gaddis war erklärter Anhänger der Fortschen Philosophie (Seite 225), die er auch in das Buch »Invisible Horizon« aufnahm. Es befaßte sich mit dem rätselhaften Verschwinden von Inseln, Schiffsmannschaften und Geisterschiffen. Als Lösung wollte er ein zur Unsichtbarkeit führendes »Philadelphia-Experiment« anbieten, das die Magnetfelder der Erde aufhebt (die US-Navy und das Meeresforschungsinstitut bestreiten, daß es jemals solche Experimente gegeben hat).

Seine folgende Feststellung beinhaltet den von ihm begonnenen Mythos, dessen Folgen er sich sicherlich nicht ausmalen konnte: »Das Verschwinden von Dingen in diesem relativ begrenzten Gebiet liegt weit über den normalen Zahlen, die sich aus dem Gesetz der Serie ergeben. Trotz schneller Flugzeuge und Radiowellen haben wir es mit einer Welt zu tun, die groß genug ist, um Menschen, Flugzeuge und Schiffe spurlos verschwinden zu lassen. Eine Meile ist immer noch eine Meile, aber die Meilen können sich zu einer großen Unbekannten addieren – der gleichen nebulösen Vorstellung, die schon unsere Vorfahren gefürchtet haben.«

Möglicherweise war es die Zauberwirkung des Wortes »Dreieck«, die dieses große Interesse verursachte. Es entstand eine Flut von Buchveröffentlichungen über dieses Thema. Alle gebrauchten die gleichen Beispiele, und alle zeigten die gleiche fehlende Beziehung zur statistischen Wirklichkeit. Es ist eine Tatsache, daß das Dreieck eine Erfindung ist. Viele, wahrscheinlich sogar die meisten der Tragödien ereigneten sich außerhalb des angenommenen Gebietes, das von Florida, Puerto Rico und den Bermudas begrenzt ist.

Richard Winer führte aus, daß das »wirkliche« Dreieck tatsächlich ein viermal größeres Trapez sei. Ein anderer machte die »Vorhölle« gar noch größer.

Gaddis selbst hat noch einen anderen »tödlichen« Meeresteil entdeckt: »Von allen Meeresgebieten dieser Erde gibt es nur eines, wo wiederholt rätselhafte Ereignisse passiert sind. Es handelt sich dabei um das weitentfernte Gebiet des ›Teufelsmeeres‹ im Pazifik, südlich von Japan und östlich der Bonin-Inseln. Auch in diesem Bereich gibt es keine Erklärungen für die Gefahren, denen Schiffe und Flugzeuge ausgesetzt sind. Nur sehr selten werden dort Wracks oder Leichname gefunden.« Dies wiederum veranlaßt Ivan Sanderson zu der Feststellung, daß beide Gebiete in etwa auf dem gleichen Längengrad liegen – 36 Grad nördlicher Breite – und zu der Spekulation, daß es weitere symmetrische Punkte rund um den Erdball geben könnte. Seine zwölf »Teufelswirbel« haben eine direkte Verbindung zu den russischen Versuchen, die Erdoberfläche in kristalline Netzlinien einzuteilen (Seite 64).

Zufallschicksale

Es gibt keine rationale Begründung für die Behauptung, daß in einem dieser Gebiete mehr als die üblichen Katastrophen passieren. Zugegebenermaßen sind einige belebter und meteorologisch extremer. Die amerikanische Küstenwa-

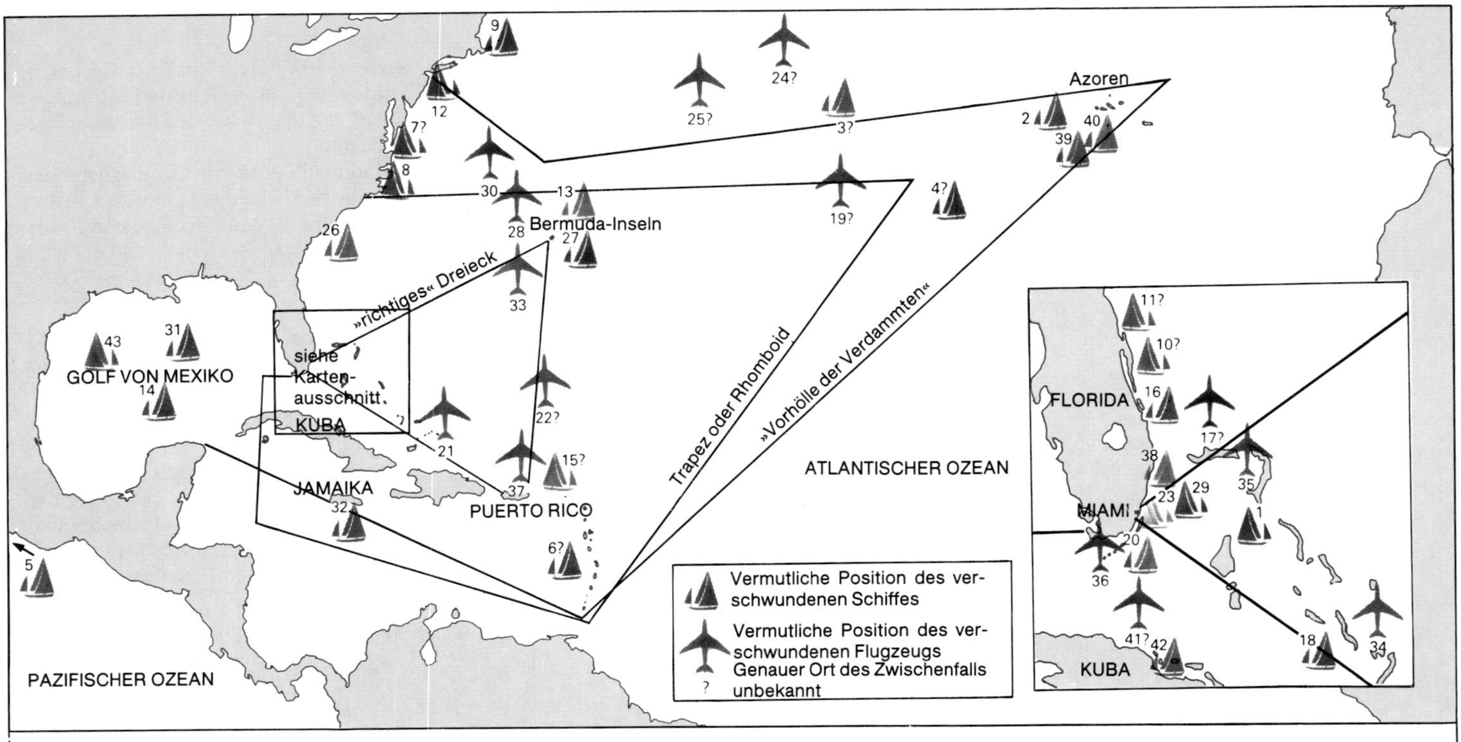

Dies sind die bei den Geschichten um das Bermuda-Dreieck am häufigsten vorkommenden Fälle. Sie wurden von Lawrence Kusche von der Arizona State University noch einmal untersucht, und er fand für fast alle natürliche Erklärungen.
(In der unteren Zusammenfassung sind die Fälle mit einem Stern versehen, bei denen spätere Nachforschungen gegensätzliche Erklärungen ergaben.)

1. Rosalie (von der Mannschaft verlassen), 1800.
Auf Grund gelaufen, die Mannschaft wurde gerettet.*

2. Mary Celeste (von der Mannschaft verlassen), 1872.
Immer noch ungeklärt.

3. Atalanta (verschwundenes Schiff), 1880.
Schlechte Wetterbedingungen.*

4. Ellen Austin (von der Mannschaft aufgegebenes Schiff), 1881.
Der Ursprung der Geschichte ist nicht feststellbar.

5. Freya (von der Mannschaft verlassenes Schiff), 1902.
Gesunken während eines Seebebens im Pazifik.

6. Joshua Slocum (verschwundener Seemann), 1909.
Er war entweder krank oder kenterte.*

7. Cyclops (Frachtschiff der Navy), 1918.
Schlechte Wetterbedingungen.

8. Carroll A. Deering (von der Mannschaft verlassenes Schiff), 1921.
Immer noch ungeklärt.

9. Raifuku Maru (vermißtes Frachtschiff), 1925.
Schlechte Wetterbedingungen.

10. Cotopaxi (Frachtschiff), 1925.
Starker Sturm.

11. Suduffco (Frachtschiff, das von einem Seeungeheuer verschluckt worden sein soll), 1926.
Stürme.

12. John und Mary (von der Besatzung verlassener Schoner), 1932.
Kesselexplosion.

13. La Dahana (»Geisterschiff« aus der Tiefe), 1935.
Gesunkenes Wrack.

14. Gloria Colita (von der Besatzung verlassener Schoner), 1940.
Stürme.

15. Proteus, Nereus (Schwesterschiffe von Nr. 9), 1941.
Sie wurden torpediert.

16. Rubicon (von der Mannschaft verlassenes Frachtschiff, nur ein Hund war an Bord), 1944.
Hurrikane.

17. Flug Nr. 19 (fünf vermißte Bomber), 1945.
Durch menschlichen Navigationsfehler.*

18. City Belle (von der Mannschaft verlassener Schoner), 1946.
Schlechte Wetterbedingungen.*

19. Star Tiger (verschwundenes Verkehrsflugzeug), 1948.
Eine ungeklärte Luftkatastrophe.

20. Al Snider (verschwundener Jockey, Hobbyfischer), 1948.
Nachgewiesen starker Sturm.

21. DC-3 (vermißtes Flugzeug), 1948.
Navigationsfehler.

22. Star Ariel (verschwundenes Verkehrsflugzeug, aus der Serie wie 19.), 1949.
Ungeklärt.

23. Sandra (vermißtes Frachtschiff), 1950.
Stürme.

24. York Transport (Truppentransportflugzeug), 1953.
Schlechte Wetterbedingungen.

25. Super Constellation (Flugzeug der US Navy), 1954.
Ungeklärt.

26. Southern Districts (Frachtschiff der Navy), 1954.
Stürme.

27. Connemara IV (von der Mannschaft verlassene Yacht), 1955.
Hurrikan.

28. Patrouillenbomber der Marine, 1956.
Explosion.

29. Revonoc (verschwundene Yacht), 1958.
Stürme.*

30. KB-250 (verschwundenes Flugzeug der Air Force), 1962.
Ungeklärt.

31. Marine Sulphur Queen (Frachtschiff), 1963.
Verschiedene Naturereignisse.*

32. Sno'Boy (vermißtes Fischerboot), 1963.
Schlechte Wetterbedingungen, überladen.

33. Zwei KC-135 (Tankflugzeuge der Air Force), 1963.
Zusammenstoß in der Luft.*

34. C-119 Flying Boxcar (Flugzeuge der Air Force).
Maschinenschaden.

35. Chase YC.122 (Frachtflugzeug), 1967.
Konstruktionsfehler.

36. Beechcraft Bonanza (Leichtflugzeug), 1967.
Maschinenschaden.*

37. Piper Apache (Leichtflugzeug), 1967.
Schlechte Wetterbedingungen oder Maschinenschaden.

38. Witchcraft (Vergnügungskreuzer), 1967.
Sturm.*

39. Scorpion (Atomunterseeboot), 1968.
Konstruktionsfehler.

40. Teignmouth Electron (verlassener Weltumsegler), 1969.
Selbstmord.

41. Piper Comanche (Leichtflugzeug), 1970.
Bedienungsfehler und Maschinenschaden.*

42. El Caribe (vermißtes Frachtschiff), 1971.
Vermutlich Piraterie.

43. V. A. Fogg (vermißter Tanker), 1972.
Explosion.*

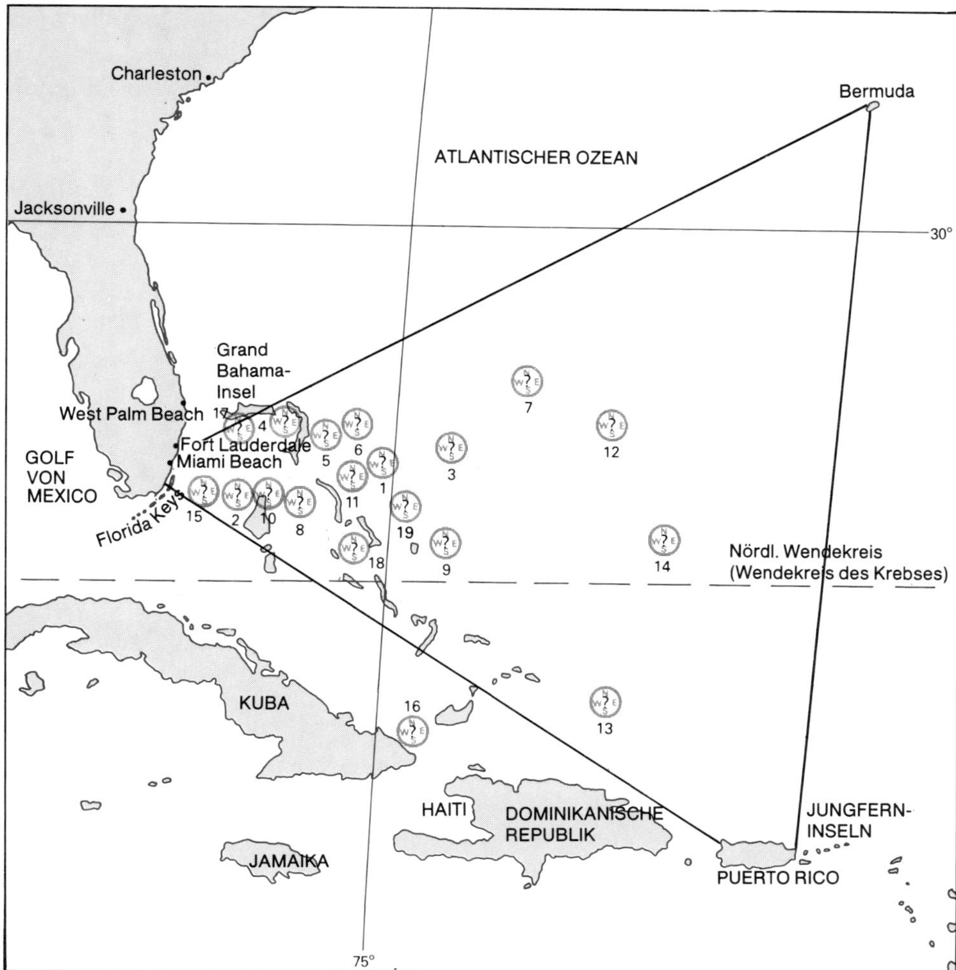

Magnetische Abweichungen im Bermuda-Dreieck

1. Oktober 1492: Christoph Kolumbus und einige der Matrosen der »Santa Maria« sahen eine große »Feuererscheinung« am Himmel. Darauf folgte eine schwere Störung der Kompaßanzeige, und es erschien ein rätselhaftes Licht.

2. Februar 1928: Charles Lindbergh bemerkte magnetische Störungen, als er dieses Gebiet mit der »Spirit of St. Louis« überflog. Beide Kompasse versagten, und die Nadel des Flüssigkeitskompasses drehte sich ständig um die eigene Achse.

3. Juli 1928: Eine dreimotorige Fokker mit Holzflügeln wurde auf einem Übungsflug durch eine 50%ige Kompaßabweichung irregeleitet und stürzte ab. Die Besatzung berichtete auch von Störungen im Funkgerät.

4. November 1943: Leutnant Robert Ulmer bemerkte Instrumentenabweichungen, als er mit einer B-24 bei gutem Wetter die Bahamas überflog. Dann geriet das Flugzeug plötzlich außer Kontrolle, und die Besatzung sprang mit dem Fallschirm ab.

5. März 1945: Bei seinem Flug mit einer Navy PBM über den Bahamas stellte Fregattenkapitän Billson fest, daß sowohl der Funk-, als auch der magnetische Kompaß sich ständig drehten. Das Funkgerät fiel aus.

6. Dezember 1945: Alle Mitglieder des Unglücksfluges 19 wurden mit Instrumentenschwierigkeiten konfrontiert. Man berichtete, daß der Kreiselkompaß »verrückt gespielt habe«, so daß die Piloten ihre Position nicht mehr bestimmen konnten.

7. Juli 1955: W. J. Morris, ein altgedienter Matrose an Bord der »Atlantic City«, sah, wie die automatische Steuerung völlig »eigensinnig« das Schiff in eine Kreisbahn steuerte. Gleichzeitig gab es einen Kugelblitz. Ein Teil der Navigations- und elektrischen Einrichtungen wurden dabei völlig zerstört.

8. November 1964: Der Pilot Chuck Wakely bemerkte ein rätselhaftes Leuchten, ein »örtlich begrenztes Irrlicht«, das sich über das Flugzeug ausbreitete. Gleichzeitig fielen der Kompaß und der Funk aus.

9. Juli 1966: Don Henry, der Kapitän des Schleppdampfers »Good News« ging an Deck, um die Ursache für den Ausfall der Maschine und des Kompasses festzustellen. Der Lastkahn, den er zog, war verschwunden, obwohl das Schlepptau noch gestrafft war. Als er näher hinblickte, tauchte der Lastkahn langsam wieder auf. Das Wetter war klar. Alle Batterien des Schleppschiffes waren ohne Spannung.

10. Februar 1968: Der Pilot Jim Blocker bemerkte den Ausfall des Funkgeräts und des Hochfrequenz-Funkpeilers und sich drehende Kompaßnadeln.

11. Dezember 1970: Der Pilot Bruce Gernon jr. untersuchte eine große »pfannkuchenförmige« Wolkenbildung, die bis auf den Meeresspiegel hinunterreichte.
Als er hindurchflog hörten die magnetischen und elektronischen Instrumente auf zu arbeiten, und er verlor den Kontakt zur Radarkontrolle. Als er an seinem Bestimmungsort ankam, stellte er fest, daß er im Vergleich zur normalen Zeit bei diesem Flug 30 Minuten »verloren« hatte.

12. März 1971: Der Kapitän des amerikanischen Schiffes »Richard E. Byrd« vermerkte im Logbuch den Ausfall der Instrumente und Verwirrungen unter der Mannschaft. Die Fahrt dauerte vier Tage länger als sonst.

13. März 1974: Die Mannschaft des amerikanischen Schiffes »Vogelgaing« berichtete den Ausfall der mechanischen und elektrischen Instrumente und des Dampfkessels. »Es war, als hätte eine unsichtbare Kraft versucht, das Schiff auseinanderzureißen.«

14. April 1974: Die Passagiere der »Queen Elizabeth 2« mußten auf ein anderes Schiff gebracht werden, als ein rätselhafter Energieausfall die gesamte Beleuchtung und das Heizungssystem außer Betrieb setzte.

15. August 1974: Die Mannschaft der »Hollyhock«, eines amerikanischen Küstenwachtbootes, sahen auf dem Radarschirm eine große Landmasse auftauchen, wo es nur offenes Meer gab. Wiederholte Überprüfungen des Radargerätes ergaben keinen Defekt. Gleichzeitig wurden die örtlichen Funkkontakte unterbrochen. Es bestand nur noch Funkkontakt mit Kalifornien

16. Dezember 1974: Der Pilot Mike Roxby wurde in seiner Cessna 172 zweimal an einem Tag von einem Ausfall der Instrumente und des Funks betroffen. Der zweite Zwischenfall verlief tödlich. Ein überlebender Passagier sagte aus, daß das Ereignis mit »dem Auftauchen einer Wolke aus dem Nichts« zusammenhing.

17. Dezember 1974: Der Pilot Jack Strehle wurde durch ein blitzartiges blaues Licht über der Tragfläche seines Flugzeuges beunruhigt. Gleichzeitig drehte sich die Kompaßnadel wie wild.

18. Juli 1975: Dr. Jim Thorne wollte Bilder von einem elektromagnetischen Sturm aufnehmen. Eine Fotografie eines Blitzes zeigte auch ein altertümlich aufgetakeltes Segelschiff, obgleich zu dieser Zeit überhaupt keine Schiffe in diesem Gebiet waren. Diese »Erscheinung« auf dem Negativ konnte bis heute nicht ausreichend geklärt werden.

19. Dezember 1975: Das Küstenwachtschiff »Diligence« erlitt einen totalen Ausfall der Funkübertragung und der Navigationsinstrumente, während es den Bericht eines brennenden Frachters aufnahm. Zur gleichen Zeit schienen wiederholt rätselhafte grüne Lichter »vom Himmel zu fallen«. Spätere Nachforschungen ergaben, daß dies keine Seenotraketen gewesen sein konnten. Eine gründliche Überprüfung der Instrumente der »Diligence« erbrachte keine Hinweise auf die Ursache des Ausfalles.

che ist zufrieden darüber, daß bei 150000 Schiffsbewegungen und etwa 10000 Notrufen in dem Gebiet des Bermuda-Dreiecks so wenige Schiffe verschwinden. Nach ihren Berichten, sind 1975 21 Schiffe vor der amerikanischen Küste spurlos verschwunden. Vier davon im Bereich des Dreiecks. 1976 lauteten die Zahlen 28 und 6.

Ein Bibliothekar der Arizona-State-Universität, Lawrence Kusche, hat auch schlüssig aufgezeigt, daß fast alle der bedeutendsten Rätsel des Dreiecks nur deshalb rätselhaft sind, weil die Beweise falsch ausgelegt, verdreht oder unterdrückt werden. Die legendäre Geschichte des Schoners »Gloria Colita« faßt er z. B. so zusammen: »Sie wurde 200 Meilen südlich von Mobile im Golf von Mexiko aufgefunden. Scheinbar ohne sichtlichen Grund war sie verlassen worden, da das Meer ruhig und alles in Ordnung war.«

Als er sich die Zeitungsberichte aus dem Jahre 1940 anschaute, fand er heraus, daß zu der fraglichen Zeit schwere Stürme in diesem Gebiet geherrscht hatten. »Die Segel waren zerfetzt und das Ruder und das Steuer zertrümmert . . . Der Laderaum war bis oben mit Wasser gefüllt.« In fast jedem Fall sind klimatische Bedingungen, menschliches Versagen oder Konstruktionsfehler die realistischen Antworten auf die sogenannten Rätsel.

Geschichten von Geisterschiffen, wie sie im Bermuda-Dreieck geschehen sein sollen, machten um die Jahrhundertwende Furore. Diese Darstellung erschien im »Scribner's Magazine«.

Magnetische Abnormitäten

Er hat jedoch keinen endgültigen Schlußstrich unter die Angelegenheit gezogen. Ein Team des Filmproduzenten Alan Landsburg aus Los Angeles untersuchte noch einmal die von Kusche untersuchten Fälle und kam zu einem etwas anderen Gesichtspunkt. Das Ergebnis ist in dem Buch »Bermuda Triangle Secrets« zusammengefaßt.

Nachdem man die Gesamtzahl der aus der Literatur bekannten und der neu hinzugekommenen Fälle ermittelt hatte, stellte man fest, daß Kusche sich nur mit etwa einem Drittel der Ereignisse befaßt hatte. Das Team dagegen konnten 54 Segelschiffe, 48 Motorschiffe, 18 Militärflugzeuge, 19 kleine Flugzeuge, 4 Linienmaschinen und 4 andere Katastrophen, also insgesamt 147 Vorkommnisse anführen. Bei etwa der Hälfte spielten andere Tatsachen eine Rolle, als Kusche angenommen hatte. Außerdem fanden sie heraus, daß einige der Fälle von ungeklärten magnetischen Erscheinungen völlig überzeugend waren. Wenn nur die Hälfte der von ihnen aufgeführten Ereignisse (sie sind auf den vorhergehenden Seiten beschrieben) tatsächlich stimmen, dann muß im Bermuda-Dreieck und möglicherweise auch noch an anderen Orten eine Erklärung gesucht werden.

Obgleich der Magnetismus von den Wissenschaftlern angeblich wohl verstanden wird, bleibt der Erdmagnetismus immer noch ungeklärt (Seite 18). Die sich wild drehenden Kompaßnadeln, die durch das außergewöhnliche und weitverbreitete Interesse am Dreieck ans Licht kamen, könnten ein Hinweis auf Energien sein, die von Menschen bisher noch nicht entdeckt wurden.

Das Geheimnis der versetzten Menschen

Schon immer gibt es eine gewisse Skepsis gegenüber Berichten von Menschen, die auf rätselhafte Weise verschwinden und manchmal wie durch einen Zauber auf einem anderen Teil der Erde wieder auftauchen. Im Jahre 1655 klagte das Ketzergericht einen Mann an, der, während er in Goa seinen Geschäften nachging, ohne sein Zutun fortgetragen wurde und sich wenige Augenblicke später in seinem Geburtsland Portugal befand. Er wurde eines Vergehens gegen die göttliche Ordnung schuldig gesprochen und auf dem Scheiterhaufen verbrannt.

Die Kirche erhob gegenüber der jungen Schwester Maria aus einem Kloster in Agreda ähnliche Anklagen. Zwischen 1620 und 1631 erzählte sie wiederholt ihren Oberen von ihren »Flügen« nach Mittelamerika, wo sie die Jumano-Indianer zum Christentum bekehrte. Sie wurde für ihre als hysterisch bezeichnete Geschichte schwer getadelt, weiter gab sie an, sie habe die Erde als Kugel gesehen, die sich um ihre eigene Achse drehe. Dies war damals ein ketzerischer Gedanke.

In den Jahren nach 1630 wurde ihr Bericht aber endgültig bestätigt. Tatsächlich ist dies eine der beweiskräftigsten historischen Geschehnisse in bezug auf dieses Phänomen. Pater Alonzo de Benavides hatte den offiziellen Auftrag, die mexikanischen Indianer zu bekehren. Im Jahre 1622 schrieb er an den Papst und König Philip IV. von Spanien und beklagte sich, daß seine Aufgabe schon von anderen erfüllt worden sei. Eine rätselhafte Nonne, die von den Indianern »Dame in Blau« genannt wurde, sei bereits dort gewesen. Sie habe Kreuze, Rosenkränze und einen Kelch verteilt und sogar die heilige Messe gelesen. Wer war sie?

Es gab niemanden, der dafür in Frage kam. Bei seiner Rückkehr nach Spanien im Jahr 1630 hörte Pater Benavides von den außergewöhnlichen Behauptungen der Schwester Maria. Er befragte sie längere Zeit sehr eingehend und fand heraus, daß sie Einzelheiten über indianische Sitten und Gebräuche kannte. Sie konnte auch

Sechs teuflische Phänomene sind auf der Vorderseite des »Saducismus Triumphatus« von Joseph Glanville dargestellt. Das linke mittlere Bild zeigt den fliegenden Zauberer Julian Cox aus Somerset.

das Dorf beschreiben, wo diese Indianer lebten. Bisher waren jedoch nur sehr wenige Reisende dort gewesen, und Schwester Maria hatte keinen von ihnen getroffen. Er erhielt auch schriftliche Aussagen ihrer Ordensoberen, daß sie das Kloster niemals verlassen habe. Zum großen Erstaunen stellte sich auch heraus, daß der von den Indianern benutzte Kelch aus diesem Kloster stammte.

James A. Carrico stellt in seiner Biographie »The Life of the Venerable Mary of Agreda« fest, daß sie etwa 500 Missionsbesuche abstatte-

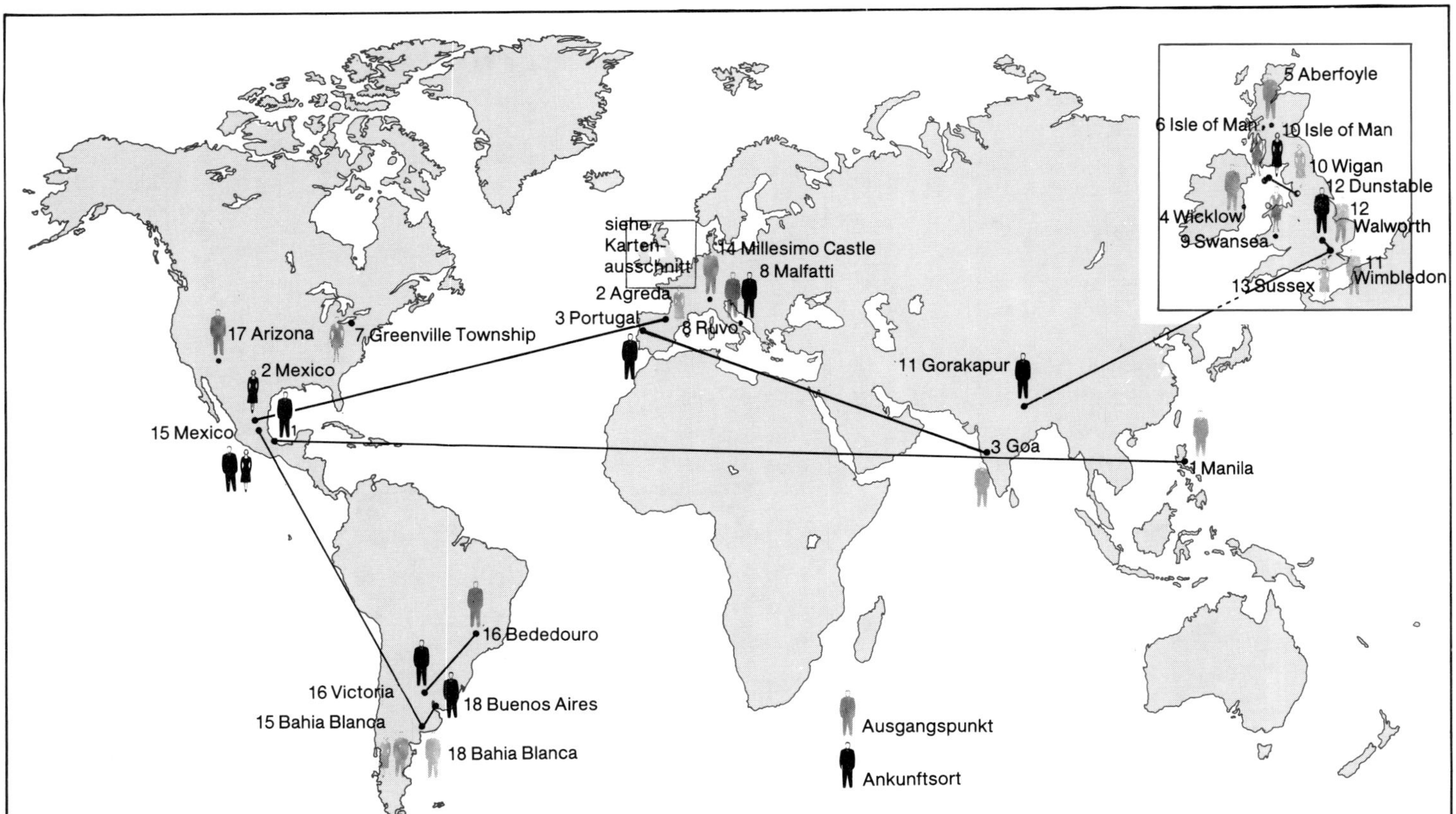

»Versetzen« und Entführen von Menschen

1. Oktober 1593: Ein Mann wurde von Manila nach Mexiko-City versetzt, war aber nicht in der Lage, sich an Einzelheiten zu erinnern.

2. ca. 1620: Die Ehrwürdige Schwester Maria von Agreda soll nach offiziellen Schätzungen etwa 500 solcher »Fernreisen« gemacht haben.

3. 1655: Ein Mann wurde vom spanischen Ketzergericht der Zauberei angeklagt, nachdem er von Goa nach Portugal versetzt worden war.

4. 1678: Dr. Alan Moore wurde im Beisein von zwei Zeugen von Elfen entführt.

5. 1691: Der Reverend Robert Kirk gab an, von Elfen entführt worden zu sein.

6. 1845: Eine Bewohnerin der Insel Man gab an, daß ihre Säuglinge von Feen entführt und durch die Luft getragen wurden. Ein Säugling wurde gegen einen anderen ausgetauscht.

7. März 1883: Die Tochter von Jesse Miller wurde mehrmals aus einem verschlossenen Haus in den Vorgarten versetzt.

8. Januar 1901: Die Jungen der Familie Pansini wurden von Ruovo nach Malfatti versetzt. Sie schienen unter Hypnose zu stehen.

9. Dezember 1904: Eine Frau wurde aus dem Haus des Reverend David Phillips zu einem nahegelegenen Bach versetzt. Gleichzeitig wurde das Haus von lärmenden Geistern heimgesucht.

10. Januar 1905: Im Alter von 66 Jahren verschwand Alice Hilton aus Wigan. Sie wurde halb bewußtlos an der Küste der Insel Man aufgefunden.

11. 1910: Ein Hinduzauberer gab zu, einen Jungen von London nach Indien versetzt zu haben.

12. September 1920: Leonard Wadham wurde von Walworth nach Dunstable versetzt.

13. Dezember 1926: Agatha Christie verschwand aus ihrem Haus in Sussex. Sie tauchte einige Tage später wieder auf, war aber nicht in der Lage, irgend etwas über ihr Verschwinden auszusagen.

14. Juli 1928: Der Marquis Carlo Scotto wurde aus einem verschlossenen und versiegelten Zimmer seines Schlosses in einen verschlossenen Schober in der Nähe versetzt.

15. Mai 1968: Dr. Geraldo Vidal und seine Frau wurden von Bahia Blanca nach Mexiko versetzt.

16. Mai 1969: Jose Antoniada Silva wurde von Bebedouro nach Victoria versetzt. Er gab an, von außerirdischen Lebewesen entführt worden zu sein.

17. November 1975: Freunde von Travis Walton erzählten, daß er entführt worden sei, nachdem er auf ein Ufo zugegangen sei. Fünf Tage später tauchte er wieder auf und bestätigte die Geschichte.

18. Januar 1975: Carloz Diaz gab an, von Bahia Blanca entführt und in der Nähe von Buenos Aires wieder abgesetzt worden zu sein.

te. »Maria besuchte tatsächlich viele Male Amerika. Dies ist belegt durch die Logbücher der spanischen Eroberer, durch die französischen Forscher und die übereinstimmenden Berichte der verschiedenen Indianer-Stämme, die teilweise Tausende von Meilen voneinander entfernt leben. Jede authentische Geschichte aus dem Südwesten der USA berichtet von diesem mystischen Phänomen, für das es in der gesamten Weltgeschichte keine Parallelen gibt.«

Unhaltbare Thesen

Es wurde eine Vielzahl von Thesen aufgestellt, um zu erklären, warum und wo solche Ereignisse stattfinden: Manche behaupten, daß die »Linien« die anscheinend vorgeschichtliche Kultstätten miteinander verbinden (Seite 85), unter idealen Bedingungen Übergänge zu anderen Dimensionen oder anderen Bewußtseinsebenen sind.

Ivan Sanderson erklärte, daß Einflüsse der »Teufelslöcher« (Seite 65) oder erdmagnetische Drehpunkte den gleichen Effekt haben. Zur Zeit können diese Hypothesen jedoch weder bewie-

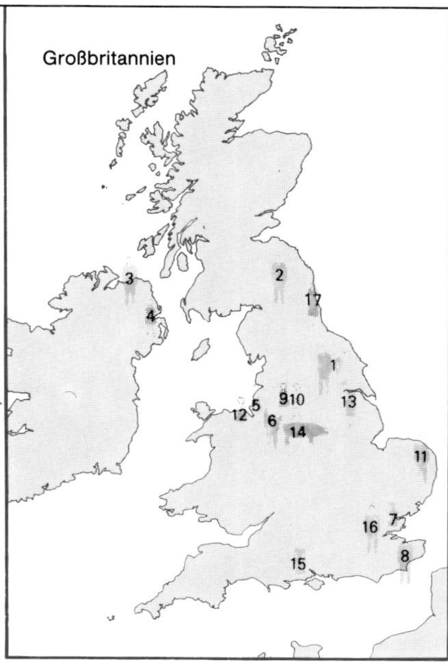

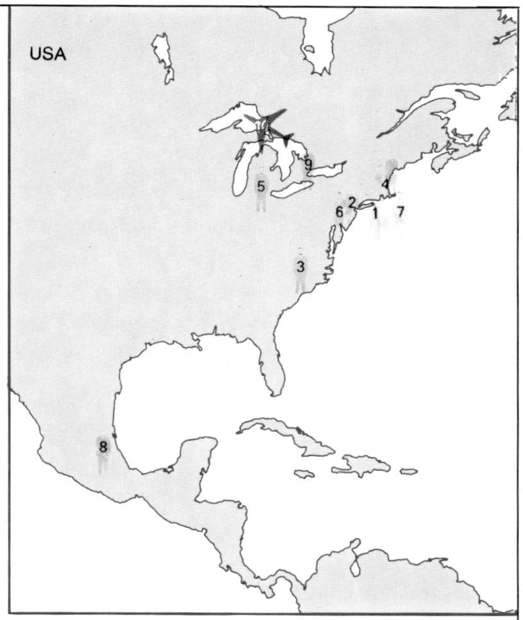

Großbritannien

1. Leeds: Mr. und Mrs. Thomas Cumpston gaben an, einen starken Windzug gespürt zu haben, worauf sich der Boden ihres Zimmers »vor ihnen öffnete«.
»The Times«, 11. Dezember 1873.

2. St. Boswells: Marian Scott berichtet vom Verschwinden eines Mannes, der wie ein Geistlicher gekleidet war.
»Journal of the Society for Psychical Research«, November 1873.

3. Ballycastle: Professor Georg Simcox, Mitglied des Queens College, verschwand. Bei der Suche nach ihm wurden keine Spuren gefunden.
»The Times«, 4. September 1905.

4. Belfast: Acht Mädchen, alle unter zwölf Jahre alt, verschwanden innerhalb einer Woche aus der Newtownards Road.
»Daily Mirror«, 5. August 1920.

5. Liverpool: Das sozialistische Parlamentsmitglied Victor Grayson bestieg einen Zug. Trotz umfangreicher Fahndungsmaßnahmen im Oktober und November 1920 hörte man nie wieder etwas von ihm.
»Sunday Mercury«, 8. Dezember 1974.

6. Chester: Der Flugoffizier Brian Holding startete zu einem kurzen Flug und verschwand spurlos.
»Daily Chronicle«, 30. März 1922.

7. Southend: Kathleen Munn verschwand mit ihren beiden kleinen Kindern.
»Evening Star«, 2. November 1926.

8. Lydd Airport: 1944 verschwand Glen Miller vor oder während eines Fluges nach Paris auf dem Weg zu einem Weihnachtskonzert.
Neuerer Artikel des »Daily Mirror«, 14. Dezember. 1974.

9. Gorton: Pauline Reade verschwand auf dem Weg zu einer Party im Juli 1963.
»Observer Magazine«, 29. Oktober 1972.

10. Longsight: Keith Bennett verschwand im Juni 1964 auf dem 400 m langen Weg zum Haus seiner Großmutter.
»Observer Magazine«, 29. Oktober 1972.

11. Fakenham: Stephen Paul verschwand im September 1969 vor seinem Haus.
»Sunday Mirror«, 18. August 1974.

12. Wallasey: David McCraig verschwand auf dem 1 km langen Schulweg mit seinem Fahrrad.
»Observer Magazine«, 29. Oktober 1972.

13. Scunthorpe: Christine Markham verschwand im Mai 1973 in der Nähe ihres Elternhauses.
»Sunday Mirror«, 25. August 1974.

14. Manchester: Junge Kühe, Schafe und Schweine verschwanden von zwei Farmen.
»Manchester Evening News«, 19. April 1974.

15. Christchurch: Florence Newitt verschwand aus ihrer Wohnung. Sie hinterließ Spuren eines plötzlichen Aufbruchs.
»Daily Express«, 5. Mai 1974.

16. East Croydon: William Nicholson kam zum Bahnhof, um Verwandte zu treffen. Dann verschwand er.
»Sunday Express«, 30. März 1975.

17. Newcastle: Die Taxifahrerin Anna Saint verschwand. Ihr Taxi mit ihrem Geld und einem Mantel blieben zurück.
»Daily Mirror«, 11. Dezember 1974.

USA

1. New York: Die »Mary Celeste« verließ im November 1872 den Hafen am East River. Die gesamte Mannschaft verschwand während der Fahrt.
»The Times«, 29. Januar 1885.

2. New York: James Conant, der Herausgeber von »Harper's Weekly«, verschwand spurlos.
»New York Times«, 29. Januar 1885.

3. Salem: Isaac Martin, ein junger Farmer, ging zur Feldarbeit und verschwand.
»New York Sun«, 23. April 1885.

4. Connecticut: Sechs Menschen tauchten in den Straßen auf. Sie waren völlig eingeschüchtert und konnten nicht angeben, wie sie dorthin gekommen waren.
»St. Louis Globe-Democrat«, 5. Januar 1888.

5. Augusta Mills: Sherman Church ging in eine Baumwollmühle und verschwand. Eine sorgfältige Durchsuchung der Mühle und der Umgebung ergab keine Anhaltspunkte.
»Chicago Tribune«, 5. Juni 1900.

6. New York: Dorothy Arnold ging durch den Central Park. Dann verschwand sie spurlos.
»New York Sun«, 13. Dez. 1910.

7. Long Island: Albert Jewell startete zu einem kurzen Flug nach Staten Island. Er hatte sich plötzlich »wie in Luft aufgelöst« und war verschwunden.
»New York Times«, 14. Oktober 1913.

8. Mexiko: Ambrose Bierce verließ New York mit Ziel Pancho Villa. Von ihm wurde keine Spur mehr gefunden.
»New York Times«, 3. April 1915.

9. Toronto: Ambrose Small verließ sein Büro im Opernhaus und verschwand. Lange Suchaktionen blieben ergebnislos.
»Toronto Globe and Mail«, 4. Dezember 1919.

10. Eriesee und Michigansee: Otis Redding und andere verschwanden auf einem Flug von Cleveland nach Madison.
Jay Gourley in dem Fawcett-Buch von 1977 »The Great Lakes Triangle«, Seite 67.

Ausgewählte Fälle von verschwundenen Menschen während der letzten 100 Jahre.

sen noch widerlegt werden. Daher scheint es am besten zu sein, die zufälligen und unerwarteten Fälle von Menschen, die verschwinden oder über weite Entfernungen versetzt werden, als Fortsches Phänomen zu klassifizieren (wie z. B. die wohl tatsächlichen, aber nicht erklärbaren Seltsamkeiten, daß Fische vom Himmel fallen, Seite 230).

In jedem Fall hat eine Art Raum/Zeit-Veränderung stattgefunden. Der Glaube, daß solche Dinge wirklich gelegentlich stattfinden, wird dadurch bestärkt, daß die davon betroffenen Menschen das Geschehen als alltäglich hinnehmen. Der Engländer Colin Wilson erzählt die Geschichte von Arthur and Mary Guirdham aus Bath in Südengland, »die darüber berichteten, wie über ein seltsames Erlebnis, das sie einmal gehabt hatten«.

In ihrem Urlaub in Yorkshire besuchten sie eine Stadt, die etwa 15 Meilen entfernt lag. Am Abend wollten sie wieder zurückfahren. »Es war ein angenehm warmer Abend, und sie fuhren langsam. Sie waren erst fünf Minuten unterwegs, als Mr. Guirdham einen Wegweiser entdeckte, der anzeigte, daß sie nur noch drei Meilen von ihrem Zielort entfernt waren. Dies war völlig unmöglich, denn dann wären sie mit mehr als 100 Meilen pro Stunde gefahren. Sie hielten an, um anhand der Karte festzustellen, ob sie eine Abkürzung genommen hätten oder sich in der Entfernung vertan hatten. Dies war nicht der Fall. Wenn der Wegweiser recht hatte, dann hatten sie 12 Meilen in weniger als 5 Minuten zurückgelegt. Und der Wegweiser hatte recht. Wenige Meilen weiter lagen die Stadt und das Hotel, in dem die Guirdhams wohnten.«

Zeitverschiebung

In diesem Fall, so glaubte er, handelte es sich nicht um die Frage der verlorenen Zeit, sondern um die Entfernung, die sich anscheinend verschoben hatte.

Eine Zeitverschiebung scheint bei dem Fall der Vaughans aus Gloucester, Westengland, eingetreten zu sein. Darüber berichtet ein anderer Autor, Harold Wilkins. Im Jahre 1906 gingen ein zehn Jahre alter Junge und seine beiden jüngeren Schwestern, acht und sieben Jahre alt, auf ein Feld in der Nähe ihres Hauses und verschwanden. In den nächsten drei Tagen suchten Hunderte von Polizisten und Nachbarn nach ihnen. Am vierten Tag wurden die Kinder schlafend in einem Graben auf dem gleichen Feld gefunden, von dem sie verschwunden waren. Diese Stelle war aber mehrfach von vielen Suchtrupps überquert worden.

Die Kinder wußten nicht, wo sie gewesen und auch nicht, daß inzwischen drei Tage vergangen waren. Eine Entführung schien auszuscheiden, da es dafür kein Motiv gab. Jahre später wurde der Junge noch einmal zu dem Vorfall befragt. Er gab jedoch die gleiche Auskunft wie beim erstenmal. Es scheint, daß er und seine Schwestern Glück hatten, denn viele Personen, die verschwinden, kommen niemals zurück.

Am 29. November 1809 befand sich Benjamin Bathurst, ein Kurier des englischen Außenministeriums während des Krieges gegen Napoleon, vor einer Herberge in der Nähe von Berlin. Er wollte gerade in seine Kutsche steigen, befahl aber seinem Diener zu warten, da er noch einmal die Pferde inspizieren wollte. Sabine Baring-Gould beschreibt die Fortsetzung des Geschehens in dem Buch »Historical Oddities«: »Er ging nach vorn zu den Pferden – und wurde seitdem nicht mehr gesehen.«

Ein anderer klassischer Fall ist der von Owen Parfitt, ein ehemaliger Pirat. Er war Krüppel und verschwand im Jahre 1769 aus Somerset in Westengland. Nach einem Schlaganfall konnte er sich nicht bewegen. Er saß auf einem Stuhl vor seiner Hütte. Die Verwandte, die ihn pflegte, war gerade kurz ins Haus gegangen. Als sie wieder zurückkam, war er verschwunden. Nur der Stuhl und die Decke, mit der er zugedeckt war, lagen noch da.

Die Details des neuesten Berichts sind überzeugend. Obwohl es keine handfesten Beweise gibt, werden die Einzelheiten doch von dem anerkannten amerikanischen Rundfunkjournalisten L. J. Knebel beschrieben. Er bezeichnet sich selbst als den »größten Skeptiker der ganzen Branche«. Sein Bericht in dem Buch »The Way Out World« ist durch Tonbandaufzeichnungen belegt. Er besuchte eine Aufführung seines Freundes, des Zauberers Dr. William Neff, während einer Matinée vor nur wenigen Zuschauern im Paramount Theater in New York. Während er der Aufführung folgte, die in normalem Bühnenlicht stattfand »schien es, als würde Neffs Körper mehr und mehr durchsichtig« und allmählich – er konnte die Zeit nicht genau angeben, da er zu sehr überrascht war – »konnte man den Bühnenvorhang deutlich hinter seiner durchsichtigen Gestalt sehen«.

Die Aufführung wurde noch unheimlicher, weil Neff weiterhin normal sprach, als wenn er überhaupt nicht merkte, was mit ihm vorging. Knebel beschreibt, wie Neff wieder auftauchte: »Allmählich erschienen ziemlich undeutliche Umrisse von Neff, wie mit Bleistift gezeichnet, und er war wieder da.« Obgleich er Zauberer war, war dies keines seiner Kunststücke. Er berichtete, daß ihm dies zweimal in seinem Leben passiert sei: Auf einer Bühne in Chikago, und zu seinem eigenen Entsetzen, zu Hause vor seiner Frau. Jedoch fühlte er sich bei keiner dieser drei Gelegenheiten unsichtbar. Er fühlte auch keine physiologischen Veränderungen. Wie bei einem Piloten, der die Schallmauer durchbricht, ist die Reise in eine andere Dimension wahrscheinlich einfacher, als wir es uns vorstellen.

Kapitel 10

Auf der Suche nach der Weisheit

Eine der einzigartigen Fähigkeiten des Menschen besteht darin, niemals zufrieden zu sein. Die klassische These Darwins besagt, daß eine bestimmte Gattung, die das notwendige Niveau zum Überleben erreicht hat, auf dieser Stufe stehen bleibt und im folgenden einen Prozeß durchläuft, in dem die Schwachen aussterben werden. Dieses Schema paßt jedoch nicht für den Menschen. Von allen Lebewesen hat allein unser Verstand ein Erfahrungsstadium erreicht, das uns die Macht gibt, unser Schicksal selbst zu bestimmen, zum mindesten versuchen wir es.

Die Suche nach den rätselhaften Kräften, die unser Universum bestimmen, und wie wir sie kontrollieren können, ist ein wesentliches Thema dieses Buches. Jedes Zeitalter hat seine eigenen Überlegungen darüber angestellt. Heute glauben die Physiker, daß es vier grundlegende Energien oder »Kräfte« gibt: Elektromagnetismus, Schwerkraft und die starken und schwachen Kräfte, die das Verhalten der Nuklearteilchen bestimmen. Aber selbst oberflächliches Lesen in wissenschaftlichen Werken läßt keinen Zweifel daran, daß zur Zeit die vielen Aspekte der Beziehungen zwischen diesen Kräften nicht in Einklang gebracht werden können. Sie passen nicht zusammen. Und es gibt keine einheitliche These, so wie Einstein sie suchte und dann enttäuscht war, als er sie nicht finden konnte.

In früheren Zeiten bevorzugten die Menschen andere Lösungen. Falls wir die rätselhaften Botschaften der Megalitherbauer richtig deuten (Seite 85 und in den Kapiteln 3 und 4), haben diese an lebensspendende Energien geglaubt, die mit dem Rhythmus der Erde und des Universums in Einklang stehen. Ein ähnliches Streben nach kosmischer Harmonie war wohl auch bei den Priestern verbreitet, die die Cheopspyramide entwarfen. Sie erbauten die Pyramide genau dort, wo diese Energien ihrer Meinung nach am besten bekannt und möglicherweise nutzbar gemacht werden konnten. Später sollen diese Geheimnisse in die Lehren Pythagoras und Platos aufgenommen worden sein. Jedoch wurden nur wenige Menschen in die alten Weisheiten eingeweiht.

Im Mittelpunkt all dieser Bestrebungen liegt die Suche nach etwas, das außerhalb der normalen Vorstellung liegt: Kräfte, die man nicht sehen und kaum fühlen kann, von denen man aber unbewußt weiß, daß sie da sind. Deshalb wollen so viele Menschen mehr über die Vorgänge im Bermuda-Dreieck und über außerirdische Einflüsse auf die Geschichte der Menschheit wissen. In der Einleitung dieses Buches wird davon gesprochen, daß es für die Wissenschaft des 21. Jahrhunderts (oder des 22. oder des 30. Jahrhunderts) noch vieles zu erforschen gibt. Dank der einmaligen Veranlagung des Menschen, stets nach neuen Erklärungen zu suchen, wird dies sicher auch geschehen.

In mindestens drei Fällen dieses letzten Kapitels geht es mehr um die Suche nach geistiger Erleuchtung als um materielle Reichtümer. Der heilige Gral vermittelt faszinierende Einblicke in das Wissen der vorchristlichen Religion. Von Shangri-la kommt eine östliche Weisheit, die nach der Meinung vieler Menschen die frühen Zivilisationen des Nahen Ostens durchdrang. Auch die Suche nach El Dorado in diesem Jahrhundert war nicht nur auf Gold ausgerichtet, sondern wurde eine fast mystische Suche nach untergegangenen Städten und Zivilisationen. Hätte man sie gefunden, wäre unser Wissen über die verborgene Vergangenheit weit umfangreicher. Diese Bereitschaft, etwas über die Leistungen der Vergangenheit zu erfahren, bedeutet gleichzeitig ein Schritt vorwärts für die Zukunftsforschung.

Die Schätze von König Salomon

Wenn die Bibel recht hat, und die herkömmlichen archäologischen Zeitrechnungen falsch sind (Seite 196), war König Salomon zweifellos enorm reich. Das erste Buch der Könige erzählt: »In einem einzigen Jahr wurden König Salomon sechshundertsechsundsechzig Zentner Gold geliefert . . .«

Beschreibungen der verschiedenen wertvollen Metalle und Steine, zusammen mit anderen Luxusartikeln und exotischen Gewächsen, deuten darauf hin, daß Salomon diese importierte, wahrscheinlich aus weit entfernten Ländern. Ein ägyptisches Basrelief (Seite 203) illustriert die reichen Schätze, die der ägyptische Pharao Thutmosis III., der Nachfolger der Königin von Saba, aus Salomons Tempel und Palast erbeutete.

Wie man heute glaubt, waren die meisten dieser Schätze aus Kupfer oder Messing. So sind auch die Einrichtungen und Dekorationen des Tempels im Buch der Könige beschrieben. Kupfer wurde in der Negevwüste abgebaut. Kürzlich fand man dort ein ägyptisches Ornament mit dem Bild Thutmosis III. Es bestätigt, daß zur damaligen Zeit dort nach Kupfer gegraben wurde. (Die Zeit stimmt mit der von Velikovsky überarbeiteten Zeitenfolge überein).

Faksimilie eines in Stein gehauenen phönizischen Textes, der eine transatlantische Seereise im 6. Jahrhundert v. Chr. beschreibt. Viele Experten bezeichnen sie als Fälschung, können es aber nicht beweisen.

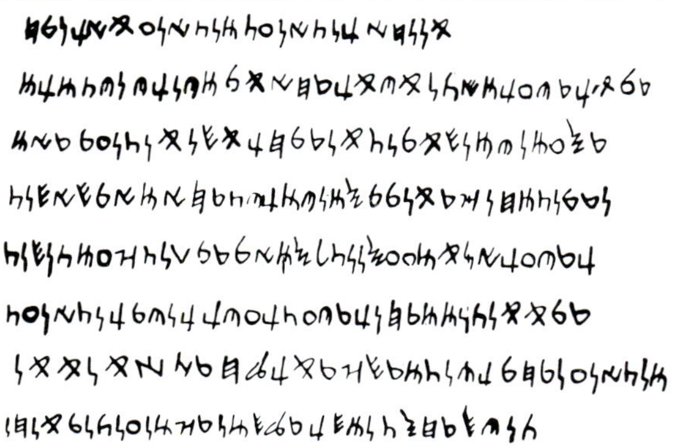

Wir sind die Söhne von Kanaan aus Sidon, der Stadt, in der ein Kaufmann zum König gemacht wurde.
Er schickte uns auf diese entfernte Insel, ein Land mit vielen Bergen. Wir opferten unsere Kraft den himmlischen Göttern und Göttinnen im 19. Jahr Hirams, unseres Königs. Abra!
Wir segelten mit zehn Schiffen von Ezeon-Geber ins Rote Meer. Auf der Fahrt um Afrika waren wir zwei Jahre lang zusammen.
Dann trennte uns die Hand von Baal, und wir waren nicht mehr mit unseren Begleitern zusammen.
So kamen wir hierher, zwölf Männer und drei Frauen, auf eine Insel, die unbevölkert ist, weil zehn starben. Abra!
Mögen die himmlischen Götter und Göttinnen uns schützen!

Jedoch ist noch immer nicht bekannt, wo die legendären Minen zu finden sind. Auch die Bibel gibt keinen klaren Aufschluß. Oft werden die beiden Ländernamen Ofir und Tarschisch genannt. Ofir war das Land, aus dem das Gold kam, und Tarschisch stand in Verbindung mit der Flotte, die es abholte.

So steht im Buch der Könige: »Und sie kamen nach Ofir und holten dort Gold, 220 Zentner, und brachten es zu König Salomon.« Die Schiffe, die das Gold von Ofir beförderten, werden anläßlich des Besuches der Königin von Saba noch einmal erwähnt: »Auch damals brachten sie ›Gold aus dem Land Ofir und große Mengen Edelholz und Edelsteine‹.« Die Bibel bietet keine Hilfe, um festzustellen, wo sich das Land Ofir befand. Sie bestätigt nur, daß es dieses Land gegeben hat. Auch die Angaben über Tarschisch sind ungenau. Aus dem Buch der Könige hören wir, daß Salomon zusammen mit den Phöniziern Erkundungsfahrten unternahm. Deren König war Hiram I., König von Tyrus. Die Schiffe liefen aus dem Hafen von Ezeon-Geber im Roten Meer aus.

Das Buch der Könige schreibt: »Der König besaß eine seetüchtige Handelsflotte, die Flotte von Tarschisch, die zusammen mit den Schiffen König Hirams ausfuhr. Alle drei Jahre kamen die Schiffe von Tarschisch und brachten Gold, Silber, Elfenbein, aber auch Affen und Pfauen.« Aber wo war Tarschisch? Hesekiel schreibt, daß die Phönizier mit Silber, Eisen, Zinn und Blei handelten. Über 100 Jahre nach Salomons Zeit, als Israel nicht mehr so reich war, versuchte König Josaphat von Juda Tarschisch von Ezeon-Geber aus zu erreichen. Aber ein Sturm zerstörte die Schiffe.

Der einzige brauchbare Hinweis ist, daß der Prophet Jonas versuchte, dorthin zu gelangen, als er vom Wal verschlungen wurde. Aber seltsamerweise wollte er seine Reise von dem Hafen Japho aus antreten, der am Mittelmeer liegt. Daher ergeben sich zwei Möglichkeiten:

1. Es gab mehrere Orte namens Tarschisch (was auch mit »Schmelzerei« übersetzt werden kann), die alle die Stellen bezeichneten, von denen König Salomon seine Schätze holte.

2. Der jüdische Historiker Josephus übersetzte das Alte Testament im ersten Jahrhundert

n. Chr. Er brachte den Namen im Zusammenhang mit Tarsus, einem bekannten Hafen in römischer Zeit. Seine Version lautet: »Da der König viele Schiffe besaß, die im Hafen von Tarsus lagen, befahl er ihnen, Waren von den entferntesten Ländern der Erde zu bringen.« Dies kann mit der 1. These übereinstimmen, daß Salomon eine Flotte in Tarsus (Tarschisch) hatte, die nach Tarschisch (zu den verschiedenen »Schmelzereien«) fahren sollte.

3. Da Salomon einen Bund mit den seefahrenden Phöniziern geschlossen hatte, legen unabhängige Berichte der phönizischen Geschichte zugrunde, daß Tartessos Tarschisch ist. Dies war ein altes Königreich in der Nähe von Cadiz (heutiges Spanien), das von den Griechen wegen seiner reichen Silbervorkommen gepriesen wurde. Man weiß, daß die Phönizier Handel mit Spanien getrieben haben und dort siedelten. Es wäre deshalb eine plausible Erklärung für die Herkunft einiger von Salomons Reichtümern.

Keiner dieser drei Thesen ist völlig zufriedenstellend. Tarsus hätte genausogut die Herkunftsstelle für Metalle aus dem Gebiet des Schwarzen Meeres gewesen sein können und ebenso hätte Tartessos sein eigenes Silber liefern können. Aber was ist dann mit dem Elfenbein, den Affen, den Pfauen und den Negern? Außer in Gibraltar gibt es weder in Spanien noch in Tarsus Affen. Und warum sollten die Schiffe des Königs Salomons drei Jahre für eine Fahrt zu diesen Orten gebraucht haben?

Die Bedeutung des Wortes Tarschisch ist unklar. Wenn es ein Ort ist, liegt er vielleicht weiter entfernt und ist mehr als eine Stadt. Ausgrabungen bei Mahd adh Dhabab in Saudi-Arabien haben eine riesige Goldmine zutage gefördert, die zu Salomons Zeiten abgebaut wurde. Vielleicht war dies das Land Ofir und auch Tarschisch? In bezug auf die exotischen Pflanzen war Tartessos vielleicht der Ausgangsort für eine Reihe abenteuerlicher Seefahrten, bei denen Afrika umrundet und möglicherweise Amerika erreicht wurde. Der Bericht des griechischen Historikers Herodot, daß die Phönizier um 600 v. Chr. durch das Rote Meer südwärts segelten, und durch das Mittelmeer wieder zur Nordküste Ägyptens zurückkehrten (Karte, Seite 133), wird von den Historikern des Altertums voll akzeptiert. Auf ihrem Weg fuhren sie durch die Straße von Gibraltar und an Tartossos vorbei. Ähnliche Fahrten können auch zu Zeiten des Königs Salomons

Viele Orte wurden schon als die Stätten von Salomons Minen angenommen. Aufgrund neuer Erkenntnisse über die vorgeschichtlichen Seefahrer könnte es möglich sein, daß sie in Mittel- oder Südamerika lagen.

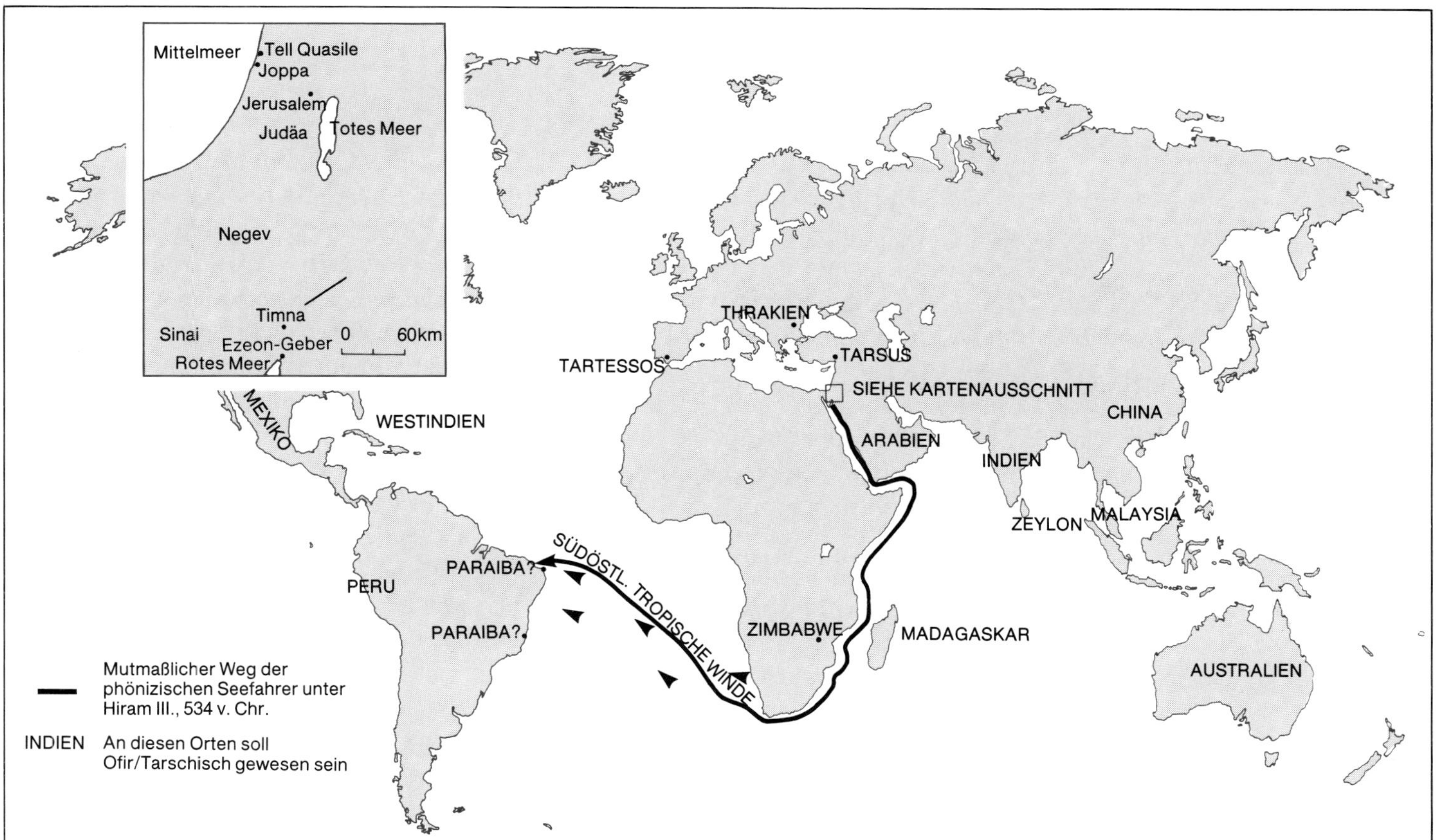

stattgefunden haben. Hierbei nahm man neben dem Silber von Tartessos unterwegs Affen, Elfenbein, Pfauen und Neger an Bord.

Andererseits – oder außerdem – ist es heute wahrscheinlich, daß zur gleichen Zeit auch Reisen in die Neue Welt stattgefunden haben. Diese gingen wahrscheinlich auf der entgegengesetzten Route durch das Mittelmeer, über Gibraltar zum Atlantik. Aus einem Text, der bei Tell Quasile an der Mittelmeerküste Israels gefunden wurde, entnimmt Cyrus Gordon, Leiter der Abteilung für Mittelmeerstudien an der Brandeis-Universität, Massachusetts, daß Ofir auf der Route über Gibraltar erreicht werden konnte. Er schätzt, daß die Phönizier mit Sicherheit Brasilien kannten, das bei ihnen »die Eiseninsel« (Eisen ist heute das Hauptprodukt Brasiliens) hieß.

Wenn die Übersetzung richtig ist, erläutert der Paraiba-Text auf der vorherigen Seite 266, wie eine Gruppe von Seeleuten im 19. Jahr der Regierungszeit des Königs Hiram III. von den anderen Schiffen getrennt und nach Brasilien verschlagen wurde. Diese Schiffstafel wurde im Jahre 1872 gefunden.

Gordon glaubt, daß sich Tarschisch auf Mexiko bezieht. Dort gibt es reiche Silber- und andere Erzvorkommen, »obgleich andere Gebiete am Atlantik nicht ausgeschlossen werden können«. Die Legenden aus dem 19. Jahrhundert, daß die Minen angeblich in Zentralafrika gelegen haben, können wohl als romantische (oder rassistische) Erfindung abgetan werden. Die dort gefundenen Steinfestungen, als »Ruinen von Zimbabwe« bekannt, wurden mit Sicherheit von den einheimischen schwarzen Bewohnern erbaut und haben nichts mit den Minen aus der Zeit Salomons zu tun. Zimbabwe wurde erst nach Christi erbaut, nicht vorher und ist höchstwahrscheinlich das Werk eines mächtigen afrikanischen Eingeborenenvolks.

Der heilige Gral

Die Suche nach dem heiligen Gral ist eines der bedeutendsten Themen der christlichen Geschichte. Nach der Legende ist der Gral die Schale, die Jesus beim Abendmahl benutzte. Sie soll durch Josef von Arimathea, dem Onkel Jesus', vor Pontius Pilatus gerettet und als heilige Gabe für die frühe Kirche nach England gebracht worden sein. Entweder wurde der Gral vergraben oder ging in der Nähe von Glastonbury, dem Mittelpunkt der frühen christlichen Kirche in England, verloren. Viele Jahrhunderte lang suchte man ihn. Erst die Ritter von König Artus Tafelrunde fanden ihn auf geheimnisvolle Weise. Zu dieser Zeit wurde er nicht nur als christliche Reliquie, sondern auch als magisches Gefäß betrachtet, das Hinweise auf eine frühe und geheime Wissenschaft geben konnte. Genauso rätselhaft, wie er gefunden wurde, verschwand der Gral wieder und wird seitdem von vielen Gelehrten gesucht.

Es ist diese Verbindung von Okkultismus mit religiöser Legende, die den Gral von anderen christlichen Reliquien abhebt (Seite 207). Sie macht ihn zu einem wesentlichen Teil einer groß angelegten Suche nach verlorenen Wissenschaften. Doch inwieweit trifft es zu, daß sich der Gral wirklich in England befand und wie kam er dorthin? Im Grunde genommen sind die Indizien ziemlich überzeugend. Es ist eine historische, im Evangelium beschriebene Tatsache, daß Josef und Nikodemus den Leichnam Jesu erhielten und begruben.

Die Annahme, daß Josef der Onkel Jesu war (dies steht nicht in der Bibel) erscheint plausibel, da Pilatus ihm den Leichnam übergab. Jesus war als Verbrecher verurteilt worden und wäre deshalb an einem dafür vorgeschriebenen Ort begraben worden. Es sei denn, so das römische und jüdische Gesetz, ein Verwandter kam und erhob Ansprüche auf den Leichnam.

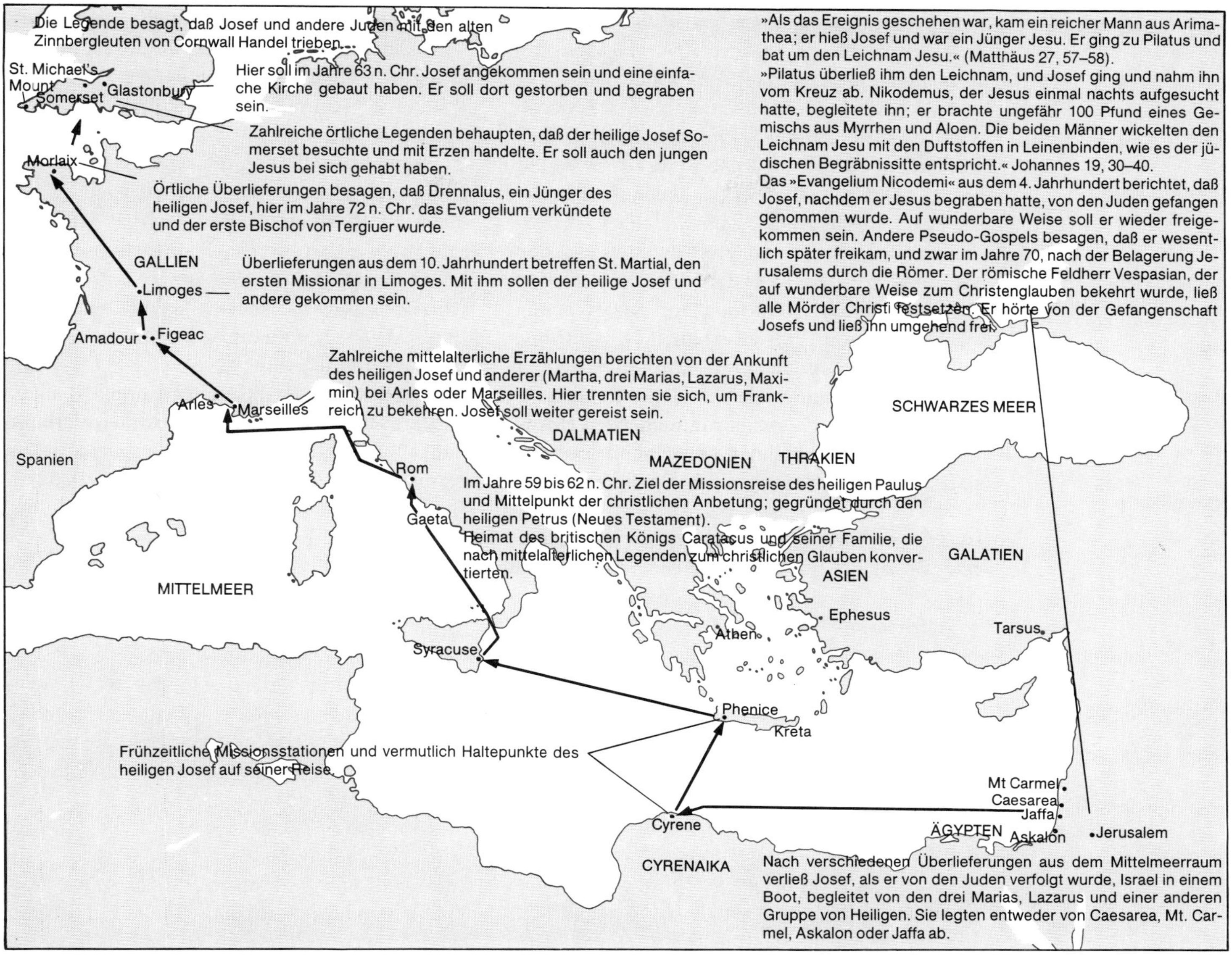

Die Berichte der Reisen Joseph von Arimathaea vom Heiligen Land durch Europa nach England sind die Grundlage für die Legende, daß es den heiligen Gral gegeben hat.

Zinnhandel mit Cornwall

Matthäus berichtet, daß Josef reich war, und es gibt keinen Grund dies zu bezweifeln. Wenn er für Jesus eine Grabstätte zur Verfügung stellen konnte, muß er ziemlich wohlhabend gewesen sein. Nach der Überlieferung verdiente er sein Geld mit dem Zinnhandel. Die oben markierte Route seiner Reise mit dem heiligen Gral stimmt im wesentlichen mit der Zinnhandelsroute überein, die von dem griechischen Schreiber Diodorus Siculus kurz vor Christi Geburt beschrieben wurde. Zinn, so schrieb er, wurde bei Ebbe zur Insel Ictis geschafft (man glaubte, dies war der Berg St. Michael an der Küste des südlichen Cornwall). »Die Kaufleute transportieren das von den Bewohnern gekaufte Zinn nach Gallien. Auf der 30tägigen Reise tragen es ihre Pferde in Säcken weiter durch Gallien bis zur Rhônemündung.«

Voneinander unabhängige Überlieferungen aus Nordfrankreich, Westirland, Gloucester, Nord-London und dem Gebiet des Zinnabbaus in Cornwall berichten von der Teilnahme Josefs am Zinnhandel. Die Erzählungen aus Cornwall sind besonders eindeutig. Der Vorarbeiter einer Zinngrube aus diesem Gebiet soll Anfang dieses Jahrhunderts gesagt haben: »Unser Gewerbe ist eine sehr alte Gilde, und wie andere Handwerker haben auch wir unsere Traditionen. Eine davon ist das in einem Bittgebet festgehaltene Andenken an Josef . . . Er reiste oft in seinem eigenen Schiff nach Cornwall. Einmal hatte er den jungen Jesus und dessen Mutter Maria bei sich.«

Die Reisen Christi

Eine Reise des jungen Jesus zusammen mit Josef nach England ist historisch möglich und durch verschiedene örtliche Legenden belegt. Zwischen dem 12. und 30. Lebensjahr (dem Beginn seiner Lehrtätigkeit) ist nichts über das Leben Jesu bekannt. Es wird allgemein angenommen, daß er in dieser Zeit größere Reisen unternahm. Auf dem Weg nach Glastonbury findet man in Cornwall an der Mündung des Camels einen »Jesusbrunnen«. In dem kleinen Dorf Priddy, acht Meilen nördlich von Glastonbury, erzählt eine besonders eindrucksvolle Legende, daß Jesus als Knabe dort war. Auch heute noch gibt es das Sprichwort »Das ist so sicher, wie unser Herr in Priddy war«.

In Galiläa ist bekannt, daß Jesus ein Zimmermann war, und sogar als Schiffszimmermann mit seinem Schiff England besuchte. Er soll von Tyrus abgefahren sein und sich einen ganzen Winter lang an der Küste Westenglands aufgehalten haben, da das Schiff wegen der Stürme nicht zurücksegeln konnte. So gibt es verschiedene Hinweise auf eine frühzeitige Verbindung zwischen dem Heiligen Land und England. Sie werden durch historische und archäologische Beweise unterstrichen, nach denen die christliche Religion in England schon unmittelbar nach dem Tod Jesus praktiziert wurde. Der Schreiber Gildas sagte im sechsten Jahrhundert, daß der christliche Glaube dort seit dem letzten Jahr der Regierungszeit des Tiberius bekannt war, d.h. nur vier Jahre nach der Kreuzigung. Ein metallenes Trinkgefäß aus dem ersten Jahrhundert, das am Hadrians-Wall gefunden wurde, trägt zweifellos frühchristliche Symbole. Glastonbury wird unter seinem alten Namen Glastoniy in religiösen Texten erwähnt. Es soll dort bereits eine Kirche gegeben haben, bevor die katholischen Missionare im sechsten Jahrhundert eintrafen.

Abschließend ist festzustellen, daß Josef selbst eine so bedeutende Gestalt war, daß er nicht in den Mittelpunkt solcher Legenden gerückt wäre, wenn es nicht einen Wahrheitsgehalt im Hintergrund gäbe. Der Autor Geoffrey Ashe schreibt: »Die Anwesenheit des heiligen Josef in England wäre zu sonderbar, wenn es sich nur um reine Erfindung handeln würde.« Vielleicht war Josef mehr als ein reicher Kaufmann, der zufällig auch Christ war? Oder war er tatsächlich der Onkel Jesu, den er als Knaben auf eine Reise mitnahm, und kehrte er erst nach der Kreuzigung zurück? Brachte er tatsächlich den heiligen Gral nach England?

Mittelalterliche Legenden

Hier befinden wir uns auf unsicherem Boden. Die Ungewißheit liegt darin, daß Josef nicht unter den örtlichen Heiligen erscheint, die von der katholischen Kirche in England verehrt wurden. Die Biographie des heiligen Dunstan aus dem Jahr 1000 und William von Malmesburys Werk »de Antiquitate« (etwa 1125 n. Chr.) erwähnen zwar beide Glastonbury als frühchristliche Stätte, aber von Josef ist nicht die Rede. Eine auffallende Unterlassung, wenn tatsächlich Josef die Kirche gründete.

Bezeichnenderweise enthält eine spätere Ausgabe des Buches von Malmesbury zusätzliche

Eine französische Zeichnung des Grals aus dem Jahre 1325 zeigt ihn als ein Kelchgefäß, eine Lanze und ein Schwert auf einer Trage.

Hinweise auf Josef. Diese wurden aber erst eingefügt, nachdem die Legenden über die Ritter der Tafelrunde in Frankreich bekannt waren. Sie lassen den Schluß zu, daß Josef erst in späteren Zeiten dazu erfunden wurde. In England wurde die Geschichte des heiligen Grals im 15. Jahrhundert in die Volkskunde aufgenommen und zwar erst, nachdem Thomas Malorys Version der Legende um die Ritter der Tafelrunde veröffentlicht worden war. Er stützte sich dabei auf französische Quellen und betitelte seine Version als »Die Geschichte des Heiligen Gral: Gekürzt aus dem französischen. Dies ist die Sage, die eine der wahrsten und heiligsten der Welt ist«.

Okkulte Symbolik

Malorys französische Quelle ist nicht bekannt. Es ist aber unwahrscheinlich, daß sie sehr alt war, das früheste, ausführliche Werk stammt von dem Burgunder Robert de Boron. Dieses Buch nimmt eine Schlüsselstellung bei der Enthüllung des Geheimnisses des Grals ein. Darin wird die Legende so erzählt, daß man ohne Zweifel eine rätselhafte und okkulte Bedeutung hinter der romantischen christlichen Legende erkennt: Der Originalgral war ein vorchristliches, keltisches Symbol, das verändert im Schmuck des Christentums übernommen wurde. Der wirkliche Gralshüter war nicht Josef, sondern ein mächtiger heidnischer Gott namens Bran. In der alten keltischen Mythologie besaß er magische Kräfte, die Menschen wieder zum Leben erwecken konnten. In Robert de Borons Buch taucht Bran als Bron auf und ist Josefs Schwager. Diese Gestalt, die auch in allen späteren Gralsbüchern erscheint, hat in der Bibel keinen historischen Hintergrund. Sie muß erfunden worden sein (der Grund dafür wird gegen Ende des Buches klar). Bron, der auch als der »reiche Fischer« beschrieben wird, übernimmt von Josef die Obhut des Grals und wird damit zu einer bedeutenderen Gestalt als Josef.

Der Gral bleibt dann in den Händen der Nachkommen des reichen Fischers, bis König Artus Suche endlich Erfolg hat. Die Übereinstimmungen zwischen Bron (der reiche Fischer) und Bran (der keltische Gott) wurden von dem Gelehrten Roger Sherman Loomis verfolgt und sind so offensichtlich, daß sie sich nur auf ein und dieselbe Person beziehen können.

Gemäß verschiedener Quellen wurde der reiche Fischer während eines Kampfes mit einem Speer an den Oberschenkeln oder an den Beinen verwundet. Das gleiche geschah mit Bran, als er in Irland einfiel. Beide bewirteten ihre Gäste reichlich; beide führten ihre Anhänger westwärts zu einem Ort, wo sie mehrere Jahre ver-

Die Kreuzfahrer waren größtenteils einfache Krieger. Die Führer waren aber auch Hüter von okkulten Wissenschaften.
Diese Grabstelle befindet sich in Dorchester Abbey.

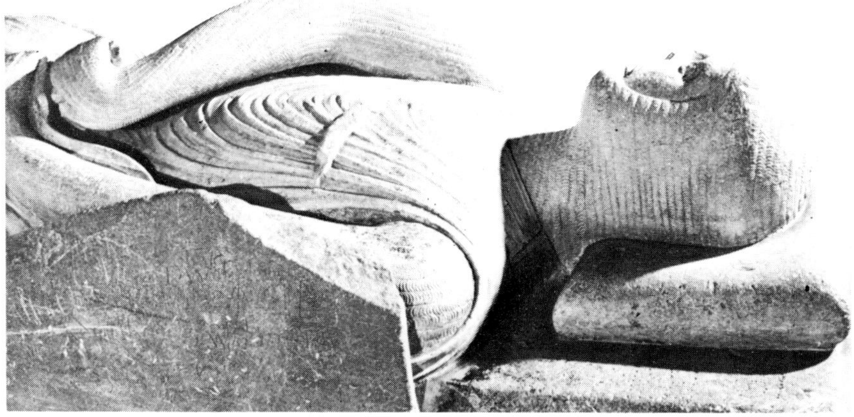

brachten, ohne daß die Zeit verging. Auch die Bezeichnung »der reiche Fischer« kann möglicherweise damit erklärt werden, daß Bran einmal ein Meeresgott war.

Magische Gefäße

Der Gral selbst gibt uns auch Rätsel auf. In frühchristlichen Dokumenten stellte man den Gral als eine große Schüssel dar, die die Hostie für eine nicht benannte Person enthielt. Er sollte auch mystische Geheimnisse in sich bergen. Der junge Ritter Parzival unterwarf sich vielen geistigen Erprobungen, um sie zu erkennen. Erst später (und noch bevor Josef erwähnt wurde) wurde daraus vermutlich die Schale, mit der Jesus das Abendmahl gehalten hat.

In seiner frühen, magischen Form hatte er vieles mit den Schalen und Bechern der keltischen Mythologie gemeinsam. Bran war zeitweilig im Besitz einer solchen Schale, von der gesagt wurde: »Die Kraft dieser Schale liegt darin: Ein Mann, der heute getötet wurde, soll mit der Schale in Berührung gebracht werden, und morgen ist er wieder genesen, nur kann er nicht mehr sprechen.« Die gleiche Schale soll auch schwache und starke Kämpfer unterscheiden können: »Wenn darin die Speise für einen Feigling bereitet werden soll, wird sie niemals gar werden; aber die Speise für einen Tapferen wird schnell fertig sein.«

Auch der König von Rhydderch besaß eine solche keltische Schale, die jede Speise hervorbrachte, die man sich wünschte. Ähnliche Legenden gab es für »das Trinkhorn von Bran, dem Geizigen aus dem Norden« und »den Krug und die Schale von Rhygenydd, dem Gläubigen«. Alle diese keltischen Sagen haben eine Beziehung zu der Beschreibung Malorys von den Rittern der Tafelrunde, die den Gral am Hof des Königs Artus bewachten. Auch hier heißt es: »Jeder Ritter konnte nach Belieben alle Speisen und Getränke erhalten, die es auf der Welt gab.«

Es scheint ziemlich sicher zu sein, daß die heute bekannten Gralslegenden im 12. oder 13. Jahrhundert von umherziehenden Geistlichen und Barden zusammengetragen wurden. Sie stützten sich dabei auf keltische Quellen und umgaben sie mit einem christlichen Rahmen.

Die nächste Frage ist: Was sollte von diesen Legenden für die Nachwelt erhalten bleiben und warum die Umwandlung? Robert Graves hat in seinem Buch »The White Goddess« gezeigt, daß zu der Zeit, als die Gralslegenden entstanden, in Wales das Druidentum wieder auflebte – ein Wiedererwecken der heidnischen Religion, die bereits den Unterdrückungsversuchen Caesars und der frühchristlichen Missionare widerstanden hatte. Bran, die magische Schale und die Geschichte eines wunderwirkenden Kindes, das eine geheimnisvolle Lehre verbreitete, waren Teile dieser Religion.

Zur gleichen Zeit als die Gralslegenden bekannt wurden, bildete sich in Europa eine mächtige, okkulte Bruderschaft. Ihre Verbindung zum Gral waren die Templer. Zwischen 1200 und 1220 entstand der Epos »Parzival«, die deutsche Version der Gralslegende.

Die Ehrenregeln der Ritter, die in Munsalvasch (dem Gralsschloß) leben, stützen sich auf die Kraft eines reinen Steines ... Kein Mann kann krank werden, denn wenn er täglich den Gral ansieht, ist er für die nächste Woche gegen den Tod gefeit. Außerdem wird sich sein Aussehen niemals ändern; er behält das gleiche Aussehen wie an dem Tag, an dem er den Gral sieht. Gleich ob Mann oder Frau, wer den Stein er-

Die Belagerung Jerusalems durch die Kreuzfahrer. Aus einem Manuskript im Britischen Museum.

blickt, und sei es zweihundert Jahre lang, behält sein bestes Aussehen; lediglich sein Haar wird grau . . . Der Stein wird auch Gral genannt.

Der Templerorden wurde im Jahre 1118 oder 1119 gegründet. Er war eine Art militärischer Schutz für die Pilgerwege nach Jerusalem. Die Ritter legten die gleichen Gelübde ab wie Mönche – Armut, Keuschheit, Gehorsam. Sie waren sowohl ein religiöser als auch militärischer Orden und nannten sich selbst »Die armen Ritter Christi«. Ihr Symbol waren zwei Ritter, die auf einem Pferd ritten.

Aber sie bewahrten immer eine geheimnisvolle Unabhängigkeit gegenüber jeder Obrigkeit. Theoretisch unterstanden sie zwar dem Papst. Dieser hatte jedoch niemals den Einfluß, wie z. B. auf die Jesuiten. Tatsächlich wurden die Templer von ihrem Großmeister geleitet, der sich mit dem »Großen Rat« abstimmte. Die Templerbewegung wuchs mit erstaunlicher Schnelligkeit.

Sie rekrutierte sich nicht nur aus dem Adel, sondern auch aus »Glücksspielern und Gottlosen, Räubern und Kirchenschändern, Mördern, Meineidigen und Ehebrechern« (vorausgesetzt diese Sünder waren reuig). Zwei Jahrhunderte später, als die Türken wieder einmal Jerusalem erobert hatten, waren die Templer sagenhaft reich. Ihnen gehörten allein in Frankreich 9000 Rittergüter.

Sie wurden heftig angefeindet und waren nicht mehr von Nutzen. Im Jahre 1307 ließ Philip IV. von Frankreich mit Zustimmung des Papstes Clemens II. viele von ihnen festnehmen. Während der nächsten 17 Jahre versuchte er ihren Wohlstand und ihren Einfluß zu zerschlagen. Die meisten ihrer Führer wurden verhaftet und gestanden unter Folterungen eine Reihe von ketzerischen Taten.

Anbetung eines Schädels

Soweit es den Gral betrifft, muß eine dieser Ketzertaten besonders erwähnt werden. Die Verehrung eines Vorbildes namens Baphomet, gewöhnlich beschrieben als ein Schädel, ein menschlicher Kopf oder drei Köpfe. Diese Verehrung war tief verwurzelt in der keltischen Religion, die sich überall in Europa wieder ausbreitete. Heute scheint ziemlich sicher zu sein, daß die Templer einerseits scheinbar dem Papst dienten, andererseits heimlich eine andere Religionsform unterstützten.

Auf dem Grundstück der Glastonbury Abbey wächst ein Dornenbaum. Er soll ein Ableger des Baumes sein, der von Joseph von Arimathea dorthin gebracht wurde.

Da es die Eigenart von geheimen Praktiken ist, daß sie verborgen bleiben, kann nicht geklärt werden, welche Art diese Religion war. Aber man kann annehmen, daß sie aus der Megalithzeit stammte und von keltischen Druiden, die Julius Caesar entdeckte, übernommen wurde. Auch das Christentum konnte sie niemals ganz unterdrücken.

Die Templer haben wahrscheinlich eine bestimmte Geisteshaltung, die in der katholischen Kirche verboten war, geschützt oder gefördert, »etwas selbst in Rom Unbekanntes oder Vergessenes« wie es Geoffrey Ashe beschreibt. Weiter führt er aus, daß es während des Mittelalters keine klaren Grenzen gab zwischen »weißer« Magie und Hexen, Hexerei und vorchristlichen Kulturen oder zwischen diesen Kulturen selbst und den christlichen Häresien. »Die Italiener bezeichneten die Hexerei einfach als die Alte Religion. Daher konnte der Gral mit bemerkenswerter Leichtigkeit verschiedene seltsame Verwandlungen durchmachen.«

Die Bedeutung des Grals

Diese Interpretation paßt am besten zu dem mystischen und geheimnisvollen Symbolismus der Gralslegende: Die keltischen Barden umschrieben ihre versteckten Botschaften, als sie ihre ausgeschmückten Geschichten an den europäischen Höfen verbreiteten. Für sie war der Gral eine magische Kraft des Nichtaltwerdens und des erneuerten Lebens, wie sie ihrer Meinung nach die alten Götter und ihre Priester besaßen, deren Monumente immer noch auf den Hügeln Westeuropas standen, unbeeinflußt, unberührt von der neuen Religion.

Es mag mehr als ein Zufall sein, daß die Linie des Sonnenaufgangs, die sich am 1. Mai über Südengland hinzieht (S. 86) und von der man annimmt, daß sie in prähistorischer Zeit genau markiert worden war, an dem Punkt beginnt, wo angeblich Jesus am Berg St. Michael in England gelandet sein soll. Sie führt direkt weiter zu der alten Kultstätte von Glastonbury.

Nach den heutigen Legenden von Glastonbury soll Josef einen Dornbusch gepflanzt haben, der innerhalb weniger Minuten wuchs und erblühte. Diese Legende wurde erstmals im 18. Jahrhundert verbreitet. Der Dornbusch, der heute dort steht, soll ein Abkömmling davon sein. Es ist eine Abart des Weißdorn Cratageus oxycantha. Er blüht im Mai und gelegentlich im Januar, nach dem Julianischen Kalender etwa zur Zeit der Geburt Christi. Alle Versuche, die Grabstätte Josefs zu finden, blieben erfolglos.

»Die Kelchquelle«, eine andere örtliche Legende, ist wahrscheinlich eine viktorianische Erfindung. Aber der Gral selbst ist tatsächlich heilig – und heilig aus einer Zeit lange vor Christus.

El Dorado

Das Zeitalter der Entdeckungen begann mit vielen Zufällen. Erst nach Amerigo Vespuccis Rückkehr aus Brasilien im Jahre 1504 bestätigte auch Kolumbus, eine Neue Welt entdeckt zu haben. Dies war mehr als zehn Jahre nach seiner Fahrt zu den Bahamas. Bis zu diesem Zeitpunkt war »Amerika«, wie es von einem deutschen Kartenzeichner genannt wurde, von erstaunlich geringem Interesse für die Europäer. Kolumbus' Hoffnungen auf Gewürze, Gold, Edelsteine und Silber hatten sich nicht verwirklicht. Spanien und Portugal teilten die Neue Welt unter sich auf. Jedem anderen Land war es verboten, dort Handel oder Forschungen zu betreiben. Die ersten Kolonien auf den Westindischen Inseln und in Brasilien wurden gegründet.

Im Jahre 1520 änderte sich die Einstellung grundlegend. In diesem Jahr entdeckte Magellan die Magellan-Straße. Aber auch Hernando Cortez kam zu dieser Zeit wieder nach Spanien zurück. Er hatte die Stadt Tenochtitlán in Mexiko erobert und von dem mächtigen Herrscher Montezuma große Schätze erhalten: »Eine Scheibe in der Form einer Sonne, so groß wie ein Wagenrad und aus sehr schönem Gold ... eine andere große Scheibe aus Silber in der Form des Mondes ... 20 goldene Enten in bester Handwerksarbeit, einige Ornamente in der Form von Hunden, andere in der Form von Tigern, Löwen und Affen ...« Darüber waren die Europäer sehr verwirrt, denn bis dahin wußten sie von der Neuen Welt nur, daß dort Barbaren lebten. Jetzt war der El-Dorado-Bazillus angekommen.

Die Beteiligung der Banken

Es dauerte immer noch zehn Jahre, bis das Fieber tatsächlich ausbrach. König Karl I. (Kaiser Karl V.) von Spanien bot seinen deutschen Bankpartnern als Sicherheit für eine Anleihe die Stadthalterschaft für Venezuela und verschiedene damit verbundene Nutzungsrechte an. Die Bankiers bestimmten für diesen Posten einen jungen und reichen Abenteurer, Ambrosius Dalfinger. Er trat sein Amt am 24. Februar 1529 an. Sofort begab er sich mit 180 Männern auf eine Fahrt ins Landesinnere, um das Land zu erkunden, das ihm nun mehr oder weniger gehörte. Im September erreichte er sein Ziel – den großen Maracaibo See, den Vespucci erstmals 30 Jahre vorher entdeckt hatte. Er fand hier Gold und goldene Bildtafeln. Die heimischen Indianer hatten goldene Schmuckstücke im Übermaß hergestellt: Ohrringe, Anhänger und vieles andere mehr. Nach ihren Angaben stammte das Gold von Stämmen, mit denen sie Handel trieben. Diese Stämme lebten weiter im Landesinneren und waren so reich, daß sogar ihr Anführer mit Gold angestrichen war – El Hombre Dorado –, El Dorado, der vergoldete Mensch.

Im April 1530 kehrte Dalfinger mit den Überlebenden seiner Expedition zu ihrem Ausgangsort zurück. Sie waren ausgemergelt und vom Fieber befallen. Während Dalfinger sich auf den Westindischen Inseln erholte, begab sich auch sein Stellvertreter, Nicolaus Federmann, auf die abenteuerliche Reise. Im März 1531 kehrte er mit sagenhaften Berichten von Gold- und Edelsteinschätzen zurück.

Drei Monate später unternahm Dalfinger seine nächste Expedition. Diesmal war er in Begleitung von 170 Soldaten und war zwei Jahre und drei Monate unterwegs. Nur 35 Männer kehrten zurück. Dalfinger selbst starb an einer Curare-Vergiftung. Aber es gab nun neue Hinweise auf El Dorado. Die Indianer hatten ihm erzählt: »Wo das Salz herkommt, gibt es auch Gold.«

Georg Hohermuth, der Nachfolger Dalfingers, nahm die Herausforderung an. Im Jahre 1535 machte er sich mit 409 Männern auf den Weg ins Hochland, wo nach Dalfingers Information das Salz herkommen sollte. Die äußerst schwierige Expedition dauerte genau drei Jahre. Am Ende der Expedition war der Verlust von etwa 300 Männern zu beklagen, doch man hatte keine nennenswerten Gold- oder Salzvorräte gefunden. Tatsächlich verpaßten sie unwissentlich ihr Ziel um etwa 100 Kilometer. Im April 1536 begann die letzte und diesmal erfolgreiche Expedition unter der Leitung von Gonzales Jimenez de Queseda. Im März des folgenden Jahres erreichte sie die südliche Grenze des Chibcha-Indianergebiets, wo Salz in großen Mengen gefunden wurde. Die ursprüngliche Teilnehmerzahl war von 800 nun auf weniger als 200 Männer geschrumpft. Trotzdem war die Gruppe stark genug, einige Dörfer zu erobern. Die Einwohner wurden gefoltert, um die Herkunft ihrer Smaragde preiszugeben, die sie für das Gold eintauschten. Je weiter die Expedition vorwärts kam, um so mehr wuchs die Menge des gefundenen Goldes. Im Juni lagerte Queseda etwa 20 Kilometer entfernt von dem 2800 Meter hoch gelegenen Dorf Hunsa, als ein Indianer ihm offenbarte, daß dies der »Ort des Goldes« sei. Mit nur 50 Männern stürmte Queseda das Dorf und erober-

Hunderte von Figuren aus Gold, wie diese, die in Mittel- und Südamerika gefunden wurden, lösten die Legenden über große Fundstätten aus.

Zu den Riten der Indianer gehörte es auch, einen Mann mit Gold zu bestreichen.

te es. Es war sauber und hatte rechtwinklig angelegte Straßen. Die aus Holz oder Flechtwerk erbauten Häuser trugen goldene Verzierungen. Die meisten Einwohner besaßen Smaragde und Goldstaub in Tuchtaschen. Die Männer trugen goldene Nasen- und Ohrringe und Armreifen. Das Haus des Häuptlings war mit Platten aus Gold verkleidet. Er selbst saß auf einem mit Gold und Smaragden verzierten Thron.

Alle diese Reichtümer waren durch Handel und Krieg angehäuft worden. Es ist erstaunlich, daß Queseda und seine wenigen Männer die vielen tausend Indianer so in Schrecken versetzten, daß sie ihnen ihr gesamtes Vermögen wegnehmen konnten. Queseda selbst nannte es »den Willen Gottes«. Der damalige Wert der Beute betrug mehr als 150000 Goldpesos und 230 Smaragde. Der heutige Wert läßt sich nicht feststellen. Es gab auch einen wirklichen El Dorado, den vergoldeten Mann. Bei der Krönungszeremonie der Chibcha-Indianer wurde ihr neuer König mit Baumharz eingesalbt und dann mit Goldstaub bedeckt, so daß er buchstäblich zum goldenen Mann wurde. Anschließend wurde er in den See Guatavita getaucht, bis der Goldstaub abgewaschen war. Das Gold war die Opfergabe an den Erdgott.

Die Goldsuche geht weiter

Quesedas Erfolg konnte die Suche nach El Dorado nicht eindämmen. Auch er selbst glaubte nicht, es gefunden zu haben. Er richtete noch zwei Expeditionen aus. Die letzten Jahre vor seinem Tod im Jahre 1579 verbrachte er mit dem Niederschreiben seiner (wie er annahm) erfolglosen Suche. Schon zur Zeit seiner ersten Expedition glaubte man, daß ein Paradies namens Ma-Noa irgendwo in Südamerika existieren sollte. Es wurde in den Legenden der Reisenden so großartig beschrieben, daß die Funde im Dorf Hunsa, bei den Chibcha-Indianern, vergleichsweise gering erschienen: »Ma-Noa liegt auf einer Insel in einem großen Salzsee. Das gesamte Eßgeschirr im Palast ist aus reinem Gold oder Silber und sogar die unbedeutendsten Gegenstände sind aus Silber oder Kupfer. In der Mitte der Insel steht ein Tempel, der der Sonne geweiht ist. Er wird umrahmt von goldenen Statuen, die Riesen darstellen. Daneben sind auch goldene und silberne Bäume zu finden und die Statue eines Prinzen, die über und über mit Goldstaub bedeckt ist.«

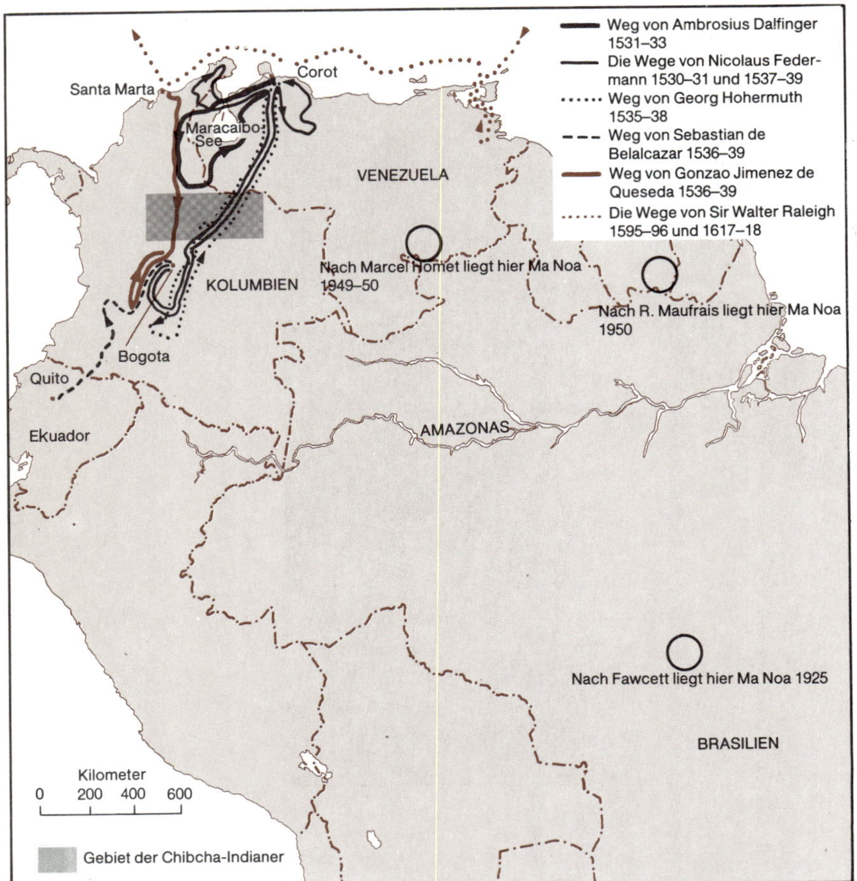

Ambrosius Dalfinger, wurde 1500 in Ulm geboren, später im Namen der Bankiersfamilie Welser zum ersten Gouverneur von Venezuela ernannt und gründete die Hauptstadt Venezuelas. Zusammen mit Esteban Martin leitete er die erste Expedition zum Maraciabo-See. Obwohl er nach dieser Expedition zu Tode erschöpft war, hielt seine Begierde nach der »Goldenen Stadt« an. Seine nächste Expedition endete in einer Katastrophe. Dalfinger wurde von einem vergifteten Pfeil getroffen und starb im Jahre 1533 an einer Krankheit, »die nur durch Gold geheilt werden konnte«.

Nikolaus Federmann wurde im Jahre 1506 in Ulm als Sohn eines Müllers geboren. Die Familie Welser sandte den Abenteurer und Forscher nach Corot. Nach Federmanns erster Expedition blühten die Gerüchte um ein »verborgenes, goldenes Königreich«. Bei seiner zweiten Expedition traf er auf Queseda und Belalcazar. Diese drei Männer teilten das Territorium der Chibcha-Indianer unter sich auf. Bei seiner Rückkehr nach Europa wurde er in Gent verhaftet und des Betrugs an der Familie Welser angeklagt.

Georg Hohermuth, der im Jahre 1518 in Speyer am Rhein geboren wurde, übernahm die Stelle Dalfingers als Botschafter der Welsers. Er war ein fähiger Verwalter und reorganisierte die Regierung von Corot. Anschließend begab er sich mit dem Historiker Philipp von Hutten »auf die Suche nach El Hombre Dorado«. Diese verhängnisvolle Expedition verlor 300 Mann für eine Handvoll Gold. Nach seiner Rückkehr nach Corot im Jahre 1538 mußte Hohermuth schwer krank nach Santo Domingo gebracht werden.

Sebastian de Belalcazar, der schreckliche Konquistator, wurde 1499 geboren und begleitete Cortez auf dessen frühen Expeditionen. Er war sehr grausam bei der Ausführung seines Auftrags. »Er schlitzte mit sichtlichem Vergnügen den Inkas den Bauch auf.«
Belalcazar traf mit seinen vornehm gekleideten Truppen im Jahre 1539 mit Queseda und Hohermuth zusammen, um das Territorium der Chibcha-Indianer untereinander aufzuteilen. Bei seiner Rückkehr nach Spanien wurde Belalcazar wegen Betrugs inhaftiert und starb dort im Jahre 1551.

Gonzales Jiminez de Queseda wurde ebenfalls im Jahre 1499 geboren und studierte Rechtswissenschaften. Er entstammte einer spanischen Adelsfamilie. Nachdem er seinen Besitz in Spanien verloren hatte, und die Gerüchte um El Dorado aufkamen, sah er seine Chance gekommen. Zuerst schloß er sich der Expedition Pedro de Lugos an und war bald selbst vom Goldfieber gepackt. »Diejenigen, die in den Krieg ziehen und erobern wollen, bringen sich selbst in enge Berührung mit dem Tod ... Es wäre unehrenhaft, ohne Beute zurückzukehren.«
Es genügte ihm nicht, Mitgründer einer Stadt im Territorium der Chibcha-Indianer zu sein und eine Menge Gold angehäuft zu haben. Im Jahre 1569 leitete er eine weitere und gleichzeitig seine letzte Expedition. Er mußte unter Schimpf und Schande nach Bogota zurückkehren und starb dort im Jahre 1579.

Walter Raleigh wurde 1552 in Devon geboren. Fälschlicherweise wurde ihm die Einführung von Kartoffeln und Tabak in Europa zugeschrieben. Nach einer nicht gern gesehenen Hochzeit wurde er vom Hof verbannt und war damit frei für die Suche nach Ma-Noa, der Hauptstadt von El Dorado. Um die Gunst der Königin wieder zu gewinnen, wollte Releigh mit den Einwohnern von El Dorado die Spanier bekämpfen. Zwei nicht erfolgreiche Expeditionen brachten ihm nur öffentliche Schande, aber keine Reichtümer.
Im Jahre 1603 war König James I. überzeugt, daß Raleigh sich mit den Spaniern zusammen gegen ihn verschworen habe. Raleigh wurde deshalb bis 1617 gefangengehalten. Dann unternahm er seine letzte verhängnisvolle Expedition.

Der Gedanke an solche Reichtümer hat schon immer Forscher angestachelt. Sir Walter Raleigh führte in den Jahren 1595 und 1616 zwei Expeditionen. Der Fehlschlag der zweiten diente dem König als Rechtfertigung für eine lange Strafe wegen früherer politischer Angriffe. Seitdem gingen in jedem Jahrhundert zwei oder drei Expeditionen auf die Suche nach der unbekannten Stadt. In unserer Zeit war es Oberst Percy Fawcett, der 1925 zum letzten Mal lebend gesehen wurde. Er war ebenbürtiger Nachfolger der 400 Jahre zuvor lebenden Abenteurer. Seine Hoffnung war wahrscheinlich genauso unrealistisch, wie die seiner Vorgänger. In einer Zeit, als wesentlich weniger über die Zeitrechnung des Altertums und die alten Zivilisationen bekannt war als heute, war er davon überzeugt, irgendwo im brasilianischen Urwald die erste von Menschen erbaute Stadt zu finden.

Er schrieb: »Es ist sicher, daß es dort Ruinen von alten Städten gibt – Ruinen, die wahrscheinlich älter sind, als die Bauwerke Ägyptens. Sie befinden sich im Inneren des Matto Grosso.« Bei anderer Gelegenheit: »Entweder schaffen wir es und kommen wieder zurück, oder unsere Knochen werden dort verfaulen. Aber eins ist sicher: Dort liegt die Antwort auf die Rätsel von Südamerika und vielleicht von der gesamten vorgeschichtlichen Welt. Sie könnte für die wissenschaftliche Forschung von großer Bedeutung sein, wenn sie nur gefunden wird. So viel weiß ich: Die Städte gibt es . . . ich zweifle keinen Augenblick daran . . . Warum sollte ich auch? Ich habe selbst einen Teil davon gesehen . . . Die Überreste schienen die Außenbezirke größerer Städte zu sein.«

Fawcett – ein mutiger Abenteurer

Verlockende Behauptungen wie diese, brachten ihm große Popularität. Peter Fleming war einer der Forscher, die später nach ihm suchten. Er schrieb über ihn: »Er war eine seltene Kombination aus Mystiker und Mann der Tat. Als Mitglied der Royal Artillery in Indien bekam er Kontakt mit dem Buddhismus. Er verwendete seine gesamte Freizeit und sein ganzes Vermögen für die ergebnislose Suche nach den Schätzen der Könige von Kandyan. Von der ›Royal Geographic Society‹ erhielt er eine Auszeichnung. Von 1906 bis 1909 arbeitete er für die bolivianische Regierung in dem extrem ungesunden

Percy Fawcett (links) bevor er zu seiner Expedition aufbrach, die zwei Jahre dauern sollte, und von der er nicht mehr zurückkehrte.

In einem solchen Dschungel war Fawcett unterwegs; seine Spuren verloren sich sehr schnell.

Ein schwarzes Götzenbild aus Basalt. Fawcett glaubte, daß es aus einer der untergegangenen Städte stammte. Er führte es auf seiner letzten Reise mit sich.

Klima an der brasilianisch-bolivischen Grenze. Er besaß großen Mut, und sein Durchhaltevermögen war außergewöhnlich. Insekten, Fieber und Entbehrungen konnten ihn nicht abschrekken.«

Aus eigener Erfahrung heraus und im Hinblick auf die katastrophalen Mißerfolge des 16. Jahrhunderts nahm er nur zwei Leute mit: seinen Schulfreund Raleigh Rimell und seinen ältesten Sohn Jack. »Er war von großer Gestalt, physisch und geistig auf der Höhe. Er rauchte und trank nicht, gerade so wie ich. Seine letzte Nachricht kam aus dem Lager ›Totes Pferd‹, das den Namen bei der Expedition im Jahre 1921 erhielt, als sein Pferd dort starb. Danach hatte sich Rimell eine Vergiftung am Fuß zugezogen. Die ihn begleitenden Träger verschwanden, weil sie Angst vor den Indianern hatten. Fawcett hatte vorher bekannt gegeben, daß seine Expedition mindestens zwei Jahre dauern würde. Seine Frau verließ sich darauf und war sicher, daß er immer noch am Leben sei. Der erste Suchtrupp startete deshalb erst 1927, als seine Spuren schon lange verwischt waren.«

Ausschnitt A: In diesem Gebiet sucht man nach El Dorado und Ma Noa

Ausschnitt B: In diesem Gebiet fand die Expedition von Colonel Fawcett und die Suche nach ihm statt

Die Pyramide von Teotihuácan in Mexiko, »ein Tempel der Sonne«. Einen Tempel dieser Art wollte Fawcett suchen.

Fawcetts Schicksal

Das Rätsel, das Fawcett heute noch umgibt, ist weniger die Frage, wie er starb, sondern vielmehr, ob diese versunkene Stadt tatsächlich existierte. Vieles von dem, was er einmal sagte, klingt heute theoretisch und phantastisch. So soll die untergegangene Stadt z. B. eine Art Lichtquelle gehabt haben, »bei der ultraviolette Strahlen benutzt wurden«. Denn er hatte in den alten Häusern keine Rauchspuren von Lampen gefunden. Auch die von ihm beschriebenen Bergketten, auf denen sich die Stadt befunden haben soll, sind auf keiner Karte und keiner Luftaufnahme zu finden.

Aber trotzdem ist das Matto Grosso immer noch das größte unerforschte Gebiet unserer Zeit. Man weiß, daß dort weiße Indianer leben, genau wie er es beschrieb. Ein portugiesisches Dokument aus dem 18. Jahrhundert, in das er sein Vertrauen setzte, enthält Einzelheiten und hieroglyphische Inschriften, die außerhalb der üblichen Reiseerzählungen liegen. Vielleicht handelt es sich nicht dabei um El Dorado oder, wie Fawcett glaubte, um die Geburtsstätte der modernen Zivilisation. Aber es wäre doch verwunderlich, wenn dort im brasilianischen Urwald nicht eines Tages die Überreste einer rätselhaften Stadt entdeckt werden würden.

1. Cuyba: von hier aus startete Oberst Fawcett.

2. 30. Mai 1925: die letzte Positionsmeldung Fawcetts per Telegramm an die Nordamerikanische Zeitungsgesellschaft: Längengrad 54° 35′ West. Breitengrad 11° 43′ Süd.

3. Territorium der Anauqua-Indianer.

4. Territorium der Kalapalos-Indianer.

5. Mai 1928: Eine Expedition unter Leitung von Georg Dyott suchte nach Fawcett. Nach Dyotts Angaben verfolgte er Fawcetts Spuren den Kuluene-Fluß hinauf zu den Anauqua-Indianern. In einem Dorf trug ein Häuptlingssohn einen Metallanhänger, der Fawcett gehört haben soll. Dyott nahm an, daß Fawcett fünf Tage nach dem Überschreiten des Kuluene-Flusses gestorben sei.

6. März 1932: Stephen Rattin erzählte dem britischen Generalkonsul Arthur Abbot in Sao Paulo, daß er Fawcett gesehen habe: »mit einem langen weißen Bart, in Häuten gekleidet, lebte er in einem Indianerdorf«. Als Lage des Ortes gab Rattin an: 57° westliche Länge und 9° 30′ südliche Breite.

7. Juni 1932: Die Baceriri-Indianer berichteten, daß Fawcett den markierten Punkt überschritten habe. Sie fanden seinen Kompaß und übergaben ihn Oberst Aniceto Botelho.

8. November 1932: Leonard Letgers, ein presbyterianischer Missionar, reiste nach Simon Lope und dann weiter nördlich in den Dschungel. Er kam in ein Indianerdorf, wo Kinder mit englischen Rosenkränzen und englischen Kisten spielten. Letgers behauptete, unwiderlegbare Beweise zu haben, daß Fawcett tot sei.

9. November 1932: Nach den Angaben Letgers der Ort, an dem Fawcett getötet wurde.

10. November 1933: Einige Dominikanermönche berichten, daß Fawcett mit seinem Sohn und Rimell in einem Indianerlager zwischen dem das Mortes und Kuluene-Fluß leben soll.

11. Oktober 1937: Ein Franziskanermönch erzählte Dr. Willy Aurelli, daß Fawcett jetzt bei Indianern in einem Gebiet in der Nähe des Mortes-Flusses leben würde.

12. April 1938: General Neanidido Rondon behauptete, daß Fawcett gleich nach dem Betreten des Dschungels zwischen dem Kuluene- und dem Mortes-Fluß von den Anauqua-Indianern getötet worden sei. Fawcett und seine Leute sollen nach der Aussage des Häuptlings der Baceriri-Indianer getötet worden sein, als sie einige Kanus stehlen wollten. Fawcetts Schwägerin Evelyn Isacke widersprach dieser Behauptung, denn Fawcett baute seine Boote auf den Expeditionen immer selbst.

13. August 1946: Señor Orlando Vilas Boas zeichnete per Tonband das Bekenntnis des Häuptlings der Kalapalos-Indianer auf, der Fawcett ermordet haben will. Nachdem General Rondon dies hörte, veranlaßte er eine erneute Suche nach Fawcetts Grabstätte.

14. August 1951: Rondons Expedition fand im Kalapalos-Territorium ein Skelett, dies sollte Fawcett gewesen sein. Der Stammeshäuptling Izaviri erzählte ihnen: »Der alte Mann wurde getötet, und die beiden anderen in den Fluß geworfen.«
Der Millionär Assis Chateaubriand brachte das Skelett nach London, wo es von Miriam Tildesley untersucht wurde. Sie berichtete: »Dies scheinen keinesfalls Fawcetts Gebeine zu sein. Ihm fehlten im Oberkiefer zwei Zähne, die bei einem Football-Match ausgeschlagen worden waren. In diesem Kiefer sind diese Zähne noch vorhanden. Ich würde sagen, daß dieses Skelett mindestens 100 Jahre alt ist.

15. Juni 1952: Estelle Gibbes, ein Medium, gab eine telepathische Verbindung mit Fawcett bekannt. Er teilte ihr mit, daß er in der Nähe der Quelle des Roosevelt Rivers im Jahre 1935 starb. Er sagte, daß er friedlich gestorben sei und daß seine Überreste niemals gefunden werden würden.

Der/Die Weg(e), die Fawcett aufgrund von Gerüchten und Berichte von späteren Reisenden genommen haben soll. Die Gerüchte hielten sich auch noch nach seinem wahrscheinlichen Tod.

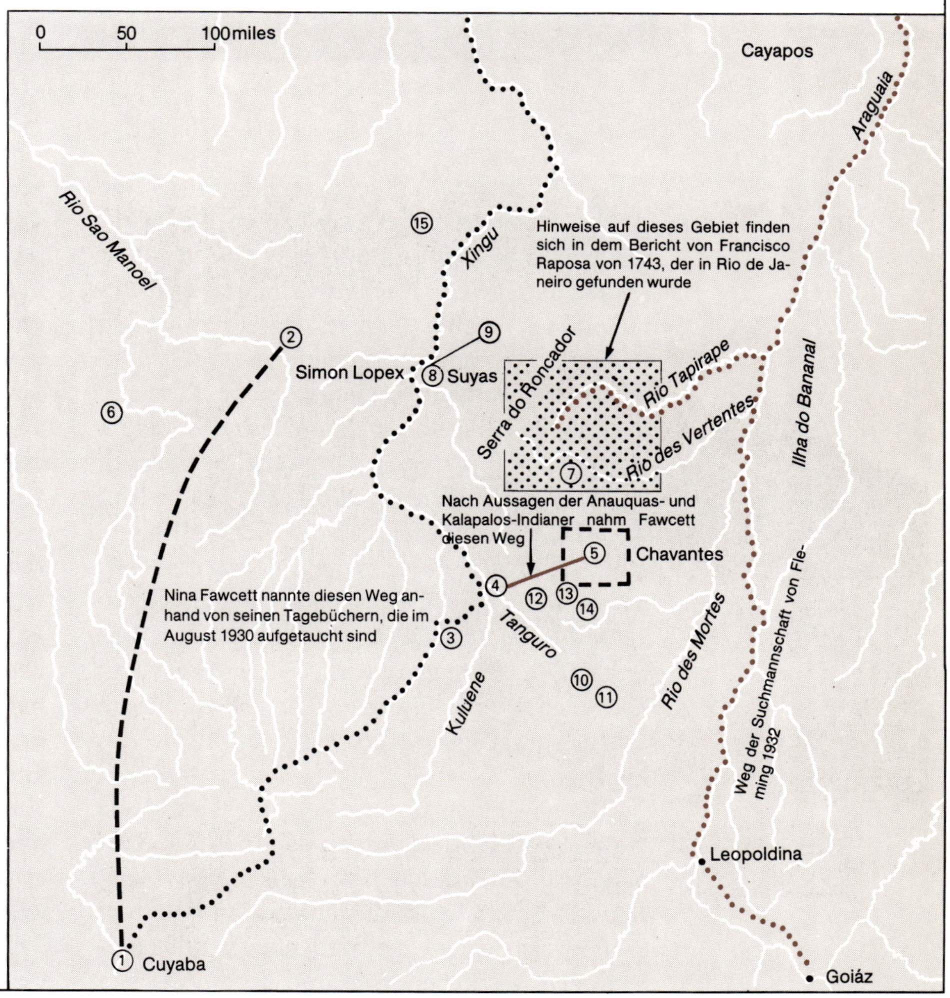

Shangri-La

Klöster wie dieses stehen unterhalb der Gipfel des Himalaya. Für die darin lebenden Buddhisten ist Shambhala eine andere Bewußtseinsebene.

James Hilton veröffentlichte im Jahre 1933 eine Abenteurernovelle über zwei Piloten, die im Himalaya abstürzten und dort eine von der Welt abgeschnittene Gesellschaft vorfanden. Der Inhalt dieses Buches fesselte die Öffentlichkeit mehr als jedes andere Buch in diesem Jahrhundert. Darin war eine Gemeinschaft beschrieben, die sich nur den gesammelten Weisheiten der historischen Künste und Wissenschaften widmen kann, da sie in einem geschlossenen Gebiet lebt, wo die Abgeschiedenheit die Zeit stillstehen läßt. Die Einwohner lebten in Frieden und Harmonie. Einer von ihnen erklärte: »Bei uns gibt es keine starren, festgelegten Regeln. Wir tun, was uns gefällt, lassen uns etwas von der Vergangenheit leiten, aber mehr von unserer gegenwärtigen Weisheit und unserer Vorausschau in die Zukunft.«

Hilton war nicht der erste, der über eine ideale Gesellschaft schrieb, die von den Einflüssen der modernen Zivilisationen abgeschirmt war. Aber sein Shangri-La schuf die lang ersehnte Verbindung zwischen der Unzufriedenheit der materialistischen westlichen Welt und der mystischen Weisheit des Ostens. Viele glauben noch heute, daß seine Novelle auf den fernöstlichen Überlieferungen basiert, daß es irgendwo in Tibet oder in der Mongolei tatsächlich ein verstecktes Paradies gibt, wie er es beschreibt. Nach der Sage heißt dieser Ort »Chang Shambhala«, »ein Ort der Ruhe im Norden«. In frühzeitlichen buddhistischen Schriften wird er als die Quelle geheimer Weisheiten beschrieben. Der Name war »Kalachakra«.

Verschiedene übereinstimmende Überlieferungen aus Indien, China, Rußland und Tibet wurden von Andrew Thomas in dem Buch »Shambhala« zusammengefaßt: »Im Fernen Osten gibt es einen von altersher überlieferten und weit verbreiteten Glauben, daß dort, in den unzugänglichen Gebieten Asiens, an einem abgesonderten Ort eine Gruppe von Erleuchteten lebt. Auch die Historiker und Philosophen des alten Roms und Griechenlands erwähnen in ihren Schriften diesen Glauben. Pythagoras soll angeblich nach Hindustan gereist sein.«

In China gibt es zum Beispiel ein abgeschiedenes Gebiet in den Kun-Lun-Bergen, wo Nu und

Kua, – die östlichen Äquivalente von Adam und Eva – geboren sein sollen. Auf die Berge konzentrieren sich verschiedene Mythologien der chinesischen Geschichte. Es soll dort ein Tal der Unsterblichen geben, die in Frieden und Eintracht leben.

Im Rußland des 17. Jahrhunderts wurden Anhänger einer alten Religion verfolgt, die Geschichten über ein östliches Paradies namens Belovodye verbreiteten. Dies war ein versteckter Ort in einem Tal in der Nähe des Altai-Gebirges. Einige indische Sekten glauben an ein Gebiet nördlich des Himalaya namens Kalapa, wo »untadelige Menschen« leben sollen.

Shambhala selbst soll in oder etwas nördlich von Tibet liegen. In Tibet haben viele Reisende von den Erzählungen über die heiligen Männer gehört: »Inmitten der hohen Berge gibt es unzugängliche Täler. Viele heiße Quellen sorgen für eine reiche Vegetation. Viele seltene Pflanzen und Heilkräuter wachsen auf diesem vulkanischen Boden. Vielleicht haben sie die heißen Springquellen im Hochland gesehen... Wer kann schon die Labyrinthe dieser Berge kennen?«

Nomadenkultur

Sicher existiert in diesem riesigen Gebiet etwas von großer geistiger Bedeutung, das bis in die Frühzeit zurückreicht. Die Schwierigkeit besteht darin herauszufinden, ob es sich um einen tatsächlichen oder sagenhaften Ort handelt; um ein bestehendes Shangri-La oder eine Parallele zum Garten Eden. Sowohl Tibet als auch die Mongolei sind unzugängliche Länder, aus denen nomadisch und geistig orientierte Zivilisationen hervorgegangen sind.

Tibet insbesondere ist wie eine Insel in Asien. Es ist größer als Frankreich, Deutschland, England, Spanien und Italien zusammen. Die unbebauten, kalten, trockenen und baumlosen Ebenen sind von gewaltigen Bergketten umgeben. Bis zur Vereinigung mit China lebten die Tibetaner allein, abgeschnitten von ihrer Umwelt. Das rauhe Klima machte sie zu Nomaden – widerstandsfähig, nicht materialistisch eingestellt und immer auf der Suche nach fruchtbarem Land. Verschiedene Theologen haben auf die Tatsache hingewiesen, daß viele der weltweit verbreiteten Religionen unter spartanischen Bedingungen entstanden sind.

In seinem Buch »The Religion of Tibet« schrieb Charles Bell: »Das Judentum, das Christentum und der Islam verdanken ihre Entwicklung dem Leben in der Wüste. Der Buddhismus, in der Art, wie er sich in Tibet und der Mongolei entwickelt hat, erhält seine Charakteristiken aus der großen Weite des Landes. Dieses ist natürlich nicht eine völlige Wüste, kommt dem aber sehr nahe. Die trockene, kalte und reine Luft regt den Verstand an. Die Abgeschiedenheit hält die Tibetaner von schädlichen Einflüssen der übrigen Zivilisationen frei. So kann sich ihr Verstand auf das Innere konzentrieren und sich religiöser Meditation hingeben. Hilfreich dabei sind die Monotonie des Lebens und die Ehrfurcht einflößende Kraft der Natur.«

Der Verstand steht über dem Körper

Es gibt keinen Zweifel, daß Lamas und Mystiker mit Hilfe von diesen klimatischen Verhältnissen besondere Kontrolle über ihren Körper haben.

Eine tibetanische Fahne zeigt Shambhala als eine Oase, die von schneebedeckten Bergen umgeben ist.

Legenden über die Lage von Shambhala

1. Wüste Gobi: Diese Lage wurde von den Theosophen, vornehmlich von Helena Blavatsky, bevorzugt. Die indische Schrift »Kurma Purana« behauptete, daß es im nördlichen Meer eine Insel namens Sweta-dvipa gab. Dort sollte die Heimat der großen Yogis sein. Das erwähnte Meer sollte eine gewaltige Wassermasse oberhalb der Wüste Gobi sein.

2. Syr Daria: Der ungarische Philologe Cșoma de Körös bestimmte die geographische Lage Shambhalas zwischen dem 45. und 50. nördlichen Breitengrad, oberhalb des Flusses Syr Daria.

3. Belovodye: Jahrhundertelang waren die russischen »Weißen Wasser« ein östliches Paradies, der Gegenstand für viele Spekulationen. Im Jahre 1923 startete eine Expedition, um Belovodye zu finden. Der geplante Weg sollte über die Kokushi-Berge, durch Bogogorshi und über Ergor zu einem vereisten See führen. Die Expedition kam niemals zurück.

4. Kun Lun: Nach der chinesischen Mythologie soll der Garten der Menschlichkeit in den schneebedeckten Kun-Lun-Bergen liegen.

5. Tebu Land: Die taoistische Mythologie beschreibt Tebu-Land als das schönste Land der Erde. Es sollte irgendwo zwischen Szetschuan und Tibet liegen.

6. Der Fluß Tarim: Der italienische Tibetologe Guiseppe Tucci »lokalisierte« Shambhala in der Nähe des Tarim-Flusses, der in der Altyn-Tagh-Bergkette entspringt.

7. Tashi-Lhumpo-Kloster: Die Shambhala-Legende hat enge Verbindungen mit dem Kloster, das nahe Shigatse im Jahre 1447 n. Chr. gegründet wurde und auch die Hauptstätte der Kalachakra-Weisheit ist.

8. Altai-Gebirge: Geoffrey Ashe faßte die Legenden über Shambhala zusammen und kommentierte: »Die bestmögliche Lage Shambhalas ist in dem großen Altai-Gebiet, auf das auch die mittelöstlichen und griechischen Quellen hinweisen ... Wenn man einen genauen Ort sucht, kann es nur der Berg Belucha sein.«

9. Die Mongolei: In dem Buch »The Red Path to Shambhala« beschreibt ein tibetanischer Abt den Weg nach Shambhala mit geheimnisvollen Anweisungen. Danach liegt der Anfang des Weges in der Mongolei.

10. Das Zeichen von Shambhala: Während eines Aufenthaltes im Kuknor-Distrikt nahe der Humboldt-Kette berichtete Roerich von einem geheimnisvollen Flugobjekt – »Wir alle sahen einen großen und hellen Gegenstand, der die Sonne widerspiegelte und von Nord nach Süd flog. Es war ein großes ovales Gebilde, das sich mit großer Geschwindigkeit fortbewegte.«

Andere vermutete Orte

Lhasa: Dort war Pocala, die alte Festung des Dalai Lama. Angeblich sollen unterirdische Gänge von dort nach Shambhala geführt haben.

Turkistan und Turfan: Zwei weitere Orte von denen unterirdische Gänge nach Shambhala geführt haben sollen.

Mount Everest: Frank Smythe, ein englischer Bergsteiger, sah von seinem Aussichtspunkt in 9000 m Höhe zwei unbekannte Flugobjekte.

Himalaya: Die Gegend, in die James Hilton sein Shangri-La in seinem Buch »Lost Horizon« legte.

Darjeeling/Ghum: Auf der Straße zwischen diesen beiden Städten sah Nicholas Roerich einen geheimnisvollen Lama. Ein Mönche aus Ghum erzählte ihm, daß der Lama aus Shambhala kam.

Tunguska: Der Ort, wo die große Explosion in Sibirien stattfand.

Verschiedene Expeditionen, die den »Scheußlichen Schneemenschen« (S. 236) finden wollten, fanden Asketen weit oberhalb der Schneegrenze, die nur mit dünnen Hemden bekleidet waren. Berichte über schwebende Menschen (S. 120) sind weitverbreitet.

Auch die Fähigkeit der »Lung-gom-pas«-Läufer kann etwas mit der Beherrschung der Schwerkraft zu tun haben. Dieses »Lung-gom« ist eine Trainingsmethode, die mystische Konzentration erfordert. Sie macht die Körper leicht, so daß große Entfernungen in einer erstaunlich kurzen Zeit zurückgelegt werden können. Ein westlicher Besucher berichtete von einem Läufer, der etwa 20 Kilometer in 20 Minuten zurücklegte.

Alexandra David-Neel konnte eine andere Begebenheit beobachten. Sie verbrachte Anfang dieses Jahrhunderts 14 Jahre in Tibet und lernte die verschiedenen Dialekte sprechen und schreiben. Sie trat dem buddhistischen Glauben bei und gewann das Vertrauen der meisten älteren Lamas. Gleichzeitig blieb sie aber nach den Aussagen ihres Professors vom »College de France« in Paris »trotzdem westlich orientiert, eine Schülerin Descartes ... sie hat die philosophische Skepsis, die ein wissenschaftlicher Beobachter haben sollte«. Sie berichtet, wie sie das Phänomen beobachten konnten: »In großer Entfernung vor uns beobachtete ich einen sich bewegenden schwarzen Punkt. Durch meinen Feldstecher sah ich, daß es ein Mensch war.« Er bewegte sich mit außergewöhnlicher Schnelligkeit und kam ständig näher auf sie zu. Sie wollte ihn unbedingt ansprechen und fotografieren, aber ein tibetanischer Begleiter hielt sie davon ab: »Sie dürfen den Lama nicht anhalten und ihn nicht ansprechen. Dies würde ihn mit Sicherheit töten. Diese Lamas dürfen auf dem Weg ihre Meditation nicht unterbrechen. Der Gott, der in ihnen ist, entweicht, wenn sie die ›Ngags‹ (magische Zauberformeln) nicht ständig wiederholen. Und wenn sie damit vor der richtigen Zeit aufhören, schüttelt er sie so stark, daß sie sterben.«

Sie konnte ihn jedoch ziemlich nahe betrachten, als er vorbeilief. »Ich sah deutlich sein völlig ruhiges unbeteiligtes Gesicht und seine weit offenen Augen. Sie waren auf einen unsichtbaren, weit entfernten Punkt gerichtet, der irgendwo oben am Himmel zu sein schien. Der Mann lief nicht. Er schien jedes Mal vom Boden abzuheben und zu springen. Er schien die Elastizität eines Balles zu haben und hüpfte jedes Mal wieder, wenn die Füße den Boden berührten. Seine

Schritte hatten die Regelmäßigkeit eines Uhrpendels.«

Das Buch »With Mystics and Magicians in Tibet« von Alexandra David-Neel ist wahrscheinlich der beste Bericht aus erster Hand über Lamas und ihren Glauben, der in diesem Jahrhundert veröffentlicht wurde. Ihm folgt das Buch »Shambhala« von Nicholas Roerich, das im Jahre 1930 veröffentlicht wurde. Beide Forscher waren Mitglieder der Theosophischen Gesellschaft, die im Jahre 1875 von dem außergewöhnlichen Medium, Madame Helena Petrovna Blavatsky (HPB, wie sie weltweit bekannt war) gegründet wurde. Die Gesellschaft hat sich dem Glauben verschrieben, daß die Menschheit bereits in verschiedenen rassischen Formen auf einer Anzahl von heute untergegangenen Kontinenten, einschließlich Atlantis und Lemuria existiert hat, deren Geschichte aber in Religionen und Mythologien bewahrt wurde. Die Gesellschaft war am Ende des 19. Jahrhunderts als eine nicht christliche Entgegnung auf den Darwinismus sehr einflußreich. Obgleich viele der grundlegenden Lehrsätze im Licht der neueren wissenschaftlichen Erkenntnisse nicht mehr haltbar sind, ist die Botschaft doch sehr verlockend, daß es eine ewige Weisheit gibt, die darauf wartet entdeckt zu werden.

Geschichtliche Weisheit

Geoffrey Ashe beschreibt dieses Wissen in seinem Buch »The Ancient Wisdom« als »einen riesigen Komplex der Wahrheiten über kosmische Gesetze, die Natur des Menschen, die Wiedergeburt und über viele andere Dinge. In den vergangenen Jahrtausenden hat es eine Phase von Zersetzung und Entstellung durchgemacht. Aber alle Religionen und Mythologien sind darauf aufgebaut und enthalten Teile davon, besonders der Hinduismus und der Buddhismus. Und Indien und Tibet sind die Länder, von denen wir am meisten lernen können.«

Die Theosophen sind überzeugt, daß Shambhala der Ursprung dieses Wissens ist, das aber keine fühlbare materielle Form besitzt und mehr eine Geistesgemeinschaft ist: »Wie der Himmel, existiert es auf dieser Welt, aber in einer anderen Dimension.«

Nicholas Roerich fragte 1928 auf einer seiner vielen Besuche in Tibet einen Lama über die Wirklichkeit des Shambhala und erhielt die Antwort: »Das große Shambhala ist weit jenseits des Meeres. Das ist der Himmel. Es hat nichts mit unserer Erde zu tun. Wieso und warum seid ihr erdverbundenen Menschen daran interessiert? Nur an wenigen Orten, hoch oben im Norden, kann man die prächtigen Wirkungen von Shambhala wahrnehmen.« Für Alice Bailey, die das Journal der Theosophischen Gesellschaft herausgab, war Shambhala »der lebende Mittelpunkt des planetarischen Bewußtseins«. Alexandra David-Neel nannte es »den heiligen Ort,

Nicholas Roerich (1874–1947) mit Pandit Nehru. Durch Roerichs Berichte an die Theosophische Gesellschaft wurde Shambhala weitgehend erläutert.

Eine symbolische Zeichnung von Roerich mit dem Titel »Pearl of Searching«. Sie zeigt einen Schüler, der in die alten Weisheiten eingeführt wird.

wo sich die irdische Welt mit der höchsten Bewußtseinsstufe verbindet«.

Selbst diejenigen, die an einen tatsächlichen Ort Shambhala glauben (ob die Meister der Weisheit nun noch dort leben oder nicht), geben zu, daß der Ort einen mystischen Aspekt hat, der wichtiger ist, als die geographische Genauigkeit.

Geoffrey Ashe schlägt das Altai-Gebirge in Rußland als das gesuchte Gebiet vor, denn es ist die Stelle, die in den tibetanischen Schriften am häufigsten erwähnt wird. Seiner Ansicht nach kämen Reisende wahrscheinlich selbst mit einer Wegbeschreibung nicht dorthin, wenn sie sich geistig nicht auf diese Reise vorbereiten würden. »Nach der Beschreibung eines tibetanischen Abts in dem Buch ›The Red Path to Shambhala‹ liegt der Zugang zu Shambhala in der Mongolei. Jedoch kann niemand einfach dorthin gehen, auch nicht mit der Hilfe der Reiseroute des Abts. Ein Pilger der dorthin möchte, muß erst gerufen werden. Wenn er es trotzdem versucht, wird er umkommen. Wurde ihm genügend Segen und Verstandeskraft gegeben, kann der Weg abgekürzt werden. Ein Tashi-Lama kam in Ekstase dorthin.«

Mystische Bedeutung

Auch heute ist der Ort Shambhala genauso schwer zu lokalisieren wie früher. Wahrscheinlich wird es auch so bleiben, denn wir besitzen weder die natürlichen Fähigkeiten der Lama noch ihre übernatürlichen Kräfte. Viele der Rätsel, die in diesem Buch angesprochen wurden – unterirdische Kräfte, Telepathie, Telekinese, Wünschelrutengänger und Ufos, um nur einige zu nennen –, erscheinen den Lama überhaupt nicht als Rätsel, sondern als Erscheinungen, die durch Willenskraft produziert werden können.

Alexandra David-Neel drückt es so aus: »Das Geheimnis des psychischen Trainings, wie es die Tibetaner durchführen, besteht in der Entwicklung der Konzentrationsfähigkeit des Gehirns, die sogar einen von Natur aus in dieser Hinsicht begabten Menschen bei weitem übertrifft. Die großen mystischen Meister bestätigen, daß durch solche Konzentrationen Energiewellen erzeugt werden, die verschieden angewandt werden können. Der Begriff ›Welle‹ stammt von mir. Ich benutze ihn zur Klarstellung und auch weil – wie der Leser feststellen wird – die tibetanischen Mystiker ›Ströme‹ oder ›Wellen‹ der Kraft meinen. Sie sagen jedoch ›shugs‹ oder ›tsal‹, das bedeutet ›Energie‹. Die Energie, so glauben sie, wird immer dann produziert, wenn eine physikalische oder geistige Tat vollbracht wird ... Die Produktion der psychischen Phänomene hängt von der Stärke der Energie und der Richtung ab, in die sie gerichtet ist.«

Ein konzentrierter Gebrauch dieser Energie läßt viele Wunder geschehen. Gegenstände können unsichtbar, andererseits Erscheinungen sichtbar gemacht werden – Menschen, Gottheiten, Tiere, leblose Gegenstände, sogar ganze Landschaften. Dieses »Materialisieren« ist bekannt als »tulpas«.

Alexandra David-Neel erzählt, wie ihr trotz einer gewissen Skepsis gegenüber diesen Behauptungen selbst ein solches Experiment gelang: »Um nicht von den verschiedenen Formen der lamaistischen Gottheiten beeinflußt zu werden, die ich täglich in Gemälden und Abbildern gesehen habe, wählte ich für mein Experiment eine bedeutungslose Person: einen Mönch, klein und dick, von unschuldiger und heiterer Art.« Nachdem sie die verschiedenen Riten gelernt hatte, um in das richtige Stadium der Konzentration zu gelangen »formte sich nach einigen Monaten der Phantommönch. Seine Gestalt wurde zunehmend deutlicher und lebendiger. Er wurde eine Art Gast, der in meiner Wohnung lebte«. Dann begleitete sie eine Expedition. »Der Mönch nahm auch daran teil. Obgleich ich im Freien lebte, und jeden Tag kilometerweit auf dem Pferderücken saß, bestand die Illusion fort ... Er ging, blieb stehen und blickte sich um. Die Illusion war meistens sichtbar, und manchmal fühlte ich, wie sein Gewand an mir vorbeistrich; einmal schien eine Hand meine Schulter zu berühren.«

Isoliert betrachtet, mag dies nicht mehr als eine persönliche Halluzination gewesen sein. Aber »tulpas« kann jeder sehen, nicht nur der, der sie hervorgerufen hat. Sie haben eine eigene Wirklichkeit, genau wie die Ufos, vom Himmel fallende Lebewesen und andere Phänomene, die außerhalb einer wissenschaftlichen Erklärung liegen. Die Einführung in dieses Buch drückt die Hoffnung aus, daß solche Wunder von der Wissenschaft des 21. Jahrhunderts erfaßt werden und deutet an, daß dies mehr ein Prozeß der Wiederentdeckung als der Neuentdeckung sein kann. Es gibt sicherlich einige bessere Stellen, um nach entsprechenden Anhaltspunkten zu suchen, als in Shambhala, seiner Literatur oder in den Hinweisen auf eine Weisheit, die schon vor dem Beginn der modernen Zivilisation bestanden hat.

Literaturverzeichnis

Der Verfasser hat ein sehr umfangreiches Quellenmaterial sorgfältig ausgewertet. Wir beschränken uns hier auf die wichtigsten und nach Kapiteln geordneten Quellenangaben.

Kapitel 1

Das bewegte Universum

Grinnell, G.: The Origins of Modern Geological Theory. KRONOS 1:4 (1976) S. 68–76.

Hsü, Kenneth J.: History of the Mediterrean Salinity Crisis. Nature 267 (1977) S. 399.

Der Untergang der Dinosaurier

Bakker, R.T.: The Superiority of Dinosaurs. Discovery 3:2 (1968) S. 11–12.

Dinosaur Renaissance. Scientific American, April 1975, S. 58–78.

Newell, N.D.: Crisis in the History of Life. Scientific American, Febr. 1963, S. 77–92.

Die Verschiebung der Kontinente

Sullivan, W.: Warum die Erde bebt. Umschau 1977.

Wegener, A.: Die Entstehung der Kontinente und Ozeane. Vieweg 1980.

Pollack, H.N. und Chapman, D.S.: The Flow of Heat from the Earth's Interior. Scientific American, Aug. 1977, S. 60–76.

Ransom, C.J.: The Age of Velikovsky. Kronos Press 1977, S. 196–201.

Calder, N.: Erde – ruheloser Planet. Die Revolution der modernen Erdwissenschaft. Rowohlt 1974.

Das wechselhafte Magnetfeld der Erde

Sullivan, W.: Warum die Erde bebt. Umschau 1977.

Ransom, C.J. Magnetism and Archaeology. Nature 242 (1973) S. 518–519.

Editorial: Reversed Geomagnetic Events in the Brunhes Epoch. Nature 239 (1972) S. 305–306.

Noel, M., und Tarling, D.H.: The Laschamp Geomagnetic Event. Nature 253 (1975) S. 705–706.

Spontane Menschenverbrennungen

Harrison, M.: Fire from Heaven. Pan Books 1977.

Fort, Ch.: Complete Books. Dover 1976.

Gearhart, L.: Pursuit 8:2 (April 1975).

Kugelblitze

Stenhoff, M.: Ball Lightning. Nature 260 (1976) S. 596–597.

Ginsburgh, I., und Bulkley, W.L.: Ball Lightning. Nature 263 (1976) S. 187.

Bedrohte Venus die Erde?

Velikovsky, I.: Welten im Zusammenstoß. Umschau 1978. Erde im Aufruhr. Umschau 1980. (Weitere Hinweise befinden sich unter Kapitel 7.)

Grazia, A. de: Immanuel Velikovsky. Goldmann 1979.

Plummer, W.T.: Venus Clouds: Test for Hydrocarbons. Science *163* (1969) S. 1191–1192.

Ransom, C.J.: The Age of Velikovsky. Kronos Presse 1977. SISR – Journ. of the Soc. for Interdisc. Studies I:3 (1976) S. 31–32.

Die Vorhersagen von Velikovsky

Ferte, Th.: A Record of Success. Pensée I (1972) S. 11–15.

Ransom, C.J., und Hoffee, L.H.: The Orbits of Venus. Pensée III (1973) S. 22–25.

Juergens, R.E.: Velikovsky and the Heat of Venus. KRONOS I:4 (1976) S. 86–92.

Velikovsky, I.: Are the Moon's Scars only three thousand Years old? Pensée I (1972).

Sagan, C.: An Analysis of Worlds in Collision (Welten im Zusammenstoß). The Humanist, Nov./Dez. 1977, S. 12.

Weitere Informationen erhält man von der Society for Interdisciplinary Studies, 6 Jersey House, Manchester 20, Großbritannien.

Kapitel 2

Die Entstehung der Menschen

Fleming, St.: Man Emerging: The First 33 Million Years. New Scientist (1. Juli 1976) S. 6–8.

Das fehlende Bindeglied

Pfeiffer, J.E.: Aufbruch in die Gegenwart. Econ 1981.

Simons, E.L.: Ramapithecus. Scientific American. Mai 1977.

Leakey, R.E.F., und Walker, A.C.: Australopithecus, Homo erectus and the Single Species Hypothesis. Nature 261 (1976) S. 572–574.

Jelinek J.: The Evolution of Man. Hamlyn 1975.

Das Erbe des Neandertalers

Solecki, R.: Shanidar IV, a Neanderthal flower burial in Northern Iraq. Science 190 (1975) S. 880–881.

Collins, D.: Human Revolution: From Ape to Artist. Phaidon 1976.

Bordes, F.: Zit. in Pfeiffer J.E.: Aufbruch in die Gegenwart. Econ 1981.

Gooch, St.: The Neanderthal Question. London 1977.

Die Rassen

Katz, S.H. Biological Anthropology. Readings from Scientific American (W.H. Freemann & Co. 1975) S. 230.

Babun, E.: The Varieties of Man. Collier-Macmillan 1969, S. 6

Die letzten Neandertaler

Strasenburgh, G.: On Paranthropus and »Relic Hominoids«. Current Anthropology 14 (1975) S. 486–487.

Bayanov, D., und Bourtsev, I.: On Neanderthal v. Paranthropus. Current Anthropology. 17 (1976) S. 312–318.

Napier, J.: Bigfoot. Jonathan Cape 1972, S. 153.

Warum verschwanden die Mammuts?

Newell, N.D.: Siberian Baby Mammoth. New Scientist. 8 (1977) S. 591.

Cardona, D.: The Problem of the Frozen Mammoth. KRONOS 1:4 (1976) S. 77–85.

Velikovsky, I.: Welten im Zusammenstoß. Umschau 1978. Erde im Aufruhr. Umschau 1980.

Kapitel 3

Verlorenes Wissen

Renfrew, C.: Before Civilization. Jonathan Cape 1973. Vgl. auch die Literatur zu Kapitel 5, Einleitung.

Der Kristallplanet

Sanderson, I.T.: More »Things«. Pyramid Books 1965, S. 116–125.

Wer baute die Megalithen?

Grinsell, L.V.: Folklore of Prehistoric Sites in Britain. David and Charles, S. 116–125.

Hitching, F.: Earth Magic. Picador 1977.

Hoyle, F.: Speculations on Stonehenge. Antiquity XL (1966) S. 262.

Megalith Builders. Phaidon 1977.

Archaeological Tests on Supposed Prehistoric Astronomical Sites in Scotland. Philosophical Transactions of the Royal Society of London, Sec. A, 276 (1974) S. 169–194.

Megatithic Astronomy and Catastrophism. Pensée 10 (Winter 1974–75) S. 5–20.

Die geheimnisvollen Standorte der Pyramiden

Smyth, Ch. P.: Our Inheritance in the Great Pyramid. London 1864, Teil I, II und IV.

Tompkin, P.: Die Geheimnisse der Großen Pyramide. Zentrum allen Wissens der alten Ägypter. Droemer-Knaur 1979.

Peru

Reiche, M.: Mystery on the Desert. Maria Reiche, Nazca, Peru S/A, 1976.

McIntyre, L.: Mystery of the Ancient Nazca Lines. National Geographic Magazine, Mai 1975, S. 716–728.

Die frühen Astronomen

Hitching, F.: Earth Magic. Picador 1977.

Michell, J.: Astro-Archaeology. Thames and Hudson 1977, S. 58–65.

The Old Stones of Lands End. Garnstone Press 1974.

Guichard X.: Eleusis Alesia. F. Paillart, Abbeville 1936.

Kapitel 4

Die Kraft, die »Berge versetzt«

Angoff, A., und Barth, D.: Parapsychology and Anthropology. Proc. of an Intern. Conf. in London 1973 (Parapsychology Foundation, New York 1974).

Telepathie

Targ, R., und Puthoff, H.E.: Jeder hat einen 6. Sinn. Kiepenheuer & Witsch 1977.

Hitching, F.: Pendulum: The Psi Connection. Fontana 1977.

Der Wandertrieb bei Tieren

Ricard, M.: The Mystery of Migration. Constable, London 1969, S. 192.

Keeton, W.T.: The Mystery of Pigeon Homing. Scientific American (Dez. 1974) S. 96–107.

Krachmalnicoff, P.: The Magic of the Animals. Arlington Books 1974.
Cherfas, J.: How Birds follow Invisible Maps. New Scientist (4. Aug. 1977) S. 292–297.

Unterirdische Wasseradern
Bird, Ch.: The Dowsers. New Age Journal, Juli 1977, S. 26–37, S. 76–81.
Piccardi, G.: The Chemical Basis of Medical Climatology. Charles C. Thomas 1963.
Hitching, F.: Pendulum: The Psi Connection. Fontana 1977.
Underwood, G.: The Pattern of the Past. Abacus 1972.

Feng-shui
Eitel, E.J.: Feng-shui, The Rudiments of Natural Science in China. Trubner and Co. 1873, Cokaygne 1973.
Michell, J.: The Earth Spirit. Avon Books 1975, S. 12–16.

Kapitel 5

Verlorengegangenes Wissen
Lamberg-Karlovsky, C.C.: Old World Archaeology: Foundations of Civilization. Readings of the Scientific American (W.H. Freeman and Co. 1952–72).
Willey G.R., und Sabloff, J.A.: A History of American Archaeology. Thames and Hudson 1974.

Das Gravitationsrätsel
Plunkett, P.T.: In: Illustrated London News. 6. Juni 1936, S. 19.
(?) Weightless Stones. Scientific American, July 1880.
Rickard, R.J.M.: Walking on Air. Fortean Times 21 (1977) S. 16–24.
Castaneda, C.: Die Lehren des Don Juan. Fischer 1975, 1976, 1978, 1980.

Frühe Astronomen
Temple, R.: Das Sirius-Rätsel. Umschau 1977.
Grazia, A. de: Ancient Knowledge of Jupiter's Bands and Saturn's Rings. KRONOS I:I (1976) S. 65–69.
Journal of the British Astronomical Association *87* (1977) S. 523–524.

Gullivers Monde
Swift, J.: Gullivers Reisen III. Thienemann 1979.
Velikovsky, I.: Welten im Zusammenstoß. Umschau 1978.
Däniken, E. v.: Erinnerungen an die Zukunft. Econ 1971.

Schiffahrt im Altertum
Johnstone P.: Stern First in the Stone Age. Intern. Journ. of Nautical Archaeology and Unterwater Explorations 21 (1973) S. 3–11.
Bass, G.F.: A History of Seafaring. Thames and Hudson 1972. S. 12–15.
Genoves, S.: Paryrus Rafts across the Atlantic. Current Anthropology 14:3 (1973) S. 332–333.
Wehner, R.: Polarized-Light Navigation by Insects. Scientific American 235 (1976) S. 106.

Kartographen der Frühzeit
White, P.: The Past is Human. Angus & Robertson 1976, S. 91–97.

Wer entdeckte Amerika?
Meggers, B.J., und Evans, C:A Trans Pacific Contact in 3000 BC. Scientific American, Januar 1966.
Ashe, G.: Land to the West. Collins 1962, S. 195–220.
Heyerdahl, Th.: Wege übers Meer. Völkerwanderungen in der Frühzeit. Bertelsmann 1980.
Gordan, C.: Before Columbus. Turnstone Press 1972.

Ungereimtheiten aus der Antike
Gimbutas, M.: Varna: A Sensationelly Rich Cemetery of the Karanovo Civilization about 4500 BC. Expedition (Pennsylvania University) 19:4 (1977) S. 139–147.
Rothenberg, B.: Archaeometallurgy is Exploring Mining's Ancient History. Engineering and Mining Journal. Dez. 1977, S. 68–73.
Solla Price, D. de: Gears from the Greeks: The Antikythera Mechanism – a Computer Calendar from 80 BC. Transactions of the Americ. Philosoph. Soc., New Serien 64:7 (1974).

Die unlesbaren Schriften
Garrod, E.: Recollections of Glozel. Antiquity XLII (1968) S. 172–177. Editorial, Antiquity XLVIII (1974), S. 261–264.
McKerrell, H. et al.: Thermoluminescence and Glozel. zit. S. 265–271.
Atkinson, J.: Editorial. Antiquity XLIX (1975) S. 84–85.
Renfrew, C.: Glozel and the two Cultures. zit. S. 222–223.
Aitken, M., und Huxtable, J.: Thermoluminescence and Glozel. zit. S. 223, 226.
Renfrew, C.: Before Civilization. Harmondsworth 1976, S. 73–74, 193–194.

Kapitel 6

Vorzivilisation
Corliss, W.R.: The Strange Sourcebook Project (Strange Phenomena, Strange Planet). Zu beziehen über Glen Arm, Maryland 21057.

Das Rätsel um Atlantis
Plato: Timaios und Kritias.
Aristoteles: zitiert bei Strabo Geografica XIII.
Ager, D.: Brief zu Catastrophist Geology I:1 (1976) S. 5
Plutarch: Solon in: Aufstieg und Fall von Athen.
Vitaliano, D.B.: Legends of the Earth. Indiana University Press 1973, Kap. VIII–X.
Pichler, H., und Schierung, W.: The Thera Eruption and Late Minoan I-b-Destructions on Crete. Nature 267 (1977) S. 819–822.

Das Bimini-Rätsel
Hannua, H.W., Mock B.H.: Beneath the Seas of the West Indies: Caribbean, Bahamas, Florida, Bermuda (beinhalten Beiträge von Hall, J.: Marine Archaeology in the West Indies).
Zink, D.: Poseidia '75. The A.R.E. Journal XI: 3 (Mai 1976) S. 102–105.
Steele, J.: The Bimini Road. The Ley Hunter 76 (1977) S. 3–5.

Außerirdische Lebewesen auf der Erde!?
Däniken, E. v.: Erinnerungen an die Zukunft. Econ 1971.
Zurück zu den Sternen. Econ 1970.
Aussaat und Kosmos. Econ 1972.
Meine Welt in Bildern. Knaur 1975.
Beweise. Econ 1977.

Verlage der ausgewählten Bücher auf S. 144: Bergier, Futura 1975. Blumrich, Corgi 1974. Charroux: Phantastische Vergangenheit. Fischer 1979. Dem Corgi 1977. Drake, Sphere Books 1974. Keel, Futura 1975. Kolosimo, Garnstone Press 1973. Landburg, Bantam 1974. Trench, Fontane 1973. Umland, Panther 1976. Williamson, Futura 1975.
Story, R.: The Space Gods Revealed. New English Library, 1976.
White, P.: The Past is Human. Angus and Robertson 1974.

Lebewesen vom Sirius
Temple, R.: Das Sirius-Rätsel. Umschau 1977.
Graves, R.: The Greek Myths. Harmondsworth 1960, Vol. I, S. 188, 278, 305.
Homer: Odysee IV.

Kapitel 7

Mythen und Legenden
Vitaliano, D.B.: Legends of the Earth. Indiana University Press 1973, Kap. 1.

Labyrinthe: Schema des Lebens
Herodot: Historien II.
Strabo: Geografica XVII.
Plinius: Naturgeschichte XXXVI.
Critchlow, K., und Challifour, G.: Earth Mysteries. A Study in Patterns. RILKO 1977.
Ashe, G.: The Ancient Wisdom. Macmillan 1977, S. 90.

Wo wohnen die Drachen?
Gould, Ch.: The Dragon. Wildwood House 1977, S. 99–100.
Tompkins, P.: Mysteries of the Mexican Pyramid. Harper and Row 1976.
Velikovsky, I.: Welten im Zusammenstoß. Umschau 1978, Teil I, Kapitel 3.
Cardona, D.: Tektites and China's Dragon. KRONOS I:4 (1975) S. 35–42.

Die Sintflut
Gaster, Th.: Myth, Legend and Custom in the Old Testament. Harper and Row 1975, S.82–131.
Vitaliano, D.B.: Legends of the Earth. Indiana University Press 1973, S. 144, 150, 169–70.
Emiliano, C.: Paleoclimatological Analysis of Late Quaternary Cores from the Northeastern Gulf of Mexico. Science 189 (1975) S. 1083–1088.
Tresman, H., und Gheoghan, B.O.: The Primordial Light. Soc. for Interdisc. Stud. Rev. II:2 (1977) S. 35–40.

Die Arche Noah
Vitaliano, D.B.: Legends of the Earth. Indiana University Press 1973, S. 153–156.
Navarra, F.: Noah's Ark: I Touched it. Logos Intern. 1974.

Das Alte Testament hat recht
Magnusson, M.: BC: The Archaeology of the Bible Lands. The Bodley Head/BBC 1977, Kap. III–VIII, S. 148, 155–156.
Velikovsky, I.: Theses for the Reconstruction of Ancient History. Scripta Academica Hierosolymitana, Nr. 2, 1964.
Vom Exodus zu König Echnaton. Umschau 1981.
Die Seevölker. Umschau 1978.

Gammon, G.: The Walls of Jericho. Society for Interdisc. Stud. Rev. SISR I:3 (1976) S. 4–5.
Nibbi, A.: Remarks on the Two Stelae from the Wadi Gasus. Journ. of Egyption Archaeology 62 (1976).

Wer war Homer?
Desborough, V.R. d'A.: The Greek Dark Ages. London 1972, S. 18.
Velikovsky, I.: Olympia. KRONOS I:4 (1976) S. 3–7.
Tiryns. Pensée VI (1974) S. 45–46.
Bittel, K.: Hattuasha. The Capital of the Hettites. Oxford University Press 1970, S. 137.

Heilige Reliquien
Gillet, H.M.: Relics of the Passion. Basil Blackwell, Oxford 1935.
McDonald R.W.J.: New Catholic Encyclopedia. McGraw-Hill 1967, Vol. XII, S. 235–240.
Wilson, I.: Eine Spur von Jesus. Herkunft und Echtheit des Turiner Grabtuches. Herder 1980.

Kapitel 8

Atmosphärische Phänomene
King-Hele, D.G.: Truth and Hereby over Earth and Sky. The Observatory 95 (Febr. 1975) S. 1–12.

Bombardierung mit Meteoriten
Moss, A.A.: Meteorites: A Concise Account. Natural History Museum, London 1975.
Hindley, K.: Fallen Stones by the Tonne. New Scientist (7. Juli 1977) S. 20–22.
Gallant, R.: Bombarded Earth. John Barker 1964, S. 42.
Norman, J. et al.: Astrons, the Earth's oldest Scars? New Scientist (24. März 1977) S. 689–692.
Baker, G.: Tektites. In Memoirs of the National Museum of Victoria. Melbourne 23 (1959).

Die Katastrophe in Sibirien
Kolik, L.A.: The Problem of the Impact Area of the Tunguska Meteorit of 1908. Doklady Akad SSSR (A) Nr. 23 (1927) S. 399–402.
Ridpath, I.: Tunguska – the Final Answer. New Scientist (11. Aug. 1977) S. 246–247.
Baxter, J., und Atkins, Th.: Wie eine zweite Sonne. Das Rätsel des sibirischen Meteors. Econ 1977.
Crannel, H.: Experiments to Measure the Antimatter Content of, the Tunguska Meteorite. Nature 248 (1975) S. 396–398.

Über Ufos am Firmament
Hynek, J.A.: UFO-Report. Ein Forschungsbericht. Goldmann 1978.
Hewes, H.C.: UFOs after 30 Years. New Realities I:3 (1977) S. 34–41.
Keel, J.A.: UFOs: Operation Trojan Horse. Abacus 1973, S. 18, 290.
Ridpath, I.: Plying Saucers Thirty Years on. New Scientist (14. Juli 1977) S. 77–79.
Macvey, J.W.: Interstellar Travel. Stein and Day 1977, S. 235–239.
Steiger, B.: Project Blue Book. Ballantine 1976.

Eisbrocken, die vom Himmel fallen
Griffiths, R.F.: Observation and Analysis of an Ice Hydrometer of Extraordinary Size. The Meteorological Magazine. 104 (1975) S. 253–260.
Fort, Ch.: The Collected Works of Charles Fort. New York 1941, S. 183, 285, 301, 760.
Michell, J., und Rickard, R.J.M.: Phenomena. Thames and Hudson 1977.

Es regnet Frösche und Enten
Corliss, W.R.: Phenomena. Glen Arm. Maryland 1975, S. 33–48.
Fort, Ch.: The Complete Books of Charles Fort. New York 1941, S. 48, 81, 95, 183, 184, 190, 302, 525, 544.
Michell, J., und Rickard, R.J.M.: Phenomena. Thames Hudson 1977, S. 12–16.

Kapitel 9

Dinge und Wesen
Michell, J. und Rickard, R.J.M.: Phenomena. Thames and Hudson 1977, S. 124–125.

Unterwasserungeheuer
Witchell, N.: The Loch Ness Story. Terence Dalton 1976.
Dinsdale, T.: Loch Ness Monster. Routledge Kegan Paul 1976.

Unbekannte Bestien
Grumley M.: There are Giants in the Earth. Panther 1976.
Papier, J.: Bigfoot. Abacus 1976, S. 54, 92, 169, 177–178.
Coleman, L.E. und Haill, M.A.: Some Bigfoot Traditions of the North American Tribes. In: J. Bergier Extraterrestrial Intervention. The Evidence. Chicago 1974. S. 85–96.

Kinder der Wildnis
Armen, J.-C.: Gazelle Boy. Bodley Head 1974, S. 34–35.
Lane, H.: The Wild Boy of Aveyron. Allen and Unwin 1977.
Maclean, Ch.: The Wolf Children. Macmillan 1977, S. 65.
Copper, B.: The Werewolf. New York 1977.

Kaspar Hauser
Wassermann, J.: Kaspar Hauser oder die Trägheit des Herzens. Langen-Müller 1978.
Tradowsky, P.: Kaspar Hauser. Das Ringen um den Geist. Philisoph.-Anthroposoph. Verlag 1981.
Godwin, J.: This Baffling World. Bantam Books 1973.

Der Graf von St. Germain
Oakley, I.C.: The Count of Saint Germain. Steinerbooks 1970.

»Mary Celeste«
Gould, R.T.: The Stargazer Talks. London 1943.
Godwin, J.: This Baffling World. Bantam Books 1973.

Das Geheimnis des Bermuda-Dreiecks
Winer, R.: Das Teufelsdreieck. Fischer 1977.
Landsburg, A.: The Bermuda Triangle Secrets. Warner Books 1978.

Das Geheimnis der versetzten Menschen
Wilson, C.: Enigmas and Mysteries. Aldus Books 1976, S. 29.
Barine-Gould, S.: Historical Oddities and Strange Events. Methuen 1889.
Fort, Ch.: The Complete Books of Charles Fort. New York 1941, S. 521, 600, 681, 691, 695, 844, 953, 986.
Michell, J., und Rickard, R.J.M.: Phenomena. Thames and Hudson 1977.

Kapitel 10

Auf der Suche nach der Weisheit
Capra, F.: The Tao of Physics. Fontana 1976.

Die Schätze von König Salomon
1. Könige 9:26–38; 1. Könige 10:11; Chronik 20:35–37; Hesekiel 27:12; Jona 1:2–3.
Egypt and Ethiopia. KRONOS I:3 (1975) S. 3–19; I:4 (1976) S. 9–24.
Gordon, C.: Before Columbus. Turnstone Press 1972, S. 113.

Der heilige Gral
Taylor, J.W.: The Coming of the Saints. Methuen 1911.
Ashe, G.: King Arthur's Avalon. Collins 1957, S. 190.
Levi, E.: History of Magic. Rider 1913, S. 208.
Hughes, P.: Witchcraft. Harmondsworth 1965, S. 170.

El Dorado
Hagen, V.W. v.: The Golden Man. Saxon House, London 1974.
Homet, M.: On the Trail of the Sun Gods. Neville Spearman 1965.
Raleigh, W. Sir: Beschreibung des goldreichen Königs Guianae zu America. Volkstum.

Fawcett
Fleming, P.: Brazilian Adventure. Jonathan Cape, S. 23–24.
Fawcett, P.: Expedition Fawcett. Blackie 1953.

Shangri-La
Bell, Ch.: The Religion of Tibet. Oxford University Press 1931, S. 6.
David-Neel, A.: With Mystics and Magicians in Tibet. Bodley Head 1931, S. 201–202, 293, 314–315.
Ashe, G.: The Anciet Wisdom. Macmillan 1977, S. 25, 160.

Bildnachweis

Alle Karten und Zeichnungen von Kenneth Smith, © Francis Hitching 1978: Seiten 10, 11, 13, 14, 16, 17, 19, 21, 23, 24, 26, 31, 33, 34, 35, 40, 41, 44, 47, 49, 50, 53, 54, 55, 56, 57, 58, 59, 60, 61, 62, 64, 65, 66, 67, 68, 69, 70, 71, 74, 75, 76, 77, 78, 79, 81, 82, 85, 86, 87, 88, 89, 90, 91, 92, 94, 100, 102, 103, 105, 107, 108, 109, 110, 111, 119, 125, 127, 132, 133, 136, 137, 140, 144, 145, 146, 152, 155, 156, 157, 161, 163, 164, 165, 168, 174, 177, 178, 180, 181, 182, 185, 188, 192, 193, 199, 202, 206, 209, 213, 214, 215, 217, 222, 224, 227, 229, 234, 235, 239, 240, 243, 245, 252, 254, 258, 259, 262, 263, 267, 269, 276, 279, 282.

Zeichnungen und Fotos aus dem Besitz Francis Hitching: Seiten 74, 76, 95, 97, 111, 116, 118, 131, 134, 141, 154, 158, 169, 172, 174, 180, 187, 189, 191, 196, 197, 200, 228, 230, 255, 256, 260, 275, 277.

Zeichnungen: 43–4 Van Nostrand; 48 Scientific American; 56 Trustees of the British Museum; 96 Russell Targ/Harold Puthoff; 136–7 Charles Hapgood; 165–6 John Steele; 173 Eliphas Levi; 176 Robert K. G. Temple; 189 Charles Gould; National Gallery; 220 A. W. Szachnowski; 238 Ivan T. Sanderson; 246–47 Germanisches National Museum; 266 Cyrus Gordon.

Fotografien: 15 Ullstein; 20 TV Times; 22 Larry E. Arnold *Ablaze!* (Vol. I, ›Earth in Transition‹); 25 R. B. M. Rickard; 28 M. R. Lyons; 30 NASA; 32 Novosti; 36 JPL; 42 Camera Press; 43 Illustrated London News; 45 Radio Times Hulton Picture Library; 46 Desmond Collins; 49 French Tourist Authority; 71 National Monuments Record; 79 French Tourist Authority; 80, 83–84 International Explorers Society; 82 Servicio Aerofotografico National, Peru; 99 Eric Hosking; 104 R. K. Pilsbury; 109 Australian Information Service; 113 British Tourist Authority; 115 Victoria and Albert Museum; 116 Science Museum, London; 120 Maru; Acorn Photographic; 121 Illustrated London News; 125 Radio Times Hulton Picture Library; 126 Dr. Irving Lindenblad, US Naval Observatory; Hale Observatories; 128 Robert K. G. Temple; Trustees of British Museum; 129 Mansell Collection; 135 National Library, Ankara; 137–8 Charles Hapgood; 142 Smithsonian Institute; 143 Illustrated London News; 146 Derek de Solla Price; 148–51 Dr. H. McKerrell; 152 Ashmolean Museum; 160 British Tourist Authority; 165–6 John Steele; 170 Douglas Dickins; 183 Janet Bord; 194 Mansell Collection; Sonia Halliday and Laura Lushington; 195 Novosti; 203 Mansell Collection; 204 Trustees of British Museum; 208, 210 Screenpro Films; 212 Horizons West; 213, 216 Institute of Geological Sciences; 218 Novosti; 221 Project Starlight International; 232 Syndicated Features; 233 Peter Scott; 237 Royal Geographical Society; 239 Musée de l'Homme; 241 René Datinden; 242 Mansell Collection; Syndication International; 245 Charles Maclean; 248–49 Bildarchiv Preussischer Kulturbesitz; 251 Mansell Collection; 270 Bibliothèque National Paris; 271 A. M. Erlich; 272 Michael Holford; 223 British Tourist Authority; 275 Michael Holford; 277 Popperfoto; 278 A. G. Forment; 280 John Cleare/Mountain Camera; 281 Cliché des Musées Nationaux; 283 Nicholas Roerich Museum.

Register